VICTORIA FORNER

HISTORIA PROSCRITA
La actuación de agentes judíos

en la Hª Contemporánea

IV

HOLOCAUSTO JUDÍO, NUEVO DOGMA DE FE PARA LA HUMANIDAD

OMNIAVERITAS.

VICTORIA FORNER

HISTORIA PROSCRITA

La actuación de agentes judíos
en la Hª Contemporánea

IV

HOLOCAUSTO JUDÍO, NUEVO DOGMA DE FE
PARA LA HUMANIDAD

Ilustración de la portada:
Denkmal für die ermordeten Juden Europas
(*Monumento a los judíos de Europa asesinados*) en Berlín

Publicado por
OMNIA VERITAS LTD

OMNIA VERITAS®

www.omnia-veritas.com

© Omnia Veritas Ltd – Victoria Forner – 2017

CAPÍTULO XII

HOLOCAUSTO JUDÍO,

NUEVO DOGMA DE FE PARA LA HUMANIDAD

Nunca en la historia de la humanidad se había producido una circunstancia como la que estudiaremos en este capítulo: un hecho histórico se ha convertido en dogma de fe y no puede ser cuestionado por historiadores, científicos o investigadores de cualquier rama del saber. Dos historiadores judíos, Pierre Vidal-Naquet y Léon Poliakov, firmaron la declaración de fe que se ha impuesto universalmente. En ella decían: "No es preciso preguntarse cómo ha sido posible técnicamente tal muerte en masa. Ha sido posible porque ha tenido lugar. Este es el punto de partida obligatorio de cualquier investigación histórica sobre el particular. Esta verdad es la que nos corresponde recordar simplemente. No puede debatirse la existencia de las cámaras de gas." En la actualidad, poner en duda toda la parafernalia que envuelve el mito del Holocausto constituye un crimen de pensamiento y se ha convertido en un delito tipificado en los códigos penales de numerosos países. Los revisionistas vienen siendo perseguidos y condenados con años de cárcel por odio racial o antisemitismo. Los medios de comunicación los rechazan y sus trabajos no merecen ninguna atención, pues se considera que carecen del menor interés y no deben ser difundidos.

Naturalmente, si los argumentos y las tesis del revisionismo fueran panfletos carentes del menor rigor, podría aceptarse el desinterés general por sus planteamientos; pero no es el caso, sino todo lo contrario. Los trabajos presentados abarcan los diferentes aspectos relacionados con el supuesto exterminio de seis millones de judíos y son extremadamente convincentes. Cualquier lector interesado en descubrir la verdad histórica hallará en las obras de los revisionistas cuanto puede exigirse a un investigador riguroso. Pese a ello, el número de países occidentales supuestamente democráticos que promulgan leyes que atentan contra la libertad de pensamiento y de expresión en relación con el Holocausto aumenta año tras año. Hoy estos países son: Alemania, Austria, Bélgica, Bosnia-Herzegovina, Canadá, República Checa,

España, Francia, Holanda, Hungría, Liechtenstein, Luxemburgo, Polonia, Portugal, Rumanía y Suiza.

En el proceso de Núremberg los vencedores acusaron a la Alemania derrotada, concretamente a los nazis, de haber planificado y ordenado el exterminio físico de los judíos de Europa y de haber utilizado cámaras de gas como armas de destrucción masiva para llevar a cabo dicho exterminio. Desde entonces, el mito del Holocausto ha ido consolidándose gracias a la propaganda masiva de los medios de comunicación y a la colaboración incondicional de los líderes occidentales. El 26 de noviembre de 1991, Ian J. Kagedan, director de Relaciones Gubernamentales de la logia B'nai B'rith de Canadá, declaró al *Toronto Star*: "el dogma del Holocausto judío es la piedra angular del arco del Nuevo Orden Mundial, el principio fundamental de la religión de la nueva era."

Para lograr este objetivo se cuenta con el control absoluto de los "mass media": la televisión, las agencias, los periódicos, las editoriales y la industria cinematográfica. Las productoras de Hollywood, joya de la corona del omnímodo imperio propagandístico judío, dedican anualmente inversiones multimillonarias a la produción ininterrumpida de películas espectaculares que hacen propaganda del Holocausto y lavan el cerebro a la población de todo el planeta: sólo entre 1989 y 2003 se lanzaron al mercado mundial 170 películas sobre el Holocausto. Con todos estos medios se crea en la mente de los espectadores un mundo de fantasía que permite falsificar la historia. No sólo se promueve la doctrina del Holocausto, sino cualquier idea que sea útil para hacer realidad la utopía judía de dominar la Tierra. Todas las naciones y todas las razas sufrieron enormemente durante la Segunda Guerra Mundial, pero ninguna raza o nación ha explotado su sufrimiento como han hecho los judíos, que tras el final de la guerra emergieron como la minoría triunfante. Así lo reconoció el 11 de abril de 1953 el Dr. Max Nussbaum: "La posición que hoy ocupa en el mundo el pueblo judío -declaró- es, a pesar de nuestras enormes pérdidas, diez veces más fuerte que hace veinte años."

En 1980, el profesor Robert Faurisson resumió en una frase las conclusiones de las investigaciones revisionistas: "Las pretendidas cámaras de gas hitlerianas y el pretendido genocidio de los judíos conforman una sola mentira histórica, la cual ha permitido una gigantesca estafa político-financiera, cuyos principales beneficiarios son el Estado de Israel y el sionismo y cuyas principales víctimas son el pueblo alemán -pero no sus dirigentes- y el pueblo palestino en su integridad." El Holocausto, pues, es el punto central de una estrategia puesta en marcha por organizaciones judías internacionales; pero es, sobre todo, una quimera sionista, toda vez que fue concebido por los sionistas como argucia para lograr sus objetivos. Quienes más presionaron para sacar a los judíos de Europa fueron los sionistas, que tenían múltiples organizaciones que trabajaban para enviarlos a Palestina. Faurisson, nacido en 1929 de padre francés y madre escocesa, profesor de latín y griego, especialista en el análisis de textos de la literatura francesa moderna y contemporánea, así como en la crítica de textos y documentos, enseñó en la Sorbona y en la Universidad de Lyon hasta que se le prohibió ejercer a causa de sus posiciones revisionistas. Agredido físicamente en diez ocasiones por fanáticos judíos, ha sido vetado en los medios de comunicación de Francia: prensa, radio y televisión, y ha sido condenado en diversas ocasiones por la justicia. La última vez que compareció ante un tribunal fue en París el 11 de julio de 2006.

Los museos del Holocausto, más de 250 en todo el mundo, se han convertido en los templos de una nueva religión enseñada en las escuelas del mundo occidental; pero no como una doctrina rudimentaria, sino como un hecho histórico incontrovertible convertido en dogma de fe. Ninguna religión tiene hoy el poder de encarcelar a los apóstatas que no creen en alguno de sus dogmas, sin embargo los herejes de la religión del Holocausto judío son perseguidos, detenidos, juzgados, condenados y encarcelados ¿Por qué no puede cuestionarse lo que ocurrió realmente durante la Segunda Guerra Mundial? ¿Quiénes son los revisionistas y cuáles son los principales hallazgos de sus minuciosas investigaciones? ¿Por qué prestigiosos estudiosos que proceden de diversos ámbitos del saber y de la cultura son tratados como criminales por aportar a la opinión pública internacional los resultados de sus trabajos? ¿Por qué se puede negar a Dios, a Cristo, a Mahoma, ofender a cristianos y musulmanes, despreciar los símbolos de todas las religiones, mientras que, por contra, se considera antisemitismo cuestionar el Holocausto y es castigado penalmente? Estas y otras cuestiones serán objeto de nuestra atención en las páginas que conforman este duodécimo capítulo.

1ª PARTE

PERSECUCIÓN Y DEPORTACIÓN

DE LOS JUDÍOS EUROPEOS

El hecho de que los judíos apostasen por los británicos durante la Gran Guerra y que se brindaran a propiciar la entrada de Estados Unidos en el conflicto a cambio de la *Declaración Balfour* fue considerado una traición en Alemania. Los sentimientos antijudíos se incrementaron en el periodo de la República de Weimar, unos años en que la influencia de los judíos, a pesar de que constituían sólo el 1% de la población de Alemania, se consolidó en todos los ámbitos: además de ser los apóstoles del comunismo, controlaban la economía, la cultura y eran ampliamente predominantes en la abogacía y la judicatura, en la sanidad, en el mundo del espectáculo... Todo ello propició que los nazis, justificadamente o no, los valorasen como un elemento perverso dentro de la comunidad, pues consideraban decadentes sus valores y los contemplaban como un factor de degenaración en la vida cultural alemana. Convencidos de su influencia nefasta, trataron de promover su emigración completa de Alemania. Como se ha visto, una gran mayoría de judíos alemanes habían ya emigrado con buena parte de sus bienes en 1939. En su publicación *Unity in Dispersion*, el Congreso Mundial Judío precisa que "la mayoría de judíos alemanes logró abandonar Alemania antes del inicio de las hostilidades" y reconoce que alrededor de 400.000 judíos salieron del país antes de septiembre de 1939. Asimismo, El Instituto de Emigración Judía de Praga concretó que 260.000 judíos habían abandonado la antigua Checoslovaquia. A estos hay que añadir 220.000 de los 280.000 judíos austríacos, que emigraron asimismo antes del comienzo de la guerra. Con estos datos, se estima que en los tres países quedaron en total sólo 360.000 judíos.

Como preámbulo y punto de partida, cabe recordar algunos hechos ya reseñados en capítulos anteriores con el fin de situar el asunto de la persecución de los judíos, deseada por el sionismo internacional con el fin de incentivar la afluencia de personas a Palestina. Como sabemos, mientras el boicot económico y la declaración de "guerra santa" contra Alemania tuvo el efecto de exacerbar los sentimientos antijudíos en los ciudadanos alemanes, la ZVFD, "Zionistische Vereinigung für Deutschland" (Unión Sionista de Alemania) aprovechó la circunstancia y se apresuró a buscar el acuerdo con Hitler para que los judíos alemanes fueran enviados hacia Palestina en las mejores condiciones posibles. Los nazis se prestaron ingenuamente a este juego y comenzaron a colaborar con el sionismo. Según han demostrado autores judíos como Lenni Brenner, Klaus Polkhen, Ralph Schönman y otros no existe ninguna duda sobre este hecho, que fue denunciado por la CV "Centralverein deutscher Staatsbürger Jüdische Glaubens" (Unión Central de ciudadanos alemanes de fe judía). Esta organización, partidaria de la asimilación e integración de los judíos en la sociedad en que vivían, declaró que la actuación de la ZVFD, cuyos objetivos eran exactamente los contrarios, había supuesto para ellos "una puñalada por la espalda". Así, pues, mientras los sionistas actuaban libremente y publicaban sin impedimento el periódico *Jüdische Rundschau*, Hitler comenzó a emprender acciones contra las organizaciones judías no sionistas. Recordemos también que la logia B'nai B'rith sólo fue prohibida cuando comenzó la guerra en 1939.

Remitimos al lector al capítulo octavo, donde ha quedado explicado con detalle el pacto secreto entre el Tercer Reich y la Palestina judía. En el XVIII Congreso Sionista celebrado en Praga en agosto de 1933 una resolución en contra de Hitler fue derrotada por abrumadora mayoría y, por contra, se aprobó otra que prohibía toda forma de protesta antinazi. Sabemos que el Acuerdo Haavara, pieza fundamental del entendimiento entre nazis y sionistas, fue suscrito por la ZVFD, el Ministerio de Asuntos Económicos alemán y el Banco Anglo-Palestino, que era un instrumento de la Agencia Judía. En 1937 la colaboración era intensa y los sionistas, cuyo objetivo prioritario era superar en población a los árabes, pidieron a los nazis que mantuvieran su presión antisemita e intensificasen la emigración de judíos a Palestina. Recordemos que en 1938 un millar de judíos eran entrenados en campos instalados en Alemania y en Austria con el fin de prepararlos para su trabajo en Palestina.

Ante el temor de que los judíos que emigraban de Alemania y de Polonia pudieran instalarse sin problemas en América o en otras naciones europeas, la Organización Sionista Mundial no quiso participar en la Conferencia de Evian, celebrada en Francia durante la segunda semana del mes de julio de 1938. Nada era más contrario a los intereses de los sionistas que un reasentamiento en países de acogida: su objetivo era provocar la persecución que había de permitirles dirigir la emigración de los judíos de Europa hacia Palestina. Alemania ofreció 3.000 millones de marcos a la Cruz Roja Internacional o a la Sociedad de Naciones para que gestionaran el dinero y lo entregasen a los países dispuestos a recibir a los judíos que los nazis no querían en su territorio; pero la mala predisposición de la mayoría de países a aceptar a los emigrados coadyuvó a los propósitos del sionismo internacional. La Conferencia de Evian fue bochornosa en todos los aspectos y puso en evidencia ante los ojos del mundo que a los sionistas sólo les preocupaba colocar cuanto antes a millones de judíos en Tierra Santa con el fin de proclamar el Estado de Israel en Palestina.

De la emigración, a la deportación

Ante la necesidad de preservar su posición frente a los países árabes de Oriente Medio, Gran Bretaña comenzó a endurecer su postura con respecto a la inmigración de judíos a Tierra Santa. En mayo de 1939 Londres publicó el Libro Blanco y la entrada de sionistas en Palestina quedó reducida a un goteo. Alemania, no obstante, prosiguió con su política de favorecer la emigración y la evacuación para desembarazarse definitivamente de ellos y sólo en 1941 comenzaron a esbozarse planes de deportación hacia el este de Europa. En el volumen 13 de los "Nuremberg Military Trials" (NMT) figura un informe presentado por la acusación de Estados Unidos. Se trata del expediente NG-2586, un documento de varias partes que constituye un resumen de la política de Alemania en relación a la deportación de los judíos. Arthur Robert Butz reproduce integramente el texto en *The Hoax of the Twentieth Century* (*La fábula del siglo XX*), obra publicada en 1976 que sigue siendo imprescindible para conocer buena parte de lo ocurrido durante la guerra. El autor del memorando, que lleva fecha de 21 de agosto de 1942, fue Martin Luther, alto cargo del Ministerio de Exteriores. Asimismo, Roger Garaudy cita en *Les Mythes fondateurs de la politique israélienne* (1996) diversos textos que coinciden con el extenso documento presentado por Arthur R. Butz.

Según los documentos desvelados por éstos y otros autores, los nazis decidieron promover por todos los medios la emigración judía de su territorio. El mariscal Göring, plenipotenciario para poner en práctica el Plan de Cuatro Años, estableció en 1939 el Departamento Central del Reich para la Emigración Judía y entregó la dirección del mismo al teniente general de las SS Reinhard Heydrich, jefe de la Policía de Seguridad. El Ministerio de Exteriores pasó a formar parte del comité de dicho Departamento Central del Reich en febrero de 1939. Es de interés recordar, pues casi nadie lo hace, que Chaim Weizmann, presidente de la Organización Sionista Mundial y de la Agencia Judía, declaró la guerra a Alemania en nombre de los judíos de todo el mundo el 5 de septiembre de 1939, sólo unos días después de la invasión de Polonia. El 8 de septiembre *Jewish Chronicle* reproducía las palabras de Weizmann: "Los judíos hacen causa común con Gran Bretaña y combatirán en el campo de las democracias... La Agencia Judía está dispuesta a tomar medidas inmediatas para utilizar la mano de obra, la competencia técnica y los recursos de los judíos."

En el expediente NG-2586 presentado por los norteamericanos en Núremberg se dice textualmente: "La presente guerra ofrece a Alemania la oportunidad y también la obligación de solventar el problema judío en Europa." En este documento se lee que tras la victoria apabullante sobre Francia, se propuso en julio de 1940 "la expulsión de todos los judíos de Europa y la solicitud a Francia de la isla de Madagascar como territorio de acogida de los judíos." El filósofo Roger Garaudy, diputado comunista y miembro del Comité Central, vicepresidente de la Asamblea Nacional entre 1956-1958, aclara que fue el 24 de junio de 1940, tras la derrota francesa, cuando Heydrich envió una carta a Ribbentrop en la que proponía "eine territoriale Endlösung" (una solución final territorial), que consistía en la deportación a Madagascar. En esta carta Heydrich informaba al ministro Ribbentrop de que "el problema de los aproximadamente 3.250.000 judíos de las áreas bajo control alemán no podía ya ser solventado mediante la emigración, por lo que sería necesaria una solución final territorial."

El director del Departamento Judío del Ministerio de Exteriores, Franz Räder, advirtió en julio de 1940 que serían precisos cuatro años para trasladar a todos los judíos a la isla francesa y que la operación exigiría "medios cuantiosos". Es decir, en plena euforia por el éxito fantástico de la guerra relámpago contra Francia, los nazis pasaron de pretender la emigración de los judíos de Alemania a querer expulsarlos de los países conquistados. Para ello, el Ministerio de Exteriores del Reich aceptó emprender el trabajo preliminar para esta operación. La Oficina Central de Seguridad del Reich (RSHA, "Reichssicherheitshauptamt") aceptó el encargo de llevar a la práctica la evacuación y de supervisar el plan Madagascar, una deportación a gran escala que sólo podía ser afrontada por dicho organismo estatal. El plan detallado para la evacuación y asentamiento de los judíos en Madagascar elaborado por la RSHA fue aprobado por el Ministerio de Exteriores en agosto de 1940. Según el proyecto, que comportaba varias fases, un banco inter-europeo correría con la financiación. El Dr. Paul Schmidt, intérprete de Hitler, en su obra *Hitler's Interpreter. The Secret History of German Diplomacy 1935-1945* recuerda que Hitler le dijo a Mussolini que "se podría fundar un Estado de Israel en Madagascar."

En Francia, Holanda y Bélgica las autoridades administrativas alemanas recibieron órdenes en relación a las actuaciones que debían emprenderse en estos países. Con el visto bueno de la Embajada de Alemania en París, el mando militar en Francia fue el primero en publicar el 27 de septiembre de 1940 un decreto sobre el trato a los judíos en la Francia ocupada, luego siguieron textos similares en los Países Bajos y en Bélgica. Al igual que en las leyes alemanas, no se consideraba en estos decretos la ciudadanía de los judíos, por lo que surgieron de inmediato las críticas desde el extranjero. La Embajada de Estados Unidos presentó una nota de protesta. En el documento NG-2586 de los NMT figura el siguiente comentario al respecto: "El ministro de Exteriores del Reich ha decidido en el caso de las protestas americanas que no considera acertado tener normas militares emitidas para hacer una excepción con los judíos americanos. Sería un error rechazar las objeciones de países amigos (España y Hungría) y mostrar por otro lado debilidad hacia los americanos."

Además de ser una operación logística extremadamente costosa y complicada, el traslado de los judíos europeos a Madagascar requería la utilización de trenes, barcos y otros medios de transporte que eran prioritarios para continuar con el esfuerzo bélico. Con la invasión de Rusia en junio de 1941, las cosas se vieron definitivamente de otra forma: se admitió que el plan Madagascar era poco viable y comenzó a imponerse la idea de que era más fácil desplazar a los judíos hacia el este de Europa, donde se abrían nuevos espacios de reasentamiento. El 31 de julio de 1941 Göring, nuevamente bajo los efectos de la embriaguez de victoria producida por el rápido avance hacia el interior de la URSS, envió la famosa carta a Heydrich citada con frecuencia por historiadores judíos como Raúl Hilberg, Gerald Reitlinger y Léon Poliakov para sustentar sus tesis exterminacionistas. Sigue un fragmento de la carta reproducido por Arthur R. Butz en *The Hoax of the Twentieth Century*, extraído del vol. 13 de los NMT (Nuremberg Military Trials):

> "Como complemento a la tarea que se le confió en el decreto de 24 de enero de 1939, concretamente resolver la cuestión judía a través de la emigración y la evacuación, que es la manera más favorable de acuerdo con las condiciones predominantes actualmente, le encargo ahora que lleve a cabo todos los preparativos relacionados con las cuestiones organizativas, fácticas y financieras para una solución total de la cuestión judía en aquellos territorios de Europa bajo influencia alemana.
>
> Si la competencia de otras organizaciones centrales se ve afectada en relación a este asunto, estas organizaciones deberán participar.
>
> Además le encargo que me remita tan pronto como sea posible un borrador que contemple las medidas de organización, de operatividad y de financiación ya adoptadas para la ejecución de la planeada solución final de la cuestión judía."

Normalmente, quienes pretenden que este texto sea la prueba de que la "solución final" equivalía al asesinato en masa de los judíos europeos suprimen la referencia a la "emigración y evacuación". Los historiadores judíos y los gentiles que apoyan sus planteamientos pretenden que fue en la Conferencia de Wannsee, localidad cercana a Potsdam, donde se decidió el exterminio de los judíos europeos. La Conferencia de Wannsee se celebró el 20 de enero de 1942. Heydrich, siguiendo las instrucciones recibidas, convocó a todos los departamentos concernidos en la tarea de la evacuación de los judíos hacia el este. Martin Luther, el autor del memorando NG-2856 presentado por la acusación de Estados Unidos en NMT, escribe lo siguiente en dicho documento:

> "... El teniente general de las SS Heydrich organizó el 20 de enero de 1942 una conferencia de todas las organizaciones implicadas, a la que asistieron secretarios de Estado de otros Ministerios y yo mismo como miembro del Ministerio de Exteriores. En la conferencia el general Heydrich explicó que el mariscal del Reich Göring lo había designado a él siguiendo las instrucciones del Führer y que el Führer en lugar de la emigración había autorizado ahora la evacuación de los judíos hacia el este...
> En la conferencia del 20 de enero de 1942, pedí que todas las cuestiones relacionadas con países fuera de Alemania debían tener primero el consentimiento del Ministerio de Exteriores, una demanda con la que estuvo de acuerdo el teniente general Heydrich y que fue acatada fielmente, como lo hizo de hecho la Oficina Central de Seguridad del Reich (RSHA) que manejaba los asuntos judíos, la cual desde el principio tomó todas las medidas cooperando sin niguna fricción con el Ministerio de Exteriores. La RSHA procedió en este asunto de manera casi exageradamente cautelosa."

Buena parte de judíos alemanes habían ya emigrado, unos a Palestina aprovechando las ventajas del Acuerdo Haavara, otros a Estados Unidos o a otros países europeos. A partir de la Conferencia de Wannsee, los que no lo habían hecho comenzaron a ser evacuados. Asimismo, los Gobiernos de Eslovaquia, Croacia y Rumanía mostraron su acuerdo con la política de evacuación y no reclamaron la repatriación de los judíos de sus países que se hallaban en territorio alemán, sino que aceptaron su deportación hacia el este de Europa. Gracias al informe de Martin Luther, subsecretario de Estado del Ministerio de Exteriores que estuvo presente en Wannsee, se supo en los NMT que puesto que la mano de obra no cubría las necesidades requeridas, se solicitó a los eslovacos que organizaran la deportación de veinte mil judíos jóvenes, a lo cual accedió el Gobierno eslovaco, que propuso además sin presiones de Alemania la evacuación del resto de judíos de su territorio. Los eslovacos comunicaron al Ministerio de Exteriores del Reich que estaban dispuestos a contribuir a los gastos de la operación con una aportación de 500 marcos por cada judío evacuado. Esta decisión provocó que el Episcopado de Eslovaquia presentara ante el Gobierno eslovaco sus objeciones a las deportaciones. Existe en el memorando de Luther un párrafo muy significativo sobre el efecto que tuvo la protesta de la Iglesia eslovaca:

"... Mientras tanto 52.000 judíos habían sido sacados de Eslovaquia. Debido a la influencia de la Iglesia y a la corrupción de algunos funcionarios, 35.000 judíos habían obtenido una legitimación especial. Sin embargo, el ministro presidente Tuka quería que la evacuación de los judíos continuara y por ello solicitó ayuda a través de la influencia diplomática del Reich. Se autorizó al embajador a que ejerciera presión ante el jefe del Estado, el Dr. Tiso, al que se hizo saber que la exclusión de 35.000 judíos constituía una sorpresa en Alemania, tanto más cuando hasta el momento la colaboración de Eslovaquia en relación al problema judío había sido muy apreciada. Estas instrucciones habían sido transmitidas por el subsecretario de Estado de la División Política y por el secretario de Estado."

Existe otra fuente de origen judío que complementa el memorando de Martin Luther, se trata del *Report of the Budapest Jewish Rescue Committee* (Informe del Comité Judío de Rescate de Budapest), un documento manuscrito de 188 páginas del Dr. Rudolf Israel Kastner (Rezsö Kasztner), publicado parcialmente por el también judío Lenni Brenner en sus *51 Documents. Zionist Collaboration with the Nazis* (2002). Según el escrito de Kastner, en marzo de 1942 oleadas de judíos eslovacos entraban como refugiados en Hungría. En aquel mismo mes de marzo, los líderes del Comité Judío de Rescate de Bratislava, Erwin Steiner, Gisi Fleischman y Rav Weissmandel, contactaron con los nazis para detener las deportaciones de judíos eslovacos mediante el pago de un rescate. El texto de Kastner sigue así:

"El alemán al cargo, el capitán Wisliczeny, declaró que después de la deportación de 55.000 judíos, estaba dispuesto a renunciar a la deportación de los 25.000 judíos que quedaban por 50.000 dólares, dos dólares por cada vida. El dinero debía venir supuestamente del extranjero, pero no llegaba o lo hacía muy lentamente. Wisliczeny esperó muchas semanas la suma pactada, luego envió su propio requerimiento del pago mediante el traslado de tres mil judíos a Polonia. Después de esto, el dinero llegó y cesaron las deportaciones."

En 1948 el Comité Internacional de la Cruz Roja (CICR) publicó en Ginebra un informe en tres volúmenes, el *Informe del Comité Internacional de la Cruz Roja sobre sus Actividades durante la Segunda Guerra Mundial*, al que acudiremos de ahora en adelante, toda vez que Arthur R. Butz reproduce las páginas 641 a 657 del primer volumen, las cuales pertenecen al capítulo VI ("Categorías Especiales de Civiles") y hacen referencia concreta a la situación de los judíos en diversos países europeos. En él se confirma que miles de judíos fueron obligados a abandonar Eslovaquia; pero añade textualmente: "una gran parte de la minoría judía tuvo permiso para permanecer en el país y en ciertos periodos Eslovaquia fue incluso contemplada como un refugio seguro para los judíos, en especial para los que procedían de Polonia. Aquellos que quedaron en Eslovaquia parece que gozaron de seguridad hasta el final de agosto de 1944, cuando se produjo un levantamiento contra las fuerzas alemanas." En cuanto a los judíos eslovacos internados en campos, el informe dice lo siguiente: "Aunque es cierto que la ley de 15 de mayo de 1942 había originado el internamiento de varios miles de judíos, éstos fueron llevados a campos donde las condiciones de comida y alojamiento eran tolerables y se permitía que los internos realizaran trabajo remunerado en términos parecidos a los del mercado libre de trabajo. En 1944 la comunidad judía había logrado casi una suspensión completa de la inmigración forzosa hacia los territorios bajo control alemán."

Por otra parte, los croatas también consideraron oportuna la deportación de los judíos de Croacia, aunque la evacuación de unos cuatro o cinco mil de las zonas de Dubrovnik y Mostar, ocupadas por Italia, no contó con el beneplácito de Roma. Gracias al informe del CICR se supo que desde mayo de 1943 hasta el final de 1945 la delegación de la Cruz Roja "ayudó a la comunidad judía de Zagreb, a la cual se pagó una media de 20.000 francos suizos mensuales a cargo del Comité Americano Conjunto de Distribución (Joint Distribution Committee) de Nueva York". En el informe se añade que en octubre de 1944 "las autoridades alemanas, de acuerdo con las medidas tomadas en los países vecinos, arrestaron a los judíos de Zagreb y confiscaron sus reservas de alimentos." La delegación de la Cruz Roja, no obstante, logró que el Gobierno croata devolviera estas reservas.

Asimismo, la deportación de los judíos extranjeros en territorio francés supuso un problema. Otto Abetz, el embajador alemán en la Francia ocupada, los contemplaba como elementos a los que en ningún caso se podía dar un trato de privilegio, puesto que se había demostrado que muchos de ellos eran responsables de actos de terror y de sabotaje. Nuevamente los judíos italianos que se hallaban en Francia constituyeron un contratiempo adicional. Los intereses económicos de Italia jugaban un papel decisivo y los alemanes consideraban que si no podían ser evacuados, tenían que ser por lo menos repatriados por Mussolini. Miembros del Comité Internacional de la Cruz Roja visitaron los campos del sur de Francia, donde en el campo de Gurs había seis mil judíos del Palatinado bávaro, los cuales fueron asistidos con "medidas adecuadas". Por otra parte, el informe del CIRC aporta información sobre los judíos de Polonia que se hallaban en Francia, los cuales habían obtenido el permiso de entrada en Estados Unidos. Por ello, según la Cruz Roja, "fueron tomados por ciudadanos americanos por los ocupantes alemanes, que aceptaron reconocer la validez de cerca de tres mil pasaportes extendidos a los judíos por los consulados sudamericanos." En el informe se desvela que "fueron acomodados en campos exclusivos para americanos en Vittel."

En cuanto a los judíos búlgaros y rumanos, las negociaciones con estos países confirman una vez más que la llamada "solución final" era territorial y pretendía la expulsión de los judíos de la esfera de influencia de Alemania en Europa. En Rumanía, concretamente, el peor momento para los judíos aconteció cuando la "Guardia de Hierro", con el apoyo de la Gestapo y de las SS, tomó el poder en septiembre de 1940. Los judíos fueron entonces objeto de persecuciones y deportaciones; pero en septiembre de 1941 el mariscal Antonescu se hizo con el poder y comenzó la colaboración. El delegado de la Cruz Roja en Bucarest recibió una carta de Antonescu en la que se expresaba en estos términos: "El Gobierno rumano repudia cualquier solución práctica contraria a las costumbres civilizadas y en menoscabo del espíritu cristiano que domina la conciencia del pueblo rumano." El CICR colaboró estrechamente con la Cruz Roja rumana. En el documento que venimos utilizando se dice que desde 1943 "la tarea del Comité en Rumanía se hizo más fácil porque el delegado fue capaz de inspirar confianza al Gobierno rumano." En diciembre de 1943, según se certifica en el informe del CICR, "el señor Mihan Antonescu se reunió con este delegado lo cual facilitó mucho las actividades del Comité en pro de los judíos." Veamos el fragmento íntegro:

> "Estas conversaciones se centraron en el caso de los judíos deportados más allá del Dniester a Ucrania, que eran nativos de Besarabia y de la Bukovina. Dichas provincias fueron devueltas a Rumanía después de la Primera Guerra Mundial, pero en virtud del tratado germano-soviético cayeron de nuevo bajo el dominio soviético al principio de la Segunda Guerra Mundial. Después de los cambios de 1941, Rumanía, que se había convertido en aliada de Alemania contra la URSS, volvió a ocupar estas dos provincias. Los judíos, a quienes los rumanos consideraban culpables de haber recibido demasiado bien la vuelta al seno de Rusia, fueron deportados. El plan del Gobierno rumano, preparado de acuerdo con Alemania, parecía consistir en asentar a estos judíos en territorios de la región del mar de Azov. Sin embargo esto no podría hacerse a menos que la URSS fuera derrotada. En vista de las victorias rusas, el Gobierno rumano decidió a fines de 1943 repatriar a los supervivientes de esta

deplorable deportación, el número de los cuales pasó de 200.000 a 78.000. El señor Mihan Antonescu apoyó los intentos que el delegado llevó a cabo en Bucarest para que le fuera confiada la misión de proporcionar los medios para realizar esta repatriación y le autorizó a viajar por toda la Transnitria distribuyendo ropas y ayudas a estas desgraciadas gentes. Además, el delegado consiguió que los judíos de Czernowitz, los únicos que aún estaban obligados a llevar la estrella amarilla, dejaran de llevarla, puesto que esta marca los exponía a la brutalidad de las tropas alemanas con quienes se cruzaran."

El hecho de que 122.000 deportados no regresaran no implica que fueran exterminados ni tampoco que todos ellos hubieran perdido necesariamente la vida. Es posible que muchos optaran por permanecer en la Unión Soviética. En un informe de diciembre de 1944, la delegación de la Cruz Roja de Bucarest dice lo siguiente: "Gracias a los envíos del Comité Conjunto de Nueva York y a las recaudaciones hechas sobre el terreno, fue posible acudir en auxilio de 183.000 judíos repatriados." En definitiva, los documentos alemanes que han sobrevivido demuestran que los planes de Alemania nada tenían que ver con el exterminio masivo de los judíos europeos. Todos los informes de la Cruz Roja demuestran asimismo que los alemanes hacían cuanto decían los documentos, lo cual ha sido confirmado por autoridades neutrales y en ocasiones incluso por fuentes hostiles.

Arthur R. Butz aporta en *The Hoax of the Twentieth Century* textos de las actas de la Conferencia de Wannsee, contenidos en el documento NG-2586-G presentado en Nuremberg (NMT) por los norteamericanos. "El programa de emigración -se lee sin sombra de ambigüedad- ha sido sustituido por la evacuación de los judíos hacia el este como una posibilidad más completa, de acuerdo con la previa autorización del Führer." Mientras estas referencias sobre la evacuación hacia el este se repiten una y otra vez, no se ha encontrado un sólo texto que demuestre que existió un programa de exterminio. Así lo reconoce el profesor judío Aryeh Leon Kubov, del Centro Israelí de Documentación Judía de Tel Aviv, quien declara sin ambages: "No existe ningún documento firmado por Hitler, Himmler o Heydrich que hable de exterminio de los judíos... y la palabra 'exterminación' no aparece en la carta de Göring a Heydrich en relación a la solución final de la cuestión judía." La prensa aliada informó asimismo en repetidas ocasiones durante la guerra sobre el programa de reasentamiento. He aquí algunos párrafos significativos de NG-2586-G, los cuales, asombrosamente, son esgrimidos por los propagandistas del Holocausto para tratar de demostrar que la "solución final" era un programa de exterminio:

"De manera apropiada, los judíos serán ahora en el ámbito de la solución final llevados al este de modo adecuado para que sean utilizados como mano de obra. En grandes grupos de trabajo, con separación de sexos, los judíos capaces de trabajar irán a estas áreas y se emplearán en la construcción de carreteras, en cuya tarea una buena parte irá sin duda cayendo merced a la selección natural. El resto que finalmente sea capaz de sobrevivir -indudablemente aquellos que sean más resistentes- deberán ser tratados adecuadamente, pues esta gente, al representar una selección natural, serán contemplados como el germen de una nueva evolución judía si se les concede la libertad. (Véase la experiencia de la historia.)

En el programa de la puesta en práctica de la solución final, Europa debe ser peinada de oeste a este. El área del Reich, incluyendo el protectorado de Bohemia-Moravia, tendrá que ser atendida con antelación, únicamente por razones de alojamiemto y otras necesidades político-sociales. Los judíos evacuados serán trasladados primero grupo a grupo a los llamados guetos de tránsito, con el fin de que desde ellos puedan ser transportados más tarde hacia el este.

Una provisión importante para la ejecución completa de la evacuación, así lo explicó el general de las SS Heydrich, es el establecimieno exacto de las categorías de personas que deben ser incluidas. No se ha planeado evacuar a judíos de más de sesenta y cinco años de edad, sino llevarlos a un gueto para ancianos -Theresienstadt está siendo construido. Junto a estos grupos de personas de edad -de los quizá 280.000 judíos que a 31/10/1941 se encontraban el el viejo Reich y en Austria, tal vez un 30% tienen más de sesenta y cinco años- también tendrán que ser incluidos en los guetos para ancianos los judíos con heridas de guerra graves y con condecoraciones de guerra (Cruz de Hierro, Primera Clase)...

En relación con el problema del efecto de la evacuación de los judíos sobre la vida económica, El secretario de Estado Neumann informó que los judíos empleados en importantes industrias de guerra no podrían ser evacuados de momento, puesto que no habría disponibles sustitutos adecuados. El general Heydrich señaló que esos judíos, de acuerdo con la directiva aprobada por él para la ejecución de la actual evacuación, no serían evacuados."

Con objeto de desarraigar por completo a los judíos que eran evacuados, se les despojaba de sus propiedades: dinero, muebles, joyas, negocios, etc. con el fin de que no tuvieran nada que les empujase a regresar algún día. Eso era precisamente lo que necesitaban los sionistas: personas sin nada que perder a las que se ofrecería protección y una nueva vida en el futuro Estado de Israel. Es, pues, innegable que cientos de miles de judíos fueron deportados y sus propiedades confiscadas. Su situación y la de otros presos, como se verá más adelante, empeoró progresivamente a medida que las condiciones de los campos fueron degradándose como consecuencia de la derrota inevitable de Alemania. Establecer cifras sobre cuántos fueron los deportados no es fácil, toda vez que muchos judíos europeos emigraron a Estados Unidos, a Palestina o acabaron en territorio soviético, como ocurrió con los judíos polacos que se hallaban en los territorios ocupados por la URSS. Además, unos trescientos mil abandonaron Polonia tras la invasión alemana y pasaron asimismo a la zona comunista.

Por otra parte, el hecho de que los judíos que migraban desde Europa a Estados Unidos lo hicieran con pasaportes alemanes, austríacos, holandeses, polacos, etc. imposibilita disponer de cifras fiables. Se sabe, sin embargo, que tras el final de la guerra la inmigración de judíos a Estados Unidos fue muy importante, pese a que los sionistas operaban con absoluta libertad en los campos de desplazados y trabajaban para enviar a Palestina a cuantos más mejor. Estos campos eran controlados por la UNRRA, organismo de las Naciones Unidas que fue dirigido primero por Herbert Lehman y luego por Fiorello La Guardia. Estos dos sionistas permitieron que oficiales británicos y norteamericanos sin uniforme dieran instrucción militar a miles de judíos, a los que preparaban para la invasión de Palestina. En 1944 cerca de medio millón de sionistas estaban ya en Tierra Santa. Cinco años más tarde, en 1949, el Gobierno de Israel informó que había 925.000 judíos en Palestina. En 1957 casi un millón de árabes eran refugiados en los países vecinos, mientras que la población judía se había duplicado y alcanzaba la cifra de 1.868.000.

Reitlinger y Hilberg, basándose en documentos alemanes y en informes de la Cruz Roja Holandesa para el caso de los judíos holandeses (unos cien mil), dan cifras muy similares sobre el número total de deportados de una docena de países de Europa Occidental: Alemania, Austria, Checoslovaquia, Dinamarca, Francia, Bélgica, Luxemburgo, Noruega, Holanda, Italia, Yugoslavia y Grecia. Según Reitlinger fueron 816.000 y Hilberg eleva el número hasta 870.000. Puesto que ambos son exterminacionistas o exterministas, dan por supuesto que todos fueron asesinados.

Por contra, los revisionistas insisten en que judíos y gentiles eran utilizados como mano de obra y argumentan que no tenía nigún sentido elaborar un programa de reasentamiento en el este y organizar en plena guerra una complicada y costosa operación logística sólo para liquidar a los judíos. Las preguntas que se hacen son las siguientes: ¿Qué sentido tiene malgastar, dinero, miles de toneladas de combustible, utilizar personal e innumerables trenes necesarios para el transporte de tropas y municiones si el fin era matar a los judíos a miles de kilómetros de sus lugares de origen? ¿Por qué se emprendió la construcción de los campos si sólo iban a servir como lugares de exterminio? ¿No hubiera sido más fácil ejecutar a los judíos tras su detención si en verdad era eso lo que se pretendía?

Especialmente complicado es saber con más o menos exactitud que pasó en Polonia. Una fuente judía, el *American Jewish Year Book 1948-1949*, cifra en 390.000 el número de judíos que vivían en Polonia a finales de 1945. Por otro lado, un periodista judío de nacionalidad canadiense, Raymond Arthur Davies, comunista acérrimo que vivió en la URSS durante la guerra, publicó en 1946 en Nueva York *Odyssey through Hell* (*Odisea a través del infierno*). En dicha obra desvela que Schachmo Epstein, el líder del Comité Antifascista Judío, le confesó que mediante la evacuación y a través de otras medidas la Unión Soviética había salvado por lo menos a 3.500.000 judíos europeos. Según Davies, 250.000 judíos polacos que vivían en la Polonia ocupada por los alemanes huyeron a la Unión Soviética en 1939. Este autor ofrece detalles sobre el papel destacado de los judíos en la URSS, donde miles de fábricas y plantas de guerra fueron dirigidas por judíos. Un número muy elevado de ellos, apunta Davies, alcanzaron posiciones dirigentes en el Ejército y en la Administración. Este dato es confirmado por otro autor judío, Ralph Nunberg, en el libro *The Fighting Jew* (1945), obra editada también en Nueva York, en la que Nunberg reconoce orgulloso que no menos de 313 generales soviéticos eran judíos. R. A. Davies, por su parte, relata sus contactos con oficiales judíos del Ejército Rojo, quienes presumían ante él de haber eliminado a soldados alemanes en ejecuciones masivas. Este periodista canadiense revela que tuvo información fidedigna de que no menos de 35.000 judíos europeos luchaban junto a los partisanos de Tito.

Arthur R. Butz alude a un estudio de veinte páginas escrito por Meir Korzen y publicado por el Gobierno de Israel (*Yad Vashem Studies*, vol. 3). Según Korzen, cientos de miles de judíos polacos fueron dispersados en el interior de la URSS en aplicación de un programa de evacuación que comenzó en junio de 1940. A partir de septiembre de 1941 se concedió a muchos de estos refugiados ciudadanía soviética, pero se les impidió abandonar la URSS. Al acabar la guerra, como se ha visto, Beria escogió entre estos judíos a los nuevos líderes de régimen comunista polaco. Korzen escribe que "cambiaron sus nombres por otros que parecieran polacos con el fin de mantener secreto su origen judío." El Joint Distribution Committee de Nueva York mantuvo contacto con los refugiados judíos en la Unión Soviética durante la guerra y les asistió en sus deplazamientos en la posguerra. En su trabajo sobre los judíos polacos deportados y dispersados en el interior de la Unión Soviética, Korzen, a pesar de que contó en su investigación con la asistencia del Gobierno sionista, reconoce que en su informe hay enormes lagunas en cuanto a las cifras. Sobre los judíos que ya vivían en la URSS, un censo de comienzos de 1939 establece que eran más de tres millones. De ellos, según el primer censo de posguerra, unos dos millones y medio seguían en el país pese a la oleada migratoria a Palestina y a Estados Unidos y a las bajas que inevitablemente debieron de sufrir durante la guerra.

Sobre estas bajas, hay que apuntar que existe la leyenda de que los "Einsatzgruppen" (grupos de operaciones) exterminaron a los judíos rusos mediante cámaras de gas móviles y ejecuciones masivas. En los procesos de Núremberg, el representante soviético del Ministerio Público, Roman Rudenko, acusó a los Einsatzgruppen de haber asesinado a no menos de un millón de judíos. En *The Destruction of the European Jews* Raúl Hilberg deja la cifra en 900.000. Lo cierto es que estos grupos de operaciones, cuatro unidades especiales compuestas de elementos de la Gestapo (Policía Secreta del Estado) y del SD (Servicio de Seguridad de la SS), en total unos tres mil hombres, eliminaron sin contemplaciones a judíos y no judíos que formaban parte de los partisanos que en territorio ruso acosaban continuamente a los alemanes. Su actividad constituía una importante amenaza para el ejército, por lo que Hitler concedió carta blanca a Himmler para que actuara como creyera conveniente bajo su propia responsabilidad. Así, como represalia por los atentados contra las tropas alemanas, partisanos, comisarios y funcionarios comunistas fueron ahorcados o fusilados enseguida tras ser apresados. Debe considerarse que tampoco los partisanos se anduvieron con miramientos a la hora de liquidar a cuantos soldados cayeron en sus manos.

El Reichsführer de las SS Heinrich Himmler visitó en Roma a Mussolini el 11 de octubre de 1942 y se quejó ante el Duce de que miles de judíos en los territorios ocupados eran partisanos que se dedicaban al sabotaje y al espionaje. Himmler reconoció que había mujeres y niños colaborando con los partisanos en la URSS y admitió que muchos judíos capturados habían sido sumariamente ejecutados por las unidades alemanas. Parece ser que Mussolini aprovechó la entrevista para recordarle a Himmler que la Iglesia Católica se oponía a la adopción de medidas extremas contra los judíos y le advirtió de que una política de excesos podía cambiar la actitud de Pío XII, quien abogaba por una victoria del Eje sobre la Unión Soviética.

No cabe duda, por tanto, de que el número de judíos que engrosaron las filas de estos grupos de partisanos que actuaban en la retaguardia fue considerable, por lo que, efectivamente, decenas de miles de ellos, quizá alrededor de 80.000, entre los que hubo mujeres y niños, fueron ejecutados. En tiempo de guerra estos crímenes suelen ser una práctica común en los ejércitos. Recordemos que los norteamericanos en Vietnam, por ejemplo, no tuvieron ningún reparo en arrasar con napalm a las poblaciones civiles de las aldeas que supuestamente ofrecían cobertura o cobijo a los guerrilleros del "Viet Cong". Cabe puntualizar, por otro lado, que muchos asesinatos atribuidos a los Einsatzgruppen fueron cometidos por nacionalistas ucranianos que odiaban profundamente a los judíos desde los tiempos de la guerra civil que siguió a la Revolución de 1917. Además, entre el 22 de junio y el 2 de julio de 1941 los comunistas asesinaron en masa a muchos ucranianos antes de retirarse. Ante los ojos de la población civil los judíos soviéticos eran considerados responsables de las matanzas, pues los consideraban cómplices de los criminales comunistas.

Por razones de seguridad, los judíos polacos fueron agrupados durante la guerra en guetos ubicados en las mayores ciudades. Diversos autores judíos aluden a los grandes guetos de Lodz, Varsovia, Bialystok, Lwow y Grodno. En Lituania y en Letonia, los hubo en Vilna, Kovno y Riga. Como siempre a lo largo de la historia, en estos guetos los propios judíos se gobernaban a sí mismos a través del "Judenrat", un Consejo Judío que disponía de su propia policía. El Consejo Judío cooperaba inevitablemente con las autoridades alemanas, las cuales con frecuencia le solicitaban mano de obra que era reclutada por las propias autoridades judías. Por ello, existían organizaciones que se oponían al "Judenrat", cuyos miembros eran considerados títeres al servicio de los alemanes. Sin embargo, gracias a esta colaboración los alemanes levantaron la prohibición inicial a las escuelas judías y los niños judíos eran educados en escuelas que operaban bajo la autoridad del Consejo del gueto o de manera privada. En la vida cultural del gueto se producían libros, así como representaciones teatrales y musicales. Asimismo, una agencia judía para el bienestar social, "Jüdische Unterstützungsstelle" (JUS), suministraba a los guetos comida, medicinas y ropa que obtenía de la administración civil alemana. La JUS mantenía también contactos con la Cruz Roja Alemana y con organizaciones extranjeras que aportaban dinero y otros bienes. Hasta diciembre de 1941 la mayoría de estas ayudas externas procedían del Joint Distribution Committee, pero la entrada de EE.UU. en la guerra convirtió en ilegales estas actividades.

Eugene M. Kulisher, reconocida autoridad en el ámbito de la demografía y los movimientos migratorios, estudia en una amplia sección de *The Displacement of Population in Europe* (1943), texto accesible online en internet, el problema de la expulsión y evacuación de los judíos. Este libro, considerado absolutamente fiable porque el autor utiliza como fuentes hasta dos docenas de instituciones europeas, pone de manifiesto lo que sabían ciertamente los enemigos de Alemania sobre la política del nacionalsocialismo en relación a los judíos, al margen de la engañosa campaña de propaganda. En relación a los guetos, Kulisher informa que los primeros se establecieron en

Lodz en el invierno de 1939-1940. El gueto de Varsovia se creó en el otoño de 1940. Se ordenó a todos los judíos que vivían fuera de él que entrasen en sus confines y a los polacos que vivían en su interior que lo abandonasen. El 18 de octubre de 1941 *The New York Times* informó que las autoridades alemanas habían tenido que enviar numerosas ambulancias a Varsovia para la desinfección del gueto, donde vivían unas cuatrocientas mil personas sobre una superficie de 6.4 km2 que circundaba el antiguo gueto medieval. Se sabe que las epidemias en los guetos eran frecuentes y los alemanes las atribuían a la "falta de disciplina" de sus habitantes. Muchos judíos del extranjero fueron transportados al gueto de Varsovia y en la primavera de 1942 cerca de medio millón de personas lo habitaban.

Según datos ofrecidos por círculos polacos establecidos en Londres, alrededor de 1.300.000 judíos habían sido agrupados en once guetos esparcidos en distintas partes del país. A principios del verano de 1942 el "Institute of Jewish Affairs" elevaba la cifra hasta un millón y medio. El secretario de Estado para la Seguridad en el Gobierno General de Polonia emitió el 28 de octubre y el 10 de noviembre de 1942 normas sobre los guetos judíos en cinco distritos del Gobierno General: Varsovia, Lublin, Cracovia, Radom y Galicia. Según informa Kulisher, en noviembre de 1942 todos los judíos del Gobierno General estaban confinados en dos tipos de áreas: guetos en el interior de las grandes urbes y ciudades puramente habitadas por judíos de las que se había evacuado a la población no judía. En total había trece guetos y cuarenta y dos ciudades judías en todo el Gobierno General de Polonia.

Tras la invasión de la URSS se establecieron guetos en el oeste de Ucrania, en el oeste de Bielorusia, en los Estados bálticos y también en la Rusia ocupada. Si la invasión de la URSS hubiera acabado en una derrota soviética, la política de reasentamiento de los judíos hacia el este de Europa hubiera proseguido seguramente según lo planeado y las masas congregadas en el Gobierno General de Polonia hubieran acabado en estos guetos de países situados más al este. Cientos de miles de judíos pasaron por los campos de tránsito, considerados de exterminio por la historiografía oficial, en su viaje a las zonas más orientales. Cuando se anunciaba un nuevo reasentamiento, correspondía al Consejo Judío del gueto entregar a las autoridades alemanas las listas de quienes serían desplazados.

El levantamiento del gran gueto de Varsovia el 19 de abril de 1943 propició que se acelerase el transporte de judíos al este. Tras una resistencia feroz y una batalla que gozó de gran cobertura y publicidad en todo el mundo, la sublevación se dio por sofocada el 16 de mayo y el gueto fue finalmente liquidado. Se estima que hubo unas doce mil bajas y que cerca de sesenta mil de sus pobladores fueron trasladados más hacia el este. Treblinka se convirtió en el campo de tránsito para este nuevo reasentamiento. Tres meses más tarde fue también desalojado el gueto de Bialystock. Hubo enfrentamientos durante unos días, pero la resistencia fue débil. Según informa la *Enciclopedia del Holocausto*, el 18 de agosto comenzaron las deportaciones a Treblinka, donde los exterminacionistas insisten en que los deportados fueron gaseados, a Majdanek, Poniatowa o Auschwitz. Un tren con 1.200 niños a los que inicialmente se había previsto enviar a Palestina, pasó en tránsito por Treblinka y finalmente fue dirigido a Threresienstadt, el llamado "campo modelo", donde se desarrollaban numerosas actividades culturales y artísticas, en especial en el ámbito de la música.

La deportación de los judíos húngaros

Gracias al informe del Comité Judío de Rescate de Budapest (*The Report of the Budapest Jewish Rescue Committee*) disponemos de información muy interesante sobre las actividades de los sionistas en Budapest durante la guerra. Rudolf Israel Kastner, conocido también como Reszö Kasztner, presidente del Comité y autor del informe manuscrito, presentó el documento en 1946 a la WZO (World Zionist Organization). Puesto que Kastner fue liquidado el 15 de marzo de 1957 en Tel Aviv por Zeev Eckstein, un exagente del servicio secreto israelí, es conveniente contemplar sucintamente este asesinato antes de abordar la polémica sobre lo que ocurrió con los judíos húngaros.

El asesinato del Dr. Kastner en marzo de 1957 fue el primer crimen político de la historia de Israel. Alguien decidió que era mejor que Rudolf Kastner desapareciera, aparentemente porque sabía demasiado sobre la colaboración de los sionistas con los nazis y sobre su responsabilidad en ciertos hechos. El criminal, Zeev Eckstein, pese a declararse arrepentido, nunca delató a las personas que le habían ordenado eliminar a Kastner. Todo comenzó en 1952, cuando un hotelero de Jerusalén llamado Malquiel Grünwald acusó a miembros del Gobierno laborista de colaboracionismo con los nazis. Kastner, que en 1952 era portavoz de Dov Yosef, el ministro de Industria y Comercio en el Ejecutivo de Ben Gurión, fue especialmente señalado. En 1953, el Gobierno laborista, apremiado por Kastner, se querelló contra Grünwald por difamación. Durante el juicio, el abogado de Grünwald, Shmuel Tamir, acusó a Kastner de haber declarado en favor del coronel de las SS Kurt Becher en Núremberg y presentó una carta de Kastner dirigida a Eleazer Kaplan, funcionario de la Agencia Judía que presidían David Ben Gurión y Moshe

Sharett, en la que les decía textualmente: "Kurt Becher fue un coronel de la SS y sirvió como enlace entre Himmler y yo para nuestro trabajo de rescate. Fue liberado de prisión en Núremberg por las fuerzas de ocupación de los Aliados gracias a mi intervención personal." El juez Hálevi quiso saber quién le había dado permiso a Kastner para abogar por Becher en nombre de la Agencia Judía y del Congreso Mundial Judío. Entonces Kastner escupió una lista de próceres de las principales agencias judías en Israel.

Las cosas fueron complicándose hasta tal punto que el 29 de junio de 1955 *The New York Times* informó que se pedía la dimisión del Gobierno israelí, el cual estaba siendo enjuiciado juntamente con Kastner. El juicio duró tres años. Joel Brand, íntimo colaborador de Kastner al que muchos hubieran querido ver muerto, testificó ante la corte y se estableció que David Ben Gurion, Moshe Sharett y el propio Chaim Weizmann estaban también implicados en el pretendido exterminio de los judíos húngaros: un exterminio inexistente que la propaganda había certificado y que ya no podía ser negado. En definitiva, el juez Hálevi, considerando todas las evidencias, falló en favor de Malquiel Grünwald, por lo que el Gobierno de Israel recurrió ante la Corte Suprema. El asesinato de Kastner se produjo antes de la decisión de dicha Corte, que finalmente sentenció en 1958 que no era culpable de colaboración, porque, como escribió uno de los jueces "No hay ley que pueda imponer obligaciones a un líder en una situación de emergencia con respecto a quienes dependen de su liderazgo y siguen sus instrucciones." Sin embargo, la Corte Suprema consideró que había cometido perjurio en favor de un nazi.

Explicado esto, podemos contemplar ahora el informe presentado por Kastner a la WZO en 1946, teniendo siempre en cuenta que su editor, Lenni Brenner, publica sólo fragmentos seleccionados por él mismo en *51 Documents. Zionist Collaboration with the Nazis*. Kastner, uno de los líderes, si no el presidente, del "Vaadat Ezra Vö-Hazalah" (Comité Judío de Ayuda y Rescate) de Budapest, confirma que, además de una horda de judíos procedentes de Eslovaquia, en marzo de 1942 entraron como refugiados en Hungría oleadas de judíos polacos. A Muchos de ellos el Comité les facilitó ayuda financiera, alojamiento y documentos legales falsificados. Para ayudar a la gran multitud de refugiados eslovacos y polacos hubiera sido preciso acudir a los fondos de "Keren KaYemeth" (Fondo Nacional Judío) y "Karen HeYesod" (Fondo de Fundación), pero los líderes sionistas que los controlaban se negaron a suministrarlos alegando que habían sido ya recolectados para Palestina. Sin embargo, en el otoño de 1942 las organizaciones de ayuda de la Agencia Judía de Estambul, cuya dirección corría a cargo de Chaim Barlas, hicieron llegar al Comité de Budapest una "suma modesta" para que fuera empleada en auxilio de los judíos polacos.

Junto con el dinero enviaron un mensaje de la judería de Palestina: "!Ayudad a los refugiados! ¡Ayudad a los judíos polacos!" Según desvela Kastner, la organización para el rescate de los judíos polacos recibió el nombre en clave de "Tijul" y fue dirigida por el Joel Brand, cuya declaración en el juicio contra Kastner en Tel Aviv levantó ampollas.

Todo, pues, transcurría con relativa tranquilidad hasta que en marzo de 1944 los alemanes ocuparon Hungría ante el temor de que los húngaros rompieran su alianza con ellos. Los primeros en tener noticia de que la ocupación era inminente fueron los líderes del Comité Judío de Rescate, quienes el 14 de marzo recibieron una información confidencial de Joseph Winniger, uno de sus colaboradores en el Servicio de Inteligencia Militar, que les puso en alerta. Se convocó enseguida una conferencia a la que asistieron Otto Komoly, Joseph Fischer, Ernest Marton, Hillel Danzig, Moshe Schweiger, Joel Brand y Rudolf Kastner. El Comité Judío de Rescate de Budapest decidió alertar inmediatamente a Estambul. Asimismo, contactaron con el Comité de Bratislava, que tenía buenas conexiones con los oficiales de las SS, con el fin de conocer cuáles eran las intenciones de los alemanes hacia la judería húngara. Por otra parte, el Haganá, el instrumento de protección judía, debía ser inmediatamente activado. El Haganá rechazó hacer acto de presencia durante los tres o cuatro primeros meses que siguieron a la ocupación, entre otras causas porque Moshe Schweiger, su líder en Hungría, fue arrestado por las SS.

Durante los primeros días de la ocupación, que comenzó el 19 de marzo, los miembros del "Vaadah" (el Comité Judío de Rescate) y los líderes sionistas mantuvieron diversas reuniones para planificar el trabajo a realizar. Otto Kolmony fue encargado de contactar con los políticos húngaros y con las iglesias cristianas, a las que pidió asistencia. Se ordenó a Moshe Krause que se colocara bajo la protección de la Embajada de Suiza y que pidiera la intervención de diplomáticos neutrales. El Dr. Kastner y Joel Brand quedaron encargados de establecer relaciones con los alemanes. Dieter Wisliczeny, asistente de Adolf Eichmann y jefe de los "Judenkommandos" de Budapest, fue el contacto que les permitió entablar negociaciones con las SS.

El 5 de abril de 1944 Kastner y Brand fueron recibidos por Wisliczeny, al que le presentaron sus aspiraciones, que, según consta en el informe de Kastner a la WZO, eran las siguientes: salvaguardar las vidas de los judíos húngaros; que no fueran agrupados en guetos; evitar las deportaciones; y que se permitiera la emigración y entrada en otros países de los judíos húngaros que tuvieran visados. He aquí lo que escribió Kastner sobre la respuesta: "...Naturalmente -dijo Wisliczeny-, insistimos en que la influencia de los judíos en todas las esferas debe ser reducida radicalmente. Pero no insistimos en colocarlos en guetos o en deportaciones. Esta posibilidad sólo podría ocurrir si recibieramos órdenes de nuestros superiores directamente desde Berlín." Veamos el fragmento de la respuesta de Wisliczeny que se refiere a la inmigración a otros países: "En cuanto a la Inmigración, debo pedir instrucciones a mis superiores. Personalmente, no creo que nuestro alto mando estaría interesado en inmigración en números limitados. Pero si ustedes estuvieran dispuestos a diseñar un plan para la inmigración de por lo menos cien mil judíos, trataríamos de influir en Berlín para que fuera posible."

El informe de Kastner añade que Wisliczeny pidió dos millones de dólares y exigió, como muestra de "buena voluntad" y de que los judíos tenían la capacidad para reunir el dinero, que se pagara un diez por ciento por adelantado, i. e. doscientos mil dólares a pagar en pengös, la moneda húngara que entonces estaba en curso. La conversión equivalía a seis millones y medios de pengös y debía realizarse en el mercado negro. Los judíos decidieron pagar esta cantidad con objeto de mantener abierta la conexión y ganar tiempo. Debe considerarse que Budapest había sido durante años una ciudad que había servido de cobijo a refugiados del centro y del este de Europa, por lo que se había convertido en un epicentro de la "Alijah" (la inmigración judía a Palestina). Sobre el capitán Dieter Wisliczeny, cabe añadir que fue después jefe de la Gestapo en Eslovaquia y que acabó en manos de los comunistas checos, quienes en noviembre de 1946, antes de ejecutarlo, lo torturaron en la prisión de Bratislava hasta convertirlo en un pelele. Poliakov y otros exterminacionistas se sirven de sus declaraciones para sostener el exterminio de seis millones de judíos.

Adolf Eichmann[1], el director de la política judía en la Oficina Central de Seguridad del Reich (RSHA) de las SS y especialista en todo tipo de asuntos judíos, se había mantenido en un segundo plano, pero entró en escena tan pronto las negociaciondes fueron cogiendo cuerpo. Joel Brand fue recibido por Eichmann el 25 de abril de 1944. El encuentro tuvo lugar en el Hotel

---

[1] El caso de Adolf Eichmann se convirtió en un acontecimiento mundial cuando el 2 de mayo de 1960 fue capturado en Argentina por agentes del Mossad, que lo trasladaron a Israel para montar un juicio espectáculo. Medios de todo el mundo se prestaron a colaborar en la parodia de Jerusalén. El 28 de noviembre y el 5 de diciembre de 1960 la revista *Life* publicó unas supuestas memorias de Eichmann con el fin de ir preparando a la opinión pública internacional. A pesar de que nunca había sido acusado de participar en ejecuciones de judíos, después de torturas adecuadas y de un lavado de cerebro, declaró en el juicio que había sido responsable del exterminio de más de seis millones de judíos. Asimismo, a pesar de que sabía que iba a ser ejecutado, se vio obligado a escribir unas "confesiones auténticas" en las que ratificó y aumentó la cifra de judíos que había eliminado. El lector interesado en conocer más sobre este asunto tiene a su disposición *La verdad sobre el proceso de Eichmann*, obra de Paul Rassinier publicada en 1962.

Majestic de Budapest. Kastner reproduce textualmente en su informe las palabras con que comenzó la entrevista:

"He realizado indagaciones y he comprobado que el 'Joint' es capaz de hacer los pagos (tras la experiencia en Austria y Checoslovaquia, cualquier cosa relacionada con judíos y dinero era sinónimo de 'Joint'). Naturalmente, conozco las conferencias entre Krumey y usted, pero eso son sólo naderías. Ahora le ofrezco la gran oportunidad de salvar a un millón de judíos húngaros. He oído que Roosevelt en un discurso radiofónico expresó sus temores por las vidas de los judíos húngaros. Ahora le daré la oportunidad de hacer algo por ellos. No necesito dinero. No sé qué hacer con él. Necesito materiales de guerra, especialmente camiones. Por consiguiente, he decidido permitirle viajar a Estambul para que pueda transmitir a sus amigos de allí este generoso ofrecimiento alemán. Trasladaré a todos los judíos húngaros a Alemania, serán recogidos en un lugar determinado. Esperaré dos semanas la respuesta de Estambul. Usted regresará de inmediato de Estambul para traerme la respuesta de sus amigos. Si la respuesta es positiva, podrá llevarse a todos los judíos por lo que a mi respecta, pero si la respuesta es negativa, tendrá usted que atenerse a las consecuencias."

Cabe precisar que el paréntesis que figura en el fragmento es textual, se trata por tanto de una constatación de Kastner, quien admite que los alemanes conocían muy bien el poder del Joint Distribution Committee de Nueva York, cuyos agentes en la URSS, como se ha visto, fueron combatidos con saña por Stalin. En cuanto a Hermann Krumey, el nombre que aparece en el texto, se trata de un colaborador de Eichmann. Kastner puntualiza en su informe que las frases de Eichmann fueron breves y mordaces y que Brand trató de convencerlo de que sería más fácil alcanzar el acuerdo si los alemanes desistían de sus planes de deportación. Joel Brand le pidió a Adolf Eichmann que dejara en suspenso dichos planes porque así "sería más fácil concluir este asunto". Parece lógico pensar que si la solución final hubiera sido un plan de exterminio de los judíos europeos, la oferta de Eichmann no hubiera sido posible. De haber existido una orden superior y un plan para exterminarlos, no habría sido factible la propuesta de Eichmann de intercambiarlos por camiones.

Joel Brand voló a Estambul en un avión correo alemán. Antes del viaje, entre los días 8 y 17 de mayo, estuvo negociando con Eichmann en Budapest. Eichmann, convencido de la poderosa influencia que los judíos ejercían sobre los Aliados, sobre todo en los americanos, confiaba en que la oferta de diez mil camiones por un millón de judíos, es decir, un camión por la vida de cien personas, sería aceptada. "Puede asegurar a sus amigos -garantizó- que no utilizaremos los camiones en el frente, sino en el interior. Como mucho, en caso de emergencia, podrían ser empleados en el exterior en el frente ruso." Tan pronto Joel Brand partió hacia Turquía, los contactos con Eichmann fueron asumidos por Kastner y Hansi Brand (la esposa de Joel). En mayo las deportaciones habían ya comenzado. Sobre lo que les dijo Eichmann sobre ellas, Kastner escribió en su informe lo siguiente: "No había absolutamente ninguna posibilidad de que suspendiera o detuviera las deportaciones. No debíamos pensar que fuese tan estúpido, porque si paralizaba las deportaciones nadie en el extranjero negociaría con él. Tendríamos que esforzarnos para ser más efectivos en Estambul. No permitiría que lo tomásemos por tonto y su paciencia tenía límites." Tras la entrevista, se apresuraron a enviar un telegrama a Estambul para anunciar que las deportaciones no se detendrían, por lo que debían actuar con rapidez porque el tiempo corría en su contra.

Kastner da noticia de una nueva reunión celebrada el 22 de mayo, durante la cual Eichmann confirmó su autorización para que emigraran seiscientos judíos seleccionados; aunque, a causa de las obligaciones de Hitler con el Gran Muftí de Jerusalén, no permitió que viajaran hacia Palestina vía Estambul, sino que debían ir a Alemania, para entrar posteriormente en Francia y en España, desde donde podrían pasar a África. Durante los días siguientes se recibieron telegramas de Estambul en los que Brand decía que estaba manteniendo discusiones esperanzadoras y que varios delegados británicos y americanos de la Agencia Judía lo respaldaban; sin embargo, todo acabó en un gran fiasco y Brand no regresó nunca a Budapest. En nuestra opinión, si con la entrega de diez mil camiones se salvaba supuestamente la vida de cientos de miles de judíos, es incomprensible que no se autorizara la operación. Si efectivamente se hubiera producido el exterminio de la judería húngara, los líderes sionistas que la frustraron serían culpables ante la historia y ante su pueblo.

Resumiremos a continuación muy escuetamente cuál fue la peripecia de Joel Brand. En el cuarto volumen de *El Colapso de Occidente: El siguiente Holocausto y sus Consecuencias*, Francisco Gil-White dedica el capítulo XXI, titulado "El 'Caso Kastner'", a narrar con detalle lo ocurrido. Gil-White se declara deudor de Ben Hecht, que asistió como periodista al juicio y en 1961 publicó una reseña documentada del proceso en *Perfidy*, obra que constituye la fuente principal de Gil-White. La información sobre el juicio de Tel Aviv contra Kastner es de gran interés, aunque ahora nos interesa conocer cómo fue la gestión de Brand desde que llegó a Estambul acompañado de Bandi Grosz. Según este autor norteamericano, nadie los esperó en el aeropuerto y buscaron alojamiento en un hotel, donde los visitó un representante de la Agencia Judía que los llevó ante el Comité de Ayuda y Rescate de Estambul.

Brand explicó que debía regresar a Budapest en dos semanas para liberar a los primeros cien mil judíos. Se decidió, no obstante, que era precisa la presencia de un alto funcionario del Ejecutivo de la Agencia Judía, por lo que Venia Pomeranietz fue designada para que trajera a Moshe Sharett a Estambul. Ante la negativa de los británicos a permitir la entrada de Sharett en Turquía, Chaim Barlas, director de la Agencia Judía en Estambul, le sugirió a Brand que viajara a la Siria británica para entrevistarse con él, pero Brand temía ser arrestado por los británicos y, puesto que Eichmann le había dicho que con su regreso y su palabra bastaría, pidió que le permitieran regresar a Budapest con una carta del Comité de Ayuda y Rescate diciendo que se aprobaba el trato. Después de una agria discusión, Barlas obligó a Brand a viajar a Siria en compañía de Ehud Avriel, del movimiento Halutzin (los pioneros).

Cuando el tren se detuvo en Ankara, según declaró Brand ante el juez Hálevi, Avriel bajó del tren durante unos minutos y entonces dos agentes, uno del Partido Revisionista de Vladimir Jabotinsky y otro de Agudat Israel, un partido sionista religioso, subieron para advertirle que no prosiguiera el viaje, pues los británicos lo esperaban en Alepo para arrestarlo. En su declaración Brand aseguró que Avriel lo tranquilizó y lo animó a proseguir el viaje. Tan pronto llegaron a Alepo, Ehud Avriel salió de vagón con el pretexto de gestionar algo, momento en que agentes británicos procedieron al arresto de Brand. Lo llevaron a su cuartel general, donde en presencia de ellos se produjo por fin la entrevista con Moshe Sharett, el líder del Departamento Político de la Agencia Judía que sería posteriormente ministro de Exteriores y primer ministro de Israel. Sharett, el cual mantenía óptimas relaciones con el Gobierno de Londres, le dijo que no podría ya regresar ni a Estambul ni a Budapest. "Me sorprendí y me opuse amargamente -declaró Brand ante el juez Hálevi-, pero me dijo que no había alternativa."

En definitiva, Joel Brand fue conducido hasta Cairo a través de Palestina. Allí fue interrogado una y otra vez por los británicos, por lo que comenzó una huelga de hambre como protesta que duró diecisiete días. Cuatro meses después lo dejaron en libertad, pero lo obligaron a entrar en Palestina. Ingenuamente, Brand escribió a Chaim Weizmann, presidente de la Organización Sionista Mundial (WZO), al que relató todo lo ocurrido, le pidió que aceptase la oferta de Eichmann y le explicó que los judíos estaban siendo traicionados por sus líderes en Palestina. La respuesta de Weizmann, fechada en Rehovot el 29 de diciembre de 1944, fue presentada ante el tribunal de Tel Aviv como evidencia por Shmuel Tamir, el abogado del denunciante Grünwald. He aquí el texto:

"Estimado Sr. Brand,
Le ruego me perdone por haber tardado en contestar su carta. Como seguramente vio en la prensa he estado viajando mucho y en general no he tenido un momento libre desde que llegué aquí. Leí su carta y el memorando adjunto y con gusto me entrevistaré con usted un día de la semana que sigue a la que viene -digamos sobre el 10 de enero.
La Srta. Itin -mi secretaria- se comunicará con usted para acordar la entrevista.
Le mando un saludo afectuoso.
Sinceramente, Chaim Weizmann."

Curiosamente, después de haber escrito a Brand ofreciéndole una entrevista, Weizmann incumplió su promesa y el encuentro nunca llegó a producirse. Joel Brand concluyó su testimonio ante el juez Hálevi de este modo: "Sea que me equivoqué o no, sea para bien o para mal, he maldecido desde entonces a los líderes oficiales de los judíos. Todas estas cosas me asediarán hasta el día de mi muerte. Es mucho más de lo que un hombre puede soportar."

La deportación de los judíos húngaros durante la primavera de 1944 ha sido tema de discusión permanente entre los investigadores revisionistas, que han debatido una y otra vez entre ellos con el fin de averiguar con la mayor exactitud posible qué ocurrió en realidad. La versión oficial ofrecida por los exterminacionistas acepta los cálculos que en 1945 y 1946 realizó el World Jewish Congress, según los cuales murieron unos 600.000 mil judíos. Todavía en el año 2000, Arthur R. Butz debatía con Jürgen Graf a través de un extenso artículo titulado "On the 1944 Deportations of Hungarian Jews" (Sobre las deportaciones de judíos húngaros en 1944), publicado en *The Journal of Historical Review*. Graf, conocido escritor y activista de origen suizo que en 1992 publicó el libro *Der Holocaust auf dem Prüfstand*, editado en Argentina por primera vez en español con el título *El Holocausto bajo la lupa* (1997), acepta que 438.000 judíos fueron deportados a Auschwitz entre mayo y julio de 1944, pero niega que fueran gaseados.

En 2001, Samuel Crowell, otro autor revisionista, se sumó al debate con un nuevo artículo, "New Light on the Fate of Hungarian Jews" (Nueva luz sobre el destino de los judíos húngaros), publicado asimismo en *The Journal of Historical Review*. Este investigador norteamericano recuerda que Jean-Claude Pressac, autor que sostiene la tesis de que en Auschwitz murieron entre 600.000 y 700.000 personas, rebaja considerablemente la cifra de judíos húngaros deportados a Auschwitz y la deja entre 160.000 y 240.000. Samuel Crowell cuestiona la deportación masiva a Auschwitz y sostiene que muchos judíos húngaros se trasladaron a distintos campos, entre los que cita Dora, Buchenwald, Bergen-Belsen, Gross Rosen, Mauthausen, Szeged, Strasshof..., y aporta pruebas de que en junio de 1944 veinte mil judíos fueron enviados Strasshof.

Una de las fuentes de Crowell es el historiador húngaro Szabolcs Szita[2], quien ofrece una lista de casi cuatrocientos campos con sus satélites a los que llegaron judíos húngaros. Aparte, Szita añade los nombres de más de quinientas localidades, muchas de las cuales no estaban asociadas a campos de concentración, que acogieron a judíos deportados de Hungría. Entre éstas, cita Unterlüss, cerca de Hannover, o Moerfelde-Walldorf. Existe evidencia de que un gran número de mujeres húngaras trabajaron en Unterlüss. Se sabe también que unas mil setecientas mujeres húngaras, después de haber sido transferidas en mayo desde Auschwitz, trabajaron en Moerfelde-Walldorf en una pista de aterrizaje para la firma Züblin, una empresa de construcción. Asimismo, Szabolcs Szita menciona a húngaros trabajando en diferentes campos de concentración próximos a los países bálticos, tales como Kovno, Klooga, Riga-Kaiserwald, Stuthoff y otros. En el subcampo de Dundaga trabajaron entre dos mil y cinco mil mujeres húngaras que fueron llegando desde Auschwitz a partir del mes de mayo. Es decir, Szita y otros historiadores confirman que en lugar del pretendido exterminio, se produjo una amplia distribución de judíos desde Auschwitz a distintas áreas ocupadas por los alemanes, en las que eran forzados a trabajar.

En el informe de 1948 del CICR se confirma que, lo mismo que en Eslovaquia, los judíos húngaros gozaban de cierta libertad de acción. Había leyes antijudías, pero no se corría peligro alguno. Hasta marzo de 1944, quienes consiguieron visados para Palestina fueron libres de abandonar el país. Fue entonces cuando, para prevenir que Hungría abandonara su alianza con Alemania ante la previsible derrota de Hitler, las tropas alemanas ocuparon el país. El 18 de marzo el Führer citó al regente, el almirante Horthy, a su cuartel general. Según se dice textualmente en el informe del CICR, "le expresó su indignación porque en Hungría cerca de un millón de judíos gozaban de

---

[2] Szabolcs Szita fue nombrado por el Gobierno de Viktor Orbán director del "Holocaust Memorial Center" de Budapest. *Coexistencia-Persecución-Holocausto*, libro de Szita publicado en 2001 y premiado por el Ministerio de Educación del primer Gobierno de Orbán, ofrece importante información sobre la historia de los judíos húngaros. Puesto que los contenidos de la obra de Szita no gustaron a los líderes judíos, comenzó una campaña de críticas sobre sus puntos de vista.

libertad sin restricción alguna." Tras la ocupación, un nuevo Gobierno sujeto a la autoridad alemana suspendió la emigración judía y comenzaron las persecuciones. Fue entre los meses de mayo y julio cuando se produjeron las mayores deportaciones con el fin de emplear a los judíos como mano de obra.

Arthur R. Butz no sólo niega que los judíos húngaros fueran gaseados en Auschwitz, sino que considera impracticable el traslado de 438.000 de ellos al famoso campo en un momento crítico de la guerra en el que los medios de transporte eran requeridos para las necesidades bélicas. Este autor cita un texto de 19 de abril de 1944 en el que las autoridades alemanas aluden a las "mayores dificultades" para encontrar trenes disponibles para el traslado de diez mil judíos que precisaban como mano de obra. El 27 de abril, un nuevo informe confirma que finalmente se había podido transportar a cuatro mil, que llegaron a Auschwitz sobre el 1 de mayo. Existe constancia documental de un segundo transporte de cuatro mil judíos al campo de trabajo, dos mil de los cuales fueron registrados el 22 de mayo y otros dos mil el día 24. No obstante, la escasez de trenes impedía la deportación de los cincuenta mil que necesitaban. Debe considerarse, además, que el 6 de junio de 1944, el día D, comenzó el desembarco en Normandía y los alemanes afrontaban una situación desesperada en ambos frentes. Los ferrocarriles eran vitales para el transporte de tropas y materiales con el fin de evitar el colapso. Es imposible comprender cómo pudieron destinarse cantidades enormes de trenes para una deportación masiva en detrimento de las prioridades y la capacidad operativa del ejército. En defensa de su tesis, Arthur R. Butz argumenta que la cifra 438.000 judíos, pretendidamente deportados en dos meses, equivale a dos tercios de las deportaciones realizadas desde Alemania, Austria y el oeste de Europa en tres años (1941-1944). Otro hecho incomprensible que no explican los exterminacionistas es por qué los alemanes perdían tiempo y recursos deportando a cientos de miles de personas a Auschwitz con el fin de matarlas, pudiendo hacerlo, si ése era de veras el objetivo, mediante fusilamientos en Hungría o en las montañas eslovacas que atravesaban los trenes.

Antes de proseguir, es pertinente aclarar que a comienzos de 1944 los judíos húngaros eran unos 750.000, según cifras aportadas por los propios alemanes. No queda claro si esta cifra incluye a los refugiados polacos y eslovacos que pasaban la frontera masivamente porque Hungría era considerado un refugio seguro. Puesto que los sionistas utilizaban Hungría como trampolín para canalizar la inmigración hacia Palestina, hay que pensar que había además un flujo adicional de judíos del este de Europa que entraban en el país con este fin. 300.000 de ellos vivían en Budapest en la primavera de 1944. Si la cifra de deportados en los meses de mayo y junio fuera la que aportan los exterminacionistas, equivaldría a aceptar la desaparición de todos los judíos húngaros que vivían en las provincias, puesto que los judíos de la capital no habían sido evacuados. Además, debe considerarse que en noviembre de 1944 cien mil judíos llegaron a Budapest desde distintas zonas del país, lo cual implica rebajar en dicha cantidad la cifra de deportados.

El hecho de que en marzo de 1944 los alemanes dieran publicidad a su voluntad de deportar a los judíos húngaros fue enseguida aprovechado por los propagandistas judíos para lanzar la campaña sobre la historia del exterminio de los judíos húngaros, que incluía todo tipo de atrocidades. Arthur R. Butz cita en *The Hoax of the Twentieth Century* una veintena de informaciones publicadas entre febrero y agosto de 1944 en el diario *The New York Times*, buque insignia de la prensa escrita judía en Estados Unidos. Veamos sólo algunas. El 10 de mayo aparecía una información de Joseph M. Levy donde se afirmaba que Hungría estaba preparando "la aniquilación de los judíos húngaros por los medios más diabólicos." Gratuitamente, sin la menor prueba, se decía textualmente que el Gobierno de Sztójay estaba "a punto de comenzar el exterminio de cerca de un millón de seres humanos." Con total desfachatez, Joseph M. Levy escribía lo siguiente: "El Gobierno de Hungría ha decretado la creación en distintas partes de Hungría de 'baños especiales' para judíos. Estos baños no son sino enormes cámaras de gas listas para asesinatos masivos, iguales a los que se inauguraron en Polonia en 1941." Una semana más tarde, el 18 de mayo, el mismo articulista aseguraba que ochocientos mil judíos de las provincias carpáticas habían sido "enviados a los campos asesinos en Polonia."

Citando fuentes húngaras que informaban desde Turquía, el 2 de julio *The New York Times* insertaba en su página 12 una noticia en la que se decía que "350.000 judíos estaban listos para ser deportados a los campos de la muerte en Polonia". En la misma información se aseguraba que 400.000 habían sido ya enviados el 17 de junio y añadía: "se cree que los 350.000 restantes serán ejecutados hacia el 24 de julio." El día 6 de julio se decía en la página 6 lo siguiente: "El Congreso Mundial Judío fue informado hace más de dos semanas de que cien mil judíos recientemente deportados desde Hungría a Polonia han sido gaseados en el importante campo de concentración alemán de Oswiecim" (topónimo polaco de Auschwitz). El 4 de agosto se daba crédito como fuente a un correo de la resistencia polaca, el cual, anunciaba "que los judíos húngaros estaban siendo enviados a Oswiecim a razón de doce trenes llenos cada veinticuatro horas." Para acabar de escandalizar a la opinión pública norteamericana, se añadía que "con las prisas los alemanes se pusieron a matar niños pequeños con cachiporras." También durante la primera guerra mundial los propagandistas, como sabemos, lanzaron una campaña contra Alemania. Se acusó a sus soldados de haberse comido a niños belgas y de lanzarlos al aire para ensartarlos con sus bayonetas. La diferencia está en que entonces los ingleses se retractaron y su ministro de Exteriores pidió disculpas a Alemania en la Cámara de los Comunes, donde reconoció que se trataba de propaganda de guerra; sin embargo hoy, ya en el siglo XXI, la propaganda sobre las atrocidades de los nazis hacia los judíos crece y crece sin parar.

El profesor Butz reproduce en su obra hasta medio centenar de documentos presentados en los juicios de Nuremberg, los cuales son esgrimidos por los exterminacionistas para demostrar que más de cuatrocientos mil judíos fueron deportados entre el 15 de mayo y primeros de julio de 1944. Un ejemplo de la poca fiabilidad de algunos de ellos es el NG-2233, donde se dice absurdamente que el programa de exterminio gozaba de prioridad sobre la produción militar en cuanto a las vías férreas. Existen dudas razonables para sospechar que muchos de estos textos son falsificaciones que contaron con la colaboración postbélica de nazis que obtuvieron inmunidad y se libraron de la persecución. La mayoría son copias mimeografiadas de telegramas enviados al Ministerio de Asuntos Exteriores por Edmund Veesenmayer, plenipotenciario del Ministerio en Hungría. Veesenmayer fue acusado en el juicio de la Wilhelmstrasse, el caso número 11 de los NMT, uno de los doce juicios organizados por los americanos entre 1946 y 1949. El fiscal judío Robert Kempner, que asumió la "sección de ministerios políticos", utilizó las más sucias estrategias para obtener las declaraciones que deseaba. Según la *Encyclopedia Judaica*, Kempner fue "jefe de la acusación"[3]. Veesenmayer testificó que podía llegar a recibir hasta veinte órdenes diarias y que algunas de ellas se contradecían. Declaró que sus informes eran elaborados por ayudantes

---

[3] Sobre este Robert Kempner se ha escrito ya en el capítulo onceno, concretamente en la exposición sobre el montaje de Núremberg. Ahora añadiremos que este judío de origen alemán había emigrado en 1939 a Estados Unidos y que durante la guerra fue uno de los numerosos judíos que trabajaban en el seno del OSS (el Servicio de Inteligencia), entre los que estaba, como ejemplo curioso, Herbert Marcuse, el famoso filósofo de la Escuela de Frankfurt autor de *El hombre unidimensional*. Según ha quedado explicado, la coerción fue herramienta habitual de Kempner en sus interrogatorios de Núremberg, donde hurtó numerosos documentos originales. Kempner ocultó el documento Schlegelberger, que demostraba que Hitler ordenó en marzo de 1942 que se pospusiera la solución del problema judío hasta el final de la guerra. David Irving lo publicó en 1977 en *Hitler's War*. En 1951 Kempner era representante de Israel en Bonn y tuvo un papel destacado en las negociaciones sobre indemnizaciones de Alemania al Estado sionista y a los damnificados por la persecución de los nazis. En 1952 apareció de nuevo en Estados Unidos en relación con la investigación que emprendió la Cámara de Representantes de la masacre del bosque de Katyn, sobre la cual Kempner había declarado en favor de los soviéticos en los IMT pese a saber que existían pruebas de la culpabilidad de la URSS, lo cual pone en evidencia la deshonestidad de este personaje.

y que él los firmaba después de revisarlos con una ojeada. Finalmente fue condenado a veinte años de cárcel, pero a comienzos de 1952 ya estaba en libertad.

En nuestra opinión, algunos documentos demuestran las incoherencias y las incertidumbres de los alemanes, sobre todo mientras Eichmann estuvo negociando con el Comité Judío de Rescate de Budapest y permaneció a la espera de la gestión de Joel Brand en Estambul, donde, previsiblemente los sionistas debían lograr diez mil camiones para salvar de la deportación a todos los judíos de Hungría. Tres documentos fechados entre el 28 y el 30 de abril de 1944, el NG-5595, NG-5596 y NG-5597, confirman el arresto de 194.000 judíos como resultado de "operaciones especiales". En el documento NG-2059, que lleva fecha de 8 de mayo de 1944, Veesenmayer dice: "Cierto número de judíos que iban a ser deportados han sido puestos a trabajar en proyectos militares en Hungría." Especialmente revelador es un informe mecanografiado que figura en el documento NG-2980, en el que se admite que el consejero especial de asuntos judíos de la Embajada alemana en Budapest, von Adamovic, "no tiene ni idea de con qué fin o de qué modo aplicar las medidas antijudías". En este informe se alude asimismo a la visita de Adamovic a la oficina de Eichmann, donde supo que 116.000 judíos habían sido deportados al Reich y que era inminente la deportación de otros 200.000. En este sentido, se especifica que el 7 de junio iba a comenzar la concentración al norte y al noroeste de Budapest de 250.000 judíos de provincias.

Gracias al Informe de Kastner, sabemos que el 9 de junio de 1944 Eichmann seguía esperando que la gestión de Joel Brand en Estambul fructificase, por lo que los miembros del "Vaadah" (el Comité Judío de Rescate) gozaban de protección de los alemanes y de los húngaros, cosa que les permitía seguir ayudando a los refugiados polacos y eslovacos. Kastner reconoce que los líderes de las juventudes sionistas los visitaban diariamente y que el embajador Wesenmayer intercedía en su favor ante el Gobierno húngaro, todo lo cual les hacía concebir esperanzas. "Si las esperanzas relacionadas con Estambul no hacían posible la salvación de toda la judería húngara -escribió Kastner textualmente- debíamos por lo menos proteger a algunos de ellos de las cámaras de gas." Puesto que el informe fue presentado a la WZO en 1946, es lógico que Kastner mencionara las cámaras de gas, toda vez que la versión oficial y la propaganda habían ya establecido que millones de judíos habían sido gaseados.

Lenni Brener, el editor de *The Report of the Budapest Jewish Rescue Committee*, selecciona un fragmento del informe que recoge la negociación de Kastner con Eichmann durante el mes de junio para el transporte de mil trescientos judíos a Palestina. "El día en que iba a comenzar nuestra 'Aliyah' -

escribe Kastner- se acercaba. El grupo no había sido reunido por completo...
Mientras, regateábamos con Eichmann sobre el número de participantes. Bajo
el título de 'inclusión del grupo Klansenburger' se logró un aumento de mil.
En consideración al gran número de gente importante procedente de las
provincias, dio permiso para aumentar en doscientas el número de plazas. El
día de la salida el número de participantes con autorización oficial ascendía a
mil trescientos." Leyendo estas palabras no puede caber duda de que en el mes
de junio de 1944 Eichmann estaba colaborando con los sionistas para salvar
vidas de "Prominents". Esta es la palabra inglesa que figura en el texto.
Naturalmente, las vidas de los que no eran prominentes tenían menos valor.
Por su interés, pasamos a traducir del inglés el fragmento "A Noah's Ark: The
composition of the transport for abroad" (El arca de Noé: la composición del
transporte al extranjero).

"La salida del grupo fue fijada para el 30 de junio. Una vez más tuvimos
que recopilar una 'primera' lista. Las mil trescientas plazas fueron
distribuidas entre las siguientes categorías, de acuerdo con lo establecido
por el Vaadah.

1. Ortodoxos (refugiados de Budapest. Recopilados por Philip Freudiger)
2. Refugiados polacos, eslovacos y yugoslavos (de acuerdo con sus propias
listas).
3. Neurólogos destacados (lista de Samuel Stern).
4. Sionistas, poseedores de certificados (por recomendación del Presídium
del Departamento de Palestina)
5. Juventudes Halutz, húngaros y refugiados: Dror Habonin, Makkabi,
Hazan, Hashomer, Hazair, Noar Hazioni, Mizrachi Akiba (de acuerdo
con su propia lista).
6. Revisionistas (por recomendación del líder revisionista Gottesman).
7. Personas que pagaban, cuyas contribuciones ayudaban a sufragar el coste
de todo el transporte.
8. Los rescatados de provincias.
9. Relevantes personalidades judías de la via religiosa, científica y cultural.
10. Huérfanos. Un grupo de acogidos al orfanato de Budapest, además de
17 huérfanos de Polonia. Su caso estaba en manos del Dr. Georg Polgar,
un líder destacado de la Oficina Judía de Salud, quien también iba en el
transporte."

Una vez más se pone de manifiesto que la mayoría de las víctimas de los
nazis fueron los judíos más humildes, aquellos que no podían evitar la
persecución y la deportación porque no disponían de medios para huir ni
gozaban de suficiente influencia para ser considerados por las organizaciones

que negociaban con las autoridades alemanas en los distintos países ocupados. En el texto se insiste en destacar que la élite espiritual de la judería húngara fue invitada a salir del país, así como personalidades de todos los ámbitos. Se citan como ejemplo en el informe los nombres de un arquitecto, un oculista, un psicólogo, un especialista en rayos X, un médico internista, un pianista, e incluso una cantante de ópera. Kastner insiste en otro párrafo en mencionar a gente destacada que él y su equipo han conseguido rescatar:

"Asimismo, muchas personalidades de la vida pública en Siebenbürgen traídas de Klausenberg pudieron ser salvadas en esta acción. Algunos deberían ser nombrados aquí. Los doctores Theodor y Joseph Fisher, Joel Titelbaum, el mundialmente famoso rabino hasidista que era un convencido oponente del movimiento sionista. Con la excepción de Otto Kolmony y del Dr. Rezsö Kasztner (él mismo), que permanecieron en Budapest para continuar el trabajo, las siguientes personalidades salieron del país en el transporte: La dirección de la Organización Sionista Húngara, los colaboradores del Fondo Nacional, también algunos colaboradores y miembros del Vaadah: Ernst Szilagy, Moshe Rosenberg, Joseph Weinberger, Ede Morton, Dr. Sarah Friedlander, Dr. Elisabeth Kurz. Otras destacadas personalidades ortodoxas y rabinos completan el cuadro."

Otros proyectos de colaboración con los nazis figuran en el informe de Kastner, quien apunta como un éxito del Comité Judío de Budapest haber conseguido rescatar a 17.000 judíos de provincias que fueron llevados a Austria. Asimismo menciona que a las 15:30 del día 19 de agosto de 1944 viajaron a Suiza con una lista de 318 judíos, a los que pretendían liberar del campo de Bergen-Belsen, objetivo que lograron una vez más: el 21 de agosto el grupo fue conducido a Basilea desde un pequeño puesto fronterizo alemán. Lenni Brenner reproduce también en sus *51 Documents* una carta del representante en Suiza del War Refugee Board, Roswell D. McClelland, que Kastner adjuntó a su informe a la WZO. Gracias a ella, se ha podido saber que entre el otoño de 1944 y la primavera de 1945 continuaron con la mediación de Rudolf Kastner las negociaciones entre dirigentes alemanes y Saly Mayer, el representante en Suiza del Joint Distribution Committee. Como resultado de estos encuentros, dos grupos de judíos húngaros que habían sido deportados de Budapest en junio de 1944, en total 1.673 personas, fueron liberadas del campo de concentración de Bergen-Belsen y llegaron a Suiza en diciembre de 1944. Por lo que se comprueba, los supuestos exterminadores consentían una y otra vez en facilitar el rescate de grupos de judíos y, como habían hecho desde el principio de la llegada del nazismo al poder, seguían negociando y colaborando con organizaciones sionistas.

También el informe del Comité Internacional de la Cruz Roja confirma que el Gobierno húngaro se mostró dispuesto a favorecer el aumento de la emigración judía, por lo que en el mes de agosto el CICR contactó con los gobiernos británico y norteamericano y obtuvo de ellos una declaración conjunta en la que expresaban su disposición a apoyar por todos los medios la emigración judía de Hungría. El CICR transmitió a Budapest el siguiente mensaje del Gobierno norteamericano:

> "El Gobierno de Estados Unidos ha sido informado por el CICR de que el Gobierno húngaro está dispuesto a permitir a ciertas clases de refugiados emigrar de Hungría... teniendo en cuenta las motivaciones humanitarias concernientes a los judíos húngaros, el Gobierno de Estados Unidos vuelve a mostrar su convencimiento de que gracias a ello se negociará por el bien de todos los judíos a quienes se permita abandonar Hungría y alcanzar el territorio de los Aliados o de otros países neutrales y de que se les encontrarán refugios temporales donde puedan vivir a salvo. Los gobiernos de los países neutrales han sido avisados de tales intenciones y se les ha pedido que permitan la entrada en sus territorios a los judíos húngaros que llegasen a sus fronteras."

A finales de agosto el curso de la guerra indicaba con claridad que los alemanes no podrían mantenerse mucho tiempo en Hungría, puesto que los reveses que sufrían eran ya continuados y estaban en retirada tanto en el frente oriental como en el occidental. El Vaadah, que había estado negociando con Eichmann hasta el final, comenzó a cooperar con los grupos judíos que operaban en la resistencia, a los que facilitó dinero, armas y municiones. "Los grupos de 'Haluzim' permanecían todavía en Budapest -se dice en el informe de Kastner- preparados para la posibilidad de una confrontación armada con los alemanes en las calles de Budapest." El 8 de octubre de 1944 las autoridades húngaras anunciaron la suspensión de las deportaciones y anunciaron que habían desmantelado el campo de Kistarcea, donde estaban concentrados intelectuales judíos, médicos e ingenieros, que fueron liberados. Constatamos, pues, una vez más el tratamiento especial que se dispensaba hacia una élite de judíos. El 15 de octubre el almirante Miklós Horthy, quien desde el 1 de marzo de 1920 desempeñaba el cargo de Regente de Hungría, solicitó un armisticio a las potencias aliadas, lo cual puso en estado de alerta a los judíos, que habían estado esperando el momento. En el informe del CICR se apunta que las tropas alemanas fueron tiroteadas desde las casas por miembros de estos grupos de resistencia; pero el plan de Horthy fracasó y el regente fue arrestado. El 16 de octubre el Partido de la Cruz Flechada de Ferenc Szálasi tomó el poder y se declaró el estado de sitio en Budapest. A partir de este momento se endureció la política hacia los judíos y comenzó a intensificarse la represión.

Inmediatamente se decidió la expulsión de los judíos de Budapest y se procedió a confiscar sus propiedades. Debe considerarse que la mitad de los bienes inmuebles de la ciudad estaban en manos de propietarios judíos. En el periodo de entreguerras el poder de este minoría étnica que equivalía al seis por ciento de la población no había hecho más que crecer en todo el país, a pesar de que muchos húngaros los odiaban como consecuencia de los crímenes de la dictadura comunista impuesta por Bela Kun y otros comunistas judíos en 1919-1920. Sin duda, este odio que anidaba en algunos húngaros propició que se produjeran robos y otros excesos durante unos días, lo que provocó la queja inmediata del delegado de la Cruz Roja ante el Ministerio del Interior, que el 20 de octubre promulgó un decreto que prohibía el pillaje. Enseguida se ofreció la delegación como refugio a los miembros del Consejo Judío o Senado Judío y el delegado consiguió que el Gobierno húngaro anunciara por radio que los edificios del CICR gozarían de la misma inmunidad que las embajadas.

El Gobierno proalemán de Szálasi envió a seis mil judíos de Budapest aptos para el trabajo a Alemania en grupos de mil. La marcha, que debía pasar por Viena, se realizó a pie, lo que provocó que el comandante de Auschwitz, el "gran exterminador" Rudolf Höss, y el coronel general Jüttner, que habían llegado a Budapest invitados por Kurt Becher, se apiadaran de los judíos y ordenaran la interrupción de la marcha. "El comandante de Auschwitz, en contra de la marcha a pie". Con esta frase comienza Kastner el capítulo VI de su informe, que lleva por título "The seizure of power by the Arrow Cross" (La toma del poder por la Cruz Flechada). Siguen sus propias palabras:

"Habiendo sido invitados por Becher, el 16 de noviembre importantes visitantes alemanes llegaron a Budapest, el jefe de las Waffen SS, coronel general Jüttner, y el comandante de Auschwitz, teniente coronel Höss. En el camino entre Viena y Budapest presenciaron la horrible marcha a pie. Cuerpos amontonados a lo largo de la calzada, gente exhausta, produjeron una penosa impresión en los caballeros alemanes... Jüttner ordenó al Judenkommando de Budapest que suspendiera la marcha inmediatamente."

Lógicamente, no puede comprenderse tanta incoherencia y no vemos cómo es posible que Höss, el monstruo que supuestamente gaseaba cada día a miles de judíos sin el menor escrúpulo, experimentara sentimientos humanitarios y ordenase detener la marcha. De todos modos, la interrupción duró poco, el 21 de noviembre Eichmann regresó a la capital húngara después de una ausencia temporal y cinco días más tarde ordenó que se reanudara la marcha. Ambos informes, el del CICR y el de Comité de Rescate Judío dan cumplida información de los medios que movilizaron para ayudar a los caminantes con provisiones, medicinas y otros recursos. La Cruz Roja Sueca, la división A de la Cruz Roja Internacional, la Embajada de Suiza son algunos de los organismos mencionados por Kastner. Por su parte en el informe del CICR se reconoce la ayuda generosa del obispo de Gyor, ciudad situada al oeste de Budapest que se halla a medio camino entre la capital húngara y Viena. Este obispo puso a disposición del delegado de la Cruz Roja la abadía de Panonalma, un monasterio benedictino que acogió a mil huérfanos "sin distinción de raza o religión". En cuanto a los convoyes de judíos que caminaban entre 25 y 30 kilómetros diarios en su viaje a los campos de trabajo en Alemania, en el informe se dice que el obispo colaboró estrechamente con el delegado:

"Organizó un centro de ayuda 'en route' que él mismo financió y que estaba administrado por representantes del Comité. Protegió del mal tiempo, al menos por unas pocas horas, a miles de judíos durante su terrible éxodo. Los 'grupos de transporte' de la delegación les enviaban comida sobre la marcha, pagaban a los campesinos para llevar a los más débiles, 15 ó 20 de una vez, en sus carros, proporcionaban cuidados médicos y dispensaban suministros de medicinas."

El nuevo Gobierno húngaro obligó a los hombres con edades comprendidas entre dieciséis y sesenta años y a las mujeres menores de cuarenta a trabajar en la fortificación de Budapest. El resto de la población judía fue confinada en cuatro guetos cerca de la capital. Pese a todo, los judíos que tenían pasaportes o visados para Palestina, Suiza, Suecia, España o Portugal lograron escapar a la evacuación. En noviembre, los que quedaban en Budapest fueron agrupados en un gueto junto a cien mil judíos que llegaron a la capital desde provincias. Pese al bombardeo constante que sufría la ciudad y a la escasez general de suministros que se padecía, la Cruz Roja logró enviar socorros y suministros al gueto. "Tan pronto como Budapest fue liberado- se dice en el informe del CICR- el delegado y las organizaciones locales judías crearon con los fondos del Comité Conjunto de Nueva York almacenes de víveres y de las medicinas más necesarias. Las autoridades rusas habían ordenado a todos los extranjeros que abandonaran Budapest...”

Es un sarcasmo cruel calificar de liberación la entrada de los comunistas en la ciudad, sobre todo si se constata lo que ocurrió. Probablemente, la orden de que los extranjeros salieran de Budapest pretendía suprimir testigos de los crímenes que siguieron a la “liberación”. Como más tarde ocurriría en Alemania, cientos de miles de mujeres húngaras, quizá cerca de un millón, fueron violadas por los soldados soviéticos gracias a la permisividad de sus oficiales, muchos de los cuales, según sabemos, eran judíos. Además de seiscientos mil prisioneros de guerra, 230.000 civiles fueron arrastrados al Gulag soviético, los verdaderos campos de la muerte de los que nadie quiere acordarse. Según las estimaciones más conservadoras, medio millón de húngaros perdieron la vida en los campos de internamiento, tiroteados en las calles o asesinados en el número 60 de Andrássy-út, en cuyas celdas operaban habitualmente esbirros judíos.

Tras cuarenta años de dictadura comunista, en 2002 el edificio de la avenida Andrássy de Budapest se convirtió en un museo conocido como “Terror Háza Múzeum” (Casa de Terror). El escritor nacionalista húngaro Louis Marschalko, autor del libro *The World Conquerors*, denuncia que las clases medias, los intelectuales y los líderes nacionales fueron asesinados y que quienes presidían los llamados “tribunales revolucionarios” eran jueces judíos. Marschalho denuncia que en Europa Occidental, un judío húngaro nacido en América, el coronel Martin Himmler, dirigió la campaña de venganza contra trescientos mil húngaros que habían escapado de los comunistas. En publicaciones sionistas se considera que Martin Himmler “vengó el derramamiento de sangre judía inocente.”

Puesto que, según se ha visto con el ejemplo del obispo de Gyor, la Iglesia húngara se posicionó en contra de la persecución de los judíos húngaros y los ayudó, acabaremos mencionando el caso del cardenal católico Jozsef Mindszenty, quien durante la guerra protegió a los judíos y después de la guerra trató de hacer lo mismo con los cristianos perseguidos por los comunistas. Siendo ya obispo de Veszprem en 1944, Mindszenty rescató a judíos que los alemanes querían deportar entregándoles salvoconductos papales. Tras la llegada al poder del Gobierno de Szálasi, acabó arrestado, ya que fue considerado enemigo de los alemanes y protector de los judíos. Después de la guerra, como había hecho con los judíos perseguidos por los nazis, el cardenal consideró su obligación defender a los cristianos perseguidos y denunciar la campaña de venganza desatada por comunistas judíos. Debido a esta actitud, fue considerado un antisemita.

En 1948 fue detenido y juzgado en 1949. Louis Marschalko denuncia a los dos principales comunistas judíos que fueron contra Mindszenty: Mátyás Rákosi-Roth (Mátyás Rosenfeld), secretario general del Partido de los Trabajadores que en 1952 llegó a ser presidente del Consejo de Ministros, y Jozsef Revai (Moses Kahana), el ministro de Educación que orquestó la campaña contra el cardenal católico. Entre los sacerdotes que lo traicionaron cita a Istvan Balogh (alias Izrael Bloch). Otros judíos que declararon en su contra fueron: Ivan Boldizsar, (Bettelheim), jefe de propaganda del Gobierno comunista; Yuli Reismann, jefe del departamento de Publicidad; Gera-Grünzweig, también propagandista del Gobierno; Hanna F. Sulner, experta en escritura manuscrita que falsificó los manuscritos del cardenal presentados en el juicio, y su marido Laszlo Sulner.

Los Sulner escaparon a Austria el 6 de febrero de 1949, donde denunciaron que el juicio contra el cardenal Mindszenty era una farsa y exhibieron el microfilm de los falsos documentos sobre los que habían estado trabajando. Laszlo murió a los treinta años en París y Hanna, convencida de que su marido había sido envenenado por agentes comunistas, emigró a Estados Unidos en 1950, donde se convirtió en una de las máximas autoridades del país en la identificación de manuscritos.

2ª PARTE

SOBRE LOS CAMPOS EN ALEMANIA

Existen en la actualidad numerosas obras que demuestran sin lugar a dudas que los campos de exterminio no existieron como tales. Quienes insisten en engañar a los estudiantes de historia de todo el mundo dando por buena esta tesis fabricada por la propaganda demuestran ser docentes ignorantes o deshonestos. En las siguientes partes del capítulo trataremos de presentar todas las evidencias que los investigadores revisionistas han descubierto con el fin de que el lector pueda juzgar si merecen o no alguna consideración. Si la función de los campos era la de exterminar en masa a los reclusos, cómo puede entenderse que el 28 de diciembre de 1942 Heinrich Himmler, el Reichsführer de las SS, emitiera una orden con este texto: "El índice de defunciones en los campos de concentración debe ser rebajado cueste lo que cueste." El 20 de enero de 1943 el general de las SS Richard Glücks, que estaba al frente de la Inspección de los Campos de Concentración, envió una circular a todos los comandantes de los campos en la que ordenaba: "Todos los medios deben ser utilizados para rebajar la tasa de mortalidad." ¿Son estas órdenes compatibles con el objetivo de exterminio?

En la parte que dedicaremos más adelante a Auschwitz veremos en detalle las medidas que se adoptaron para combatir la epidemia de tifus que en el verano de 1942 se extendió por todo el campo. Habrá ocasión entonces de situar estas órdenes en el contexto en que fueron emitidas. Según datos presentados a Himmler por el general de las SS Oswald Pohl, máximo responsable del Departamento Principal de Administración Económica, WVHA ("Wirtschafts-Verwaltungshauptamt"), en el mes de agosto de 1942 había en los campos de concentración 115.000 detenidos, de los que murieron 12.217 en aquel mismo mes, lo cual equivale al 12,21%. Como resultado de las medidas de higiene, nutricionales y otras actuaciones procedimentales, en el mes de mayo de 1943 la tasa de defunciones había descendido al 2.80%. De los 203.000 reclusos internados en los campos en esta fecha murieron 5.700. Este dato fue presentado como un éxito en las medidas adoptadas en el cumplimiento de las órdenes del Reichsführer de las SS. Cabe constatar que estas cifras totales de presos en los campos aportadas por las autoridades alemanas, coinciden con las de la Cruz Roja, que en su informe de 1948 cifró en 224.000 el número de detenidos en agosto de 1943. En el mismo informe la Cruz Roja establece que sólo un año más tarde, i. e., en agosto de 1944, había 524.000 prisioneros en todo el sistema de campos de concentración alemanes.

A lo largo de las páginas que siguen se irá viendo que los campos colapsaron por completo como consecuencia de la derrota de Alemania, cuya población civil carecía de las necesidades más elementales durante los años finales de la guerra y estaba siendo masacrada en masa por los bombardeos de saturación sobre las grandes ciudades. Antes de que se produjera este desmoronamiento del sistema concentracionario, los campos alemanes estaban bien concebidos para que cumplieran su función y eran con diferencia los mejor dotados. Recordemos que los campos de la muerte de Eisenhower no tenían ni cobijo para los prisioneros y que las condiciones de los campos en el Gulag soviético eran del todo deprimentes.

Una mujer alemana de origen judío, Margarete Buber, después de pasar varios años en un campo de concentración de la URSS, regresó a Alemania en agosto de 1940 con un contingente de deportados. Para su desgracia, no fue liberada, sino internada en el campo de Ravensbrück. En 1950 publicó en Londres *Under Two Dictators*, obra en la que narra su experiencia. El campo alemán le pareció de una limpieza inmaculada, con céspedes espaciosos y flores. Los baños eran regulares, las sábanas se cambiaban semanalmente, lo cual era para ella un lujo inimaginable después de su experiencia anterior. En la comida se servía pan blanco, salchicha, margarina y gachas dulces de avena con frutos secos. Margarette Buber comió por primera vez en Ravensbrück el 3 de agosto de 1940 y le preguntó a su vecino si se trataba de una comida especial o se celebraba alguna fiesta. El hombre se mostró inexpresivo y ella insistió en preguntar si siempre se comía así. Tras responder afirmativamente, el recluso mostró su extrañeza por el hecho de que alguien pudiera estar tan satisfecho por ello. La señora Buber consideró que las barracas en Ravensbrück eran un palacio comparadas con el lodo atiborrado del campo soviético. El primer domingo comió estofado de carne, col roja y patatas, un auténtico festín según ella. En 1943, sin embargo, comenzaron a llegar prisioneros de otros campos que abarrotaron la instalación y todo cambió. A principios de 1945 reclusos de Auschwitz y de otros campos del este llegaban exhaustos y hambrientos, pero no sólo ellos, sino también las decenas de miles de refugiados alemanes que huían de los soviéticos.

Inicialmente, entre 1933 y 1939, los nazis utilizaron los campos para encerrar a elementos que habían sido detenidos por sus actividades contra el régimen: liberales, socialdemócratas y sobre todo comunistas. El historiador judío Gerald Reitlinger admite que antes de la guerra la población de los campos rondaba las 20.000 personas, entre los cuales había menos de tres mil judíos detenidos no por ser judíos, sino por sus actividades antinazis. Si se compara esta cifra con la de millones de prisioneros soviéticos que eran tratados como esclavos en los campos de la URSS, puede calificarse como irrisoria. En 1939 existían en Alemania seis campos principales: Dachau, abierto en 1933; Sachsenhausen, en la población de Oranienburg, funcionó desde 1936 y a partir de 1940 tuvo el campo satélite de Gross-Rosen; Buchenwald, en las cercanías de Weimar, establecido en el verano de 1937; Flossenbürg (1938); Mauthausen, cerca de Linz (1938); y Ravensbrück, campo de mujeres ublicado en Mecklenburg (1939).

El autor judío Lion Feuchtwanger cifra en cien los judíos presos en Dachau en 1936, de los cuales sesenta estaban allí desde 1933. Hans Beimler, otro judío alemán comunista que fue asesinado en España en 1936, pasó en 1933 un mes en Dachau. El mismo año apareció en la URSS y en Nueva York su libro *Four Weeks in the Hands of Hitler's Hell-Hounds. The Nazi Murder Camp of Dachau* (*Cuatro semanas en manos de los sabuesos satánicos de Hitler. El campo de la muerte nazi de Dachau*). En esta obra panfletaria y sensacionalista este personaje pretendía ya difundir la idea de que Dachau era un campo de exterminio[4].

Buchenwald: los testimonios de Paul Rassinier y Eugen Kogon

Si descartamos el panfleto de Beimler, las primeras obras de interés sobre los campos de concentración fueron escritas por dos presos de Buchenwald. La primera, *Der SS-Staat. Das System der deutschen Konzentrationslager* (*El Estado de las SS. El sistema de los campos de concentración alemanes*), apareció en 1946. En España se publicó en 1965 con

---

[4] Hans Beimler participó en la Guerra Civil española. Formó parte del Batallón Thälmann, del que fue comisario político. Oficialmente murió a finales de noviembre de 1936 defendiendo Madrid. Su entierro fue explotado por la propaganda política. Se organizó una comitiva fúnebre de seis o siete coches desde Madrid hasta Albacete. Incluso la radio anunció la llegada del héroe internacional, que iba acompañado por Santiago Carrillo, Fernando Claudín y otros líderes comunistas. Su cadáver quedó expuesto y los trabajadores albaceteños desfilaron ante el féretro del camarada. Lo cierto, sin embargo, es que Beimler fue liquidado por la espalda por el NKVD, lo cual invita a pensar que era trotskysta. Su amiga Antonia Stern acusó a Richard Steimer, el general Hoffman, de ser el autor del asesinato. Hoy se sabe que después de la ceremonia fúnebre, el médico forense y del Gobierno Civil, José Carrilero, reconoció el cadáver cuando ya Carrillo y compañía habían salido de Albacete. Sacó fotografías de la cabeza y se comprobó que tenía una herida con entrada de bala detrás de la oreja derecha en su parte media y salida por la bóveda craneana opuesta. El doctor Carrilero dictaminó además que las balas eran de revólver o pistola y no de fusil.

el título *Sociología de los campos de concentración*. Su autor, Eugen Kogon, un judío alemán que pasó seis años en Buchenwald, nunca puso en duda la existencia de las cámaras de gas, pese a que él sólo supo de ellas a través de la propaganda y de relatos de supuestos testigos. La segunda obra, *Le Mensonge d'Ulysse* (*La mentira de Ulises*), cuya primera edición en español se produjo en 1961, es obra de Paul Rassinier, considerado el primer historiador revisionista. El hecho de que Rassinier proceda de la izquierda radical confiere a sus obras mayor valor si cabe, pues son pocos los militantes de izquierda con la honestidad suficiente para afrontar la verdad histórica. Ideológicamente, intelectualmente, emocionalmente, nadie podía estar menos inclinado que él a defender a Hitler y al nacionalsocialismo. Con 16 años, Rassinier ingresó en el Partido Comunista Francés en 1922, pero fue excluido a causa de sus posiciones de extrema izquierda en 1932. Con el judío Boris Souvarin participó en una organización comunista independiente hasta que en 1934 pasó a militar en la Sección Francesa de la Internacional Obrera. Detenido el 30 de octubre de 1943 por sus actividades en la resistencia francesa, Rassinier fue deportado a Buchenwald y de allí pasó a Dora-Mittelbau. Liberado en 1945 regresó a Francia convertido en un inválido. Pronto sus planteamientos políticos le granjearon múltiples enemigos, hasta el punto de sufrir agresiones físicas, procesos y el ostracismo social. Algunos tuvieron el descaro de considerarlo un "neonazi". Cuando escribió *La mentira de Ulises*, Rassinier no se atrevió aún, a pesar de sus dudas, a negar la existencia de las cámaras; pero a medida que prosiguió sus investigaciones llegó a la convicción de que no existieron[5].

---

[5] Paul Rassinier, profesor de historia en el Liceo de Belfort hata 1943, es digno, sin duda, de mayor atención; pero la extensión que alcanza ya nuestra obra no nos permite dedicarle el espacio que la importancia de su figura merece. Con esta nota, pretendemos presentarlo brevemente a los lectores que no lo conocían y rendir un modesto homenaje al valor y la honestidad de este gran intelectual, al que tanto debe el revisionismo. Después de las penalidades sufridas en Buchenwald y Dora, lo más lógico hubiera sido el resentimiento y la búsqueda de un poco de tranquilidad; sin embargo, a pesar de su precaria salud, Rassinier dedicó los años que Dios le concedió de vida a buscar la verdad histórica y la justicia para Alemania. Después de que sus camaradas comunistas lograron desposeerlo en noviembre de 1946 del acta de diputado de la Asamblea Constituyente, comenzó su investigación sobre lo ocurrido, la cual quedó plasmada en once libros. Anteriormente hemos ya utilizado como fuente su última obra, *Les Responsables de la Seconde Guerre Mondiale* (1967). Destacamos ahora por su importancia *L'opération Vicaire* (1965) y *Le véritable procès Eichmann ou les vainqueurs incorrigibles* (1962). En el proceso de Eichmann, varios testigos cometieron el delito de prestar falso testimonio y declararon que habían visto a prisioneros que partían hacia las cámaras de gas. Paul Rassinier rechazó la mentira de la maldad intrínseca de los alemanes y consideró una impostura la afirmación de que gasearon masivamente a los judíos europeos. Después de leer las obras de distintos falsarios al servicio de la propaganda,

La suma de los contenidos de ambos libros permite hacerse una idea cabal y completa de cómo funcionaba Buchenwald, que al principio fue un campo penitenciario ("Straflager"), luego se convirtió en campo de trabajo ("Arbeitslager") y finalmente acabó siendo un campo de concentración ("Konzentrationslager" o KZ). Los dos autores explican con detalle qué categorías de prisioneros había y cómo se relacionaban, quiénes ejercían realmente el control y cuáles eran las instalaciones del campo. El hecho de que la obra de Rassinier fuera posterior en cuatro años le permitió comentar el libro de Kogon en *La mentira de Ulises* y criticar a veces su falta de objetividad y su carácter tendencioso en muchas ocasiones. Los dos autores están de acuerdo, por ejemplo, en que inicialmente los campos de concentración estaban concebidos para encerrar a los enemigos del régimen nacionalsocialista. Ambos coinciden también en que la dirección del campo, la "Haftlingsführung", estaba en manos de los propios detenidos. Las SS, que según Rassinier eran en Buchenwald una cincuentena de hombres encargados del funcionamiento del campo, pronto se vieron desbordadas, por lo que tuvieron necesidad de encuadrar a los presos y designar entre ellos el primer "Lagerältester", un prisionero-jefe encargado de mantener la disciplina, el cual rendía cuentas a un oficial de las SS llamado "Lagerführer". De éste segundo dependía el "Lagerschreiber", un preso con funciones administrativas. Normalmente, a propuesta del Lagerältester, el Lagerführer nombraba a los prisioneros-jefes de bloque, los "Blockaltesten".

De este modo, los SS sólo aseguraban la guardia exterior del campo, por lo que normalmente casi no eran vistos por el interior del mismo. Cuando aparecían, lo hacían acompañados, escribe Rassinier, "por una verdadera compañía de perros maravillosamente adiestrados, siempre dispuestos a morder y capaces de ir a buscar en unas decenas de kilómetros a un prisionero que se hubiera podido evadir." También los comandos que cada mañana salían del campo para trabajar en el exterior y recorrían cinco o seis kilómetros a pie estaban, naturalmente, custodiados por dos o cuatro miembros del las SS, según la importancia del grupo, los cuales empuñaban un arma y llevaban un perro con bozal. Esta guardia rara vez intervenía, pues eran los presos que ejercían como policía de trabajo del campo, los famosos kapos (Konzentrationslager Arbeitspolizei), quienes se encargaban de que todo el mundo trabajase. Miles de judíos desempeñaron el papel de kapos y de

---

Rassinier denunció como desvergonzado el libro *Doctor at Auschwitz*, de Miklos Nyizli, un cínico mentiroso que afirma que en Auschwitz fueron gaseadas diariamente 25.000 personas durante cuatro años y medio, lo cual daría un total de más de cuarenta millones. Tratando de encontrar un testigo ocular de los exterminios en las cámaras de gas, Paul Rassinier viajó por toda Europa, pero no encontró ni uno.

"oberkapo" (jefe de los kapos). Estos útimos llevaban un brazalete con una estrella de David azul sobre la que figuraba la inscripción OBERKAPO, generalmente escrita en mayúsculas.

A la hora de nombrar al Lagerältester, parece ser que, puestos a escoger entre un criminal, identificado mediante un triángulo verde, o un preso político, que llevaban un triángulo rojo, las SS escogieron al principio a los criminales, los cuales a su vez designaron a los Kapos y a los jefes de bloque (Blockaltesten) de entre gente de su propio mundo. De este modo eran los delincuentes los encargados de ayudar a mantener la disciplina y el control. Rassinier escribe lo siguiente al respecto:

"Sólo cuando los campos tomaron un cierto desarrollo, cuando se convirtieron en verdaderos centros etnográficos e industriales, fueron verdaderamente necesarios hombres con una cierta categoría moral e intelectual para aportar a la SS-Führung una ayuda eficaz. Esta última se dio cuenta de que los delincuentes eran la escoria de la población, tanto en el campo como en todas partes, y que estaban muy por debajo del esfuerzo que se les pedía. Entonces la SS recurrió a los políticos. Un día fue preciso reemplazar a un Lagerältester verde por otro rojo, el cual empezó inmediatamente a liquidar de todos los puestos a los verdes en provecho de los rojos. Así nació la lucha entre verdes y rojos, que alcanzó con rapidez un carácter permanente. Así se explica también que los viejos campos, Buchenwald y Dachau, estuvieran en manos de los políticos cuando nosotros los conocimos, mientras que los campos jóvenes, todavía en el periodo de Straflager (penitenciarios) o de Arbeitslager (de trabajo), salvo portentosas casualidades, continuaban en manos de los verdes."

Sobre el código de colores de los triángulos que llevaban los reclusos, aprovechamos ahora para explicarlos de pasada. Según se ha apuntado, el verde era el color de los criminales. Si el criminal era además judío, el triángulo verde quedaba superpuesto sobre otro amarillo formando la estrella de David. Un triángulo rojo se superponía también sobre el amarillo en el caso de los políticos de origen judío en prisión de protección. Además, los triángulos rojos especificaban la procedencia del preso con una letra en su interior: una "F" indicaba nacionalidad francesa; una "S", nacionalidad española; el triángulo rojo sin letra era para los prisioneros políticos alemanes. El triágulo negro se reservaba a los presos asociales. Una vez más, el negro sobre el amarillo indicaba que el preso era un asocial judío. El triángulo marrón era para los gitanos y el rosa para los homosexuales. Existían algunas variantes más, pero carece de interés demorarnos en estos detalles.

En cuanto a las instalaciones de Buchenwald, tanto Kogon como Rassinier ofrecen sobrada información sazonada con anécdotas variadas. Eugen Kogon pasó un año en el comando del almacén de vestuario ("Effektkammer") antes de convertirse en el secretario del médico principal del campo, el doctor Ding-Schuller. Ambos puestos evidencian que su posición era de privilegio. En la enfermería tuvo acceso a documentos de gran interés, algunos de los cuales reproduce en su libro. Por ejemplo la orden del Reichsführer de las SS Heinrich Himmler mencionada más arriba sobre la imperiosa necesidad de reducir la mortalidad en los campos, que en Buchenwald fue registrada en el libro de correspondencia secreta con el número 66/42. Llevaba la firma del general Kludre. En ella se decía:

"Los médicos del campo deben vigilar más de lo que han hecho hasta el presente la alimentación de los presos y, de acuerdo con las administraciones, deben someter al comandante de campo sus propuestas de mejora. No obstante, estas no deben quedar en papel mojado, sino que deben ser regularmente controladas por los médicos del campo... Es preciso que la cifra de mortalidad sea disminuida notablemente en cada campo, pues el número de presos debe ser puesto al nivel exigido por el Reichsführer de la SS. Los médicos principales del campo han de trabajar para lograrlo con todos sus medios... El mejor médico en un campo de concentración no es aquel que cree que ha de llamar la atención con inoportuna dureza, sino el que mantiene lo más alta posible la capacidad de trabajo mediante la vigilancia y el traslado de un puesto de trabajo a otro."

Gracias al relato de Kogon se conocen detalles minuciosos sobre las investigaciones que se realizaban en la "sección para el estudio del tifus y de los virus", cuya primera finalidad era la valoración de posibles vacunas contra la fiebre tifoidea. El máximo responsable era el médico-jefe de Buchenwald, el mencionado Ding-Schuller. Instalada en los bloques 46 y 50, esta sección de investigación era según Kogon "un modelo de limpieza aparente y estaba bien instalada". Allí, sigue narrando Kogon, "se aislaba a todos los tíficos contaminados en el campo por vía natural o que ya los estaban cuando fueron entregados a él. Eran curados allí en la medida en que resistían esta terrible enfermedad." El lector puede pensar que la existencia de enfermería en Buchenwald era algo excepcional; pero no es así: había enfermerías en todos los campos, incluidos los supuestos campos de exterminio. En Auschwitz nacieron cientos de niños judíos, lo cual es una "contradictio in terminis", según los principios de la lógica. "El campo de concentración de Dachau - escribe Kogon- tuvo muy pronto un servicio dental. En Buchenwald se estableció uno en junio de 1939 con una instalación muy moderna, pero sin personal adiestrado en la especialidad." Sin duda, tener acceso a un servicio de odontología es un lujo que hoy no pueden permitirse muchas personas en Europa; sin embargo Kogon busca en su relato la manera de desmerecerlo. Veamos un fragmento:

"... Paulatinamente fueron teniendo entrada en el servicio dental prisioneros dentistas; con el tiempo se llegó a una situación en la que los prisioneros no eran tratados por secuaces de la SS, sino al contrario, los de la SS por prisioneros. Para la SS existían en Buchenwald, desde 1938, dos servicios dentales, uno para la comandancia y el batallón de calaveras, otro para las tropas y sus familiares. Los dos estaban modernamente instalados. Existía una gran diferencia entre el tratamiento que se hacía a los jefes y el que se hacía a los soldados. Mientras que a estos se les extraía todo diente enfermo, se intentaba por todos los medios salvar los de los jefes de la SS. Toda prótesis dentaria de los jefes se efectuaba con oro procedente de la boca de los prisioneros muertos o asesinados. En la elaboración de las prótesis dentarias se diferenciaba también rigurosamente entre soldados y jefes. Los puentes sólo se confeccionaban para los jefes de la SS.
El personal formado por prisioneros persiguió desde un principio ayudar a los camaradas tanto como fuese posible. En todos los servicios se trabajó ilegalmente y con gran riesgo, de una forma que es difícil de imaginar. Se hacían dentaduras, prótesis y puentes para prisioneros a los que la SS habían roto los dientes o para los que los habían perdido debido a la situación general del campo..."

No se entiende muy bien lo de trabajar ilegalmente. En cuanto a que los SS eran quienes rompían los dientes a los prisioneros, aparte del absurdo que supone romperle a alguien los dientes para reparárselos después, hay que recordar que los malos tratos eran por lo general infligidos por los kapos y otros esbirros escogidos entre los presos para mantener el orden y la disciplina. El propio Kogon se contradice cuando escribe: "Algunos presos que maltrataban a sus camaradas o incluso los golpeaban hasta la muerte evidentemente nunca eran castigados por la SS y tenían que ser matados por la justicia de los prisioneros." Paul Rassinier certifica que es cierto que la jefatura del campo de las SS no solía intervenir en las discusiones entre los presos, por lo que no se podía esperar justicia. Según Kogon, las SS "ignoraban realmente lo que sucedía detrás de las alambradas." Como ejemplo, el propio Kogon relata que una mañana se encontró a un preso colgado en un bloque. Había muerto "después de ser horriblemente golpeado y pateado." El jefe del bloque o "Blockältester", un verde llamado Osterloh, lo había colgado para simular un suicidio y proteger así al autor del crimen. No debe entenderse que los SS no practicaban la violencia sobre los presos, sino que normalmente los kapos y los jefes de bloque les ahorraban el trabajo. "De vez en cuando- escribe Rassinier- uno de la SS se distingue del resto por su brutalidad, pero esto sucede rara vez y, en todo caso, nunca se muestra más inhumano que los anteriormente citados."

Paul Rassinier dedica el capítulo V de su obra, unas cuarenta páginas, a comentar el libro de Kogon. "Después de haberlo leído -escribe- he vuelto a cerrar el libro. Luego lo he vuelto a abrir. Y bajo el título de la página de guarda he escrito como subtítulo: "o plegaria pro domo" (oración en favor de sus intereses). Rassinier considera que Kogon dio garantías al núcleo comunista preponderante en el campo para conseguir el puesto en la enfermería. El mismo Kogon admite que, como secretario del doctor, sugería y redactaba peticiones que sometía a la firma. "Tenía en mis manos al Dr. Ding-Schuller", reconoce abiertamente. He aquí un párrafo significativo:

> "Durante los dos últimos años que he pasado en calidad de secretario del médico, redacté, con ayuda de especialistas del bloque 50 por lo menos media docena de informes médicos sobre el tifus exantemático firmados por el doctor Ding-Schuller... Sólo mencionaré de paso el hecho de que yo estaba igualmente encargado de una parte de su correspondencia privada, incluyendo cartas de amor y de condolencia. Frecuentemente, él no leía ni siquiera las respuestas, me arrojaba las cartas después de haberlas abierto y me decía: 'Despache esto Kogon. Usted ya sabe bien lo que hay que responder. Es alguna viuda que busca un consuelo...'"

Especialmente criticada por Rassinier es la declaración de Eugen Kogon en la que reconoce su servidumbre a la "dirección clandestina del campo", en alusión a la Häftlingsführung, en cuyas actuaciones no había, por cierto, ninguna clandestinidad. Kogon da a entender que existía el temor de que su libro pudiera comprometer a ciertos políticos comunistas o socialistas que controlaban Buchenwald. El texto merece la cita íntegra:

> "Para disipar ciertos temores y demostrar que este relato no corría peligro de transformarse en acta de acusación contra ciertos presos que habían ocupado una posición dominante en el campo, lo leí, a comienzos de 1945, cuando ya estaba casi terminado y sólo faltaban los dos últimos capítulos de un total de doce, ante un grupo de quince personas que habían pertenecido a la dirección clandestina del campo, o que representaban a ciertos grupos políticos de presos. Estas personas aprobaron su exactitud y su objetividad. Asistieron a la lectura:

1. Walter Bartel, comunista de Berlín, presiente del comité internacional del campo.

2. Heinz Baumeister, socialdemócrata de Dortmund, que durante años había pertenecido al secretariado de Buchenwald; subsecretario del bloque 50.

3. Ernst Busse, comunista de Solingen, Kapo de la enfermería de presos.

4. Boris Banilenko, jefe de las juventudes comunistas en Ucrania, miembro del comité ruso.

5. Heins Eiden, comunista de Tèves, primer Lägeraltester.

6. Baptist Feilen, comunista de Aquisgrán, Kapo del lavadero.

7. Franz Hackel, independiente de izquierda, de Praga. Uno de nuestros amigos sin función en el campo.

8. Stephan Heymann, comunista de Mannerheim, de la oficina de información del campo.

9. Werner Hilpert, del Zentrum de Leipzig, miembro del comité internacional del campo.

10. Otto Horn, comunista de Viena, miembro del comité austríaco.

11. A. Kaltschin, prisionero de guerra ruso, miembro del comité ruso.

12. Otto Kipp, comunista de Dresde, Kapo suplementario de la enfermería de presos.

13. Ferdinand Römhild, comunista de Frankfurt del Main, secretario de la enfermería de presos.

14. Ernst Thappe, socialdemócrata, jefe del comité alemán.

15. Walter Wolf, comunista, jefe de la oficina de información del campo."

Es decir, la objetividad y exactitud de lo que dice Kogon la certifican sus amiguetes comunistas, un cuadro de los más altos personajes en la dirección de Buchenwald, la cual, según queda demostrado palmariamente, estaba en manos de los rojos. En 1945 no había ni un sólo dirigente de campo que no fuera comunista o socialista. Rassinier considera claro que Eugen Kogon evitó cualquier comentario que pudiera servir de acusación a la Häftlingsführung y dirigió la mayoría de sus agravios a los miembros de las SS. "Ningún historiador -escribe cándidamente Rassinier en 1950- aceptará esto jamás. Por el contrario, se puede creer fundamentalmente que obrando así ha pagado una deuda de gratitud hacia los que le procuraron en el campo un empleo tranquilo y con los cuales tiene intereses comunes que defender ante la opinión pública." El propio Kogon admite en *Der SS-Staat. Das System der deutschen Konzentrationlager* (*Sociología de los campos de concentración*) que los presos que ejercían como kapos, los cuales disponían además de capataces, eran quienes más violencia ejercían sobre sus compañeros, pues la mayoría eran personas depravadas. "En algunos comandos, especialmente en los comandos de construcción, de zanjas y de canalización, así como en las minas -escribe Kogon-, no había para el prisionero corriente otro medio de conservar la vida más que el soborno, que llegó a alcanzar límites y formas inimaginables.

Puesto que Buchenwald fue un campo de experimentación para los médicos de las SS y Kogon estaba en el lugar adecuado para saber lo que se hacía, hay en su libro cumplida información sobre las operaciones y los experimentos que se realizaban. Kogon aprovecha, sin embargo, para desacreditar y acusar al personal de las SS de las peores prácticas. Según él, "el asesinato consciente de pacientes en la enfermería era para la SS más corriente que la experimentación." En su afán por difamar a las SS, añade: "hubo campos de concentración, como el de Auschwitz, en los que se llevaba a cabo de modo sistemático. Cuando el número de enfermos superaba una determinada cifra, se 'rociaba'. Esto se llevaba a efecto sujetando dos personas al prisionero e inyectándole directamente en el corazón una inyección de 10 cc. de fenol." Lógicamente, en 1944, año en que el libro estaba ya acabado, Eugen Kogon no pudo tener noticia sobre estas prácticas criminales en la enfermería de Auschwitz. Lo único que consigue con estas aseveraciones es ponerse en evidencia y desacreditar su libro, en el que, por otra parte, hay datos interesantes relacionados con los servicios sanitarios, como por ejemplo la información de que en el hospital había un tratamiento ambulatorio, un tratamiento estable, el servicio dental y la convalecencia.

En cuanto a las otras instalaciones que hacían más llevadera la dureza de la vida en Buchenwald, son las que había por lo general en la mayoría de los campos, incluido Auwschitz, el teórico campo de exterminio, el cual disponía de una sala de conciertos, salas de baile, piscina, librería, una iglesia aconfesional donde se celebraban bodas, correos, campos de fútbol, sala de cine y teatro, burdel para trabajadores, centros de arte, guarderías para madres y bebés y una cocina de vanguardia. En Auschwitz, como en Dachau, Westerbrook, Ravensbruck, Buchenwald y otros campos funcionaban monedas o dinero de uso interno que servían para estimular el trabajo de los presos. Veamos qué cuentan Kogon y Rassinier sobre el funcionamiento de estos servicios e instalaciones en Buchenwald.

Sobre el servicio de correos en Buchenwald, Kogon explica que la correspondencia entre el prisionero y sus parientes próximos estuvo siempre permitida: se podía escribir dos veces al mes. También el envío de paquetes con comida, prendas de vestir, tabaco, etc. estuvo generalmente autorizado a partir de 1941. La recepción de dinero, con el que se compraba en la cantina, estaba limitada a treinta marcos al mes por prisionero. Kogon apunta que "un tercio de los ocupantes de los campos de concentración estaba en situación de recibir dinero de sus parientes." Le cedemos la palabra:

"El prisionero tenía sólo dos posibilidades de emplear el dinero: compra en la cantina y soborno. Algunos kapos no tenían cientos, sino miles de marcos. Llevaban una vida que estaba en consonancia con el dinero que poseían. A este respecto existían diferencias irritantes. Las cantinas de los campos de concentración fueron abastecidas centralmente, hasta 1943, por la administración del campo de concentración de Dachau. En la época de la anteguerra podían comprarse en ellas bastantes cosas, incluso pasteles y conservas finas. Recuerdo un kapo que, cuando la cantina podía aún ofrecerlo, acostumbraba a comer lo siguiente para el desayuno: medio litro de leche con galletas y pasteles, sardinas y carne en conserva con panecillos y mermelada de fresa con nata."

Rassinier se refiere al "Bank" para aludir al instituto emisor del papel moneda especial que sólo tenía curso en el interior del campo de concentración. Este dinero, que era repartido en forma de primas por rendimientos en el trabajo, se introdujo en Buchenwald en el otoño de 1943, certifica Kogon, quien añade que a partir de 1942 comenzaron a llegar al campo paquetes de la Cruz Roja "para aquellos extranjeros cuyos nombres y números de prisionero eran conocidos por la Cruz Roja de su patria o la Cruz Roja de Ginebra." Según cifras aportadas por la propia Cruz Roja Internacional, desde el otoño de 1943 hasta mayo de 1945 cerca de 1.112.000 paquetes con un peso total de cuatro mil quinientas toneladas fueron enviados a los campos de concentración.

Sobre los deportes que se practicaban en Buchenwald, Kogon narra que los presos más jóvenes consiguieron de la SS permiso para jugar al futbol. "Parece ser -apostilla- que la SS lo consideró una especie de propaganda del buen estado y del magnífico humor de los prisioneros." Sea como fuere, se formaron varios equipos, hasta doce, que pudieron entrenarse y organizar torneos. Los presos saltaban al terreno de juego "con una indumentaria deportiva impecable", que nuestra fuente atribuye a los "secretos de la corrupción en el campo." Además de futbol, se practicaba también balonmano, pelota y beisbol. Los prisioneros lograron también introducir el boxeo. "Es absurdo -opina Kogon-, pero verdad: el campo de concentración tenía atletas que incluso daban representaciones de su inquebrantable fuerza y de su habilidad."

Desde 1938 hubo en Buchenwald una rudimentaria banda de música que fue mejorando y perfeccionándose con el paso de los años. En 1940 el jefe de campo, Hermann Florstedt, ordenó que se formase una banda reglamentaria con instrumentos de viento. A partir de entonces los prisioneros de la banda fueron eximidos de trabajos físicos duros y se les concedió horas libres para que pudieran ensayar. En 1941, los músicos recibieron los uniformes de la guardia real yugoslava. "Desde entonces los miembros de la banda de música, con sus disfraces y todo el restante aparato, parecían directores de circo", comenta Kogon, que da también noticia de cuartetos de cuerda que daban "algunos recitales estimables". Los días festivos la banda tocaba para los camaradas en los bloques y se daban asimismo conciertos en el lugar de revista. Los domingos por la tarde, la radio del campo ofrecía los conciertos filarmónicos de las emisoras alemanas. "Hoy, al recordar estos conciertos - comenta Kogon gratuitamente- no quiero pensar en las decenas de miles de víctimas que, al mismo tiempo, eran martirizadas hasta la muerte o llevadas a las cámaras de gas en tantos campos."

Poco antes del comienzo de la guerra, había en Buchenwald una biblioteca dotada con cerca de catorce mil volúmenes y unas dos mil obras sin encuadernar. Tras el comienzo de la guerra, siempre según Kogon, quien admite que las bibliotecas "tenían libros muy valiosos", se prohibió el préstamo de libros escritos en las lenguas de países que estaban en guerra con Alemania, aunque se siguió permitiendo su consulta en la biblioteca. A partir de 1941 hubo proyecciones cinematográficas en Buchenwald, donde regularmente se exhibían películas culturales o de entretenimiento. Paul Rassinier apunta que cada vez que había sesión de cine todas las plazas estaban reservadas para los kapos y otros presos que formaban parte de la dirección del campo, la "Häftlingsführung".

En el verano de 1943, un decreto firmado por Himmler dispuso la instalación de burdeles en los campos de concentración. Los hubo en Dachau, Mauthausen, Sachsenhausen y otros. Parece ser que Buchenwald tuvo el primero. Kogon explica que en cada burdel había entre dieciocho y veintidós muchachas procedentes del campo de mujeres de Ravensbrück, las cuales "se habían presentado voluntariamente acogiéndose a la promesa de que en seis meses serían puestas en libertad." Sobre la finalidad y el uso del burdel, conocido con el eufemismo de "Sonderbau" (casa especial), Kogon afirma que su función principal era "corromper a los políticos". En este sentido, escribe que la Häftlingsführung, a la que absurdamente insiste en denominar como "dirección ilegal del campo", pidió a los políticos que no lo frecuentaran. "Los políticos -asegura Kogon- siguieron la consigna, de modo que el propósito de la SS quedó frustrado."

Rassinier discrepa de los comentarios e interpretaciones de Kogon y considera su interpretación como una demostración de mojigatería puritana e hipócrita y aclara que el burdel, como el cine, "era sólo accesible a la gente de la Häftlingsführung". Para exponer la incoherencia, Rassinier reproduce en *La mentira de Ulises* estas palabras de Kogon: "Algunos presos sin moralidad, y entre ellos gran número de políticos, han matenido horribles relaciones, primeramente a través de la homosexualidad, luego con la pederastia tras la llegada de los jóvenes." Rassinier argumenta que alabar a los políticos porque no se dejaron corromper con el burdel no tiene ningún sentido si luego se admite que muchos corrompían a los jóvenes y acaba diciendo: "Añado aún que fue justamente para quitar toda excusa y justificación a esta corrupción de menores por lo que la SS tenía previsto el burdel en todos los campos."

El libro de Eugen Kogon se publicó en Francia en 1947 con el título de *L'Enfer organisé. Le système des camps de concentration.* En su afán por presentar a las SS como las principales organizadoras del "infierno organizado", este autor, que declaró como testigo el 16 de abril de 1947 en los juicios sobre Buchenwald, no tiene reparo alguno en atribuir a las SS crímenes que en 1945 nunca pudo conocer. Recordemos que ya en este año leyó su libro ante los colegas políticos. Así, por ejemplo, escribe: "Cuando en un comando exterior de mujeres se notaba el embarazo de una de ellas, ésta era enviada, si era judía, a Auschwitz para ser asesinada con gas, y si no era judía a Ravensbrück para hacerla abortar." Más adelante insiste: "Cuando se suspendieron las muertes con gas en Auschwitz debido a que se estaba pensando ya en la evacuación, se procedió a trasladar a las mujeres judías embarazadas, y después a todas las demás, al 'campo de residencia' de Bergen-Belsen para matarlas de hambre." Al entrecomillar irónicamente campo de residencia, lo único que consigue Kogon en nuestra opinión es mostrar un cinismo y una desvergüenza lamentables. Con estas afirmaciones impúdicas se presta descaradamente a hacer de altavoz de la propaganda sin ninguna prueba. Si lo que se quería era matar de hambre a las mujeres embarazadas, qué necesidad había de trasladarlas a Bergen-Belsen para hacerlo: podrían haberlas ejecutado directamente en Auschwitz o simplemente dejarlas a merced de los soviéticos. Lo cierto es que numerosas mujeres judías dieron a luz en Auschwitz y que al final de la guerra el hambre hacía estragos no sólo en los campos, incluido el de "residencia" de Bergen-Belsen, sino en toda Alemania.

Para acabar con la confrontación de las obras de Paul Rassinier y Eugen Kogon, que equivale a cotejar a un intelectual honesto que salió físicamente arruinado de Buchenwald con un propandista desaprensivo del Holocausto, veremos qué dicen ambos sobre los castigos que se imponía a los presos. Una vez más cabe recordar que eran los jefes de bloque y los kapos, que disponían de sus capataces, quienes denunciaban a las SS los comportamientos inadecuados cuando no los penalizaban ellos mismos con bofetadas, patadas, insultos y otras humillaciones. En realidad, cuando era la dirección del campo la que, debido a la gravedad de la falta, pretendía imponer un castigo corporal, debía solicitar y recibir la confirmación de Berlín. Rassinier afirma que las huellas o pruebas de malos tratos se ocultaban no sólo a los visitantes extranjeros, "sino incluso a las más altas personalidades de las SS y del III Reich". He aquí su razonamiento:

"Yo me figuro que si estas personalidades se hubieran presentado en Dachau y en Birkenau se les habría suministrado respecto a las cámaras de gas explicaciones tan pertinentes como sobre el 'potro' de Buchenwald. Y yo planteo la cuestión: ¿Cómo se puede afirmar después de esto que todos los horrores de los que han sido teatro los campos formaban parte de un plan concertado en las altas esferas? En la medida en que Berlín, a pesar de todo lo que se le ocultaba, descubría algo insólito en la administración de los campos, se dirigían llamadas al orden a las jefaturas de la SS."

Rassinier reproduce a continuación el texto de una orden con fecha de 4 de abril de 1942, citada asimismo por Kogon, en la que se estipulaba lo siguiente:

"El Reichsführer de la SS y jefe de la Policía alemana ha ordenado que cuando en sus decretos sobre castigos corporales (tanto en los presos masculinos en prisión de protección y preventiva como en los femeninos) se añada la palabra 'agravado', la ejecución de la pena se habrá de llevar a cabo sobre las nalgas desnudas. En los demás casos, se seguirá el método usado hasta el presente, conforme a las anteriores instrucciones del Reichsführer de la SS."

Eugen Kogon confirma que la dirección del campo debía certificar por el médico del campo que el prisionero estaba sano; pero enseguida se apresura a añadir que "la praxis era muy otra", con lo cual confirma la apreciación de Rassinier sobre que los excesos se hacían incumpliendo las ordenanzas. Kogon, que elogia y ensalza la superioridad moral de los rojos, los prisioneros comunistas, siempre por encima de los demás presos, certifica: "El médico asistía al procedimiento. Se conocen muy pocos casos en que los médicos de los campos pusieran fin a la administración de los golpes en provecho de los prisioneros." Y a continuación añade:

"A veces, se obligaba a los prisioneros a ejecutar ellos mismos el castigo corporal sobre sus camaradas. Algunos no tenían valor para hacer caer sobre sí las consecuencias de negarse a ello; en alguna ocasión había alguien que con gusto se mostraba dispuesto. Los prisioneros políticos se negaban en redondo o pegaban de una manera que no era del agrado de la SS. Entonces eran condenados al mismo castigo o se les 'ablandaba' de otra manera."

La prueba de que Rassinier está en lo cierto cuando dice que los malos tratos por parte de oficiales de las SS constituían violaciones del reglamento son las ejecuciones de dos comandantes de campo: Karl Otto Koch y Hermann Florstedt. El primero era comandante de Buchenwald cuando en 1943 fue arrestado y sustituido por Hermann Pister. Su arresto se produjo en el contexto de la investigación sobre una red de corrupción en los campos que incluía el asesinato de algunos prisioneros que sabían demasiado. Koch fue ejecutado por las SS en 1945. En cuanto a Florstedt, comandante de pésima fama en Majdanek, después de ser juzgado y condenado por un tribunal, fue también ahorcado en 1945 en presencia de los detenidos. Las indagaciones en ambos casos corrieron a cargo del juez de las SS Dr. Konrad Morgen, quien llegó a investigar hasta ochocientos casos de crueldad y corrupción en los campos de concentración. Como resultado de sus pesquisas, doscientos hombres de las SS con responsabilidad en los campos de concentración fueron condenados.

El 13 de marzo de 1944 Paul Rassinier fue enviado a Dora-Mittelbau, cerca de Nordhausen, el campo de trabajo donde en una fábrica subterránea, en realidad un túnel, se contruían las famosas V1 y V2 y también motores de avión. En las diversas fábricas del túnel había asimismo población civil empleada. Allí, con jornadas de doce horas de trabajo, las condiciones eran extremadamente duras, insoportables para los más débiles. Si se añade a estas condiciones el tifus y otras enfermedades, es comprensible que la tasa de mortalidad fuera muy elevada. El lector puede hacerse una idea cabal de la situación con este texto de Rassinier:

"31 de marzo de 1944. Desde hace ocho días los Kapos, los Lagerschutz y los jefes de bloque (todos ellos prisioneros) están especialmente irritados. Varios presos han muerto bajo los golpes: se han encontrado piojos no solamente en el túnel sino también en los comandos del exterior. La SS-Führung (Direccón de las SS) ha hecho responsable de este estado de cosas a la Häftlingsführung (Dirección de los presos). Por añadidura, ha hecho un tiempo espantoso durante todo el día: el frío es más riguroso que de costumbre y una lluvia glacial entremezclada con chaparrones ha caído ininterrumpidamente. Por la noche, llegamos a la plaza helados, empapados y hambrientos hasta tal punto que no lo sabría describir. ¡Confiemos en que la formación no dure demasiado! Mala suerte: a las diez de la noche estamos todavía de pie, bajo los chaparrones, esperando el ¡rompan filas! que nos liberará. Al fin llega, se acabó, vamos a poder tomar deprisa la sopa caliente y dejarnos caer sobre la paja. Llegamos al bloque: limpieza del calzado, después, manteniéndonos fuera con una indicación, el jefe de bloque, de pie en el borde de la puerta, nos echa un discurso. Nos anuncia que, como se han encontrado piojos, va a ser desinfectado todo el campo... Se comenzará esta noche: cinco bloques, entre los que se encuentra el 35, han sido designados para pasar a la desinfección. En consecuencia, no tomaremos la sopa hasta después de la operación..."

A medida que la guerra iba llegando a su fin, los servicios e instalaciones se iban degradado progresivamente en todos los campos. Por las noches, explica Rassinier, llegaban a los bloques dos ambulancias: una ("Aussere Ambulance") prestaba cuidados inmediatos a los enfermos accidentados que no cumplían las condiciones para ser hospitalizados; la otra ("Innere Ambulance") hospitalizaba tras un examen a quienes lo requerían. En el verano de 1944 "todo el campo supura", dice Rassinier, quien describe el deteriororo constante de la salud de los reclusos: la furunculosis, los edemas, la nefritis, heridas en manos y pies, dedos cortados, brazos y piernas fracturadas eran objeto de atención en las ambulancias. En diciembre de 1944 Dora se había convertido en un gran campo y dejó de depender de Buchenwald. En enero de 1945 sus instalaciones, concebidas para quince mil personas, albergaban a unas cincuenta mil. No llegaba ya ni pan ni harina. Los presos debían conformarse con dos o tres patatas pequeñas y la ración de margarina, sopa y salchichón se redujo a la mitad.

El colapso progresivo en Dora repercutió en Paul Rassinier, cuya capacidad de resistencia llegó al límite. El 8 de abril de 1944, tras arrastrarse con fiebre por el campo con el cuerpo hinchado, Rassinier logró ingresar por primera vez en la enfermería, de la que salió el 27 de abril. El 5 de mayo tuvo que volver y permaneció en convalecencia durante cuatro meses, hasta el 30 de agosto. Seis veces entró y salió de la enfermería. El 10 de marzo de 1945 ingresó por última vez. "Yo estaba enfermo, esto es evidente, incluso gravemente enfermo, pues lo estoy todavía, pero..." Así, con estos puntos suspensivos, termina Paul Rassinier la única queja sobre su maltrecho estado de salud.

Por otra parte, los actos de sabotaje en el túnel de Dora eran continuados. La SS descubrió por fin que los prisioneros rusos inutilizaban gran número de V1 y V2 orinando en el instrumental radioeléctrico. "Los rusos -explica Rassinier-, maestros en el pillaje, son también maestros del sabotaje y además testarudos: nada los detiene. También suministran ellos el mayor contingente de ahorcados. Lo suministran por una razón suplementaria: ¡creen haber logrado poner a punto una técnica de la evasión!" Rassinier comenta que de marzo de 1944 a abril de 1945 no hubo semana sin tres o cuatro ahorcados por sabotaje. "Posteriormente -añade- se los colgaba ya en grupos de diez o veinte, unos a la vista de otros. La operación se hacía en la plaza, en presencia de todos." Así, entre incidentes continuados, bombardeos, sabotajes, ahorcamientos y hambruna, Paul Rassinier, el padre del revisionismo, pasó sus últimos días en el campo. El 7 de abril de 1945 fue incluido en un transporte de evacuación, un convoy de vagones viejos, y le llegó la liberación.

Queda por comentar sobre Buchenwald la fama que alcanzó después de la guerra por las supuestas actividades de Karl Koch, el comandante arrestado en 1943 y fusilado en 1945, y de su esposa Ilse Koch. En buena parte, dicha fama se debió al libro de Christopher Burney, un antiguo prisionero que en 1945 publicó en Londres *Solitary Confinement: The Dungeon Democracy,* un panfleto por el que algunos libreros se atreven a pedir 135 euros por la primera edición, quizá pensando que es una obra de experiencia personal que tiene valor testimonial. Nada más lejos de la verdad, pues cuando Burney llegó a Buchenwald a comienzos de 1944, Koch había sido ya arrestado y Hermann Pister el comandante del campo de concentración, fue uno de los más apacibles de que se tiene noticia. Al describir a Karl Koch, este autor oportunista lo pinta como el ser más cruel que ha conocido, el cual pasaba el tiempo maquinando maneras crueles de matar a los prisioneros. Burney añade que Ilse Koch se liaba con los prisioneros porque su marido era homosexual y luego los enviaba al crematorio. Aquellos que tenían pieles con tatuajes artísticos eran despellejados con anterioridad para hacer con su piel artísticas pantallas de lámparas.

Eugen Kogon se refiere a dos órdenes del Reichsführer de las SS, Himmler, una de 23 de septiembre de 1940 y otra del 23 de diciembre de 1942, según las cuales los odontólogos debían extraer los dientes de oro de los prisioneros muertos y el oro de los prisioneros vivos "que no fuera apto para ser reparado". A éstos, no obstante y de manera significativa, se les ingresaba una pequeña cantidad de dinero en su cuenta. "El oro de los dientes de los muertos -sigue narrando Kogon-, con comprobantes precisos sobre la procedencia, el nombre y el número del fallecido, así como resguardo del peso, era enviado a la central de Berlín, donde se transformaba en nuevo oro para dentaduras." Según los partes mensuales, se recogían de este modo entre 182 y 504 gramos de oro cada mes. Kogon explica que el comandante Koch se hizo confeccionar un colgante de oro para la cadena de su reloj en el que grabó las fechas de nacimiento de sus hijos. Como se hacía con los dientes de oro, se aprovechaba de los cuerpos de los fallecidos cualquier cosa de valor. El propio Christopher Burney explica que cuando un recluso moría, los doctores del campo examinaban el cadáver y salvaban aquello que pudiera tener algún interés. Arthur R. Butz recuerda que en Buchenwald se llevaban a cabo experimentos médicos y, sin otorgar la menor credibilidad a la historia sobre Ilse Koch narrada por Burney, considera que por ahí debe buscarse la procedencia de las pieles tatuadas.

En cuanto a Ilse Koch, después de haber sido condenada ante un tribunal militar norteamericano, el general Lucius Clay, gobernador militar de Estados Unidos, revisó el caso y determinó que, pese a los testimonios presentados en su juicio, la señora Koch no podía ser relacionada con las pantallas tatuadas y otros objetos hallados en la residencia del comandante de Buchenwald en 1945 por un sencilla razón: ella no había vivido allí desde 1943, puesto que había sido arrestada junto a su marido. Tan pronto se le conmutó la pena, el rabino Stephen Samuel Wise y otros personajes influyentes protestaron con vehemencia, pero el general Clay no modificó su posición y se mantuvo firme. Cuando en octubre de 1949 Ilse Koch salió del centro de detención en que había estado recluida, los norteamericanos presionaron a las autoridades alemanas para que fueran ellas las que procedieran contra la Sra. Koch, "la perra de Buchenwald", quien fue de nuevo detenida y procesada por el asunto de las pieles tatuadas y su trato a los presos. Aunque la defensa demostró que las declaraciones prestadas en los dos juicios eran contradictorias, Ilse Koch fue hallada culpable y condenada a cadena perpetua. En 1967 se suicidó ahorcándose en su celda.

Tras la toma de Buchenwald por las tropas estadounidenses, en mayo de 1945 se obligó a ciudadanos alemanes de Weimar, situada a unos seis kilómetros, a visitar el campo y a desfilar masivamente ante unas mesas alineadas en el exterior. Se trataba de mostrarles las atrocidades nazis mediante una exhibición de objetos, entre los que destacaban trozos de pieles tatuadas, una lámpara con pantalla hecha teóricamente con piel humana y dos cabezas reducidas del tamaño de un puño. Fue una operación concebida por la División de Guerra Psicológica, en la que trabajaba entonces el renombrado director judío de Hollywood Billy Wilder, que estuvo en Buchenwald haciendo películas de propaganda. También Eugen Kogon colaboró con el Departamento de Guerra Psicológica ("Sykewar") que se encargó de producir buena parte de los falaces documentos sobre Buchenwald.

La idea macabra de exponer las cabezas reducidas, obtenidas de algún museo o de la colección de algún antropólogo, fue de otro judío, Albert G. Rosenberg, que como Wilder formaba parte de la División de Guerra Psicológica. Las cabezas provenían casi con seguridad de Sudamérica. Algunas tribus amazónicas, como los jíbaros, reducían las cabezas de sus enemigos en un ritual que pretendía atrapar su espíritu en la cabeza con el fin de prevenir que pudiera escapar por la boca o por los ojos y hacerles daño en el futuro. El 13 de diciembre de 1945 se exhibió en uno de los juicios de Núremberg la prueba documental USA-254, que consistía en una cabeza reducida de un supuesto judío, la cual había sido embalsamada y conservada.

Ya sólo queda añadir para acabar estas páginas sobre Buchenwald que la película de propaganda que se filmó fue ampliamente difundida. Junto a los ciudadanos de Weimar forzados a visitar el campo se infiltró un buen número de extras que simularon las reacciones necesarias: llanto, horror, vergüenza, indignación. El objetivo era infundir en los alemanes sentimientos de culpa y remordimiento para después mostrarlos al mundo. Se trataba de comenzar a preparar la desnazificación de la sociedad alemana. Las fotos y películas trucadas fueron uno de los instrumentos reiterados de la propaganda. El revisionista inglés Richard Harwood (seudónimo de Richard Verrall), autor del libro *Did Six Million Really Die?* (*¿Murieron realmente seis millones?*) expone en esta obra un caso revelador de estas falsificaciones denunciado por la revista británica *Catholic Herald* el 29 de octubre de 1948. En Kassel se obligó a todos los alemanes a ver una película sobre las "atrocidades" de Buchenwald. Un médico de Göttingen que asistía a la proyección se reconoció en la pantalla, pese a que él no había estado nunca allí. Enseguida se percató de que las imágenes eran de las víctimas del genocido de Dresde, a las que él había asistido tras el bombardeo criminal de los Aliados, Como se recordará, los cuerpos de los muertos fueron incinerados durante varias semanas en montones de entre cuatrocientos y quinientos cadáveres.

Dachau

Antes de comenzar a estudiar con detalle los campos de Polonia donde los exterminacionistas dicen que se mató a seis millones de judíos, es preciso dejar algo escrito sobre dos campos de concentración muy citados por los voceros del Holocausto: Dachau y Bergen-Belsen. Ya el 14 de julio de 1959 el semanario católico *Our Sunday Visitor*, una publicación de Huntington (Indiana) que entonces tenía una tirada de cerca de un millón de ejemplares, publicó una carta del abogado Stephen S. Pinter, el cual estuvo en Dachau cerca de un año y medio, en la que descartaba rotundamente la existencia de cámaras de gas en el campo.

"Estuve en Dachau durante diecisiete meses después de la guerra como fiscal del Departamento de Guerra de Estados Unidos y puedo declarar que no hubo cámara de gas en Dachau. Lo que se enseñó a visitantes y curiosos y se les dijo erróneamente que era una cámara de gas fue en realidad un crematorio. No hubo ni allí ni en ninguno de los otros campos de concentración de Alemania una cámara de gas. Se nos dijo que había una en Auschwitz; pero puesto que estaba en una zona de ocupación rusa, no tuvimos permiso para investigar, pues los rusos no lo iban a permitir..."

Once años antes, en 1948, una publicación de la Asociación Americana para el Avance de la Ciencia (AAAS) había ya presentado un informe al que nadie prestó demasiada atención. En él se explicaban las causas de las muertes de los cadáveres encontrados cuando las tropas estadounidenses capturaron el campo. A medida que el Ejército de Estados Unidos fue adentrándose en Alemania, se dice en el informe, sus servicios médicos anticiparon lo que podían encontrar:

"En los meses de abril y mayo Alemania tenía un aspecto asombroso, una mezcla de humanidad viajando de cualquier manera, sin hogar, hambrientos y llevando con ellos el tifus... Cuanto más territorio se descubría, más casos aparecían, pues en Alemania Occidental, en la línea del avance estadounidense, el tifus se extendía uniformemente... Se estima que fueron encontrados en Dachau entre 35.000 y 40.000 prisioneros viviendo en pésimas condiciones... Suciedad extrema, plagas de piojos y hacinamiento reinaban en todos los edificios del campo. Varios vagones llenos de cadáveres fueron encontrados en hangares de la estación ferroviaria adyacente al campo: eran vestigios del envío de prisioneros desde campos más al norte que fueron trasladados a Dachau en los últimos días de la guerra para escapar al avance de las tropas americanas. El número de pacientes con fiebre tifoidea cuando fue tomado el campo no se sabrá nunca... Se encontraron varios cientos en el hospital de la prisión, pero eran pocos comparados con los que seguían viviendo en los barracones con sus camaradas, en cama, desatendidos, acostados en literas de cuatro pisos con dos y a veces tres hombres por cada piso estrecho, a modo de estantería; los enfermos y los sanos, hacinados, apestando a suciedad y abandono. Y por todas partes el olor a muerte."

En 1947, un año antes de la aparición de este informe de la AAAS, la Cruz Roja Internacional había presentado otro en el que se estimaba que en los primeros meses de 1945 unos 15.000 prisioneros de Dachau murieron de tifus, la mayor parte de ellos en los dos meses finales de la guerra. Paul Berben, autor de *Dachau 1933-1945. The Official History* (1975), confirma que en los cuatro últimos meses de existencia del campo murieron más prisioneros que en todos los años precedentes. Incluso después de la llegada de los norteamericanos murieron por inanición alrededor de dos mil detenidos. Muchos años pudo verse en Dachau una placa que recordaba a 238.000 fallecidos allí, y durante la década de los cincuenta cualquiera que negara en Alemania la existencia de cámara de gas en Dachau corría el riesgo de ir a la cárcel. Hoy la cifra de muertos en este campo ha quedado establecida en 32.000 y es un hecho aceptado que ningún preso fue gaseado.

Actualmente, incluso los historiadores judíos admiten que no existieron campos de exterminio en territorio alemán. El 19 de abril de 1960 Martin Broszat, director del Instituto de Historia Contemporánea de Munich, declaró que no se produjeron gaseamientos en territorio del Reich y que sólo los hubo en algunos campos de Polonia. En el mes de abril de 1975, el conocido cazador de nazis Simon Wiesenthal publicó una carta en el periódico británico *Books and Bookmen* en la que reconocía que "no se gaseó a nadie en ningún campo situado en suelo alemán." El 24 de enero de 1993 lo ratificó en el periódico *The Stars and Stripes*, donde dijo textualmente: "Es cierto que no hubo campos de exterminio en suelo alemán ni gaseamientos masivos como los que se produjeron en Auschwitz, Treblinka y otros campos. Una cámara de gas estuvo en proceso de construcción en Dachau, pero nunca fue finalizada." Incluso una publicación del "American Jewish Committee", *The changing shape of Holocaust Memory*, admitió en 1995 que "no hubo centros de exterminio 'per se' en Alemania y aunque las condiciones de Dachau fueran horribles, su cámara de gas nunca fue usada." Como acepta Wiesenthal, no es que no fuera utilizada, sino que no existió.

Pese a todo, las personas que pierden el tiempo visitando el museo de Dachau en las proximidades de Munich siguen siendo aleccionadas y manipuladas con falsa información. A estos ingenuos turistas les enseñan pequeños habitáculos y se les dice que fueron utilizados como cámaras de gas. Lo que ven en realidad son instalaciones usadas para desinfección o crematorios para prisioneros fallecidos. Una de las habitaciones era una cámara de fumigación utilizada para despiojar vestidos. Se muestran asimismo fotos tomadas en 1945 en las que aparece la famosa puerta sobre la que figura una calavera y unos huesos cruzados con la advertencia: "Vorsicht! Gas! Lebensgefahr! Nicht öffnen!" ("¡Cuidado! ¡Gas! ¡Peligro de muerte! ¡No abrir!").

Se ha dicho ya que Dachau comenzó a funcionar en 1933 y era por tanto el campo más antiguo. En él fueron internados prisioneros políticos austríacos, criminales comunes y presos de todo tipo, incluidos sacerdotes católicos. Más de dos mil sacerdotes católicos de diversos países fueron prisioneros en los campos alemanes, de ellos la mayoría estuvo en Dachau. Los detenidos trabajaban normalmente en fábricas situadas en el exterior del campo. Al final de la guerra comenzó a fabricarse el mito de que Dachau había sido un campo de exterminio. Como en el caso de Buchenwald, fue la propaganda norteamericana impulsada por Eisenhower, el responsable de los campos de la muerte donde murieron casi un millón de alemanes, la que se encargó de tergiversar los hechos tan pronto las tropas estadounidenses se hicieron con el control del campo de concentración.

Sobre la llegada de los americanos a Dachau existen varias versiones, que resumiremos sin extendernos demasiado. La Cruz Roja, merced a las convenciones internacionales, tenía acceso a los prisioneros de guerra, los POWs, ("Prisoners of War"), los cuales gozaban así de protección internacional; pero los presos de los campos de concentración no estaban incluidos. En los primeros meses de 1945, las condiciones en todos los campos eran ya tan catastróficas que el 29 de marzo el Gobierno alemán, a través del general de las SS Ernst Kaltenbrunner, decidió permitir que un delegado del Comité Internacional de la Cruz Roja se instalase en cada campo con el fin de distribuir suministros de asistencia. Se puso como condición que los delegados deberían permanecer en los campos hasta el final de la guerra. Fue gracias a este acuerdo que el CICR organizó el transporte de ayuda por carretera, puesto que la utilización de las vías férreas, del todo colapsadas, estaba reservada a las necesidades de los militares. A estas alturas de la guerra el caos era inmenso, por lo que la orden de Kaltenbrunner no llegó a algunos comandantes de los campos. Los hubo que se negaron inicialmente a permitir la entrada de la Cruz Roja.

La Cruz Roja emitió un documento con una versión descafeinada sobre cómo se rindió Dachau. Víctor Maurer fue el delegado autorizado a instalarse en el campo, al que llegó el 27 de abril con cinco camiones cargados de comida para los prisioneros. El campo estaba incomunicado debido al bombardeo de los Aliados. El 28 de abril un buen número de oficiales y guardias comenzaron a escapar. El teniente de las SS Heinrich Wicker, que tenía también la intención de huir al frente de los guardias que quedaban, se convirtió en la máxima autoridad en Dachau. Maurer lo convenció para que rindiera el campo a los americanos. Con una toalla blanca sujeta al palo de una escoba y acompañado por el teniente Wicker, el representante de la Cruz Roja salió del campo. Una unidad motorizada los vio y pronto se hallaron ante un general, cuyo nombre no se especifica, aunque otras fuentes aclaran que se trataba del general de brigada Henning Linden, pues fue él quien el 2 de mayo presentó su informe al Cuartel General en el que confirma que en la noche del

28 de abril Víctor Maurer, representante de la Cruz Roja Suiza, llegó enarbolando bandera blanca acompañado del teniente Wicker de las SS y de su asistente.

El general Linden reconoce que le confirmaron que había unos 42.000 presos "medio enloquecidos" muchos de los cuales estaban infectados de tifus. Dicho general tenía informes de que había llegado a Dachau un tren cargado con cadáveres procedentes del norte, cosa que desconocía Víctor Maurer. El general Linden pidió al delegado de la Cruz Roja y al oficial alemán que lo acompañaran al campo. Su intención era tomar fotos de los vagones repletos de cadáveres para pasarlas a los periódicos. Según el informe de la Cruz Roja, cuando el general Linden llegó al campo sobre las tres de la tarde del día 29 de abril, ya estaban allí otros soldados norteamericanos que en su camino hacia Múnich habían sido informados por civiles y periodistas sobre la existencia del campo de concentración.

Al margen del relato de la Cruz Roja, otras versiones de la toma de Dachau concretan que fueron estas tropas las que, al acercarse al campo, descubrieron el tren con los cuerpos de unos quinientos muertos de aspecto deprimente. Este tren, que había llegado el 26 o el 27 de abril, llevaba prisioneros famélicos evacuados el día 7 de Buchenwald y se había retrasado porque los aviones aliados habían bombardeado las vías y ametrallado el convoy, matando así a los prisioneros que iban en vagones abiertos. A pesar de los esfuerzos del delegado Víctor Maurer para que los alemanes entregaran ordenadamente el campo, tal como había pactado con el general Linden, el desorden fue completo y tuvo lugar una masacre: los americanos dispararon y mataron a casi todos los guardias y no evitaron que algunos reclusos armados liquidaran también a numerosos soldados alemanes. Otros presos derribaron las vallas de alambre y escaparon sin que los estadounidenses hicieran otra cosa que disparar al aire.

Sobre estos hechos, el teniente coronel Walter J. Fellenz, un oficial del 222 Regimiento, informa sobre cómo sus hombres mataron a los guardias de las SS que seguían en las torretas de vigilancia: "Los SS trataron de apuntar sus armas hacia nosotros, pero los matamos rápidamente antes de que pudieran dispararnos. Matamos por lo menos a diecisiete SS. Luego, en un arrebato de furia nuestros hombres arrojaron los cuerpos de las torres y vaciaron sus rifles en los pechos de los SS muertos." Nada de todo esto figura en el informe de la Cruz Roja. Tampoco se dice que el teniente Wicker, con quien Víctor Maurer se había comprometido a salvaguardar las vidas de los soldados, fue asesinado después de haber rendido el campo[6].

Dos reclusos escribieron sobre Dachau. Uno fue el padre Johann Maria Lenz, al que el Vaticano encargó que escribiera un libro sobre Dachau, *Christ in Dachau* (1960); el otro era Nerin Emrullah Gun, un periodista de origen turco que en 1944 había trabajado en el departamento de prensa de la Embajada turca en Budapest al que los alemanes encarcelaron en abril de 1945 a causa, probablemente, del contenido antialemán de sus informes. En 1966 Nerin E. Gun publicó un libro titulado *Dachau*. La obra fue traducida a varios idiomas, entre ellos el castellano. En España apareció con el título *Dachau. Testimonio de un superviviente* (1969). Según Gun, cuando llegaron los americanos no se conformaron con matar a los guardianes de las SS, sino que liquidaron incluso a los perros en sus perreras. El padre Lenz, por su parte, además de declarar que nunca se había sentido tan cerca de Dios como en Dachau, dice que el general norteamericano ordenó un bombardeo de dos horas sobre la ciudad indefensa de Dachau para vengarse por los muertos encontrados en el campo; pero luego matiza que finalmente fue disuadido y dio la contraorden. No hay constancia de estos hechos en el documento del CICR.

Hubo que esperar cuarenta años para conocer la magnitud y los detalles del crimen de guerra cometido por los americanos en Dachau. En 1986 el coronel médico Howard Buechner publicó en Estados Unidos el libro *Dachau. The Hour of the Avenger* (*Dachau. La hora del vengador*), en el cual, además de su experiencia personal, ofrece diversos testimonios de testigos presenciales, algunos de los cuales declaran sentirse avergonzados de lo que ocurrió. A pesar de que en su comunicado sobre la liberación de Dachau el general Eisenhower se limitó a decir que 32.000 prisioneros habían sido liberados y "300 soldados de las SS fueron neutralizados", el coronel Buechner sostiene en su obra que el número real de soldados alemanes ejecutados fue de 520, de los cuales 346 fueron ametrallados en masa por orden del teniente Jack Bushyhead. Cerca de

---

[6] El teniente Heinrich Wicker era un hombre muy alto, por lo que su cadáver tendido en el suelo con la cabeza destrozada es fácil de reconocer en varias fotos. Este teniente de las SS había supervisado entre el 28 de marzo y el 2 de abril de 1945 la evacuación de prisioneros de Neckarelz, un subcampo de Natzweiler, al campo principal de Dachau. También supervisó entre el 5 y el 15 de abril la evacuación de cerca de mil setecientos prisioneros de Hessental, otro subcampo de Narzweiler, a München-Allach. Su madre y su hermana habían llegado el 12 de abril a Dachau para visitarlo. Su prometida y un hijo de ambos de dos años de edad estaban también en la ciudad de Dachau. Estos familiares nunca lo volvieron a ver y ulteriormente denunciaron su pérdida al servicio de búsqueda de la Cruz Roja Internacional.

medio centenar fueron asesinados por los propios reclusos, quienes según varios testigos los golpearon hasta la muerte con palas y otras herramientas. También algunos kapos fueron destrozados por los prisioneros. En otro libro sobre la liberación de Dachau, *Inside the Vicious Heart* (1985), de Robert H. Abzug, un testigo desvela que algunos soldados americanos entregaron a los alemanes a los reclusos para que se encarnizaran con ellos. Aunque los asesinatos no cesaron del todo hasta el día 2 de mayo, el día 30 de abril pudo imponerse cierto orden y se distribuyeron alimentos. El 1 de mayo entraron en el campo miembros de una delegación del CICR, en cuyo informe se dice textualmente que presenciaron montones de cadáveres e "igualmente la cámara de ejecuciones, la cámara de gas, los hornos crematorios, etc."

Ya que existe hoy consenso general entre los investigadores de ambas tendencias sobre la inexistencia de cámaras de gas en Dachau, estas afirmaciones que figuran en el informe de la Cruz Roja de 1947 deben ser interpretadas como el reflejo de la propaganda americana, que consideró cámaras de gas unas duchas de las que la propaganda difundió una foto en la que aparecen varios congresistas estadounidenses examinando los orificios de las alcachofas. Durante la década de 1980, estas mismas duchas se mostraban a los turistas en el Museo de Dachau y se insistía en que estaban concebidas como cámaras de gas, aunque nunca llegaron a utilizarse. En un letrero se dice lo siguiente en alemán y en inglés: "Cámara de gas. Camuflada como sala de baños -nunca utilizada como cámara de gas." Los revisionistas advirtieron que estaba demostrado que aquella instalación no era una cámara de gas y las autoridades del Museo reemplazaron el cartel por otro donde se lee: "Cámara de gas. Aquí se encontraba el centro del potencial asesinato en masa." Se añadió que "hasta 150 hombres podían ser gaseados a la vez". Es decir, absurdamente, se pretendió acallar a los revisionistas con los términos "potencial" y "podían". La propaganda aseguró asimismo que la cámara de desinfección o fumigación, cuyo inscripción en la puerta ha sido citada más arriba, fue también una cámara de gas para exterminar a los prisioneros. Bajo la foto distribuida por el Ejército de Estados Unidos en la que aparece un soldado figura el siguiente texto: "Cámaras de gas convenientemente situadas junto al crematorio son examinadas por un soldado del Séptimo Ejército de Estados Unidos. Estás cámaras fueron utilizadas por los guardias nazis para matar a prisioneros en el infame campo de concentración de Dachau." Observese que se utiliza el plural, dando a entender de este modo que había varias.

Puesto que toca ya escribir sobre el desastroso campo de Bergen-Belsen, es preciso insistir una vez más en que a principios de 1945 Alemania era una vorágine de muerte y miseria y así iba a continuar durante mucho tiempo, según ha quedado explicado en el capítulo 11, en el que se ha narrado el drama de millones de refugiados que huían de los soviéticos en condiciones deplorables. En enero de 1945, por ejemplo, ochocientos refugiados alemanes fueron hallados muertos por el frío en el interior de un tren que llegó a Berlín. La red ferroviaria se encontraba en estado caótico, como lo demuestra el hecho de que el tren de Dachau en el que fueron hallados los quinientos cadáveres había tardado veinte días en llegar desde Buchenwald. En la última nota se ha visto que el teniente Heinrich Wicker había supervisado el traslado de prisioneros de unos campos a otros. No se comprende muy bien quién daba estas órdenes ni qué finalidad tenía transferir a miles de moribundos de un campo a otro. Quizá la explicación sea que los comandantes pretendían minimizar el número de víctimas en sus campos y conferir a otros la responsabilidad.

Bergen-Belsen

Bergen-Belsen es el campo paradigmático de la tragedia que vivieron los prisioneros en los campos de concentración en los últimos meses. Tanto es así que se convirtió en la pieza maestra de la propaganda del Holocausto. Las imágenes de cuerpos esqueléticos sin enterrar de los presos que habían muerto de tifus, hambre y otras enfermedades dieron la vuelta al mundo. En esta ocasión no fue preciso acudir a falsificaciones, puesto que las imágenes eran reales. Las filmaciones sobre los enterramientos de montañas de cadáveres en Belsen aparecen regularmente en las televisiones para demostrar la existencia de campos donde los judíos fueron exterminados. Sin embargo, se ha visto más arriba que entre agosto y diciembre de 1944, antes de que quedaran cortadas por los bombardeos las líneas de suministro y se produjera el desmoronamiento del sistema concentracionario, unos dos mil judíos fueron liberados de Bergen-Belsen gracias a las gestiones conjuntas del Comité Judío de Rescate de Budapest y del Joint Distribution Committee de Nueva York.

Pensamos que a estas alturas de nuestro relato ha quedado suficientemente probado que no existió una política deliberada de matar a los presos, fueran judíos o gentiles, y que la hecatombe acaecida en los campos fue el resultado de una pérdida absoluta de control. Una y otra vez distintas fuentes atribuyen la causa principal de la mortandad a las epidemias de tifus, que se convirtieron en una amenaza constante en todos los campos. Como es sabido, el tifus exantemático se transmite a través de los piojos. En consecuencia, los alemanes trataron de combatir mientras pudieron esta enfermedad con la mayor eficacia posible, de ahí que se adoptaran numerosas medidas de higiene y se combatió a estos parásitos indeseables mediante la desinfección de habitaciones, ropas y personas. El hecho de que uno de estos insectos, el pediculus humanos, habite en el cuero cabelludo, donde cada piojo puede depositar hasta diez liendres por día, fue el motivo de que se rapase a los presos apenas ingresaban en los campos. Puesto que una subespecie de tamaño algo mayor, el pediculus humanus corporis, vive en las costuras y los pliegues de las ropas, se crearon las cámaras de desinfección, donde se usaba el cianuro de hidrógeno, conocido también como ácido cianhídrico y ácido prúsico. La marca registrada usada en los campos era el "Zyklon B", que fabricaba la I G Farben. En todos los campos el ritual era el mismo: tan pronto llegaba una remesa de reclusos, se desnudaban, se les afeitaba el cabello, pasaban luego a la ducha y se les entregaban vestidos nuevos, cuando no los viejos ya desinfectados.

Al principio Bergen-Belsen había sido un campo de la Wehrmacht para prisioneros de guerra y heridos; pero a mediados de 1943 las SS pasaron a hacerse cargo del mismo e hicieron de él un campo de intercambio, es decir, un campo de paso en el que se canjeaban prisioneros judíos por prisioneros alemanes. Parece ser que los primeros judíos en llegar procedían de Salónica y algunos tenían pasaporte español, por lo que se confiaba en mandarlos a España. El grupo más numeroso de judíos eran los de origen holandés, de los que había unos cinco mil. Muchos de ellos eran expertos en la talla del diamante que procedían de Amsterdam. Los judíos fueron alojados en alojamientos específicos para ellos y formaron los que se llamó "el campo de la estrella", que quedó completamente separado del resto de los campos y no se vio por ello muy afectado por la epidemia de tifus de los últimos meses.

Fueron los británicos y los canadienses quienes en la tarde del 15 de abril de 1945 entraron en Bergen-Belsen, a unos cincuenta kilómetros al norte de Hannover, cuya entrega había sido pactada con anterioridad. La existencia de la epidemia de tifus era bien conocida. Había incluso en las proximidades del campo carteles que advertían: "Peligro. Tifus". Existía, pues, el peligro de que la epidemia pudiera extenderse y afectar a las tropas de ambos bandos. Muchos de los guardias del campo huyeron antes de la llegada de los británicos; pero Josef Kramer, el comandante, permaneció en el campo con ochenta de sus hombres que voluntariamente se quedaron. Kramer y su asistente Irma Grese recibieron en la entrada al oficial británico Derrick Sington, al cual expresaron su deseo de colaborar para hacer frente a la situación. El mismo día Kramer fue arrestado y cinco meses más tarde compareció ante un tribunal militar británico como criminal de guerra.

En 1957 Derrick Sington publicó en Londres el libro *The Offenders*, donde ofrece el testimonio de un prisionero político que explica cómo se desencadenó la epidemia de tifus. Según este prisionero, a finales de octubre de 1944 se admitió por primera vez un transporte sin ser desinfectado. La gente que llegó al campo traía piojos y empezaron a extenderse poco a poco. En enero de 1945 la enfermedad comenzó a aparecer y a finales de febrero el tifus era ya una grave amenaza para todo el campo. En los últimos meses Belsen fue considerado un "Krankenlager", un campo de enfermos. Muchos de las personas que trabajaban en el campo estaban también enfermas. Los británicos no pudieron controlar enseguida la situación y una cuarta parte de los afectados por la epidemia murieron en las cuatro primeras semanas.

Ante el espectáculo dantesco de miles de cadáveres sin enterrar esparcidos por el campo, los británicos comenzaron a excavar grandes fosas rectangulares donde poder sepultar a los muertos. Dos días después de la entrada de las tropas llegaron las primeras unidades de servicios médicos, que levantaron un hospital. Ese mismo día se arrestó a todo el personal de las SS, cincuenta hombres y treinta mujeres, que habían ayudado a los británicos a afrontar la catástrofe. El mismo día 17 de abril los judíos se apresuraron a organizar en el campo un Comité Judío que fue liderado por Josef Rosensaft. El día 18 comenzó el entierro de los cadáveres. La mayoría de los cuerpos escuálidos de los fallecidos estaban ya amontonados en las sepulturas comunes. Los bulldozers los habían ido cargando en camiones o los empujaron directamente a las fosas. Los libertadores británicos obligaron a las mujeres alemanas a trabajar sin protección alguna y sin guantes, exponiéndolas de este modo al contagio del tifus y a otras enfermedades. En algunas fotos se ve a estas mujeres arrastrar y cargar en vehículos a los muertos macilentos antes de arrojarlos a las tumbas. Estas imágenes son las que se enseñan en la famosa filmación que ha sobrecogido a generaciones de espectadores. Cuando el día 23 de abril llegaron seis destacamentos de la Cruz Roja para ayudar, la epidemia seguía descontrolada y morían aún diariamente cientos de personas. A pesar del tratamiento proporcionado por la Cruz Roja y por las unidades médicas del Ejército británico, nueve mil personas perdieron la vida en las dos primeras semanas que siguieron a la liberación del campo y otras cuatro mil fallecieron a lo largo del mes de mayo.

En cuanto al juicio al capitán de las SS Josef Kramer, apodado en la propaganda "La Bestia de Belsen", se celebró en agosto de 1945. Fue el llamado "juicio de Belsen", llevado a cabo por un tribunal militar británico al margen del IMT (Tribunal Militar Internacional de Núremberg). Puesto que había estado anteriormente cumpliendo servicio en Auschwitz-Birkenau, Kramer fue vinculado con el exterminio de judíos a través de cámaras de gas. Realizó dos declaraciones ante el tribunal, las cuales son reproducidas íntegramente por Arthur R. Butz en un apéndice de *The Hoax of the Twentieth*

Century. En la primera declaración, que consta de diecisiete páginas, Kramer relató su experiencia en los distintos campos en que había trabajado. Por su interés, citaremos a continuación varios fragmentos, alguno de los cuales confirman hechos ya relatados.

Kramer estuvo en Auschwitz-Birkenau desde mediados de mayo de 1944 hasta el 29 de noviembre del mismo año. Fue comandante de Birkenau, adonde iban a parar aquellos presos cuya capacidad de trabajo, bien por enfermedad, bien por cuestiones de edad, no era ya la exigida. Según su declaración, morían semanalmente por causas naturales entre 350 y 500 personas. Justifica esta elevada tasa de mortalidad por el hecho de que muchos de los reclusos que entraban en Birkenau procedentes de Auschwitz estaban enfermos: "La tasa de mortalidad- argumenta- estaba ligeramente por encima de lo normal debido al hecho de que yo tenía un campo con gente enferma que venía de otras partes del campo." Kramer confirma que todos los prisioneros que morían eran incinerados y que normalmente no recibían malos tratos:

> "Ningún prisionero era azotado; no había ejecuciones, fusilamientos o ahorcamientos. Yo hacía inspecciones frecuentes en mi campo. Era responsabilidad exclusiva del médico certificar las causas de la muerte cuando un prisionero fallecía. Los doctores cambiaban continuamente. Uno de estos doctores fue el Hauptsturmführer (capitán) Mengele... Durante mis inspecciones nunca vi prisioneros que habían muerto a causa de violencia física. Cuando un prisionero moría, un doctor tenía que certificar la hora del deceso, la causa y los detalles de la defunción. Un doctor firmaba un certificado y lo enviaba a la Oficina Central del Campo."

Sobre el trabajo de los médicos, Kramer reiteró que "estos médicos hacían cuanto estaba en sus manos por mantener con vida a los prisioneros." Según su declaración, realizaban jornadas de doce horas y trabajaban diariamente desde las ocho de la mañana hasta las ocho o las nueve de la noche. En relación a las acusaciones de haber participado en asesinatos en masa dijo:

> "He conocido las alegaciones de antiguos prisioneros de Auschwitz que hacen referencia a una cámara de gas allí, a ejecuciones masivas y a flagelaciones, a la crueldad de los guardias y a que todo esto ocurría en mi presencia o con mi consentimiento. Todo lo que puedo decir es que es falso de principio a fin."

Josef Kramer estuvo destinado en Belsen desde el 1 de diciembre de 1944 hasta el 15 de abril de 1945. En su testimonio, relata que el 29 de noviembre se presentó en Berlín para informar al "Gruppenführer" Glücks, que estaba al frente de la organización de todos los campos de concentración del Reich bajo las órdenes del "Obergruppenführer" Oswald Pohl. Kramer citó en su declaración las palabras pronunciadas por Glücks durante su entrevista, algunas de las cuales coinciden con el informe de Rudolf Kastner y confirman que muchos judíos confluían en Belsen desde otros campos porque desde allí eran intercambiados o liberados. Veamos un fragmento:

"'Kramer, se va usted a Belsen como comandante. En Belsen hay actualmente muchos prisioneros judíos que serán con el tiempo intercambiados'. Fue más tarde, cuando estuve en Belsen, que supe que estos prisioneros judíos estaban siendo canjeados por ciudadanos alemanes de todas partes. El primer intercambio se produjo entre el 5 y el 15 de diciembre de 1944, y fue supervisado personalmente por un oficial que vino de Berlín ex profeso. No puedo recordar su nombre. Su rango era 'Regierungsrat' (consejero gubernamental). El primer transporte contenía entre 1.300 y 1.400 prisioneros. Glücks me dijo en la entrevista de Berlín: 'Se ha previsto convertir Belsen en un campo para prisioneros enfermos. Este campo acogerá a todos los presos y confinados enfermos de todos los campos de concentración del norte y noroeste de Alemania y también todas las personas enfermas entre los prisioneros que trabajan en empresas o industrias...'"

Una vez más puede constatarse que los judíos no sólo no eran exterminados sistemáticamente, como sigue predicando la propaganda después de más de setenta años, sino que recibían una atención especial, pues organismos como el "Joint", el "World Jewish Congress", la Cruz Roja y los Comités Judíos que operaban en muchos países y otras organizaciones estaban en contacto con las autoridades alemanas y mantenían frecuentes negociaciones. En cuanto a la evolución del número de presos y de defunciones en Belsen, Kramer dijo lo siguiente:

"Cuando asumí el cargo el 1 de diciembre había aproximadamente 15.000 personas en el campo, unos doscientos murieron en diciembre. El 1 de enero había aproximadamente 17.000 personas en el campo; seiscientos murieron en enero; el 1 de febrero había 22.000 prisioneros en el campo. A partir del 15 de febrero en adelante no sabría decir cuántos prisioneros tenía, ya que no se siguió registrándolos en los libros, pues fue totalmente imposible a causa del torrente de transportes que afluían desde los campos de Silesia, que estaban siendo evacuados y, como ya he dicho, los registros que había mantenido los destruí en marzo.

No sé el número de muertos que hubo durante este periodo, pero las condiciones en Belsen empeoraron desde mediados de febrero hasta mediados de abril de 1945, cuando llegaron los Aliados. Inspeccioné el campo diariamente durante este periodo y era perfectamente consciente de las condiciones y del gran número de personas que fallecían. La mortalidad durante los meses de febrero, marzo y abril fue aumentando progresivamente hasta que alcanzó los 400 o 500 al día..."

Muchos aspectos de la declaración de Kramer merecerían ser reseñados. Por ejemplo, la imposibilidad de seguir incinerando los cadáveres porque se acabó el carbón para alimentar el horno crematorio o las medidas que tomó cuando detectó un caso de canibalismo. En relación a las hambrunas, en el informe de 1948 del CICR se hace constar que el abastecimiento de los campos quedó interrumpido a causa de los ataques de la aviación a todas las vías de comunicación. El 2 de octubre de 1944 el CICR había advertido al Foreign Office sobre el inminente derrumbe del sistema de transportes y había predicho que provocaría el hambre para cuantos se encontrasen en Alemania. Sobre las penurias en la alimentación, Kramer destaca la escasez de pan:

"Fue absolutamente imposible para mí conseguir suficiente pan para alimentar a todos los presos que tenía. Al principio el pan nos era suministrado por las panaderías de Belsen. Luego hubo tantos prisioneros en el campo que las panaderías locales no pudieron ya abastecer las cantidades requeridas y envié camiones a Hannover y a otros sitios para buscar pan, pero ni así fui capaz de conseguir la mitad del pan que se precisaba para alimentar a los prisioneros con raciones normales. Aparte del pan, las raciones nunca se cortaron."

En cuanto a la epidemia de "fiebre eruptiva" que se propagó por el campo en febrero de 1945, Kramer explicó que fue certificada por el Instituto Bacteriológico de Hannover, por lo que cerró el campo y remitió un informe a Berlín: "La respuesta que recibí de Berlín fue que debía mantener abierto el campo para recibir los convoyes del este, con fiebre o sin fiebre." A principios de marzo Kramer envió un informe completo a sus superiores sobre las condiciones que se imponían en el campo. El 20 de marzo Oswald Pohl se presentó personalmente en Belsen para supervisar la situación y coincidió con el comandante del campo en que debía hacerse algo. Ante el tribunal Kramer explicó esto:

"La primera medida que sugirió fue cerrar el campo y no traer más gente. Yo le propuse dos medidas a Pohl para hacer frente a la situación: (a) paralizar la llegada de más transportes y (b) realizar inmediatamente la permuta de los judíos del campo. El resultado de esto fue que desde mi oficina remitió una carta a Berlín en la que decía que el intercambio de prisioneros judíos tenía que llevare a cabo enseguida. Este intercambio se produjo finalmente durante los últimos días de marzo. No sé donde debía producirse el canje, pero abandonaron Belsen para ir a Theresienstadt. Entre 6.000 y 7.000 personas fueron enviadas fuera para ser intercambiadas (tres trenes cargados). Estos 6.000 o 7.000 constituían el número total de prisioneros que debían ser intercambiados. Fueron transportados en tres convoyes, cada uno de los cuales tenía entre 45 a 50 wagones. Recibí órdenes para despachar tres remesas en tres días diferentes. Cada vez asigné unos pocos guardias -no puedo recordar cuántos- y había un N.C.O. (coloquialmente un oficial no comisionado) encargado de cada tren, probablemente un Scharführer (sargento primero), pero no lo puedo recordar. No sé a quién estos N.C.O. tenían que informar en la otra parte. Todo lo que supe fue que tenía que despachar tres trenes. Nunca volví a ver a estos N.C.O. que envié."

Esta información es de una importancia significativa, toda vez que vendría a demostrar que entre los miles de cadáveres hallados en Bergen-Belsen había pocos judíos, puesto que la mayoría habían sido evacuados en tres largos trenes a finales de marzo de 1945. Kramer finalizó su extensa declaración ante el tribunal británico afirmando que cuando Belsen fue finalmente tomado por los Aliados estuvo bastante satisfecho porque "había hecho todo lo posible en aquellas circunstancias para remediar las condiciones del campo."

En una segunda declaración, Kramer abandonó la firmeza con que había defendido su actuación y se retractó, evidentemente en un intento de salvar la vida y aconsejado por su abogado. La lógica de la defensa era ofrecer una versión que descargara en los superiores de Kramer toda la responsabilidad por los pretendidos asesinatos masivos en Birkenau, ya que la afirmación de que Auschwitz-Birkenau no fue un campo de exterminio no tenía ninguna posibilidad de ser aceptada por el tribunal. La segunda declaración, reproducida también íntegramente en *The Hoax of the Twentieth Century*, fue mucho más escueta y constaba de ocho puntos que cupieron en dos páginas. En ella Kramer testificó que existió una cámara de gas en Auschwitz, que él no era responsable de ella y que los exterminios fueron competencia de la administración central del campo en Auschwitz 1. Los argumentos que dio para justificar las discrepancias entre ambas declaraciones merecen pocos comentarios. Principalmente alegó que le había dado la palabra de honor a Oswald Pohl de que guardaría silencio. En cualquier caso, de nada le sirvió acusar al Rudolf Höss, el comandante del campo, y a la RSHA de los crímenes que le imputaba el tribunal, Josef Kramer y su ayudante Irma Grese fueron ahorcados el 13 de diciembre de 1945.

No queremos acabar estas páginas sobre Bergen-Belsen sin recordar a la más célebre de las víctimas de este campo, la famosa Anna Frank, la niña judía que supuestamente falleció allí y fue convertida en mito por la propaganda. Aunque podríamos escribir largo y tendido sobre el archiconocido *Diario de Ana Frank* y el culto que se le rinde en todo el mundo, sólo dejaremos constancia de que se ha demostrado que dicho diario es una falsificación; pero no una más, sino la más fructífera en todos los sentidos: por una parte, merced a este relato adulterado cientos de millones de niños y niñas en todo el mundo han sido y siguen siendo engañados y manipulados, pues gracias a su identificación con los sentimientos de la protagonista han incubado el virus de la antipatía hacia los alemanes en su conjunto; por otra, el fraude originó un negocio fabuloso para quienes fabricaron el amaño. En 1947 apareció la primera edición en Holanda y en 1952 el libro se publicó en París. Desde entonces se ha venido editando ininterrumpidamente en el mundo entero y en casi todos los idiomas. En Alemania fue impuesto como lectura obligatoria en las escuelas y se amenazó con retirar el permiso para enseñar, "venia docendi", a los docentes que dudaran de su autenticidad. En España, cientos, sino miles, de profesores de castellano y catalán continúan en la actualidad proponiendo *El diario de Ana Frank* entre las lecturas obligatorias de curso en enseñanza secundaria. Por supuesto, Hollywood produjo una película de éxito mundial y también se han hecho adaptaciones teatrales en diversos países. En resumen, un negocio multimillonario que dura ya setenta años.

Puesto que es preciso argumentar como se probó que se trata de una falsificación, reseñamos a continuación lo ocurrido. En primer lugar hay que decir que Anna Frank murió a los catorce años y tendría por tanto unos doce cuando redactó hipotéticamente el diario, escrito, según se dice, a escondidas en unas libretas escolares. O sea, unas páginas en unas libretas se convirtieron en un libro de entre 250 y 300 páginas, según las ediciones. Todo se aclaró bastante cuando Otto Frank, el padre de Anna, pretendió apropiarse en exclusiva de los beneficios del "negocio". Entre 1956 y 1958 se celebró en la County Court House de Nueva York un juicio para dilucidar el pleito entre el escritor judío Meyer Levin y Otto Frank. Levin, el demandante, había denunciado al Sr. Frank por haber vendido el "Diario" y la "dramatización escenográfica" del mismo ignorando sus derechos de autor. El juez Samuel L. Coleman, que también era judío, dictó una sentencia favorable a Meyer Levin, la cual obligaba a Otto Frank a indemnizarlo con 50.000 dólares de la época por "fraude, violación de contrato y uso ilícito de ideas". En el veredicto el juez Coleman hacía constar que el Sr. Frank debía pagar al Sr. Levin "por su trabajo en el diario de Ana Frank". La copiosa correspondencia privada entre Otro Frank y Meyer Levin, aportada al juicio como prueba de las partes, evidencia de manera clara que Meyer Levin fue el autor del "Diario". En defensa de sus derechos de autor, este escritor, que había sido corresponsal en España durante la Guerra Civil, pleiteó también con el productor de cine Kermit Bloombarden.

Existen más pruebas que demuestran que la niña Ana Frank no fue la autora del diario. Mencionaremos las dos más relevantes: el historiador británico David Irving descubrió que el manuscrito original que poseía Otto Frank estaba escrito en bolígrafo, artefacto inventado en 1949 y comercializado a partir de 1951. Por otro lado una perito en caligrafía de origen judío, Minna Becker, descartó que el manuscrito pudiera haber sido redactado por la pequeña Ana después de contrastarlo con textos auténticos de la niña. Al lector interesado en más información, le aconsejamos la lectura del trabajo del revisionista español Pedro Varela, titulado *El caso de Ana Frank*.

3ª PARTE

BELZEC, TREBLINKA Y SOBIBOR, TRES "CAMPOS DE EXTERMINIO"

El 7 de junio de 1979 Juan Pablo II vistó Auschwitz, "el lugar del terrible estrago -dijo textualmente-, que supuso la muerte para cuatro millones de hombres de diversas naciones." De este modo, el Papa, que anunció al mundo que había ido como peregrino, ratificaba con sus palabras la cifra de muertos que figuraba entonces en la placa, en la cual se leía: "Cuatro millones de personas sufrieron y murieron aquí a manos de los criminales nazis entre los años 1940 y 1945." Veintisiete años más tarde, el 28 de mayo de 2006, otro Papa, Benedicto XVI, peregrinaba de nuevo al campo y se refería a él como "lugar de horror, de acumulación de crímenes contra Dios y contra el hombre que no tiene parangón en la historia." Sin embargo, algo había cambiado: en 1990 la antigua placa había sido sustituida por otra en la que de una tacada habían desaparecido dos millones y medio de muertos. La nueva leyenda rezaba: "Sea este lugar para siempre un grito de desamparo, una advertencia a la humanidad. Aquí los nazis asesinaron alrededor de un millón y medio de hombres, mujeres y niños, en su mayoría judíos de distintos países de Europa." Esta rectificación oficial en relación a los fallecidos en Auschwitz no modificó en nada las cifras de la propaganda -reconocidas como falsas por la nueva placa-, cuyo número cabalístico de los seis millones sigue inalterable.

Para la historiografía oficial hubo además de Auschwitz otros tres campos principales de exterminio en la Polonia ocupada: Belzec, Treblinka y Sobibor, todos capturados por los comunistas, quienes no escatimaron millones a la hora de calcular el número de víctimas. En agosto de 1944 una comisión de investigación soviética emitió un informe según el cual sólo en Treblinka murieron tres millones de personas. Ante la eviencia de que llevaban ya siete millones de muertos sólo en dos campos y encima se pretendía que en todos se había exterminado a los judíos, se impuso rebajar el número de defunciones en Treblinka, que quedó oficialmente establecido en 870.000. Algo semejante ocurrió con las cifras de Belzec y Sobibor. Los exterminacionistas certificaron que en estos tres campos murieron asesinadas 1.720.000 personas. No obstante, Raúl Hilberg, el más prestigioso de los estudiosos judíos del Holocausto, en un alarde de rigor contable redujo las víctimas en los tres campos a 1.500.000 en *The Destruction of the European Jews*, una obra en tres volúmenes considerada la "Biblia del Holocausto".

Puesto que la cuarta parte de este capítulo versará íntegramente sobre Auschwitz, estudiaremos a continuación lo que se considera una tercera parte del Holocausto.

El "Committee for Open Debate on the Holocaust", CODOH, ha confeccionado un trabajo admirable titulado *One Third of the Holocaust* (*Una tercera parte del Holocausto*), en el que mediante veintisiete vídeos se pone en evidencia la imposibilidad de aceptar la versión canónica del dogma sobre lo ocurrido en estos tres campos. Por otra parte, los historiadores revisionistas Carlo Mattogno y Jürgen Graf publicaron en 2002 *Treblinka: Extermination Camp or Transit Camp?*, una obra imprescindible sobre este campo. En 2004 el revisionista italiano Carlo Mattogno prosiguió su investigación con un nuevo libro, *Belzec in Propaganda, Testimonies, Archeological Research, and History*. Estos y otros trabajos que iremos comentando a medida que avancemos en nuestra exposición nos permitirán contrastar y rebatir las tesis y los datos de exterminacionistas como Raúl Hilberg, y Yitzhak Arad, entre otros.

Belzec

La Polonia ocupada fue reorganizada por los nazis, que establecieron el Gobierno General de Polonia. Una vez demostrado y aceptado que no hubo campos de exterminio en territorio alemán, es en el Gobierno General, que después de la guerra quedó en manos del Ejército Rojo, donde los apóstoles del Holocausto sitúan todos los campos de exterminio: Auschwitz, Belzec, Treblinka, Sobibor, Majdanek, Chelmno... Ya durante los últimos años de la guerra, los propagandistas lanzaron al mercado bastantes libros, en realidad auténticos panfletos escritos sin el más mínimo escrúpulo, sobre el exterminio masivo de judíos en Belzec, el campo situado más próximo a la frontera con la URSS. También existen abundantes libelos sobre Treblinka, como veremos en segundo término.

Antes de que comenzara a funcionar como campo de trabajo, Belzec, situado entre los distritos de Lublin y Galicia, había albergado en abril de 1940 a detenidos de etnia gitana. A partir del verano de 1940 pasó a formar parte del llamado "Otto-Programm", proyecto de construcción de carreteras de importancia estratégica para mejorar las infraestructuras de transporte en el Gobierno General. En septiembre de 1940 seis mil judíos de Varsovia fueron transportados a Hrubieszów, ciudad próxima al río Burg, frontera natural entre Polonia y la URSS, para trabajar en una carretera. Estos detenidos fueron alojados en un campo en el que se instaló un hospital donde trabajó un médico judío llamado Abraham Silberschein, el cual en 1943 abandonó Polonia y en 1944 era miembro del Parlamento polaco y delegado del "World Jewish Congress". Ya entonces publicó en Ginebra *Die Hölle von Belzec* (*El infierno de Belzec*) y varios horribles panfletos propagandísticos en los que aseguraba que en Polonia se exterminaba a los judíos. Silberschein asegura que en agosto de 1940 se arrestaba a judíos de la ciudad y del distrito de Lublin para enviarlos a trabajar a Belzec. Según este galeno judío, "la mayoría moría de las heridas producidas por los golpes que recibían mientras trabajaban, otros de tifus y otras enfermedades, mientras que otros eran sencillamente tiroteados." Pese a todo, informa que su principal trabajo era cavar zanjas antitanques a unos diez kilómetros de la frontera soviética. Inicialmente, pues, Belzec era el centro de una decena de campos de trabajo forzado en los que se empleaba a unos quince mil judíos, de los cuales dos mil quinientos se alojaban en Belzec.

En septiembre de 1940 tuvo lugar una inspección médica en los campos del grupo de Belzec. El informe subsiguiente fue extremadamente negativo, pues en él se denunciaba que las condiciones de los detenidos en la red de campos eran muy duras, en especial en los situados más al norte. Carlo Mattogno reproduce parte del texto:

"Las habitaciones son absolutamente inadecuadas para albergar a tanta gente. Son oscuras y sucias. La plaga de piojos está fuera de control. Cerca del 30% de trabajadores no tienen zapatos ni pantalones. Todos duermen en el suelo, sin ninguna paja. Los techos están dañados por doquier, no hay cristales en las ventanas... Hay escasez de jabón y es incluso muy difícil conseguir agua. Los enfermos están con los sanos y duermen junto a ellos... Todas la necesidades naturales deben ser aliviadas localmente. No es sorprendente que en estas condiciones haya múltiples casos de enfermedad. Es extremadamente difícil ser dispensado del trabajo ni siquiera por un día. Por tanto, incluso los enfermos deben ir a trabajar."

Evidentemente, estas instalaciones estaban muy lejos de parecerse a las de Alemania que hemos descrito antes. Una situación tan trágica no era en teoría admisible y parece ser que se consideró la disolución del grupo de campos en Belzec. Por lo menos esto es lo que se desprende del memorando de un funcionario del departamento sobre población, asuntos internos y bienestar social de la Administración del Gobierno General, el cual es redactado en respuesta a "su consulta telefónica en relación a la disolución del campo de Belzec y a sus deficiencias actuales". En este informe se reconoce que a causa de la falta de colaboración por parte del SS Brigadeführer (mayor general)

Globocnik no quedaba claro si el campo judío de Belzec ("das Judenlager in Belzec") había sido ya cerrrado. En el memorando, cuyo texto es asimismo reproducido por Carlo Mattogno, se lee:

> "Los judíos del campo de Belzec serán disueltos y puestos a trabajar en el Otto-Programm. Aquellos procedentes de Radom y Varsovia deben regresar a sus hogares. Los Consejos Judíos están incluso preparados para ir a buscar a sus camaradas raciales. En relación a la ejecución de esta tarea, existe una desconcertante carencia de claridad, y la cooperación adecuada de los órganos de las SS y del Polizeiführer (Jefe de la SS y de la Policía) no puede conseguirse siempre en la práctica..."

Gracias a un nuevo informe se conoce que durante el mes de octubre de 1940 continuó la demanda de judíos para trabajos forzados, por lo que fueron requeridos en otros distritos del Gobierno General. "Del campo judío de Belzec -se especifica-, 4.331 judíos puestos en libertad fueron asignados a la construcción de carreteras y edificios para el Otto-Programm. Su condición era tal que no pudieron ser contemplados como del todo adecuados para trabajar."

Poco más podemos añadir sobre Belzec hasta 1942, toda vez que no disponemos de más textos que puedan ser de utilidad. El siguiente texto citado por Carlo Mattogno en su estudio sobre Belzec lleva fecha de 2 de febrero de 1942 y es una directiva del comandante de la policía de orden en el distrito de Galicia sobre el servicio de trabajo de los judíos ("Arbeitseinsatz von Juden"). Cabe recordar que Alemania está ya en guerra con la URSS, lo cual ayuda a entender el tono severo del texto:

> "En referencia a un número de notas que he recibido de autoridades y organismos alemanes, debo insistir firmemente en lo siguiente: Recientemente hemos visto más y más casos en los que trabajadores judíos asignados a trabajo urgente para objetivos de guerra están siendo reunidos por varias agencias oficiales y de este modo están siendo retirados del trabajo necesario para el que han sido designados. Los judíos que han sido reclutados para importantes proyectos de guerra de la Wehrmacht así como para proyectos del Plan de Cuatro Años poseen una tarjeta de identidad correspondiente que lleva el sello de los organismos o autoridades a las cuales han sido asignados.
> Solicito una vez más que se informe a todas las unidades bajo mi mando, y en particular a la policía auxiliar ucraniana, con objeto de que se prohíba agrupar a aquellos judíos a los que se ha encargado un servicio de trabajo. Si se incumple esta orden, castigaré a los culpables."

Se colige una vez más del texto que había judíos de primera, de segunda y aun de tercera categoría. Por unas u otras razones muchos de los judíos con los que se contaba para trabajos relacionados con el esfuerzo bélico estaban siendo protegidos a través de gestiones o presiones de distintos organismos. La indignación lleva al comandante a amenazar con sanciones a quienes permitan sin justificación la retirada de judíos de los lugares de trabajo asignados.

Exterminio por electrocución en Belzec

Según la historiografía oficial, desde finales de 1941 Belzec se convirtió en un campo de exterminio, lo cual implica que los judíos deportados al campo fueron asesinados tan pronto llegaron. Los exterministas han establecido que las matanzas masivas comenzaron el 17 de marzo de 1942 y acabaron en diciembre del mismo año. Sobre los métodos de exterminio, los hay para todos los gustos. En ocasiones, con el fin de pintar la degeneración extrema de los alemanes, se aderezaron los crímenes con historias sádicas, como, por ejemplo que los soldados, después de obligar a los judíos a cavar un zanja, los arrojaban a ella y ordenaban a sus compañeros que defecasen sobre ellos hasta cubrirlos con las heces. El 10 de julio de 1942 el Gobierno polaco en el exilio de Londres recibió el primer informe sobre el exterminio a través de descargas eléctricas. Puesto que este método fue perfeccionándose progresivamente en la imaginación de los propagandistas del exterminio, merece la pena dedicarle cierto espacio, pues Carlo Mattogno ofrece textos bien explícitos sobre esta técnica sofisticada de asesinato en masa.

En este informe del 10 de julio se decía que los trenes eran descargados tan pronto llegaban. Los hombres iban a un barracón situado a la derecha y las mujeres a otro a la izquierda. Allí se desvestían, supuestamente para ducharse. A continuación entraban todos juntos en un tercer galpón cuyo suelo eran una placa o plancha metálica electrificada y allí eran ejecutados. Según este informe, los cuerpos de las víctimas eran conducidos con vagonetas a una fosa de unos treinta metros de profundidad excavada fuera del perímetro del campo por judíos que habían sido todos asesinados. El 15 de noviembre de 1942, el Dr. Ignacy Schwarzbart, un sionista destacado que era uno de los representantes judíos en el Consejo Nacional Polaco, ratificaba los hechos: "Se ordena a las víctimas que se desnuden aparentemente para tomar un baño y a continuación son conducidos a barracones con una placa de metal como suelo. Se cierra luego la puerta, corriente eléctrica pasa a través de los cuerpos de las víctimas y su muerte es instantánea. Los cadáveres son cargados en vagones y conducidos a una fosa común situada a cierta distancia del campo." Quince días más tarde, el 1 de diciembre, el informe del 10 de julio fue publicado en una revista polaca escrita en inglés. El titular era el siguiente: "Informe extraordinario sobre el campo de exterminio de judíos en Belzec". De inmediato el boletín informativo de la "Jewish Telegraphic Agency" se hizo eco de la declaración del Dr. Schwarzbart y publicó un artículo titulado: "250.000 judíos de Varsovia conducidos a una ejecución en masa: la electrocución, introducida como nuevo método de asesinato en masa de judíos". La campaña de propaganda estaba ya perfectamente lanzada y Schwarzbart ofreció una conferencia de prensa en Londres en la que ni corto ni perezoso alegó que un millón de judíos habían sido ya asesinados. El 20 de diciembre de 1942 llegó el turno de *The New York Times*, el todopodero medio de comunicación judío. En el artículo publicado por el diario se decía entre otras cosas: "No se dispone de datos actualizados en relación al destino de los deportados, pero se dispone de la noticia -noticia irrefutable- de que lugares de ejecución han sido organizados en Chelmno y Belzec, donde aquellos que sobreviven a los fusilamientos son asesinados en masa por medio de electrocuciones y gas letal."

Con el paso del tiempo circularon nuevas variantes que "embellecían" la historia sofisticada de las matanzas a través de corrientes eléctricas. El 12 de febrero de 1944 *The New York Times* publicó una información titulada: "Un fugitivo relata las ejecuciones masivas en cubas electrificadas". La noticia, fechada el 11 de febrero en Estocolmo y distribuida por la agencia Associated Press, citaba como fuente a un joven judío polaco que había logrado escapar. Según su versión, "los judíos eran forzados a colocarse desnudos sobre una plataforma metálica operada con un elevador hidráulico que los bajaba a un depósito enorme, el cual se llenaba de agua hasta el cuello de las víctimas. Eran electrocutados mediante descargas de corriente a través del agua. El elevador subía luego los cuerpos hasta un crematorio situado arriba."

En cuanto a los panfletos sobre el exterminio de los judíos en Polonia difundidos por Abraham Silberschein, no resistimos la tentación de reproducir fragmentos significativos de *El infierno de Belzec*, publicado en Ginebra en 1944, según se ha dicho arriba. Silberschein era miembro del Comité de Acciones Sionistas y dirigía desde Suiza actividades clandestinas en Polonia. Las citas que siguen proceden de *Belzec in Propaganda, Testimonies, Archeological Research, and History*, la obra de Carlo Mattogno que venimos consultando como fuente imprescindible, aunque también Jurgen Graff en *Der Holocaust auf dem Prüfstand* (1992), publicada en España con el título de *El Holocausto bajo la lupa*, cita algunos de estos escritos:

"Se ordenaba a los judíos deportados a Belzec que se desvistieran, como si fueran al baño. Eran, en efecto, conducidos a una sala capaz de contener a varios centenares de personas. Sin embargo, eran ejecutados en masa por medio de una corriente eléctrica. Un chico que logró huir -precisa Silberschein- me contó lo que pasaba después de la electrocución. La grasa de los cuerpos era extraída con el fin de hacer jabón con ella. Los restos de los cuerpos eran arrojados a zanjas antitanques excavadas a lo largo de la frontera con Rusia por el superesbirro mayor Dollf. El entierro de los sacrificados tenían que hacerlo los judíos más fuertes, seleccionados entre los condenados. Ocurría a menudo que estos tenían que sepultar a sus propios parientes... Los judíos enterrados en Belzec procedían principalmente de Lublin, Lemberg (Lvov) y otras ciudades del este de Galicia. Alrededor de 300.000 judíos fueron enterrados allí.

Habiendo arrojado tantos cuerpos en las fosas comunes, era imposible cubrirlos con una capa de tierra suficientemente gruesa. Esto produjo que el hedor de carne en putrefacción se esparciera por toda la zona. Esta pestilencia todavía es perceptible (i. e. en abril, en el momento de la escritura de este informe por el testigo). Viajeros en la línea de Zawada-Rawa Ruska cierran las ventanas, ya que la espantosa hediondez penetra en los compartimentos y les produce vómitos. Yo mismo tuve que viajar en ocasiones por esta línea y pude convencerme por mí mismo de ello. El 10 de abril de 1943 pasé por allí la última vez. La población cristiana de Belzec ha abandonado el lugar a causa de este tufo."

En *Belzec campo de ejecución y exterminio* (*Hinrichtungs und Vernichtungslager Belzec*), otro de los libelos de Silberschein, este propagandista introdujo la variante del exteminio a través del calor de un horno eléctrico. En sus delirios, Silberschein prosiguió inventando otros medios de exterminio en Belzec, que, según sus palabras, "se había convertido en una fortaleza de la Inquisición como nunca antes se había visto en la historia de la humanidad". La idea de que el sufrimiento que los judíos padecieron no tiene parangón en toda la historia es uno de los elementos fundamentales de la propaganda del Holocausto. Cuántas más atrocidades fueran capaces de concebir, mejor podría sustentarse esta tesis. Por si no había suficiente con la electrocución y el calor del horno eléctrico, Silberschein escribió:

"Edificios especiales para experimentos con gas fueron construidos allí. Fábricas especiales para la producción de jabón y betún confeccionados con grasa judía. Se construyeron hospitales con el propósito de realizar primero transfusiones de sangre extraída de niños judíos. Fueron concebidos tipos especiales de equipamientos para ahorcamientos. Ni siquiera los soldados de la Wehrmacht podían creerlo, pero aun así, aquellas instalaciones fueron vistas por testigos fiables."

Por si no había suficiente con los escritos del dirigente sionista Abraham Silberschein, los ideólogos de la propaganda utilizaron a un nuevo pregonero para engañar y manipular a la opinión pública, Stefan Szende, otro falsario sin escrúpulos, un periodista judío de origen húngaro que escribía en alemán y en sueco. Szende publicó en 1944 en Estocolmo *El último judío de Polonia*, libro que el año siguiente fue traducido al inglés y al alemán. En 1945 la obra se editó también en Estados Unidos, donde apareció con el título *The Promise Hitler Kept* (*La promesa que Hitler cumplió*). Gracias a la "Jewish Virtual Library", descubrimos que Willy Brandt, canciller de Alemania Occidental entre 1969 y 1974, fue "compañero de armas de toda la vida" de Szende y que le escribió el prólogo de sus memorias, publicadas en 1975. La osadía y la falta de escrúpulos de Stefan Szende en la obra mencionada baten todos los records. Después de situar Belzec en las cercanías de la frontera con la URSS y de confirmar los trabajos de fortificación a gran escala emprendidos en la zona por los alemanes, escribe textualmente: "Fue en estas fortificaciones inacabadas donde los nazis instalaron su matadero en el cual millones de judíos fueron exterminados." Por primera vez se pasa, pues, de cientos de miles a millones. El texto no tiene desperdicio y merece una cita amplia y posterior comentario:

"Exterminar a cinco millones de personas es una tarea enorme, e incluso en nuestra época de perfección técnica se precisa mucha preparación y organización, y hay muchos problemas que resolver para aquellos que planeaban llevarla cabo. Decenas de miles, hasta cientos de miles de judíos habían sido llevados a Pjaski. Decenas de miles, incluso cientos de miles habían muerto como resultado de los malos tratos, el hambre y las enfermedades. Pero quedaban todavía millones y todos tenían que ser exterminados de acuerdo con las órdenes del Führer.
Incluso la eliminación efectiva de cinches y piojos a gran escala requiere cierta técnica. Sin embargo, nadie puede dudar que los alemanes son una gente con mucho talento en cuestiones técnicas. Entre ellos había ingenieros de la muerte altamente cualificados. Estos hombres habían recibido instrucciones de la Gestapo y se pusieron a trabajar a fin de resolver los problemas técnicos que podían surgir para exterminar masivamente a millones de hombres, mujeres y niños indefensos. Los solventaron con brillantez. Su Führer, Adolf Hitler, y Himmler, el jefe de la Gestapo, pueden estar bien satisfechos con ellos y su trabajo.

Meses de planificación y de operaciones de construcción fueron necesarios, pero los alemanes son un pueblo paciente y el objetivo merecía el tiempo empleado en conseguirlo. El exterminio de millones de judíos con los últimos medios de la técnica moderna, ¡qué objetivo tan tentador! Se precisaron cientos de miles de horas de trabajo. Decenas de miles de toneladas de valiosos materiales fueron empleadas en el proceso. Pero por fin, en la primavera de 1942 el matadero científico de Belzec estuvo listo.

Las instalaciones para el exterminio masivo en Belzec ocupaban un terreno de casi cinco millas de anchura. Este área estaba rodeada de alambrada de púas y todo tipo de recursos modernos para mantener a los prisioneros dentro y a los otros fuera. Nadie podía acercarse al lugar excepto personas autorizadas o aquellos que nunca podrían abandonarlo vivos. Pero a pesar de todas estas precauciones hubo una o dos personas que vieron el interior de Belzec y aun así lograron escapar. La desesperación conlleva a veces el ingenio.

Hombres escogidos de las SS guardaban el campo de exterminio de Belzec. Hombres sin nervios. Hay mucho que hacer en un matadero y conminar a sus víctimas proporciona gran placer a los sádicos. Por ejemplo, las ropas y las pertenencias de millones de víctimas tenían que ser recogidas y ordenadas. Para ello los SS escogían algunos judíos de cada convoy que llegaba. Por supuesto, estos judíos no eran perdonados. Simplemente se aplazaba su ejecución. Dos de estos judíos consiguieron en efecto escapar. Escaparon al gueto que todavía existía entonces en Rawa-Ruska. En Rawa-Ruska informaron sobre los detalles de la matanza técnicamente perfecta que estaba teniendo lugar en Belzec.

Hasta donde yo sé, ningún judío consiguió nunca fugarse de Belzec y alcanzar territorio neutral o aliado. Los dos judíos que lograron escapar de Belzec a Rawa-Ruska en el verano de 1942 fueron probablemente matados ulteriormente cuando el guetto fue liquidado, pero un grupo de personas que escucharon los testimonios de estos dos fugitivos de Belzec huyeron. La siguiente descripción del matadero de Belzec procede de ellos.

Los trenes que entraban en Belzec cargados con judíos eran conducidos a un túnel en las instalaciones subterráneas del edificio de ejecución. Allí los judíos eran descargados y se les ordenaba despojarse de todas sus cosas. En 1942 los judíos que iban a Belzec lo hacían vestidos y llevando con ellos todo tipo de pertenencias. Llegaban a Belzec trenes completamente cargados de Alemania, Austria, Checoslovaquia, Bélgica, Holanda, Francia y los Estados balcánicos, y todos eran tratados del mismo modo. A estos judíos se les decía que llevaran consigo todas sus cosas, puesto que iban a ser reasentados en el este. De esta manera decenas de miles de judíos se presentaban con todo tipo de pertenencias, máquinas de escribir, máquinas de coser, vajillas, plata, etc.

Se les quitaba todo. Los bienes aprehendidos eran cuidadosamente ordenados, enumerados, etiquetados y subsecuentemente utilizados por la raza superior. Fue preciso evitar al personal de Belzec esta tremenda tarea, la cual, por supuesto, entorpecía su verdadero trabajo, por ello posteriormente los judíos eran enviados a Belzec desnudos.

Cuando los trenes cargados de judíos desnudos llegaban, eran agrupados como rebaño en una gran sala capaz de contener a varios miles de personas. Esta sala no tenía ventanas y el suelo era de metal. Una vez que los judíos estaban todos dentro, el suelo de esta sala bajaba como un ascensor a una gran cisterna de agua que había debajo hasta que los judíos tenían el agua hasta la cintura. Luego una potente corriente eléctrica era enviada a través del metal del suelo y en unos segundos todos los judíos, miles de una vez, estaban muertos.

A continuación el suelo de metal subía de nuevo y el agua se vaciaba. Los cuerpos de los judíos masacrados quedaban ahora apilados sobre el suelo. Entonces se cambiaba a una corriente diferente y el suelo de metal se volvía rojo incandescente de manera que los cuerpos eran incinerados como en un crematorio y sólo quedaba ceniza. Se daba luego la vuelta al suelo y las cenizas se deslizaban en receptáculos preparados. El humo del proceso era evacuado a través de grandes chimeneas fabriles.

Este era todo el procedimiento. Tan pronto había terminado, podía volver a empezar de nuevo. Nuevas remesas de judíos desembocaban constantemente a los túneles. Cada uno de los trenes traía entre tres mil y cinco mil judíos cada vez, y había días en que la línea de Belzec recibía la llegada de entre veinte y treinta de estos trenes.

La industria moderna y la ingeniería técnica en manos de los nazis venció todas las dificultades. El problema de cómo exterminar a millones de personas de manera rápida y efectiva fue solventado.

Del matadero subterráneo emanaba una terrible pestilencia por toda la vecindad, y a veces distritos enteros quedaban cubiertos con el humo maloliente de los cuerpos humanos quemados."

Estos agentes de la propaganda, sin problemas económicos para que sus obras fueran traducidas y editadas en distintos países, se nutrían recíprocamente y cada uno aprovechaba algunas de las ocurrencias de los otros y las reiteraba. El tema del hedor o la fetidez de los cuerpos que se esparce por los alrededores, por ejemplo, ya había sido narrado por Abraham Silberschein. Lo verdaderamente indignante de las barbaridades de Stefan Szende, el colega de Willy Brandt, es que ni siquiera se preocupa de que las mentiras sean verosímiles. Su desfachatez es tanta, que presupone la estupidez de los lectores y entiende que ni siquiera se molestarán en tratar de racionalizar sus historias disparatadas. Si analizamos el texto párrafo a párrafo, se comprueba sin dificultad que Szende miente como un bellaco.

Comienza diciendo que "exterminar a cinco millones de personas es una tarea enorme". Además de ser enorme, es imposible si se considera la demografía. Colocar a cinco millones de judíos en Belzec es una barbaridad increíble. Sabemos que en Hungría, donde no hubo persecución hasta la primavera de 1944, había más de medio millón de judíos y además entraban oleadas de refugiados que afluían desde Polonia y Eslovaquia. Belzec, según los exterminacionistas, dejó de funcionar a finales de 1942. Se ha dicho también que ya desde antes de la guerra la emigración de judíos europeos a Estados Unidos y a Palestina fue masiva. Por otra parte, es un hecho admitido que los soviets evacuaron al interior de la URSS a más de un millón de judíos de la Polonia ocupada por el Ejército Rojo. Otros trescientos mil procedentes de otras partes de Europa, según el historiador judío Gerald Reitlinger, entraron en la Unión Soviética entre 1939 y 1941. En base a estos datos y a otros disponibles relacionados con las estadísticas de emigración, en la Europa ocupada por Alemania no podía haber más de tres millones de judíos. Mucho más sorprendentes son las cifras de *The World Almanac and book of facts* (*El Almanaque Mundial y libro de datos*), prestigiosa publicación anual de referencia internacional, según la cual en 1940 había en todo el mundo 15.3 millones de judíos. Sorprendentemente, en 1947 su número ascendía hasta 15.6; es decir, la población judía no sólo no había menguado en seis millones, sino que había aumentado.

Szende, cuya capacidad de mentir debe de ser patológica, asegura que para construir el avanzado complejo tecnológico fueron precisas "cientos de miles de horas de trabajo" y "decenas de miles de toneladas de valiosos materiales". Sabemos que en septiembre de 1940 inspectores médicos visitaron Belzec y denunciaron que era un campo infame carente de las instalaciones más elementales: escasez de agua, techos dañados, ventanas rotas, sin letrinas. Sin embargo, Szende pretende que poco más de un año después, gracias a cientos de miles de horas de trabajo, se había convertido en un centro sofisticado de unas cinco millas de anchura, más de ocho kilómetros, en el que los trenes entraban en túneles subterráneos. Yitzhak Arad, autor de *Belzec, Sobibor, Treblinka* y director del Museo del Holocausto de Israel, adjunta en su obra planos de los tres campos, pero no tienen escala. El problema queda resuelto si acudimos a las cartas que se exponen en el Museo, en las que se aclara que cada lado del campo medía unos 270 metros. Szende, pues, miente también en esto. Asimismo, fotografías aéreas de la Luftwaffe permiten comprobar que Belzec tenía forma de un rectángulo irregular de unos 250 x 300 metros.

Como de costumbre, las fuentes de información son personas que dicen lo que otros les dijeron que habían visto. En este caso, Szende alude a dos judíos que escaparon y se presentaron en 1942 en el gueto de Rawa-Ruska, cuya existencia en medio de tanto exterminio inclemente no deja de ser asombrosa. Pronto aclara que ambos deben de estar muertos y que lo que relata sobre "la matanza técnicamente perfecta" lo contaron personas que escucharon lo que habían contado los testigos ya fallecidos.

Sobre la inmensa sala sin ventanas, con suelo de metal capaz de contener a varios miles de personas, el cual funciona como ascensor descomunal que desciende hasta una piscina o depósito donde las víctimas reciben una descarga que las electrocuta a todas de manera fulminante, sobrarían los comentarios si no fuera porque Szende prosigue con sus alucinaciones y añade que el artilugio fantástico subía de nuevo, desaguaba y se convertía en una cámara gigatesca de incineración capaz de convertir en reliquias los cuerpos apilados de miles de judíos. Los mecanismos fantásticos de la maravillosa placa metálica le permitían asimismo girar ciento ochenta grados y descargar las cenizas en grandes recipientes instalados "ad hoc". Y suma y sigue, porque de inmediato venían más trenes y se repetía toda la operación. Puesto que Szende afirma que algunos días llegaban entre veinte y treinta convoyes cargados con tres mil o cinco mil judíos, una nueva multiplicación permite calcular que diariamente se exterminaba a más de cien mil. O sea, en una semana se podía acabar limpiamente y sin problemas con una población equivalente a la de toda la isla de Mallorca ¡Una tarea enorme!

Y todavía, a partir de las ideas de Szende, surgieron nuevas variantes. En un texto fechado el 7 de octubre de 1944 una comisión soviética de investigación presentó el extracto de una declaración realizada por una mujer llamada Rozalja Schelevna Schier, la cual aseguró que su marido trabajaba en Belzec y le dijo que llegaban diariamente dos trenes de cincuenta o sesenta vagones cargados con judíos, a los cuales se dirigía a unos baños alimentados con gas y una corriente eléctrica de alto voltaje. "En cinco minutos -en palabras de esta mujer- toda la gente en la sala de baños estaba muerta. Dentro del hangar, el suelo se plegaba automáticamente y los cuerpos caían a una zanja previamente excavada donde las víctimas eran empapadas con un líquido inflamable y quemadas."

Otros medios de exterminio en Belzec

Otro famoso agente de la propaganda del exterminio en Belzec fue Jan Karski (Jan Kozielevski), que pasaba por ser un judío cristiano y católico practicante. En la actualidad es considerado un héroe en Israel, en Estados Unidos y en Polonia. En distintas ciudades norteamericanas y polacas se le han erigido estatuas de bronce. También en Tel Aviv existe una estatua de Karski, quien en 1982 fue desginado "Justo entre las Naciones" por el Yad Vashem. El mismo año se plantó en Jerualén un árbol con su nombre en la avenida de los Justos entre las Naciones. En 1994 recibió el nombramiento de ciudadano de honor de Israel. Según consta en su mitología personal, Karski, que adoptó hasta media docena de nombres de guerra, operó en la clandestinidad en Varsovia durante los años de 1940-41 y se convirtió en correo del Gobierno polaco en el exilio de Londres. Este propagandista afirma que, tras haber sobornado a un soldado estoniano, en octubre de 1942 éste lo introdujo en Belzec disfrazado de guardia. Ello es poco probable o, por lo menos, no parece creíble, toda vez que cuando en 1944 procedió a describir el campo cometió errores de bulto: lo situó "sobre una extensa llanura plana", cuando en realidad estaba en la falda de una colina. Además, en Belzec no hubo nunca guardias estonios. Karski ni siquiera se molestó en ubicar correctamente Belzec, pues lo situó a 160 kilómetros de Varsovia y en realidad Belzec se halla a 300 kilómetros al sureste de la capital.

En noviembre de 1942 comenzó a fabricar parte de su historia, según la cual "trenes de la muerte" transportaban a los judíos del gueto de Varsovia a Belzec, Treblinka y Sobibor para matarlos. Puesto que en el informe al Gobierno polaco del 10 de julio de 1942 había ya aparecido el invento de la placa metálica electrificada, suscrito posteriormente por I. Schwarzbart, uno de los numerosos sionistas que pululaban en torno al Gobierno del exilio, Karski se apuntó también a la idea y la adoptó para sus informes. El 25 de noviembre de 1942 llegó a Londres y entregó un nuevo documento al Gobierno polaco, que fue transcrito con el título "El Gobierno polaco en Londres recibe noticias sobre la liquidación del gueto judío de Varsovia." En su informe, Karski aseguraba que la ocupación alemana de Polonia se había endurecido desde marzo de 1942, "cuando Himmler ordenó -decía textualmente- que el exterminio del 50% de la población polaca en el Gobierno General debía quedar completado a finales de 1942." Cómo pudo conocer Karski la existencia de una orden de Himmler para eliminar sólo a la mitad de los judíos no se explica. Sin embargo, en el texto se añade inmediatamente que, aunque los "asesinos alemanes" habían comenzado su labor "con extraordinario gusto", Himmler no estaba satisfecho, por lo que durante su visita al Gobierno General en julio de 1942 decretó personalmente "la total destrucción de la judería polaca." Karski detallaba en su informe escenas salvajes de la Gestapo y de las SS, semejantes a las que se muestran en las películas de Hollywood: "La persecución en Varsovia -relata- comenzó el 21 de julio, cuando coches de la policía alemana se presentaron de repente en los guetos. Los soldados se apresuraron a entrar en las casas disparando a los habitantes a primera vista, sin explicación. Las primeras víctimas pertenecían principalmente a las clases instruidas."

Carlo Mattogno reproduce el informe en su totalidad. Nosotros sólo citaremos algunos fragmentos. Karski relata que los SS se caracterizaban por ser "completamente despiadados, crueles e inhumanos." En un pasaje, se relata que los judíos eran conducidos a una plaza, donde se separaba a los viejos y a los lisiados, los cuales eran llevados al cementerio y fusilados. El resto eran cargados en vagones con capacidad para cuarenta personas, en los que apiñaba a ciento cincuenta. El texto sigue así:

"El suelo del vagón está cubierto por una gruesa capa de cal y cloro rociada con agua. Las puertas de los vagones se cierran. En ocasiones los trenes parten tan pronto han sido cargados, a veces permanecen en vía muerta uno o dos días e incluso más. La gente está tan apretujada que aquellos que mueren asfixiados quedan codo con codo entre los que siguen vivos y los que agonizan lentamente a causa de las emanaciones de cal y cloro, por la falta de aire, agua y comida. Doquiera que llegan los trenes, la mitad de la gente está muerta. Los supervivientes son enviados a campos especiales en Treblinka, Belzec y Sobibor. Una vez allí, son exterminados en masa.

Sólo se deja con vida a los jóvenes y a personas fuertes porque son una valiosa mano de obra esclava para los alemanes. Sin embargo, su porcentaje es muy pequeño, pues de un total de 250.000 'reubicados' sólo 4.000 ha sido enviados a trabajos auxiliares en los frentes de batalla... Así, bajo el aspecto de una reubicación en el este, se está llevando a cabo la matanza de la población judía. Empezó el 22 de junio de 1942 y ha proseguido desde entonces. A finales de septiembre de 1942 250.000 judíos habían sido eliminados. El alcance de esta operación queda reflejado en unas pocas cifras: En el gueto de Varsovia, según estadísticas oficiales alemanas, vivían cerca de 433.000 personas en marzo de 1942. A pesar de la elevada mortalidad provocada por las condiciones higiénicas, epidemias, hambre, ejecuciones, etc., el número de judíos en el gueto se mantiene más o menos estable, pues para reemplazar a los muertos, judíos de otras partes de Europa, Alemania, Austria, Holanda, fueron enviados a Varsovia. Según información filtrada del Departamento de Trabajo, sólo 40.000 personas van a quedar en el gueto, para ser empleadas en la industria alemana de guerra...

Simultáneamente al exterminio de los judíos del gueto de Varsovia, guetos en provincias, en Falenica, Rembertow, Nowy Dwor, Kaluszyn y Minsk Mazowiecki están siendo liquidados. En el distrito de Wilno sólo ha quedado una comunidad judía, en la misma ciudad, compuesta sólo de 12.000 personas. De acuerdo con las noticias llegadas a Londres hace poco tiempo, los alemanes han asesinado a 60.000 judíos en Wilno, 14.000 en Kowno y el 50% de la población judía de Lvov; noticias similares nos llegan de ciudades del este de Polonia, tales como Stanislavo, Tarnopol, Stryj.

Los métodos aplicados en este exterminio masivo son, aparte de los pelotones de fusilamiento, electrocuciones y cámaras de gas."

Sigue a continuación con sólo algunas variantes, por ello nos lo ahorramos, el relato de las llegadas de trenes y las electrocuciones inmediatas. La novedad, aparte de los trenes con cal y cloro para asfixiar a los deportados, es que se anuncia ya el uso de las cámaras de gas como medio de exterminio masivo, si bien todavía no se dan detalles.

A finales de noviembre de 1942, pues, Ignacy Schwarzbart y Jan Karski desplegaban una intensa actividad en Inglaterra y, además, contaban con aliados. Richard Law, subsecretario británico de Estado de Asuntos Exteriores, anunció el 26 de noviembre que había recibido una petición de audiencia de Mr. Silverman y Mr Easterman, dos judíos ingleses. Samuel Sidney Silverman, presidente de la sección británica del World Jewish Congress, y Alexander L. Easterman, secretario político, querían hablar "sobre el exterminio de los judíos en Europa." Easterman, concretamente, le entregó al subsecretario de Estado los documentos, i. e. los panfletos puestos en sus manos por un miembro del Consejo Nacional Polaco. Sobre este particular, David Irving aportó información muy interesante en una conferencia pronunciada en Madrid en 1989. El historiador británico dijo que ya en agosto de 1942 el "Political Warfare Executive", (Departamento de Guerra Psicológica) y el Foreign Office supieron que los judíos estaban lanzando una campaña de propaganda basada en falsedades. Irving aseguró que tenía documentos de los archivos ingleses y leyó un texto de agosto de 1943 remitido a Churchill por el jefe de propaganda, en el que le decía textualmente: "No sé cuánto tiempo más podremos mantener que los alemanes están matando a judíos en cámaras de gas. Es una mentira grotesca, como la de que los alemanes en la I Guerra Mundial fabricaban mantequilla con los cadáveres de sus enemigos, y aquello hizo perder la credibilidad a nuestra propaganda."

En diciembre de 1942 Karski estaba de nuevo en Polonia. Se atribuye una visita a un campo de reagrupamiento situado a cincuenta kilómetros de Belzec, en el cual habría entrado camuflado como policía polaco. En marzo de 1943 el periódico *Voice of the Unconquered* publicó el supuesto informe de Karski, tiulado "Reciente Informe presencial de un correo secreto desde

Polonia", donde se pintaba de nuevo un espectáculo dantesco: "Cuando yo estuve allí -dice- unos 5.000 hombres y mujeres estaban en el campo. Sin embargo, cada pocas horas nuevos transportes de judíos, hombres y mujeres, jóvenes y viejos, llegarían en el último viaje hacia la muerte." En el relato no falta de nada: esqueletos vivientes, un niño que agoniza mirando el techo, los guardias que disparan a la multitud indiscriminadamente, cuerpos esparcidos por todas partes, guardias deshumanizados, sin expresión, fríos, que recogen cadáveres y los apilan junto a la valla, etc., etc.. La historia acaba con un tren cargado con miles de hombres mujeres y niños aparcado en una vía muerta durante días y días:

"Las puertas nunca se abren. Los que están dentro sufren una agonía inhumana. Tienen que realizar sus necesidades naturales sobre las cabezas de los otros. Muchos vagones están pintados con cal, la cual empieza a abrasar con la humedad de la orina e incrementa las torturas de los descalzos y desnudos. Ya que no hay suficientes vagones para matar a los judíos de este modo relativamente barato, muchos son llevados al cercano Belzec, donde son asesinados con gases venenosos y la aplicación de corrientes eléctricas. Los cuerpos se queman cerca de Belzec. Así, en un área de cincuenta kilómetros enormes piras queman cuerpos de judíos día y noche."

En 1944 Karski publicó por fin un libro de memorias titulado *Story of a Secret State*. En él revela que en octubre de 1942 se introdujo en el guetto de Varsovia, donde estableció contacto con los socialistas judíos del "Bund", cuyo jefe le reveló la deportación de cerca de trescientos mil judíos a los campos de exterminio y le dijo que obtenía información sobre Belzec gracias a que muchos de los auxiliares estonios, letones y ucranianos que trabajaban en el campo para la Gestapo estaban al servicio de organizaciones judías por dinero. Karski explica que gracias a este líder del Bund obtuvo el uniforme y los papeles de uno de los estonios y se introdujo en Belzec. En el libro narra la aventura de la entrada en el campo y siguen luego los episodios que inventa este falsario. En la edición americana del libro, se añade que disfrazado de guardia estonio visitó además de Belzec otros campos de la muerte. Parece ser que en la actualidad las historias de Karski han caído en el descrédito incluso para los historiadores oficiales. No obstante, el personaje gozó de reconocimiento internacional hasta su muerte en julio del año 2000 e incluso post mortem: en 2012 el Senado polaco lo distinguió póstumamente como un héroe por sus revelaciones sobre el genocidio nazi en Polonia; en Estados

Unidos el presidente Obama le concedió, también con carácter póstumo, la Medalla Presidencial de la Libertad, el mayor honor civil de la nación.

Antes de que acabase la II Guerra Mundial se profundizó también en el asunto de la fábrica de jabón confeccionado con grasa de los judíos de Belzec, un cuento que había sido previamente lanzado por A. Silberschein. Ya en la posguerra, la idea había calado y fue recreada en varias obras propagandísticas. Una de ellas es el famoso *Libro Negro*, cuyos principales autores fueron Vasily Grossman e Ilya Ehrenburg, ambos progandistas del Ejército Rojo. Puede decirse que *El Libro Negro* fue idea del célebre Comité Antifascista Judío, posteriormente purgado por Stalin, aunque la Comunidad Judía Americana colaboró estrechamente con sus colegas soviéticos. "En otro lugar, también en Belzec -escriben Ehrenburg y Grossman- había una fábrica de jabón. Los alemanes seleccionaban a los más gordos y los mataban para hacer jabón. Arthur Israelevitch Rosenstrauch, un empleado de banca de Lvov a quien debemos la información, tuvo en sus manos una pastilla de 'jabón judío'. Los bandidos de la Gestapo no negaron la existencia de la fábrica. Cuando querían asustar a un judío, le decían: 'haremos jabón de ti'".

En 1946 Simon Wiesenthal publicó en *Der Neue Weg*, revista judía editada en Viena, un artículo titulado "RIF". En en él escribía que en Folticeni, una pequeña localidad rumana, a finales de marzo de 1946 se habían enterrado con toda solemnidad veinte cajas de jabón en el cementerio judío de la ciudad. Se aseguraba en el artículo que las cajas "habían sido encontradas recientemente en un depósito del Ejército alemán." Sobre los cajones figuraba la sigla RIF, que según Wiesenthal significaba "pura grasa judía" ("Rein jüdisches Fett"). Las cajas eran para las Waffen-SS y "en los envoltorios -escribió el celebérrimo cazanazis- se decía con cínica y total objetividad que el jabón estaba fabricado de cuerpos judíos." El verdadero significado de las siglas era "Oficina del Reich para el abastecimiento de grasa industrial" ("Reichsstelle für industrielle Fettversorgung"). El 9 de enero de 1991 el historiador judío Yehuda Bauer reconoció por fin en una carta que el acrónimo RIF nada tenía que ver con grasa judía. Sin embargo, en 1946 Wiesenthal se recreaba en la fábula en estos términos:

"A finales de 1942 se oyó por primera vez la terrible expresión 'transporte para jabón'. Fue en la Gobernación General, y la fábrica se encontraba en Galicia, en Belzec. En esta planta, desde abril de 1942 hasta mayo de 1943, se utilizaron 900.000 judíos como materia prima... Algunas partes sólidas de los cuerpos eran separadas y enviadas al norte de Alemania, donde se producía un aceite especial para motores de submarino. Los huesos humanos iban a un molino de huesos de Lemberg, donde eran convertidos en fertilizante... Lo que quedaba, la grasa residual, era requerida para la producción de jabón... Para el mundo civilizado tal vez sea incomprensible el solaz con que los nazis y sus mujeres contemplaban ese jabón en la Gobernación General. En cada pastilla de jabón veían a un judío, al que habrían hechizado e impedido así que se críe un segundo Freud o Einstein. El sepelio del jabón en una pequeña ciudad de Rumanía parecerá algo sobrenatural. El dolor hechizado, encerrado en este pequeño objeto de uso cotidiano, desgarra el ya insensible corazón humano de este siglo. ¡En esta era atómica, el regreso a las brujerías más oscuras de la Edad Media parece un fantasma! Y sin embargo, ¡es verdad!"

De las corrientes de alto voltaje a los tubos de escape

Por increíble que pueda parecer, después de haber estado durante toda la guerra difundiendo que se exterminaba en masa a los judíos mediante modernas técnicas de electrocución, comenzó a construirse en la posguerra otra versión. Antes del comienzo del proceso de Núremberg, las autoridades polacas y soviéticas habían adoptado oficialmente la historia de las corrientes eléctricas. En un informe sobre los campos de exterminio alemanes en Polonia elaborado en 1945 y destinado a los juicios de Núremberg, el Dr. Jerzy Litawski, funcionario encargado de la Oficina Polaca de Crímenes de Guerra, insistía en que desde la primavera de 1942 "especiales instalaciones eléctricas fueron usadas en el campo para un rápido exterminio masivo de judíos. Con el pretexto del baño, judíos completamente desnudos eran conducidos a un edificio especial llamado 'baños' cuyo suelo constaba de placas a través de las cuales fluía corriente eléctrica de alto voltaje." Los comunistas soviéticos, sin cuya colaboración no hubiera sido posible la fabricación del mito de los seis millones, elaboraron el Documento USSR-93 para el proceso de Núremberg, el cual fue asumido y presentado por el Gobierno polaco. En él se daba por buena una vez más la versión de las corrientes eléctricas a través del suelo. Todavía durante la sesión del 19 de febrero de 1946, el documento USSR-93 fue citado por el fiscal soviético, el coronel L. N. Smirnov, quien recordó que, aunque el campo fue fundado en 1940, no fue hasta 1942 que se instalaron "especiales aparatos eléctricos para el exterminio masivo".

Las contradicciones surgieron a principios de 1946 a causa de las investigaciones de un juez de la corte de Lublin, Czeslaw Godzieszewksi, y del fiscal de Zamosc, Jan Grzybowsky, quienes después de interrogar a docenas de testigos indirectos crearon la confusión sobre cuál había sido el método de exterminio. Unos decían que la gente hablaba de gas; otros que se usaban corrientes eléctricas; algunos mantenían que se mataba en una habitación de la cual se extraía el aire y se provocaba la asfixia. Todavía en marzo de 1946 un testigo polaco insistió en que los guardias ucranianos que servían en el campo le habían dicho que varios cientos de judíos habían sido embutidos en una habitación y los habían matado a través de una corriente eléctrica. El 11 de abril de 1946 el fiscal Grzybowsky emitió un informe tortuoso en el que daba por buena la existencia de cámaras de gas, pero admitía que "había sido imposible determinar cómo se mataba en ellas a la gente". En dicha declaración aparecía el nombre de Rudolf Reder, que el 29 de diciembre de 1945 había declarado como testigo ante el juez Jan Sehn, miembro la Comisión para la Investigación de los Crímenes de Guerra Nazis.

Rudolf Reder iba a pasar a la historia por ser uno de los dos judíos considerados únicos supervivientes de Belzec. El otro, Chaim Hirzsman, colaboró con Beria y sus esbirros en la represión de la resistencia al comunismo en Polonia. Hirzsman participó en las torturas, ejecuciones sumarias y en la deportación a Siberia de 50.000 "indeseables" políticos, por lo que acabó siendo asesinado en marzo de 1946 en el curso de una insurrección anticomunista contra el reino del terror implantado en el país. Para variar, muchos historiadores calificaron a los insurrectos como antisemitas. De este modo, Reder, quien, según él, tenía ya 61 años cuando fue detenido en Lvov el 16 de agosto de 1942, se convirtió hasta su muerte en 1968 en una pieza de museo, una especie de rara avis que había sobrevivido al exterminio de Belzec. Gracias a sus declaraciones, comenzó a tomar cuerpo la tesis de que había en Belzec una construcción rectangular con seis cámaras de gas, tres a cada lado de un pasillo central que recorría la planta longitudinalmente. Estas cámaras estaban provistas de puertas levadizas que se abrían y permitían evacuar los cadáveres en unas rampas situadas ya en el exterior, en los laterales del edificio. En *Belzec, Sobibor, Treblinka: The Operation Reinhardt Death Camps* (1987), Yitzhak Arad apunta que dicha instalación medía 24 x 10 metros. Según el testimonio de Reder, tan pronto llegó su tren a Belzec cinco mil personas fueron llevadas a este edificio y exterminadas en dichas cámaras de gas. En su descripción del proceso, alegó que desde un cobertizo adosado a las supuestas cámaras de gas se introducía un tubo de 2.4 cms. de diámetro, pero no supo detallar el proceso químico que provocaba la muerte.

En 1946, Reder publicó por fin *Belzec*, libreto de unas setenta páginas editado en Cracovia y escrito en polaco. En opinión de algunos exterministas, este folleto es el mejor y más importante relato sobre lo ocurrido en Belzec. En el año 2000, el historiador polaco M. M. Rubel publicó su traducción al inglés en el volumen 13 de la revista *Polin: Studies in Polish Jewry*. Esta traducción, que pasa por ser de las más fiables y accesibles, es comentada por Thomas Kues, revisionista estudioso de Belzec, Treblinka y Sobibor, los campos de la llamada Aktion Reinhardt, en un extenso artículo publicado el 26 de abril de 2008 en la página web de CODOH (Committee for Open Debate on the Holocaust). Kues destaca que Rubel desvela en su introducción que antes de declarar ante el juez Jan Sehn el 29 de diciembre de 1945, Rudolf Reder ya lo había hecho en dos ocasiones ante la Comisión Histórica Judía. Kues recalca también que Reder no escribió solo el libro, sino que lo hizo en colaboración con una mujer llamada Nella Rost, que le escribió el prólogo. El profesor Rubel considera que Rost no sólo escribió el proemio de *Belzec*, sino que fue la auténtica autora del panfleto. Su nombre completo era Nella Rost Hollander y fue hija de un rabino sionista llamado Abraham Ozjasz Thon, uno de los precursores del nacionalismo judío[7]. Nella Rost estuvo vinculada al Congreso Judío Mundial en Uruguay. Tanto fue así que en 1963 el Stephen Wise Institute y el World Jewish Congress le publicaron en español en Montevideo su obra *Belzec. Cámara de gas. Tumba de 600.000 mártires judíos*. Todo ello invita a sospechar que Rudolf Reder fue escogido en Polonia por la Comisión Histórica Judía para sus fines propandísticos.

Puesto que finalmente la versión oficial que se impuso fue la de que en Belzec, Treblinka y Sobibor los judíos eran exterminados a través del monóxido de carbono que emanaba de los tubos de escape de motores diésel, conviene conocer qué dice Reder en *Belzec* sobre ello. Tomando la traducción que hace el profesor Rubel en la revista *Polin*, Reder describe el agente mortal como sigue:

---

[7] Abraham Ozjasz (Osias) Thon, sionista de primera generación, colaboró con Theodor Herzl en los preparativos del Primer Congreso Sionista de Basilea en 1897, año en que accedió al rabinato de Cracovia, posición que mantuvo hasta su muerte en 1936. En la Conferencia de Paz de Versalles representó al Consejo Nacional Judío de Galicia. En *Diaspora Nationalism and Jewish Identitiy in Habsburg Galicia*, Joshua Shanes sitúa a Thon junto a otros dos líderes nacionalistas judíos, Mordechai Ehrenpreis, que entre 1900 y 1914 fue rabino jefe de Bulgaria en Sofía y luego organizador asimismo del Congreso de Basilea, y Markus Braude, que se casó con Natalia Buber, hermana del famoso filósofo, y fue también delegado en el Primer Congreso Sionista. En su libro, Shanes cita unas palabras de Nella Rost Hollander sobre su padre, quien estudió en Berlín con Ehrenpreis y Braude: "En Berlín el destino de los tres amigos era el mismo. Los tres perseguían el mismo objetivo, que expresaban de la misma manera: 'Los tres seremos los primeros en crear un nuevo tipo de rabino y seremos los príncipes de una aristocracia espiritual'... Mi padre creía que en primer lugar era preciso obtener una ciencia general y un conocimiento judío como armas de primera clase contra todos los ataques y todos los argumentos sobre las ideas nacionales." Nella Rost confirma que su padre, además de un líder espiritual, aspiraba a ser un líder político que desde el púlpito predicaría "la revolución de la generación contemporánea."

"La máquina era grande, alrededor de un metro por metro y medio. Consistía en un motor y ruedas. El motor zumbaba a intervalos y trabajaba tan rápido que uno no podía ver girar los radios de las ruedas. Funcionaba durante veinte minutos. Después se apagaba. Las puertas que desde las cámaras daban a una rampa se abrían. Los cuerpos eran arrojados fuera sobre el suelo en una enorme pila de varios metros de altura. Quiénes abrían las puertas no tomaban medidas de precaución. No olíamos ningún hedor especial; no vi globos llenos de gas o que se echase algún polvo. Lo que vi eran latas de gasolina... Pero una vez, cuando el motor falló, fui llamado para que lo arreglara. En el campo me llamaban 'Ofenkünstler' (¿artista o artífice del horno?). Por esto me seleccionaron. Eché una ojeada y vi tubos de cristal conectados a tuberías de metal, que conducían a las cámaras de gas. Pensamos que el motor funcionaba bien produciendo alta presión o succionando el aire o que la gasolina producía humos de escape que asfixiaban a la gente. Las llamadas de auxilio, gritos y los terribles gemidos de la gente encerrada que se asfixiaba lentamente duraban entre diez y quince minutos."

Ciertamente, cuesta mucho creer que si los nazis quisieron eliminar de veras a cientos de miles de personas decidieran utilizar para ello mecanismos tan rudimentarios y chapuceros. Tampoco se entiende que después de haber atribuido a los alemanes la invención de medios sofisticados de electrocución en masa, tras haber reconocido que dominaban la alta tecnonología, los exterministas decidiesen adoptar como versión oficial una técnica rudimentaria, un pegote imposible. Quizá nuestra traducción del inglés no haya sido afortunada, por lo que puede ser pertinente acudir a la versión que ya en 1987 ofrece en su libro Yitzhak Arad, el cual precisa que se trataba de motores diésel con doscientos caballos de potencia y ocho cilindros que procedían de tanques capturados a los soviéticos. Según este autor, estos motores diésel liberaban una mezcla de monóxido de carbono y dióxido de carbono introducidos en el interior de las cámaras de gas a través de tuberías instaladas en habitaciones adosadas. En cualquier caso, cabe constatar que un motor diésel no emite monóxido de carbono, sino hollín negro que contiene oxígeno. El ingeniero estadounidense Fritz Berg publicó en 1984 un estudio técnico titulado *Cámaras de gas Diesel: mito dentro del mito*. En él alegaba que las cantidades de monóxido de carbono producidas por un motor diésel eran insuficientes para matar en las condiciones pretendidas. El trabajo de Berg sacudió los cimientos de la versión oficial y una traducción apareció en Alemania en 1994 con el título *Cámaras de gas Diesel: ideales para tortura, absurdas para matar.*

El "Informe Gerstein" sobre Belzec

Nella Rost Hollander argumenta en *Belzec. Cámara de gas. Tumba de 600.000 mártires judíos* que el informe de Rudolf Reder es coincidente con el de Kurt Gerstein, el otro testigo fundamental que declaró que en Belzec se exterminaba en masa a los judíos. Nella Rost considera que el hecho de que ambas declaraciones sean idénticas confirma la veracidad de las mismas. El "Informe Gerstein" es, junto a la declaración de Rudolf Höss sobre Auschwitz, uno de los principales documentos que los historiadores exterminacionistas esgrimen para demostrar la existencia del Holocausto. Es, pues pertinente demorarnos en él y en las circunstancias en que fue obtenido. Puesto que hay partes manuscritas, lo primero que admiten los historiadores revisionistas es que la escritura procede en efecto de la mano de Gerstein. Lo que ponen en entredicho, por tanto, es la credibilidad de lo que dice y su veracidad.

Kurt Gerstein, considerado el SS con corazón, fue según parece el modelo histórico en que se basó Rolf Hochhuth para concebir el personaje de *El Vicario* (1963), la obra afamada en que se acusa injustamente al Papa Pío XII de no haber hecho nada para evitar el Holocausto, lo cual es una calumnia y una falsedad manifiesta. Esta célebre pieza, traducida a más de veinte idiomas y adaptada en varias ocasiones al cine, fue instrumento fundamental para atacar a la Iglesia Católica, por lo que se ha acusado a Hochhuth de ser un papanatas en el mejor de los casos. Hay críticos que sostienen que Hochhuth no era un mentecato, sino que trabajó al servicio de oscuros intereses. Pero ello no puede ser ahora objeto de nuestra atención, pues se trata de examinar la declaración de Gerstein, un oficial de las SS que era jefe de los servicios técnicos de desinfección del cuerpo sanitario y como tal supervisaba la entrega de materiales de desinfección a los campos. Con objeto de suministrar Zyklon B a algunos de los campos del Gobierno General de Polonia, Gerstein habría estado en agosto de 1942 en Belzec, donde, según se pretende, contempló horrorizado el exterminio de judíos en las cámaras de gas.

Existen hasta seis declaraciones, la mayoría mecanografiadas, aunque hay algunas redactadas parcialmente a mano, atribuidas a Kurt Gerstein. La principal versión, considerada el "Informe Gerstein", fue presentada en el IMT de Nuremberg el 30 de enero de 1946 con el número PS-1553 y está escrita a máquina mayoritariamente en francés. Lo ocurrido con Gerstein al final de la guerra no está claro. Según una versión, cayó inicialmente en manos de interrogadores americanos en Rottweil, cerca de la Selva Negra, a los que habría entregado un documento mecanografiado de siete páginas. Supuestamente, Gerstein les dijo que había tenido un cargo de responsabilidad en el NSDAP, aunque en realidad había actuado como agente del reverendo Martin Niemöller, un pastor luterano antinazi. Confesó que había estado operando en cámaras de gas y que estaba dispuesto a declarar como testigo ante un tribunal. Otra versión sitúa tres meses más tarde a Kurt Gerstein en la prisión militar de Cherche Midi de París, donde redactó a mano y en francés un documento en el que se adjuntaban facturas de Zyklon. Según la historia oficial, el 25 de julio de 1945 Gerstein apareció ahorcado en su celda; pero lo cierto es que en realidad puede decirse que desapareció misteriosamente después de dejar sus informes, toda vez que su cuerpo nunca fue encontrado.

En su informe, Gerstein comienza relatando aspectos biográficos que retrotraen los hechos a su educación cristiana. Después de haber sido miembro del partido nazi durante tres años, fue expulsado en 1936 a causa del criticismo derivado de sus creencias religiosas. En 1938 la Gestapo lo arrestó y estuvo seis semanas en el campo de concentración de Welzheim. Gerstein trató entonces de recuperar la membrecía del NSDAP con el fin de infiltrarlo, pero fue rechazado. El 10 de marzo de 1941 solicitó la admisión en las Waffen SS y, pese a su expediente, el 15 de marzo fue sorprendentemente admitido. Ya en enero de 1942 se había convertido en jefe de los servicios técnicos de desinfección. Los hagiógrafos de Kurt Gerstein se han aprovechado de su relato autobiográfico para elevar a los altares a este beato de la religión del Holocausto. Toda la historia huele a podrido; pero la parte que se refiere a su experiecia en Belzec es absolutamente increíble. El hecho de que historiadores como Raúl Hilberg y Gerald Reitlinger la acepten como una fuente fiable sólo los desprestigia.

En la edición revisada de *The Hoax of the Twentieth Century* (2003) Arthur R. Butz reproduce completo en un apéndice el texto básico de la declaración de Gerstein, así como otros informes adicionales. Los extrae del libro *Las confesiones de Kurt Gerstein*, de Henri Roques, publicado por el IHR. Roques, conocido también bajo los seudónimos de Henri Jalin y André Chelain, adquirió fama mundial a causa de su tesis doctoral, leída el 15 de junio de 1985 en la Universidad de Nantes con el título *Las confesiones de Kurt Gerstein. Estudio comparativo de las diferentes versiones*. La tesis refutaba de modo demoledor el llamado "Informe Gerstein" y obtuvo la mención "muy bien" por un comité de expertos universitarios. A lo largo de una disertación pletórica, Roques concluyó de manera convincente que las acusaciones de gaseamientos masivos hechas por Gerstein no tenían base y que el pretendido encubrimiento de la matanza por la Iglesia Católica era falso. El lobby judío francés, apoyado por las organizaciones de izquierda, comenzó una campaña de acoso y derribo y exigió una retractación a las autoridades universitarias. En 1986, por primera vez en ocho siglos de historia universitaria en Francia, la

Universidad revocó el título de Doctor obtenido legalmente por Roques. Lo hizo en cumplimiento de una orden del Gobierno francés, cuya intervención en el asunto provocó un escándalo.

Carlo Mattogno aclara cómo la declaración de Kurt Gerstein se convirtió en versión oficial. El 30 de enero de 1946 Charles Dubost, adjunto del fiscal general de Francia, presentó al tribunal de Núremberg una serie de documentos clasificados como PS-1553, los cuales incluían un informe en francés con fecha de 26 de abril de 1945 y firmado por Kurt Gerstein. En dicho documento, Gerstein relataba una de sus supuestas visitas al campo de Belzec. Mattogno destaca que medio año antes de la presentación del PS-1553 en Núremberg, concretamente el 4 de julio de 1945, *France Soir* había publicado el artículo "Un verdugo de los campos nazis confiesa: 'Yo he exterminado a 11.000 personas al día'", cuyo autor, Geo Gelber, daba publicidad a la historia de las cámaras de gas operadas con un motor. El 16 de enero de 1947 una traducción al alemán del documento PS-1553 fue presentada como prueba documental ante el IMT en el "juicio de los médicos". De este modo, pese a que Reder y Gerstein no coincidían exactamente: Gerstein hablaba de motor diésel y Reder de motor de gasolina, el método de exterminio relatado por Kurt Gerstein quedó oficialmente establecido por la jurisprudencia occidental. El "informe Gerstein" monopolizó la atención de los historiadores tan pronto fue publicado y acabaría siendo la piedra angular de la evidencia de que el exterminio en Belzec era un hecho histórico. En 1948, el Gobierno polaco, que años antes había certificado que la electrocución era el método de exterminio en Belzec, suscribió la tesis de la asfixia producida por el monóxido de carbono que emanaba del tubo de escape de un motor:

"Con las víctimas en las cámaras de gas, la fase final del proceso de liquidación comenzaba. Las puertas se cerraban detrás de las víctimas que abarrotaban las cámaras. Se arrancaba el motor y el monóxido de carbono era introducido en las cámaras a través de tubos de escape especiales. En pocos minutos los gritos de la gente que se asfixiaba iban remitiendo y tras 10-15 minutos un equipo especial de judíos abrían las puertas exteriores de las cámaras."

Puesto que disponemos de los textos de Gerstein, lo mejor es acudir a ellos para poder valorarlos. Comenzaremos con el informe fechado el 26 de abril de 1945 en Rottweil, en cuya parte central, la más detallada, expone su visita a Belzec. Antes de dirigirse al campo, se dice en el memorando que viajó a Lublin en compañía de Wilhelm Pfannenstiel, donde el 17 de agosto de

1942 fueron recibidos por el SS Gruppenführer Globocnik, el cual les dijo que iban a conocer el mayor de los secretos, que sería fusilado de inmediato quien los desvelara y que el día anterior había ya ejecutado a "dos parlanchines". Veamos una cita textual sobre esta conversación:

"... Sus otras obligaciones serán cambiar el método de nuestras cámaras de gas (las cuales funcionan ahora con los gases de un tubo de escape de un viejo motor diésel) empleando material más venenoso que produzca un efecto más rápido, ácido prúsico. Pero el Führer y Himmler, que estuvieron aquí el 15 de agosto -anteayer- ordenaron que yo acompañase personalmente a todos aquellos que tuvieran que ver las instalaciones. Entonces el profesor Pfannenstiel preguntó: '¿Qué dijo el Führer?'. Globocnik, actualmente jefe de Policía y SS para la Riviera del Adriático y Trieste, contestó: '¡Más rápido, más rápido, lleven a cabo todo el programa!', dijo. Y entonces el Dr. Herbert Lindner, director del Ministerio del Interior dijo: '¿Pero no sería mejor quemar los cuerpos en lugar de enterrarlos? ¡Una generación futura podría pensar diferente sobre estos asuntos!' Y entonces Globocnik replicó: 'Pero, caballeros, si alguna vez, surgiera tal generación podrida y cobarde después de nosotros que no entendiera la bondad y necesidad de nuestro trabajo, entonces, caballeros, todo el nacionalsocialismo no habría servido para nada. Al contrario, deberían ser enterrados platos de bronce con la inscripción de que fuimos nosotros quienes tuvimos el coraje para realizar esta gigantesca tarea'. Y Hitler dijo: 'Sí, mi buen Globocnik, exacto, ésta es también mi opinión'".

Aparte de que Hitler nunca viajó a Lublin y por tanto las palabras que se le atribuyen por boca de Globocnik son pura invención, es portentoso que haya historiadores que puedan conceder credibilidad a este panfleto pueril de propaganda para ingenuos. La fanfarronada de Globocnik, cuya pretensión de reclamar para la posteridad la autoría del exterminio de los judíos es aprobada por Hitler con las palabras "sí mi buen Globocneck", pretende, quizá, ejemplificar el mal absoluto que anidaba en el Führer de Alemania. El informe continúa con el viaje de Lublin a Belzec, realizado el día siguiente. Ya en el campo, se narra la llegada del primer tren poco antes de las siete de la mañana del día 19 de agosto de 1942: un convoy con cuarenta y cinco vagones en los que viajaban 6.700 personas, de las cuales 1.450 llegaron muertas. Después de ordenar a los judíos que se desvistan y que depositen objetos de valor y dinero en un lugar habilitado a tal efecto, mujeres y chicas son dirigidas al peluquero para que en uno o dos tijeretazos se les corte el cabello, que se guarda en sacos para hacer colchones, etc. Empieza luego la marcha hacia las cámaras de gas:

"Yo estoy con Wirth, el capitán de la policía, justo a la la derecha de las cámaras de gas. Completamente desnudos se acercan hombres, mujeres, niños, bebés, incluso personas con una sola pierna. En una esquina un robusto soldado de las SS les dice a los pobres diablos con voz fuerte y profunda: '¡No os pasará nada. Todo lo que tenéis que hacer es respirar profundamente, fortalece los pulmones; esta inhalación es una medida necesaria contra enfermedades contagiosas, es un buen desinfectante!'... Madres, ayas, con los bebés en los pechos, desnudas, muchos niños de todas las edades, desnudos también; dudan, pero entran en las cámaras de gas, la mayoría de ellos sin decir una palabra, empujados por los que siguen detrás, apremiados por los látigos de los hombres de las SS. Una judía de unos cuarenta años de edad, con ojos como antorchas, echa en cara a sus asesinos la sangre de sus niños. Cinco latigazos en la cara, propinados por el mismo capitán Wirth, la introducen hacia el interior de la cámara... El capitán Wirth ordena: 'Llenadla bien'. Desnudos, los hombres están de pie sobre los pies de los otros. ¡700-800 apretados todos juntos en 25 metros cuadrados, en 45 metros cúbicos! Las puertas se cierran. Mientras tanto, el resto de los transportados, completamente desnudos, esperan..."

Cualquier persona que se detenga a reflexionar unos segundos puede entender que es absolutamente imposible empotrar a setecientas u ochocientas personas en una habitación de 25 metros cuadrados y dos metros de altura, pues en cada metro cuadrado habría unos treinta cuerpos. Sólo con el uso de una prensa para chatarra podría introducirse a tanta gente en un espacio tan reducido, en cuyo caso el uso del gas sería superfluo, ya que las personas habrían muerto antes por aplastamiento. El relato sigue con más efectos escénicos con el fin de resaltar por enésima vez la crueldad sin límites de los nazis. Cuando se procede a vaciar la cámara para cargarla de nuevo, por ejemplo, se lee en el Informe Gerstein: "Los cuerpos son echados fuera, azules, húmedos de sudor y orina, las piernas cubiertas con excrementos y sangre menstrual. Por todas partes, entre los otros, los cuerpos de niños y bebés..." Sobre el capitán Christian Wirth, después de los cinco latigazos en la cara de una mujer y de atribuirle la orden de llenar la cámara de gas hasta los topes, en otra escena digna de los mejores panfletos de Hollywood se aprovecha la ocasión de retratarlo como una bestia sin escrúpulos ávida de riquezas, que, por supuesto, simboliza al conjunto de la nación alemana. Se trata del conocido recurso retórico que consiste en poner la parte (Wirth) por el todo (los alemanes):

"... Dos docenas de trabajadores están ocupados en inspeccionar las bocas, abriéndolas por medio de ganchos de hierro: '¡Oro a la izquierda, sin oro a la derecha!'. Otros inspeccionan los anos y los órganos sexuales en busca de dinero, diamantes, oro, etc. Dentistas con tenacillas arrancan los dientes de oro, puentes o fundas. En el centro de todo, el capitán Wirth. Se mueve aquí como pez en el agua. Me entrega una gran tinaja llena de dientes y dice: 'Calcule usted mismo el peso del oro. ¡Esto es sólo de ayer y anteayer! ¡No creería usted lo que encontramos cada día! ¡Dólares, diamantes, oro! ¡Pero mírelo usted mismo!' Luego me conduce a un joyero que se encarga de todos estos valores..."

Sigue a continuación la historia del enterramiento de los cuerpos en grandes zanjas, que según Gerstein medían 100 x 20 x 12 metros y se hallaban situadas cerca de las cámaras de gas. Gerstein explica que a los pocos días los cuerpos se hinchan, por lo que el contenido de las zanjas experimenta un empuje hacia arriba de unos dos o tres metros. Sin embargo:

"Después de unos pocos días más la hinchazón parará y los cuerpos podrán desmoronarse. El día siguiente, las zanjas eran llenadas de nuevo y cubiertas con diez centímetros de arena. Oí que un poco más tarde construían parrillas con raíles de ferrocarril y quemaban sobre ellas a los cuerpos con gasóleo diésel y gasolina para hacerlos desaparecer. En Belzec y en Treblinka nadie se preocupaba de anotar aproximadamente la cantidad de personas eliminadas. Las cifras anunciadas por la BBC son inexactas. En realidad cerca de 25.000.000 millones de personas fueron matadas; no sólo judíos, también especialmente polacos y checoslovacos, los cuales, en opinión de los nazis, eran de mala estirpe."

Evidentemente, la cifra de 25.000.000 era insostenible, pues según se ha dicho sólo había unos tres millones de judíos en el territorio europeo ocupado por los alemanes. Ni siquiera incluyendo en dicha cifra a checoslovacos y polacos podría ser creíble; sobre todo si se considera, como se verá, que no quedó rastro de las supuestas víctimas. Conscientes de que la cantidad de muertos era un disparate inasumible, el comentario sobre la BBC y los 25.000.000 de víctimas en las cámaras de gas fue suprimido del texto impreso en los volúmenes del NMT (Nuremberg Military Tribunals). Supuestamente, los interrogadores de Gerstein lo habrían inducido a redactar un segundo informe en Rottweil, el cual lleva fecha de 4 de mayo de 1945. Aunque lo más probable es que alguien lo redactase un año después de su muerte. Su esposa ayudó a aclarar el asunto declarando que había descubierto el documento en 1946 entre las pertenencias de su marido en el Hotel Mohren en Rottweil. Según la Sra. Gerstein, su difunto esposo lo habría depositado allí sin que ella lo hubiera sabido hasta entonces. Cabe suponer que este informe se trata de la traducción alemana del documento PS-1553, presentado ante el IMT el 16 de enero de 1947 mecanografiado y sin firma. Arthur R. Butz apunta irónicamente que "el descubrimiento de tal documento en los oscuros días de 1946 naturalmente apuntaló su status como la esposa de San Gerstein en lugar de la esposa de un oficial ordinario de las SS." El número de muertos que se alega en este segundo memorando estaría ya en consonancia con la cifra oficial de los seis millones.

Wilhelm Pfannenstiel, testigo en Belzec

Carlo Mattogno dedica en *Belzec in Propaganda, Testimonies, Archeological Research and History* diez páginas a estudiar las declaraciones y la actitud de Wilhelm Pfannenstiel, doctor en medicina y oficial de las SS, cuyo nombre aparece en las distintas versiones de la declaración de Kurt Gerstein. Como se recordará, Gerstein asegura que viajó con él a Lublin y allí ambos se entrevistaron con el SS Gruppenführer Odilo Globocnik, al que Pfannenstiel preguntó sobre la opinión de Hitler. Cuanto sigue a continuación es, por tanto, una reseña de la información aportada por Mattogno, cuya autoridad en la materia es indiscutible.

Arrestado por los Aliados después de la guerra, Pfannenstiel fue interrogado como uno de los acusados en el juicio de la IG Farben, celebrado entre agosto de 1947 y junio de 1948. Se le preguntó entonces sobre sus relaciones con Gerstein. Con el fin de salvar el pellejo, trató de buscar una escapatoria y confirmó que había presenciado gaseamientos mediante el tubo de escape de un motor diésel. Aunque negó que hubiera estado en Belzec o Treblinka, reconoció haber oído que en Belzec se gaseaba. A pesar de haber respondido al fiscal von Halle que él no había ido a Belzec no tuvo reparo en afirmar lo siguiente:

> "Respuesta: Había -creo- seis cámaras en un edificio ligeramente elevado.
> Pregunta: ¿La gente en su interior estaba desnuda y apretujada?
> Respuesta: Si, las cámaras eran llenadas pieza por pieza.
> Pregunta: ¿Había niños?
> Respuesta: Sí.
> Pregunta: ¿Cómo era introducido el tubo de escape diésel?
> Respuesta: De un motor de 1.100 caballos de fuerza. Los tubos de escape se introducían en las cámaras."

Mattogno considera evidente que el fiscal von Halle conocía el Informe Gerstein, lo cual era sabido por Pfannenstiel. Además, da por supuesto que el fiscal sabía que Pfannenstiel era consciente de ello cuando lo interrogaba, razón por la cual el interrogatorio estaba lleno de condicionantes. Fue de este modo que a partir de 1950 Pfannenstiel se convirtió en garante de la veracidad del Informe Gerstein, hecho que fue aprovechado por la historiografía sobre el Holocausto. Como resultado de su colaboración, el Dr. Wilhem Pfannenstiel acabó siendo absuelto por falta de pruebas en los tres procesos en los que estuvo inmerso. Todos los pasajes en los que Pfannenstiel aparecía comprometido fueron expurgados de la primera publicación oficial en Alemania del Informe Gerstein del 4 de mayo de 1945, preparada por el historiador Hans Rothfels en 1953. Richard Harwood denuncia que esta versión fue publicada en Bonn en 1955 por el Gobierno de Alemania Federal para distribuirla en las escuelas alemanas bajo el título *Dokumentation zur Massenvergasung* (*Documentación sobre gaseamientos en masa*).

Habiendo, pues, asumido el papel de avalista del Informe Gerstein. El Dr. Pfannenstiel siguió confirmando en todas sus apariciones ante los tribunales las mentiras oficiales y el dogma historiográfico, si bien sus declaraciones fueron progresivamente moderándose, atenuando los excesos incontrolados de Gerstein. Así, por ejemplo, el 9 de noviembre de 1959 demostró estar al corriente de cuantas obras iban publicando los historiadores exterministas y citó incluso el libro *Die Endlösung* (*La solución final*) de Gerald Reitlinger. Pese a que once años antes había negado haber estado en Belzec, en este interrogatorio de 1959 declaró que había viajado con Gerstein desde Lublin hasta Belzec, donde fue testigo de la llegada de un transporte con unos quinientos judíos, algunos de los cuales habían muerto durante el trayecto a causa de ir amontonados en exceso dentro de los vagones. Cuatro años después, el 8 de noviembre de 1963, en el llamado juicio de Belzec, mantuvo en otra comparecencia que había presenciado la llegada de un tren de doce vagones en el que iban entre trescientas y quinientas personas, del que "ocasionalmente" bajaron mujeres y niños. Si en doce vagones viajaban dicha cantidad de personas, puede calcularse que en cada uno había entre 25 o 42 detenidos. Gerstein se había referido a convoyes de 6.700 deportados, de los cuales 1.450 habían llegado muertos. En cualquier caso, lo que sí fue recuperando Pfannenstiel con precisión fue la memoria sobre las fechas. El 30 de octubre de 1947 no dio ninguna; en su declaración del 6 de junio de 1950 habló del "verano de 1942"; pero el 9 de noviembre de 1959 confirmó que había ido con Gerstein a Lublin el 17 de agosto de 1942 y que habían ido a Belzec el día 18 ó 19. Finalmente, el 25 de abril de 1960 ofreció la fecha exacta del pretendido gaseamiento: "Si me pregunta sobre ejecuciones de judíos -dijo-, debo confirmar que fui testigo de la ejecución de judíos el 19 de agosto de 1942 en el campo de exterminio de Belzec."

Finalmente, el profesor Pfannenstiel fue uno de los catorce testigos que en enero de 1965 declararon en el juicio de Belzec contra Josef Oberhauser en Múnich[8]. Según Yitzhak Arad, Oberhauser fue encargado de construir el campo y en la segunda mitad de diciembre de 1941 se convirtió en ayudante del capitán (SS Hauptsturmführer) Christian Wirth, que fue nombrado comandante de Belzec. En su obra, Arad pretende convertirlo en el chivo expiatorio del supuesto gaseamiento de 80.000 judíos. Josef Oberhauser negó cualquier responsabilidad y alegó que siempre había actuado cumpliendo órdenes superiores. Para salvarse, confesó mentiras en el juicio y reconoció que en Belzec se había gaseado a los judíos. La sección criminal de la corte de Múnich lo condenó a cuatro años y seis meses de trabajos forzados por complicidad en 300.000 casos de homicidio en primer grado. Finalmente, sólo cumplió la mitad de la pena.

Investigaciones arqueológicas en Belzec

De la tecnología ultramoderna de electrocución e incineración en masa, de un tirón, se pasó al tosco sistema de los tubos de escape. Desde entonces, se ha venido manteniendo que mediante este método rudimentario se exterminó en Belzec a cientos de miles, sino millones, de judíos. El 22 de septiembre de 1944 Rudolf Reder declaró ante el fiscal de Lvov que tres millones de personas habían sido eliminadas en Belzec. El 11 de abril de 1946, T. Chrosciewicz, el fiscal polaco en Zamosc, resumió en un informe los resultados de su investigación y rebajó hasta 1.800.000 el número de víctimas. Por fin, en 1947, la Comisión Central para la Investigación de Crímenes Alemanes en Polonia fijó el número de muertos en el campo de Belzec en 600.000, cifra aceptada por la historiografía oficial que sólo cuestionan los investigadores revisionistas.

Así, por tanto, se pretende que entre marzo y diciembre de 1942 fueron asesinadas en Belzec 600.000 personas mediante un sistema absurdo, casi de andar por casa. En el capítulo 16 de *Belzec, Sobibor, Treblinka*, titulado "Mejorando las instalaciones y técnicas de exterminio", Yitzhak Arad escribe: "Las nuevas cámaras de gas que habían sido construidas en Belzec en junio/julio de 1942 sirvieron como modelo en los otros dos campos." Arad

---

[8] Josef Oberhauser había sido capturado, juzgado y sentenciado por los soviéticos, que en 1956 lo liberaron. Cuando en 1963 se inició el juicio de Belzec fue uno de los ocho acusados de crímenes en el campo. El 30 de enero de 1964 el proceso colapsó y todos fueron absueltos. Poco después, sin embargo, fueron detenidos de nuevo. Oberhauser apeló y en 1965 fue el único acusado del juicio que se celebró del 18 al 21 de enero.

insiste en que en Belzec, Treblinka y Sobibor se utilizó la misma técnica de exterminio. Según este historiador judío, con la construcción de nuevas cámaras de gas se amplió y mejoró la capacidad de ejecución; pero el sistema de los tubos de escape de un motor diésel como técnica de exterminio no sólo no se modificó, sino que sirvió como modelo para los otros campos. El mismo Yitzhak Arad escribe lo siguiente sobre los enterramientos y la incineración de las supuestas 600.000 víctimas en Belzec:

"En Belzec, las 600.000 víctimas habían sido ya enterradas cuando comenzó la cremación. Durante un periodo de cuatro o cinco meses tuvieron que ser desenterradas y quemadas. Fue esta la única razón por la que el campo continuó existiendo con todo el personal hasta la primavera de 1943, pese a que los transportes con judíos habían llegado y fueron liquidados en noviembre de 1942. El hecho de que durante la operación de cremación no llegasen más convoyes facilitó que las autoridades pudieran llevar a cabo su tarea."

O sea, en Belzec las operaciones de exterminio finalizaron en noviembre/diciembre de 1942; pero, aunque no llegaron ya más trenes, el campo no se cerró porque todo el personal se dedicó durante tres o cuatro meses a desenterrar a los muertos para incinerarlos, supuestamente con la finalidad de borrar las huellas del genocidio. Parece ser que los nazis, anteriormente descritos como maestros en ingeniería técnica y ejemplo en el uso de tecnologías revolucionarias, se convirtieron de golpe en modelos de improvisación y desorganización, en unos chapuceros impresentables incapaces de planificar tareas elementales. Se ha dicho ya que el área de Belzec abarcaba unos 250 metros anchura por 300 metros de longitud. Uno no acierta a comprender como en un espacio tan reducido, del que debe descontarse el lugar que ocupaban las distintas instalaciones del campo, pudieron enterrarse, desenterrarse, quemarse y volverse a enterrar en sólo unos meses 600.000 cuerpos, algo así como toda la población de Málaga, la sexta ciudad española en número de habitantes.

Carlo Mattogno dedica el capítulo IV de su trabajo sobre Belzec, titulado "Belzec en la Investigación Arqueológica Polaca", a comentar los trabajos de un grupo de arqueólogos que entre 1997 y 1999 trabajaron en la zona del antiguo campo de Belzec a las órdenes del profesor Andrzej Kola. Las excavaciones fueron decididas conjuntamente por la "Rada Ochrony Pamieci Walk i Meczenstwa" (Consejo para salvaguardar el recuerdo de la lucha y el martirio) y el "Holocaust Memorial Museum" de Washington. Durante distintos periodos de excavaciones que se prolongaron durante dos años, se encontraron 33 sepulturas en dos áreas separadas del campo, las cuales ocupaban en total una superficie de 5.919 metros cuadrados y un volumen de 21.310 metros cúbicos. La menor de ellas medía 5 x 5 metros, es decir 25 metros cuadrados, y tenía una profundidad de 1.70 metros. La mayor tenía un volumen de 2.100 metros cúbicos, medía 24 x 18 y su profundidad oscilaba entre 4.25 y 5.20 metros.

Los dos principales testigos del supuesto exterminio, Kurt Gerstein y Rudolf Reder, dieron descripciones detalladas de las fosas comunes. En 1945, en una declaración ante la Comisión Histórica Judía, Reder informó: "Una fosa medía 100 metros de longitud y 25 de anchura. Una sóla fosa contenía 100.000 personas. En noviembre de 1942 había treinta fosas, esto es, tres millones de cuerpos." En otra declaración realizada ante el juez Jan Sehn el 29 de diciembre de 1945, el testigo Reder concretó más aún las dimensiones de las enormes sepulturas: "las fosas tenían todas las mismas dimensiones y medían 100 metros de longitud, 25 de anchura y una profundidad de 15 metros." Treinta fosas de estas dimensiones equivaldrían a una gran fosa de tres kilómetros de longitud por 750 metros de anchura, es decir, 225 hectáreas. Sin embargo, después de haber declarado que las treinta fosas eran iguales, Reder declaró que el área que había visto abarcaba unas 7.5 hectáreas. Kurt Gerstein, por su parte, en el famoso informe de 26 de abril de 1945 declaró lo siguiente: "Entonces los cuerpos desnudos eran arrojados a grandes zanjas de unos 100 x 20 x 12 metros situadas cerca de las cámaras de la muerte." En su informe del 6 de mayo de 1945 afirmó: "Los cuerpos desnudos eran cargados en carretas de madera y luego arrojados a hoyos situados a corta distancia que medían 100 x 20 x 12 metros." Para acabar de rematar la faena, en su informe del 11 de abril de 1946 el fiscal de Zamosc escribió:

> "Todas las fosas comunes tenían las mismas dimensiones: 100 metros de longitud, 25 metros de anchura y 15 metros de profundidad. Los cuerpos lanzados a las fosas eran cubiertos con cal. Luego, los detenidos cubrían las pilas de cuerpos con arena. Puede muy bien haber habido treinta o cuarenta e incluso más fosas de este tipo en el campo."

Pese a que según Arad los cuerpos habían sido desenterrados y quemados, en dos de las fosas más grandes los arqueólogos encontraron cuerpos que no habían sido ni exhumados ni incinerados. Robin O'Neil, investigador británico defensor del Holocausto, asegura en *Belzec: The 'Forgotten' Death Camp* (*Belzec: el campo de la muerte 'olvidado'*), texto aparecido en el periódico cuatrimestral *East European Jewish Affairs*, que fueron "muchos miles", pero no precisa cuántos. Por su parte, Michael

Tregenza, un exterminacionista singular que declara que los testimonios de Reder y Gerstein son poco fiables porque están llenos de un embarazoso lastre de mentiras y absurdidades, se atreve a estimar en 15.000 los cuerpos hallados en estas fosas. Lo curioso de Tregenza, es que, pese a despreciar las declaraciones de Reder y Gerstein, da credibilidad a otros testigos y en el artículo "Belzec Das vergessene Lager des Holocaust" (Belzec el campo olvidado del Holocausto, 1999) escribe que, aunque las instalaciones de Belzec sólo funcionaron durante 133 días, "varios cientos de miles de judíos fueron exterminados en Belzec. Hoy se habla oficialmente de por lo menos 600.000 personas asesinadas. Sin embargo -añade-, a la luz de nuevas investigaciones y excavaciones debe asumirse una cifra considerablemente más alta de víctimas, posiblemente cercana a un millón."

Tregenza, pues, aunque los cadáveres hallados en las dos grandes fosas no fueron desenterrados, cifra en 15.000 los cuerpos hallados en ellas. No se comprende por qué las autoridades polacas no procedieron como los alemanes cuando descubrieron en las fosas de Katyn los cadáveres de los oficiales polacos asesinados por el NKVD de Beria. Entonces, en plena guerra, se abrieron las tumbas, se exhumaron los cuerpos, se practicaron autopsias y se trató de identificar a las víctimas. "¿Por qué -se pregunta Carlo Matogno- no fueron exhumados los cuerpos de las fosas comunes en Belzec?" La respuesta es que de las primeras 236 muestras tomadas inicialmente el profesor Andrzej Kola sólo publicó el resultado de 137, obviamente las que consideró más significativas. Aun así, sólo dos de ellas llevaban la designación explícita de "cuerpos humanos". En los análisis publicados por Kola hay restos humanos en tres de las siete muestras tomadas en la fosa número 10, la más grande, y en dos muestras más de las diez extraídas de otras dos sepulturas, la número 3 y la número 20. Es decir, que de las 236 muestras sólo cinco casos dieron resultado positivo, lo cual equivale al 2%. Ello permite concluir que en las fosas mencionadas había en pocas ocasiones algunos cuerpos diseminados.

Naturalmente, no puede excluirse la presencia de cuerpos en otros estratos de las fosas. Es muy probable que en la misma fosa número 10 hubiera más cuerpos humanos, toda vez que el examen de las muestras indica la presencia de cuerpos en estado de saponificación. Durante los dos años que duraron los trabajos continuaron tomándose muestras de las 33 fosas y aparecieron, como es lógico, nuevos restos humanos. Ya en 1998, un año antes de que concluyera la investigación arqueológica, Robin O'Neil se apresuró a anunciar que los restos de los cuerpos hallados pertenecían a víctimas de las cámaras de gas que no habían sido exhumados y quemados. Puesto que los intérpretes oficiales han considerado la presencia de cuerpos como prueba de que el exterminio en masa tuvo lugar en Belzec, Carlo Matogno escribe con rotundidad estas palabras de respuesta:

"La pretensión de estos comentaristas -que la cantidad de cuerpos hallados en Belzec rebate las tesis revisionistas- no sólo es falsa, sino grotesca. Por supuesto, ningún historiador revisionista se permitiría declarar que no hubo nunca muertes en Belzec. Como se verá en el capítulo siguiente, se produjeron muertes entre los detenidos a causa de epidemias, el duro trabajo y la miseria... Si alguien quiere de veras refutar estas tesis, debería demostrar que hay lugares de enterramiento en el campo que contienen cientos de miles de víctimas."

Carlo Mattogno concluye que los resultados de las excavaciones son incompatibles con las tesis de los exterminacionistas y que la interpretación más probable que puede extraerse de los trabajos de investigación arqueológica del profesor Kola "es que las fosas contenían como mucho varios centenares de cuerpos." Kola publicó el resultado de sus excavaciones en un libro donde figuran treinta y siete fotografías en color. Se muestran en ellas todo tipo de objetos insignificantes: herraduras, llaves, candados, restos de macetas y cacerolas, tijeras oxidadas, trozos de cristales y de porcelana, peines, botellas, monedas, etc.; pero ni una foto enseña un cuerpo o parte de un cuerpo. En cualquier caso, miles de personas, seguramente decenas de miles, murieron en Belzec. Muchas lo hicieron seguramente en 1940, cuando las condiciones del campo eran, según se ha dicho, extremadamente inhumanas.

Podrá alegarse que se encontraron pocos cuerpos porque fueron quemados. Yitzhak Arad asegura que en la primavera de 1942 Himmler realizó una visita a Treblinka en la que decidió que debían quemarse todos los cuerpos; pero no existe constancia alguna de esa visita y todo indica que nunca tuvo lugar. En cualquier caso el propio Arad afirma en su libro sobre los campos de la Operación Reinhardt que en Belzec los trabajos de exhumación e incineración comenzaron en diciembre de 1942. Lo cierto es que casi nada se sabe de esta operación gigantesca. En su ya mencionado informe de 11 de abril de 1946 el fiscal de Zamosc escribió esto:

"En diciembre de 1942 los transportes de judíos a Belzec se detuvieron. Los alemanes empezaron entonces a borrar sistemáticamente las huellas de sus crímenes. Los cuerpos fueron desenterrados con excavadoras especiales y quemados sobre montones de madera empapados con material inflamable. Más tarde el proceso de cremación fue mejorado utilizando raíles de ferrocarril para construir andamios, sobre los cuales se colocaron capas de cuerpos que alternaban con capas de madera empapadas, como antes, con un líquido fácilmente inflamable. Para separar los objetos de valor que pudieran contener los cuerpos, las cenizas de los cuerpos incinerados eran filtradas mediante un separador de grano y luego sepultadas otra vez. La cremación de cuerpos acabó en marzo de 1943. Entonces todos los edificios del campo, vallas y torres de vigilancia se desmantelaron, se limpió el área, se niveló y fue replantada con pinos jóvenes."

Podemos comprobar que la idea de pintar a los nazis como ladrones insaciables es esgrimida una y otra vez: después de haber insistido en que antes de enterrar a las víctimas les inspeccionaban las bocas e incluso el ano y los órganos genitales, se dice ahora que nuevamente se perdía el tiempo buscando algo de valor entre las cenizas, como si no fuera ya suficientemente complicado quemar 600.000 cadáveres putrefactos en tres meses. Un testigo llamado Kozak declaró lo siguiente ante el fiscal de Zamosc: "Dos o tres piras ardían a la vez. Mientras, un terrible hedor de cuerpos descompuestos y huesos y cuerpos quemados flotaba sobre Belzec. Esta fetidez podía olerse en quince kilómetros a la redonda. La cremación se produjo sin interrupción durante tres meses."

En cuanto a las condiciones meteorológicas en que supuestamente se produjo la cremación, debe considerarse que durante el invierno las temperaturas medias en la zona de Belzec son de 3 ó 4 grados bajo cero de media y difícilmente se superan los cero grados. Todos los meses del año cuentan con un promedio de al menos 12 días de lluvia, lo cual invita a suponer que durante los tres meses de invierno la lluvia, la nieve y el viento debían de ser una constante.

Carlo Mattogno presenta en su obra de referencia un cálculo aproximado de la cantidad de leña necesaria para llevar a cabo sin interrupción durante tres meses la tarea gigantesca de quemar 600.000 cuerpos hasta convertirlos en ceniza. Según sus estimaciones habrían sido necesarias 96.000 toneladas de madera, lo cual equivaldría a la deforestación de 192 hectáreas de bosques de abetos de cincuenta años de edad. Las fotografías aéreas de los bosques próximos a Belzec demuestran que en 1944 tenían el mismo aspecto que en 1940. "¿De dónde procedía -se pregunta Mattogno- esta inmensa cantidad de madera?" Para transportarla al campo hubieran sido necesarios noventa y cinco trenes de cuarenta vagones cada uno. Sin embargo, ninguno de los habitantes de la zona pudieron testificar haber visto la llegada de trenes o camiones cargados de leña. A la cremación de 600.000 cuerpos en tres meses correspondería a un porcentaje de 6.650 por día, para lo cual se precisarían 1.042 toneladas diarias de troncos.

En cuanto a la cremación en sí, baste considerar la cantidad de ceniza que ocho o nueve leños de tamaño medio dejan diariamente en una chimenea de cocina. Carlo Mattogno realiza nuevamente un cómputo minucioso sobre la cantidad de cenizas que producirían los cuerpos y la madera precisa para incinerarlos. Los resultados son los siguientes: los 600.000 cuerpos dejarían 1.350 toneladas de ceniza con un volumen de 2.700 metros cúbicos; la madera originaría 7.680 toneladas de ceniza, que corresponderían a 22.600 metros cúbicos. En total, por consiguiente, 9.030 toneladas o 25.300 metros cúbicos. Recordemos que se ha dicho más arriba que las 33 fosas excavadas por el profesor Kola entre 1997 y 1999 ocupaban un volumen total de 21.310 metros cúbicos. Además, habría que tener en cuenta que los análisis presentados por Kola demuestran que las cenizas estaban mezcladas con capas de arena y que entre los restos humanos había también residuos de animales.

Oficialmente, las operaciones de cremación finalizaron en marzo de 1943, pero una reducida guarnición de hombres de las SS permaneció en el campo hasta septiembre. No se acaba de comprender, por tanto, cuál fue la razón por la que un cierto número de cadáveres no fueron quemados. Según O'Neil, los cuerpos no fueron desenterrados y quemados porque, quizá, se desató "el pánico a causa del tiempo insuficiente para destruir todas las evidencias." Esta tesis es poco plausible si se considera que hubo soldados en el campo durante medio año más. Además, las fosas que contenían cuerpos saponificados estaban esparcidas por todo el campo, lo cual invita a sospechar, argumenta Carlo Mattogno, "que esas tumbas pertenecían a la administración anterior del campo y por ello eran de 1940, cuando Belzec fue utilizado como un campo para gitanos hasta que posteriormente fue integrado en el 'Programa Otto'. En ambos periodos muchas víctimas fueron enterradas en el campo. En aquel tiempo la estructura del campo era muy diferente de la que fue después y había más espacio. Ello explicaría la posición de estas fosas comunes." Existen evidencias de que en la primavera de 1940 miles de detenidos murieron debido a las epidemias, entre ellas el tifus, y a causa también de las durísimas condiciones de trabajo y de habitabilidad del campo.

Pero asimismo murieron en Belzec miles de personas en 1942. El 28 de abril de 1943 el delegado para el reasentamiento de judíos en el area de Lublin, mayor de las SS Höfle (Sturmbannführer), envió un informe al teniente coronel Heim (Obersturmbannführer) en el que se da la cifra de 434.508 personas transferidas a Belzec hasta el 31 de diciembre de 1942. Este documento, descifrado por los Servicios Secretos británicos, ha sido conocido recientemente. En algunos trenes las condiciones de los deportados eran deplorables. Existe otro informe del 14 de septiembre de 1942 titulado "Reasentamiento de Kolomea a Belzec". Su autor, Josef Jäcklein, un guardia de ferrocarriles de la policía de protección, relata el calamitoso transporte de Kolomea a Belzec, que salió a las 20:50 horas del 10 de septiembre con 8.205 judíos a bordo. Kolomea, distrito de Ucrania, había sido ocupado por los alemanes en su avance hacia el interior de la URSS. Jäcklein explica que los judíos llevaban martillos y tenazas. Más tarde declararon que se les dijo que dichas herramientas les servirían en su nuevo destino. Evidentemente, lo primero que hicieron los detenidos fue usar estos utensilios para abrir boquetes en el techo de los vagones con el fin de escapar. El tren tuvo que parar en todas las estaciones para reparar los daños. Jäcklein confirma que la escolta del tren acabó la munición y llegaron a utilizar las bayonetas y piedras para impedir los repetidos intentos de fuga. Cuando el tren llegó a Belzec a las 18:45 del día siguiente, iban dos mil muertos en su interior. Mattogno también da noticia de un segundo informe sobre este transporte de Kolomea, fechado asimismo el 14 de septiembre de 1942. Lleva firma de un teniente llamado Wassermann, también de la policía de protección. Se dice en él que en cada vagón viajaban de 180 a 200 personas. En la primera parte de este informe, Wassermann alude a acciones realizadas los días 7, 8, 9 y 10 de septiembre de 1942 en el área de Kolomea y confirma la ejecución el día 7 de trescientos judíos. Las razones que se arguyen para justificar el asesinato es que se trataba personas "viejas, infectadas, débiles o intransportables." En el fondo estos fusilamientos vienen a demostrar que no se enviaba a los judíos a Belzec para ser gaseados. No puede, no obstante, negarse que miles de judíos, si no decenas de miles, murieron en Belzec.

Pero el propósito de las excavaciones de los investigadores polacos no estaba sólo relacionado con el hallazgo de restos humanos, sino que se pretendía también identificar los edificios detallados por los testigos. Una de las prioridades era, lógicamente, localizar el famoso edificio tantas veces descrito donde estaban ubicadas las seis cámaras de gas. Yitzhak Arad y Raúl Hilberg, los más prestigioso de los historiadores judíos, relatan la ampliación de los tres campos y la construcción de estas cámaras de gas. En realidad, ambos dan por buena la descripción de Rudolf Reder sobre las nuevas cámaras de Belzec, construidas en teoría en junio/julio de 1942. En *The Destruction of the European Jews* Hilberg escribe: "Sólidas estructuras, de piedra en Belzec y de ladrillo en Treblinka, conteniendo como mínimo seis cámaras de gas, reemplazaron las antiguas instalaciones. En los nuevos edificios, las cámaras estababan alineadas a ambos lados del corredor y en Treblinka la habitación del motor estaba situada al final." Por consiguiente, se buscaba un edificio de piedra que, según Arad, tenía una longitud de 24 metros y una anchura de 10.

Se esperaba, pues, que las excavaciones permitieran descubrir las estructuras originales de la instalación. Mientras que Kola y su equipo evitaron desenterrar y examinar a conciencia los restos humanos de las fosas comunes, sí procedieron a desenterrar y a examinar detenidamente cualquier estructura que pudiera conducir al descubrimiento de las cámaras de gas construidas en la segunda fase del campo. Tras describir seis hallazgos irrelevantes, Andrzej Kola se centró en el "Edificio G", una construcción de madera enterrada parcialmente en el suelo, cuya base rectangular situada a una profundidad de 80 centímetros medía apróximadamente 3.5 x 15 metros. Su descripción sigue así:

> "El edificio de madera sirvió probablemente como cámara de gas en la segunda etapa de funcionamiento del campo, en el otoño invierno de 1942. Tal interpretación podría ser confirmada por su localización en el plano del campo. Las perforaciones exploratorias de las partes noreste y este del edificio excavaron sólo hoyos de fosas comunes. La localización de la cámara de gas cerca de los lugares de enterramiento en la segunda fase de existencia del campo fue confirmada por algunos de los informes de los testigos."

Carlo Mattogno, de cuyo libro procede una vez más la cita, se indigna ante la frivolidad de la argumentación del profesor Kola, puesto que, basándose únicamente en la localización del edificio, afirma sin aportar ninguna prueba arqueológica que el edificio en cuestión debió de albergar las pretendidas cámaras de gas homicidas. En cuanto a su pretensión de que una estructura de madera albergara las cámaras de gas, el arqueólogo polaco alude a Rudolf Reder en su informe y dice lo siguiente: "Según él (Reder), sin embargo, la cámara estaba hecha de hormigón. Las excavaciones llevadas a cabo en la zona no prueban ninguna existencia de ladrillos u hormigón en los edificios, lo cual hace ese informe poco fiable." Mattogno, sin salir de su asombro, deja caer entre líneas que Andrzej Kola ni siquiera se detiene a considerar que la estructura de madera pudo haber pertenecido a la fase incial del campo. El problema es que si se considera la declaración de Rudolf Reder digna de poca confianza, también lo son las demás, ya que todas coinciden en que las cámaras de gas de la segunda fase del campo estaban construidas en una estructura de ladrillo. La sentencia de enero de 1965 en el juicio de Belzec celebrado en Múnich lo menciona de manera explícita: "un sólido edificio de piedra con un total de seis cámaras que medían 4 x 5 metros." También en la *Encyclopedia of the Holocaust* se lee bajo la entrada "Belzec" que las cámaras de gas existentes en la primera fase fueron demolidas "y en su lugar fue levantado un nuevo edificio fabricado con hormigón y ladrillo que contenía seis cámaras de 4 x 5 metros." Parece increíble que el profesor Kola se permita desacreditar a los testigos con un peritaje tan pobre. Además, las dimensiones de su estructura de madera, 3.5 x 15 metros, tampoco coinciden con los 24 x 10 metros aceptados oficialmente. Si ya en cámaras de 4 x 5 metros, 20 metros cuadrados, era imposible meter a cientos de personas, ¿qué habría que decir de las hipotéticas cámaras en la construcción imaginada por Kola?

Belzec, campo de tránsito

Pensamos que los argumentos de los revisionistas son suficientemente poderosos para desacreditar la tesis de que Belzec era un campo de exterminio: profesionales de la propaganda como Jan Karski han sido puestos en evidencia; los testigos mienten y algunos de sus relatos son propios de la ciencia ficción; el método de exterminio que sostiene la historiografía oficial no es creíble; las posibilidades materiales para la cremación son imposibles; las investigaciones arqueológicas han desmontado las teorías de los exterministas. En definitia, la hipotesis de que en Belzec fueron masacradas 600.000 en cámaras de gas es inaceptable si se contempla con el mínimo rigor. Por todo ello los revisionistas sostienen que Belzec, igual que Treblinka y Sobibor era un campo de tránsito para el traslado de judíos hacia el este.

Cartas y postales de deportados a Treblinka en 1942 desde el gueto de Varsovia llegaron desde los territorios soviéticos ocupados a la capital polaca, lo cual indica que habían sido reasentados allí después de haber pasado en tránsito por Treblinka. Algunos de estos mensajes procedían de campos situados en Bielorrusia y Ucrania. Sobre estos textos dan noticia Mark Weber y Andrew Allen en un trabajo publicado en el verano de 1992 en *The Journal of Historical Review*. Según estos autores, algunas de estas cartas y postales llegaban por correo y otras lo hacían clandestinamente. Los remitentes escribían que trabajaban duro, pero confirmaban a la vez que ellos, y en cocasiones sus niños, estaban siendo alimentados.

Distintos documentos vendrían a confirmar que Belzec no era un campo de exterminio, sino de tránsito. Uno de ellos, con fecha de 17 de marzo de 1942, procede del Departamento de Población y Asistencia Social de la Oficina del Gobernador General para el distrito de Lublin. Se trata de un texto de Fritz Reuter, funcionario en este Departamento, en el que deja constancia de una entrevista mantenida el día anterior con el mayor de las SS Hermann Höfle, delegado para el reasentamiento de judíos en la zona de Lublin. Veamos el texto extraído de la obra de Mattogno:

"... En el curso de la discusión el Hauptsturmführer Höfle explicó lo siguiente:

Sería conveniente dividir en la estación de origen los transportes que lleguen al distrito de Lublin en judíos aptos y no aptos para trabajar. Si no es posible hacer esta separación en la estación de procedencia, entonces esta división tendrá que hacerse en Lublín. Todos los judíos no aptos para el trabajo tienen que ir a Belzec, la estación más próxima a la frontera en el distrito de Zamosz.

El Hstuf. Höfle está pensando en construir un gran campo en el cual los judíos aptos para trabajar pueden ser registrados en un archivo de acuerdo con sus ocupaciones con el fin de ser requeridos de allí.

Piaski está quedando libre de judíos y será el punto de recogida de los judíos que salen del Reich.

Trawniki no está actualmente ocupado por judíos.

H. pregunta dónde en la ruta Deblin-Trawniki pueden ser descargados 60.000 judíos. Informado de los transportes de judíos que salen actualmente de aquí, H. explicó que de los 500 judíos que lleguen a Susiec, aquellos considerados no aptos para el trabajo podrían ser clasificados y enviados a Belzec...

En conclusión, informó que podría aceptar diariamente 4-5 transportes de 1.000 judíos a la estación terminal de Belzec. Estos judíos cruzarían la frontera y no regresarían nunca al Gobierno General."

Coincidimos con Mattogno en la importancia de este documento. En su paráfrasis del texto, este investigador revisionista explica que Hermann Höfle era el jefe de personal de Odilo Globocnik, el mando de las SS que actuaba como primera autoridad de Policía en el distrito de Lublin. La historiografía oficial reconoce que H. Höfle, coordinó "la construcción del campo Belzec de exterminio y las deportaciones allí desde el distrito de Lublin." Además, la versión oficial da por supuesto que el 17 de marzo de 1942, i. e. la fecha que figura en el infome de Reuter, ya habían comenzado las actividades homicidas. Sin embargo, una vez más se refleja en el texto la necesidad de utilizar a los judíos aptos para el trabajo como mano de obra. La idea de organizar "un archivo de acuerdo con sus ocupaciones" es otra prueba de que no había planes de exterminio. Hubiera sido absurdo perder el tiempo en estos trámites si lo que se pretendía era acabar con todos los judíos tan pronto llegasen al campo, como aseguran los propagandistas del mito del Holocausto. Por último, se lee claramente en el texto que Belzec debía servir de base para trasladar al otro lado de la frontera a judíos que ya no regresarían al Gobierno General, lo cual da a entender que tendrían que ser reasentados en

Ucrania, en la Unión Soviética o en cualquier territorio del este. La idea de Belzec como campo de tránsito queda así reafirmada en este documento.

Un segundo texto del 7 de abril de 1942 citado asimismo por Mattogno viene a confirmar lo que se dice en el anterior. Su autor es, Richard Türk, director del Departamento de Población y Asistencia Social de la Oficina del Gobernador del distrito de Lublin. El informe, que hace referencia al mes de marzo, contiene un párrafo titulado "Operación de Reasentamiento de Judíos del jefe de Policía y de las SS". En él Türks informa sobre las reuniones mantenidas con Höfle:

"Las posibilidades de alojamiento, limitadas a sitios a lo largo de la línea de ferrocarril Deblin-Rejowiec-Belzec, fueron y están siendo discutidas con el representante del jefe de Policía y de las SS. Posibilidades alternativas fueron estudiadas.

A partir de mi propuesta, existe un acuerdo fundamental en que, puesto que los judíos que vienen del oeste están siendo asentados aquí, los judíos locales, si es posible, deben ser evacuados en cantidades similares. La situación actual del proceso de asentamiento es que aproximadamente 6.000 judíos procedentes del Reich fueron asentados aquí, aproximadamente 7.500 han sido evacuados del distrito y 18.000 de la ciudad de Lublin."

El informe sigue con una cronología de fechas del mes de marzo, en la que figuran los movimientos efectuados, las ciudades de evacuación, el número de deportados y los lugares de asentamiento en distintos distritos. Estas y otras directivas sobre el reasentamiento de judíos en el distrito de Lublin van en contra de las tesis de que Belzec, Treblinka y Sobibor eran campos donde se exterminaba a los judíos apenas llegaban. Sobre la evacuación de judíos de Europa occidental, existen documentos que demuestran que entre el 5 de mayo y el 28 de noviembre de 1942 cerca de 35.000 personas fueron deportadas directamente a territorios del este de Europa sin pasar por los campos de tránsito, entre las ciudades de acogida se citan Minsk, Maly Trostinec, al sureste de la capital bielorrusa, Riga y Raasiki, ciudad de Estonia sitada al este de Tallin.

En cuanto al cierre de Belzec como campo de tránsito, Carlo Mattogno ha sacado a la luz un documento, "Reglamentación de Policía con respecto a la formación de barrios para judíos en los distritos de Varsovia y Lublin", fechado el 28 de octubre de 1942. Su autor es el general de las SS (Obergruppenführer) Friedrich Wilhelm Krüger, alto mando de las SS, jefe de Policía en el Gobierno General y secretario de Estado para los Servicios de

Seguridad. En dicha normativa se establecían doce áreas residenciales para judíos. El 10 de noviembre de 1942 Küger instauró otras cuatro áreas en el distrito de Radom, cinco en el distrito de Cracovia, treinta y dos en el distrito de Galicia y dos más en el municipio de Rawa Ruska. Poco después dejaron de llegar trenes a Belzec, que según la historiografía del Holocausto había sido construido específicamente como campo de exterminio.

Treblinka

Antes de abordar lo ocurrido en Treblinka, procede recapacitar. En la primera parte de este capítulo XII, que trata de la persecución y deportación de los judíos, se ha visto que inicialmente los nazis estaban decididos a promover por todos los medios la emigración de los judíos fuera de Alemania: el acuerdo Haavara, fruto de la colaboración con el sionismo, y la Conferencia de Evian son buena muestra de ello. La política de favorecer la emigración fue sustituida por los planes de evacuación y expulsión, el más famoso de los cuales, el Plan Madagascar, tuvo que ser abandonado y sustituido por la deportación hacia el este. Tras la invasión de la URSS en junio de 1941, medio año antes de la Conferencia de Wannsee, los jerarcas nazis, convencidos de que la guerra relámpago les proporcionaría una rápida victoria como había sucedido en Francia, comenzaron a pensar en deportar a los judíos a los territorios conquistados en la Unión Soviética.

Martin Broszat, en *Hitler und die Genesis der "Endlösung". Aus Anlaß der Thesen von David Irving* (*Hitler y la génesis de la "solución final". Con motivo de las tesis de David Irving*), cita una entrada del diario de Goebels con fecha de 25 de septiembre de 1941, en la que figura anotada una conversación con Heydrich. En ella se dice: "al final, se supone que todos deberán ser transportados a campos construidos por los bolcheviques." Carlo Mattogno y Jürgen Graf en *Treblinka: Extermination Camp or Transit Camp* hacen referencia a otro texto del 7 de octubre de 1941 en el que se repite la misma idea. Su autor, Werner Koeppen, uno de los hombres de enlace de Rosenberg, anota unas palabras del propio Hitler: "Todos los judíos deben ser evacuados del Protectorado (Bohemia y Moravia) y de hecho no sólo al Gobierno General, sino más lejos hacia el este." Seis días más tarde, el 13 de octubre de 1941, Alfred Rosenberg y Hans Frank, gobernador general de los territorios polacos ocupados, retomaron el tema de la deportación de los judíos del Gobierno General. La cita que sigue procede asimismo de la obra de Mattogno y Graf:

"El gobernador general habló luego de las posibilidades de deportación de la población judía del Gobierno General a los territorios ocupados del este. El Reichminister Rosenberg observó que peticiones similares le estaban llegando ya de la Administración Militar en París. Por el momento, sin embargo, no vio posibilidad aún de llevar a la práctica reasentamientos de este tipo. Pero anunció que él mismo estaba dispuesto a promover en el futuro la evacuación de judíos hacia el este..."

O sea, la deportación hacia el este de los judíos del Protectorado y también de los que vivían en los territorios del Gobierno General era ya contemplada en octubre de 1941. Como sabemos, fue en la Conferencia de Wannsee, celebrada el 20 de enero de 1942, donde se anunció oficialmente la "solución final territorial", es decir, la voluntad decidida de expulsar a los judíos de todos los ámbitos de vida del pueblo alemán y de sus territorios, para lo cual se imponía su deportación hacia el este de Europa. Considerando que el 5 de septiembre de 1939 Chaim Wezmann, máximo líder del sionismo internacional, había declarado la guerra a Alemania en nombre de toda la judería y había anunciado que combatirían en el campo de las democracias, en la Conferencia de Wansee se prohibió definitivamente la emigración de los judíos, pues fue considerada como un peligro en tiempo de guerra. La política de emigración o de expulsión dio paso así a la deportación y el Plan Madagascar fue abandonado oficialmente el 10 de febrero de 1942. La evacuación de judíos hacia los territorios del este se aceleró. La concentración de judíos deportados desde distintos puntos de Europa en el Gobierno General de Polonia, donde se sumaron a los judíos oriundos de la región, se contemplaba como una medida temporal, pues el objetivo final era transportarlos a todos, tan pronto como fuera técnicamente factible, hacia territorios situados más al este. La imposibilidad de ganar la guerra con rapidez arruinó todos los planes.

Por consiguiente, nadie niega que se privó a los judíos de libertad de movimientos y que fueron concentrados en ciudades y guetos. Aquellos capaces de trabajar fueron reclutados para trabajos forzados en función de las necesidades existentes en cada momento. Dichos trabajos podían llevarse a cabo fuera del gueto y, en ocasiones, dentro del gueto. El hecho de que los nazis considerasen a los judíos artífices del comunismo motivó que algunos generales recomendasen mano dura. "La lucha contra el bolchevismo -decía en una directiva el mariscal de campo Wilhelm Keitel- exige dureza y medidas enérgicas sobre todo también contra los judíos, los principales promotores del bolchevismo." La política de deportaciones de judíos hacia el este fue decidida por Hitler en septiembre de 1941 y comenzó en octubre del mismo año. De ello existe constancia en una carta de Himmler a Arthur Greiser, antiguo presidente del Senado de Danzig y jefe del distrito (Gauleiter) de Posen. En esta epístola fechada el 18 de septiembre de 1941, archivada en el "Bundesarchiv" de Coblenza y citada por Mattogno y Graf, Himmler escribió:

> "El Führer desea que Alemania (Altreich) y el Protectorado sean exonerados de judíos tan pronto como sea posible, del oeste al este. Tengo por lo tanto intención, si es posible este año, de transportar inicialmente a los judíos del Altreich y del Protectorado a los territorios del este incorporados al Reich hace dos años, como primera etapa, a fin de deportarlos todavía más al este la próxima primavera."

Este es otro documento, uno más, que demuestra cuáles eran las intenciones reales de los nazis. La orden de deportación fue emitida el 24 de octubre de 1941 y el destino final de los deportados debían ser los territorios del este. Entonces, estos territorios eran el "Reichskommissariat Ostland", dividido en los cuatro distritos generales de Estonia, Letonia, Lituania y Rusia Blanca (Bielorrusia), cuyo administrador civil era Heinrich Lohse; y el "Reichskommissariat Ukraine", administrado por Erich Koch. Ambos estaban sujetos a la autoridad de Alfred Rosenberg, ministro del Reich para los territorios ocupados del este. Sin embargo, estos territorios, a diferencia de los del Gobierno General Polonia, ocupados desde 1939, acababan de padecer las consecuencias desastrosas de la guerra y no estaban aún preparados para recibir a cientos de miles de judíos. Así los demuestran distintos mensajes y telegramas de los responsables alemanes sobre el terreno. Heinrich Lohse, "Reichskommissar" en Ostland, informado de la deportación a Minsk y Riga de 50.000 judíos procedentes del Protectorado y de Alemania, pedía el 9 de noviembre a Rosenberg que se desplazara más al este a los deportados.

En enero de 1942, era el comisionado de la ciudad de Minsk, Wilhelm Janetzke, quien sin consultar a Lohse, que lo castigó por ello, y saltándose los canales reglamentarios, se dirigió directamente a Rosenberg para oponerse a las deportaciones y hacerle saber que sería una catástrofe. Unas cien mil personas vivían en la ciudad, que había quedado en ruinas. En estas condiciones, con frío intenso y la tierra congelada, decía Janetzke, "no había posibilidad de alimentar ni a la población ni a los judíos", por lo que no era posible acomodar allí a los deportados. Este es el contexto en el que la historiografía oficial impone su tesis de que Treblinka, Belzec y Sobibor eran campos concebidos única y exclusivamente para exterminar a los judíos europeos.

Sólo superado por Auschwitz, Treblinka es considerado el segundo centro de exterminio. A diferencia de Auschwitz y Majdanek, que según los historiadores oficiales se convirtieron en centros de matanza tras haber funcionado como campos de concentración, Treblinka, igual que Belzec Sobibor y Chelmno (Kulmhof), habría en teoría funcionado con el único propósito de eliminar a los judíos. Como se irá viendo, las mayores pruebas que aportan los pregoneros del Holocausto para justificar tal pretensión están basadas exclusivamente en declaraciones de testigos; es decir, se repite la historia de Belzec.

Treblinka constaba de dos campos: Treblinka I y Treblinka II. El primero, cuya orden de construcción fue publicada el 16 de diciembre de 1941 en la *Gaceta Oficial del Gobierno General para el Distrito de Varsovia*, estaba instalado a dos kilómetros del segundo y servía como campo de trabajo: sus prisioneros producían gravilla en una pedrera próxima. La construcción de Treblinka II se habría iniciado en marzo de 1942. Situado a cuatro kilómetros de un pueblecito del mismo nombre y a menos de dos del río Burg, sería pretendidamente el centro de aniquilación en masa. De hecho, en la entrada del campo una inscripción sobre piedra proclama hoy en varias lenguas que "más de 800.000 judíos" fueron asesinados allí entre julio de 1942 y agosto de 1943.

La tesis de los revisionistas sobre Treblinka es la misma que defienden para Belzec. Precisan que Treblinka era principalmente un campo de tránsito establecido para recibir a la población del distrito de Varsovia. Según cifras del Consejo Judío de Varsovia, desde el 22 de julio al 9 de diciembre de 1942 fueron evacuados del gueto de Varsovia 263.243 judíos, de los cuales se supone que 251.545 fueron deportados a Treblinka y asesinados allí. Otros 11.315 supuestamente aptos para el trabajo habrían ido al gueto de Treblinka I. Eugen Kulisher, experto en demografía y migración, confirma que el 22 de julio de 1942 el Consejo Judío de Varsovia recibió la orden de preparar diariamente a seis mil personas para ser evacuadas. Curiosamente, el propio Consejo Judío reconoce que eran médicos seleccionados por ellos mismos quienes decidían si las personas ingresadas en hospitales judíos el día de la evacuación podían ser dadas de alta. Que Treblinka era un campo de tránsito lo indica el hecho de que todos los judíos evacuados del gueto de Varsovia en 1942 recibían tres kilos de pan y uno de mermelada. Todo un desperdicio en tiempos de guerra y escasez si lo que de veras se pretendía era exterminarlos a la llegada al campo.

En meses sucesivos, paradójicamente, llegaron al gueto de Varsovia cartas y postales de deportados que escribían a sus familiares. Algunos lo hacían desde ciudades bielorrusas como Minsk, Brest Litovsk, Pinsk, Brzezc o Babruisk; otras misivas procedían de ciudades polacas situadas más al este, como Bialystock, a unos sesenta kilómetros de la frontera con Bielorrusia.

Puesto que supuestamente los autores de las cartas estaban siendo exterminados en Treblinka, las organizaciones de resistencia en el guetto, que ya estaban vendiendo las historias de las cámaras de gas, esparcieron el rumor de que eran fabricadas por los alemanes para engañar a los judíos. La resistencia calificó como agentes de la Gestapo a quienes daban noticia de haber recibido cartas. La historiografía oficial optó más tarde por apoyar la tesis de que las postales y cartas habían sido escritas en Treblinka bajo coerción.

Confusión sobre el método de exterminio en Treblinka

La propaganda sobre Treblinka como un campo de exterminio comenzó a fabricarse en agosto de 1942. Al principio no se precisó cómo funcionaban las cámaras de gas y se hablaba de fluidos tóxicos mezclados con gases que emanaban de tubos de escape. Los primeros informes sobre los asesinatos en masa en Treblinka llegaron a Londres y fueron asumidos por el Gobierno polaco en el exilio. Se ha comentado ya que agentes judíos ingleses pronto presionaron al Foreign Office, que desde el mismo mes de agosto tuvo información del "Political Warfare Executive" y sabía que todo era falso. Uno de los documentos más citados por los historiadores judíos que pregonan el Holocausto fue producido el 15 de noviembre de 1942 por el movimiento de resistencia clandestino del gueto de Varsovia. El artículo en cuestión, titulado "Liquidación de los judíos de Varsovia", redactado inicialmente en polaco, ocupa seis páginas en *Treblinka: Extermination Camp or Transit Camp*, donde aparece reproducido íntegramente. El Gobierno polaco en Londres recibió el informe el 6 de enero de 1943 y tras ser traducido al inglés fue ampliamente difundido. Siendo un documento de referencia, adolece de un defecto fundamental: se afirma en él que se mataba a los judíos mediante cámaras de vapor. Yitzhak Arad, considerado experto en Treblinka, lo utiliza y modifica a conveniencia en su libro sobre los campos de la Operación Reinhardt y no tiene ningún problema en transformar las cámaras de vapor en cámaras de gas. A continuación comentaremos el texto y citaremos algunos fragmentos.

El informe comienza con la descripción del lugar. Los dos campos son designados como Treblinka A y Treblinka B. Se dice erróneamente que el primero comenzó a funcionar en 1940. Según este documento, Treblinka B habría sido construido entre marzo y abril de 1942 por prisioneros polacos de Treblinka A y por judíos apresados en los pueblos vecinos. Otro error de bulto afecta a la dimensión de Treblinka B: se afirma que su extensión era de 5.000 hectáreas cuando en realidad sólo era de poco más de 13 hectáreas. Un ramal conectaba el campo con la línea de ferrocarril principal. Los guardias de Treblinka, "Lagerschutz", eran mayoritariamente ucranianos armados con ametralladoras. Los redactores del informe destacan que los supervisores o personal de ejecución eran pocos y que el "matadero" (Slaughterhouse) estaba comandado por un mayor de las SS llamado Sauer, que una vez más es pintado como un monstruo al que temían incluso sus propios hombres. "En total -se lee textualmente- hay diez alemanes y treinta ucranianos". Sobre el funcionamiento del "matadero", es mejor acudir a la cita:

> "... Un gran edificio de forma inusual: es una construcción inacabada de ladrillo de una sóla planta, sobre 40 metros de largo y 15 metros de ancho (cuando recibimos el informe sobre Treblinka B en la primera mitad de septiembre, este edificio estaba a punto de ser terminado). Los alemanes comenzaron la construcción del edificio después de que empezara la acción, a mediados de agosto probablemente, con la ayuda de artesanos judíos recogidos entre los judíos llevados a Treblinka para ser asesinados... Según el informe de un testigo, el interior del edificio es como sigue: un corredor de tres metros de ancho recorre el centro. Hay cinco cámaras en cada lado, la altura de cada cámara es de unos dos metros y su superficie de 35 metros cuadrados. Las cámaras de ejecución no tienen ventanas, pero tienen puertas que se abren al corredor y una especie de puertas levadizas en las paredes exteriores... En las paredes se instalaron tuberías desde las cuales se supone que es vertido el vapor de agua en las cámaras."

A continuación se describe un segundo edificio de bloques más pequeño que el anterior, dotado de tres cámaras en las que se introducía el vapor a través de tuberías desde una cámara de vapor dotada de un gran tanque que lo produciría. En cuanto al suelo de las cámaras, tenía una capa de terracota que lo hacía muy resbaladizo cuando se vertía agua sobre su superficie. Se precisa que en el exterior, junto a esta cámara de vapor, estaba el único pozo del campo. Los trabajos de vaciado de las cámaras y el enterramiento de los cadáveres los hacían auxiliares judíos que obedecían a los prisioneros que ejercían como kapos. En cuanto a la crueldad del jefe de las SS, Sauer, se asegura que eliminaba personalmente a los débiles que no servían para el trabajo:

> "Las ejecuciones tenían lugar en un lugar especial. La víctima estaba de pie sobre una fosa y el jefe le pegaba un tiro en la nuca. La siguiente víctima tenía que estar cerca y arrojaba el cuerpo del muerto a la zanja, y un poco después compartía el destino de su predecesor. Estos jóvenes judíos están tan agobiados que su voluntad de resistencia ha desaparecido; y por otro

lado el terror de los alemanes es tan atroz que hace que incluso deseen morir para no tener que sufrir más las torturas inhumanas. En uno de los primeros días de septiembre, el jefe de Treblinka asesinó de esta manera a 500 judíos jóvenes disparando a uno tras otro con su pistola; lo sorprendente es que ninguno de este grupo de cientos de hombres intentó resistirse a la muerte. La ejecución duró desde las 7:30 de la mañana hasta las 15:00 de la tarde."

En cuanto a las escenas sobre la introducción de las víctimas en las cámaras y el proceso de ejecución, son muy parecidas a las de Belzec: abundan latigazos, golpes y puñetazos, que van in crescendo hasta que aparece de nuevo la figura del monstruo inhumano que comandaba el campo:

"Los sollozos y lamentos de las mujeres juntamente con los gritos e insultos de los alemanes turban el silencio del bosque. A la entrada del matadero nº 1 se halla de pie el propio jefe con un látigo en la mano, golpeándolas a sangre fría. Él conduce a las mujeres a las cámaras. Los suelos son resbaladizos. Las víctimas resbalan y caen, no pueden levantarse porque nuevas víctimas son introducidas y caen sobre ellas. El jefe arroja a niños pequeños dentro de las cámaras sobre las cabezas de las mujeres. Cuando las cámaras de ejecución están llenas, las puertas se cierran herméticamente y empieza la lenta asfixia de la gente, llevada a cabo por el vapor que emana de los numerosos conductos en las tuberías. Al principio, gritos sofocados se oyen desde el exterior, gradualmente dejan de percibirse y quince minutos más tarde la ejecución se ha completado."

También el espectáculo que se describe en relación a la evacuación de las cámaras y las operaciones de sepultura difiere en poco al de Belzec. Aquí se habla de que los cuerpos se han convertido en una masa homogénea debido a la sudoración de las víctimas: "En sus agonías mortales, brazos, piernas y troncos se hallan entrelazados en un gigantesco y macabro enredo." Para separar tal amasijo de cadáveres con el fin de poder de enterrarlos, se precisa verter agua fría sobre el revoltijo de cuerpos humanos.

Finalmente, se asegura en el informe que el nuevo matadero permitía liquidar entre 8.000 y 10.000 personas al día: "Han sido asesinados dos millones de judíos o la mayor parte de la judería polaca, enterrada ya en el área de Treblinka." Por consiguiente, se afirmaba que en menos de medio año diez alemanes y treinta ucranianos, auxiliados por judíos que trabajaban a destajo antes de ser también asesinados, habían exterminado a dos millones de personas. Esta misma cifra fue anunciada el 8 de agosto de 1943 por *The New York Times,* donde, citando como fuente un artículo aparecido en un periódico de Londres, se daba la noticia con este titular: "2.000.000 de asesinatos atribuidos a los nazis. Un periódico polaco en Londres dice que los judíos son exterminados en el matadero de Treblinka." En el subtítulo se respondía al cómo: "Según el informe, se utiliza vapor para matar a hombres, mujeres y niños en un lugar en los bosques." El periódico polaco de Londres era el *Polish Labor Fights*, que el 7 de agosto de 1943 había publicado el informe del 15 de noviembre de 1942 que hemos comentado.

Este informe fue la madre de todos los informes, pues la gran mayoría de los que siguieron aprovechaban algo de él. Con la entrada de los soviéticos en Treblinka en agosto de 1944, se llevó a cabo una investigación militar de tipo forense en el suelo del campo y comenzaron a aparecer testigos y supervivientes. Enseguida se formó una comisión de investigación polaco-soviética, la cual ya el 15 de septiembre de 1944 emitió un informe sobre el resultado de sus averiguaciones, del que ahorramos el comentario para no perder más tiempo. Mencionaremos sólo a algunos testigos, puesto que dos de ellos, Jankiel Wiernik y Samuel Rajzman, se convirtieron en fuentes esenciales de Raúl Hilberg y Yitzhak Arad, los dos historiadores consagrados del Holocausto.

A finales de 1945, el juez Zdzislaw Lukaszkiewicz dirigía los interrogatorios de la Comisión de Investigación de los Crímenes Alemanes en Polonia. Entonces, seguía aún la confusión: vapor, succión del aire, sustancias químicas, tubos de escape... Lukaszkiewicz redactó en 1946 un extenso artículo en polaco titulado *El campo de exterminio de Treblinka*, en el cual basaba toda la evidencia en declaraciones de trece judíos. Aparecían entre ellos los nombres de Samuel Rajzman y del inefable Jankiel Wiernik, autor del famoso *One Year in Treblinka*. Wiernik aparece también citado como Jakob Wernik en Núremberg.

En enero de 1946, Rachel Auerbah, miembro de la Comisión Histórica Judía que no había estado en Treblinka, publicó en yiddish un libro basado en relatos de presos, en el que no quedaba claro cuál era el método de exterminio. En 1979 Alexander Donat, otro judío superviviente de los campos de concentración, fundador de la "Holocaust Library Publications" en Nueva York, editó en inglés la obra de Auerbach con el título *In the Fields of Treblinka*. Rachel Auerbach criticó en su libro a Vassili Grossman, quien en 1945 había publicado *El Infierno de Treblinka*, ejemplo de basura propagandística, donde se cifraba en 3.000.000 los muertos en el campo. Según Auerbah, no había necesidad de exagerar, toda vez que las víctimas ascendían sólo a 1.047.000.

Samuel Rajzman no supo aún en 1946 especificar cómo funcionaban las supuestas cámaras de gas. El 27 de febrero de dicho año compareció como testigo en Núremberg y se refirió a las cámaras de gas, pero no pudo detallar su estructura ni el tipo de gas que ocasionaba la muerte. El mismo año Rajzman redactó en polaco un informe de ocho páginas, "Mi estancia en Treblinka", donde afirmaba sin explicar el método que 25.000 personas habían sido asesinadas diariamente en Treblinka. Las víctimas, según Rajzman, eran pintadas como un rebaño de ovejas que se atropellan unas a otras para entrar al matadero: "Mientras desnudos iban hacia las cámaras de gas, los alemanes los golpeaban muy fuerte; muchos morían sólo de los golpes. Todos empujaban para entrar rápido en la cámara de gas porque los ucranianos y los alemanes golpeaban con extrema dureza. Todo el mundo iba en estampida hacia adelante. El lugar quedó completamente cubierto de sangre."

El monóxido de carbono se impone también para Treblinka

Como ocurrió en Belzec, donde, pese a que inicialmente se había divulgado la historia alucinante de las corrientes eléctricas, acabó adoptándose la tesis del monóxido de carbono, también en Treblinka se impuso esta versión. Algunos historiadores admiten que el método de los tubos de escape de motores diésel como medio para exterminar a más de un millón y medio de judíos es muy poco creíble, sin embargo se niegan a dar la razón a los revisionistas y a despreciar las versiones de dudosos testigos al servicio de la propaganda.

La idea de los tubos de escape introducidos en las cámaras sin la especificación del tipo de motor que producía el gas fue recogida por Jankiel Wiernik, quien declaró que había estado en Treblinka desde el 23 de agosto de 1942 hasta el 2 de agosto de 1943, día en que se produjo una revuelta de los prisioneros. En mayo de 1944 este personaje, apoyándose en el texto matriz de noviembre de 1942, publicó un informe en polaco sobre Treblinka, el cual fue enviado a Londres, donde se tradujo enseguida al inglés antes de que siguiera viaje a Estados Unidos, donde fue editado el mismo año. En diciembre de 1944 fue asimismo impreso en Palestina. Después de ratificar que diez cámaras se añadieron a las tres iniciales, Wiernik procede a dar algunos detalles sobre las nuevas instalaciones. Extraído de *Treblinka: Extermination Camp or Transit Camp*, sigue un fragmento significativo:

> "El nuevo trabajo de construcción entre el campo nº 1 y el campo nº 2 en el que estuve trabajando fue acabado en muy poco tiempo. Resultó que estábamos construyendo diez cámaras adicionales más espaciosas que las antiguas, 7 por 7 metros o unos 50 metros cuadrados. Entre 1.000 y 1.200 personas podían ser atestadas en una cámaras de gas. El edificio fue

diseñado de acuerdo con el sistema de corredor, con cinco cámaras a cada lado. Cada cámara tenía dos puertas, una daba al corredor y por ella entraban las víctimas; la otra daba al exterior y era usada para evacuar los cuerpos... Había una estrella de David mirando al campo en el frontispicio de la fachada, por lo que el edificio parecía una vieja sinagoga...

El motor que generaba el gas en las cámaras era defectuoso, por lo que las víctimas indefensas tenían que sufrir durante horas antes de morir... Cuando las cámaras se abrían, muchas víctimas estaban sólo medio muertas y tenían que ser rematadas con la culata del rifle, a balazos o a patadas."

La diferencia más relevante con respecto al informe del 15 de noviembre de 1942 es que Wiernik reemplazó las cámaras de vapor por las cámaras de gas. El hecho de que el texto de Wiernik figurase en el informe oficial sobre los crímenes alemanes enviado por el Gobierno polaco al Tribunal de Núremberg, el documento USSR-93 presentado por los soviéticos, provocó que el fiscal soviético, coronel L. N. Smirnov, lo citase el 25 de febrero de 1946. Sin embargo, en el informe del Gobierno polaco no figuraba que el método de exterminio fueran los gases emanados del tubo de escape de un motor, como había apuntado Wiernik. De hecho, en la sesión del 19 de febrero de 1946 Smirnov leyó el pasaje del texto del Gobierno polaco en el que aún se aseguraba que la electrocución era el método de exterminio en Belzec: "Con el pretexto de llevar a la gente al baño, los condenados eran desvestidos y conducidos a un edificio donde el suelo estaba electrificado de manera especial; allí eran asesinados."

El juez Lukaszkiewicz, que dirigía los interrogatorios, fue de los primeros en comprender que el método de asesinato en masa mediante la introducción de vapor en las cámaras era del todo increíble. Ya en su informe del 29 de diciembre de 1945 desechó los métodos más ridículos relatados por los testigos y mantuvo únicamente el que consideró más factible, i. e. los gases producidos por un motor. Con la aparición del Informe Gerstein en el que se hablaba de un motor diésel, los historiadores se aferraron a este método de exterminio, que acabó imponiéndose también en Treblinka. Gerald Reitlinger, autor en 1956 de *Die Endlösung* (*La solución final*) admitió que "se hacía difícil entender cómo se podía exterminar a la gente con vapor". Como se ha comentado ya en los apartados sobre Belzec, el Informe Gerstein arrinconó el informe del Gobierno polaco, en el que se hablaba de corrientes eléctricas para Belzec y de cámaras de vapor para Treblinka, y se convirtió en la prueba definitiva para la historiografía oficial, que adoptó la versión de los gases de un motor diésel como método de exterminio para los tres campos.

Fue el 24 de diciembre de 1947 cuando Eliyahu Rosenberg, basándose en parte en las declaraciones de Gerstein, escribió "Tatsachenbericht. Das Todeslager Treblinka" (Informe de los hechos. El campo de la muerte Treblinka), informe en el que se daba la versión de los gases del tubo de escape de un motor diésel como método de exterminio. Carlo Mattogno puntualiza que, sin embargo, este texto de Rosenberg permaneció archivado hasta que fue esgrimido en el juicio a Demjanjuk en 1987. Mattogno añade que en 1951 Léon Poliakov se apoyó en el Informe Gerstein para escribir en *Harvest of Hate* (*Cosecha de odio*) estas palabras: "Hay poco que añadir a esta descripción, que vale para Treblinka y Sobibor, además de para Belzec. Las instalaciones fueron construidas casi de la misma manera y usaron los gases de monóxido de carbono de motores diésel como agente de la muerte." Unos años más tarde, también Reitlinger se apuntaba a este método de exterminio para los tres campos. Por consiguiente, la versión del monóxido de carbono había ya adquirido el rango de hecho histórico cierto cuando Raúl Hilberg y Yitzhak Arad escribieron posteriormente sus obras.

Es obligado dedicar unas líneas al texto de Friedrich Paul Berg *The Diesel Gas Chambers: Ideal for Torture - Absurd for Murder*, excelente estudio de treinta y cinco páginas que ocupa un capítulo en *Dissecting the Holocaust*, la obra de Germar Rudolf que compendia los mejores trabajos de investigación del revisionismo[9]. Fritz Berg, ingeniero automotriz, pone en evidencia en su trabajo el disparate irracional e incoherente que supone la elección del monóxido de carbono como método de ejecución en masa. Puesto que los nazis no eran estúpidos, y sus detractores son los primeros en reconocer que no lo eran, jamás hubieran escogido una manera tan descabellada para liquidar a sus enemigos. Si fuera cierto, como pretende la historiografía oficial, que el exterminio de los judíos era uno de los objetivos fundamentales del Tercer Reich, una política de Estado, es lógico pensar que se hubiera planificado a conciencia y habrían hallado un modo seguro y eficaz. El estudio de Fritz Berg viene a demostrar que el método escogido es tan absurdo como pretender cazar moscas con tirachinas.

Berg argumenta que si los alemanes hubieran querido de veras utilizar tubos de escape de un motor para gaseamientos masivos, habrían con seguridad recurrido a un motor de gasolina, puesto que produce más monóxido de carbono y mucho menos oxígeno. Este ingeniero centró sus trabajos en los dos tipos de motores diésel que existían en la época y escogió,

---

[9] Los lectores interesados en leer el artículo completo, pueden acceder a él a través del *Journal of Historical Review,* que lo tiene publicado en PDF. Asimismo Jürgen Graf y Carlo Mattogno dedican en *Treblinka: Extermination Camp or Transit Camp* unas cuantas páginas a comentar el trabajo impecable de Fritz Berg.

naturalmente, aquel cuyos gases contenían mayor porcentaje de monóxido de carbono (CO). Estando al ralentí, este motor producía alrededor de 0.03% de CO, mientras que estando muy revolucionado aumentaba la emisión al 0.4%. Según las leyes de la toxicología, una persona expuesta a esta concentración de monóxido de carbono tardaría casi sesenta minutos para morir, siempre y cuando el motor diésel pudiera mantenerse a pleno rendimiento durante una hora. Por otra parte, un motor diésel genera un gran excedente de aire, concretamente emite al ralentí un 18% de oxígeno (el aire que respiramos contiene un 21% de oxígeno y un 78% de nitrógeno). En cambio, los gases emanados de un motor de gasolina contienen un 7% de monóxido de carbono y un 1% de oxígeno. Fritz Berg precisa que con una modificación adecuada del carburador un motor de gasolina podría aumentar hasta un 12% el contenido de CO.

En su paráfrasis del estudio de Fritz Berg, Carlo Mattogno puntualiza que durante la guerra la escasez de gasolina fue uno de los principales problemas de los alemanes. Para paliarlo, se obligó por ley a equipar todos los vehículos de gasóleo con generadores que producían gas mediante carbón o madera. Este gas que se generaba contenía hasta un 35% de CO. Berg señala que cientos de miles de estos generadores verdaderamente venenosos funcionaron en Alemania y en los territorios ocupados y que esta tecnología, que hubiera sido más eficaz, era entonces bien conocida por los políticos alemanes. "¡Qué absurdo es creer -escribe Berg- que cualquiera con un mínimo de conocimiento técnico trataría de usar los gases de un motor diésel para matar cuando el generador de gas en sí mismo era mil veces más letal!"

Treblinka, un campo de fábula donde todo es posible

Cuando los soviéticos llegaron a Treblinka, llevaron a cabo en Treblinka I y Treblinka II algunas investigaciones y exámenes de tipo forense entre el 15 y el 23 de agosto de 1944. Despúes de haber exhumado unos centenares de cadáveres, se emitió un informe en el que se concluía que tres millones de seres humanos habían sido exterminados en el campo. Samuel Rajzman, cuyo testimonio el 27 de febrero de 1946 ante el Tribunal de Núremberg merecería ser reproducido si tuviéramos espacio, ya en septiembre de 1944 fue capaz de detallar a la comisión de investigación el número exacto y la nacionalidad de las víctimas. Según este testigo, tan descarado como Jankiel Wiernik, había grupos clandestinos que llevaban a cabo un registro minucioso de los contingentes de judíos que llegaban al campo desde distintos países de Europa. Estas son las cuentas de la lechera de Rajzman: 120.000

judíos llegaron desde Alemania, de los cuales 40.000 eran austríacos; de Polonia, 1.500.000; de Checoslovaquia, 100.000; de Rusia, 1.000.000; de Bulgaria y Grecia, 15.000... No nos detendremos, pues, en comentar o rebatir estas cifras imposibles.

Si merece una reflexión, por contra, el hecho de que los alemanes, además de escoger el método más inadecuado e inefectivo para realizar esta gigantesca matanza, ni siquiera hubieran pensado en construir crematorios para eliminar cientos de miles o millones de cadáveres. ¿Puede alguien creer que los alemanes construyeran un campo de exterminio sin caer en la cuenta de esta perentoria necesidad? Cabe preguntarse cómo es posible que hubiera crematorios en campos de concentración como Mauthausen, Dachau, Buchenwald, Sachsenhausen, Rabensbrück y tantos otros, y no los hubiera en Treblinka, siendo éste, como se pretende, un "campo de exterminio puro". Según aclara Arad, sólo el avispado Himmler se percató en 1943 del error de planificación:

"Durante su visita al campo a finales de febrero o principios de marzo de 1943, Himmler se sorprendió al descubrir que en Treblinka los cuerpos de cerca de 700.000 judíos asesinados todavía no habían sido quemados. El hecho de que la cremación comenzase de inmediato tras esta visita invita a pensar que fue Himmler, que era muy susceptible sobre la eliminación de los crímenes cometidos por la Alemania nazi, quien ordenó personalmente la cremación de los cuerpos allí. Un lugar a tal efecto fue levantado con este propósito en la zona de exterminio del campo."

El mismo Yitzhak Arad narra cómo se procedía para colocar los cuerpos una vez que habían sido arrojados a las zanjas:

"Los cuerpos eran colocados en hileras para el enterramiento. Para ahorrar espacio, eran colocados con los pies en las cabezas. Cada cabeza estaba entre los pies de otros dos cuerpos y cada par de pies entre dos cabezas. Arena o cloro era esparcido entre las capas de los cuerpos. Aproximadamente la mitad del equipo de enterradores trabajaba dentro de las fosas colocando los cuerpos y al mismo tiempo la otra mitad iba cubriendo los estratos de cuerpos con arena. Cuando la zanja estaba llena se cubría con tierra y se abría otra fosa."

A pesar de que Hilberg rebaja hasta 750.000 el número de víctimas y otros exterministas lo sitúan en 800.000, la *Enciclopedia del Holocausto* y buena parte de la historiografía oficial insisten en que fueron entre 860.000 y 870.000 los cadáveres enterrados en Treblinka antes de ser incinerados. Por consiguiente, si ello fuera cierto, en cuatro o cinco meses, entre marzo y julio de 1943, se procedió a desenterrar estas cantidades fabulosas de cuerpos putrefactos en descomposición, a asarlos en grandes parrillas, a machacar los huesos y a volver a enterrar las cenizas. Sobre la titánica tarea de pulverizar decenas de millones de huesos, Raul Hilberg apenas escribe un párrafo en *The Destruction of the European Jews*, su obra monumental de mil trescientas páginas en tres volúmenes. Yitzhak Arad, en cambio, se esfuerza un poco más en describir las operaciones. Leamos su versión:

> "La quema de cuerpos se hacía de día y de noche. Los cuerpos eran llevados y dispuestos sobre las grandes parrillas durante el día y cuando llegaba la noche se les prendía fuego y ardían toda la noche. Cuando el fuego se extinguía había sólo esqueletos o huesos desperdigados sobre las parrillas y montones de ceniza debajo. Otro equipo especial de prisioneros conocido como la "columna de la ceniza" (Aschkolonne) tenía el trabajo de recoger la ceniza y quitar los restos de huesos carbonizados de los asadores y colocarlos sobre láminas de aluminio. Palos redondos de madera se usaban para romper los huesos en pequeños fragmentos. Estos eran luego filtrados a través de una rejilla de alambre. Los fragmentos de hueso que no pasaban a través de ella eran separados para volver a machacarlos. Los huesos no quemados suficientemente que no se fragmentaban eran devueltos al fuego y se volvían a quemar junto a nuevas pilas de cuerpos."

En los veintisiete vídeos de *One Third of the Holocaust* (*Una tercera parte del Holocausto*) producidos por el CODOH (Committee for Open Debate on the Holocaust), se dedican dos de ellos, el nº 23, de unos seis minutos, y el nº 24, de más de siete minutos, a examinar las posibilidades reales de la cremación de los cuerpos y trituración de los esqueletos. Para ello, se siguen al pie de la letra las indicaciones de los testigos recogidas por la historiografía oficial. Arad describe que los raíles de ferrocarril estaban sobre bases de hormigón de 70 centímetros de altura. Así, pues, los investigadores del CODOH colocan una pierna grande de cordero sobre una parrilla elevada a dicha altitud del suelo, llenan el espacio con troncos hasta la altura de la parrilla, unos veintiún kilos de leña, rocían con gasolina la carne y los troncos y se prende fuego. A los treinta minutos, el montón de madera ha menguado y se ha creado un espacio entre la parrilla y el fuego, el cual ya no alcanza plenamente la carne, chamuscada sólo en la parte inferior. Tras una hora de combustión, la leña casi se ha consumido y sólo arden ya las brasas a medio metro de la carne. La parte inferior de la pierna de cordero está ennegrecida; pero al cortar con un cuchillo la parte superior se comprueba que está cruda. Puesto que las condiciones no eran óptimas: el día era ventoso y las llamas no incidían adecuadamente en la parrilla, se decide esperar hasta que encalme, lo cual sucede ya de noche. Se prosigue luego la operación ya sin viento y con cuarenta y dos kilos más de leña, el doble, colocada no sólo debajo de la parrilla, sino también en los laterales. Además, se prosigue alimentando el fuego con otros veinte kilos adicionales de troncos para que el fuego envuelva permanentemente la pierna. Ciento veinte minutos más tarde, por tanto tres horas en total, la carne está finalmente carbonizada. En India, donde la cremación de cadáveres es habitual, los cuerpos se colocan directamente sobre la madera, por lo que van bajando a medida que se consume la leña y están siempre en contacto con el fuego y con las brasas ardientes.

El siguiente vídeo se filma el día siguiente. Sobre una lámina metálica se coloca la pierna fría y calcinada con el fin de machacarla con mazos de madera similares a los descritos por Arad. Los huesos se rompen fácilmente hasta que en la parte más interior de la pierna aparece un buen trozo de carne que no puede convertirse en ceniza y se va aplanando a medida que recibe los impactos del mazo. Los autores del video invitan entonces a reflexionar sobre las condiciones en que supuestamente se realizaron las cremaciones en Treblinka, donde las llamas no podían pasar por falta de aire entre los cuerpos apilados en enormes montones de más de tres mil cadáveres.

Por otra parte, ¿cuánto tiempo sería preciso para pulverizar manualmente 860.000 esqueletos? En el fabuloso campo de Treblinka, treinta ucranianos y diez alemanes fueron capaces de dirigir y controlar a los prisioneros judíos, quienes en poco más de cuatro meses y antes de ser asesinados no sólo machacaron los huesos de las víctimas, sino que tuvieron tiempo suficiente para realizar con gran competencia todas las operaciones colosales que venimos comentando. Entre octubre de 1964 y septiembre de 1965 se celebró en Düsseldorf el juicio sobre Treblinka. Allí debió de comprenderse que la versión de los treinta ucranianos y diez alemanes no era creíble por lo que quedó establecido en el veredicto que los alemanes eran cuarenta y los ucranianos ciento veinte.

La mayoría de las inverosimilitudes consideradas en el caso de Belzec surgen de nuevo en Treblinka. Los interrogantes son los mismos: Cuántas fosas fueron precisas para sepultar tantos cuerpos y qué tamaño debían tener; dónde estaban situadas en el campo; cuántas parrillas había; qué cantidad de cadáveres se quemaban en ellas y cómo eran colocados; de dónde procedía la madera, cómo llegaba al campo y cuánta se necesitaba; qué cantidad de cenizas habría producido la incineración, etc.. De todas estas cuestiones se ocupan Jürgen Graf y Carlo Mattogno y también Arnulf Neumaier, a quien estos dos autores dedican su libro imprescindible sobre Treblinka. El trabajo de Neumaier *The Treblinka Holocaust* es considerado un hito en la investigación ciéntifica sobre el famoso "campo de exterminio", por lo que Germar Rudolf lo publica íntegro en *Dissecting the Holocaust*. Los lectores interesados en saber más disponen pues de estos estudios monográficos sobre Treblinka. Nosotros sólo ofreceremos ya algunas pinceladas sobre estos interrogantes, pues el objetivo de nuestra obra es más general y no podemos permitirnos otra cosa.

En 1965, la Corte de Assizes (Tribunal de Casación) de Düsseldorf tuvo que admitir en su veredicto que el número y el tamaño de las fosas no podía establecerse porque las versiones diferían unas de otras. No obstante, concluyó que cabía aceptar que habría en cada una alrededor de 80.000 cuerpos. En cualquier caso, Eliyahu Rosenberg ofreció detalles precisos y aseguró que las fosas medían 120 metros de longitud por 15 de anchura y 6 metros de profundidad. Según los cálculos de los investigadores, en cada una de estas tumbas gigantescas cabrían antes de ser incinerados 79.200 cadáveres, por lo que serían precisas once fosas comunes de estas dimensiones, que ocuparían una superficie de 19.200 metros cuadrados. El área de Treblinka II en su conjunto era de 14.000 metros cuadrados. Puesto que en los trabajos mencionados los investigadores no han dejado ningún aspecto sin estudiar apuntaremos de paso que la excavación de once fosas del tamaño indicado habría producido 118.800 metros cúbicos de tierra, cantidad suficiente para cubrir toda la superficie del campo con una capa de un metro de altura.

Sobre los problemas enormemente complejos de la cremación de 860.000 cuerpos en parrillas se ha escrito bastante, pero no podemos dejar de comentar algunos disparates. Konnilyn G. Feig, historiador judío de origen americano, asegura que los organizadores de la matanza decidieron traer al campo a un "experto" llamado Herbert Floss, el cuál tuvo la genial idea de levantar cuatro pilares de cemento de 76 centímetros de altura formando "un rectángulo de 19 metros de largo por 1 metro de anchura", que fue llamado "asadero" por los presos, según escribe Feig, quien añade que un testigo declaró que las primitivas parrillas podían contener 2.600 cuerpos. Feig precisa que Floss descubrió que "los cuerpos viejos ardían mejor que los nuevos, los gordos mejor que los delgados, las mujeres mejor que los hombres, y los niños no tan bien como las mujeres, pero mejor que los hombres." Por ello, en función de este descubrimiento antológico, Floss ordenó que los cuerpos de mujeres gordas se alineasen en la base de la parrilla y se continuara colocando los cadáveres según dichos criterios. Si se considera que los cádaveres habían sido previamente desenterrados y el hedor de la descomposición tendría que ser insoportable, no se alcanza a comprender cómo se podía perder el tiempo en bobadas de esta envergadura. Carlo Mattogno comenta lo siguiente: "Es ininteligible la idea de que Himmler, que tenía a su disposición a los mejores ingenieros y técnicos en el campo de la cremación -como los de las firmas J. A.

Topf & Söhme (Erfurt) Hans Bori (Berlín) y Didier Werke (Berlín), que habían suministrado los hornos crematorios a todos los campos de concentración alemanes, enviase a un donnadie llamado Herbert Floss a Treblinka."

Según Jankiel Wiernik, cuyo testimonio fue considerado ampliamente por el Tribunal de Düsseldorf, funcionaron dos parrillas sobre cuyos pilares de hormigón se colocaron cinco o seis raíles de 25 a 30 metros de longitud. La versión oficial que ha prevalecido especifica que las dos parrillas medían 30 metros de largo por 3 de ancho. La cremación se supone que tuvo lugar desde principios de abril a finales de julio de 1943, por lo que en 122 días fueron incinerados en teoría 860.000 cuerpos, lo cual equivale a quemar 7.000 cuerpos diariamente entre las dos parrillas. En *One Year in Treblinka*, Wiernik adereza convenientemente el espectáculo con ideas efectistas sobre la maldad intrínseca de los verdugos, a los que pinta como un ejército de borrachos: "Los alemanes -escribe- estaban alrededor con sonrisas satánicas en sus caras, rebosando satisfacción por sus hechos locos, brindaban con licores escogidos, comían y se divertían alrededor del calor del fuego."

El 27 de noviembre de 1986 se publicó en *The Schenectady Gazette* de Nueva York un artículo de Arnulf Neumaier, según el cual en India se requerían diariamente 6.433 toneladas de madera para la cremación de 21.000 cadáveres, lo cual equivale a 306 kilos por cuerpo. Debe considerarse que en las ceremonias funerarias que se llevan a cabo en India, los cuerpos yacen individualmente sobre la madera, según se ha dicho antes, por la que la ventilación y demás condiciones de la cremación son las adecuadas. En *Treblinka: Extermination Camp or Transit Camp*, Carlo Mattogno presenta el resultado de sus cálculos. Decide hacer la estimación tomando como base un cuerpo de 45 kilo de peso, que requeriría aproximadamente 160 kilos de madera. Consecuentemente, para incinerar 3.500 cuerpos, la mitad de los 7.000 que hipotéticamente se quemaban a diario, serían precisos 560.000 kilos de leña. Ahora bien, en función de las dimensiones espaciales que había debajo del asadero, sólo podían caber allí 30.780 kilos de leña, lo cual equivaldría a 8.8 kilogramos por cuerpo. Es decir, en lugar de comer, beber y diverstirse al calor del fuego, habría que mantener una actividad constante para alimentar el fuego, para lo cual sería peciso acercarse a una hoguera gigantesca: según los testigos, la pila de cuerpos alineados en estratos sobre las parrillas alcanzaba una altura superior a los ocho metros de altura, aunque uno de ellos, Szyja Warszawski, especifica que alcanzaba los dieciséis metros de altitud. No explica, claro, cómo hacían para colocar los cádaveres en la cima del montón. En resumen, serían necesarios 139.200.000 kilos de madera para incinerar

860.000 cuerpos de 45 kilos. Las cenizas acumuladas ascenderían a 13.000 toneladas, que ocuparían un volumen de 36.500 metros cúbicos.

Como en el caso de Belzec, las fotografías aéreas tomadas entre mayo y noviembre de 1944 en el área de Treblinka demuestran que no hubo deforestación: un espeso bosque de 100 hectáreas aparecía al norte y al este, del cual una hectárea se hallaba dentro del mismo campo. En la actualidad, los alrededores de Treblinka están rodeados de abetos. Surge la misma pregunta que formulamos sobre Belzec. ¿Cómo consiguió la administración del campo las 139.200 toneladas de madera que precisaba para incinerar los cadáveres? Los testigos aseguran que existía un "Holzfällerkommando" que se dedicaba a talar los bosques para suministrar la madera necesaria para las cremaciones; pero para conseguir las toneladas requeridas deberían haber talado 278 hectáreas de bosque. Según la historiografía oficial, hasta la supuesta visita de Himmler a Treblinka en marzo de 1943 no se decidió que había que desenterrar los cuerpos para quemarlos. Por tanto, debe considerarse que sólo a partir de entonces el suministro de madera se convirtió en una necesidad. Richard Glazar afirma en *Trap with a Green Fence* (1995) que el "Holzfällerkommando" estaba formado por veinticinco hombres. Si ello fuera así, dos docenas de hombres habrían talado y transportardo al campo más de mil toneladas de madera al día. Vemos, pues, que a una imposibilidad sigue otra imposibilidad.

Desgraciadamente, pese a todas las evidencias técnicas y científicas, los tribunales de justicia se han venido comportando como la historiografía oficial, pues todas sus sentencias han estado basadas en testimonios de supervivientes. En los numerosos juicios celebrados en Alemania contra los "criminales nazis", a pesar de la inexistencia de documentos y de evidencias materiales, se dio por hecho que millones de personas habían sido gaseadas porque así los declararon los testigos y los acusados. De los testimonios de quienes se declararon culpables, hemos comentado ya el del famoso Kurt Gerstein y más adelante habra ocasión de referirnos a Rudolf Höss. Ante el tribunal de Düsseldorf sobre Treblinka, como en los juicios de Nüremberg, la dinámica de los abogados fue aconsejar a sus defendidos que reconocieran los hechos narrados por los testigos y que alegaran la obediencia debida a las órdenes de sus superiores, sobre quienes había que delegar toda la responsabilidad. En el apartado sobre Belzec vimos el caso de Josef Oberhauser, quien, pese a haber sido hallado culpable de haber asistido al asesinato colectivo de 300.000 personas, sólo fue condenado a cuatro años y medio de cárcel gracias a su actitud de colaboración. Generalmente, los acusados siguieron en los juicios sobre los campos las indicaciones de los abogados y admitieron sin excepción su participación en el asesinato de hombres, mujeres y niños judíos en una escala industrial. Sabían que si no lo hacían, si persistían en negar obstinadamente lo que se les pedía que ratificaran, sólo podían esperar sentencias más duras, incluida la pena de muerte.

El juicio de John Demjanjuk en Jerusalén

Un ejemplo de la poca fiabilidad de los testigos lo constituye el juicio que se celebró en Jerusalén entre 1987 y 1988 contra John Demjanjuk, a quien varios supervivientes identificaron como "Iván el Terrible". El Estado sionista había logrado en febrero de 1986 que Estados Unidos lo privase de su nacionalidad norteamericana y lo extraditara a Israel. Durante los catorce meses que duró el proceso, Treblinka se convirtió en centro de la atención mundial. Aceptando como prueba la declaración de los testigos, el tribunal israelí que lo juzgó, integrado por los jueces Dov Levin, Zvi A. Tal y Dalia Dorner, sentenció que Demjanjuk operaba en las cámaras de gas que mataron a más de 850.000 judíos entre julio de 1942 y agosto de 1943 y lo condenó a muerte en abril de 1988.

Gracias a la aportación del Dr. Miroslav Dragan, Jürgen Graf y Carlo Mattogno tuvieron acceso al documento del veredicto del "Caso Criminal 373/86, Estado de Israel vs. Iván (John) Demjanjuk". Los testigos lo retrataron como un ser brutal que disfrutaba torturando a las víctimas. Uno de ellos, Pinchas Epstein, lo reconoció como el hombre que hacía funcionar el motor. Según Epstein, cuando las cámaras de gas eran vaciadas, aparecía Demjanjuk y actuaba así:

"Algunas veces se presentaba con un puñal, otras con una bayoneta y resquebrajaba los cráneos, cortaba orejas, trataba con brutalidad a los prisioneros, es absolutamente increíble, increíble. Se situaba junto a los cuerpos y los contemplaba. Quiero decir, honorable corte, que era horrible mirar a los cuerpos cuando eran sacados de las cámaras. Gente con caras aplastadas, gente con heridas de cuchillo, mujeres embarazadas con heridas en sus vientres, mujeres con sus fetos colgando, chicas jóvenes con heridas de puñal en los pechos, con los ojos sacados... Él estaba de pie contemplando los resultados de lo que había hecho... Estaba allí disfrutando de la escena... Estaba siempre cerca de mí, a pocos metros.. Se cebaba en los prisioneros, cortaba una nariz, hería a alguien en la cabeza... Casi un millón de seres humanos, almas, fueron masacrados, niños, ancianos, bebés... Porque eran judíos. Este Iván era un monstruo de otro planeta."

Eliyahu Rosenberg también identificó a Demjanjuk como el Satán de Treblinka. En el veredicto de la corte de Jerusalén figura también su declaración. Rosenberg dijo que lo veía cada día cuando trabajaba en la rampa y llegaban nuevas remesas de judíos para ser exterminados. Como Pinchas Epstein, este testigo atribuyó asimismo actos bestiales a Demjanjuk; pero añadió que también los cometía cuando los prisioneros entraban en las cámaras: "...Vi también que tenía un cuchillo, lo vi con estos instrumentos destructivos y como golpeaba, latigaba, cortaba a las víctimas a la entrada de las cámaras de gas." En su afán por denigrar al máximo al supuesto Iván el Terrible, Rosenberg relató lo siguiente ante el tribunal:

"Yo estaba en la rampa, habíamos sacado los cuerpos de las cámaras de gas. Iván salió de su cabina. Vio que estaba allí, el lugar estaba lleno de cuerpos, me dijo... bájate los pantalones... túmbate con ellos... Comprendí enseguida... Lefler (uno de los hombres de las SS) estaba de pie allí. Estaba de pie y miraba. Corrí hacia él y le dije en alemán: 'Iván quiere que mantenga relaciones sexuales con una mujer muerta'. Entonces se dirigió a él y lo reprendió. Iván sólo me dijo (en ruso): 'Te la devolveré.' Me la devolvió y encontró la oportunidad."

Carlo Mattogno y Jürgen Graf reproducen aún la declaración de un tercer testigo, Yehiel Reichmann, quien según consta en el veredicto declaró lo que sigue ante la corte de Jerusalén:

"Quiero contar lo que ocurrió con mi amigo Finkelstein cerca del pozo. Mientras yo estaba aún lavándome los dientes con él, con Finkelstein, este Ashmadai (diablo) Iván vino con una máquina perforadora para excavar agujeros. Hizo girar la perforadora sobre las nalgas de Finkelstein y le dijo: 'si gritas te mataré'... Hirió a Finkelstein, estaba sangrando y sufriendo un gran dolor, un dolor intenso, pero no se le permitió gritar, pues Iván le había dado una orden: 'si chillas, te mataré'... Iván era un diablo, el superaniquilador de Treblinka."

Cuarenta y cinco años después de los hechos que se juzgaban, las autoridades sionistas pretendieron hacer del proceso a Demjanjuk una representación al estilo de Hollywood con el fin de impresionar al mundo en general y a la población de Israel en particular. Se pensó inicialmente celebrar el juicio en un estadio de fútbol. Cuando se cayó en la cuenta de que el aspecto del proceso-espectáculo hubiera sido demasiado evidente, se optó por un teatro como sede del tribunal. Todo acabó, sin embargo, en un fiasco monumental, en un fracaso completo para el Estado sionista de Israel.

Después de haber sido dictada la sentencia de pena de muerte, la familia de John Demjanjuk, ucraniano de nacimiento que había adquirido la nacionalidad estadounidense, fue capaz de descubrir evidencias suprimidas por los soviéticos. Gracias a las nuevas pruebas se pudo comprobar que el supuesto "Iván el Terrible" sería en todo caso otro ucraniano llamado Ivan Marchenko (o Marczenko). De esta manera, el testimonio de los cinco supervivientes que habían identificado sin la menor duda a Demjanjuk como el sádico criminal de masas de Treblinka quedó desacreditado. Yoram Sheftel, uno de los abogados, apeló y el tribunal no tuvo otro remedio que admitir que John Demjanjuk no era el monstruo que los perjuros habían descrito. A finales de 1988 Sheftel fue agredido por un criminal que le arrojó ácido en la cara con un pulverizador. Pocos días después de este ataque, otro abogado de Demjanjuk, Dov Eitan, murió al caer de un rascacielos. Pese a todo, en septiembre de 1993 Demjanjuk logró finalmente regresar a Estados Unidos. Nunca recibió ni un dólar de compensación por la incalificable injusticia que había padecido. Por contra, en 2002 este anciano de 82 años tuvo que afrontar una nueva persecución por haber prestado servicios en Sobibor, Majdanek y Flossenbürg. Quizá más adelante habrá ocasión de escribir unas líneas sobre ello.

Investigación en Treblinka con un GPR (Radar de Penetración en Tierra)

En octubre de 1999 un equipo australiano dirigido por el ingeniero en electrónica Richard Krege llevó a cabo durante seis días un trabajo de investigación en la tierra de Treblinka. Los investigadores trabajaron bajo el patrocinio del Adelaide Institute, un centro de estudios revisionistas presidido por el Dr. Frederick Töben, quien en 1999 estuvo encarcelado siete meses en Alemania por cuestionar el Holocausto. Los investigadores utilizaron un radar de penetración en tierra (GPR) valorado en 80.000 dólares, el cual envía señales visibles al monitor de una computadora. Este artilugio, utilizado por geólogos, arqueólogos y policías en todo el mundo, detecta cualquier alteración a gran escala en la estructura de la tierra a una profundidad de cuatro o cinco metros y en ocasiones incluso puede alcanzar los diez metros. El equipo de Krege realizó también perforaciones con una barrena para tomar muestras de la tierra.

Se examinó Treblinka II: los lugares donde los exterminacionistas sitúan las fosas comunes y también los alrededores de la zona. No se hallaron alteraciones significativas que indicasen que había allí enterrados cientos de miles de cuerpos o señales de que la tierra había sido removida. Además, el equipo de Krege ni encontró evidencias de restos de huesos ni de cenizas humanas o de madera. "Con estos escáners -confirmó Krege- pudimos identificar claramente inalteradas las capas estratigráficas horizontales, mejor conocidas como horizontes, en la tierra situada debajo del campo." Krege precisó que en anteriores escaneos en fosas y en otros lugares donde hubo perturbaciones en el suelo, tales como canteras o excavaciones, se identificó perfectamente si las capas naturales de la tierra faltaban o habían sido masivamente alteradas. Los procesos geológicos se producen normalmente muy despacio y los trastornos en la estructura del suelo habrían sido detectados incluso después de sesenta años. Los trabajos del equipo australiano apuntan, por tanto, a que nunca hubo grandes fosas comunes en Treblinka. "Personalmente -comentó Krege-, no creo en absoluto que hubiera aquí un campo de exterminio".

En enero del año 2000 Krege ofreció una conferencia en Melbourne y dio a conocer el resultado de sus investigaciones. El ingeniero solicitó que una comisión auspiciada por la ONU viajase a Treblinka con un GPR e iniciara una investigación científica con el fin de detectar posibles omisiones en sus averiguaciones, pero no hubo respuesta. Richard Krege, no obstante, reconoció a Jürgen Graf que los datos estaban incompletos y le planteó la conveniencia de profundizar en las exploraciones con nuevos trabajos. Fue de este modo que Graf, políglota capaz de hablar quince idiomas que había sido condenado a 15 meses de cárcel en 1998 por un tribunal de su Suiza natal, le propuso a Krege trabajar conjuntamente.

Puesto que el costoso GPR había sido alquilado sólo por quince días, Graf fue capaz de reunir el dinero necesario entre amigos y patrocinadores para mantener el aparato. El 21 de agosto del año 2000, Graf, Mattogno y Krege se encontraron en Cracovia. El segundo tuvo que regresar a Italia por motivos familiares, por lo que sólo Krege y Graf viajaron a los supuestos campos de exterminio. El propio Jürgen Graf da cuenta del viaje en un artículo publicado en 2004. Krege quería comparar su investigación sobre Treblinka con el estudio de algún lugar donde se hubieran excavado fosas comunes, por lo que él y Graf viajaron a Auschwitz-Birkenau, donde en el verano de 1942 cerca de 20.000 personas habían muerto a caua de una terrible epidemia de tifus. Esta gran mortandad obligó a cerrar el campo y provocó la construcción de más hornos crematorios en Auschwitz. Puesto que los que había entonces eran del todo insuficientes, la mayor parte de los cadáveres fueron enterrados en fosas comunes, las cuales eran perfectamente visibles en las fotografías aéreas tomada por los Aliados. Los dos investigadores no tuvieron problemas en localizar una de las sepulturas con el GPR y Krege y su equipo trabajaron durante dos días. El segundo lugar fue Belzec, donde Krege pudo trabajar en condiciones ideales durante días sin ser molestado, toda vez que allí no hay museo y pocas personas visitan el sitio. La siguiente estación fue Sobibor, donde sí existe un museo a la entrada del campo. Allí los empleados les exigieron un permiso que debían obtener en Varsovia, por lo que desistieron y continuaron viaje hacia Treblinka. Se alojaron en una casa de campo cerca de la pequeña ciudad de Ostrow, próxima a Treblinka. Durante varios días Krege trabajó sin descanso verificando cada metro cuadrado del área de las supuestas fosas comunes. "Puesto que autobuses con turistas del Holocausto (frecuentemente israelíes) llegaban continuamente -relata Graf-, yo estaba en vilo todo el tiempo. Afortunadamente, la actividad laboriosa de mi compañero no despertó sospechas entre los peregrinos del Holocausto y abandonamos Treblinka sin incidentes."

Cumplidos los objetivos, Krege regresó a su país vía Alemania y Graf se dirigió a Ucrania, a Lviv, donde trabajó durante varios día en el archivo de la ciudad y luego siguió viaje hacia Moscú, capital en la que vive exiliado en la actualidad. Richard Krege presentó los resultados iniciales de su investigación, expuestos en diapositivas, en dos conferencias: la primera en junio de 2001 en Washington y la segunda en enero de 2002 en Moscú. Mientras que los escáners de Auschwitz-Birkenau reflejaron las evidencias de masivos movimientos de tierra que demostraban que antes hubo allí una fosa común, no se encontró rastro de alteraciones significativas ni en Belzec ni en Treblinka. Como de costumbre, ni un sólo medio de comunicación importante ofreció la menor información sobre las aportaciones de los investigadores revisionistas.

Sobibór

Jürgen Graf, Thomas Kues y Carlo Mattogno publicaron en 2010 *Sobibór: Holocaust Propaganda and Reality*, una obra definitiva de más de cuatrocientas páginas sobre este tercer campo de la llamada "Einsatz Reinhard" (Operación o Acción Reinhard). Los lectores que lean inglés interesados en saber más pueden acudir a esta obra, disponible en la red en formato PDF, pues constituye la fuente principal de las páginas que siguen, que, una vez más, deberán ser escasas. Muchas de las cosas que hemos escrito sobre Belzec y

Treblinka sirven también para este campo, un ejemplo más de la falsificación de la realidad que se viene manteniendo contra viento y marea.

En la *Enciclopedia del Holocausto* se dice que el campo de exterminio se hallaba cerca de la estación de tren del pueblo de Sobibór, en la parte oriental del distrito de Lublin. Construido en marzo de 1942, tenía forma de un rectángulo de 400 x 600 metros y era controlado, como de costumbre, por una veintena de alemanes de las SS y cerca de cien ucranianos. Según esta fuente, el campo constaba de tres zonas: administración (campo I), recepción (campo II) y exterminio (campo III). En esta tercera parte estaban ubicadas las cámaras de gas, las fosas comunes y los barracones para los prisioneros judíos que trabajan allí. Dichas cámaras, construidas en el interior de un edificio de ladrillo, eran cuadradas y medían 4 x 4, es decir, 16 metros cuadrados, en los que introducían entre 160 y 180 personas. El monóxido de carbono era producido por un motor de 200 caballos situado en una caseta próxima, desde la cual se introducía el tubo de escape en las cámaras de gas.

La *Enciclopedia del Holocausto* relata que se engañaba a las víctimas: se les decía que habían llegado a un campo de tránsito desde el que seguirían a campos de trabajo después de la desinfección de sus cuerpos y de sus ropas. Los hombres eran separados de mujeres y niños. Tras ordenarles que se desvistieran y entregasen sus objetos, eran dirigidos a las cámaras de gas, que aparentaban ser duchas. Dice esta fuente que cerca de 500 personas entraban en las cámaras y, como de costumbre, recibían golpes, amenazas, gritos... En treinta minutos estaban todos muertos. Luego, lo mismo que en los otros dos campos: las cámaras se vaciaban, se extirpaban los dientes de oro, etc. y se enterraban los cuerpos. Todo ello acontecía en dos o tres horas, durante las cuales los trenes de veinte vagones, después de ser limpiados, habían salido en busca de más judíos y ya entraban de nuevo en el campo con una nueva remesa de víctimas para el exterminio.

Los predicadores del Holocausto establecen dos fases de exterminio en Sobibór. Durante la primera, de principios de mayo a finales de julio de 1942, habrían sido asesinados cerca 100.000 judíos. Se produjo entonces una pausa en las matanzas y durante los meses de agosto y septiembre tuvo lugar una ampliación de las cámaras de gas con el fin de poder matar más y mejor. La segunda fase abarcó de octubre de 1942 hasta junio de 1943 y otros 150.000 judíos fueron gaseados. También en este campo los cadáveres de la primera fase fueron desenterrados y la cremación comenzó a finales de septiembre de 1942. El 14 de octubre de 1943 se produjo un levantamiento que permitió la huida de unos cuatrocientos prisioneros. A finales de 1943, el campo fue levantado y su superficie, arada y cultivada. Hollywood produjo en 1987 una película de propaganda: *Scape from Sobibor*, dirigida por Jack Gold. El héroe,

Alexander Aronovitch Pechersky, "Sasha", fue encarnado por Rutger Hauer, galardonado con el Globo de Oro.

Este es el resumen somero de la versión oficial, formulada a partir de testigos y veredictos de tribunales que han aceptado los testimonios como pruebas irrefutables. Existe, sin embargo, un documento oficial, una directiva secreta del Reichsführer-SS Heinrich Himmler emitido el 5 de julio 1943, en la que se dice textualmente: "El campo de tránsito de Sobibór en el distrito de Lublin será convertido en campo de trabajo. Una unidad de desmontaje de armamentos capturados al enemigo será instalada en el campo de concentración." Mattogno, Kues y Graf, de cuya obra procede la cita, advierten de que la literatura del Holocausto, deforma regularmente el contenido de esta directiva y ponen como ejemplo la *Enciclopedia del Holocausto*, en donde se lee: "El 5 de julio de de 1943 Himmler ordenó el cierre de Sobibór como campo de exterminio y su transformación en un campo de concentración." Es evidente, por tanto, que historiadores oficiales del Holocausto han tenido conocimiento del documento de Himmler y que, premediatadamente, lo han manipulado para tergiversar la realidad. Es un hecho innegable que en la instrucción secreta Himmler utiliza el sintagma nominal "Durchgangslager" (campo de tránsito) ¿Qué necesidad tenía de ello si se dirigía exclusivamente a sus subordinados a los que no podía ni pretendía engañar? El texto completo de Himmler, enviado al SS-WVHA, SS-Wirtschafts-Verwaltungshauptamt (Principal Departamento Económico y Administrativo), y a siete secciones de las SS, puede leerse en la obra de los autores revisionistas:

> "1. El campo de tránsito de Sobibór en el distrito de Lublin será convertido en un campo de trabajo. Una unidad de desmontaje de armamentos capturados al enemigo será instalada en el campo de concentración.
> 2. Todos los altos mandos de la Policía y de las SS deben entregar allí las municiones del enemigo, en la medida de que no se precisan para la artillería capturada al enemigo.
> 3. Todos los metales, pero sobre todo el polvo para explosivos, tienen que ser prudentemente reciclados.
> 4. Simultáneamente, se construirá un lugar de producción para nuestras múltiples lanzaderas y/o para otras municiones."

Finalmente, la conversión en campo de concentración no llegó a producirse. El 15 de julio de 1943 Oswald Pohl, jefe del Departamento de Administración Económica de las SS, aconsejó a Himmler que abandonase la idea de convertir el campo de tránsito de Sobibór en un campo de concentración, pues el desmontaje de las armas capturadas al enemigo podía llevarse a cabo sin necesidad de tal medida. Por tanto, también Pohl se refería a Sobibór como un campo de tránsito:

> "Reichsführer!
> Según sus anteriores directrices, el campo de tránsito de Sobibór en el distrito de Lublin va a convertirse en un campo de concentración.
> He discutido esto con el SS-Gruppenführer Globocnik. Ambos proponemos que se abandone esta conversión, ya que el propósito que se pretende, a saber, montar en Sobibór una instalación para la desactivación de las municiones del enemigo, puede realizarse sin esta conversión..."

Existe documentación que demuestra que Himmler visitó Sobibór en dos ocasiones, el 19 de julio de 1942 y en marzo de 1943. En una carta de Odilo Globocnick, jefe de las SS y de Policía en el distrito de Lublín, al SS-Gruppenführer Maximilian von Herff existe constancia de la visita de marzo, en la que Himmler inspeccionó Sobibór y aprobó el ascenso de algunos oficiales. Los historiadores ortodoxos aseguran, basándose como siempre en el testimonio de testigos, que durante esta segunda visita Himmler asistió personalmente al gaseamiento de entre 300 y 500 chicas judías, que fueron traídas de Lublin para la ocasión y asesinadas en su honor.

Las primeras informaciones sobre Sobibór como campo de exterminio comenzaron a fabricarse en julio de 1942. El 23 de diciembre del mismo año se produjo un informe oficial del Gobierno polaco en el exilio en el que se aludía a exterminio de judíos mediante gases, aunque sin especificar el método. Durante los primeros meses de 1943 la prensa clandestina polaca prosiguió publicando noticias sobre Sobibór. El 1 de abril de 1943, por ejemplo, el diario *Informacja Biezaca* se refería a Sobibór como "campo de la muerte" al que llegaban transportes de judíos desde Francia y Holanda, los cuales, se decía, "estaban convencidos de que iban a trabajar en fábricas de la industria de guerra. El 14 de marzo -añaden los informadores-, judíos holandeses fueron recibidos en Sobibór por una orquesta; al día siguiente, ni uno de ellos seguía vivo." La pretensión de que los alemanes se permitían el lujo de recibir a los deportados con una orquesta antes de liquidarlos es, naturalmente, un ridículo recurso efectista. Es curioso, sin embargo, constatar cómo les gustaba a los propagandistas introducir detalles absurdos de este tipo en sus relatos.

Puesto que se repiten con escasas variantes las patrañas e incoherencias narradas en los apartados sobre Belzec y Treblinka, no tiene sentido volver a repetirlas. Básicamente, los testigos decían que las instalaciones para desinfección eran las cámaras de gas. Pechersky, el héroe de *Scape from Sobibor*, declaró que las cámaras aparentaban ser baños: "A primera vista, todo tenía el aspecto que debe tener un baño, grifos para agua caliente y fría, duchas para lavarse." Mikhail A. Razgonayev declaró en 1948 que "a cada uno se le entregaba una pastilla de jabón." Según otro testigo llamado Feldhendler, "el baño estaba dispuesto como si fuera realmente un lugar para lavarse (grifos en las duchas, un ambiente agradable)". Es decir, cuando en 1943 la población de Alemania sufría todo tipo de privaciones, carecía de bienes de consumo imprescindibles y luchaba desesperadamente por su supervivencia, los nazis derrochaban tiempo y recursos: soldados, trenes, combustible, etc. para enviar a los judíos al este con el fin de matarlos a miles de kilómetros de distancia. Allí, en el Gobierno General de Polonia, los alemanes escenificaban una representación esperpéntica: se permitían el lujo de recibirlos con una orquesta, les entregaban pastillas de jabón y los introducían en unas duchas agradables con grifos para agua caliente, que finalmente resultaban ser cámaras de gas. Todo ello, para exterminarlos por fin con el método más ineficaz e inseguro entre todos los que tenían a su alcance.

Pese a nuestra intención inicial de no demorarnos en exceso en Sobibór, no resistimos la tentación de citar un fragmento del libro de Jules Shelvis, donde se reproduce la arenga que escuchaban los deportados cuando llegaban a Sobibór, pues todo indica que, aunque él se niegue a reconocerlo, se ajustaba exactamente a lo que iba a suceder. La primera edición del libro de Shelvis se publicó en 1993 en holandés con el título *Vernietiginskamp Sobibór* (*Campo de exterminio Sobibór*). En 1998 se tradujo al alemán y en 2007 apareció una edición en inglés. Formando parte de un grupo de 3.006 judíos holandeses, el 1 de junio de 1943 Shelvis, su mujer Raquel y otros parientes fueron deportados al campo. El mérito de su libro es que está bien documentado, cita fuentes oficiales y abundante bibliografía. En todas las ediciones, Jules Shelvis había aceptado la cifra oficial de 250.000 judíos gaseados; sin embargo en 2008 apareció una nueva edición holandesa en la que reconoce que sólo fueron 170.000 los deportados a Sobibór, con lo que reduce en 80.000 la cifra de supuestas víctimas. Mientras autores como la sionista Miriam Novitch se dedican a relatar las mentiras habituales del tipo: los alemanes orinaban en las bocas de los presos, hacían pedazos los cuerpos de los bebés y otras barbaridades por el estilo, Shelvis se limita a constatar los golpes de los SS a los judíos cuando no trabajaban bien. En el capítulo titulado "Llegada y selección", reproducido por Mattogno, Kues y Graf, de cuya obra lo tomamos, Shelvis escribe el siguiente texto:

"El proceso que seguía tras la llegada de los transportes al campo pronto se convirtió en rutinario. [...] Después de salir de los barracones de clasificación, los hombres eran separados de las mujeres y eran dirigidos a la zona de desvestirse en el Lager (campo) 2; las mujeres hacia otra parte del campo. A menos que ya se hubiera hecho en el andén, este era el momento en que un hombre de las SS pronunciaba un corto discurso. Generalmente -hasta su traslado a Treblinka- lo hacía el Oberscharführer Hermann Michel. Apodado 'el doctor' por los Arbeitshäftlinge (presos trabajadores) por su costumbre de llevar una bata blanca, pronunciaba su discurso en alemán rápido [...] Las palabras de Michel seguían este patrón: 'En tiempo de guerra todos tenemos que trabajar. Seréis llevados a un lugar donde podréis prosperar. Los niños y los ancianos no tendrán que trabajar, pero aun así estarán bien alimentados. Debéis manteneros limpios. Por las condiciones en que habéis viajado, con tantos de vosotros en cada vagón, es conveniente que tomemos medidas higiénicas de precaución. Es por ello por lo que en breve tendréis que desvestiros y ducharos. Vuestros vestidos y equipaje serán guardados. Tenéis que poner vuestros vestidos en un montón limpio, y vuestros zapatos, emparejados y atados juntos. Debéis ponerlos frente a vosotros. Objetos de valor como oro, dinero y relojes deben ser entregados allá en el mostrador. Tenéis que recordar con cuidado el número que os dé el hombre que está detrás del mostrador, a fin de que podáis después retirar más fácilmente vuestras propiedades. Si os encontramos objetos de valor después de vuestra ducha, seréis castigados. No hay necesidad de llevar una toalla y jabón; todo os será entregado. Habrá una toalla para cada dos personas.' [...]
Michel se mostraba tan convencido mientras pronunciaba su discurso, aunque estaba engañando a las víctimas, que los Arbeitshäflinge lo apodaban también 'el predicador'. Algunas veces hacía creer que el campo era un campo de tránsito, que el viaje hacia Ucrania era sólo cuestión de tiempo, y que allí incluso se concedería autonomía a los judíos. Otras veces les decía que irían todos a Riga."

Según escribe Shelvis, poco después la gente marcharía crédula hacia las cámaras de gas. O sea, esta perorata demostraría una vez más que los alemanes eran maestros en el arte de la representación y que cuidaban su puesta en escena hasta el más mínimo detalle con el fin de ocultar a sus víctimas que pretendían exterminarlos: orquestas de bienvenida, soflamas para levantar el ánimo, jabones, toallas, duchas con agua caliente y finalmente, monóxido de carbono. Sin embargo, también en Sobibór hubo que acudir en última instancia a la versión del Informe Gerstein, puesto que los testigos, como de costumbre, no se ponían de acuerdo en sus relatos sobre el método de exterminio con gases. En el informe sobre Treblinka de 15 de noviembre de 1942, recibido por el Gobierno polaco de Londres en enero de 1943, se aludía a tres cámaras de vapor. Según este documento, "el vapor se generaba mediante una gran cuba. El vapor caliente se introducía en las cámaras a través de tuberías instaladas allí, cada una de las cuales tenía un ordenado número de conductos." Esta descripción se ajusta claramente a una planta de desinfección por vapor. Incluso un defensor del Holocausto como Jean-Claude Pressac admite que tanto en Belzec como en Treblinka y Sobibór había instalaciones para despiojar cuyo objetivo era la higiene preventiva y la lucha contra el tifus. Son, aparentemente, estas instalaciones las que los propagandistas describían como cámaras de gas; pero como era inverosímil que el vapor de una especie de sauna pudiera exterminar a cientos de miles de judíos, acabó imponiéndose la versión de Gerstein y los motores diésel.

Graf, Kues y Mattogno dedican una parte significativa de su trabajo sobre Sobibór, unas setenta páginas, a analizar las investigaciones forenses llevadas a cabo en el campo. Un equipo dirigido por Andrzej Kola, el mismo profesor polaco que con anterioridad había llevado a cabo las excavaciones en Belzec, emprendió en el año 2000 trabajos de investigación arqueológica, cuyo objetivo era localizar en el campo III las fosas comunes y elaborar un informe adecuado en memoria de las víctimas. Se pretendía asimismo localizar objetos para exponerlos posteriormente en el museo establecido en Sobibór. Por descontado, la localización de las tan cacareadas cámaras de gas era también uno de los objetivos. Las excavaciones se prolongaron a lo largo del año 2001.

Según la *Enciclopedia del Holocausto*, los 100.000 judíos eliminados en la primera fase del exterminio fueron exhumados y a finales de septiembre de 1942 comenzó el trabajo de cremación de sus cadáveres. Sin embargo, en las siete fosas comunes descubiertas y descritas por Kola en sus informes, además de restos de cuerpos incinerados se hallaron cuerpos saponificados que no habían sido quemados. Kola constató también que el campo se hallaba en una zona pantanosa. En el borde occidental, descubrió una vieja zanja de alcantarillado cerca de la cual emergía una ciénaga. En su examen sobre el campo III, los arqueólogos decubrieron no muy lejos de las fosas un pozo que había sido llenado con arena, al excavar se encontró agua subterránea a una profundidad de 3.60 metros y al llegar a cinco metros de profundidad hubo que parar a causa de la afluencia constante de agua. Un mapa de Sobibór demuestra que el campo estaba en un lugar donde, además de varias zonas de marismas, había media docena de lagos en un radio de menos de tres kilómetros. El lago Spilno, situado un kilómetro al oeste, tenía una elevación de 164 metros. El río Bug, por otro lado, se encontraba a 2,5 kilómetros al este. La misma línea de ferrocarril de Sobibór se hallaba en una elevación de

167 metros y las vías corrían a través de una zona pantanosa. La corte de Hagen, donde entre 1965 y 1966 se celebró el juicio sobre Sobibór, estableció en su veredicto que en el verano de 1942,

> "... Como consecuencia del calor, se produjo un empuje hacia arriba de los cuerpos en las sepulturas que ya estaban llenas, y los líquidos de los cadáveres atraían a los gusanos, lo cual provocó que en el área del campo se produjera un olor espantoso. Además, el comandante del campo temió que se contaminase el agua potable, que procedía de los pozos del campo."

El peligro de contaminación del agua subterránea a causa de la descomposición de los cuerpos fue, precisamente, la razón por la cual las autoridades del campo decidieron exhumar los cadáveres y proceder a su cremación. Puesto que los alemanes visitaron varias veces el área de Sobibór antes de comenzar la construcción del campo, no cabe duda de que conocían las características geológicas de la zona. Es lógico argüir, por consiguiente, que si lo hubieran concebido como un campo de exterminio, no lo habrían construido sin hornos crematorios sabiendo que el terreno no permitía enterramientos masivos. Si no contemplaron la incineración de los muertos, debió de ser porque no llegaron a prever que fueran a producirse allí unas tasas de mortalidad superiores a las habituales.

Mediante rigurosos cálculos, agotadores para el lector, que contemplan todos los parámetros posibles, Kues, Graf y Mattogno, proceden a examinar los hallazgos de las excavaciones de Kola, que no pueden confirmar las pretensiones de los historiadores oficiales. Los tres revisionistas rechazan absolutamente la posibilidad de que se extraiga de los trabajos del profesor Kola la conclusión de que Sobibór fuera un campo de exterminio. No obstante, puesto que un nuevo equipo de arqueólogos liderado por Isaac Gilead y Yoram Haimi, de la Universidad Ben Gurión, y por Wojciech Mazurek, de la empresa polaca Reconocimientos Arqueológicos Subterráneos, comenzó nuevas investigaciones en octubre de 2007, los tres revisionistas comentan asimismo en *Sobibor Holocaust Propaganda and Reality* estos últimos estudios arqueológicos.

En 2009, *Present Pasts*, periódico norteamericano de historia contemporánea, publicó un artículo de treinta páginas firmado por Gilead y Mazurek, de las cuales menos de doce están dedicadas a Sobibór. En dicho texto se reconoce que tampoco ellos lograron hallar la supuesta cámara de gas que no había podido localizar el equipo de Kola. En su escrito, en lugar de aportar pruebas científicas, Gilead y Mazurek citan a Hilberg y a Arad y escriben vergonzosamente lo siguiente: "Más allá de estas fuentes, la evidencia consiste también en relatos orales de los supervivientes y de los criminales de las SS que trabajaron en los centros de exterminio y cometieron los asesinatos... Así, el exterminio de los judíos en general, y el exterminio de judíos en Sobibór y en otros centros, es una verdad histórica establecida que no precisa ser demostrada por excavaciones arqueológicas." Nos parece que sobran los comentarios, toda vez que una argumentación de este tipo desacredita por completo a estos "científicos".

¿Cuántas personas murieron y fueron enterradas en Sobibór? Esta es la pregunta que formulan Mattogno, Kues y Graf. La dificultad en cuantificar las evidencias forenses y la falta de documentación sobre el número de deportados impiden responder con exactitud. En 2000-2001 y en 2007-2008, los arqueólogos ni excavaron en profundidad las fosas ni ofrecieron una estimación sobre el número de restos humanos, lo cual es significativo. Pese a ello, después de revisar los hallazgos del profesor Kola en las fosas de Sobibór, los revisionistas establecen tres categorías de muertos en su afán por dar una respuesta. En la primera colocan a los fallecidos por distintas enfermedades o epidemias como el tifus y a los presos ejecutados por intentos de fuga y otras violaciones de las reglas del campo. Entre estos estarían incluidos los cerca de cuatrocientos fusilados al ser capturados de nuevo tras la fuga masiva de octubre de 1943. En total, unas mil personas. En la segunda categoría sitúan a los deportados que murieron en ruta, ya que las condiciones en que viajaron los judíos de Francia y de los Países Bajos, unos 38.000, fueron muy deficientes, cuando no inhumanas. De una cifra total de 170.000 deportados, cabe estimar que cerca de un 3% debieron de morir en los trenes a causa de enfermedades, deshidratación y otras causas. El cálculo da, por tanto, otras 5.000 víctimas. Además, Mattogno, Kues y Graf reconocen que en Sobibor se practicó la eutanasia a cerca de 3.500 personas: moribundos, enfermos mentales, reclusos gravemente enfermos y otros que padecían enfermedades contagiosas. A estos, aceptando la cifra calculada por historiadores polacos, añaden otros mil pacientes no judíos de los hospitales para enfermos mentales de Lublin, a los que asimismo se les habría practicado la eutanasia. La cifra total de fallecidos en las tres categorías alcanzaría unas 10.500 personas.

Puesto que *Historia proscrita* es un manual que abarca unos doscientos cincuenta años de historia contemporánea, es obligado ir acabando estas páginas dedicadas a los campos de la llamada Acción Reinhard, nombre que procede de Reinhard Heydrich, asesinado el 4 de junio de 1942. Heydrich, como se sabe, presidió la Conferencia de Wannsee en enero de 1942 y había sido jefe de la Gestapo y de la Oficina Central de la Seguridad del Reich. La historiografía oficial ha sentenciado que "Einsatz Reinhard" era un nombre en clave que pretendía camuflar el asesinato masivo de judíos en los tres campos que hemos venido estudiando. No obstante, todos los historiadores del Holocausto insisten en que el campo estelar del exterminio fue Auschwitz.

4ª PARTE

AUSCHWITZ

Cercana a Cracovia, la ciudad de Auschwitz, en la Alta Silesia, tenía en 1939 una población de unos 13.000 mil habitantes. En mayo de 1940 se fundó allí el campo de concentración que iba a pasar a la historia como el mayor centro de exterminio de la Alemania nazi. La situación de Auschwitz era ideal porque disponía de buenas instalaciones de transporte y tres ríos, Vístula, Premsza y Sola, corrían por los alrededores. Además, estaba localizada al sur de los campos de carbón de Silesia, en la región minera de Katowice. El trístemente célebre Rudolf Höss fue nombrado comandante. Höss, que entre 1923 y 1928 había estado encarcelado por su participación en el asesinato de un comunista, había experimentado la dureza de la vida en reclusión, por lo que era sensible a las necesidades de alojamiento y alimentación de los presos.

El 20 de mayo de 1940, tomando como base unas barracas de ladrillo del ejército polaco, se abrió el campo. Sus primeros prisioneros fueron unos setecientos criminales polacos de Tarnów. Durante los dos primeros años, Auschwitz fue utilizado principalmente para internar a polacos, aunque también acogió a presos procedentes de Alemania. En 1941 empezó a construirse Birkenau (Auschwitz II), situado al oeste de la ciudad, a unos tres kilómetros del campo principal. En el otoño de 1941, con aspecto deplorable debido a las largas marchas, comenzaron a llegar prisioneros de guerra soviéticos, los cuales fueron utilizados en las obras de construcción de Birkenau, que iban a concluir en abril de 1942. El 16 de noviembre de 1941 se decidió la edificación de Monowitz (Auschwitz III), a poco menos de cinco kilómetros al este de la ciudad. Los prisioneros soviéticos fueron asimismo empleados para construir este tercer enclave, que comenzó a funcionar en mayo de 1942 y se convirtió en un enorme complejo industrial que fue el más grande de todos los campos de trabajo. A partir de entonces Auschwitz I pasó a ser el centro administrativo de un complejo cuyas principales campos fueron Birkenau y Monowitz, aunque hubo también gran número de campos más pequeños levantados en un radio de cuarenta kilómetros, asimismo administrados desde Auschwitz I. De este modo, Auschwitz se convirtió en el mayor conjunto de campos del sistema concentracionario alemán. Fue a mediados de 1942 cuando los judíos, que estaban siendo deportados hacia el este, pasaron a ser el elemento principal de estos campos.

Cuando testigos honestos constataron que en Dachau y Bergen-Belsen no había habido cámaras de gas, comenzó a desplazarse la atención del público hacia los campos del este: Belzec, Treblinka, Sobibór y, particularmente, Auschwitz. Puesto que estos campos quedaron en la Europa comunista, no hubo manera de confrontar la veracidad de las afirmaciones de quienes esparcían las noticias sobre las cámaras de gas. Hubo de pasar una década para que los soviéticos permitieran por fin la visita al supuesto campo de exterminio de Auschwitz. Durante estos diez años hubo tiempo suficiente para modificar su aspecto con el fin de hacer creíble la aseveración de que allí se había exterminado a cuatro millones de personas. Ésta fue la cifra sensacional que anunciaron los soviéticos después de controlar el campo. Entonces, en pleno proceso de Nurémberg, trataban de imputar a los alemanes la masacre de Katyn.

Como se ha visto en el apartado anterior, los testimonios sobre los campos de exterminio en Polonia fueron recogidos después de la guerra por comisiones oficiales de investigación polacas y por la Comisión Central Histórica Judía de Polonia. Pretendidamente, la matanza masiva de millones de judíos tuvo lugar en Auschwitz-Birkenau entre mayo de 1942 y octubre de 1944. Si tomamos en consideración la cifra de 4.000.000 que figuraba en la placa conmemorativa cuando Juan Pablo II visitó el lugar en junio de 1979, los alemanes tendrían que haber eliminado cada mes a más de 130.000 personas, lo que equivale a unos 4.400 al día. En caso de considerar como buena la cifra de 1.500.000, que fue la que se encontró Benedicto XVI en mayo de 2006, se habría tenido que liquidar mensualmente a 50.000 detenidos. Es más, el propio Gerald Reitlinger reconoce en *The SS: Alibi of a Nation* que entre mayo de 1940 y febrero de 1945 no hubo en Auschwitz más que 363.000 detenidos inscritos en los registros. No obstante, pese a esta constatación, Reitlinger asegura que el campo estaba equipado para exterminar diariamente a 6.000 personas. Hubo todavía exageraciones más grotescas y descaradas, como las de la judía húngara Olga Lengyel, quien en su libro *Five Chimneys* (1959) afirma que estuvo detenida en Auschwitz y que se incineraban no menos de 729 cadáveres por hora. Además, añade que en las "fosas de la muerte" se quemaba cada día a 8.000 personas.

Si se tiene en cuenta que en Auschwitz se instaló un importantísimo complejo industrial en el que se producían todo tipo de materiales para la industria de guerra, no es comprensible que se exterminase mensualmente a los prisioneros que constituían la mano de obra esencial para mantener la imprescindible actividad productiva. Ubicadas en el campo por la I. G. Farben, había en Auschwitz fábricas de caucho sintético y de derivados del carbón. También Krupp tenía allí una fábrica de armas. Además, existía una estación de investigaciones agrícolas con laboratorios, viveros y cría de ganado. Numerosas firmas tenían filiales en el campo y la propia SS dispuso allí de sus propias fábricas. En marzo de 1941 Himmler visitó Auschwitz acompañado por los directores de I. G. Farben con la finalidad de controlar la capacidad industrial del campo. Fue entonces cuando ordenó que se agrandaran las instalaciones con objeto de alojar a cien mil nuevos prisioneros que habían de trabajar como mano de obra para la I. G. Farben. Naturalmente, todo ello es incompatible con la pretensión de que en Auschwitz se llevaba a cabo una política sistemática de exterminio. Cabe considerar asimismo que había trabajadores libres que vivían en la zona. Los presos que trabajaban para I. G. Farben no llegaban al treinta por ciento. Cerca de un cincuenta por ciento de la mano de obra eran extranjeros que se habían apuntado voluntariamente. Los trabajadores alemanes empleados de manera ordinaria constituían el veinte por ciento del total de la plantilla.

Todas las funciones administrativas de las SS en Auszchwitz quedaron centralizadas en el campo principal (Auschwitz I). Estas competencias incluían guardia, alimentación, prendas de vestir, alojamiento, disciplina de los prisioneros, servicios médicos y actividades recreativas: conciertos, artistas de cabaret, películas, competiciones deportivas, burdel... Para el mantenimiento de tan amplios servicios, las compañías que se servían de la mano de obra de los prisioneros los alquilaban a la SS. Como en el resto de campos de concentración alemanes, la jornada laboral en Auschwitz era de once horas seis días a la semana, aunque en caso de emergencia se podía trabajar el domingo por la mañana.

I. G. Farben

Antony C. Sutton constata en *Wall Street and the Rise of Hitler* que en vísperas de la II Guerra Mundial el complejo químico alemán I. G. Farben constituía la empresa de fabricación de productos químicos más grande del mundo. Con una importante asistencia financiera de Wall Street, se fusionaron en 1925 seis grandes compañías del sector químico de Alemania: Badische Anilin, Bayer, Agfa, Hoechst, Weiler-Ter-Meer y Griesheim-Elektron. Nació así el cártel "Internationale Gesellschaft Farbenindustrie Aktiengesellschaft", mejor conocido como I. G. Farben. El genio organizativo fue Hermann Schmitz, quien veinte años más tarde sería juzgado en Núremberg y condenado a cuatro años de cárcel. Por contra, los socios de las filiales norteamericanas no fueron molestados en absoluto.

Se ha comentado ya al relatar el ascenso al poder de Hitler que fueron los capitalistas judíos de Wall Street quienes financiaron el nazismo. En el capítulo 8 hemos dedicado unas quince páginas a desvelar los contactos del futuro Führer de Alemania con James Paul Warburg (Sidney Warburg), el hijo de Paul Warburg, la eminencia gris que en 1913 planeó y organizó el cártel de bancos que conforman el Sistema de la Reserva Federal. La opresión criminal impuesta al pueblo alemán con la carga financiera de la deuda fue utilizada por los banqueros de Wall Street, los cuales aprovecharon la coyuntura para hacer préstamos provechosos a las grandes empresas alemanas. En 1924, estos financieros internacionales presentaron el Plan Dawes, ideado por J. P. Morgan, que fue aprobado y patrocinado por el Gobierno de Estados Unidos. Fue gracias a estos préstamos cómo pudieron crearse y consolidarse I. G. Farben y Vereinigte Stahlwerke, un segundo conglomerado de empresas de hierro, acero y carbón.

En 1928 el Plan Dawes fue sustituido por el Plan Young, una estratagema perfecta de los banqueros internacionales para la invasión de Alemania a través del capital financiero procedente de Estados Unidos. Debe tenerse en cuenta que las empresas alemanas con filiales norteamericanas evadieron las condiciones del Plan Young mediante la maniobra de la propiedad provisional extranjera. Así, por ejemplo, A. E. G. (Allgemeine Elektricitäts Gesellschaft), afiliada con la General Electric en Estados Unidos, fue vendida a una compañía franco-belga y eludió las condiciones del Plan Young. Cabe comentar, por cierto, que Owen Young era el mayor sponsor financiero de Franklin D. Roosevelt. Tras la puesta en marcha del Plan Young, los banqueros alemanes que integraban el Consejo de Supervisión de Farben incluyeron en este Consejo de Dirección a Max Warburg, el banquero judío de Hamburgo que era hermano de Paul Warburg, quien a su vez, y no casualmente, también formaba parte del Consejo de la I. G. Farben en Estados Unidos, la filial americana de Farben cuya propiedad estaba en manos de capitalistas norteamericanos. Entre 1928 y el comienzo de la II Guerra Mundial, I. G. Farben duplicó su tamaño, una expansión posible en buena parte gracias a la asistencia técnica americana y a la emisión de bonos de bancos como el National City Bank.

Carrol Quigley explica en *Tragedy and Hope* que todas estas operaciones formaban parte de un ambicioso plan de cooperación y alianzas internacionales para el dominio global. Según Quigley, se pretendía "crear un sistema mundial de control financiero, en manos privadas, capaz de dominar el sistema político de cada país y la economía del mundo en su conjunto." Según Quigley, la "cúspide del sistema" era el "Bank for International Settlements", con sede en Basilea. Este Banco de Pagos Internacionales, escribe Sutton, "fue durante la II Guerra Mundial el medio a través del cual los banqueros -que aparentemente no estaban en guerra entre ellos- continuaron beneficiándose mutuamente de intercambio de ideas, información y planes para el mundo de la posguerra."

La importancia de I. G. Farben durante la guerra estuvo relacionada con la producción de combustible sintético y caucho sintético a partir del carbón, la cual había sido ya experimentada por los alemanes durante la I Guerra Mundial. Entonces, la escasez de caucho y de otros recursos originada por el bloqueo británico fue determinante en la capitulación de Alemania. En Europa, sólo Rumanía tenía recursos petroleros significativos, pero no había caucho natural en ningún lugar del Viejo Continente. Por contra, el carbón abundaba en Alemania y en otros países europeos. En su afán de prevenir la extrema vulnerabilidad alemana por la escasez de materias primas, los nazis subvencionaron las investigaciones científicas y tecnológicas en este campo y Alemania se puso en cabeza de todos los países en estas áreas de conocimiento. Mediante una técnica de tratamiento del carbón conocida como hidrogenación, lograron obtener aceite, del cual podía fabricarse una buena gama de productos químicos tales como explosivos, tintes, medicamentos, etc. Otro estado o proceso de la hidrogenación producía gasolina. Más problemática fue la obtención de caucho sintético, necesario para los neumáticos de todo tipo de vehículos; no obstante, antes del comienzo de la guerra lograron resolver las dificultades técnicas. El producto obtenido, particularmente adecuado para la fabricación de neumáticos, fue llamado goma "Buna-S".

Con la anexión en 1939 de buena parte de Polonia tras la partición del país con la URSS, Alemania pudo contar con las minas de carbón de la Alta Silesia. Lógicamente, se decidió explotarlas de inmediato y surgió así la idea de instalar en Auschwitz una planta de hidrogenación y de producción de Buna. Los ríos que confluían en la zona aseguraban abundancia de agua y los campos mineros quedaban muy cerca. En 1941, I. G. Farben construyó una planta de producción de Buna en el complejo industrial de Auschwitz, donde se obtenían mensualmente 3.000 toneladas. I. G. Farben tuvo otras tres plantas de producción de Buna-S en Alemania: la primera, con una capacidad de 6.000 toneladas al mes, se levantó en Schkopau; la segunda estaba en Hüls y obtenía 4.000 toneladas; una tercera producía 2.500 toneladas cada mes y se hallaba en Ludwigshafen, donde se ubicaba el centro de investigación y la sede central. Sin embargo, era en la planta de Auschwitz donde se desarrollaban las técnicas más modernas y avanzadas para la obtención de goma sintética.

Cuando en diciembre de 1941 Estados Unidos entró en la guerra, Japón pasó a controlar el caucho natural de las Indias Orientales y de la región de Malaya, del cual los norteamericanos se habían abastecido casi al cien por cien. Gracias a una serie de acuerdos de cooperación técnica con I. G. Farben mantenidos hasta el estallido de la aguerra con el consentimiento del Gobierno alemán, la Standard Oil de John D. Rockefeller, matriz de las petroleras estadounidenses, tenía conocimientos básicos sobre el proceso de fabricación de goma Buna. La parte americana fue la gran beneficiaria de estas concesiones, ya que el provecho para los alemanes fue irrelevante. La repentina inaccesibilidad de las fuentes del caucho provocó en 1942 una crisis política en Estados Unidos. El Gobierno se apercibió de inmediato de la emergencia, puesto que tres días después del ataque a Pearl Harbour, prohibió la venta de neumáticos nuevos para fines civiles y decretó el racionamiento del caucho. A partir de este momento, surgió la necesidad perentoria de lograr la capacidad industrial para producir goma sintética. El 6 de agosto de 1942, el presidente Roosevelt nombró un comité para que estudiase el problema e hiciera las recomendaciones oportunas. Un viejo conocido, el ubicuo Bernard Baruch, que ya durante la I Guerra Mundial había controlado el Consejo de Industrias de Guerra, presidió dicho comité, de ahí que fuera conocido como el Comité Baruch. Después de reunirse con representantes de Standard Oil, el 10 de septiembre el Comité Baruch emitió su informe final, donde se urgía a acelerar el programa de producción de goma sintética y recomendaba aprender de la experiencia de otros. En aquel momento, el lugar con las técnicas más avanzadas en los desarrollos de Buna era Auschwitz.

Todo ello es explicado detalladamente por Arthur R. Butz en *The Hoax of the Twentieth Century* y viene a cuento porque Auschwitz, el supuesto centro de exterminio sistemático de judíos, estuvo en todo momento bajo la lupa de la Inteligencia de Estados Unidos, que necesariamente supo cuanto acontecía en el completo industrial en 1942. Además, la inteligencia militar de los Aliados conoció durante toda la guerra muchas de las cosas que sucedían en Alemania, puesto que el propio Wilhelm Canaris, jefe de la Abwehr, el Servicio de Inteligencia Militar, fue un traidor, un espía que siempre pasó información al Servicio Secreto británico. Si en 1942 se hubiera puesto en marcha un programa criminal de gran envergadura en el mayor campo alemán, no cabe duda de que hubiera sido detectado, pues los americanos otorgaban una importancia estratégica a las operaciones con la goma sintética que la I. G. Farben desarrollaba en el complejo industrial de Auschwitz. La Inteligencia de EE.UU. había tomado numerosas fotografías aéreas del campo y de las instalaciones fabriles, había establecido las bases del funcionamiento de la empresa química alemana y seguía con el mayor interés los procedimientos de la hidrogenación y de los otros procesos químicos que permitían la producción de gasolina y goma.

Cuando en agosto de 1942 el Comité Baruch estaba recopilando información, fotografías de Auschwitz y de las fábricas de I. G. Farben llegaron seguramente a manos de los comisionados. Puesto que el 1 de agosto la planta de Buna fue cerrada, la falta de actividad y el aspecto fantasmal de las instalaciones debió de sorprender en Estados Unidos. Es probable que pronto supieran que el cierre fue motivado por una terrible epidemia de tifus. Durante dos meses murieron miles de personas, según algunas fuentes quizá tantas como 20.000, y las actividades de producción sólo pudieron reanudarse a finales de septiembre. Fue en este contexto que las autoridades alemanas constataron que los hornos crematorios del campo eran insuficientes para incinerar con rapidez los cadáveres y prevenir el contagio. Por ello, muchas de las víctimas fueron quemadas enseguida al aire libre, aunque probablemente muchas debieron de ser enterradas provisionalmente. Se ordenó entonces la construcción de quince nuevas unidades de cremación en Auschwitz-Birkenau, pero no estuvieron operativas hasta marzo de 1943.

Los hornos de Birkenau se ubicaron en edificios que contenían sótanos, salas y otros espacios que los exterministas tomaron por cámaras de gas. Las primeras alegaciones sobre el exterminio de judíos en Auschwitz no tuvieron su origen en la información de Inteligencia de los Aliados, sino en tergiversaciones propagandísticas del rabino Stephen S. Wise, presidente del World Jewish Congress y del American Jewish Congress, apoyadas por el secretario del Tesoro, Henry Morgenthau. El Departamento de Estado, por contra, se mostraba poco dispuesto a aceptar la fábula sin haberla contrastado adecuadamente. Se ha visto en el capítulo 10, concretamente al estudiar el Plan Morgenthau para Alemania, que las divergencias y desacuerdos entre los Departamentos del Tesoro y de Estado fueron en aumento en los años finales de la guerra.

La propaganda de las organizaciones judías en Estados Unidos

En las páginas sobre los campos de tránsito transformados en campos de exterminio por la propaganda, se ha visto que el Comité de Acciones Sionistas, el World Jewish Congress y otras organizaciones judías estaban bien asentadas en Suiza, donde se publicaban obras y panfletos. Desde allí se organizó buena parte de la campaña de propaganda dirigida a Europa y Estados Unidos. La primera alegación de que se estaba exterminando a los judíos se produjo, sin embargo, en Londres, donde la sección del World Jewish Congress (WJC) denunció en junio de 1942 que un millón de judíos habían sido asesinados en "un gran matadero para judíos" situado en algún lugar no identificado ni localizado del este de Europa. La única evidencia que se tenía era una información recibida por el Gobierno polaco exiliado en la capital inglesa. Pese a todo, *The New York Times* recogió la información y la publicó en Estados Unidos. Se ha comentado más arriba que en agosto de 1942 tanto el Foreign Office como el Departamento de Guerra Psicológica supieron que todo era un infundio orquestado por la propaganda y así se lo hicieron saber al primer ministro Churchill.

El 8 de agosto de 1942, Gerhart Moritz Riegner y Paul Guggenheim, dos representantes del WJC, utilizaron al embajador norteamericano en Berna, Leland Harrison, y al cónsul en Ginebra, Paul C. Squire, para enviar a Estados Unidos informes sobre supuestas matanzas de judíos en Europa del este. Auschwitz, por el momento, no fue vinculado a los campos de la muerte. Riegner, que años más tarde, entre 1965 y 1983, accedería al cargo de secretario general del WJC, envió al rabino Stephen Wise a través de canales diplomáticos el llamado "telegrama Riegner", considerado la primera información oficial sobre la supuesta planificación del Holocausto. El Departamento de Estado, que recibió el texto a través de la Embajada en Berna, no accedió inicialmente a permitir la publicación del mensaje y el subsecretario de Estado Summer Welles así se lo comunicó al rabino Wise, que pretendía difundirlo de inmediato. Welles argumentó que era preciso que otros embajadores y cónsules en Europa verificasen los hechos. En realidad, el Departamento de Estado, como hizo el Foreign Office, no concedía niguna credibilidad a las alegaciones.

Wise tuvo que acceder, puesto que la publicación del telegrama sin autorización del Departamento de Estado hubiera sido contraproducente para los intereses del WJC. Stephen Wise explicaría más tarde que como presidente del WJC en Estados Unidos podía mantener contacto con todas sus agencias europeas a través de la red de comunicación del Departamento de Estado. Zohar Zegev escribe en *The World Jewish Congress during the Holocaust* que "la publicación sin autorización del telegrama Riegner, enviado a través de la Embajada en Berna, habría significado que sería el último telegrama enviado de esta forma y de hecho hubiera puesto fin a las operaciones del WJC en Europa." Esta afirmación es claramente exagerada, visto el enorme poder de los sionistas en la Administración Roosevelt, pero da idea de cuáles fueron las consideraciones del rabino Wise. En cualquier caso, dos días más tarde, el 10 de agosto de 1942, el Foreign Office recibió desde Berna la misma información remitida por S. S. Silverman, presidente de la sección británica del WJC, y por Gerhart Riegner, secretario del WJC en Ginebra. El texto del telegrama Riegner, que figura en los Archivos Nacionales del Reino Unido, decía textualmente:

"Recibido informe alarmante manifestando que, en el cuartel general del Führer, se ha discutido un plan, y está siendo considerado, según el cual todos los judíos en los países ocupados y controlados por Alemania, entre 3.5 y 4 millones, deberán, después de la deportación y concentración en el este, ser exterminados de golpe, a fin de resolver la cuestión judía en Europa de una vez por todas. Se informa que la acción ha sido planificada para el otoño. Los métodos de ejecución aún están siendo discutidos, incluyendo el uso de ácido prúsico. Transmitimos esta información con la reserva necesaria, pues no podemos confirmar la exactitud. Nuestra fuente tiene íntimas conexiones con las más altas autoridades alemanas y sus informes son generalmente fiables. Por favor, informen y consulten a Nueva York."

Posteriormente Gerhart Riegner aludió al hecho de que no se diera credibilidad a su telegrama y declaró lo siguiente: "Nunca sentí tan profundamente la sensación de abandono, la impotencia y la soledad como cuando envié mensajes del desastre y del horror al mundo libre y nadie me creyó." Tras este primer documento oficial, se desató la campaña que ha quedado explicada en las páginas sobre los campos de la llamada "Einsatz Reinhard", la cual incluyó dislates del tipo: cadáveres utilizados para fertilizantes, jabón de pura grasa judía, pegamento y lubricantes de cuerpos judíos, etc.

En Estados Unidos, J. Breckinridge Long, subsecretario de Estado adjunto que iba a pasar a la historia como uno de los villanos que no creyeron las patrañas de la propaganda, encabezó el grupo del Departamento de Estado que ofreció resistencia a las presiones del rabino Wise, de Morgenthau, Dexter White y sus adláteres del Tesoro. Durante el otoño de 1942, Stephen Wise puso en marcha una campaña para exigir a los Aliados que adoptasen una posición pública y condenasen el supuesto exterminio de judíos en Europa. El 10 de octubre de 1942, sin embargo, el Vaticano informó a los representantes de Estados Unidos que no había podido confirmar las pretendidas masacres. Por fin, Wise encabezó el 8 de diciembre de 1942 una delegación que se presentó en la Casa Blanca para entregar al presidente Roosevelt un documento de veinte páginas titulado *Blueprint for Extermination* (*Proyecto para el exterminio*). Las presiones dieron resultado y el 17 de diciembre los Aliados, con Washington a la cabeza, emitieron una declaración en la que condenaban las masacres. Dos días después se produjo en Washington un segundo comunicado relacionado con el anterior donde se apuntaba a Belzec y Chelmno; pero Auschwitz seguía sin ser mencionado. A pesar de estas declaraciones públicas Breckinridge Long no sólo se negó a aceptar las pretensiones de la propaganda, sino que trató de oponer resistencia. El 21 de enero de 1943 logró que Summer Welles, el subsecretario de Estado, firmase unas instrucciones dirigidas al embajador en Berna, Leland Harrison, que habían sido redactadas por él mismo o por alguno de sus colaboradores:

"En el futuro, informes entregados a usted para ser transmitidos a personas privadas en Estados Unidos no serán aceptados, a menos que circunstancias extraordinarias lo aconsejen. Pensamos que enviando estos mensajes privados que eluden la censura de países neutrales nos arriesgamos a que estos países neutrales puedan considerar necesario tomar medidas para restringir o abolir nuestros medios secretos de comunicación oficial."

El Departamento del Tesoro de Morgenthau, fiel a sus hábitos de intromisión en ámbitos de la política de Departamento de Estado que no eran de su competencia, tardó poco en protestar por la remisión de estas órdenes al embajador en Suiza. El mes siguiente, febrero de 1943, la disputa entre los dos Departamentos subió de tono cuando el Departamento de Estado supo que los sionistas habían convencido al Gobierno de Rumanía para que trasladase a Palestina a 70.000 judíos en barcos rumanos con estandartes del Vaticano. Considerando que esta masiva migración ilegal podía provocar un levantamiento árabe, el cual hubiera tenido en plena guerra catastróficas consecuencias, el Foreign Office británico advirtió a Estados Unidos que si se pretendía sacar de Europa a tantos judíos, habría que acondicionar campamentos en el norte de África para acomodarlos. Todo ello provocó un nuevo desencuentro entre los hombres de Morgenthau, sionista incondicional, y el Departamento de Estado.

Además, el Gobierno rumano había sido sobornado con la promesa de abonarle 170.000 dólares. A finales de julio de 1943, tanto el Departamento del Tesoro como el WJC propusieron que dicha suma fuera asumida por hombres de negocios rumanos de origen judío. Brekinridge Long y sus colegas en el Departamento de Estado optaron por oponerse a la operación y se convencieron aún más de que las alegaciones de exterminio eran propaganda de guerra, toda vez que no cesaban de conocer propuestas que pretendían sacar de Europa a gente que había sido supuestamente exterminada: a finales de verano se supo que seis mil niños judíos podían ser evacuados de Francia.

Brekinnridge Long comenzó a recibir palos de todas partes y llegó a ser acusado abiertamente de coadyuvar con su actitud al asesinato de los judíos. Consecuentemente, su figura comenzó a ser cuestionada en el seno del Gobierno. "Por el momento -declaró amargamente- estoy en el centro de la diana." Uno de los adjuntos de Morgenthau, Josiah DuBois, redactó el famoso "Informe al Secretario sobre la aquiescencia de este Gobierno en el asesinato de los judíos", que fue utilizado para convencer a Roosevelt sobre la necesidad de establecer la Junta de Refugiados de Guerra (WRB). Por fin, a finales de 1943 la campaña de Wise y Morgenthau produjo resultados y consiguieron salirse con la suya. En diciembre, se ultimaron los acuerdos con el Gobierno rumano para la evacuación de los judíos rumanos. El dinero fue depositado en una cuenta en Suiza controlada por Riegner y por el propio Morgenthau. Además, en el mismo mes de diciembre de 1943 Rumanía tanteó el terreno para la paz, que le fue ofrecida a condición de que ofreciera buen trato a los judíos. En 1940 los judíos rumanos habían sido deportados a la región del mar de Azov y el Gobierno rumano decidió en diciembre de 1943 repatriarlos en colaboración con la Cruz Roja Internacional, según se ha explicado más arriba.

El War Refugee Board (WRB), en el origen de la fábula de Auschwitz

La victoria del Departamento del Tesoro sobre el Departamento de Estado propició que en enero de 1944 el presidente Roosevelt autorizase a su íntimo amigo Henry Morgenthau, el potentado judío instalado en el Tesoro desde 1934, la creación del WRB, War Refugee Board (Junta de Refugiados de Guerra), donde, además del secretario Morgenthau, se integraron el secretario de Estado, Cordell Hull, y el de Guerra, Henry L. Stimson. El director ejecutivo del WRB fue John W. Pehle y el consejero general, el mencionado Josiah DuBois, dos de los chicos de Morgenthau en el Tesoro[10]. En realidad, el WRB fue la Junta de Morgenthau, cuya preocupación principal fue la evacuación de judíos de Europa, por lo cual se convirtió en un instrumento de WJC y de otras organizaciones sionistas. Puesto que Harry Dexter White era el responsable de las relaciones exteriores del Departamento de Tesoro, pronto las operaciones del WRB estuvieron dominadas y

---

[10] Josiah DuBois actuó en los Juicios Militares de Núremberg como fiscal jefe en el juicio de la I. G. Farben. Publicó en 1952 el libro *The Devil's Chemists* (*Los químicos del diablo*), en el que ofrece su versión del juicio contra los que él denomina "24 conspiradores del cartel de la Farben Internacional". En esta obra apunta que ya en noviembre de 1942 recibió información de un prisionero de Auschwitz que trabajaba en la planta de Buna, según la cual los fusilamientos de prisioneros eran una constante. DuBois escribe que en dos mensajes recibidos desde Suiza, enviados por Riegner en enero y abril de 1943, se advirtió a los colegas del Departamento de Estado de que 6.000 judíos eran asesinados diariamente en Auschwitz. De este modo, denuncia una vez más el supuesto obstruccionismo puesto en práctica desde el Departamento de Estado para evitar la entrega masiva de visados a los judíos europeos que pretendían entrar en Estados Unidos.

controladas por este judío de origen lituano, el asombroso espía comunista que fue el brazo derecho de Morgenthau, en realidad un internacionalista/globalista al servicio de los banqueros internacionales. Ya que hemos escrito profusamente sobre ambos en el capítulo décimo, concretamente en la quinta parte, centrada en el Plan Morgenthau para Alemania, sobran ahora más comentarios.

Tanto el rabino Wise, como los sionistas y otros agentes al servicio de la propaganda aprovecharon el WRB para intensificar su campaña en Estados Unidos. En noviembre de 1944 el War Refugge Board emitió por fin un informe, un folleto titulado *German Extermination Camps: Auschwitz and Birkenau*, que puede considerarse el mayor éxito del WRB a efectos de la propagación de la mentira de Auschwitz. Este cuadernillo constituye el documento que formalmente originó la tesis oficial del exterminio en Auschwitz mediante cámaras de gas. En él figuran ya los componentes esenciales de la fábula, hasta el punto que las acusaciones en Núremberg se sustentaron en este texto del WRB. Breckinridge Long y otros miembros del Departamento de Estado sospecharon que el informe había sido transmitido a Washington desde Berna. En cualquier caso, ya no sirvió de nada que siguieran pensando y comentando en privado que todo era una campaña de Morgenthau y de sus ayudantes judíos. Por supuesto, también los periódicos alemanes denunciaron inútilmente que se estaba fabricando una campaña abominable de propaganda ("Greuelpropaganda") basada en mentiras.

El 26 de noviembre de 1944 el panfleto del WRB, recibido en Suiza el 6 de agosto de 1944, fue publicado en primera página por *The New York Times*, que ofreció varios resúmenes. Constaba de dos informes, el primero, escrito por dos judíos eslovacos que escaparon el 7 de abril; el segundo, por un oficial polaco. Todos decían haber estado en Auschwitz desde la primavera de 1942 hasta la primavera de 1944. El informe tenía además un breve suplemento atribuido a otros dos judíos huidos el 27 de mayo. El anonimato de todos ellos fue preservado en aras de la seguridad: "Sus nombres no serán desvelados por el momento -se argumenta- en interés de su propia seguridad." Todo invita a sospechar que en el texto, además de la parte inventada, figura información obtenida a través de servicios de inteligencia, toda vez que se ofrecen datos de índole oficial, como por ejemplo: cifras de detenidos en abril de 1942, descripción del sistema de registro de presos, causas del internamiento, nacionalidades, un mapa riguroso de la zona, dimensiones de Auschwitz I, certificados de defunción por causas naturales, un desglose detallado de los números y clasificaciones de los prisioneros en Birkenau en abril de 1944, un nuevo sistema de registro puesto en funcionamiento en mayo de 1944...

En el relato atribuido al militar polaco, se dice que en el verano de 1942 los judíos fueron gaseados en edificios cerrados especiales que aparentaban ser duchas, los cuales se hallaban ubicados en un bosque de abedules muy próximo a Birkenau. Puesto que la construcción de los crematorios no había concluido, los cuerpos acabaron enterrados en fosas comunes y fueron causa de putrefacción. Cuando en el otoño de 1942 los hornos de Birkenau estuvieron listos, muchos cadáveres fueron exhumados y quemados. Sobre los hornos en Birkenau, se precisa en el informe que en la primavera de 1944 cuatro edificios albergaban los crematorios I, II, III y IV. Cada construcción constaba de una habitación para las calderas de los hornos, un amplio vestíbulo o recibidor y una cámara de gas. Los dos primeros edificios contenían cada uno 36 hornos (se entiende bocas o puertas) y los otros dos, 18. Según el informe, en cada horno cabían sólo tres cuerpos a la vez y su incineración duraba una hora y media, lo cual permitía quemar 6.000 cuerpos al día. Aparece por fin el famoso Zyklon B, en cuyos envases figuraba la inscripción: "para utilizar contra plagas", como el producto específico utilizado para matar en masa en las cámaras de gas. Se añade en este apartado del panfleto que gente destacada de Berlín asistió a la inauguración del primer crematorio en marzo de 1943. El "programa" consistía en el gaseamiento y cremación de 8.000 judíos de Cracovia. No se desvela el nombre de los invitados al espectáculo, aunque sí se destaca que quedaron extremadamente satisfechos con los resultados.

El informe incluye una tabla que refleja de manera meticulosa y por nacionalidades el número de judíos gaseados en Birkenau entre abril de 1942 y abril de 1944. Figura en el documento 022-L del registro público de los juicios del IMT, cuyo encabezamiento reza: "Resumen de un informe del War Refugee Board, Washington, D. C., noviembre de 1944, sobre los campos de exterminio alemanes -Auschwitz y Birkenau- ofreciendo una estimación del número de judíos gaseados en Birkenau entre abril de 1942 y abril de 1944". Arthur R. Butz lo adjunta en el apéndice de ilustraciones de su obra de referencia. Gracias a ello, podemos comentar algunas cifras. Se especifica que 900.000 judíos polacos, 600.000 de los cuales llegaron en tren y otros 300.000 en camiones, fueron gaseados durante estos dos años en Birkenau. Los judíos franceses exterminados sumaban 145.000; los holandeses, 100.000; los alemanes, 60.000, etc., hasta alcanzar el guarismo de 1.765.000 judíos asesinados. En cuanto a los judíos húngaros, sobre los que hemos escrito más arriba, no figuran en el documento 022-L, puesto que como sabemos comenzaron a ser deportados en mayo de 1944. En el panfleto del WRB se dice, no obstante, que unos 15.000 comenzaron a llegar diariamente a Birkenau a partir del 15 de mayo, el noventa por ciento de los cuales fueron eliminados inmediatamente. Se precisa que la capacidad de los hornos crematorios quedó desbordada con la llegada de tantos judíos húngaros, razón por la cual fueron quemados en zanjas.

Sobre el funcionamiento del Hospital de Auschwitz I, se hace constar que en el otoño de 1942 la tasa de mortalidad era tan elevada que Berlín exigió explicaciones. Sabemos que la epidemia de tifus obligó a cerrar la planta de Buna de I. G. Farben durante los meses de agosto y septiembre. Sin embargo, en el informe se dice que se descubrió que el doctor del campo había administrado inyecciones letales a los débiles y a los enfermos, a ciertos prisioneros condenados a muerte y a algunos adolescentes considerados huérfanos.

Hubo que esperar dieciséis años para que se desvelasen los nombres de los supuestos autores del informe del WRB. En la primera edición de *La solución final* (*The Final Solution*), Gerald Reitliger siguió refiriéndose al anonimato de los escritores, lo cual, evidentemente, era un hecho que no favorecía la credibilidad del documento y así debió de entenderlo, toda vez que fue el propio Reitlinger quien en 1960 se encargó de localizar a un tal Rudolf Vrba, al que en la edición revisada de su obra, publicada en 1968, considera autor de la parte más importante del relato. De este modo, en el juicio de Eichmann, celebrado en Jerusalén en 1961, se dieron a conocer por fin los nombres de los dos judíos eslovacos, Rudolf Vrba y Alfred Wetzler. Entonces, el fiscal presentó una declaración jurada de Vrba que el tribunal rechazó pretextando que no había excusa para que la acusación no lo presentase ante la corte para testificar. En 1963 Rudolf Vrba publicó el libro *I Cannot Forgive* (*No puedo perdonar*), en el que no explica por qué tardó dieciséis años en dar señales de vida. En 1964 él y Wetzler se presentaron por fin en Frankfurt para declarar como testigos en el juicio de Auschwitz. Naturalmente, el folleto del WRB es espurio y la aparición de estos dos personajes no sirve en absoluto para probar su pretendida autenticidad.

La confesión de Rudolf Höss, segundo pilar de la fábula de Auschwitz

La historiografía del Holocausto tiene en Rudolf Höss a su estrella más rutilante en el universo de testigos y acusados sobre los que se ha sustentado la fábula de Auschwitz. Si el informe del WRB fue el primer pilar sobre el que comenzó a construirse el mito de Auschwitz como campo de exterminio, la confesión de Höss, obtenida bajo severas torturas, constituye el segundo pilar y armazón fundamental de la historia. Höss fue presentado como testigo ante el Tribunal Militar Internacional (IMT) el 15 de abril de 1946. Su testimonio fue un bombazo inesperado que dejó asombrados a todos los acusados y a los periodistas internacionales que asistían a las sesiones del IMT. Dijo sin ambages que Himmler le había ordenado que exterminase a los judíos y aseguró que unos 3.000.000 de personas habían sido asesinadas en Auschwitz, 2.500.000 en cámaras de gas. Puesto que Höss dejó de ser el comandante del campo el 1 de diciembre de 1943, se supone que estas cifras se refieren sólo hasta esta fecha. En el invierno de 1986-87 *The Journal of Historical Review* (Vol. 7, Nº 4) publicó un artículo del profesor Faurisson titulado "How the British Obtained the Confessions of Rudolf Höss" (Cómo obtuvieron los británicos las confesiones de Rudolf Höss). Acudimos a él para relatar cómo se consiguió la declaración firmada de Höss.

Al final de la guerra Rudolf Höss fue capturado por los británicos. Sus captores desconocían la importancia de la presa que tenían entre manos y, puesto que era un experto perito agrónomo, una oficina de trabajo le buscó empleo en una granja de Flensburg, cerca de la frontera danesa, y lo pusieron en libertad. La Policía Militar lo buscaba, por lo que su familia, con la que consiguió contactar, estaba estrechamente vigilada. Pese a todo, Höss permaneció oculto en la granja unos ocho meses, hasta las 23.00 de la noche del 11 de marzo de 1945, momento en que fue nuevamente detenido. La confirmación de que Höss fue torturado, hecho que para los revisionistas era una certidumbre, se produjo en 1983, año en que apareció el libro *Legions of Death*, obra del antinazi Rupert Butler, quien se ufana de sus investigaciones en varias instituciones del Reino Unido y expresa su gratitud a Bernard Clarke, un judío británico que era sargento en la brigada 92 de la Sección de Seguridad de Campo ("Field Security Section"), del que dice que "capturó al comandante de Auschwitz Rudolf Höss". Butler cita algunos fragmentos de los informes escritos o registrados de Clarke, quien, en lugar de mostrar remordimiento, se muestra orgulloso de haber torturado a un nazi. De hecho, el propio Rupert Butler considera que no hay nada criticable en ello y explica que fueron precisos tres días de tortura para conseguir "un informe coherente".

Según el relato de Butler, el 11 de marzo de 1946 un capitán llamado Cross, el sargento Bernard Clarke y otros cuatro especialistas de Inteligencia que vestían uniformes británicos entraron en actitud amenazante en la casa de la señora Höss, Hannah Höss, que vivía con sus niños en un bloque de apartamentos en la ciudad de Heide (Schleswig-Holstein). Los seis hombres, recalca Butler, "eran expertos en técnicas sofisticadas de investigación prolongada y despiadada." Clarke gritó a la mujer: "Si no nos dices dónde está tu marido, te entregaremos a los rusos y te pondrán frente a un pelotón de fusilamiento. Tus hijos irán a Siberia." Clarke explica que adecuadas amenazas al hijo y a la hija surtieron el efecto deseado: la Sra. Höss rompió a llorar, reveló la localización de la granja donde se escondía su marido y desveló también el falso nombre que había adoptado: Franz Lang. El capitán Cross, el sargento judío y los otros especialistas en "third degree interrogation"[11] fueron a buscar a Höss a medianoche y lo encontraron en una habitación del matadero de ganado de la granja. "Cuál es tu nombre?", gritó Clarke. Cada vez que respondió "Franz Lang" recibió un puñetazo en la cara. Después del cuarto impacto, Höss admitió su verdadera identidad. En el libro Butler relata que los padres de los sargentos judíos que formaban parte del grupo de arresto habían muerto en Auschwitz merced a una orden firmada por Höss. Por ello, lo desnudaron y lo pusieron sobre una tabla del matadero, donde lo apalizaron hasta casi matarlo. El oficial médico urgió al capitán: "Dígales que paren a menos que quieran llevarse un cadáver." Pusieron entonces una manta sobre el cuerpo tumefacto de Höss y lo introdujeron en el coche de Clarke, donde después de hacerle beber un buen trago de whisky, Clarke le empujó los párpados con su bastón de servicio y le ordenó en alemán: "¡Mantén abiertos tus ojos de cerdo, canalla!" El grupo llegó a Heide sobre las tres de la madrugada. El viento formaba torbellinos de nieve y Höss fue obligado a atravesar desnudo el patio de la prisión hasta su celda.

Un soldado raso llamado Ken Jones, estacionado en Heide con el quinto destacamento del Royal Horse Artillery, confirmó en un artículo publicado en el *Wrexham Leader* el 17 de octubre de 1986 que fueron precisos tres días para sacarle a Höss un informe coherente. Jones recuerda que él y otros dos soldados estuvieron preparándolo para el momento del interrogatorio: "Estuvimos sentados con él en su celda -escribe Jones- día y noche, armados con palos. Nuestro trabajo consistía en picarlo cada vez que caía dormido para ayudar a romper su resistencia." Jones explica que cuando sacaban a Höss al frío del exterior para que hiciera ejercicio, llevaba sólo un camiseta delgada de algodón. Después de tres días y tres noches sin dormir llegó la confesión. Según Clarke, que censuraba personalmente las cartas que Rudolf Höss enviaba a su esposa y a sus hijos, una vez que el prisionero comenzó a hablar fue imposible pararlo.

Rudolf Höss fue extraditado a Polonia el 25 de mayo de 1946. Allí tuvo que afrontar un nuevo proceso por crímenes de guerra. El juicio se celebró en Cracovia el 2 de abril de 1947 y Höss rebajó allí hasta 1.135.000 la

---

[11] "Third Degree Interrogation", interrogación de tercer grado, es un eufemismo en lengua inglesa para evitar pronunciar la palabra tortura. En estos interrogatorios se inflige dolor físico y/o mental al interrogado con el fin de lograr una confesión o un informe.

cifra de 3.000.000 que había dado en Núremberg. Dos semanas después, el día 16, fue ahorcado en Auschwitz. Paradójicamente, aunque por razones diversas que nos ahorramos comentar, los comunistas le permitieron narrar su historia en unas memorias que escribió a lápiz en la prisión de Cracovia. Martin Broszat, miembro del Instituto de Historia Contemporánea de Múnich que el 10 de agosto de 1960 reconoció en *Die Zeit* que ni en Dachau ni en Bergen-Belsen ni en Buchenwald se había gaseado a nadie, las publicó tras retocarlas en 1958 con el título *Commandant in Auschwitz*. En ellas, Höss confirma que en su primer interrogatorio lo golpearon para obtener su declaración: "No sé lo que hay en el documento, aunque lo firmé. El alcohol y el látigo eran demasiado para mí. El látigo era el mío, que por casualidad habían obtenido en las maletas de mi esposa. Apenas había tocado a mi caballo y mucho menos a los presos. Sin embargo, uno de mis interrogadores estaba convencido de que lo había utilizado permanentemente para azotar a los prisioneros." En estas memorias Höss denuncia que los británicos sólo después de tres semanas le quitaron las esposas, que había llevado desde el momento del arresto, le cortaron el pelo, le permitieron lavarse y lo afeitaron. En *Commandant in Auschwitz* se lee lo siguiente:

> "Estuve en Núremberg porque el abogado de Kaltenbrunner había solicitado que declarase como testigo para su defensa. Nunca he sido capaz de comprender, y aún no lo tengo claro, cómo, entre toda la gente que había, hubiera podido yo ayudar a absolver a Kaltennbruner. Aunque las condiciones en la prisión eran, en todos los aspectos, buenas -había una biblioteca bien surtida y leía siempre que tenía tiempo- los interrogatorios eran extremadamente desagradables, no tanto físicamente, sino mucho más a causa de su fuerte efecto psicológico. No puedo realmente culpar a los interrogadores -todos eran judíos. Psicológicamente estaba destrozado. De todas las cosas querían saberlo todo, y eso también lo hacían judíos. No me dejaron ninguna duda sobre el destino que me tenían reservado."

Las declaraciones de Höss consituyen la piedra angular de los historiadores que sostienen que el exterminio de millones de judíos en las cámaras de gas de Auschwitz es una realidad histórica. Robert Faurisson explica en el artículo publicado en *The Journal of Historical Review* que Höss realizó en realidad cuatro declaraciones, por lo que en puridad cabe hablar de las confesiones de Rudolf Höss. La primera es un texto mecanografiado de ocho páginas, el documento NO-1210. No hay en él indicación alguna del lugar, lleva fecha del 14 de marzo de 1946 y fue firmado a las 2:30 de la madrugada, posiblemente ya del día 15. Tras examinarlo, el profesor

Faurisson, especialista en el análisis de textos y en la crítica de documentos, comenta que en circunstancias normales ningún tribunal en una democracia lo hubiera tomado en consideración.

La segunda declaración jurada, el documento PS-3868, fue firmada veintidós días más tarde, el 5 de abril de 1946. Se trata de un texto de veinte páginas en inglés. En la última página figura este texto: "Comprendo el texto en inglés. Las declaraciones de arriba son verdad: esta declaración la he realizado voluntariamente y sin coacción; después de leer la declaración, la he firmado y formalizado en Núremberg, Alemania, el quinto día de abril de 1946." Faurisson, cuya crítica formal del documento es demoledora, considera el texto impresentable y menos aceptable que el primero: hay líneas añadidas en mayúsculas, líneas tachadas con bolígrafo, y carece de anotaciones al margen que justifiquen o expliquen las correcciones. A fin de justificar que Höss había firmado una declaración jurada en una lengua que no era la suya y de hacer desaparecer las tachaduras y los añadidos, en Núremberg se reestructuró el texto y se presentó como una traducción del alemán al inglés.

La tercera confesión es la espectacular exposición oral ante el IMT el 15 de abril de 1946, diez días después de la firma del documento PS-3868. Absurdamente, la aparición de Höss ante el tribunal se produjo a petición de Kurt Kauffmann, el abogado de Kaltenbrunner, a quien pretendía defender atribuyendo toda la responsabilidad a Himmler. Finalmente, la cuarta confesión son los textos que aparecen en el libro *Commandant in Auschwitz*, escritos bajo la mirada vigilante de sus carceleros comunistas mientras esperaba el juicio. Queda claro que esta última versión de Höss debe ser abordada con todo tipo de reservas, toda vez que no pudo alterar lo declarado ante el IMT y está de nuevo plagada de mentiras en los aspectos relacionados con el pretendido exterminio y los medios utilizados.

Antes de pasar a comentar las imposibilidades de la declaración de Höss, hay que recordar que sólo unos 400.000 individuos de todas las nacionalidades fueron registrados en Auschwitz. Además, cuando en abril de 1945 el Ejército Rojo se apropió de los registros de Oranienburg, ciudad situada a 35 kilómetros al norte de Berlín, descubrieron que el número total de muertos en todos los campos de trabajo a lo largo de diez años era de 403.713. Los soviéticos mantuvieron secretos estos documentos durante cuarenta y cinco años. Por otra parte, existía en Auschwitz un registro de fallecidos anotado en cuarenta y seis volúmenes. El problema es que no puede determinarse con exactitud la cifra total de muertos registrada porque faltan los libros de 1940, 1941, buena parte del año 1944 y el mes de enero de 1945. Es decir, en los cuarenta y seis libros sólo están anotadas las defunciones de 1942, 1943 y de manera incompleta las de 1944. No obstante, varios autores revisionistas han tratado de calcular las cifras de fallecidos en el campo tomando como punto de partida los datos conocidos y el número total de prisioneros registrados en Auschwitz.

Arthur R. Butz hace la extrapolación y ofrece una cifra de 125.000 muertos, muchos de los cuales, si no la mayoría, serían cristianos católicos. En 1992 el investigador revisionista judío David Cole, sobre quien daremos más adelante cumplida información, filmó un célebre documental sobre Auschwitz, donde entrevistó al Dr. Franciszek Piper director y conservador de los archivos del Museo Estatal de Auschwitz. El Dr. Piper reconoció ante la cámara que 197.820 internos habían sobrevivido. Franciszek Piper, por otra parte, escribió que "cuando los soldados soviéticos liberaron el campo en enero de 1945, encontraron documentos que confirmaban sólo 100.000 muertos." En 1999 Vivian Bird publicó *Auschwitz: The Final Count*. Esta autora inglesa insiste en que las estadísticas que figuran en los libros son completas y auténticas, pero reconoce también el inconveniente que supone no disponer del registro completo. Bird concluye que 73.137 internos sucumbieron a causa de las duras condiciones de trabajo en Auschwitz, de los cuales sólo 38.031 serían judíos.

Apuntadas estas cifras, es evidente que no podemos otorgar ninguna credibilidad a los "affidávits" de Rudolf Höss, obtenidos tras su captura a través de interrogatorios de tercer grado. De hecho, ni siquiera el autor exterminista Gerald Reitlinger se los cree y califica el testimonio de Höss en Núremberg como "irremediablemente recusable". Reitlinger admite que el testominio de Höss fue una enumeración de exageraciones insensatas, como por ejemplo la afirmación de que se mataba a 16.000 personas por día. Lamentablemente, él y otros historiadores del Holocausto, en lugar de admitir la verdadera naturaleza de Auschwitz y la gran importancia que sus actividades industriales tenían para los alemanes, argumentan que las delirantes declaraciones de Höss estuvieron motivadas por una especie de "orgullo profesional".

Sólo ha quedado una referencia a la naturaleza industrial de Auschwitz en las transcripciones de todos los testigos que declararon ante el IMT. Se trata del testimonio de una prisionera política llamada Marie Claude Vaillant-Couturier, la cual de pasada hace referencia a una fábrica de municiones, la planta de Krupp, y a una gran fábrica de Buna, sobre la que no puede decir nada porque no trabajaba allí. Otras alusiones, si las hubo, fueron eliminadas. El hecho de que el comandante del campo apenas mencione en su testimonio el interés de primer orden que tenían las fábricas del campo es muy significativo. Por contra, las barbaridades inventadas en la confesión de Höss son tan disparatadas que casi no merecerían la refutación. Veamos:

"Fui comandante de Auschwitz hasta diciembre de 1943 y estimo que por lo menos 2.500.000 víctimas fueron ejecutadas y exterminadas allí, gaseadas y quemadas, y que por lo menos otro medio millón sucumbieron por hambre y enfermedades, lo cual hace un total de cerca de 3.000.000. Esta cifra representa el 70% o el 80% del total de personas enviadas a Auschwitz como prisioneros. El tanto por ciento restante fue seleccionado para ser utilizado como mano de obra esclava en las industrias del campo de concentración. Entre los ejecutados y quemados había aproximadamente 20.000 prisioneros rusos de guerra (cribados previamente por la Gestapo de las celdas de prisioneros de guerra), los cuales fueron entregados en Auschwitz en transportes de la Wehrmacht operados por soldados y oficiales regulares de la Wehrmacht. El total de las víctimas incluía unos 100.000 judíos alemanes, y gran número de ciudadanos, mayormente judíos de Holanda, Francia, Bélgica, Polonia, Hungría, Checoslovaquia, Grecia u otros países. Ejecutamos alrededor de 400.000 judíos húngaros sólo en el verano de 1944."

Es de destacar esta mención de los 400.000 judíos húngaros, sobre los que parece que existía un interés especial en sumarlos a la cifra cabalística de los 6.000.000. Puesto que ya hemos dedicado espacio a lo ocurrido realmente con los judíos húngaros, no añadiremos nada; aunque sí cabe constatar que Rudolf Höss ya no estaba en Auschwitz en el verano de 1944. Sin embargo, puesto que en diciembre de 1943 ascendió a la Inspección de los Campos de Concentración en Oranienburg, es creíble que pudiera saber que las pretendidas ejecuciones continuaban. Dicho esto, parece claro que la inclusión de los judíos húngaros fue una imposición más de los redactores de la declaración que le fue presentada a la firma. De este modo, el total de víctimas quedó en 3.400.000, muy cerca ya de la cifra de 4.000.000 que dieron finalmente los soviéticos y que figuró en la primera placa instalada en el campo para los turistas. Por otra parte, si la cifra de 3.000.000 era sólo el setenta o el ochenta por ciento del total de personas enviadas a Auschwitz, hay que deducir que fueron cerca de 4.000.000 los prisioneros del campo, lo cual mútiplica por diez la cifra que figura en los registros.

En otro párrafo de la declaración queda constancia de que, aunque su comandancia en Auschwitz finalizó el 1 de diciembre de 1943, su posición en la Inspección de Campos le permitía tener conocimiento de lo que ocurría en los campos de concentración:

"Las ejecuciones con gas comenzaron durante el verano de 1941 y continuaron hasta el otoño de de 1944. Yo personalmente supervisé las ejecuciones en Auschwitz hasta diciembre de 1943 y sé a causa de mis obligaciones continuadas en la Inspección de Campos de Concentración WVHA que las ejecuciones en masa continuaron como ha quedado manifestado arriba. Todas las ejecuciones mediante gaseamientos tuvieron lugar por orden directa, supervisión y responsabilidad de RSHA. Recibí todas las órdenes para llevar a cabo las ejecuciones en masa directamente de la RSHA."

Sabemos que la Oficina Central de Seguridad del Reich (Reichssicherheitshauptamt), abreviado RSHA, fue creada por Heinrich Himmler el 27 de septiembre de 1939, por tanto Höss da a entender de este modo que recibió la orden de exterminio del propio Himmler. En *The Hoax of the Twentieth Century*, Arthur R. Butz comenta que en su testimonio, el cual figura en el volumen 11 del IMT, Höss dijo que en el verano de 1941 había sido emplazado a informar directamente al Reichsführer SS y que durante la entrevista mantenida con él, Himmler le dio la orden de exterminar a los judíos, pero le comunicó que debía mantener el "más estricto secreto", sin permitir que su inmediato superior Glücks supiera lo que estaba haciendo. Richard Glücks era en aquel tiempo el inspector de los campos de concentración y estaba subordinado al Reichsführer Himmler. Ni que decir tiene que es absolutamente absurdo pretender que Himmler, sin informar a Oswald Pohl, jefe del Departamento Económico y Administrativo de las SS (SS-WVHA), ordenó al comandante Höss que exterminase secretamente a millones de judíos y que ocultase la matanza a Glücks, su superior, que al mismo tiempo estaba bajo las órdenes de Himmler. ¿Puede concebirse mayor disparate? Veamos más:

"La 'solución final' de la cuestión judía significaba el exterminio completo de todos los judíos de Europa. Recibí la orden de crear instalaciones de exterminio en Auschwitz en junio de 1941. En aquel tiempo había ya en el Gobierno General otros tres campos de exterminio, Belzec, Treblinka y Wolzek. Estos campos estaban bajo el Einsatzkommando de la Policía de Seguridad y SD. Visité Treblinka para averiguar cómo llevaban a cabo sus matanzas. El comandante del campo en Treblinka me dijo que había liquidado a 80.000 en medio año. Estaba principalmente interesado en la liquidación de los judíos del gueto de Varsovia. Utilizaba monóxido gaseoso y no pensé que sus métodos fueran muy eficaces. Así, cuando construí el edificio para exterminio en Auschwitz, utilicé Zyklon B, que era ácido prúsico cristalizado, ácido que dejábamos caer en la cámara de gas por una pequeña apertura. Se tardaba entre tres y quince minutos en matar a la gente dentro de la cámara, dependiendo de las condiciones climáticas.

Sabíamos cuando estaban muertos porque sus gritos cesaban. Normalmente esperábamos media hora antes de abrir las puertas y retirar los cuerpos. Después de haberlos retirado, nuestros comandos especiales les sacaban los anillos y extraían el oro de los dientes."

Otra mejora que hicimos con respecto a Treblinka fue que construimos nuestras cámaras de gas con capacidad para 2.000 personas a la vez, mientras que en las diez cámaras de gas de Treblinka sólo cabían 200 personas en cada una. El modo como seleccionábamos a nuestras víctimas era el siguiente: teníamos en Auschwitz dos médicos de las SS para examinar a los prisioneros que llegaban en los transportes. Los aptos para trabajar eran enviados al campo. Otros eran enviados inmediatamente a las plantas de exterminio. Los niños de pocos años eran invariablemente exterminados porque debido a su condición no eran útiles para el trabajo. Otra mejora que hicimos con respecto a Treblinka fue que en Treblinka las víctimas sabían casi siempre que iban a ser exterminadas y en Auschwitz nos esforzábamos en hacerles creer que iban a pasar por un proceso de despiojamiento. Por supuesto frecuentemente se daban cuenta de nuestras verdaderas intenciones y en ocasiones se producían disturbios y dificultades por este hecho. A menudo las mujeres escondían a sus niños bajo las ropas, pero naturalmente cuando las descubríamos enviabamos a los niños al exterminio. Se nos pidió que llevaramos a cabo estos exterminios en secreto, pero desde luego el olor nauseabundo desprendido por las continuas cremaciones de cadáveres impregnó la zona totalmente y toda la gente que vivía en las poblaciones circundantes sabía que en Auschwitz se llevaban a cabo exterminios."

Como vemos, en la declaración se insiste en que la orden de exterminio se produjo en el verano de 1941, por tanto medio año antes de que se celebrara la Conferencia de Wannsee. Parece claro que el rigor histórico no adornaba el intelecto de quienes presentaron a Höss la confesión para que la firmara. Por contra, Gerald Reitlinger se percató pronto de que incoherencias de este tipo restaban credibilidad a la confesión y se apresuró a rectificar la fecha. Según Reitlinger, Höss quería decir el verano de 1942 y no de 1941. Es más, el propio Reitlinger sitúa el primer gran transporte de dos mil judíos a Birkenau en marzo de 1942. "En aquel tiempo -se lee en la declaración- había ya en el Gobierno Central otros tres campos de exterminio, Belzec, Treblinka y Wolzec." Es ésta otra pifia de envergadura, pues tampoco en 1941 existía aún Treblinka II, cuya construcción comenzó en marzo de 1942. Según se ha dicho, en la actualidad una inscripción sobre piedra indica que el exterminio del 800.000 judíos se produjo allí entre julio de 1942 y agosto de 1943. Y suma y sigue, pues las contradicciones e incongruencias son consecuencia lógica de las mentiras descaradas que conforman el "affidavit". Robert Faurisson comenta que en NO-1210, el texto de la primera declaración jurada, los británicos le hicieron firmar a Höss que el campo de exterminio de Wolzec se hallaba "cerca de Lublin". En realidad, Wolzec no existe ni existió. No parece probable que quisieran referirse a Belzec, puesto que no está cerca de Lublín, sino a más de ciento treinta kilómetros, y además lo mencionan junto a Wolzek, un topónimo misterioso que no se encuentra en ningún mapa de Polonia.

Arthur R. Butz comenta extensamente las referencias al Zyklon B en la confesión de Höss. Confirma que no había, en efecto, gas más mortífero y que era un insecticida muy conocido y utilizado, que había sido comercializado mundialmente antes de la guerra. La "Deutsche Gesellschaft für Schädlingsbekämpfung" (DEGESCH), una empresa de pesticidas, lo suministró durante la guerra a las Fuerzas Armadas alemanas y a todo el sistema de campos. Como se ha dicho, durante los meses de agosto y septiembre de 1942 hubo que paralizar el trabajo en Auschwitz a causa de una terrible epidemia de tifus. Sabemos que el cese de las medidas de desinfección en el campo de Bergen-Belsen tuvo al final de la guerra efectos devastadores. La mortandad que allí se produjo proporcionó las imágenes impactantes que constituyen la filmación de referencia para los propagandistas del Holocausto. El Zyklon B, que iba envasado en latas cilíndricas de color verde, era, por consiguiente, esencial en los campos como desinfectante para preservar la vida de los prisioneros, pero no para matarlos. Habitaciones y barracones eran sellados antes de vaciar el gas que exterminaba piojos y otras plagas de insectos. Después se ventilaba convenientemente. También las ropas eran despiojadas en las "cámaras de exterminio". El Ejército de Estados Unidos utilizó asimismo un potente insecticida en sus campos de concentración, el DDT, más versátil y avanzado que el Zyklon, por lo que no era tan letal para las personas. Precisamente por ser el Zyklon tan ponzoñoso, es del todo imposible, como se dice en la declaración de Höss, que sólo media hora después de haber soltado el gas entrasen en las cámaras para retirar los cuerpos con el fin de desvalijarlos.

Es una sandez increíble, por otra parrte, pretender que los jerarcas nazis delegaron en un comandante de campo la elección del material y el método de ejecución para el exterminio sistemático de millones de judíos. Según la declaración delirante de Höss, fue él quien, tras visitar Treblinka y comprobar que su comandante utilizaba un procedimiento de exterminio chapucero, decidió buscar un modo más eficaz para poner fin al problema judío. Reitlinger, desbordado ante una confesión tan inasumible, acaba diciendo gratuitamente que "sin duda" fue Hitler quien finalmente tomó la decisión.

Tanta seriedad y rigor histórico impresionan. No comentaremos ahora la afirmación de que metían tandas de dos mil personas a la vez en una cámara de gas, pues habrá tiempo de hablar de ello cuando presentemos el *Informe Leuchter*. En cuanto a que las mujeres escondían a sus hijos bajo las ropas y que los niños eran exterminados por sistema porque no eran útiles para trabajar, no vale la pena decir nada, pues se ha comentado en las páginas sobre Belzec, Treblinka y Sobibor que pintar a los alemanes como bestias despiadadas era una estratagema propagandística. Recordemos que ya en la Primera Guerra Mundial sólo faltó decir que se comían a los niños con patatas fritas después de ensartarlos con sus bayonetas.

En las líneas finales de la cita se dice que el área quedó impregnada por la pestilencia producida por las "continuas cremaciones de cadáveres". Según Höss y otros exterministas, antes de la construcción de los modernos hornos, las cremaciones se realizaban en zanjas o piras. Se ha visto ya que este asunto del hedor por la quema de cuerpos fue un tema recurrente de los propagandistas en los campos de la llamada Operación Reinhard. En el caso de Auschwitz, sin embargo, el mal olor está confirmado y existe una explicación que no debería ignorarse: había en el campo numerosas industrias que trabajaban con materiales muy contaminantes. La hidrogenación y otros procesos químicos que tenían lugar en las fábricas se caracterizan por el tufo que generan. El carbón utilizado por los alemanes era una fuente más sucia que el crudo. Por tanto, es razonable concluir que la fetidez de la zona debía de proceder de la planta de Buna de la I. G. Farben y de las diversas actividades industriales de lo otros complejos fabriles.

Sobre los hornos crematorios de Auschwitz-Birkenau

Puesto que Arthur R. Butz ofrece bastante información sobre la construcción de los cuatro edificios que contuvieron los crematorios, acudiremos una vez más a esta fuente fiable y rigurosa con el fin de desacreditar el famoso informe del War Refugee Board, en el que consta que en la primavera de 1944 había en Birkenau cuatro crematorios (I, II, II y IV). En realidad los cuatro edificios de Birkenau que contenían los crematorios eran el II, III, IV y V. El edificio I estaba en Auschwitz I y habría sido un crematorio inactivo que tenía cuatro bocas. Butz desvela que los planos para la construcción de las cuatro estructuras con los hornos crematorios llevan fecha de 28 de enero de 1942. El 27 de febrero de aquel año, un coronel ingeniero de las SS, Hans Kammler, jefe del Departamento de Construcción del WVHA, visitó Auschwitz y mantuvo una reunión durante la cual se acordó instalar cinco hornos crematorios, en lugar de los dos previstos inicialmente. Por tanto, se decidió construir cinco hornos con quince bocas en cada uno de los cuatro crematorios, lo que haría un total de sesenta bocas en los cuatro crematorios. Ahora bien, mientras existen documentos que demuestran que en los edificios II y III se acabaron las obras, no hay pruebas documentales que lo confirmen en los crematorios IV y V, si bien hay evidencias de que hubo en ellos hornos funcionando. Las obras se encargaron el 3 de agosto de 1942 a la empresa Topf und Söhne de Erfurt. Cada horno, como todos los hornos normales de cremación, estaba concebido para incinerar un cuerpo y no existen evidencias de que se instalasen hornos no convencionales diseñados para albergar más de un cuerpo de una vez.

En el informe del WRB se afirma que en dos crematorios había 36 hornos en cada uno y en los otros dos edificios, 18 hornos en cada uno. Si aceptamos como válida la información del párrafo anterior, hay que suponer que se refiere a 36 bocas o puertas, por lo cual si consideramos que cada horno tenía tres bocas, en dos edificios habría 12 hornos con tres bocas cada uno y en los otros dos edificios, 6 hornos con tres bocas cada uno. De esta manera se obtendría la cifra total de 108 bocas, que en realidad eran las necesarias para conseguir quemar 6.000 cuerpos al día introduciendo tres cuerpos en cada horno, siempre y cuando, como se asegura en el informe, los tres cuerpos quedaran incinerados en sólo media hora y los hornos estuvieran funcionando sin parar las veinticuatro horas del día, lo cual es técnicamente imposible. Siendo generosos, puede aceptarse que con la tecnología de 1943 cada horno podía reducir a cenizas un cuerpo en una hora. Si, como se pretende en el Informe del WRB, se introducían tres cuerpos a la vez, el tiempo de incineración tendría que ser necesariamente mayor. Por otra parte, los tiempos muertos eran inevitables, toda vez que se requerían trabajos diversos de mantenimiento y limpieza.

Antes de calcular cuál sería el número máximo de cadáveres que pudieron ser incinerados en los crematorios de Auschwitz-Birkenau, es de interés proseguir examinando la información y los documentos que aporta Arthur R. Butz en su obra magistral. Los planos de los cuatro edificios que contenían los crematorios demuestran que en cada uno había una gran habitación o vestíbulo, "Leichenkeller" (sótano mortuorio o sótano de cadáveres), que en el caso de los crematorios II y III estaban bajo el nivel del suelo y en los crematorios IV y V a ras del suelo. Los primeros cinco hornos con tres bocas cada uno se instalaron en el edificio II. La construcción se prolongó hasta el mes de enero de 1943. Butz reproduce el texto del documento NO-4473, extraído del volumen 5 de los Tribunales Militares de Nuremberg (NMT), el cual confirma la finalización de las obras:

"29 de enero de 1943

Al jefe del Amtsgruppe C, SS Brigadeführer y Brigadier General de las Waffen SS, Dr. Ing. Kammler.

Asunto. Crematorio II, condiciones de la edificación.

El crematorio II ha sido terminado -a excepción de algunos trabajos secundarios- utilizando todas las fuerzas disponibles, a pesar de las tremendas dificultades y del frío intenso, en turnos de 24 horas. Se encendieron los fuegos de los hornos en presencia del ingeniero jefe Prüfer, representante de los contratistas de la firma Topf und Söhne, Erfurt, y funcionan a plena satisfacción. Los tablones del techo de hormigón del sótano utilizado como mortuorio (Leichenkeller) no se quitaron todavía a causa del hielo. Sin embargo, ello no tiene más importancia, pues la cámara de gas puede ser utilizada para esta finalidad.

Topf und Söhne no ha podido entregar a tiempo las instalaciones de aireación y ventilación solicitadas por la Dirección Central de Construcciones debido a limitaciones en el uso de ferrocarriles. Tan pronto lleguen, comenzarán los trabajos para colocarlas, por lo que cabe esperar todo estará listo para su uso el 20 de febrero de 1943. Adjuntamos un informe del ingeniero de pruebas de la firma Topf und Söhne, Erfurt.

El jefe de la Dirección General de Construcciones, de las Waffen SS y Policía de Auschwitz, SS Hauptsturmführer.

Ditsribuido a: 1 -SS Ustuf. Janisch u. Kirschnek; 1 Archivo de la oficina (archivo del crematorio), Certificado de autenticidad de la copia (firma ilegible) SS Ustuf. (F)"

Así, pues, existe la certidumbre de que las quince bocas de los cinco hornos del crematorio del edificio II pudieron utilizarse a finales de enero de 1943. Sin embargo, hubo que esperar varios meses para que funcionasen los otros crematorios. El 12 de febrero de 1943 Topf und Söhne escribió a Auschwitz acusando recibo de la orden de construcción de cinco unidades de hornos de tres bocas para el crematorio del edificio III, cuyas obras, si no surgían impedimentos, debían estar concluidas el 10 de abril. Arthur R. Butz puntualiza que no ha podido encontrar, sin embargo, documentos fehacientes que demuestren que se completó la construcción de los hornos en los crematorios IV y V, si bien menciona una carta de 21 de agosto de 1942 de un teniente de las SS en Auschwitz, en la que se da noticia de una propuesta de Topf un Söhne para instalar dos unidades de hornos de tres bocas cada uno. En cualquier caso, existen evidencias de que finalmente se construyeron también hornos en los crematorios IV y V, los cuales habrían estado funcionando a lo largo de 1944. El propio Butz admite que por lo menos se tiene constancia de un "Kommando" de trabajo que el 11 de mayo de 1944 estaba asignado a los crematorios del los edificios IV y V. En el *Informe Leuchter*, que comentaremos a continuación, se establece definitivamente que en los crematorios IV y V hubo dos hornos de cuatro bocas cada uno ("retortas" es el tecnicismo utilizado por Leuchter). Reitlinger da por hecho que entre los cuatro edificios hubo veinte hornos con un total sesenta bocas; pero en realidad funcionaron sólo catorce hornos que disponían de 46 bocas.

Estas constataciones permiten establecer que desde finales de enero hasta abril de 1943 sólo hubo en Auschwitz-Birkenau cinco hornos de tres bocas cada uno. Si efectivamente el 10 de abril de 1943 pudieron entrar en servicio los hornos del crematorio III, hubo durante ocho meses de 1943 diez hornos con treinta bocas. Puesto que los supuestos exterminios finalizaron en el otoño de 1944, sólo durante diez u once meses habrían estado operativos la totalidad de los veinte hornos con sus sesenta bocas, siempre y cuando los diez hornos de los crematorios IV y V hubieran funcionado desde enero de 1944, tal y como supone Reitlinger. Arthur R. Butz ofrece una estimación sobre la base de que pudo haber hasta un total de 46 bocas operando diariamente a pleno rendimiento en 1944, parando sólo una hora, y calcula que pudieron incinerarse así unos 1.000 cadáveres al día, lo que equivaldría a la cifra de 360.000 en un año. Cuando estudiemos el *Informe Leuchter* comprobaremos que estas cifras del profesor Butz están muy alejadas de la realidad.

En cuanto al funcionamiento de los hornos crematorios, se utilizaba un horno de gas que producía una mezcla de aire y combustible gasificado que se introducía en el horno para comenzar, controlar y parar la ignición. Estos crematorios son conocidos como hornos alimentado por gas debido a que lo utilizan como carburante, que se inyecta a presión. La palabra alemana que se utiliza para el concepto en cuestión es "Gaskammer", pero en el documento NO-4473 aparecía la palabra "Vergasungskellker", que Reitlinger tradujo erróneamente al inglés como "sótano de gaseamiento". Arthur R. Butz explica que la palabra "Vergasung" tiene en un contexto técnico el significado de gasificación, carburación o vaporización, o sea, puntualiza, "convertir algo en gas y no exponer algo a un gas." Un "Vergasser" es un carburador. "Los hornos de Birkenau -añade Butz- parecen haber sido de coque o carbón".

Hay dos procedimientos para producir combustible gasesoso a partir de coque o carbón: el primero hacer pasar aire por una capa de coque ardiendo para producir "gas de horno de coque"; el segundo hacer pasar vapor por el coque para obtener "gas de agua". El término utilizado en alemán para generar estos procesos es "Vergasung". En cualquier caso, escribe Butz, "es obvio que los crematorios de Auschwitz requerían equipos de 'Vergasung' para introducir la mezcla de aire y gas en los hornos y que lo traducido en el NO-4473 debería sustituirse posiblemente por 'sótano de producción de gas'. He confirmado esta interpretación de 'Vergasunskeller' con fuentes técnicamente solventes en Alemania."

En definitiva, Arthur R. Butz denuncia que, si se interpreta adecuadamente, el documento NO-4473, como tantos otros, tiende a oponerse a las afirmaciones de la acusación. Butz insiste en que el crematorio II tenía por los menos dos sótanos: un "Leichenkeller" (sótano de cadáveres) y un "Vergasungskeller" (sótano de producción de gas), ninguno de los cuales era una "cámara de gas". El NO-4473, incluido en los volúmenes del NMT en una selección de pruebas acusatorias del proceso de la Administración de los Campos de Concentración (Caso 4) es, lamenta el profesor Butz, la máxima prueba documental que han podido presentar los exterminacionistas para evidenciar que en los crematorios de Birkenau existían cámaras de gas. En cuanto a la interpretación de Raúl Hilberg, escribe textualmente: "Inexplicablemente se salta el NO-4473 sin ocuparse del problema que suscita. Cita el documento, pero no la frase que contiene la palabra 'Vergasungskeller'. Dice sencillamente que el 'Leichenkeller' de los crematorios II y III y el 'Badenanstalten' (baños) en los crematorios IV y V eran en realidad cámaras de gas. No presenta en absoluto ninguna prueba de ello. Los documentos citados por Hilberg sobre este asunto no hablan de cámaras de gas." Consecuentemente, concluye Butz, "no hay razones para aceptar, y sí muchas para rechazar, las alegaciones que contemplan dichas instalaciones como cámaras de gas."

La elevada mortalidad de Birkenau

El hecho de que no hubiera ejecuciones masivas ni cámaras de gas, no exonera, sin embargo, a Birkenau de ser el campo con la mayor tasa de mortalidad de todo el sistema concentracionario alemán. Durante el periodo de 1942-44, la muerte tuvo allí uno de sus dominios favoritos, por lo que en este sentido puede afirmarse que fue un "campo de la muerte". Pero si consideramos que en Dresde murieron más civiles en unas horas que en Birkenau en dos años, y que en Hiroshima y Nagasaki bastaron unos segundos para masacrar a más de 150.000 inocentes, Birkenau sería sólo uno de tantos feudos predilectos de la muerte, la implacable enemiga del género humano, que durante la II Guerra Mundial se cebó en el planeta con una degollina sin precedentes que supuso el sacrificio de más de sesenta millones de vidas.

Sabemos que Birkenau (Auschwitz II) y Monowitz (Auschwitz III) fueron construidos como dependientes de Auschwitz I, en donde estaba radicado el centro administrativo de todo el sistema de campos de la zona. Al comentar el testimonio ante el IMT de Josef Kramer, comandante de Birkenau desde mayo a noviembre de 1944, se ha dicho que Kramer admitió en su declaración que morían semanalmente en Birkenau entre 350 y 500 personas. "Yo tenía un campo con gente enferma -dijo- que venía de otras partes del campo." En su primera declaración, Kramer insistió en que los médicos, que trabajaban doce horas al día, debían certificar las causas de la defunción de los prisioneros, los cuales no recibían normalmente maltrato y eran incinerados cuando morían. Afirmando que iban a Birkenau personas de los otros campos que ya no podían trabajar, "gente enferma", Kramer pretendía justificar el elevado índice de fallecimientos. Es decir, Birkenau habría sido concebido para alojar a prisioneros enfermos, ancianos, niños, moribundos y a cuantos no podían trabajar. Todos los presos enfermos de Monowitz que no eran aptos como obreros eran enviados a Birkenau. También se acomodó en Birkenau a los prisioneros en tránsito. De hecho había una zona del campo exclusiva para gitanos y otra en la que se alojó a las familias de judíos que procedían de Theresienstadt. Por todo ello, Birkenau, que inicialmente, como Auschwitz I, debía suministrar mano de obra a la planta de la Krupp, a la fábrica eléctrica de Siemens o a la I. G. Farben y sus subcontratistas, se convirtió en un campo más grande que Auschwitz I, utilizado por las SS para necesidades diversas.

Según Reitlinger, entre el verano de 1942 y el verano de 1944 sólo una parte de la población de Birkenau trabajaba. En abril de 1944, cuando la guerra entraba ya en el periodo más crítico para Alemania, de los 36.000 reclusos de Birkenau casi la mitad estaban considerados incapaces de ser empleados como mano de obra; por contra en Auschwitz I, de 31.000 prisioneros sólo el diez por ciento no eran aptos para el trabajo. Como se ha visto, fue en Birkenau donde se construyeron las mayores instalaciones para proceder a la eliminación de los cadáveres mediante la incineración en los hornos crematorios. En documentos del NMT se constata que en mayo de 1944 había en Birkenau 18.000 prisioneros masculinos, de los cuales dos terceras partes estaban clasificados como "paralizados", "inutilizables" y "sin asignación", por lo que se hallaban alojados en cuarentena en bloques para enfermos, lo cual demuestra que estar enfermo no implicaba la ejecución inmediata. Parece ser que algunos exterminacionistas han considerado que el hecho de que se devolvieran a Monowitz las ropas de los reclusos trasladados a Birkenau era prueba de su eliminación. El profesor Butz rechaza esta pretensión argumentando que la devolución era debida a que estaban siendo transferidos del presupuesto de la I. G. Farben al de las SS. A medida que iba concluyendo 1944, la derrota de Alemania se hizo irreversible y la situación en

Birkenau fue cada vez más desastrosa, ya que el campo recibía reclusos que estaban siendo evacuados de otros campos y la población aumentó hasta los 100.000 presos. Entonces, como insinuó Josef Kramer, podían morir hasta dos mil personas en un mes.

Concretar las cifras de fallecimientos en Auschwitz-Birkenau no es tarea fácil. Existen estimaciones de la Cruz Roja Holandesa sobre el índice de mortalidad durante la epidemia de tifus que obligó al cierre de la planta de Buna de la I. G. Farben en agosto y septiembre de 1942. Según esta fuente, entre el 16 de julio y el 19 de agosto la tasa media de mortalidad en Birkenau fue de 186 al día, sólo entre los hombres. La Cruz Roja Holandesa especifica el número de fallecidos entre el 28 de septiembre y el 2 de octubre de 1942. Únicamente en estos seis días murieron 1.500 personas. En el mismo informe se ofrecen datos de otros dos periodos: entre el 30 de octubre de 1942 y el 25 de febrero de 1943 la tasa media de defunciones fue de 360 personas a la semana, mientras que del 26 de febrero al 1 de julio de 1943 se da la cifra de 185 decesos semanales. En estas circunstancias, es comprensible que se optase por la construcción inmediata de hornos crematorios con el fin de eliminar de manera limpia los cuerpos y evitar la extensión de epidemias.

En la segunda parte del capítulo, que trata sobre los campos en Alemania, se ha relatado ya que la elevada tasa de mortalidad activó todas las alarmas. Allí se ha comentado la orden de Himmler del 28 de diciembre de 1942, donde se exigía rebajar las defunciones en los campos "cueste lo que cueste". Se ha visto también que el 20 de enero de 1943 Richard Glücks, el general de las SS al frente de la Inspección de los Campos, ordenó en una circular "utilizar todos los medios para rebajar la tasa de mortalidad". Oswald Pohl presentó a Himmler datos oficiales del Departamento Principal de la Administración Económica, según los cuales sólo en agosto de 1942 murieron 12.217 presos de un total de 115.000 detenidos en los campos de concentración. Puesto que la mano de obra era esencial para sostener el esfuerzo bélico en su momento culminante, estas cifras eran intolerables. Es ridículo pretender que estas órdenes tajantes sobre la necesidad de mantener con vida a los presos eran estrategias para ocultar el exterminio masivo planificado.

El 15 de marzo de 1943 Pohl llegó incluso a quejarse a Himmler de que los prisioneros enviados por el Ministerio de Justicia procedentes de las cárceles padecían "debilidad física" y muchos de ellos estaban "enfermos de tuberculosis". El 10 de abril de 1943 Oswald Pohl solicitó a Himmler que aprobara el borrador de una carta dirigida el ministro de Justicia del Reich en la que lamentaba que de 12.658 prisioneros entregados a los campos de concentración, 5.935 habían muerto el 1 de abril. Arthur R. Butz reproduce un fragmento de la carta, donde Pohl se quejaba en estos términos: "El número de fallecidos sorprendentemente elevado se debe al hecho de que las prisiones transfieren reclusos que están en las peores condiciones físicas posibles." El profesor Butz opina que existía una rivalidad o un conflicto de intereses entre Departamentos. Según él, "las prisiones de Alemania tenían sin duda sus propios intereses económico-productivos y no sólo eran reacias a ceder a sus presos más saludables, sino que incluso estaban deseosas de ceder a los más enclenques o enfermizos."

Arthur R. Butz, en resumen, admite que la mitad de todas la muertes acaecidas en los campos de concentración alemanes entre 1942 y 1944 se produjo en Auschwitz-Birkenau, hecho que fue utilizado por los propagandistas judíos para lanzar la alegación de que era un campo de exterminio. Para ello se utilizó la mentira de convertir el gas utilizado como medio de desinfección, en el agente utilizado para masacrar en masa a millones de judíos. En realidad, familias judías con niños vivieron durante meses en Birkenau en barracones que habían sido previamente desinfectados con Zyklon-B.

El *Informe Leuchter* sobre Auschwitz-Birkenau y Majdanek

En 1985 se celebró en Toronto el primero de los juicios contra Ernst Zündel, celebérrimo luchador revisionista alemán sobre quien necesariamente habrá que escribir más adelante, cuando dediquemos a la persecución de los revisionistas el espacio que merece. Denunciado por una organización judía llamada "Holocaust Remembrance Association", fue llevado a juicio bajo el cargo de "publicación de noticias falsas". Se apoyaron en una ley inglesa de 1275, pocas veces aplicada, que prohibía al vulgo mofarse de los caballeros en versos satíricos. Zündel había publicado el libro de Richard Harwood *¿Murieron realmente seis millones?* a través de "Samisdat Publishers", pequeña editorial que había fundado en 1978 y que con el tiempo se convirtió en una productora de vídeos, entrevistas radiofónicas, programas de televisión y otros documentos históricos de gran valor para el movimiento revisionista.

El juicio duró siete semanas y durante las sesiones, requeridos por el lobby judío de Cánada, declararon Raúl Hilberg y Rudolf Vrba. El abogado Douglas Christie, casi tan legendario como el propio Zündel, acorraló a Hilberg, quien fue incapaz de presentar un sólo documento que demostrara la existencia del plan de exterminio. Tampoco pudo enseñar ningún informe pericial de tipo técnico sobre las cámaras de gas ni un informe de autopsia donde se demostrase la muerte de algún recluso con gas Zyklon. Las expectativas de la acusación recayeron entonces en los testigos Arnold Friedman y Rudolf Vrba. El primero, a merced del hábil interrogatorio del abogado Christie, acabó perdiendo los nervios y tuvo que reconocer que no había visto nada y que cuanto sabía "se lo había oído contar a personas dignas de crédito." Vrba, la fuente teórica del informe del WRB, incurrió en numerosas contradicciones, errores e inexactitudes que lo pusieron en evidencia. Para remediarlo, argumentó que en su libro *I Cannot Forgive* (*No puedo perdonar*) había echado mano de licencias poéticas, lo cual irritó incluso al fiscal Griffiths. Pese a todo, Zündel fue condenado a quince meses de prisión. El Gobierno de Alemania Occidental confiscó su pasaporte y pidió su extradición. En enero de 1987, sin embargo, la Corte de Apelaciones de Ontario anuló el juicio, pues llegó a la conclusión de que el juez, Hugh Locke, dio instrucciones al jurado y ocultó evidencias a la defensa. Se ordenó que se iniciara otro proceso, que dio comienzo el 18 de enero de 1988.

Este segundo proceso, que duró cuatro meses, iba a marcar un antes y un después: la publicación durante el juicio de un peritaje técnico-científico, el *Informe Leuchter,* puso definitivamente en entredicho las pretensiones de los exterminacionistas sobre Auschwitz-Birkenau y Majdanek. A partir del segundo juicio contra Ernst Zündel, el revisionismo cogió fuerza y comenzó a crecer internacionalmente. Hoy constituye una peligrosa y apasionante empresa intelectual de primer orden, toda vez que los historiadores e investigadores que exigen la verdad histórica son perseguidos como delincuentes y condenados por crímenes de pensamiento, pese a lo cual insisten en sus tesis. Fue el profesor Robert Faurisson quien al inicio del juicio tuvo la idea brillante de acudir a Alfred Leuchter, considerado entonces un experto indiscutible en ejecuciones, ya que diseñaba y fabricaba distintos equipos para las penitenciarías de Estados Unidos: cámaras de gas, silla eléctrica e inyección letal. De ahí su apodo de "Mr. Death".

El mismo Alfred Leuchter explica cómo comenzó todo: "En febrero de 1988 el Dr. Robert Faurisson se puso en contacto conmigo por el proceso del Sr. Ernst Zündel y me pidió considerar un encargo para investigar las supuestas cámaras de gas para ejecuciones que hicieron funcionar los nazis en Polonia, y a la vez exponer una opinión de ingeniería en cuanto a su operabilidad y eficiencia. Por otra parte, me solicitaron efectuar una evaluación forense de crematorios existentes." Leuchter se reunió con Zündel, con el abogado Christie y otros miembros del equipo, quienes le explicaron que pretendían hacer uso de su dictamen en el caso "The Queen vs. Zündel", que se trataba en la Corte del Distrito de Toronto. Una vez Fred Leuchter hubo aceptado el encargo, se decidió que la investigación incluiría todos los crematorios y las supuestas cámaras de gas para ejecuciones de Auschwitz, Birkenau y Majdanek (Lublin).

El 25 de febrero de 1988 Leuchter inició su histórico viaje a Polonia en compañía de su esposa Carolyn, un dibujante técnico llamado Howard Miller, el cámara Jürgen Neumann y el intérprete Theodor Rudolf. Ya sobre el terreno, se inspeccionaron todas las instalaciones requeridas, se hicieron mediciones y se tomaron muestras forenses, se revisaron los manuales sobre el diseño y manejo de las cámaras de desinfección de la firma DEGESCH, sobre el gas Zyklon-B, así como los materiales referentes a los procesos de ejecución. Concluido el trabajo, Leuchter y su equipo regresaron el 3 de marzo de 1988. El 20 y el 21 de abril Fred Leuchter participó como testigo en el juicio contra Zündel.

Antes de pasar a comentar el *Informe Leuchter*, puede ser de interés para los lectores saber que existe una magnífica película titulada *Mr. Death: The Rise and Fall of Fred A. Leuchter, Jr.*, cuya traducción sería *El Dr. Muerte: ascenso y caída de Fred Leuchter, Jr.*, aparecida en 1999. Su autor, Errol M. Morris, un director nuevayorkino de origen judío, es famoso por la calidad de sus documentales. Morris, tras conocer por la prensa que Fred Leuchter estaba siendo triturado públicamente a causa de su informe sobre las cámaras de gas, decidió rodar un documental que le llevó seis años de producción. En él, se manifiestan exterministas como Shelly Shapiro, quien advierte a los espectadores de que no se dejen engañar por el "racista" y "antisemita" Leuchter, o como el químico James Roth, que declaró durante el juicio no haber hallado rastro de Zyklon-B en las muestras analizadas y en la película dice vergonzosamente: "Si hubiera sabido que las muestras venían de esos lugares, los resultados de mis exámenes hubieran sido distintos." Junto a Leuchter, aparecen en el documental el historiador inglés David Irving y Ernst Zündel. Zündel, que en 2005 acabaría siendo extraditado a Alemania, donde fue formalmente acusado de "incitar el odio" y condenado a cinco años de cárcel, tardó un tiempo en decidir su participación en la película, pues dudaba de la objetividad de Errol Morris. Fue el propio Morris quien personalmente lo convenció de que no formaba parte del lobby financiero y periodístico sionista y que pretendía actuar honestamente, de manera objetiva. Zündel aceptó entonces ayudar al documentalista judío y le ofreció materiales de todo tipo. Morris no mintió y supo culminar una película impecable que en septiembre de 1999 se proyectó en el Festival Internacional de Cine de Toronto. La película acaba mostrando a un Fred Leuchter destruido por el lobby del Holocausto, sin trabajo y sin familia, que desaparece caminando por una autopista. Pese a todo, da la imagen de un hombre íntegro, aferrado a la verdad, que mantiene la validez de su trabajo.

Reseña escueta del *Informe Leuchter*

Comprobar si las cámaras de gas y los crematorios habían funcionado como decían los exterminacionistas era el fin fundamental de la investigación. Para ello, se procedió a la inspección física de las instalaciones, se estudió su diseño y se realizó una descripción del procedimiento aplicado con objeto de determinar la cantidad de gas utilizado, los tiempos necesarios de ejecución y ventilación, el espacio y la capacidad de las cámaras y el tiempo para manejar y quemar los cadáveres. Con todo ello se pretendía determinar la veracidad y credibilidad de los relatos que conforman la historia oficial. En palabras de Fred Leuchter, se trataba de "suministrar evidencia e información científica de los sitios actuales y exponer una opinión basada en los datos científicos, cuantitativos y de ingeniería al alcance."

Metodológicamente, se procedió con rigor absoluto. Lo primero que se llevó a cabo fue un estudio general sobre los antecedentes de los materiales. El gas de cianuro hidrogenado o ácido cianhídrico, utilizado como fumigante desde antes de la Primera Guerra Mundial, se había usado también con vapor de aire y aire caliente. Los Aliados lo utilizaron con DDT durante la Segunda Guerra Mundial. Dicho gas, puntualiza Leuchter, "se obtiene por una reacción de cianuro de sodio con ácido sulfúrico diluido. El producto de la reacción química, el HCN, utilizado para el control de pestes e insectos en barcos, edificios, cámaras u otras estructuras diseñadas a tal efecto, se proyecta en el aire con un remanente de ácido prúsico (ácido cianhídrico)". En su reseña sobre los antecedentes de este peligroso fumigante químico, Leuchter recuerda el contexto y lugares de todo el mundo en que se utilizó el HCN para el control de enfermedades.

Después de explicar detalladamente las condiciones de envase del producto, comercializado como Zyklon-B en forma de pastillas y "pellets" (bolas), cómo debe ser esparcido, la temperatura del aire requerida (25,7° C), el tiempo mínimo para completar la fumigación (de 24 a 48 horas) y otras especificaciones técnicas como la densidad en vapor, punto de fusión, presión de vapor, apariencia, color y olor, Leuchter escribe lo siguiente en su informe:

> "Después de la fumigación, la ventilación del área requiere un mínimo de diez horas, lo que depende del local (y volumen) y más tiempo si el edificio no tiene ventanas o tragaluces. El área fumigada debe ser sometida posteriormente a un test químico con respecto a la presencia de gas antes de entrar. Algunas veces se usan máscaras de gas, pero las mismas no son seguras y no deberían ponerse por más de diez minutos. Debe usarse un traje químico completo para prevenir la intoxicación de la piel. Cuanto

más cálida esté la temperatura y más seco el ambiente, tanto más segurio y rápido se desarrolla el manejo."

Después de conocer todas estas precauciones que deben adoptarse para preservar la seguridad de quienes interactúan con el ácido cianhídrico, queda en evidencia la imposibilidad de que las cosas sucedieran como relatan los mitólogos del Holocausto. Según ellos, poco después de haber introducido el gas venenoso a través de falsas duchas o de conductos especiales en el techo de la cámaras, los cuerpos de los judíos muertos eran sacados de inmediato y amontonados en el exterior. Con la finalidad de maximizar el rendimiento de las "instalaciones de exterminio", las cámaras se llenaban enseguida con nuevas remesas de víctimas que esperaban su turno para ser asesinadas en masa. El infortunado Rudolf Höss, convertido en la estrella de Núremberg, relató en su confesión que los soldados alemanes fumaban cigarrillos (el ácido cianhídrico es muy inflamable y explosivo) y comían mientras sacaban los cuerpos de las cámaras sólo minutos después de haber sido gaseados. Puesto que el HCN es un veneno de acción rápida que puede resultar fatal si es inhalado o absorbido a través de la piel, hubiera sido extremadamente peligroso desalojar los cadáveres de las cámaras sin trajes de protección y sin mascarillas de gas.

Nadie mejor que Alfred Leuchter, que había diseñado la cámara de gas para la penitenciaría estatal de Missouri en Jefferson City, conocía los detalles del proceso de gasificación y los problemas con las filtraciones. En su informe de 192 páginas, incluyendo los apéndices, se explica con todo detalle cómo debe estar diseñada una instalación de fumigación y en concreto una cámara de gas para ejecuciones, que debe tener un casco soldado a prueba de presión. Entre otras características, describe el sellado, de qué modo debe calentarse, la importancia de la capacidad de circulación y escape para el aire, alude a la necesidad de una chimenea de por lo menos doce metros de altura o un incinerador para el escape, e insiste en que debe tener medios para la distribución del gas en forma pareja. En definitiva, las explicaciones de Fred Leuchter permiten tomar conciencia de que una cámara de gas es una instalación muy compleja que debe cumplir unos requisitos exhaustivos. Veamos un fragmento como ejemplo:

"Los detectores de gas se usan por seguridad. Primero, en la cámara, donde un sistema de cierre electrónico impide la abertura de la puerta antes de que esté segura la cámara. Segundo, fuera de la cámara, en los lugares para los testigos y para el personal, que pone en funcionamiento una alarma sonora, y en el sistema de admisión y extracción de aire para proteger a los testigos, así como también para parar la ejecución y evacuar la cámara. El sistema de seguridad contiene, asimismo, timbres de alarma, bocinas y señales de luz. Además hay aparatos de respiración de emergencia (tanques de aire) en el lugar de la cámara, botiquines de primeros auxilios para HCN, equipamiento médico de emergencia para HCN y un aparato de reanimación en el lugar adyacente para el personal médico. El diseño de una cámara de gas implica la consideración de muchos problemas complicados. Un error en algún lugar podría, y, probablemente, habrá de causar la muerte o lesiones a testigos y a técnicos."

Después de referirse a las primeras cámaras de gas en Estados Unidos y describir sus características y funcionamiento, Fred Leuchter traza una breve historia de las supuestas cámaras de gas alemanas, en la que recoge la confesión de Rudolf Höss, según la cual "las ejecuciones con gas comenzaron durante el verano de 1941". Leuchter acude a los textos oficiales obtenidos en los museos estatales de Auschwitz y Majdanek, donde se dice que la primera gasificación tuvo lugar en dos casas campesinas posteriormente modificadas. Puesto que su encargo no incluía los pretendidos gaseamientos con monóxido de carbono en Belzec, Treblinka y Sobibor, no visitó estos lugares. No obstante, apunta, como todos los expertos, la inadecuación del CO como gas para ejecuciones. En cuanto a los lugares que eran el objetivo de su trabajo, en 1988 encontró en su forma original las supuestas instalaciones para ejecuciones en Auschwitz I (crematorio I) y Majdanek. En Birkenau, por contra, los crematorios II, III, IV y V estaban derrumbados y arrasados hasta sus fundamentos. En Majdanek, el primer crematorio con quemador a carburante había sido destruido y el crematorio con la supuesta cámara de gas, reconstruido, permaneciendo sólo sus hornos originales. Tras recordar que, según la información existente en el Museo de Auschwitz, el crematorio I en Auschwitz, los crematorios II, III, IV y V en Birkenau y el crematorio existente en Majdanek fueron crematorios y cámaras de gas combinados. Leuchter escribe lo siguiente:

"La inspección in situ de estas estructuras comprobó un diseño de extrema pobreza y peligrosidad para instalaciones que iban a servir como cámaras de gas para ejecuciones. No hay disposiciones para juntas en las puertas, ventanas y respiraderos; la estructura no está cubierta con brea u otro sellador para prevenir la filtración o absorción del gas. Los crematorios adyacentes constituyen un peligro de explosión potencial. Los ladrillos expuestos y porosos y los revoques acumularían el HCN y harían peligrosas estas instalaciones para seres humanos por varios años. El crematorio I está ubicado junto al Hospital SS en Auschwitz y tiene drenajes en los pisos conectados con el desagüe principal, lo que permitiría la entrada de gas a todos los edificios del complejo. No había sistemas de extracción para ventilar el gas después de su uso y no había calefactores o mecanismos para dispersar el gas Zyklon-B ni para su introdución o evaporización. El Zyklon-B fue, supuestamente, tirado por los respiraderos del techo y por las ventanas, lo que no permite la distribución del gas o de los 'pellets'. Las instalaciones están siempre húmedas y no caldeadas. Como se constató más arriba, la humedad y el Zyklon-B son incompatibles. Las cámaras son demasiado estrechas para que quepan, físicamente, los ocupantes que se ha pretendido; y todas las puertas se abren hacia adentro, lo que impediría la remoción de los cuerpos. Con las cámaras llenas de ocupantes hasta el tope no habría circulación del HCN dentro del cuarto. Además, si el gas realmente hubiera llenado la cámara por un tiempo prolongado, las personas que echaron el Zyklon-B por los respiraderos del techo y verificaron la muerte de los ocupantes, hubieran muerto ellos mismos, por estar expuestos al HCN. Ninguna de las supuestas cámaras de gas fue construida de acuerdo al diseño para cámaras de desinfección, las cuales, aparentemente, funcionaron de un modo seguro durante años. Ninguna de estas cámaras fue construida de acuerdo a los conocidos y aprobados diseños de instalaciones operacionales de la época en Estados Unidos. No parece lógico que los pretendidos diseñadores de estas supuestas cámaras de gas jamás hayan consultado o considerado la tecnología de Estados Unidos, que en aquella época fue el único país que ejecutaba a los prisioneros con gas."

Se trata, como puede apreciarse, de una imposibilidad sobre otra imposiblidad. Sin embargo, las cámaras de desinfección, sí cumplían perfectamente con los requisistos de seguridad exigidos; por ello, dice Leuchter "funcionaron de un modo seguro durante años." Más adelante se verá que las muestras obtenidas en ellas contienen las pruebas inequívocas del Zyklon. Las paredes de estas instalaciones de desinfección muestran el típico color azulado del ácido prúsico que deberían tener los muros de las supuestas cámaras de gas si se hubiera usado en su interior. Incluso medio siglo después se percibe perfectamente en las paredes exteriores de las cámaras de desinfección el color azul del HCN. Germar Rudolf, químico diplomado autor del *Informe Rudolf*, que será comentado más abajo, se fotografió en el interior y en el exterior de una cámara de desinfección con el fin de mostrar las muestras inequívocas del color azul prúsico.

Sobre las instalaciones de Majdanek, Leuchter confirma después de describirlas meticulosamente que estaban incapacitadas para cumplir con los propósitos que se les atribuyen, pero no nos dentendremos ya en repetir las mismas imcompatibilidades, pues se impone hablar de los crematorios. En una pincelada histórica, Leuchter constata que la cremación de cadávarse fue practicada durante siglos por muchas culturas. Recuerda también que el judaísmo ortodoxo la prohibió y que fue mal vista por la Iglesia Católica hasta que suavizó su posición a finales del siglo XVIII. Tras explicar que los primeros crematorios en Europa consistían en hornos calentados con carbón o coque, pasa acto seguido a su descripción y funcionamiento. El horno que se utiliza para quemar cadáveres es denominado "retorta". Es de interés, puesto que los exterminacionistas pretenden que en Belzec, Treblinka y Sobibor se incineraron 1.800.000 cuerpos al aire libre, realizar unas citas del texto de Leuchter, quien aclara que "las retortas antiguas fueron meros hornos que extraían del cadáver todo el líquido por cocción y lo reducían a cenizas. Los huesos -añade- no puede ser quemados y hasta hoy deben ser reducidos a polvo. Hoy en día los antiguos morteros han sido reemplazados por máquinas moledoras." Al leer estas líneas es imposible evitar que acudan a la mente las imágenes fabulosas de presos judíos machacando con mazos y martillos los huesos de los cuerpos quemados en grandes piras en las noches gélidas del duro invierno polaco. He aquí un fragmento del *Informe Leuchter* sobre las retortas:

"Las antiguas retortas fueron simples hornos de ladrillo para secar o cocer, y sólamente secaban los restos humanos. Las retortas modernas de acero, revestidas con refractarios, lanzan ahora fuego por tuberías, directamente a los cuerpos, encendiéndolos, lo que provoca su combustión y quema rápidas. Las retortas modernas tiene también un segundo quemador o postquemador para requemar todas las partículas contaminantes del material gaseoso quemado... Estas retortas modernas, o crematorios, queman a una temperatura de más de 2.000° F (unos 1.100° Celsius). Con el segundo quemador la temperartura es de 1.600° F. Esta temperatura elevada provoca que el cuerpo mismo se queme y se consuma, lo que permite el cierre del quemador... A 2.000° F, o más, las retortas modernas queman un cuerpo en 1:25 hora. Teóricamente esto da 19,2 cuerpos en un periodo de 24 horas. Las recomendaciones de la fábrica para el funcionamiento normal y uso continuado permiten tres o menos cremaciones al día.
Los crematorios empleados en las instalaciones alemanas eran del tipo antiguo. Habían sido construidos de ladrillos y mortero de cemento, forrados con ladrillos refractarios. Todos los hornos tenían retortas (las hemos llamado bocas anteriormente) múltiples, algunas con insufladores de aire (aunque ninguno tuviera combustión directa), ninguno disponía de postquemadores y eran todos de coque, excepto una instalación que ya no existe, en Majdanek. Ninguna de las retortas inspeccionadas en todas las

localidades visitadas fue diseñada para incineración múltiple de cadáveres. Debemos hacer notar que a menos que sean específicamente diseñadas para una más elevada tasa de calor, que reduzca los restos a huesos, las retortas no consumen los materiales colocados en su interior."

Una de las ocho tablas de que consta el *Informe Leuchter* contiene un estudio del rendimiento teórico y real de siete crematorios: los cuatro de Birkenau, los dos de Majdanek y el de Auschwitz I, que suman en total 73 retortas o bocas. Según los cálculos de Leuchter, el rendimiento teórico de estos crematorios sería de 469,2 cuerpos quemados en 24 horas, mientras que el rendimiento real quedaría en 207 cuerpos. Es decir, si estos hornos hubieran funcionado durante mil días seguidos, se habrían quemado en total 207.000 cadáveres. Recordemos que, en un alarde de voluntarismo, el profesor Butz había estimado que las 46 retortas de los cuatro crematorios de Birkenau, parando sólo una hora, habrían podido cremar mil cadáveres al día.

El cianuro, si no entra en contacto con otras sustancias químicas que produzcan reacción, permanece largos periodos de tiempo en el mortero de cemento, en los ladrillos y en el hormigón. Fred Leuchter tomó selectivamente treinta y una muestras de las supuestas cámaras de gas en los crematorios I, II, III, IV y V de Auschwitz-Birkenau. Una muestra de control fue extraída de la cámara de despiojamiento donde se sabía que el gas había sido usado. El cianuro se combina con el hierro en los ladrillos y en el mortero de cemento y se transforma en ferrocianuro, un complejo muy estable de hierro y cianuro llamado también pigmento azul de Prusia. Los exámenes químicos de dicha muestra de la cámara de desinfección, la número 32, mostraban en efecto un concentración muy elevada de cianuro. Por contra, casi todas las muestras procedentes de las supuestas cámaras de gas de los crematorios presentaron resultados negativos. Sólo en unas pocas se detectaron niveles muy bajos, apenas significativos. Según estima Leuchter, "las pequeñas cantidades detectadas indicarían que en algún momento aquellas instalaciones fueron desinfectadas con Zyklon-B, como lo eran todos los edificios y construcciones en esas instalaciones." Por ello, se concluye en el Informe que dichos emplazamientos no fueron cámaras de ejecución por gas.

El estudio detallado del crematorio I, en Auschwitz I, demuestra que la supuesta cámara de gas fue en realidad una morgue y posteriormente un refugio antiaéreo. Leuchter pudo obtener los planos de los funcionarios del museo y procedió a un análisis minucioso de los mismos, por lo que decidió adjuntar a su informe un dibujo a escala realizado por él mismo el 23 de marzo de 1988, el cual figura en el apéndice V junto a los de los otros crematorios y de las cámaras de desinfección de Majdanek, también confeccionados por el mismo Leuchter. En estos dibujos están indicados los lugares donde fueron tomadas las muestras. El crematorio I, según se dice oficialmente, fue reconstruido para el periodo de 25 de septiembre de 1941 al 21 de septiembre de 1944 y la guía oficial del museo de Auschwitz afirma que el edificio se halla físicamente en las mismas condiciones en que fue encontrado el 27 de enero de 1945. Leuchter describe con precisión este crematorio: las dimensiones de sus salas, las aberturas en el techo, la chimenea de estufa en el área de la morgue, sus puertas, portones e incluso los marcos que no tenían puerta, el sistema de iluminación, que no era a prueba de explosiones, etc. En cuanto a la pretensión de que la morgue fue utilizada como cámara de gas, escribió lo siguiente:

"La supuesta cámara de gas no está, como se dijo antes, diseñada para ser usada de este modo. No existe indicio alguno o prueba de la presencia de un sistema de escape de gases o ventilador de cualquier tipo en esta edificación. El sistema de ventilación para la supuesta cámaras de gas consistía simplemente en cuatro aberturas cuadradas en el techo, que evacuaban los gases a menos de dos pies del mismo. Al ventilar el gas HCN de este modo, resultaría inevitable que éste alcanzara hasta la vecindad del hospital de las SS, a poca distancia, del otro lado del camino, matando a los pacientes y al personal sanitario. Debido al hecho de que el edificio no ha sido sellado para impedir pérdidas, ya que ninguna puerta tiene juntas para evitar que el gas llegue al crematorio, y a que hay drenajes que permiten al gas llegar a todos los edificios del campo, y a que no hay ningún sistema de calefacción y ningún sistema de circulación, tampoco sistema de ventilación o chimeneas y ningún sistema de distribución de gas, además de humedad constante, y ninguna circulación debido al número de personas en las cámaras de gas, y ningún modo de introducir el material del Zyklon-B, sería un suicidio intentar usar esta morgue como cámara de gaseamiento. Los resultados serían una explosión o un escape de gas que afectaría a todo el campo."

En cuanto a los cuatro edificios de Birkenau. Se constata que el II y el III, eran instalaciones idénticas en las que había tres morgues en el sótano y un crematorio de cinco hornos y quince retortas, que se hallaba en el primer piso. El transporte de los cuerpos desde las morgues a los crematorios se hacía mediante ascensores: las tres morgues, que no tenían puertas, desembocaban en una sala donde se hallaba el montacargas que subía hasta las inmediaciones de los hornos. Se investigaron las áreas donde la historiografía oficial sitúa las supuestas cámaras de gas, que en los croquis dibujados por Leuchter y basados en los planos originales corresponden a la morgue n°1. Todo lo dicho en la cita anterior se repite: no hay ventilación, no hay sistema de calefacción ni de circulación, ninguna evidencia de puertas o marcos... Puesto que partes de la edificación del crematorio III desaparecieron, Leuchter reconoce que no pudo determinar lo mismo. Precisa, no obstante, que ambos edificios tienen techos de hormigón armado, sin niguna abertura perceptible. En cuanto a la pretensión de que las columnas eran huecas con el objeto de conducir gases, según consta en algunos informes, se descarta por completo esta posibilidad. Leuchter precisa que todas son macizas, de hormigón armado, exactamente como indican los planos capturados a los alemanes. En el Informe se concluye una vez más: "Tales instalaciones serían extremadamente peligrosas si fuesen utilizadas como cámaras de gas y tal uso causaría probablemente la muerte de quien así las utilizase y una explosión cuando el gas alcanzase el crematorio."

La tabla V del *Informe* ofrece una estimación de hipotéticas ejecuciones y proporción de uso de los crematorios II y III. La morgue nº1, supuesta cámara de gas en los crematorios II y III, tenía un área de 232,25 metros cuadrados. Mediante un cálculo riguroso, Leuchter concluye que podría recibir hasta 278 personas. Para llenar esta sala de 566,40 metros cúbicos (altura de 2,5 metros) con el gas HCN, se necesitarían 2,26 kilos de Zyklon-B. Siendo muy optimistas, el tiempo de ventilación después de una ejecución de estas características sería, por lo menos, de siete días. De conformidad con estas valoraciones, en una semana se podría haber gaseado a 556 personas entre los dos crematorios, lo cual equivale a 2.224 al mes y a 26. 688 al año. A tenor de este peritaje, uno cae fácilmente en la cuenta de que se precisa mucha candidez para conceder alguna credibilidad a la declaración de Rudolf Höss, quien recordemos, dijo: "Otra mejora que hicimos con respecto a Treblinka fue que construimos nuestras cámaras de gas con capacidad para 2.000 personas a la vez." Sobre el uso de los crematorios, Leuchter estima para cada uno de ellos una proporción hipotética de 714 personas a la semana y de 315 en tiempo real.

En cuanto a los crematorios IV y V, eran iguales entre sí. Cada uno de ellos tenía dos hornos con cuatro retortas, aunque ello no pudo ser comprobado in situ. Leuchter no se atreve a precisar con exactitud su aspecto físico, toda vez que los edificios fueron arrasados. Aparentemente, la construcción fue de ladrillo colorado y revoque con piso de hormigón y sin sótano. En cualquier caso, si los planos de los edificios son correctos, se puntualiza en el Informe, no hubo cámaras de gas en dichas instalaciones por las mismas razones esgrimidas en relación con los anteriores crematorios.

Sobre las instalaciones de Majdanek, eludiremos ya más reseñas para no repetir inútilmemte las mismas o similares consideraciones. Leuchter adjunta la tabla VII ("proporciones hipotéticas de ejecución en Majdanek"), donde fija en 54 y en 24 respectivamente el número de personas que pudieron ser ejecutadas a la semana en las cámaras nº 1 y nº 2. Concluye: "Mi opinión de ingeniero es que las cámaras nº 1 y nº 2 jamás fueron, y jamás podrían haber sido, utilizadas como cámaras de gas para ejecuciones. Ninguna de las instalaciones de Majdanek es apta y no fueron utilizadas con propósitos de ejecución." El *Informe Leuchter*, finaliza con un párrafo donde en pocas líneas se extraen las siguientes conclusiones generales:

"Después de haber revisado todo el material y haber inspeccionado todos los sitios en Auschwitz, Birkenau y Majdanek, el autor encuentra la evidencia abrumadora. No había cámaras de gas para ejecuciones en ninguno de estos lugares. Es la opinión de este autor que las supuestas cámaras de gas en los sitios inspeccionados no podían haber sido utilizadas ni entonces ni ahora. Tampoco deberían ser consideradas seriamente las opiniones de que funcionaron como cámaras de gas para ejecuciones.
Confeccionado el 5 de abril de 1988 en Malden, Massachusetts
Fred Leuchter Asociados.
Firmado
Fred A. Leuchter, Jr.
Ingeniero jefe"

En resumen, las supuestas cámaras de gas no eran tales: hubiera habido fugas constantes porque no estaban selladas, no disponían de distribuidores de gas ni mecanismos para calentarlas y la ventilación era insuficiente. Además, los alemanes jamás habrían cometido la estupidez de construirlas junto a los crematorios, como pretende la historiografía oficial, pues hubiera sido suicida. El Zyklon-B habría permanecido como mínimo una semana en las cámaras y sólo con trajes especiales y máscaras se hubiera podido operar en ellas durante un tiempo breve. En realidad, eran depósitos de cadáveres. En cuanto a los crematorios, su capacidad de cremación sólo hubiera podido eliminar una pequeña parte de los pretendidos millones pregonados por los propagandistas del Holocausto. Las muestras extraídas de las "cámaras de gas" y de las cámaras de desinfección demuestran que en las primeras los rastros de cianuro eran ínfimos, mientras que las segundas contenían dosis muy elevadas. Se ha comentado arriba que el análisis del cianuro no fue realizado por el mismo Leuchter, sino por un químico estadounidense llamado James Roth, que no sabía de dónde procedían las muestras.

Por supuesto, ningún medio de comunicación prestó la menor atención al *Informe Leuchter*. Hubo, sin embargo, dos intentos de refutación: en 1989 el francés Jean-Claude Pressac publicó en Nueva York *Auschwitz: Technique and Operation of the Gas Chambers*, que pese a su título no informa sobre el funcionamiento de las cámaras de gas; y en 1990 el alemán Werner Wegner en *Die Schatten der Vergangenheit* (*Las sombras del pasado*) trató también de rebatir el peritaje técnico de Fred Leuchter. Ambas objeciones fueron desmenuzadas punto por punto por Udo Walendy en el número 50 de *Historische Tatsachen* (*Hechos Históricos*). El propio Alfred Leuchter publicó en 1991 un informe (comentado más abajo) para rechazar y desacreditar sin ambages los razonamientos de Pressac. También el profesor Faurisson demostró en el número 3 de la *Revue d'Histoire Révisionniste* que sin pretenderlo Pressac reforzaba los puntos de vista revisionistas: en su libro, Jean-Claude Pressac llega a admitir que el 95% del Zyklon-B era usado por los alemanes en las cámaras de desinfección y sólo el 5% con propósitos homicidas.

El 12 de marzo de 1992 Walter Lüftl, presidente de la Cámara Federal de Ingenieros de Austria y perito judicial jurado, fue obligado a renunciar como presidente de dicha Cámara. Lüftl se había atrevido a decir en el llamado "Informe Lüftl" que los presuntos gaseamientos en masa en Auschwitz eran técnicamente imposibles[12]. Por fin, el alemán Germar Rudolf, licenciado en química, publicó en 1993 el *Informe Rudolf*, en el que llega a las mismas conclusiones que Leuchter, a quien critica en algunos aspectos menores. En su excelente trabajo, elogiado por expertos de todo el mundo, Rudolf se apoya en documentos incontestables para refutar de manera rotunda el libro de Pressac. Enseguida dedicaremos tiempo y espacio a Germar Rudolf.

No se puede cerrar este apartado sobre el *Informe Leuchter* sin aludir de manera muy concisa a los otros tres informes elaborados por Leuchter en relación con las cámaras de gas. En mayo de 1988, pese a todo, Ernst Zündel fue condenado a nueve meses de prisión. La sentencia fue apelada y el 27 de agosto de 1992 quedaría sin efecto, pues la Corte declaró que la ley de "publicación de noticias falsas" era arcaica e inconstitucional porque violaba derechos fundamentales. Entretanto, en lugar de encogerse, Zündel, animado por las constataciones del peritaje en Auschwitz-Birkenau y Majdanek, contactó de nuevo con Fred Leuchter en marzo de 1989 y le pidió que investigase otros tres supuestos centros de ejecución con cámaras de gas: Dachau, en Alemania, y Mauthausen y Hartheim Castle, en Austria. Se trataba de confeccionar un informe de ingeniería y un estudio forense sobre

---

[12] Lo ocurrido con Walter Lüftl constituyó un escándalo vergonzoso. Las instituciones masónicas austriacas fueron especialmente beligerantes en la exigencia de dimisión de Walter Lüftl como presidente de la Cámara de Ingenieros. Bajo el seudónimo de Werner Rademacher, el propio Lüftl explicó por extenso lo ocurrido en *Der Fall Lüftl* (*El caso Lüftl*), un opúsculo publicado en Tubinga en 1944, incluido por Germar Rudolf en *Dissecting The Holocaust*.

estas instalaciones. El resultado del trabajo se plasmó en el segundo Informe Leuchter.

El 9 de abril de 1989 un equipo encabezado por Fred Leuchter, en el que estaban el Dr. Faurisson, Mark Weber y otros cinco miembros, inspeccionó Dachau. El día siguiente viajaron a Austria y trabajaron en los otros dos campos situados en las proximidades de Linz. Se ha dicho ya al relatar los hechos acaecidos en Dachau que incluso los propagandistas del Holocausto reconocen que no hubo campos de exterminio en Alemania y que en Dachau no se gaseó a nadie. Así lo confirmó el segundo Informe Leuchter, fechado en Massachusetts el 15 de junio de 1989. Sobre los dos campos austríacos se determinó asimismo que no hubo cámaras de ejecución con gas en ninguno de estos sitios. Las conclusiones finalizan con esta afirmación tajante: "Este investigador tiene la plena convicción como ingeniero de que las presuntas cámaras de gas de los lugares inspeccionados no podrían haber sido entonces, ni podrían ahora, ser utilizadas o consideradas seriamente como aptas para funcionar como cámaras de ejecución con gas."

El tercer Informe Leuchter tuvo su origen en otra petición de Ernst Zündel, quien en octubre de 1989 encargó al ingeniero que inspeccionase una cámara de gas que estuviese operativa en Estados Unidos. Se trataba de producir un documento con fotos adjuntas y un vídeo. La instalación supervisada fue la cámara de gas de la Penitenciaría del Estado de Mississippi, la cual utilizaba el gas de cianuro hidrogenado (Zyklon-B) para la ejecución. El propósito era demostrar los requisitos de diseño y fabricación de una cámara de gas para ejecuciones, el protocolo de operaciones y las condiciones de seguridad para el personal que utilizara el ácido cianhídrico. Se pretendía de este modo apoyar y corroborar los criterios expuestos en el primigenio *Informe Leuchter* de 5 de abril de 1988. El documento fue presentado el 6 de diciembre de 1989. No podemos, por razones obvias, enfrascarnos en los prolijos detalles técnicos que constituyen el meollo del texto, que sirvió, como se pretendía, para poner de manifiesto que los alemanes habían tenido en cuenta las pautas descritas a la hora de diseñar y construir las cámaras de despiojamiento con Zyklon-B y las habían ignorado en las cámaras donde supuestamente se gaseaba en masa. "Cuanto más grande es la cámara -concluía Leuchter- y mayor el número de personas ejecutadas, más imperiosa es la necesidad de aplicar los principios básicos en su diseño."

El 17 de octubre de 1991 Alfred Leuchter presentó un cuarto y último informe: *A Technical Evaluation of Jean-Claude Pressac's Book*, que constituye una refutación contundente del libro *Auschwitz: Technique and Operation of the Gas Chambers*, obra que Leuchter consideró "un intento descarado de promover la propaganda exterminacionista." Una vez más fue Ernst Zündel quien solicitó a Leuchter la evaluación científica y técnica del texto de Pressac. En opinión de Leuchter, la incompetencia de Pressac para demostrar con su documentación técnica la existencia de ejecuciones mediante cámaras de gas es manifiesta. Despúes de comentar y rebatir los veintidós capítulos en que Pressac distribuye las cinco partes de su obra, Leuchter lamenta que "un autor que presumiblemente pasar por ser un hombre de ciencia trate de hacer que la realidad coincida con sus tesis preconcebidas."

David Cole, un revisionista judío, pone en evidencia la fábula de Auschwitz

En septiembre de 1992 David Cole, un joven judío estadounidense de veintitrés años, viajó de Estados Unidos a Europa con la idea de investigar personalmente en varios campos de concentración. Tras la publicación del *Informe Leuchter*, el revisonismo experimentaba un momento de auge internacional y Cole, que frecuentaba círculos revisionistas en Estados Unidos, decidió aportar su granito de arena. Con la idea de filmar un documental, visitó Auschwitz luciendo en la cabeza su kipa (gorra judía) y acompañado de un camarógrafo. La filmación que realizó lo hizo famoso y, aunque después fue obligado a retractarse, el valor del documental y su contribución al movimiento revisionista han permanecido. Sigue un resumen de este documento, aunque el lector interesado puede visionarlo íntegro en "You Tube" y en versión española.

David Cole no aparece inicialmente en el vídeo: ejerce como narrador y su voz peculiar se escucha mientras señala con un puntero el plano del campo, con los barracones en el interior de una zona cuadrangular antaño rodeada de alambrada. En el exterior, en el lateral derecho, muestra los edificios de las SS y el hospital, junto al cual se halla el crematorio y la "camara de gas". Luego aparecen ya imágenes del campo. Cole explica que en el recorrido guiado se lleva a los visitantes ante lo que era la prisión, la cual es calificada de "bloque de la muerte". El joven revisionista relata que también se presenta a los turistas un "muro de la muerte" y una serie de muestras dispuestas para avalar las leyendas de atrocidades y presentar Auschwitz "como una máquina de muerte, el lugar donde la detención significaba exterminación." Lo que no se muestra en el recorrido turístico es un edificio situado en el exterior de la zona rodeada de alambrada, que en palabras de Cole "bien podría llamarse el bloque de la vida, un complejo de desinfección masiva donde se empleaba el gas Zyklon-B para combatir los piojos y las enfermedades que acarrean." Tampoco se enseña el edificio del teatro, donde estuvieron instaladas unas monjas carmelitas que rezaban allí por todos los fallecidos en Auschwitz. En abril de 1993 Juan Pablo II las invitó a mudarse a otro sitio después de que en 1989 un grupo judío entrase en el convento exigiendo su evacuación. El recorrido alcanza su clímax con la cámara de gas. David Cole dice entonces textualmente: "En este punto el grupo está emocionalmente condicionado para creer cualquier cosa. La cámara de gas es como el plato de fondo luego de un precalentamiento ascendente durante dos horas. Literalmente, la cámara de gas es la prueba objetiva de que todo cuanto oyeron durante el recorrido es verdad, la prueba del Holocausto. ¿Pero lo es?"

En este este momento, se ve por primera vez al joven Cole, el cual aparece ataviado con su kipa y con un micrófono en la mano junto a una guía personal llamada Alicia, por la que ha pagado un plus con el fin de tenerla en exclusiva a su disposición. Cole explica que se ha puesto la kipa a fin de que no lo tomen por lo que es, un revisionista, sino como "un virtuso judío que busca conocer la verdad y replicar a los que dicen que el Holocausto jamás ocurrió." Ella se limita a contarle lo mismo que a otros creyentes que peregrinan anualmente al santuario de Auschwitz I, monopolizado en exclusiva por la propaganda del dogma Holocausto. Alicia le enseña pruebas que no prueban nada, las cuales son presentadas a todos los turistas como evidencias materiales del exterminio. Empieza por los montones de cabellos. "¿Pero qué prueban?", se pregunta Cole, y añade:

"Se ha reconocido que cada interno era rapado a causa de los piojos. Eso no se niega, luego por qué no debiera haber montones de cabellos humanos. ¿Y que hay de las montañas de zapatos y ropas? ¿Constituyen pruebas? Es un hecho que los prisioneros recibían a su llegada un uniforme que incluía zapatos. Entonces, ¿por qué no debería haber pilas de zapatos y ropas de los internos? Eso no prueba que alguien haya sido asesinado. Y ello dando a polacos y soviéticos el beneficio de la duda de que tales vestimentas y cabellos procedan genuinamente del campo. ¿Y qué de los envases de gas? Nadie niega que se usó el Zyklon-B para desinfectar ropas y edificios... ¿Y qué otras pruebas se ofrecen? Bien, están las tradicionales fotos de internos enfermos que prueban la tesis demoledora de que la gente se enfermaba en el campo. Nadie niega la epidemia de tifus que causó muchos muertos..."

Por fin, Cole aparece frente a la construcción que pasa por ser la cámara de gas. Explica que los exterministas pretenden que lo que era la morgue fue usada como cámara de gas, aunque admiten que fue después un refugio aéreo. Seguido por el camarógrafo, Cole entra sin la guía en la gran sala y señala agujeros en el piso que demuestran que hubo allí un baño. Enseña asimismo las evidencias de antiguas paredes que compartimentaron el espacio de la gran sala y acaba afirmando que en algún momento hubo allí cinco piezas y un baño. Añade que no hay manchas azules del Zyklon-B en las paredes como en las salas de desinfección. Ofrece luego un primer plano de la rudimentaria puerta de madera con un cristal en la parte superior. A continuación se muestran cuatro aberturas cuadradas en cielo raso. Son los famosos agujeros por donde supuestamente se arrojaba el gas estando la cámara repleta de personas. David Cole aclara: "los revisionistas sostienen que los agujeros fueron añadidos después de la liberación del campo y que fue entonces cuando se demolieron las paredes y se retiró el baño para hacer que la habitación se viera como una gran cámara de gas."

Ya de nuevo en el exterior, pregunta a la guía si hubo allí alguna reconstrucción. Alicia responde que todo está en su estado original. Entra de nuevo con ella en la sala, le pegunta por los cuatro agujeros y le señala las pruebas evidentes de que se habían tirado paredes. La guía insiste en que los agujeros son originales, que a través de ellos se lanzaba el Zyklon-B y que no se derribó allí pared alguna. Al percibir que sus explicaciones no convencen al joven judío, Alicia le sugiere que hable con la supervisora de guías del Museo Estatal de Auschwitz, quien acaba proponiéndole que pida una entrevista con el Dr. Piper, jefe de archivos y comisionado mayor de Auschwitz. Antes de despedirse, no obstante, Cole le arranca a la supervisora la confesión de que los agujeros en el cielo raso no son originales y que fueron reconstruidos depués de la guerra.

Franciszek Piper, autor del libro *Auschwitz. How many perished* (*Auschwitz. Cuántos murieron*), en el que acepta que la cifra de 4.000.000 establecida por los soviéticos es errónea y fija el número de víctimas en 1.100.000 personas, aparece ante la cámara en su oficina del Museo de Auschwitz. Desconfía y propone que no se filme la entrevista, pero al fin acepta salir en el documental. La primera pregunta de Cole es sobre los cambios realizados en la teórica cámara de gas. Piper responde que la pieza era una cámara de gas convertida más tarde en refugio antiaéreo en el que se levantaron paredes divisorias interiores, se taparon los agujeros del techo y se abrió una puerta en un costado. Puntualiza que después de la liberación del campo se derribaron las paredes y se reabrieron los agujeros, pero que la puerta permaneció. Cole le pregunta por qué no se dice la verdad a los turistas. La filmación de la entrevista se interrumpe. Cole apunta que los agujeros del techo no son visibles en ninguna de las fotografías aéreas que ha estudiado. Ofrece luego escritas en fondo negro las dos versiones. Versión oficial: "Los soviéticos y los polacos crearon la cámara de gas en un refugio antiáero que antes había sido una cámara de gas." Versión revisionista: "Los soviéticos y los polacos crearon una cámara de gas en un refugio antiaéreo que antes había sido un refugio antiaéreo."

Se reanuda la entrevista. Segunda pregunta: "¿Por hay tan pocas huellas de Zyklon-B en las cámaras de gas homicidas en comparación con las grandes cantidades de residuos presentes en las cámaras de desinfección?" La respuesta es sorprendente: "El Zyklon-B era utilizado un tiempo muy breve, cerca de veinte o treinta minutos en veinticuatro horas, mientras que en las salas de desinfección se usaba día y noche." Es decir, en contra de lo que dicen testigos e historiadores exterministas, según los cuales se gaseaba de manera continuada, Piper asegura que había sólo un gaseamiento al día. Enseguida, Cole aprovecha para preguntarle si sabe cuántos grupos eran gaseados en los crematorios II y III de Birkenau. Piper contradice penosamente lo dicho anteriormente: "Es difícil decirlo porque había periodos en que las cámaras de gas se usaban día tras día durante horas. Tales acciones eran repetitivas: gasear, cremar, gasear, cremar." A una interpelación sobre la cifra de los cuatro millones, Piper dice: "Fue estimada por la comisión soviética que investigó los crímenes nazis en Auschwitz, toda vez que los nazis destruyeron la documentación del campo." Se trata de otra mentira, pues no fue destruida. Se interrumpe la entrevista y sobre fondo negro aparece este texto, leído en voz alta por el narrador: "En realidad, los registros de fallecidos en el campo fueron capturados por los soviéticos, que no los hicieron públicos hasta 1989." El documental termina recordando la matanza de Katyn y otras mentiras de los soviéticos asumidas por los Aliados en Núremberg.

Como consecuencia de su aportación al revisionismo, David Cole fue considerado un traidor y comenzó a ser acosado por la JDL (Liga de Defensa Judía), que publicó sus datos en internet. Tanto él como su familia recibieron amenazas anónimas de muerte, por lo que se mantuvo oculto durante tres años. La JDL publicó un texto titulado "David Cole, traidor monstruoso", que finalizaba con estas palabras: "JDL desea conocer la ubicación del negacionista del Holocausto David Cole. Cualquiera que nos proporcione su dirección correcta recibirá una recompensa económica." Asustado, contactó y suplicó que retiraran sus datos de internet porque su familia estaba bajo amenaza constante de muerte. El presidente de la JDL, Irv Rubin[13], recibió en enero de 1998 una carta notariada del joven revisionista en la que se retractaba. El texto fue publicado el 8 de febrero de 1998. En él Cole

---

[13] Irv Rubin, presidente de la JDL desde 1985 a 2002, acabó siendo acusado por el FBI de asesinato y terrorismo. Se suicidó en su celda mientras esperaba juicio. Su familia decidió querellarse contra el Gobierno.

declaraba: "Los nazis intentaron matar a todos los judíos de Europa, y la suma total de esta tentativa de genocidio es de seis millones."

Después de un silencio prolongado durante dieciocho años, David Cole, que había adoptado una nueva identidad con el nombre de David Stein, reapareció públicamente el 22 de febrero de 2014 en un encuentro celebrado por el IHR (Institute for Historica Review) en California. Mark Weber, director del Instituto, lo presentó ante una audiencia que lo sometió a numerosas preguntas. Tras recordar que los matones de la JDL lo habían agredido físicamente en un acto celebrado en la Universidad de California en Los Ángeles y que había sido obligado a retractarse. Cole declaró que mantenía lo que había dicho en los años noventa sobre Auschwitz y el Holocausto.

El *Informe Rudolf* y la investigación forense en Auschwitz

Germar Rudolf, licenciado brillantemente en Química por la Universidad de Bonn, recibió una beca del Gobierno que le permitió investigar para su doctorado en el prestigioso Instituto Max Planck de Stuttgart. Estaba trabajando en su tesis doctoral cuando en 1991 aceptó preparar un estudio forense para la defensa de Otto Ernst Remer, acusado en un juicio por "negación del Holocausto". Se le pidió que estudiase varios documentos, que tomase muestras, que las analizase y que emitiera un informe. Germar Rudolf tomó pruebas de algunos de los edificios de Auschwitz en busca de residuos de ácido cianhídrico, o sea, rastros químicos del famoso Zyklon-B. El resultado de sus investigaciones quedó plasmado en un informe de experto titulado *Informe técnico sobre la formación y detectabilidad de compuestos de cianuro en la "cámara de gas" de Auschwitz* (*Gutachten über die Bildung und Nachweisbarkeit von Cyanidverbindungen in den "Gaskammern von Auschwitz*), utilizado como evidencia por la defensa de Remer. Años más tarde, Rudolf escribió en *Resistance is Obligatory* que el propósito del peritaje era corregir las omisiones y deficiencias del *Informe Leuchter*. Entre 1992 y 1944 este informe fue presentado como evidencia en siete u ocho procesos penales en Alemania. En todos los casos fue repudiado porque según la jurisprudencia alemana, los hechos acontecidos en el campo de Auschwitz durante el Tercer Reich son considerados obvios, por lo que no requieren prueba o demostración. Desde 1996 es un delito criminal tratar de argumentar lo contrario. Así, pues, por inaudito que parezca, los análisis técnicos fueron rotundamente rechazados.

Otto Ernst Remer, uno de los acusados en cuyo beneficio se había preparado el informe, publicó en julio 1993 el resultado de la investigación de

Germar Rudolf. El folleto de unas ciento veinte paginas pasó a ser conocido como el *Informe Rudolf*, un estudio químico sobre la formación y detección de cianuro hidrogenado en las supuestas cámaras de gas de Auschwitz, complemento idóneo del *Informe Leuchter*, puesto que ambos documentos coincidían en que nunca tuvieron lugar asesinatos con ácido cianhídrico en los campos del complejo de Auschwitz. Ello provocó la imputación de Germar Rudolf. La prensa alemana, que apoyaba sistemáticamente las decisiones de los tribunales de justicia, reaccionó enfurecida y asoció al joven químico con el acusado Remer.

El resultado de todo el asunto fue catastrófico para Germar Rudolf, que vio como el Instituto Max Planckt le denegó en 1993 la presentación de su tesis para el examen final de doctorado. En 1995 fue sentenciado a catorce meses de cárcel y se le imputaron además nuevos cargos por la continuación de sus actividades forenses de investigación. Los ejemplares de *Grundlagen zur Zeitgeschichte* (*Fundamentos de Historia Contemporánea*), publicación en la que Rudolf había divulgado con el seudónimo de Ernst Gauss una colección actualizada de documentos de investigación sobre el problema del Holocausto, fueron incautados y destruidos por orden del tribunal. Germar Rudolf consiguió huir a Inglaterra en 1996, donde pasó unos años escondido antes de solicitar asilo político en Estados Unidos. Años más tarde, en el número de marzo/abril de 2001, *The Journal of Historical Review* publicó un extenso artículo del propio Rudolf en el que de manera brillante pasaba revista a todos los exámenes forenses realizados en Auschwitz y, a la vez, criticaba la inadmisible actitud de quienes no sólo rechazan los resultados de la investigación científica, sino que además criminalizan a los técnicos y expertos.

El primer reproche fue para el Instituto Max Planckt, que a finales de la primavera de 1993 hizo público el memorádum donde informó sobre la expulsión de Germar Rudolf por la investigación llevada a cabo en Auschwitz. El Instituto, desdeñando que el examen forense es una obligación moral en cualquier investigación criminal, argumentó que era repugnante discutir sobre el modo específico en que los nazis habían asesinado a los judíos. En defensa de su investigación, Rudolf escribió en su artículo una definición de los exámenes forenses: "La ciencia forense es vista generalmente como una ciencia de apoyo a la criminología. Su objetivo es recopilar e identificar pruebas físicas del crimen, y a partir de ellas extraer conclusiones sobre las víctimas, los criminales, las armas, el momento y la localización del crimen, así cómo el modo en que se perpetró, si es que así fue. Esta ciencia es relativamente nueva, y entró en las cortes de justicia sólo en 1902, cuando por primera vez un tribunal inglés aceptó huellas dactilares como evidencia." Por tanto, la demanda de evidencias materiales de los revisionistas, "es absolutamente coherente -insistía Germar Rudolf- con la práctica habitual y la moderna aplicación de la ley. Como es generalmente admitido, la evidencia forense es más decisiva que la declaración de testigos o las pruebas documentales." Asentados estos principios, Rudolf pasaba revista en su amplio artículo a las investigaciones forenses llevadas a cabo en Auschwitz.

En 1945 el Instituto de Investigación Forense de Cracovia elaboró un informe forense sobre Auschwitz que fue presentado como evidencia en 1946 en el juicio de Auschwitz en Cracovia. Si se considera que el régimen comunista polaco aceptó sin problemas el embuste soviético sobre las fosas de Katyn, se impone como mínimo la duda sobre el rigor de los procedimientos judiciales en Polonia. Los forenses polacos realizaron análisis cualitativos, no cuantitativos, y tomaron cabellos, teóricamente de los internos, y adminículos para el pelo hallado por los soviéticos en maletas. En ambos casos se hallaron residuos de cianuro. Se examinó también una tapadera cromada con zinc y el análisis dio asimismo positivo. El Instituto de Cracovia sostuvo que esta tapa de metal cubrió el conducto de escape de una supuesta cámara de gas en Birkenau. Estos análisis no prueban si hubo gaseamientos con ácido cianhídrico en Auschwitz, entre otras cosas porque no hay manera de comprobar de dónde procedían los cabellos, las horquillas y los otros adornos para la cabeza. Además, se sabe que se cortaba el pelo por razones higiénicas y que las cabelleras más largas tenían que ser despiojadas antes de ser recicladas. En cuanto al origen o procedencia de la tapadera de metal, no parece que sea prueba suficiente para probar nada.

Entre 1964 y 1966 se celebró en Frankfurt otro juicio sobre Auschwitz, pero no se presentaron allí análisis de naturaleza forense. Entre los informes más publicitados destaca el presentado por el Instituto de Historia Contemporánea de Múnich. Pese a que se trató de un proceso gigantesco, ni el tribunal ni la acusación ni la defensa sugirieron la necesidad de aportar pruebas materiales de los supuestos crímenes. Por otra parte, la carencia de pruebas documentales se consideró irrelevante. Como de costumbre, casi todo se probó con declaraciones de testigos y de personas a las que se atribuía responsabilidad por los crímenes perpetrados. Estos testimonios fueron considerados suficientes para establecer sin lugar a dudas la existencia de un programa para exterminar a los judíos en Auschwitz. Asimismo en 1966 el Museo Estatal de Auschwitz encargó a la compañía polaca Hydrokop una excavación en Auschwitz-Birkenau para analizar muestras del suelo. Rudolf apunta la posibilidad de que la investigación se llevara a efecto en el contexto del proceso de Frankfurt. Puesto que las conclusiones no trascendieron y se desvanecieron en los archivos del museo, cabe pensar que no ofrecieron resultados significativos.

El primer informe sensato sobre Auschwitz se produjo durante el juicio celebrado en Viena entre el 18 de enero y el 10 de marzo de 1972. Los acusados fueron entonces Walter Dejaco y Fritz Ertl, dos arquitectos responsables del diseño y la construcción de los crematorios en Auschwitz-Birkenau. Se presentó a la corte el informe de un experto que interpretó los proyectos de las supuestas cámaras de gas de Auschwitz y Birkenau. Dicho estudio técnico concluyó que las habitaciones en cuestión no podrían haber sido cámaras de gas ni tampoco hubieran podido convertirse en cámaras de gas. Gracias a este informe metodológicamente bien confeccionado, Dejaco y Ertl fueron absueltos.

Desde que Robert Faurisson comenzó a dudar de la existencia de las cámaras de gas hasta el *Informe Leuchter* hubo de pasar una década. En 1978, después de un estudio crítico de las declaraciones de los testigos y de un examen intensivo de documentos, el profesor Faurisson formuló la tesis de que "no había una sóla cámara de gas bajo el régimen de Hitler." A finales de 1978, *Le Monde* permitió que Faurrisson presentase sus consideraciones en un artículo. Diez años más tarde, como ha quedado dicho, el juicio contra Ernst Zündel en 1988 supuso un hito en la historia del movimiento revisionista. El trabajo pionero de Fred Leuchter dio origen a una serie de publicaciones cuyo ámbito de investigación fue ampliándose hasta abarcar estudios interdisciplinarios sobre las evidencias materiales y documentales. El trabajo más importante fue el de Germar Rudolf, que corroboró plenamente a Fred Leuchter.

Germar Rudolf comenzó a principios de 1991 su investigación con el fin de verificar las aserciones formuladas en el *Informe Leuchter*. Tenía especial interés en comprobar que los restos de cianuro se mantenían estables largo tiempo y por tanto podían hallarse en las cámaras de gas homicidas en el supuesto de que se hubiera usado en ellas el Zyklon-B. "Inicialmente -escribe Rudolf-, sólo estaba interesado en descubrir si la mezcla resultante, el ferrocianuro o azul de Prusia, es suficientemente estable como para sobrevivir cuarenta y cinco años a duras condiciones medioambientales. Tras haberlo confirmado, envié los resultados a unas veinte personas que podían tener interés en ellos." Entre ellas había ingenieros y abogados. Los primeros podían ayudarlo en su investigación forense; los segundos necesitaban las pruebas para ejercer la defensa de Otto Ernst Remer. Germar Rudolf viajó dos veces a Auschwitz y durante dieciocho meses estuvo trabajando con la intención de plasmar el resultado de su investigación en un informe que abarcó setenta y dos páginas y estuvo listo en enero de 1992. El llamado *Informe Rudolf*, que fue distribuido entre los líderes de opinión en Alemania, corroboraba, como había aseverado Fred Leuchter, que por varias razones técnicas y químicas los gaseamientos en masa avalados por los testigos no podían haber ocurrido. Mejorado y actualizado, el *Informe Rudolf* fue finalmente publicado en julio de 1993. Versiones en holandés y en francés aparecieron en 1995 y 1996, pero la versión en inglés tuvo que esperar hasta 2003.

En su afán por confrontar su trabajo de investigación, Germar Rudolf se puso en contacto con el Instituto de Medicina Forense de Cracovia, que en 1990, a petición del Museo Estatal de Auschwitz, había realizado sus propias pruebas forenses con el fin de refutar la investigación de Fred Leuchter. El equipo del instituto forense, encabezado por Jan Markiewicz, Wojciech Gubala y Jerzy Labedz, extrajo muestras de la "cámaras de gas", pero los químicos polacos que las analizaron hallaron rastros de cianuro aún más pequeños que los encontrados por el Dr. Roth. Decidieron entonces tomar muestras de las cámaras de desinfección y, pese a que las paredes habían sido blanqueadas, hubo en ellas indicios de cianuro mucho más elevados, pero no quisieron o no supieron reconocerlo. Markiewicz y compañía alegaron que no comprendían cómo era posible que las paredes de las cámaras de desinfección expuestas al ácido cianhídrico se hubieran impregnado del color azul de Prusia y llegaron a sugerir que procedía de otra fuente "Es difícil imaginar -dijeron-las reacciones químicas y los procesos físico-químicos que podrían haber conducido a la formación del azul de Prusia en ese sitio." Expresaron incluso el disparate de que las paredes de las cámaras de desinfección habían sido pintadas del color azul de Prusia.

En 1994 los investigadores polacos presentaron un artículo sobre sus descubrimientos. Rudolf, después de leerlo detenidamente, llegó a la conclusión de que en realidad no habían hecho nada para averiguar si el color prúsico puede formarse en las paredes que han estado expuestas al gas de cianuro hidrogenado. Contactó con ellos para pedirles una explicación científica sobre sus métodos de análisis y les dio pruebas irrefutables de que el azul prúsico se forma en las paredes expuestas al gas de cianuro hidrogenado. Finalmente, Rudolf recibió una carta de los investigadores de Cracovia en la que admitían claramente que su propósito no era establecer la verdad científica, sino rechazar a los "negacionistas del Holocausto" y evitar el lavado de imagen de Hitler y el nacionalsocialismo. Conozcamos cómo Germar Rudolf explica científicamente el proceso:

> "... Cuando el cianuro hidrogenado y ciertos compuestos del hierro se mezclan, forman el azul de Prusia. Ese es exactamente el fenómeno que uno puede observar cuando entra en las instalaciones de despiojamiento con Zyklon-B que funcionaron en Europa durante el Tercer Reich. Unas pocas de ellas, por ejemplo en los campos de concentración de Auschwitz,

Birkenau, Majdanek y Stuthoff, siguen hoy intactas. Todas estas instalaciones tienen una cosa en común: sus paredes están impregnadas con el azul prúsico. No sólo las superficies interiores, sino también la argamasa entre los bloques de ladrillo e incluso las paredes exteriores de estas cámaras de despiojamiento están llenas de ferrocianuro y muestran una irregular coloración azul. Nada semejante puede observarse en las supuestas cámaras de gas de Auschwitz y Birkenau. Los compuestos de hierro necesarios para formar el azul de Prusia son parte integral de todos los materiales del edificio: ladrillos, arenisca y cemento contienen siempre una cantidad de óxido (óxido de hierro, generalmente entre un 1 y un 4 por ciento). Eso es lo que lo que da a los ladrillos y a la mayoría de las arenas su color rojo u ocre."

Es decir, Markiewicz y sus colegas decidieron por razones políticas rechazar aquello que no deseaban. Como científicos, deberían haber demostrado que el color azul prúsico no puede formarse en paredes expuestas al ácido cianhídrico. Para ello había que comprobar si era o no cierto que los compuestos de hierro contenidos en los ladrillos y en el cemento formaban el ferrocianuro en contacto con el gas. En lugar de aceptar esto, prefirieron defender la tesis de que las cámaras de desinfección y las "cámaras de gas" homicidas presentaban niveles similares de residuos de cianuro.

Germar Rudolf reivindica en todo momento el método científico como el idóneo para establecer conclusiones irrefutables. Considera que la ciencia forense ha servido siempre para descifrar crímenes históricos, como por ejemplo el de Katyn. Rudolf lamenta amargamente que no haya ningún grupo de influencia que se atreva a exigir una investigación forense en Auschwitz-Birkenau y que quienes detentan el poder no demuestren ningún interés en establecer la verdad sobre Auschwitz y sobre el Holocausto. En lugar de ello, escribe:

"Autoridades de todo el mundo persiguen y procesan a aquellos que proponen o intentan tal investigación. Ello puede demorarnos, pero no nos detendrá. Cuando los investigadores revisionistas consiguen un súbito descubrimiento a través de la investigación forense, son contrarrestados no sólo con la difamación y la persecución, sino también con la falsificación académica y el engaño profesoral, ejemplo evidente de ello es el informe forense de Cracovia. ¿Cuán desesperados deben de estar, los guardianes de la llama de la leyenda del Holocausto, para recurrir a tales métodos? Protegiendo las supuestas sepulturas y las ruinas de la 'cámara de gas' de Auschwitz de la indagación científica arriesgan el sepelio de su propia reputación y la ruina del mito de Auschwitz."

HOLOCAUSTO JUDÍO, NUEVO DOGMA DE FE PARA LA HUMANIDAD

5ª PARTE

LA PERSECUCIÓN DE LOS REVISIONISTAS POR

CRÍMENES DE PENSAMIENTO

Como homenaje a tantas personas honestas que han arriesgado sus carreras profesionales y sus vidas por defender la libertad de expresión y de investigación en búsqueda de la verdad histórica, acabaremos el capítulo XII de esta *Historia proscrita* con una visión amplia sobre el quehacer esencial de estos héroes anónimos del revisionismo, desconocidos por el gran público. Muchos de ellos han sido ya mencionados a lo largo de nuestra obra; pero ahora los iremos presentando con mayor amplitud y trazaremos así el valor y el alcance de sus contribuciones. La persecución de los revisionistas por crímenes de pensamiento constituye uno de los hechos más bochornosos que puedan darse en sociedades que se autoproclaman libres y democráticas. Es indignante, intolerable, indecente que se encarcele a intelectuales de todos los campos del saber por ejercer su derecho a estudiar e investigar hechos históricos. Este hecho injustificable debería bastar para comprender que se ha falsificado la realidad y la historia y que se pretende mantener la mentira a toda costa.

Las víctimas de la policía del pensamiento son numerosas en Europa, sobre todo en Alemania, donde desde el final de la II Guerra Mundial se ha sometido al pueblo alemán a todo tipo de humillaciones con la connivencia de sus dirigentes. También en Francia y en Austria son muchos los casos de personas perseguidas, enjuiciadas y encarceladas por ejercer su derecho a la libertad de expresión. Con objeto de facilitar la exposición y de reunir en estas páginas los principales casos que conocemos, procederemos a presentarlos por países y trataremos asimismo de guardar un orden cronológico, con el fin de seguir el proceso desde una perspectiva histórica. Comenzaremos en Alemania, donde el control ideológico que se viene ejerciendo desde 1945 no es percibido en toda su magnitud por la mayoría de la población, cuyo lavado de cerebro iniciado en la infancia ha alcanzado niveles sin precedentes.

Habrá ocasión de ver a continuación hasta qué extremos ha llegado el deterioro de los derechos civiles en Alemania, un país que ha aceptado la censura de su himno nacional, mutilado, con estrofas prohibidas que nadie se atreve a cantar en público. La idea de la corrección política es la herramienta utilizada por quienes pretenden a toda costa la parálisis de la sociedad alemana. Todo aquello que no comulga con la versión oficial de los hechos es considerado políticamente inaceptable. Para mantener este estado de parálisis se cuenta con el sostén insustituible del llamado movimiento antifascista, que se dedica a atacar y descalificar con saña a quienes pretenden revisar la historia, en especial la del Tercer Reich. A diferencia de los movimientos anticapitalistas o anticomunistas, que son la expresión de convicciones personales, el antifascismo en Alemania está institucionalizado, arraigado y estructurado en todos los niveles de la sociedad, por lo que quedan descalificados moralmente quienes no expresan sentimientos antifascistas.

Hay que recordar que sólo en 1955 se otorgó a Alemania una soberanía parcial. Hasta entonces, no hubo ni libertad de prensa ni libertad académica. Para asegurar que no podrían producirse cambios políticos, se creó el Departamento para la Protección de la Constitución. Este Departamento, además de combatir a los partidos políticos comunistas, hizo todo lo necesario para anular jurídicamente a partidos nacionales y a los medios de información considerados de derechas. Por ello, no existen en Alemania ni universidades ni partidos políticos ni periódicos o medios audiovisuales significativos de tendencias derechistas. Sin embargo, en 1968 miles de estudiantes incitados por las enseñanzas de profesores de izquierdas, socialistas e incluso comunistas instalados en las universidades por los Aliados durante la ocupación, fueron lanzados a la calle con consignas procomunistas. Como consecuencia de la revuelta estudiantil de 1968 comenzó la entrada progresiva de estos izquierdistas en las instituciones del país.

A finales de siglo pasado, esta generación con ideas que van desde el socialismo al comunismo alcanzó la cúspide de su poder e influencia sobre la sociedad alemana. Sus representantes se hallan bien situados en todos los niveles y conforman una poderosa élite política. De este modo pueden mantener amplia influencia y control sobre la opinión pública y acallan de inmediato con acusaciones de "fascista" a quienes se atreven a ser políticamente incorrectos. Sus métodos son amplios e incluyen desde campañas de prensa hasta la intimidación si es preciso. El principal mecanismo de estos círculos izquierdistas en los que abundan judíos alemanes consiste en mantener actualizados los sentimientos de culpa colectiva, vergüenza colectiva o responsabilidad colectiva, los cuales ha mantenido anestesiado al pueblo alemán desde hace más de setenta años.

Antes de comenzar a presentar a las víctimas de la policía del pensamiento en Alemania y en otros países, es de interés conocer que cada año el Gobierno alemán presenta las cifras de su persecución a disidentes pacíficos, a los que agrupa junto a criminales violentos como "enemigos de la Constitución" (Ley Fundamental que entró en vigor el 23 de mayo de 1949). En el año 2011, por ejemplo, en el *Informe sobre la Protección de la Constitución* (*Verfassungschutzbericht*) se indicaba que de las 13.865

investigaciones criminales, 11.401 casos había sido por "delitos de propaganda". De estos casos, 2.464 eran individuos que habían dicho o escrito algo considerado capaz de "alterar el orden de la gente". La mayoría de estas transgresiones son atribuidas a "extremistas de derechas". Los delitos cometidos por izquierditas radicales o extranjeros no son agrupados en la categoría de "extremistas de izquierdas". Los crímenes de pensamiento en Alemania sólo pueden ser atribuidos a nacionalistas o patriotas que son considerados "nazis", "derechistas", "fascistas", calificativos que son sinónimos del "mal".

1. VÍCTIMAS PRINCIPALES DE LA PERSECUCIÓN EN ALEMANIA:

Joseph Burg, un revisionista judío perseguido por nazis y sionistas

Es de justicia comenzar estas páginas sobre la persecución de los revisionistas con un personaje admirable donde los haya, Joseph Ginsburg, mejor conocido como Joseph Burg, un judío alemán íntegro y honesto como pocos, que acabó siendo perseguido y atacado varias veces por matones extremistas de la Liga de Defensa Judía. El desprecio y el odio de sus correligionarios hacia su persona llegó hasta el extremo de negarle el derecho a ser enterrado en el cementario judío de Múnich. Joseph Ginsburg nació en Alemania en 1908 y durante los años treinta fue perseguido por el régimen nacionalsocialista. Al estallar la guerra en septiembre de 1939, vivía en Lemberg (Polonia), desde donde huyó con su familia a Czernowitz, en la provincia rumana de Bukovina, que fue ocupada por el Ejército Rojo en junio de 1940. Cuando un año más tarde Alemania atacó a la URSS, los soldados rojos abandonaron la región y bandas de ucranianos comenzaron pogromos contra los judíos. Las tropas alemanas y rumanas pararon estas acciones y evitaron que prosiguiera la violencia. Ginsburg y su familia fueron deportados hacia el este, a la región de Trasnitria, donde por lo menos se podía vivir. El frente germano-rumano se hundió en 1944 y Ginsburg y su familia regresaron a Czernowitz, donde imperaba el terror rojo y todo era caos y hambre.

Acabada la guerra, en 1946 Ginsburg y los suyos se dirigieron a Breslau y desde allí a un campo de desplazados de la UNRRA cercano a Múnich, el cual era dirigido por un judío americano, al que sirvió como factótum. En *Schuld un Schiksal, Europas Jugend zwischen Henkern und Heuchlern (Culpa y destino, la juventud europea entre verdugos e hipócritas*), libro publicado en 1962, Joseph Burg recuerda sus experiencias en el campo y relata que organizó la policía, la prisión, el periódico y actividades culturales. En 1949 vivía en Múnich, pero optó por emigrar a Israel. Allí rechazó de inmediato el sectarismo y el racismo de los sionistas, por lo que en agosto de 1950 decidió regresar a Múnich, donde trabajó como encuadernador.

Fue, pues, en Alemania, donde comenzó su lucha por establecer la verdad histórica. Su declaración en 1988 en el juicio contra Zündel constituye una fuente de información de gran valor. Ernst Zündel, con quien Burg colaboró estrechamente, ha reconocido que la lectura del libro *Culpa y destino* fue determinante en su vida, pues lo impulsó a comenzar la lucha contra las falsas acusaciones al pueblo alemán y lo convirtió en un revisionista. La valentía y la talla de Joseph Burg se pusieron de manifiesto cuando se atrevió a acusar al Mossad de ser el responsable del incendio de un asilo de ancianos judíos de Múnich, acaecido en la noche del 13 de febrero de 1970, una acción terrorista que costó la vida a siete personas, cinco hombres y dos mujeres. Asimismo en los 1970s estalló en Austria el llamado "asunto Kreisky-Wiesenthal". Bruno Kreisky, un judío perseguido por la Gestapo, fue canciller de Austria entre 1970 y 1983. Simón Wiesenthal lo acusó en 1975 de nombrar a cinco ministros con pasado nazi. Kreisky reaccionó indignado y acusó a Wiesenthal de ser un "racista" que había colaborado con la Gestapo y fomentado el antisemitismo en Austria. Joseph Burg acudió en apoyo del canciller y corroboró la denuncia contra el célebre "cazador de nazis". Burg declaró públicamente que Wiesenthal había sido un informador de la Gestapo.

En 1979 Joseph Burg publicó su segunda obra, *Majdanek in alle Ewigkeit?* (¿*Majdanek para toda la eternidad?*), donde relató sus visitas al campo de Majdanek, realizadas a finales de 1944 y en el otoño de 1945. En esta secunda ocasión se desplazó también a Auschwitz. En dicha obra criticó con osadía la impostura del Holocausto y denunció la estafa de las reparaciones financieras pagadas por la República Federal de Alemania. Este libro se prohibió enseguida y todos los ejemplares fueron destruidos por orden de la justicia alemana, que esgrimió el artículo 130 del Código Penal. La acusación contra Joseph Burg fue la siguiente: "Declaraciones de odio contra el sionismo y tentativa de rehabilitación de los criminales de los campos de exterminio." Burg fue acusado de tener problemas mentales y se le obligó a seguir un tratamiento psiquiátrico. Cuando buscó refugio junto a la tumba de su esposa en el cementerio judío de Múnich, fue agredido físicamente por un comando sionista a causa de su testimonio.

La amistad entre Ernst Zündel y Joseph Burg fue cimentándose a lo largo de los años. Burg siguió escribiendo libros para denunciar la situación imperante en Alemania. En 1980, por ejemplo, publicó *Zionnazi Zensur in der BRD* (*Censura sionazi en la República Federal de Alemania*). Zündel, además de visitarlo, mantuvo con él una correspondencia continuada. En 1982, Zündel le escribió en dos ocasiones para pedirle consejos y ayuda, puesto que tenía problemas con los sionistas en Toronto. Por todo ello, cuando comenzó el segundo juicio contra Ernst Zündel por "publicación de noticias falsas", Burg viajó a Canadá para declarar como testigo de la defensa. Su testimonio tuvo lugar el martes 29 de marzo y el miércoles 30 de marzo de 1988.

Entre otras cosas, Burg declaró que había hablado con cientos de personas que trabajaron en los crematorios, pero que nunca pudo hallar a nadie que hubiera trabajado en las cámaras de gas. Sobre los crematorios en Auschwitz y Majdanek, explicó que eran operados en tres turnos al día por prisioneros que realizaban la labor voluntariamente. La solictud de voluntarios la realizaba el consejo judío o la policía judía, que colaboraban con las SS alemanas. Sobre la emigración de judíos de la Alemania nazi, denunció que los sionistas entorpecieron que los judíos que no iban a Palestina pudieran emigrar a otros países, toda vez que su único interés era poblar Palestina a cualquier precio. Burg declaró haber descubierto que fueron los líderes sionistas alemanes quienes ya en 1933 pidieron a los nazis que obligaran a los judíos a llevar la estrella amarilla. Los sionistas no lo veían como un insulto, sino como un gesto heroico, como lo era para los SS exhibir la esvástica. En 1938, dijo Burg, los líderes sionistas del Tercer Reich provocaron que los judíos lucieran la estrella amarilla en contra de los deseos de Göring y Göbbels. En su declaración, Burg fue especialmente crítico con el Estado de Israel y con los líderes sionistas, a los que acusó de inventar el Holocausto para esquilmar a Alemania con compensaciones desorbitadas, que fueron aceptadas por el Dr. Adenauer.

Escritor prolífico y judío practicante, Joseph Burg fue autor de más de una docena obras, hoy muy difíciles de encontrar porque más de la mitad fueron confiscadas mediante órdenes judiciales. En *Sündenböcke, Grossangriffe des Zionismus auf Papst Pius XII un die deutschen Regierungen* (*Cabezas de turco, ofensiva general del sionismo contra el Papa Pío XII y los gobiernos alemanes*), denunció las calumnias del sionismo contra Pío XII y los ataques contra Alemania. En 1990, dos años después de declarar en el juicio de Toronto, Burg murió en Múnich. Considerado un traidor, se le denegó el entierro en el cementerio judío como hubiera sido su voluntad. Otto Ernst Remer y Ernst Zündel acudieron a la ciudad bávara para rendirle tributo y despidir los restos de este revisionista abnegado al que la historia no hará nunca justicia.

Thies Christophersen, condenado por "desacreditar al Estado"

Pocos alemanes se atrevieron a abrir la boca durante los duros años de purga y represión del nacionalsocialsmo, uno de los que se rebelaron contra el silencio impuesto fue Thies Christophersen, un agricultor que estuvo en Auschwitz desde enero a diciembre de 1944. Herido al comienzo de la guerra, quedó inhabilitado para el combate. Por encargo del Kaiser Wilhelm Institut, llegó a Auschwitz como alto mando de la Wehrmacht con la encomienda de cultivar caucho vegetal. Puesto que en el campo de trabajo había mucha mano de obra, el instituto de cultivo de vegetales fue trasladado de Berlín-Müncheberg a Auschwitz. Allí se investigaba en los laboratorios de la planta Bunawerk. Christophersen estuvo alojado en el campo Raisko y trabajaban con él en su granja de experimentación doscientas prisioneras recluidas en el mismo campo. Además, llegaban diariamente cien hombres procedentes de Birkenau, aunque también se empleaba a civiles, principalmente rusos. Entre otros trabajos, los presos analizaban en el laboratorio el porcentaje de caucho de las plantas con el fin de seleccionar para la reproducción aquellas que contenían mayor cantidad. Según Christophersen, los presos trabajaban allí ocho horas al día y disponían de una hora de descanso al mediodía.

Después de la guerra, Christophersen reanudó su actividad como agricultor. En su empeño por defender los intereses de los agricultores alemanes, editó y publicó una revista trimestral, *Die Bauernschaft* (*Los labradores*). En 1973 Thies Christophersen se atrevió a publicar en alemán el libro *Die Auschwitzlüge* (*La mentira de Auschwitz*), un opúsculo del que se editaron cien mil ejemplares, en el que niega que Alemania exterminara a seis millones de judíos durante la Segunda Guerra Mundial. Al final termina con estas palabras: "He escrito mis memorias tal cual han sido los hechos vividos y tal como los recuerdo. He dicho la verdad, así me ayude Dios. Si pudiera contribuir a dar nuevamente a nuestra juventud algo más de respeto por sus padres, que como soldados combatieron por Alemania y que no eran criminales, entonces sería muy feliz." El libro causó sensación y fue pronto prohibido por "agitar al pueblo". Christophersen, que además del libro había publicado otros escritos que insistían en la denuncia de las mentiras contra Alemania, acabó siendo acusado y condenado a un año y medio de prisión por "desacreditar al Estado" y por "ofender la memoria de los muertos".

Convertido en un perseguido político, recibió numerosas cartas con insultos y amenazas que lo obligaron a exiliarse. Tras pasar por Bélgica, se estableció en Dinamarca, donde la legislación lo protegía, lo cual no impidió que fuera víctima de matones "antifascistas": cientos de ellos atacaron su modesta casa en la pequeña ciudad de Kollund, situada justo al otro lado de la frontera con Alemania. Los criminales apedrearon la casa, la llenaron de pintadas insultantes, incendiaron el almacén donde guardaba sus libros y, usando ácido corrosivo, destrozaron su coche y su equipo de fotocopiadoras. Las autoridades alemanas pidieron al Gobierno de Copenhague que emprendiera acciones contra él y llegaron a sugerir a los daneses que revisaran sus leyes sobre racismo con el fin de poder actuar contra Thies Christophersen. Afortunadamente, los crímenes de expresión y de pensamiento no eran perseguidos en Dinamarca y un tribunal danés rechazó una solicitud de extradición presentada por la República Federal. Finalmente, puesto que la policía danesa no supo evitar el acoso y el abuso permanente a que estaba sometido, se vio obligado a abandonar Dinamarca en 1995. Gravemente enfermo de cáncer, solicitó tratamiento en Suiza, pero en diciembre de 1995 también fue obligado a abandonar el país. Por fin, halló en España un refugio temporal. Mientras, el impresor de la revista *Bauernschaft* en Alemania fue multado con 50.000 marcos.

Pese a tantas tribulaciones, en 1988 Christophersen supo viajar a Canadá para declarar como testigo en Toronto en el proceso contra Zündel. Su aparición ante el tribunal fue anterior a la de Joseph Burg. El interrogatorio de Doug Christie, el abogado de Zündel, se produjo el 8 de marzo de 1988. Meses más tarde, el mismo Thies Christophersen se encargó de reproducirlo íntegramente, palabra sobre palabra, en el número del mes de junio de su revista *Die Bauernschaft*. El abogado Christie formuló numerosas preguntas sobre los presos, que, como los soldados, se alojaban en barracones. Christophersen explicó que había camas superpuestas, armarios y baños con agua caliente y fría. Sábanas, toallas y ropa se cambiaban regularmente. El interrogatorio siguió así:

-"¿Recibían los presos correspondencia?
- El correo era entregado regularmente y los paquetes se abrían si el contenido no era muy claro en presencia de los presos. Algunas cosas no se entregaban.
- ¿Qué cosas no se entregaban?
- Dinero, drogas, productos químicos, material de propaganda...
- ¿Se maltrataba a los presos?
- No se permitían malos tratos, y si se cometían, los culpables eran castigados severamente.
- ¿Tenían los presos la oportunidad de quejarse?
- Sí, en todo momento. Incluso el comandante del campo de concentración, Nöss, y su sucesor, el capitán Lieberhenschel, habían autorizado a los presos a hablerles cuando quisieran.

- ¿Escuchó usted las quejas y reclamaciones de los reclusos?
- A decir verdad, no fueron quejas, sino más bien peticiones. La mayor alegría que les pude proporcionar a los presos fue cuando les permití recoger setas y moras o bañarse en el Sula. A veces también secuestraba las cartas privadas de algún preso si el contenido no era muy claro."

Christophersen reconoció durante el interrogatorio que no conocía la capacidad de los crematorios de Birkenau y que no los vio funcionar pese a haber estado a menudo en el campo, donde traía material del desguace de aviones y elegía mano de obra para las plantaciones de caucho. En relación con la cremación de cadáveres, aseguró que se daba ayuda médica a los presos enfermos y se intentaba salvar sus vidas, puesto que había ambulancias y salas de enfermos en el hospital militar. Como de costumbre, Christophersen aludió a las numerosas muertes a causa de la fiebre tifoidea y apuntó que la propia esposa de su superior, el Dr. Cäsar, falleció por el tifus. En cuanto a las preguntas sobre las cámaras de gas, una y otra vez aseguró que sólo supo de ellas después de la guerra y que nunca vio ninguna ni encontró a nadie que las hubiera visto.

Durante sus últimos meses de vida, Thies Christophersen se mostró dispuesto a regresar a su país para ser juzgado si se le permitía presentar expertos y testigos elegidos por él, pero los tribunales alemanes lo trataron como si fuera un enemigo del Estado y se lo negaron. Su cuenta bancaria fue bloqueada. A principios de 1996 presentó una solicitud para regresar a Alemania con el fin de asistir al funeral de uno de sus hijos, fallecido en un accidente de tráfico, pero un tribunal rechazó la petición. Pese a que Christophersen padecía cáncer, las autoridades alemanas cancelaron su seguro de cobertura y dejaron de abonarle su modesta pensión de jubilación, que le había sido respetada durante cuarenta y cinco años, y su pensión por el servicio al Ejército. Gravemente enfermo y ya en fase terminal, se arriesgó a regresar para pasar los últimos días de su vida con su familia, pero fue arrestado por última vez. Un juez alemán consideró que estaba demasiado enfermo para ir a la cárcel, por lo que se le permitió permanecer bajo la tutela de un hijo. El 13 de febrero de 1997 falleció en el distrito de Molfsee, en el norte de Alemania, donde se le negó el derecho a la celebración de un funeral.

Wilhem Stäglich, el juez que pidió justicia para Alemania

Durante los meses de julio a septiembre de 1944, Wilhelm Stäglich estuvo asignado en un destacamento cercano a Auschwitz como oficial de la defensa antiaérea. Alojado en la ciudad de Osiek, situada unos nueve kilómetros al sur del campo, mantuvo contacto con los mandos de las SS y tuvo acceso a las instalaciones del campo principal. Acabada la guerra, recibió en 1951 el doctorado en leyes por la Universidad de Gotinga. Durante años ejerció como juez de finanzas en Hamburgo, donde escribió numerosos artículos sobre temas jurídicos e históricos. Después de años de silencio, indignado y trastornado emocionalmente por los relatos sobre Auschwitz impuestos a la opinión pública, los cuales chocaban frontalmente con su propia experiencia, este juez e historiador alemán decidió emprender una investigación. Cuando comenzó a expresar públicamente lo que entendía sobre Auschwitz, tuvo que afrontar varios procesos judiciales en su contra como consecuencia de sus artículos. Por fin, en 1974 se celebró una vista disciplinaria contra el juez Stäglich y en 1975 fue obligado a retirarse de la carrera judicial. El retiro forzoso llevó aparejada una reducción de su pensión durante un periodo de cinco años. Siguieron diligencias y redadas en su casa que pretendían averiguar sus antecedentes.

En lugar de achicarse, Stäglich siguió trabajando sobre el asunto y en 1979 publicó un libro histórico para el revisionismo alemán: *Der Auschwitz-Mythos: Legende oder Wirklichkeit* (*El mito de Auschwitz: leyenda o realidad*), una obra minuciosa y detallada donde examinaba de manera crítica y sistemática documentos, testimonios, confesiones y relatos que describían Auschwitz como un centro de exterminio. Stäglich negó la existencia de las cámaras de gas y denunció que los documentos que pregonaban el Holocausto eran falsificaciones. En 1980 el libro fue prohibido e incautado en todo el país por orden de un tribunal de Stuttgart. El 11 de marzo de 1982 la orden nº 3176 del "Bundesprüfstelle für jugendgefährdende Schriften" (Departamento Federal de escritos peligrosos para la juventud), lo catalogó como material nocivo que no debía ser distribuido a lectores jóvenes. En 1983 la policía alemana confiscó todas las copias no vendidas por orden de la Corte Federal de Justicia. El 24 de marzo de 1983, acogiéndose irónicamente a una ley de 1939 promulgada en la época de Hitler, el consejo de decanos de la Universidad de Gotinga, después de un farragoso proceso, le retiró a Wilhelm Stäglich el grado de doctor que le había concedido en 1951. Un recurso judicial-administrativo fue rechazado, como lo fueron sus escritos de protesta ante la Justicia, desestimados por el Jurado Constitucional de la República Federal de Alemania.

El 23 de noviembre de 1988, el juez Stäglich, con entereza y aplomo encomiables, dirigió una carta llena de reproches a Richard von Weizsäcker, presidente de la República Federal de Alemania entre 1984 y 1994, en la que le adjuntó el *Informe Leuchter*, que para el movimiento revisionista suponía la ratificación incontestable de sus tesis. Consideramos que merece la pena reproducir este documento. *Die Bauernschaft*, la revista de Thies Christophersen, publicó inicialmente el texto, que fue asimismo reproducido en el otoño de 1990 por *The Journal of Historical Review*, de donde lo tomamos y traducimos:

"23 de noviembre de 1988
El presidente de la República Federal
Richard von Weizsäcker
5300 Bonn

Sr. Presidente:
Usted se ha pronunciado públicamente de manera repetida sobre asuntos relacionados con la historia de Alemania en este siglo (la primera vez fue en ocasión de su discurso de 8 de mayo de 1945 ante el Parlamento de Alemania Occidental). El contenido y el estilo de sus declaraciones demuestran que están basadas en lo que es por lo menos una perspectiva sesgada, concretamente la de los vencedores en las dos guerras mundiales. En su panfleto *Sobre el discurso de Weizsäcker de 8 de mayo de 1945* (J. Reiss Verlag, 8934 Grossaitingen, 1985), sobre el cual tiene usted sin duda conocimiento, el publicista Emil Maier-Dorn así lo demostró convincentemente, proporcionando muchos ejemplos del sesgo tendencioso. Evidentemente poco impresionado, en años sucesivos continuó usted, incluso con mayor estridencia si cabe, acusando al pueblo alemán en cada oportunidad que tuvo. Finalmente, incluso creyó usted necesario dar sostén a los historiadores con su asistencia a la 37ª Conferencia de Historiadores en Bamberg, en cuyas directrices, por así decirlo, figuraba tratar el problema de Auschwitz, que había sido objeto de discusión académica durante por lo menos la última década. ¿Es posible que desconozca usted el artículo 5, párrafo 3 de la Ley Fundamental, el cual garantiza la libertad académica y de investigación? El aplauso por sus comentarios completamente partidistas y sin reservas de nuestros enemigos en las guerras mundiales y de los medios de comunicación de Alemania Occidental, que evidentemente siguen aún sus órdenes, debería haberle recordado una máxima de Bismarck, quien en una ocasión comentó que cuando sus enemigos lo elogiaban, sin duda se había equivocado.
Lamentablemente, Maier-Dorn tuvo que omitir en su panfleto cualquier comentario de sus declaraciones sobre el asunto del exterminio de los judíos, puesto que la versión oficial de esta cuestión está, según sus palabras, protegida legalmente en Alemania Occidental. Aunque esto no es del todo correcto, la valoración de Maier-Dorn da en el clavo en tanto que un sistema judicial sometido a presión política, y en consecuencia no independiente, manipula los hechos y la ley para procesar y, si no, acosar a

quellos que dudan o incluso refutan la aniquilación de los judíos en las supuestas 'cámaras de gas' en los llamados campos de 'exterminio'. Este fenómeno es sin duda único en la historia de la justicia.

Ahora, sin embargo, un acontecimiento que ha sucedido hace unos seis meses ha obligado a un replanteamiento de la historia oficial. La defensa en el juicio de Ernst Zündel, un germano-canadiense, en Toronto presentó el testimonio del experto americano en cámaras de gas Fred A. Leuchter (como es sabido, todavía se llevan a cabo ejecuciones en cámaras de gas en ciertos estados de los U.S.A.), según el cual aquellos lugares en Auschwitz, Birkenau y Majdanek que fueron identificados por presuntos testigos como cámaras de gas no pudieron haber funcionado como tales. Este peritaje técnico, que mientras tanto se ha hecho famoso en todo el mundo, no puede en el futuro ser ignorado por cualquier historiador serio que reivindique una erudición objetiva. Además de la tecnología sobre las cámaras de gas, el Informe Leuchter trata sobre la composición y el modus operandi del pesticida Zyklon-B, presuntamente utilizado para matar a los judíos, así como de la tecnología en los crematorios. Ya en 1979, en la página 336 de mi obra *Der Auschwitz Mythos*, que significativamente fue confiscada por órdenes de un tribunal que seguía instrucciones de más arriba, precisé la necesidad urgente de aclarar estas cuestiones sobre el enfoque del problema del exterminio. Ni jueces ni historiadores se han preocupado sobre este estado de cosas, para no hablar de los políticos, incluido usted mismo.

Desgraciadamente, el Informe Leuchter, como todo aquello que puede exonerar históricamente a nuestra nación, es ignorado oficialmente con un silencio de muerte. Por eso me tomo la libertad de remitirle este importante documento en su inglés original, Sr. presidente, a fin de que pueda usted obtener una clara comprensión de las cosas. Este texto sólo difiere del informe original en la omisión de los análisis químicos realizados por el químico americano profesor Roth, a quien Leuchter involucró en el análisis de las muestras que él había recogido durante sus indagaciones personales en aquellos lugares de Auschwitz y Birkenau oficialmente designados como 'cámaras de gas', además de las muestras tomadas en las antiguas cámaras de desinfección con el propósito de compararlas. Estos análisis están incluidos sólo de manera resumida (en la página 16) en el texto del Informe Leuchter destinado a la distribución pública. Sr. presidente, ahora puede usted familiarizarse con la investigación más actualizada y autorizada sobre este tema de tanta importancia para nuestra nación.

Me atrevo a decir que a partir de ahí, aunque no corrija sus pasadas acusaciones, en adelante se abstendrá usted por lo menos de imponer injustificadamente la culpabilidad a nuestra nación. El alto cargo que ocupa requiere, de acuerdo con la promesa que formuló al asumirlo, que actúe usted como protector de la nación alemana, en lugar de despojarla de la última pizca de confianza política en sí misma. En sus discursos usted ha pedido reiteradamente 'coraje para enfrentar la verdad', a pesar de que la 'verdad' que usted proclamó era ya dudosa por ser tan unilateral. ¡Ahora es el momento de demostrar su propio coraje para afrontar toda la verdad, y nada más que la verdad, Sr. presidente! De otro modo deberá más tarde hacer frente, justificadamente, a los reproches por su hipocresía.

Con saludos de un ciudadano,
Wilhelm Stäglich"

Wilhem Stäglich murió en 2006 a los noventa años. En febrero de 2015, Germar Rudolf publicó una edición corregida y ligeramente revisada de su libro en Castle Hill Publishers, la editorial creada por el mismo Rudolf, con el título de *Auschwitz: A Judge Looks at the Evidence* (*Auschwitz: un juez contempla la evidencia*). Este publicación prueba que el valor de la obra de Stäglich sigue vigente. Robert Faurisson, que admiraba la honestidad del magistrado, escribió estas palabras de respeto y homenaje: "El Dr. Wilhem Stäglich, juez e historiador alemán, ha salvado el honor de los jueces e historiadores alemanes. Lo ha perdido todo, pero no su honor."

Ernst Zündel, "Dinamo revisionista", modelo de resistencia

Ha llegado ahora el momento de rendir nuestro modesto homenaje a Ernst Zündel, el hombre imprescindible, el revisionista insigne que ha tenido el coraje y la fortaleza de enfrentarse sin desfallecer durante toda su vida a los poderosísimos tiranos que imponen al mundo la falsificación de la historia. Quizá por ello uno de los apodos que justificadamente le ha sido otorgado por su papel estelar es el de "Dinamo revisionista". Una semblanza sobre su vida y los hitos de su combate desigual por redimir a Alemania ante el mundo ayudará a los lectores no iniciados a entender y valorar la talla de esta figura insustituible en la historia del revisionismo histórico.

Nacido en Alemania en 1939, llegó a Canadá en 1958 y allí contrajo matrimonio con una canadiense llamada Janick Larouche. En 1961 abandonó Toronto y se estableció con su familia en Montreal, donde montó un próspero negocio de artes gráficas. Zündel consideraba el comunismo "una amenaza para nuestra civilización", por lo que en el ámbito de la política canadiense se implicó en actividades y campañas de denuncia anticomunistas. Una de las figuras que más influyó en él durante estos años fue Adrien Arkand, nacionalista canadiense francés que hablaba ocho idiomas, encarcelado durante los seis años que duró la guerra. Fue Arkand quien facilitó libros, artículos y otros textos que ayudaron al joven Zündel a formarse intelectualmente. Como se ha dicho antes, Joseph Ginsburg, que publicaba bajo el seudónimo de J. C. Burg, fue otra persona esencial que influyó profundamente en él durante los años sesenta. Burg se desplazó a Canadá para grabar con Zündel y residió durante un mes como invitado en su casa. El amor por la verdad y la justicia provocó la admiración mutua. Burg definió a Zündel como "un luchador por la verdad para su pueblo". Pero Burg fue sólo uno de los importantes intelectuales judíos a los que Zündel solicitó colaboración. También estableció contacto con Benjamín Freedman, el multimillonario judío convertido al catolicismo[14], y con el rabino Elmer Berger, presidente del "American Council for Judaism". Zündel viajó a Nueva York en 1967 para encontrarse con Berger, quien le facilitó nuevos conocimientos e informaciones sobre el sionismo. Posteriormente, en uno de los juicios, Zündel explicó así su relación con el rabino Berger:

"... Viajé a Nueva York y entrevisté al rabino Berger, con quien he mantenido contacto desde entonces. Él fue la persona que, por primera vez, me expuso muy claramente cuáles eran las diferencias entre el sionismo y el judaísmo. Su particular filosofía de la vida y de la gente que él representa es que ellos son primero y ante todo americanos y judíos de religión, mientras que los sionistas son primero judíos, al menos así es como yo lo entiendo, lo cual les lleva en la práctica a la exclusión de cualquier otra cosa. Residen en diferentes países, pero su única lealtad radica en los principios del sionismo, los objetivos del sionismo, las políticas del sionismo. Él sentía que era una ideología peligrosa porque ponía en duda ante los ojos de la opinión pública la lealtad de los judíos que vivían en América o Cánada."

---

[14] En el capítulo I se ha presentado ya a Benjamín H. Freedman y hemos comentado su famosa carta a David Goldstein, editada bajo el título de *Facts are facts*, en la que desvelaba el origen kázaro de los judíos askenazis. Freedman mantuvo relaciones personales con Bernard Baruch, Woodrow Wilson, Franklin D. Roosevelt, Samuel Untermayer y otros dirigentes judíos sionistas, por lo que sabía muy bien quiénes estaban detrás de lo que él llamó *The Hidden Tyranny* (*La tiranía oculta*) en un opúsculo así titulado. En 1961 Benjamín Freedman pronunció en el Hotel Willard de Washington el famoso discurso de advertencia a América, que posteriormente se ha conocido con el título "Un desertor judío avisa a América". En él, insistía en que los sionistas y sus correligionarios gobernaban América como si fueran los dueños absolutos del país y advertía a los patriotas de Estados Unidos sobre la necesidad imperiosa de reaccionar.

En 1968 se le denegó a Zündel la ciudadanía sin darle explicaciones. El 27 de agosto de 1968 recibió una carta de las autoridades canadienses donde se le decía textualmente: "la información por la que se ha tomado la decisión es confidencial y no sería de interés general revelarla." En 1969 Zündel y su familia regresaron a Toronto, donde refundó su empresa de artes gráficas, la cual llegó a editar libros de gran tirada y difusión que le proporcionaron pingües beneficios. Ello le facilitó la publicación de textos y entrevistas que había realizado a escritores e historiadores revisionistas como Robert Faurisson o el mencionado rabino. Berger y Burg no fueron los únicos judíos que colaboraron con Zündel en su lucha titánica por desenmascarar a los falsificadores de la historia. Roger-Guy Dommergue Polacco de Menasce, profesor francés de origen judío, filósofo, ensayista y doctor en Psicología, fue otro intelectual honesto que influyó en Ernst Zündel, con quien mantuvo correspondencia durante años. Zündel, que recibió textos de Roger-Guy Dommergue en los que afirmaba sin ambages que el Holocausto era una mentira histórica, acabaría viajando a Francia para grabar una larga entrevista en la casa del profesor Dommergue.

Ernst Zündel y su esposa se separaron en 1975, pues Zündel rechazaba abandonar sus "actividades políticas", según declaró ella misma, las cuales provocaban inquietud y temor en la familia. Pese a todo, la amistad y el contacto entre ambos y sus hijos no se rompió. En estos años, concretamente en 1978, Zündel fundó una pequeña empresa de publicaciones llamada Samisdat Publishers Ltd., que produjo una serie de interesantes filmaciones cuyo fin era ayudar a difundir las ideas del revisionismo a través de diversos testimonios. Estas y otras actividades de resistencia emprendidas por Ernst Zündel provocaron que algunos columnistas destacados como Mark Bonokoski, del *Toronto Sun*, y otros plumíferos emprendieran en comandita con líderes judíos como Ben Kayfetz, presidente del "Canadian Jewish Congress", una campaña de desprestigio para presentar a Ernst Zündel como un "fanático neonazi".

A partir de este momento los ataques del Gobierno alemán se sumaron también a los de las organizaciones judías que pretendían con su acoso en Cánada y en Alemania silenciar a Zündel. Acusaciones de "incitación al odio" y de "difusión de noticias falsas" comenzaron a ser habituales. Diversos grupos del lobby judío presionaron a los gobiernos y utilizaron los medios de comunicación para provocar la indignación pública. Fue en este contexto que entraron en escena la JDL (Liga de Defensa Judía), la infame organización calificada como terrorista por el FBI, y "Anti-Racist Action", grupos que incrementaron el hostigamiento contra Zundel con manifestaciones frente a su domicilio. Estos terroristas llegaron a sitiarlo patrullando los alrededores con perros y, además, se dedicaron a golpear las paredes de la casa, a proyectar reflectores de luz en las ventanas durante la noche y a amenazarlo con incesantes llamadas telefónicas.

El 22 de noviembre de 1979 el *Toronto Sun* informó que el fiscal general de Ontario iba a presentar cargos por incitación al odio contra Samisdat Publishing Ltd.. En respuesta a dicha amenaza, Zündel remitió por correo miles de copias del opúsculo de Richard Harwood *Did Six Million Really Die?* (*¿Murieron realmente seis millones?*) a abogados, políticos, periodistas, profesores y sacerdotes canadienses. Les pedía que evaluaran la información contenida en el libro. En el texto que acompañaba el envío, insistía en que sólo le movía la búsqueda de la verdad y que los sionistas y sus simpatizantes estaban utilizando palabras como "racismo" y "odio" para tratar de suprimir su libertad.

El siguiente revés de envergadura contra los derechos de Ernst Zündel llegó desde Alemania. En enero de 1981 el Gobierno de Alemania Federal incautó la cuenta bancaria postal que tenía en Stuttgart, a través de la cual Zündel recibía múltiples donaciones y gestionaba los pagos de libros y cintas. El 23 y 24 de marzo de 1981 el Ministerio del Interior alemán ordenó una de las mayores redadas en la historia de Alemania: unos doscientos domicilios privados fueron asaltados con el propósito de incautar libros y grabaciones catalogados como "literatura nazi". Unos diez mil funcionarios de policía y trescientos jueces y fiscales fueron movilizados para la operación. Sobre ello Zündel testificó: "la policía obtuvo las direcciones de gente que me había ayudado monetariamente violando las leyes bancarias alemanas, cogiendo las direcciones de los justificantes de donaciones y allanando las casas de estas personas." Zündel fue entonces acusado de "agitación al pueblo", un delito en Alemania.

En Canadá, la prensa se hizo eco de las redadas ordenadas por el Ministerio del Interior alemán y se acusó públicamente a Ernst Zündel de difundir desde Canadá "propaganda nazi" en Alemania Occidental. El 31 de mayo de 1981 se produjo una demostración masiva de grupos judíos cerca de la casa de Zündel en Toronto. La manifestación había sido anunciada en medios de comunicación judíos con el siguiente comunicado: "Neonazismo en Canadá. ¿Por qué es Canadá el centro de exportación de propaganda nazi? ¿Por qué los agitadores del odio esparcen libremente la mentira de que no hubo Holocausto? ¿Por qué los criminales de guerra se mueven sin castigo? Manifestación para protestar contra el racismo y la apología del odio." Los organizadores fueron la logia B'nai Brith de Canadá y el Congreso Judío de Canadá. La Liga de Defensa Judía no figuraba entre los promotores, pero sus extremistas eran mayoritarios y agitaron a una muchedumbre de mil quinientas personas, que con gritos de "¡Quemadlo! ¡Matadlo!" trataron de atacar la casa de Zündel. Por supuesto, los organizadores no trataron de contenerlos. Sólo la actuación de medio centenar de policías que protegieron la vivienda con barricadas previno mayores incidentes. Zündel, que recibió amenazas de bomba y de muerte antes y después de la manifestación, grabó todo lo ocurrido y produjo una cinta titulada *C-120 Zionist Uprising!* en la que se oyen los gritos que espolean a asaltar y quemar la casa y a matar a Zündel y a todos los habitantes.

Contra viento y marea, en combate desigual, Zündel siguió soportando todo tipo de ataques. El siguiente atropello fue la prohibición de recibir correo. En julio de 1981, dos meses después de la demostración masiva ante su domicilio, Sabina Citron, activista sionista de la Asociación para el Recuerdo del Holocausto, se quejó ante Correos de que Zündel propagaba literatura antisemítica y solicitó que le fueran anuladas las prerrogativas postales. El 17 de agosto de 1981 el inspector de Correos Gordon Holmes visitó a Zündel. Le mostró algunos folletos que él había remitido y Zündel, por su parte, le presentó fotos, textos y grabaciones de la demostración de mayo ante su vivienda y le explicó que estaba comprometido en una campaña de correo para exponer su opinión a traves del servicio. El informe de Holmes a sus superiores confirmó que Zündel había colaborado en todo momento y le había facilitado libros y escritos. Por fin, el 13 de noviembre de 1981 se emitió una Orden Provisional de Prohibición contra Samisdat Publishers. Se argumentaba en ella que la empresa de Zündel utilizaba el servicio de correos para incitar al odio.

Zündel solicitó que una Comisión Evaluadora investigase la Orden Provisional de Prohibición, por si violaba la Ley de la Corporación de Correos de Canadá. Durante la vista, celebrada los días 22, 23 y 24 de febrero y 11 y 12 de marzo de 1982, el abogado de Toronto Ian Scott, en representación de la Asociación de Libertades Civiles de Canadá, intervino en defensa de Zündel y argumentó con éxito que se estaba violando la libertad de expresión reconocida en la Carta de Derechos Humanos. En su declaración, Zündel enseñó una cinta titulada *Diálogo germano-judío*, que Benjamín Freedman le había dado permiso para vender. Zündel alardeó de su amistad con el multimillonario judío, al que conocía desde hacía quince años y con el que había dialogado en muchas ocasiones. En demostración de que no odiaba a los judíos, Zündel esgrimió los nombres de intelectuales judíos entrevistados que le habían autorizado a vender las cintas. Entre otros, citó a Haviv Schieber, antiguo alcalde de Beersheba en Israel; a Roger-Guy Domergue Polacco de Menasce, el profesor judío de la Sorbona; al rabino Elmer Berger y al profesor Israel Shahak, presidente de una comisión de derechos humanos en Israel.

Mientras en Canadá se estaba a la espera del dictamen final de la Comisión Evaluadora, a pesar de una campaña histérica en Alemania y Canadá sobre la importancia del material incautado procedente de Samisdat Publishers, el 26 de agosto de 1982 Zündel fue absuelto en Alemania por una corte del distrito de Stuttgart, que entendió que los textos en cuestión no eran literatura que incitaba al odio. Además, el tribunal ordenó al Gobierno de Alemania Federal que pagase los costes legales del proceso y devolviera a Zündel el dinero incautado en las cuentas junto con los intereses pertinentes. Por supuesto, la prensa canadiense guardó silencio y prosiguió calificando a Zündel como un "neonazi" que enviaba "propaganda nazi" a Alemania. El Gobierno alemán reaccionó a la sentencia del tribunal de Stuttgart denegándole la renovación del pasaporte. Sarcásticamente, se utilizó para ello una ley promulgada por Hitler contra judíos refugiados que publicaban materiales antinazis en el exilio.

En Canadá, finalmente, el 18 de octubre de 1982 la Comisión Evaluadora recomendó en su informe al Gobierno canadiense la revocación de la orden que suspendía los derechos postales de Ernst Zündel. De conformidad con dicha recomendación bien argumentada, André Ouellet, ministro del Gobierno, firmó el 15 de noviembre de 1982 la anulación de la orden y los derechos de Zündel fueron restablecidos, por lo que la Corporación de Correos de Canadá tuvo que devolverle numerosos sacos de correos. Todos los cheques habían caducado, por lo que el negocio de Zündel acarreó pérdidas casi ruinosas. El Congreso Judío de Canadá anunció por boca de Ben Kayfetz que se hallaban horrorizados por la decisión. No obstante, las organizaciones judías reanudaron de inmediato su hostigamiento y en 1983 pusieron en marcha una campaña para procesar a Zündel. La Asociación de Recuerdo del Holocausto y Sabina Citron escribieron al fiscal general de Ontario, Roy McMurtry, pidiéndole que se querellase contra Zündel por incitación al odio, de acuerdo con el Código Criminal. El 13 de octubre de 1983, el *Toronto Star* daba la noticia de que B'nai Brith exigía que Zündel fuera procesado por odio racial.

El abogado de Zündel en Alemania había mientras tanto recurrido la decisión de las autoridades de no renovar el pasaporte a su cliente. Durante el proceso de apelación en 1985 el abogado fue autorizado en presencia de un policía del juzgado a estudiar, pero no copiar, en los archivos gubernamentales varios documentos utilizados en el procedimiento contra Zündel. Fue de este modo como supieron que el Ministerio del Interior, que no tenía competencias en materia de pasaportes, había presionado incesantemente al Ministerio de Asuntos Exteriores desde 1980 para que se le retirase el pasaporte a Ernst Zündel. Los documentos demostraron que altos funcionarios del Servicio de Inteligencia de Alemania Federal habían viajado a Otawa con el fin de lograr que el Gobierno canadiense prohibiera a Zündel la utilización del sistema postal. Los archivos alemanes indicaban asimismo que Ben Kayfetz, del Congreso Judío de Canadá, había escrito al cónsul general de Alemania en Toronto para solicitarle copias de materiales de Zündel que deseaban examinar, pero el cónsul Koch se negó inicialmente. Parece ser que las autoridades alemanas concibieron la idea de que si conseguían privar de pasaporte a Zündel, los canadienses lo deportarían. En noviembre de 1982 el cónsul Koch se hallaba dispuesto a proceder a la renovación del pasaporte; pero, como se demuestra en los archivos examinados por el abogado de Zündel, el Ministerio del Interior presionó al de Exteriores para que enviara una directriz al cónsul de Toronto con el fin de que actuara en sentido contrario y así lo hizo. Zündel recurrió la decisión del cónsul de no renovarle el pasaporte. El 9 de mayo de 1984 el Tribunal Administrativo de Colonia decidió que la República Federal de Alemania no estaba obligada a renovar el pasaporte. Se impuso entonces un nuevo recurso ante el Tribunal Superior Administrativo del Renania del Norte-Westfalia. Fue en el proceso de esta apelación cuando se permitió al abogado de Zündel acceder al estudio de los archivos gubernamentales, hecho que permitió comprobar que desde 1980 las autoridases alemanas trataban con saña de lograr la deportación de Zündel.

Volvamos ahora a las presiones de las organizaciones judías sobre las autoridades canadienses para que se querellasen contra Ernst Zündel, ya que habían de conducir finalmente al juicio de 1985. La acusación de incitación al odio no parecía que tuviera posibilidades de prosperar, por lo que el 18 de noviembre de 1983 Sabina Citron, de la Asociación para el Recuerdo del Holocausto (Holocaust Remembrance Association), apostó por levantar cargos por "difundir noticias falsas" en publicaciones como *Did Six Million Really Die?* y *The West, War and Islam*. Los cargos de Sabina Citron fueron admitidos por la Corona, lo cual significó que el Estado asumió todos los costes del proceso de persecución en beneficio de los sionistas. Comenzó así la batalla legal emprendida por Zündel por defender sus derechos civiles, la cual iba a prolongarse durante nueve años.

El 9 de septiembre de 1984, unos meses antes del comienzo del juicio, una bomba explotó en la parte trasera de la casa de Zündel y produjo daños en el garaje y en dos coches. La metralla salió volando y algunos trozos se incrustaron en la pared del dormitorio de dos vecinos judíos. El 10 de septiembre el periódico de Toronto *The Globe & Mail* informó: "Un hombre telefoneó a *The Globe & Mail* la pasada noche en nombre de un grupo que llamó Movimiento de Liberación del Pueblo de la Liga de Defensa Judía (JDL) para reclamar la responsabilidad por la bomba." No hubo arrestos y

Zündel emitió una nota de prensa en la que denunciaba la escalada de violencia de la JDL y de grupos afines contra su persona, apoyada por ciertos medios de comunicación. Exigía una reacción policial contra el terrorismo de esta organización sionista, puesto que, según argumentó: "la policía, los políticos y los medios de información conocían perfectamente cuál era la reputación de la JDL a causa de sus incendios, bombas, tiroteos, ataques y asesinatos."

Cada comparecencia de Ernst Zündel motivada por citaciones del juzgado fue aprovechada por miembros de la JDL, que lo esperaban a las puertas del tribunal, para amenazar, insultar y agredir a cuantos lo acompañaban. De ahí que acabaran por aparecer con cascos de construcción para protegerse. Tanto Zündel como su abogada Lauren Marshall recibieron llamadas telefónicas en las que fueron amenazados de muerte. El *Toronto Sun* recogió unas declaraciones de Marshall: "Con voz temblorosa, dijo que ella su cliente y sus familias eran acosados diariamente y recibían amenazas de muerte. Luego dijo a los periodistas que en una llamada le dijeron a su hija de siete años: 'Si tu mami va a la corte, la mataremos'." Zündel dirigió una carta abierta a los miembros del Parlamento y a los medios de comunicación, en la que advertía que la administración de justicia en Canadá estaba en peligro si permitía las intimidaciones y los ataques de las turbas judías.

El juicio dio comienzo en enero de 1985 y duró treinta y nueve días. La Corona trató de demostrar el Holocausto mediante la intervención de expertos como Raúl Hilberg y antiguos reclusos que declararon como testigos. Puesto que en el espacio dedicado al *Informe Leuchter* ya se ha reseñado la declaración de Hilberg ante el interrogatorio del abogado Doug Christie, añadiremos ahora que entre las personas llamadas por la defensa de Zündel, además de los ya conocidos Faurisson y Christophersen, estaban, entre otros, el Dr. William Lindsey, un químico que había sido jefe de investigación de la empresa química norteamericana Dupont; el Dr. Russell Barton, quien siendo un joven médico había asistido a la liberación de Bergen-Belsen; Frank Walus, americano de origen polaco acusado falsamente de ser un criminal nazi; Pierre Zündel, hijo de Ernst Zündel; y un investigador austríaco nacionalizado sueco no mencionado hasta ahora Ditlieb Felderer, bien conocido en círculos revisionistas, cuyas actividades son dignas de reconocimiento y tendrá por ello su propio apartado más abajo[15].

---

[15] Ditlieb Felderer declaró en los dos juicios contra Zündel. En 1988 fue el primer testigo llamado a declarar por la defensa y su colaboración con el equipo de Zündel fue destacada. Felderer fue un conspicuo testigo de Jehová hasta que fue expulsado cuando descubrió que el exterminio de los miembros de la secta era una falsedad. Investigó en la sede de los testigos de Jehová en Nueva York, así como en los archivos de Toronto, en Suiza y en los

El 28 de febrero de 1985 Zündel fue condenado por un jurado y el 25 de marzo recibió una sentencia de quince meses de cárcel, pero logró la libertad bajo fianza bajo estrictas condiciones que le prohibían escribir, publicar o hablar en público. Entre estas dos fechas, B'nai Brith, el Congreso Judío de Canadá, la Asociación para el Recuerdo del Holocausto y la JDL organizaron una campaña pública y privada para que el Gobierno canadiense deportase a Zündel a Alemania. El acto más destacado fue una manifestación de miles de personas que culminó con un mitin. El 11 de marzo de 1985 el *Toronto Star* informó sobre la masiva demostración contra Zündel, que culminó en el Centro O'Keefe de Toronto. Allí, todos los oradores exigieron la deportación entre gritos y ovaciones incesantes de la multitud. Pero no todos los canadienses aceptaron indiferentes el espectáculo. El 21 de marzo, cuatro días antes de que se hiciera pública la sentencia, el *Toronto Sun* publicó una carta al editor en la que J. Thomas criticaba los excesos de los manifestantes, cuya demostración de odio consideraba evidente: "El espectáculo de 4.000 judíos, muy bien organizados -escribió Thomas-, marchando del Ayuntamiento al Centro O'Keefe y las locuaces declaraciones de numerosos intervinientes, todos gritando simbólicamente 'Barrabás, Barrabás, dadnos a Barrabás', fue una espantosa exhibición del dictamen de las turbas... La demanda estridente y continuada de que Zündel fuera deportado sobrepasa de lejos los límites de la justicia y se revela en sí misma como odio hacia cualquiera que se atreve a cuestionar el poder de una pequeña minoría de canadienses."

El mismo *Toronto Sun* publicó el 27 de marzo de 1985 la noticia de que, tras una reunión del Gobierno, Flora MacDonald, ministra de Inmigración, había ordenado a funcionarios de su Departamento que iniciaran los trámites para deportar a Zündel tan pronto recibieran un informe sobre su sentencia. El 29 de abril de 1985, sin considerar que podía ejercer sus derechos legales de recurso, se ordenó la deportación de Ernst Zündel. El 30 de abril el *Toronto Star* recogía en sus páginas el júbilo de B'nai Brith: "Estamos muy

---

países escandinavos. Logró que se reconociera que la cifra de 60.000 testigos de Jehová asesinados por los nazis era falsa, puesto que sólo 203 de ellos habían fallecido en los campos de concentración. Pese a que los líderes de Nueva York prohibieron a los miembros de la organización que hablaran con Felderer, en un anuario posterior publicado por los propios testigos de Jehova se reconoció que la cifra de Felderer era correcta. Ditlieb Felderer fue de los primeros en denunciar que el diario de Ana Frank era una falsificación. En su célebre libro *Anne Frank's Diary, a Hoax* ? (1979) expuso el fraude que acabaría siendo confirmado por otros investigadores. Felderer, perseguido sin tregua por los esbirros del lobby judío, fue encarcelado varias veces en Suecia. Recientemente, ha acusado públicamente a Johan Hirschfeldt, un juez judío de Suecia, de ser el responsable de actos de terrorismo contra él y su esposa filipina.

satisfechos de ver que el Gobierno ha actuado con rapidez. Pensamos que es el procedimiento adecuado y la decisión correcta." Sin embargo, Ernst Zündel, luchador avezado, recurrió de inmediato y el proceso de expulsión se detuvo por imperativo legal.

En 1987, Zündel logró dos victorias muy importantes que lo reafirmaron en su voluntad de resistir a toda costa. El 23 de enero de 1987 la Corte de Apelación de Ontario, que había aceptado el recurso contra su condena, ordenó que el juicio debía repetirse, toda vez que el juez Hugh Locke había actuado de manera parcial e incorrecta. Entre otros excesos, había rechazado diversas evidencias presentadas por la defensa y había proyectado al jurado películas sobre los campos de concentración nazis con el fin de influir en su decisión. Medio año más tarde llegó el segundo triunfo de Zündel, el 7 de julio de 1987 la orden de deportación quedó invalidada por haber sido emitida en contra de la legislación vigente en Canadá.

Y hubo aún en 1987 una tercera victoria de Zündel frente a Sabina Citron y las organizaciones judías habituales. En un programa de CBC Radio, Zündel le dijo públicamente a la líder sionista que "los alemanes eran inocentes del cargo de genocidio contra los judíos." Además, dirigiéndose al presentador, David Shatsky, recordó que en el juicio de enero Sabina Citron había sido incapaz de enseñar algún documento que probase que había una orden de exterminio "porque no había ninguna". Citron declaró a la prensa que estaba anonadada por la aparición de Zündel en el programa. Poco después, demandaron a la CBC Radio por daños y perjuicios. El 25 de agosto de 1987 Citron vovió a querellarse contra Zündel por haber esparcido "noticias falsas" en el programa de radio. La querella fue desestimada por la Corona el 18 de septiembre de 1987 con el argumento de que "las declaraciones de Zündel durante la emisión constituían una opinión que no incidía en el ámbito de la sección de "noticias falsas", contemplada en el Código Criminal."

Por fin comenzó el 18 de enero de 1988 el segundo juicio contra Zündel por "difundir noticias falsas". Duró sesenta y un días y ha pasado a la historia del revisionismo por la importancia trascendente que tuvo la revelación del *Informe Leuchter*. Raúl Hilberg declinó volver a viajar a Canadá para declarar, sin duda para no verse de nuevo sometido al interrogatorio del abogado Christie, quien lo había acorralado en el primer juicio. La Corona presentó a siete testigos. La defensa llamó a veintitrés para probar que no había "noticias falsas" en el libro *Did Six Million Realy Die?*, sino que sus contenidos eran veraces. La declaración más impactante de las realizadas por los testigos presentados por Zündel fue, claro está, la de Fred Leuchter, que fue reconocido por el juez presidente como un experto en el funcionamiento de las cámaras de gas. Leuchter explicó su trabajo de inspección en Auschwitz, Birkenau y Majdanek y aseguró que las supuestas cámaras de gas no podrían haber cumplido nunca la función homicida que se les atribuía. El *Informe Leuchter*, entregado a la corte como una exposición ilustrada, fue posteriormente traducido a numerosas lenguas y ampliamente distribuido en todo el mundo. Entre los testigos de la defensa testificó David Irving, historiador británico de origen judío, que se mostró convencido de que las implicaciones del Informe serían devastadoras para la historiografía del Holocausto. Significativamente, la cobertura mediática del proceso fue casi nula si se compara con la del primer juicio.

Pese a todas las evidencias presentadas, Zündel fue otra vez condenado al final del proceso y recibió una sentencia de nueve meses de cárcel. Nuevamente las organizaciones judías se apresuraron a pedir su deportación a Alemania. Zündel, que en 1988 solicitó de nuevo las razones del rechazo a su solicitud de ciudadanía sin obtener respuesta, volvió a recurrir el veredicto ante el Tribunal de Apelación de Ontario. Antes de conocerse el resultado de su apelación, el cónsul general de Alemania Federal, Dr. Henning von Hassell, dirigió varias cartas al Tribunal de Ontario en las que acusaba falsamente a Zündel de haber distribuido panfletos a los tripulantes de un barco alemán que se hallaba en el puerto de Toronto. Según el cónsul, el texto de los folletos tenía como tema fundamental la negación del Holocausto, lo cual constituía una violación de las condiciones de su libertad bajo fianza.

El 5 de febrero de 1990 el Tribunal de Apelación desestimó el recurso, por lo que Ernst Zündel tuvo que solicitar permiso para apelar a una instancia superior, el Tribunal Supremo de Cánada, cosa que hizo el 15 de noviembre de 1990. A estas alturas de la persecución, la batalla legal de un hombre sólo contra enemigos descomunales tenía ya connotaciones épicas. Hubo que esperar casi dos años para conocer la resolución del Tribunal Supremo, el cual se mantuvo firme en aplicación de la ley y el 27 de agosto de 1992 absolvió a Zündel. El Tribunal consideró que se violaba la libertad de expresión protegida por la Carta de Derechos y Libertades de Canadá. Pese a toda la campaña mediática mantenida contra Zündel durante años, algunos editorialistas acabaron por reconocer que la decisión del Tribunal Supremo era pertinente, toda vez que bajo el pretexto de la ley de "noticias falsas" se amenazaba el derecho a la libertad de expresión de todos los canadienses.

Como de costumbre, la judería organizada de Canadá echó chispas y no aceptó el veredicto del Tribunal Supremo sobre el derecho de Zündel a expresar pacíficamente sus opiniones en relación al "incuestionable" Holocausto. Con la desfachatez habitual, este grupo minoritario en la sociedad canadiense se arrogó el derecho de sermonear y criticar a los jueces y al sistema judicial. A mediados de septiembre de 1992 las organizaciones judías habían ya formado una gran coalición, a la que incorporaron a algunas agrupaciones de gentiles, y comenzaron una nueva campaña que incluía carteles y anuncios publicitarios. La edición de septiembre de *The Covenant*, publicación mensual de B'nai Brith, exhibía en portada una fotografía de Zündel a toda plana con estas palabras: "Arresten a este hombre, dice B'nai Brith: la coalición hace campaña para presentar nuevos cargos contra Zündel." En el artículo adjunto se decía que iban a llenar las calles con miles de posters confeccionados por la Liga de Derechos Humanos con el fin de presionar al fiscal general de Ontario, Howard Hampton. La Asociación para el Recuerdo del Holocausto publicó anuncios en los que se leía: "¡Zündel no debe escapar a la justicia! Manifestación urgente". Evidentemente, la justicia a la que se aludía no era la que regía en Canadá, sino la suya. El mitin se celebró el 4 de octubre de 1992 y en él Sabina Citron hizo un llamamiento a "declarar la guerra" al sistema legal canadiense. En su edición de 15 de octubre de 1992 el *Canadian Jewish News* reprodujo textualmente las palabras de Sabina Citron en las que instaba a todos a "hostigar continuamente las vidas de los políticos. Zündel debe ser acusado y deportado. Estamos hartos y no aguantaremos más."

En medio de esta vorágine desenfrenada de histerismo contra Zündel, un joven judío ya conocido, David Cole, acudió en su auxilio. Cole, que había regresado de Auschwitz con la filmación comentada más arriba, publicó una carta dirigida al fiscal general Howard Hampton en el *Kanada Kurier*, un periódico del grupo étnico alemán en Canadá. Por su interés, la reproducimos íntegra, extraída de *The Zündelsite*:

"Querido Sr. Hampton,

Le escribo en relación al caso de Ernst Zündel y su próxima decisión sobre la formulación de nuevos cargos contra él. Soy judío, y soy también un revisionista del Holocausto. No soy un chiflado que salgo de debajo de las piedras para esparcir odio y antisemitismo, sino todo lo contrario. He estado explicando racionalmente a la gente durante años que hay dos lados en la historia del Holocausto, y que con base a la evidencia disponible, el lado revisionista es sencillamente más creíble. El revisionismo nada tiene que ver con el odio y la malevolencia, sino con la objetividad y la tentativa de discernir la verdad de la falsedad. Si yo tratase de hacer daño a los judíos, significaría que estoy tratando de lastimar a toda mi familia. Esta sería una grave acusación lanzada contra mí.

He sido presentado en un programa de televisión en cadena en Estados Unidos (el programa de noticias de máxima audiencia '48 horas' dirigido por Dan Rather) y también he debatido el asunto con supervivientes y 'expertos' en un programa de debate nacional (el programa de Montel Williams vendido a repetidoras locales). Nunca he sido acusado de ser racista, nazi o de odiar a los judíos (no soy nada de todo ello).

El propósito de esta carta es pedirle que detenga la persecución legal contra el Sr Zündel. Soy consciente de que existen grupos de presión que tratan de convencerlo para que haga lo contrario, y me doy cuenta asimismo de que tiene que ser difícil para esta gente separar sus emociones de lo que es mejor para la libertad intelectual en Canadá. Sería por eso su trabajo, como representante del pueblo y de la ley, contemplar las cosas objetivamente y hacer lo mejor para ambos, la gente y la grandeza de la ley. ¿Cómo ha beneficiado al pueblo de Canadá la continuada persecución del Sr. Zündel, excepto como ejemplo de cómo desperdiciar el dinero de los impuestos? ¿Y cómo ha beneficiado la integridad de la ley la grosera doble moral en relación a los derechos de los alemanes en comparación con los derechos de otros grupos étnicos?

Por favor, recuerde que el tema del Holocausto no sólo concierne a los judíos; los alemanes también estaban allí y, como parte de su historia, tienen tanto derecho a estudiarlo como los judíos. En años futuros, quizá muchos años, quizá sólo unos pocos, cuando se haya impuesto la sensatez y el Holocausto pueda ser revisado objetivamente, y veamos que el mundo que conocemos no desaparece como consecuencia de ello, la hipócrita y miserable persecución de Ernst Zündel parecerá retrospectivamente bastante inútil y la historia no contemplará favorablemente a aquellos que la protagonizaron.

Atentamente
David Cole"

Durante meses, los medios de comunicación fueron utilizados para presionar a las autoridades y estrechar el cerco a Zündel, quien, inalterable en su voluntad de resistir, llegó incluso a enviar cartas a periódicos de Londres, cuyo efecto fue el contrario al deseado, pues provocaron reacciones airadas e irracionales de las comunidades judías. Sin embargo, el 5 de marzo de 1993, por enésima vez, las organizaciones judías fracasaron en su intento de acabar con la resistencia tenaz de la "dinamo revisionista". Los cuerpos policiales involucrados en la investigación no entendieron que pudiera ser acusado. La Sección de Literatura de Odio de la Policía Provincial de Ontario informó que no podían presentarse cargos amparándose en la ley de propaganda del odio, ya que los comentarios de Zündel no constituían el delito de incitación al odio. Zündel emitió una nota de prensa en la que reiteraba su posición:

"Los hechos son: mi material, mis ideas, mis apariciones en radio y televisión no generan incidentes antisemitas, porque no son antisemitas. Mi material está intentando contrarrestar incitaciones al odio antialemanas en los medios de comunicación, en películas y en libros de texto. Hay una solución sencilla para el problema: paren de decir falsedades, medias verdades y mentiras descaradas sobre los alemanes y su papel en la historia y no tendré que replicar con verdades incómodas e impopulares. ¡Sencillo! Recuerden: una mentira no se convierte en verdad sólo porque ha sido repetida millones de veces."

Las éxitos legales de Ernst Zündel y su persistente capacidad de lucha sólo podían enardecer aún más a sus enemigos, que veían como un sólo individuo les plantaba cara sin que pudieran acabar con él como de costumbre. Sabina Citron y sus adláteres redoblaron su campaña con presiones de todo tipo que llegaron hasta las más altas instancias del poder político. Citron amenazó nuevamente: "Debe ser inculpado; si no, perderemos nuestro respeto por la ley en Canadá." Se puso en marcha una campaña de recogida de firmas entre universitarios: todas las federaciones de estudiantes fueron requeridas para que se posicionaran contra Zündel, incluida la Asociación de Estudiantes Africanos. A los campus universitarios llegaron agitadores judíos que aleccionaron a los jóvenes con diatribas feroces. Además, la solicitud se hizo extensiva al colectivo de gays, lesbianas y bisexuales, a los centros de mujeres y a otras organizaciones sociales. Nuevas manifestaciones se convocaron en diversas ciudades y en mayo de 1993 la Red de Estudiantes Judíos organizó una sentada ante el edificio del fiscal general de Ontario.

B'nai Brith y el Congreso Judío de Canadá extendieron sus tentáculos y decidieron utilizar a grupos izquierdistas y anarquistas. Se trataba de movilizar a todos los sectores de la sociedad canadiense para acabar de una vez por todas con "el mayor proveedor internacional de materiales que negaban el Holocausto." En el verano de 1993 Zündel puso en marcha un programa de onda corta de alcance internacional a través de radio y televisión por satélite. Sus programas, titulados "The Voice of Freedom" (La voz de la libertad), tocaban temas revisionistas y de interés histórico en general. Estos programas se expandieron y lograron acceso a la televisión pública en Estados Unidos, donde seguidores y simpatizantes de Zündel patrocinaron el programa en distintas comunidades americanas.

El 24 de octubre de 1993 Zündel optó por formular por segunda vez la petición de ciudadanía canadiense. Lógicamente, si en el momento en que la campaña en su contra estaba en el apogeo se le hubiera otorgado la ciudadanía, habría supuesto una derrota humillante para sus perseguidores. El Ministerio de Ciudadanía e Inmigración le hizo saber que sus actividades constituían una amenaza para la seguridad de Canadá. El Congreso Judío de Canadá (CJC) y el B'nai Brith presionaron al Gobierno. La logia masónica judía emitió el 28 de julio de 1994 una declaración en la *Montreal Gazette* en la que pedía que en lugar de darle la ciudadanía fuera extraditado a Alemania: "Este hombre no merece el privilegio de la ciudadanía canadiense. No sólo sería una afrenta a las minorías de Canadá, sino que equivaldría a un mensaje a quienes esparecen odio en todo el mundo de que Canadá es un refugio para el racismo:"

La continuación del relato pormenorizado de los ataques contra Zündel ocuparía demasiado espacio. Puesto que lo escrito permite hacerse una idea cabal de su lucha titánica, sólo enumeraremos ya los más brutales. El 24 de noviembre de 1993 un grupo denominado ARA (Acción Antirracista), después de haber convocado a sus simpatizantes con cientos de carteles, se concentró ante el domicilio de Zündel para lanzar huevos y pintarlo. Puesto que la casa de Zündel tenía protección policial, el mismo grupo había incendiado meses antes la casa desprotegida de un amigo llamado Gary Schipper. No obstante, el 7 de mayo de 1995 ardió también la vivienda de Zündel. Un incendiario lanzó líquido inflamable en el porche: el fuego destruyó la parte frontal del edificio y consumió por completo la tercera planta. Un esbirro de la JDL llamado Kahane Chai se atribuyó la responsabilidad. Dos semanas más tarde Zündel recibió un paquete que le pareció sospechoso. Lo llevó a la policía, la cual comprobó que se trataba de una bomba que contenía metralla y clavos. Una vez explosionado, el artefacto dejó un cráter de medio metro de profundidad. La policía confirmó que hubiera matado a quien hubiera abierto el paquete y podría haber herido, si no matado, a cualquier persona situada a menos de noventa metros de la explosión.

Más interesante es reseñar la aparición en internet de *The Zündelsite*, que se produjo también en 1995. El lector interesado puede ampliar en este sitio web la información que venimos ofreciendo. Esta irrupción en el ciberespacio se produjo gracias a la colaboración de sus amigos de "American Free Speech". En septiembre de 1995 Jamie McCarthy, co-webmaster de *The Nizkor Project*, un proyecto de páginas web que promueven el Holocausto y desacreditan los argumentos revisionistas, envió un correo electrónico a Zündel en el que lo invitaba a conectar o vincular ambas páginas con el fin de que los usuarios pudieran tener una visión que les permitiera determinar quién decía la verdad. McCarthy escribió: "Dado que usted sostiene, una y otra vez, que 'la verdad no precisa coerción', confío en que no insultará la inteligencia de sus lectores ocultándoles un punto de vista alternativo." Seguramente en contra de lo esperado, Zündel recibió agradecido el ofrecimiento: "Gracias de todo corazón por su proposición de hacer de internet el foro abierto en el que podemos discutir, de manera sensata y civilizada, lo que es de tanta importancia para todos nosotros." Después de explicar que desde principios de los años ochenta él ya había ofrecido un debate público a la comunidad judía de Canadá, aseguraba que "estaría encantado si la oferta era genuina y compartida por la gente que respaldaba *The Nizkor Project*, puesto que era precisamente lo que había estado esperando largo tiempo. Las dos páginas no tardaron mucho en quedar conectadas (linked).

El 5 de enero de 1996, Zündel invitó al Centro Simon Wiesenthal a conectar su página web con *The Zündelsite*, pero no recibió respuesta. Dos días después, el 7 de enero, Zündel anunció desde su página un debate electrónico global sobre el Holocausto. Para prepararlo, el "webmaster" de *The Zündelsite* empezó a colgar en el Protocolo de Transferencia de Archivos ("File Transfer Protocol", FTP) todos los textos y documentos, entre los que estaban el *Informe Leuchter* y *Did Six Million Really Die?*. Casi enseguida los archivos, incluso los restringidos, fueron descargados por alguien desconocido, lo cual llevó a Zündel a pensar que había habido una vigilancia continuada de su página y de sus actividades. En un editorial de la web preguntó más tarde: "¿Quién tiene el dinero, la habilidad, equipo y el personal para hacer eso?". Dos días más tarde, el Centro Simon Wiesenthal envió cientos de páginas a proveedores de internet y a rectores de universidad pidiéndoles que rechazaran transmitir mensajes que promovieran "racismo, antisemitismo, caos y violencia". *The Zündelsite* comenzó a sufrir ataques, su correo fue robado, manipulado o destruido. E-mail "bombas" llegaron incluso desde Rusia. Mensajes falsificados de Zündel empezaron a circular en la red con el fin de dañar su reputación. El 25 de enero de 1996 los medios de información publicaron la noticia de que los fiscales alemanes preparaban cargos por incitación al odio contra aquellos proveedores de internet en Alemania que ayudaban a distribuir la página de Ernst Zündel, quien realizó una llamada desesperada de auxilio: "Si hay en algún sitio expertos de internet patriotas que puedan ayudarnos a defendernos a través de medios técnicos o legales, llamen por favor. ¡Seguro que podemos utilizar su socorro!"

Patriotas o no, los defensores de la libertad de pensamiento, independientemente de si creían o no en el Holocausto, reaccionaron en contra de cualquier intento de censura en internet. En universidades de Estados Unidos, los partidarios de la libertad de expresión, entendiendo que la libertad estaba en juego para todos, comenzaron a configurar por iniciativa propia clones electrónicos (llamados "páginas espejo"). Estos refugios electrónicos fueron instalados en las universidades de Standford, Pennsylvania, Massachusetts, entre otras. Dean McCullagh un estudiante de postgrado de la Carnegie Mellon University (CMU) escribió: "Si el Gobierno alemán obliga a

Deutsche Telekom a bloquear el acceso a los servidores web de CMU, del MIT (Massachusetts Institute of Technology) y de la Universidad de Standford, estará cortando las comunicaciones con tres de las universidades más respetadas de Estados Unidos." En una de las páginas espejo figuraba esta declaración del administrador web (webmaster): "Este es un archivo espejo de la mayor parte de la página revisionista de Zündel. Mis razones para este espejo no son mi concordancia con las ideas políticas de Zündel. No concuerdo..., pero pienso que el cuestionamiento de cualquier credo merece algún espacio. Por ello, creo que el proyecto de Zündel es bueno para nuestra sociedad." Sobre la batalla por el mantenimiento de *The Zündelsite*, queda por añadir que la webmaster de la página fue Ingrid Rimland, a la que conoció en enero de 1995. Ucraniana de nacimiento y nacionalizada estadounidense, Rimland, mujer de gran talla intelectual, fue desde entonces un sostén insustituible para Zündel.

Después de más de cuatro décadas en Canadá, país que desestimó dos solicitudes de ciudadanía, Ernst Zündel decidió establecerse en Estados Unidos, desde donde Ingrid Rimland administraba su sitio web. En enero del año 2000 contrajeron matrimonio en Tennessee, con lo que Ingrid, que también había estado casada anteriormente, se convirtió en la seguna esposa de Zündel. Estando casado con una ciudadana norteamericana, cabía pensar que por fin podría vivir sin ser acosado permanentemente y así fue inicialmente. Durante dos años vivió pacíficamente en una región montañosa del este de Tennessee; pero el 5 de febrero de 2003 fue arrestado en su domicilio en presencia de su esposa. Tres agentes del Servicio de Inmigración y Naturalización y dos agentes locales lo esposaron y se lo llevaron. Comenzó de este modo un calvario que iba a finalizar en Alemania siete años más tarde, exactamente el 1 de marzo de 2010.

Ingrid pidió ayuda a los amigos y simpatizantes de su marido para que denunciaran su arresto públicamente, toda vez que sólo había cometido una violación menor de las leyes de inmigración: supuestamente, no había pasado una vista procedimental y por ello se hallaba técnicamente de manera ilegal en Estados Unidos. El 10 de febrero de 2003 Ingrid explicó en un programa radiofónico todos los esfuerzos y gestiones infructuosas que había realizado para que liberasen a su esposo y expresó su temor de que si deportaban a Ernst a Alemania pudiera ser encarcelado durante años porque allí las opiniones contra el Holocausto constituían un delito. Mark Weber, director del Institute for Historical Review, participó también en el programa a petición de Ingrid. Weber se mostró honrado por ser amigo de Zündel, al que describió como un activista por los derechos civiles que había librado costosas e interminables batallas en Canadá por las libertades básicas. Días después, el 14 de febrero, se supo a través de los periódicos que las autoridades norteamericanas planeaban deportar a Zündel en las próximas semanas, pero no quedaba claro si sería enviado a Alemania o a Canadá. Por fin, después de pasar dos semanas entre rejas, Ernst Zündel fue deportado a Canadá el 19 de febrero de 2003.

Zündel solicitó la condición de refugiado, pero el 24 de febrero de 2003 el Departamento de Ciudadanía e Inmigración de Canadá notificó a la División de Protección de Refugiados que debía suspender el estudio de la solicitud, ya que se estaba considerando si Ernst Zündel constituía una amenaza para la seguridad nacional. Finalmente, el 1 de mayo de 2003 las autoridades canadienses emitieron una certificación en la que se decía que Zündel no podía permanecer en Canadá por motivos de seguridad nacional. El 6 de mayo Bárbara Kulaszka, la abogada de Zündel, presentó un recurso de inconstitucionalidad ante el Tribunal Federal de Cánada e impugnó posteriormente su detención ante el Tribunal Superior de Justicia de Ontario. Todo resultó en vano: el 21 de enero de 2004 un magistrado ordenó que Zündel siguiera detenido porque consideró que suponía un peligro para la seguridad nacional. El 1 de marzo de 2005 Ernst Zündel fue deportado a Alemania, donde fue detenido por negar públicamente el Holocausto. Toda una vida de lucha patriótica por defender el honor de su país y reclamar justicia para Alemania, acababa de la manera más deprimente. El Centro Simon Wiesenthal, el Congreso Judío Canadiense, la Asociación para el Recuerdo del Holocausto, la Liga por los Derechos Humanos (equivalente a la JDL en Canadá) por fin habían vencido: Ernst Zündel estaba a merced del terrorismo judicial de su país natal.

Encerrado en la prisión de Mannheim, Zündel, que había pasado ya más de dos años encarcelado en Canadá, iba a afrontar los años más amargos de su vida heroica. Debido a las condiciones de la detención prolongada en régimen de aislamiento, sin poder hablar con otros presos, Zündel sufría ya depresión cuando ingresó en la cárcel alemana. Según denunció Bárbara Kulaszka en escrito presentado ante el Comité de Derechos Humanos de Naciones Unidas, los derechos humanos más básicos fueron vulnerados durante el periodo canadiense de detención: no se le permitió tener una silla en su celda, cuyas luces estaban encendidas las veinticuatro horas del día y sólo disminuían levemente su intensidad durante la noche; tampoco se le permitió tomar sus hierbas naturales para la artritis y la alta presión sanguínea; se desestimó su petición de ser atendido por un dentista; no pudo ni ejercitarse físicamente ni tan siquiera caminar; el frío que hacía en la celda en invierno lo obligaba a cubrirse con mantas y sábanas, las cuales sólo eran cambiadas cada tres meses; no tenía almohada; no podía llevar zapatos; la comida estaba siempre fría y era de mala calidad. Bárbara Kulaszka denunció que Zündel tenía un bulto en el pecho que podía ser canceroso, pese a lo cual no tuvo derecho a diagnóstico.

El 29 de junio de 2005 el fiscal de Mannheim lo acusó formalmente de "incitar al odio". Según el texto presentado por la Fiscalía, algunos escritos de Zündel "aprobaban, negaban o minimizaban" acciones genocidas protagonizadas por el régimen alemán que "denigran la memoria de los judíos muertos." Los criminales de pensamiento en Alemania no pueden declararse inocentes. Si el abogado del acusado proclama la inocencia de su defendido, corre el peligro de ser arrestado por "negación del Holocausto" o "discurso de odio". En el colmo del absurdo imperante en el terror judicial alemán por crímenes de pensamiento, el juez puede prohibir la presentación de pruebas en favor del acusado. Sylvia Stolz, la abogada de Zündel en Mannheim, fue sentenciada a su vez a tres años y medio de cárcel por negar el Holocausto durante la defensa de su cliente y a cinco años de inhabilitación. Puesto que Sylvia Stolz es víctima importante de la policía del pensamiento en Alemania, comentaremos los detalles del juicio más abajo, donde ella tendrá su propio espacio, pues ha sufrido y sufre por ejercer honestamente su profesión una persecución vergonzosa, denigrante para cualquier sistema judicial digno de tal nombre.

Por su parte, Zündel insistió ante la "corte de justicia" en que el pretendido asesinato de millones de judíos era una falsificación de la historia. En sus palabras finales ante el tribunal, pidió que una comisión internacional independiente investigase el Holocausto y prometió que si se probaba que se había gaseado a los judíos, "convocaría una conferencia de prensa para pedir perdón a los judíos, a los israelíes y al mundo." En fin, dos años después de haber sido encarcelado en Alemania, la Corte de Mannheim lo condenó el 14 de febrero de 2007 por incitación al odio racial y por negación de la Shoah (Holocausto) y le impuso una pena de cinco años de prisión. En Canadá las organizaciones judías que lo habían perseguido celebraron satisfechas el fallo del tribunal. Bernie Farber, del Congreso Judío, afirmó que la sentencia enviaba un mensaje contundente al mundo entero y serviría para "consolar" a los supervivientes del Holocausto.

Cuando salió de la cárcel el 1 de marzo de 2010, exactamente cinco años después de haber sido deportado, Ernst Zündel tenía setenta años. En su rostro podía leerse un poema de tristeza y dolor infinitos. Una mirada trastornada, sin duda a causa del sufrimiento prolongado, asomaba en sus ojos azules de visionario, que, muy abiertos, miraban embelesados, iluminados por una luz extraña, inquietante, rayana en la locura. Un grupo de veinte personas lo estaba esperando al otro lado de las verjas de hierro de la prisión y sacaron sus primeras fotos en libertad. Lo recibieron con aplausos, ramos de flores y gritos de "¡bravo!". Sus primeras palabras fueron: "Estoy libre de nuevo después de siete años, tres semanas, tres prisiones y tres países."

Germar Rudolf: persecución y destrucción de un científico eminente

En relación con la persecución de Germar Rudolf y de los revisionistas en general, es preciso saber que el Gobierno de Alemania Occidental, siguiendo el ejemplo del Parlamento de Israel (Knesset), aprobó en 1985 una ley según la cual "negar la aniqulación sistemática de la mayoría de los judíos europeos perpetrada por la Alemania nazi" contituye un delito criminal. Dicho esto, puede afirmarse que la persecución de Germar Rudolf, sobre la que sabemos ya cuándo y por qué comenzó, es la historia de una infamia, la historia de un ultraje descarado a la inteligencia, consumado cínicamente por las autoridades de la República Federal de Alemania. No existe mejor fuente de información para conocer extensamente todo lo relacionado con la vida, el trabajo y la persecución de este intelectual que la página web *Germar Rudolf's Site*. Allí, el lector interesado encontrará cuanto pueda desear y más aún. Por ejemplo, figuran completos en el sitio todos los documentos esenciales y complementarios de su caso: informes, veredictos, peticiones de asilo, declaraciones de expertos, affidávits, demandas, apelaciones y otros textos de diversa naturaleza. Casi todo cuanto escribiremos a continuación procede, pues, de esta fuente, pero también de los libros de Germar Rudolf y de publicaciones del IHR.

Antes de relatar el drama de su peripecia, Rudolf reflexiona sobre los matices semánticos de lo términos "prosecution" (imputación) y "persecution" (persecución). La imputación es legal si se produce con arreglo a los derechos y libertades civiles reconocidos internacionalmente; pero se convierte en persecución si éstos no se respetan, como en su caso. Durante el proceso de Ernst Zündel, un magistrado ordenó que Sylvia Stolz fuera reemplazada por un letrado público mientras ejercía como abogada en defensa de su cliente. Stolz fue condenada a tres años y medio de cárcel y cinco de inhabilitación por cuestionar el Holocausto en el desempeño de sus funciones ante el tribunal. Naturalmente, un sistema judicial que no sólo impide el trabajo en libertad de los abogados sino que los procesa y los acaba persiguiendo no cumple los modelos o patrones de referencia internacionales. La sección 130 del Código Penal alemán permite eliminar los derechos civiles de los ciudadanos que molestan, que suelen ser por norma aquellos que cuestionan el Holocausto o se oponen al multiculturalismo. Estos indeseables cometen un delito que puede acarrearles cinco años de cárcel.

Puesto que sabemos que Germar Rudolf decidió huir a Inglaterra para evitar la cárcel, reanudaremos allí la historia de su persecución. Antes cabe recordar que, además de la imputación que lo llevó ante el Tribunal de Distrito de Stuttgart que lo condenó a catorce meses, había en curso otras tres imputaciones por cargos presentados en su contra. Una de ellas tenía como motivo el intercambio de correspondencia con el Instituto de Cracovia de Investigación Forense, al que Rudolf se había dirigido, según se ha comentado en la cuarta parte del capítulo, con el fin de precisar cuestiones técnicas relacionadas con la investigación de esta institución polaca en Auschwitz. Como consecuencia de todo ello, la casa de Rudolf fue registrada en tres ocasiones y en todas ellas se incautaron libros, archivos, correspondencia y ordenadores, hecho que arruinó su trabajo y su investigación científica. Cuando en marzo de 1996 el Tribunal Supremo de Alemania Federal confirmó la sentencia de catorce meses de prisión, Rudolf decidió abandonar Alemania con su familia. Inicialmente se establecieron en el sur de España, pero la estancia fue breve, pues en mayo de 1996 Rudolf fue informado de que también el Gobierno español planeaba promulgar una ley antirrevisionista. Después de consultarlo con su esposa, decidió establecerse con su familia en el sureste de Inglaterra, donde esperaba que la libertad de pensamiento y de expresión fuera algo más que palabrería. Su contacto fue David Irving, quien en 2006, como se verá más abajo, acabaría también encarcelado en Austria.

Una vez en el Reino Unido, ya en 1997 comenzaron los problemas: el *Telegraph* dio la noticia de que funcionarios de la Embajada alemana en Londres trabajaban para lograr la extradición de Germar Rudolf, un fugitivo de la justicia. En 1998 su esposa comenzó a mostrarse incómoda con la nueva situación: la vida en el destierro no colmaba sus expectativas: añoraba a sus familiares y amigos y no encontraba nuevas amistades. Además de la morriña, el temor permanente de la extradición pendía sobre sus cabezas como una espada de Damocles. Por todo ello, decidió abandonar a su marido y regresar con sus dos hijos a Alemania, donde inició los trámites para divorciarse de Germar, quien quedó solo en el exilio.

En junio de 1999 Rudolf, tras superar unos momentos de incertidumbre en el aeropuerto de Heathrow, pudo viajar a Estados Unidos para pronunciar allí una serie de conferencias. Debió de ser en esta ocasión cuando calibró la posibilidad de emigrar allí. A finales de septiembre realizó su segundo viaje a Estados Unidos y recibió entonces la oferta de una pequeña editorial llamada "Theses & Dissertation Press". En el otoño de 1999 comenzó en los medios de información británicos una campaña contra el "prófugo neonazi", la cual motivó que las visitas de su familia se interrumpieran. Puesto que ya nada lo ataba a Inglaterra y para evitar la persecución en Europa, decidió por fin la emigración a Estados Unidos, a pesar de que no disponía de una "green card" (permiso de trabajo). Uno de los hechos más relevantes de su periodo inglés fue la fundación de una modesta empresa de publicaciones llamada "Castle Hill Publishers", hoy famosa en círculos revisionistas.

Ya en Estados Unidos, sus esperanzas de conseguir el anhelado permiso de trabajo se esfumaron en julio de 2000. Para evitar problemas con las autoridades de Inmigración, se estableció temporalmente en Rosarito, Baja California (México), donde alquiló una casita cerca del hogar de Bradley Smith, cabeza visible de CODOH (Committee for Open Debate on the Holocaust). Durante las diez semanas de estancia en Rosarito nació una estrecha amistad entre ambos revisionistas. En agosto Rudolf supo a través de su madre que sus padres habían decidido desheredarlo en favor de sus hijos. Anteriormente, su padre le había pedido que se esterilizara para que no pudiera procrear más. El 29 de agosto de 2000, cada vez más deprimido, Germar Rudolf lanzó una llamada de auxilio a varios amigos. Por fin decidió volar a Nueva York vía Islandia y en octubre de 2000 tramitó una solicitud de asilo político en Estados Unidos. A finales de mes recibió una nota del Servicio de Inmigración donde se le anunciaba que la solicitud había sido formalmente aceptada y que tendría que acudir a una entrevista con funcionarios del Departamento a finales de noviembre de 2000. La entrevista tuvo lugar el día 29.

El 4 de abril de 2001 se fijó la fecha de 24 de septiembre del mismo año para que una corte de inmigración viera el caso. Por consiguiente, Rudolf tuvo casi medio año para preparar documentos sobre el deterioro de los derechos civiles en Alemania y ponerlos en manos de un abogado especializado. Días antes del gran día, se habían producido los atentados del 11 de septiembre y el juez de inmigración, después de una breve discusión, decidió aplazar la vista hasta el 18 de marzo de 2002. El proceso de petición de asilo, pues, fue demorándose y la tramitación se prolongó durante años. Mientras tanto, Rudolf contrajo matrimonio en 2004 con una ciudadana norteamericana llamada Jennifer, por lo que solicitó que su estatus de inmigrante fuera actualizado o modificado por el de residente permanente. A finales de 2004, el Servicio de Inmigración de Estados Unidos le comunicó que su solicitud había sido rechazada y poco después se le hizo saber que no tenía derecho a presentar un petición de residencia permanente por su matrimonio. Consecuentemente, Germar Rudolf presentó un recurso ante el Tribunal Federal de Atlanta. A principios de 2005 fue padre de una niña.

A pesar de que el Servicio de Inmigración había dicho que no tenía derecho a residencia permanente por estar casado con una ciudadana estadounidense, casi un año después, el 19 de octubre de 2005, el matrimonio fue citado por el Servicio de Inmigración y Naturalización para una entrevista. Supuestamente, se pretendía verificar que el matrimonio era "bona fide" (genuino, de buena fe). La pareja acudió confiada a la cita con su bebé en el cochecito. Pocos segundos después de haberle devuelto el certificado de reconocimiento, dos funcionarios le dijeron a Rudolf que quedaba arrestado. El motivo de tan arbitraria decisión era la inasistencia a una cita que supuestamente se había producido cinco meses antes. El abogado de Rudolf trató de convencer a los agentes de que el arresto estaba injustificado y el oficial de policía pareció dispuesto a aceptar los argumentos, pero alegó que debía consultar con alguien en Washington. Tras una hora de llamadas telefónicas en uno y otro sentido, se ordenó desde Washington la detención definitiva y que se pusieran en marcha los trámites para la deportación a Alemania sin más preámbulos. Con grilletes en pies y manos, Rudolf fue agregado a una cadena de criminales que era conducida a la prisión del Condado de Kenosha. Allí quedó en espera de la deportación. De acuerdo con la pulsera de identificación que se le dio en la cárcel, era el único interno en toda la instalación que no era un criminal, hecho que sorprendió a guardias y prisioneros.

Ni su matrimonio ni las pruebas evidentes de que era perseguido políticamente por publicaciones legales en Estados Unidos fueron consideraciones suficientes para el Tribunal Federal de Atlanta que podía evitar la deportación. Debe tenerse en cuenta que Rudolf había presentado un recurso ante dicho Tribunal Federal contra la decisión de denegarle el derecho de asilo y que no se había producido aún el fallo, por lo que seguía pendiente de resolución. Aunque la Quinta Enmienda de la Constitución garantiza los debidos procesos para todas las personas -no sólo a ciudadanos americanos- presentes en territorio de EE.UU., la Corte Federal rechazó la petición de posponer la deportación hasta que se hubiera tomado una decisión definitiva sobre la petición de asilo. El Tribunal Supremo ni siquiera se molestó en examinar una reclamación de emergencia, que fue desestimada sin explicaciones. La pregunta que se hace Germar Rudolf es la siguiente: "¿Para qué sirve una solicitud de asilo político, si el Gobierno deporta al solicitante antes de que el tribunal que examina el caso haya decidido si hay razones para concederla?"

El 14 de noviembre de 2005 Germar Rudolf fue deportado a Alemania. Se le arrestó enseguida para que cumpliera la condena pendiente de catorce meses y fue trasladado a la prisión de Stuttgart, donde fue informado de que se habían iniciado en su contra nuevos procesos por sus publicaciones en Inglaterra y en Estados Unidos. No se entiende cómo es posible la aplicación del Código Penal alemán por actividades realizadas en otros países donde son perfectamente legales. Así, el nuevo juicio contra Rudolf se inició en Mannheim el 15 de noviembre de 2006. Acusado de "incitar a las masas", hecho que teóricamente se habría producido a través de la publicación de los resultados de su investigación histórica, resumidos en el libro *Lectures on the Holocaust* (2005), Rudolf fue condenado en febrero de 2007 a treinta meses de prisión. Según la acusación, el citado libro constituía el principal motivo de la nueva condena, dado que en él estaban expuestas de manera ejemplar todas las opiniones reprobables.

Germar Rudolf publicó en 2012, residiendo ya legalmente en Estados Unidos, el libro *Resistance is Obligatory* (*La resistencia es obligatoria*), que contiene la exposición que hizo en su defensa ante el Tribunal del Distrito de Mannheim. Todas las peticiones presentadas por el equipo de abogados defensores dirigidas a demostrar que los escritos de su defendido eran de naturaleza científica y por tanto protegidos por la Constitución alemana fueron rechazadas por el tribunal, que prohibió asimismo que testificaran los académicos dispuestos a declarar sobre la naturaleza erudita de los textos de Rudolf. Durante el juicio se prohibió a los abogados defensores de Rudolf que presentaran propuestas en apoyo a los puntos de vista de su cliente bajo la amenaza de ser imputados.

Ante esta situación kafkiana, Germar Rudolf pronunció un discurso ante el tribunal que se prolongó a lo largo de siete sesiones completas. Durante días enteros, Rudolf presentó de manera brillante a través de un texto perfectamente estructurado una disertación sobre qué es la ciencia y cómo se reconocen sus manifestaciones. Además, pese a que la jurisprudencia no era uno de sus campos de conocimiento específico, demostró que las leyes alemanas diseñadas para reprimir a pacíficos disidentes son inconstitucionales y violan los derechos humanos. Explicó en detalle por qué es obligación de todos resistir de manera no violenta ante un Estado que arroja a los calabozos a personas que discrepan pacíficamente. La Corte de Mannheim ni se inmutó y además de condenarlo a treinta meses de prisión ordenó confiscar y quemar bajo supervisión policial todos los ejemplares de *Lectures on the Holocaust*.

Veremos a continuación algunas tenues pinceladas de este discurso de defensa de Germar Rudolf, cuyo texto constituye el contenido esencial del libro *Resistance is Obligatory*. Rudolf trató de publicar su disertación ante el tribunal mientras cumplía condena, lo cual motivó una nueva investigación criminal de la fiscalía. El 10 de agosto de 2007, ya meses después de la finalización del juicio, la Corte de Mannheim emitió una orden judicial de registro de la celda de Rudolf en busca de documentos que demostrasen que estaba en vías de publicar su discurso de defensa. El 25 de septiembre de 2007 recibió la visita de varios oficiales de la policía de Mannheim que le confiscaron todos los documentos que había utilizado durante el proceso. Las razones que se le dieron fueron que sus planes de publicación del discurso evidenciaban una vez más su intención de difundir los contenidos de *Lectures on the Holocaust,* por los cuales cumplía condena. Se le hizo saber que podía incitar a las masas con la utilización de adjetivos como "presunto", "pretendido", "supuesto" o "reivindicado".

Ante la evidencia de que pocos abogados estaban dispuestos a hacerse cargo de su defensa por el temor de acabar imputados, y convencido de que quienes asumieran correr el riesgo tratarían de convencerlo durante el juicio de que se retractase, lo cual equivalía a contratarlos para perder el tiempo y el dinero, Germar Rudolf decidió afrontar el juicio como una oportunidad para exponer las kafkianas condiciones legales predominantes en la República Federal de Alemania. Su intención era escribir un libro tras la finalización del proceso. Durante siete sesiones, Rudolf pronunció un discurso prolongado que acabó siendo extenuante para los jueces, para la audiencia y para él mismo. Consciente de ello, Rudolf escribe: "Preparé estas conferencias no fundamentalmente para los oyentes, sino más bien para la posteridad y para todo el mundo, para ti, querido lector, que estás ahora con el libro en tus manos." Para que ello fuera posible, Rudolf reconoce que dependía de que los jueces, a pesar de sus condicionantes, fueran suficientemente racionales como para autorizar una defensa de tales características, circunstancia que se produjo. La presentación ante el tribunal comenzó con una aclaración de principios sobre su posición a lo largo de todo el juicio, encabezada por el título "Observaciones generales sobre mi defensa", que, por su relevancia, reproducimos íntegra:

"1. Declaraciones sobre temas históricos se realizarán sólo para

a. Explicar e ilustrar mi evolución personal;

b. Ilustrar mediante ejemplos los criterios de naturaleza científica;

c. Situar los cargos del fiscal sobre mis exposiciones en un contexto más amplio.

2. Esas declaraciones no se realizan para respaldar mis opiniones históricas con hechos.

3. No formularé propuestas preguntando a la corte que considere mis tesis históricas por las razones siguientes:

a. Políticas: Los tribunales alemanes tiene prohibido por órdenes superiores la aceptación de tales peticiones para presentar evidencias. Según se dice en el artículo 97 de la Ley Fundamental Alemana. 'los jueces son independientes y sólo están sujetos a la ley'. Disculpen por favor mi sarcasmo.

b. De oportunidad: El punto a) anterior no me prohíbe a mí la presentación de propuestas para presentar evidencias. Sin embargo, puesto que serían todas rechazadas, sería un esfuerzo inútil. Nos ahorraremos pues a todos la pérdida de tiempo y energía.

c. De reciprocidad: Dado que la legislación actual me niega el derecho a defenderme históricamente y en base a los hechos. Yo niego por mi parte a mis acusadores el derecho a acusarme históricamente y en base a los hechos, de acuerdo con la máxima de igualdad y reciprocidad. Así, considero inexistentes los alegatos históricos de la imputación.

d. Jurídicas: En 1543, Nicolás Copérnico escribió:

'Si por ventura hubiera oradores estúpidos, los cuales, junto con aquellos que ignoran todo sobre matemáticas, se atrevieran a tomar decisiones en relación a esas cosas, y merced a alguna página de la Ley tergiversada a mala fe para sus propósitos, se atrevieran a atacar mi trabajo, no merecen la menor importancia, hasta el punto de que desprecio su juicio como una temeridad.'

Ningún tribunal en el mundo tiene el derecho o la competencia para decidir con autoridad sobre cuestiones científicas. Ningún Parlamento en el mundo tiene potestad de utilizar el derecho penal para prescribir dogmáticamente respuestas a preguntas científicas. Por consiguiente sería para mí absurdo como editor de libros de ciencia preguntar a una corte de justicia que determine la validez de los trabajos que he publicado. Sólo la comunidad científica es competente y esta autorizada para hacer esto."

Germar Rudolf, Stuttgart, 4 de noviembre de 2006"

A partir de esta declaración ante el tribunal que iba a juzgarlo, Rudolf fue hilvanando un discurso coherente dispuesto en torno a cuatro ejes: consideraciones científicas, consideraciones jurídicas, consideraciones específicas, resistencia ante el Estado. En el primero de estos ejes, pasó revista a su formación académica. La demostración de conocimientos científicos y técnicos fue considerable: bioquímica, la química en la electrónica, química nuclear, química teórica, mecánica cuántica, química orgánica e inorgánica, química física, matemáticas, fueron algunas de las asignaturas optativas a las que no quería renunciar, hasta que, sobrecargado de trabajo, acabó profundizando en química nuclear y en la electro-química. Rudolf trató de hacer comprender al tribunal la importancia de la curiosidad en cualquier científico que se precie. Cuando un Estado pretende con todos los medios a su alcance suprimir ciertas investigaciones y declarar ilegales sus resultados, "automáticamente -aseguró ante los jueces- se expone a levantar la sospecha de que trata de ocultar algo extraordinariamente interesante e importante. Entonces ningún científico sinceramente apasionado puede ya resistir." Rudolf aseguró convencido que la necesidad de conocer la verdad forma parte de la dignidad humana.

Como contraste a la falta de rigor científico y a la voluntad de ocultar la verdad e imponer la mentira, Rudolf sacó a relucir ante la corte de Mannheim el estudio sobre los crematorios de Auschwitz del farmacéutico francés Jean-Claude Pressac, aparecido en 1993 y utilizado constantemente por los medios de comunicación y por los historiadores oficiales como refutación a las tesis revisionistas. Denunció que en ningún momento Pressac había tenido la capacidad de confrontar y mucho menos rebatir uno solo de los argumentos revisionistas. Rudolf recordó al tribunal que él y otros investigadores habían analizado y criticado el trabajo de Pressac en un libro publicado en 1996 (*Auschwitz: Nackte Fackten*), que en español podría traducirse por *Auschwitz: los hechos al desnudo*. "Por la razón concreta de que nuestro libro, al contrario que el libro de Pressac -recordó Rudolf a los jueces-, se atenía al procedimiento científico, el Gobierno alemán ordenó que fuera secuestrado y destruido e inició una nueva querella criminal contra mí." En su afán por contraponer la actitud de unos y otros, exterminacionistas y revisionistas, Rudolf insistió en que la actitud de todo científico digno de tal nombre es examinar cualquier intento de refutación y discutirlo racionalmente, como hacen los revisionistas. Lamentó que la historiografía oficial y los tribunales alemanes e internacionales sustenten sus tesis casi exclusivamente en declaraciones de testigos en lugar de presentar documentos y pruebas concluyentes, y deploró los ataques a los investigadores que piden algo más.

Las consideraciones judiciales en la exposición de Rudolf ocupan medio centenar de páginas. Sin ser jurista, demostró en ellas su capacidad de estudio y análisis del sistema judicial de Alemania, al que comparó con el sistema judicial soviético a través de citas extraídas de *Archipiélago Gulag* de Alexander Solzhenitsyn para demostrar que en ambos los prisioneros políticos son tratados como criminales. Reconoció, no obstante, que por lo menos en Alemania no se tortura a los detenidos, hecho que agradeció. La definición de prisionero político y el deterioro progresivo de los derechos civiles en la legislación alemana fueron abordados mediante la crítica a la aplicación torticera de ciertos artículos de la Ley Fundamental de la República Federal de Alemania. "El presente juicio -dijo- tiene lugar sólo porque el fiscal alega que se ha producido un conflicto entre mi libertad científica y de expresión por un lado y la dignidad humana de un grupo particular de la población por otro." Germar Rudolf insistió ante el tribunal en que la legislación reconoce que no puede haber conflicto entre la publicación de los resultados de una investigación científica y la dignidad humana, por mucho que se quiera poner la dignidad humana de cierto grupo por encima de la del resto de la ciudadanía. Por supuesto, no aceptó la imputación de haber violado la Ley de Protección de la Juventud, a través de la cual se coharta la libertad de expresión en Alemania.

Especial interés en las observaciones judiciales tuvo la consideración sobre la arbitraria interpretación de ciertos términos realizada sistemáticamente por jueces y fiscales en Alemania, "una táctica ilegítima -dijo- de inmunización contra el criticismo." Las expresiones, entresacadas de su propia acusación, utilizadas para imputar a investigadores, escritores o publicistas fueron: "incitación al odio", "de manera capaz de alterar el orden público". En relación a los escritos, se interpreta que "insultan", que están "divulgados maliciosamente para menospreciar", "denigrar" y/o "despreciar", y, entre otras cosas, "niegan" hechos históricos o los presentan "faltando a la verdad conscientemente". Sobre esta última aseveración, Rudolf dijo textualmente a los magistrados que la pretensión de que se iba conscientemente contra la verdad "era la expresión más absurda de la jurisprudencia alemana, la cual piensa seriamente que puede determinar la verdad histórica y el conocimiento a través de veredictos. La historia - añadió- no puede ser tratada de este modo en los tribunales de justicia." Rudolf insistió una vez más en que no puede establecerse que un escrito es "insultante", "desdeñoso", "repudiable", "difamatorio", "denigrante" o "tóxico para la mente" sólo porque un lector lo interpretra subjetivamente de este modo. Su exposición sobre la peligrosa arbitrariedad de los términos usados contra los disidentes en las cortes de justicia concluyó con citas de juristas como el Dr. Thomas Wandres y el Dr. Florian Körber, quienes en distintas disertaciones habían opinado que los libros de Germar Rudolf debían gozar de la protección de la Ley Fundamentel de Alemania, que protege la libertad de expresión y de investigación científica.

El Dr. Körber había publicado en 2003 *Rechtsradikale Propaganda im Internet -Der Fall Töben* (*Propaganda de la derecha radical en Internet - el caso Töben*), una monografía sobre un revisionista australiano, el Dr. Töben, al que las autoridades alemanas querrían procesar (su persecución será tratada más adelante). Rudolf citó literalmente ante el tribunal varias tesis de la obra de Körber, destacamos estas:

> "La protección de la verdad histórica a través del código penal alberga el peligro de sacar o retirar partes de la historia de una discusión social esencial.

A pesar de su redacción neutral, la sección 130 III del Código Penal alemán concede una problemática protección especial a la parte judía de la población alemana mediante un 'privilegium odiosum'. Existe el peligro de que, a ojos del pueblo, un grupo aparezca como más protegido que la mayoría, lo cual fortalece la percepción de antipatía hacia el grupo protegido..."

Después de citar estas y otras tesis, Rudolf suscribió ante la corte los puntos de vista del Dr. Körber, partidario de la derogación completa del artículo 130 del Código Penal, y respaldó la idea de que una "protección especial" para los judíos, podía acabar siendo "contraproducente para ellos", cosa que debía ser evitada. Rudolf acabó esta parte del dicurso sobre consideraciones judiciales con estas palabras:

"Lo cierto es el hecho de que mis escritos y aquellos que he publicado no tienen, si se considera objetivamente, contenidos que 'inciten al odio', 'menosprecien o insulten', etc., y que tampoco puede considerarse que 'perturban la paz'. Que la acusación utilice tales términos -a falta de otra explicación- sólo demuestra lo que realmente pretende: escandalizar, crear tabús y condenarme al ostracismo mediante aseveraciones falsas."

"Consideraciones específicas" es el epígrafe del tercer gran bloque de contenidos en el discurso de defensa ante el tribunal. En él, Rudolf se refirió a cuestiones concretas contenidas en el escrito de acusación, entre las que aludió a sus teóricas simpatías con el nacionalsocialismo y, sobre todo, a su famoso libro *Lectures on the Holocaust*, considerado por todos, incluido él mismo, su obra principal, en la que a lo largo de quinientas páginas ofrece a los lectores una amplia visión de conjunto de la investigación revisionista y de sus resultados en relación al Holocausto. Tras recordar que en el escrito de acusación se pedía la incautación y destrucción del libro y tras comparar esta actitud con la de los propios nazis, pidió que, antes de entregar el libro a las llamas, los miembros del tribunal conocieran por lo menos sus contenidos. Con esta finalidad, presentó la petición de que se leyera el libro durante el proceso judicial. El tribunal decidió que los magistrados lo leyeran en privado, por lo que se interrumpió el proceso durante tres semanas para que los jueces procedieran a la lectura de la obra.

Dedicaremos algunas líneas más al cuarto bloque del discurso, titulado "Resistencia", que comienza con citas de diversos autores entre los que figura nuestro Ortega y Gasset y su obra *La rebelión de las masas*. Ortega advierte que cuando se renuncia a la vida compartida basada en la cultura, se regresa a la vida cotidiana de la barbarie. De conformidad con esta idea, Rudolf sentenció:

"Que ustedes no traten de persuadirme de que cambie de opinión con argumentos, sino que por el contrario rechacen cualquier discusión y traten de enviarme a la cárcel, es exactamente este regreso a la barbarie." Seguidamente, señaló al Estado alemán como objetivo principal de la resistencia no violenta, preconizada entre otros por Gandhi, porque restringe la libertad de ciudadanos pacíficos de los que dice protegerse. Rudolf, apoyándose en textos de intelectuales autorizados, recordó la crisis de los misiles en Cuba, la guerra de Vietnam, el intento de desplegar misiles nucleares en suelo alemán por parte de la OTAN y el rechazo social a la energía nuclear como ejemplos de resistencia y/o desobediencia civil en la República Federal. "En el caso del revisionismo o en mi caso -dijo- la desobediencia o la resistencia está dirigida contra una ley inconstitucional y consiste sólo en ignorar y violar deliberadamente esta, y exclusivamente esta, ley." Rudolf acudió a una cita de la Ley Fundamental, concretamente el artículo 20 párrafo 4, para legitimar su derecho a la resistencia: "Todos los alemanes tienen el derecho a resistir contra cualquiera que trate de eliminar este orden, si no existe otro remedio." De ahí que el acusado acabase declarando ante al tribunal que en realidad estaba cumpliendo con su deber constitucional al resistir y luchar por revertir una situación en la que el Estado actúa de manera injusta y totalitaria.

Germar Rudolf acabó este cuarto bloque de su discurso de defensa rechazando por completo cualquier tipo de resistencia violenta, pues la violencia engendra violencia. Realizó, sin embargo una llamada a colectivos e instituciones capaces de poner remedio a la situación. En concreto, apeló a iniciativas parlamentarias y legales, a las organizaciones sociales, a los intelectuales, a los medios de comunicación y al pueblo alemán en su conjunto para que se manifestase en defensa de la libertad de expresión. En relación a este último modo de protestar contra la injusticia, constató que, lamentablemente, el remedio a través de protestas públicas estaba siendo imposible, toda vez que en abril de 2006, mientras se estaba en espera del inicio de su proceso, se había prohibido en Mannheim una manifestación con el argumento de que en el transcurso de la misma podían expresarse opiniones prohibidas. "Bien, ya saben -comentó Rudolf-, si no fuera tan profundamente triste, uno debería en verdad escribir una sátira sobre esto."

Después de siete días de sesiones agotadoras, llegó el momento de que Rudolf formulara ante los jueces su propia "Conclusión". Comenzó por recordar cuáles eran los principios que había mantenido como editor e insistió en que ninguno de los libros publicados negaba los derechos humanos a otros, lo proponía o lo justificaba, lo cual no descartaba que hubiera editado textos con los que no estaba de acuerdo. Dijo haber actuado en el sentido de una idea atribuida a Voltaire, quien habría escrito: "Detesto lo que usted dice, pero defenderé hasta la muerte su derecho a decirlo." Parece ser que la atribución de la cita a Voltaire es errónea, como se reconoce en una nota a pie de página de *Resistance is Obligatory*. Nosotros, no obstante, aprovecharemos la coyuntura para citar otro pensamiento asignado asimismo a Voltaire, que quizá podría haber esgrimido el propio Rudolf: "Para enterarte de quién te domina, descubre simplemente a quién no puedes criticar." Sobre su necesidad vital de expresarse en libertad, destacamos este fragmento de la Conclusión:

> "El profesor Faurisson dijo en una ocasión que él es como un pájaro cuya naturaleza es cantar. Incluso si estuviera encerrado en una jaula, no pararía aún de cantar. Y esta es también mi manera de ser. Forma parte de mi carácter, de mi personalidad, sí, está incluso en mis genes que no pueda mantener la boca cerrada, que tenga que expresar mi opinión, en particular si creo que descubro una injusticia. En este caso nada me hará callar. Igual que un negro no puede evitar serlo, yo no puedo evitar decir lo que piensa mi mente. Castigar esto es tan injusto como castigar a un negro por el hecho de ser negro."

Dirigiéndose al juez que presidía el tribunal, Matthias Schwab, le recordó que un colega suyo ya retirado, Günther Bertram, antiguo presidente del Tribunal del Distrito, había expresado en un artículo aparecido en un semanario de temas jurídicos, *Neuen Juristischen Wochenschrift*, todos los problemas relacionados con el párrafo 130 de Código Penal. Rudolf leyó íntegramente el texto ante la corte, puesto que, según dijo, era un artículo escrito por un experto que "recalcaba claramente la naturaleza inconstitucional de la ley con la cual estaba siendo procesado." Expresó, sin embargo, su descuerdo con la opinión de Bertram sobre la Shoah, que según el jurista justificaba el tabú alemán sobre Auschwitz, y mostró también su disconformidad con el ministro federal del Interior, Wolfgang Schäuble, quien no sólo había justificado el tabú, sino que, a diferencia de Bertram, había respaldado su implementación judicial. Schäuble, ministro de Interior en dos ocasiones: de abril de 1989 a octubre de 1991 y de noviembre de 2005 a octubre de 2009, fue nombrado por Angela Merkel ministro de Finanzas de la República Federal el 28 de octubre de 2009, cargo que sigue desempeñando en el momento de redactar estas líneas. Puesto que se trata de una figura clave en la política económica de la Unión Europea, es de interés conocer el texto del ministro Schäuble que Rudolf citó ante los magistrados que lo juzgaban, publicado en el *Frankfurter Allgemeine Zeitung* el 24 de abril de 1996 en el contexto de un intercambio con Ignatz Bubis, entonces presidente del Consejo Central de Judíos de Alemania:

"Con respecto a si la mentira sobre Auschwitz es un acto criminal y con respecto a la prohibición de los símbolos nacionalsocialistas, sólo diré esto: en un sitio abstracto podríamos tener maravillosas discusiones sobre si es una tontería o no, desde el punto de vista legal, reprimir la expresión de opiniones. A pesar de ello, esto es lo que debe hacerse, porque sencillamente no estamos actuando en un sitio abstracto, sino que hemos tenido experiencias históricas concretas. No creo que esas disposiciones legales seguirán vigentes para toda la eternidad; pero aquí y ahora es correcto decir, a través de leyes que podrían ser consideradas problemáticas desde consideraciones puramente legales: hay límites y barreras en este sentido y aquí es donde se acaba la broma."

Rudolf, obviamente, consideró el texto inaceptable y lo calificó de "absurda censura mental". Para poner en evidencia la pseudológica del razonamiento, opuso un texto de su libro *Kardinalfragen*, publicado en 1996, que leyó también a los jueces:

"Ahora todo el mundo lo sabe: la persecución de los historiadores revisionistas no se produce por razones legales, puesto que las leyes creadas para el castigo de aquellos que tienen opiniones fastidiosas pueden ser calificadas como tonterías problemáticas. Por contra, algunas presuntas 'experiencias históricas' deben servir como excusa para que un debate abierto precisamente sobre esas experiencias históricas pueda ser proscrito. O dicho de otra forma:
Art. 1: El partido siempre tiene razón.
Art. 2: Si alguna vez el partido no tiene razón, automáticamente se aplicará el artículo 1."

Tras la cita, Rudolf se dirigió indignado al tribunal para declarar que "el encarcelamiento de historiadores disidentes no era una tontería problemática sino un crimen total" y pidió a los jueces que repasaran los fragmentos del Código Penal donde se hablaba de la persecución de gente inocente y sobre encarcelamientos ilegales. Recordó a continuación que el 3 de mayo de 1993, tras la publicación del *Informe Rudolf*, el director del Max Planck Institure, Dr. Arndt Simon, le informó de lo siguiente en una conversación personal:

"Cada época tiene sus tabús. Incluso nosotros investigadores debemos respetar los tabús de nuestro tiempo. Los alemanes no debemos tocar este asunto (el exterminio de los judíos), otros tienen que hacer esto. Tenemos que aceptar que nosotros, alemanes, tenemos menos derechos que otros."

El establecimieno de paralelismos entre su situación y la de Galileo Galilei ocupó la parte final de su discurso. Uno había nacido en 1564, otro cuatrocientos años más tarde, en 1964. Ninguno de los dos pudo hacer su examen final universitario. Ambos habían tenido dos hijas y un hijo. Ambos eran científicos y autores. En los dos casos la obra principal era un volumen de 500 páginas que había sido prohibido, confiscado y quemado por la misma razón: rechazar un dogma de su época que subvertía la afirmación de infalibilidad de grupos poderosos. Ambos habían sido juzgados y condenados por negar el dogma y los dos habían perdido la libertad. El prolongado discurso de Germar Rudolf acabó con las siguientes palabras:

"En mi opinión este juicio no es en realidad sobre mí y mis libros. Este juicio es un punto de inflexión. Aquí se decidirá si en Alemania será posible otra vez en el futuro mantener o recuperar una posición de liderazgo en el nivel intelectual, cultural y científico, o si Alemania permanecerá en un nivel de segundo o tercer orden. Es su obligación decidirlo. Por tanto, cuanto puedo hacer al final de mi declaración es convocarles:
'¡Señores, concedannos libertad de pensamiento!' (de Schiller en *Don Carlos*)
Y siguiendo a Martin Luther, debo concluir:
'Opino todo esto; no puedo hacer otra cosa. ¡Que Dios me ayude!'
Les agradezco su atención."

Después de pasar cuarenta y cuatro meses encarcelado, el 5 de julio de 2009 Germar Rudolf recobró la libertad. Cuando en 2011 logró por fin obtener la "green card", el permiso sin restricciones para reunirse con su familia en Estados Unidos, Rudolf pudo publicar allí *Resistance is Obligatory*.

Horst Mahler, de izquierdista radical a negacionista del Holocausto

El caso del abogado Horst Mahler es, como los de Zündel y Rudolf, extraordinario en sí mismo. Mahler comenzó a ser perseguido en 2003 por denunciar la mentira oculta tras los atentados del 11 de septiembre de 2001. Años más tarde, en 2006, comenzaron las primeras sentencias por negar el exterminio sistemático de los judíos. Ya con setenta y tres años de edad, fue condenado en 2009 a seis años de cárcel, pena que fue posteriormente ampliada a once años. Estando preso, probablemente en 2010, Mahler contrajo matrimonio con la abogada y amiga íntima Sylvia Stolz, mucho más joven que él, la cual cumplía condena por haber cuestionado el Holocausto mientras defendía a Ernst Zündel. Enfermo de diabetes, el estado de Horst Mahler fue empeorando progresivamente en prisión a causa de la falta de movimiento, de la mala alimentación y de un tratamiento médico inadecuado, hecho que denunció su hijo en una carta abierta. El 29 de junio de 2015, cerca de cumplir los ochenta años, fue hospitalizado en estado crítico a causa de una septicemia, una infección grave susceptible de extenderse a todo el cuerpo. Para evitar lo peor, hubo que amputarle un pie.

Hijo de un odontólogo, Horst Mahler nació en 1936 en Haynau/Schlesien. Su padre, un nacionalsocialista convencido, se suicidó años después de que los norteamericanos lo liberasen del cautiverio. Ya sin el cabeza de familia, en 1949 su familia se estableció en Berlín, donde Mahler estudió Derecho en la Universidad Libre de Berlín. Cuando logró establecerse por su cuenta, comenzó a defender a acusados del izquierdista movimiento estudiantil y de la oposición extraparlamentaria, APO (Außerparlamentarischen Opposition). En 1969 defendió a Andreas Baader y a Gudrun Ensslin, acusados de incendiar unos grandes almacenes. Horst Mahler iba a convertirse a principios de los años setenta en el padre de la RAF (Fracción del Ejército Rojo), pues parece ser que fue él quien convenció a Baader y a Ensslin para que formasen una "guerrilla". En marzo de 1970 la Audiencia Provincial de Berlín Occidental lo condenó a diez meses de cárcel por su conexión con unos disturbios ante el edificio Axel Springer de Berlín. Se le concedió la libertad condicional, pero en junio fue condenado a pagar una multa de 75.800 marcos por daños a la editorial Axel Springer. Decidió entonces huir a Jordania con Ulrike Meinhof, Gudrun Ensslin, Andreas Baader, escapado de la cárcel con violencia, y otros simpatizantes de la "Rote Armee Fraktion" (RAF), para unirse a las guerrillas palestinas. Allí pretendían formarse para la lucha armada. El 8 de octubre de 1970 Mahler cayó en una trampa y fue detenido en el barrio berlinés de Charlottenburg. Se le acusó de haber planificado la huida violenta Andreas Baader de la cárcel y de haber participado en ella.

Queda claro que a estas alturas de su vida Horst Mahler no había descubierto la verdadera naturaleza del comunismo y estaba en las antípodas de comprender la falsificación de la historia y de la realidad. En mayo de 1972 el tribunal que lo juzgaba no pudo demostrar su participación en la huida de la cárcel de Andreas Baader y lo absolvió, pero siguió encarcelado por otros delitos. En octubre del mismo año llegó el proceso en el que fue acusado de organizar y participar en una organización criminal. El 26 de febrero de 1973 fue condenado por la fundación de la RAF, conocida también como banda Baader-Meinhof, y por su implicación en algunas de sus acciones violentas. La sentencia de doce años de privación de libertad fue muy discutida y considerada inconsistente en ambientes jurídicos. En julio de 1974 se le retiró a Mahler la autorización para ejercer la abogacía.

Fue en estos años tempestuosos cuando se produjo el escándalo del supuesto suicidio en sus celdas de los líderes de la RAF. Andreas Baader, Gudrun Ensslin, Jan-Carl Raspe y Ulrike Meinhof habían sido detenidos en 1972. Meinhof, que había declarado en el juicio de Horst Mahler, afrontó condiciones de encarcelamiento muy severas: tras su detención estuvo 236 días en aislamiento total. Después de dos años de audiencias preliminares, el 29 de noviembre de 1974 fue condenada a ocho años de prisión. El 19 de agosto de 1975 Meinhof, Baader, Ensslin y Raspe fueron acusados conjuntamente de cuatro cargos de asesinato, de cincuenta y cuatro intentos de asesinato y de formación de una organización criminal. Antes de que concluyera el juicio, el 9 de mayo de 1976 U. Meinhof fue hallada muerta en su celda de la prisión de Stammheim: supuestamente se había ahorcado. A petición de su abogado, en 1978 una investigación internacional intentó acceder al informe de la primera autopsia, pero las autoridades se negaron. La comisión internacional emitió un informe según el cual "la reivindicación inicial de que Meinhof se había suicidado no tenía base alguna." El 18 de octubre de 1977, también Andreas Baader y Jan-Carl Raspe habían aparecido muertos en sus celdas por heridas de bala, mientras que Gudrun Ensslin se había colgado mediante una soga hecha con cable de altavoz.

Hecha esta reseña que permite apreciar cuál era el círculo de amistades de Horst Mahler, podemos centrarnos ya en la transformación que había de convertirlo en un negacionista empecinado del Holocausto. En julio de 1979 Mahler logró un régimen abierto para la ejecución del resto de su condena y por fin en agosto de 1980, después de diez años encarcelado, salió en libertad condicional tras condenar el terrorismo y declarar públicamente que repudiaba los métodos de la RAF. Es de interés mencionar que su abogado era Gerhard Schröder, quien más tarde llegaría a ser el canciller de Alemania. En 1987 se desestimó su solicitud para poder ejercer de nuevo su profesión; sin embargo, de nuevo gracias al buen hacer de Schröder, se reconsideró el asunto en 1988 y sus derechos como abogado le fueron restituidos.

Durante los diez años siguientes, el pensamiento de Horst Mahler experimentó profundas transformaciones. Ya en 1997 su ideología política había cambiado. Una de las personas que más influyó en su evolución fue

Günter Rohrmoser. El 1 de diciembre de 1997, en la celebración del septuagésimo cumpleaños de Rohrmoser, Mahler pronunció un discurso en el que denunció que Alemania era un país ocupado y que debía liberarse de la esclavitud de la deuda para restablecer su identidad nacional. Un año después publicó en el semanario *Junge Freiheit* un artículo titulado "Zweite Steinzeit" (Segunda edad de Piedra), en el que explicaba su conversión al ideario "Völkisch" (idealismo romántico antimaterialista basado en los conceptos de pueblo, patria, sangre y tradición). En el año 2000 se afilió al Partido Nacional Democrático de Alemania, NPD, del que se convertiría en su abogado.

En marzo de 2001 estaba ya perfectamente identificado con las ideas revisionistas. Prueba de ello es que figuraba entre los participantes en una conferencia titulada "Revisionismo y sionismo", convocada en Beirut entre el 31 de marzo y el 3 de abril de 2001. El nombre de Horst Mahler aparecía entre conferenciantes de la talla de Robert Faurisson; Frederick Töben, doctor en filosofía y director del Adelaide Institute en Australia; Max Weber, director del IHR; Henri Roques, autor de la tesis doctoral sobre las "confesiones" de Gerstein; Oleg Platonov, historiador ruso; y Roger Garaudy, el filósofo francés que como Mahler procedía del campo marxista y que en 1998 había sido condenado por un tribunal de París a pagar una multa de 45.000 dólares por la publicación de *Los mitos fundacionales del Estado de Israel*. Tres de las más poderosas organizaciones judías: el Congreso Mundial Judío, la Liga Andifamación (ADL) y el Centro Simon Wiesenthal, con el apoyo del Gobierno de Estados Unidos y de algunos miembros del Congreso, presionaron al Gobierno de Líbano para que prohibiera el encuentro. Como cabía esperar, los "amigos" de la libertad de expresión y de pensamiento lograron su propósito y las autoridades libanesas anunciaron nueve días antes de la fecha del inicio que la conferencia quedaba suspendida.

Como se ha dicho antes, la persecución de Mahler en Alemania comenzó a causa de su denuncia sobre los atentados del 11 de septiembre de 2001. En el año 2003 fue acusado de "alterar el orden público" e "incitar al pueblo". Mahler declaró ante el tribunal que no era cierto que Al-Qaeda tuviera algo que ver en los atentados. En 2004 fue imputado por difundir vídeos y otros documentos que negaban el Holocausto. En 2006 las autoridades alemanes le retiraron el pasaporte para impedir que pudiera asistir en Teherán a la "Conferencia Internacional para la Revisión Global del Holocausto", sobre la que ampliaremos información cuando tratemos la persecución del profesor Faurisson. En 2007 se levantaron contra él nuevos cargos a causa de una larguísima entrevista para la revista *Vanity Fair* realizada el 4 de octubre en el Hotel Kempinski del aeropuerto de Múnich. Fue publicada el 1 de noviembre de 2007 y el autor de la misma, Michel

Friedman, antiguo vicepresidente del Consejo Central de Judíos en Alemania, denunció a Mahler alegando que lo había saludado con el brazo en alto a la manera hitleriana y había gritado "¡Heil Hitler, Herr, Friedman!". Friedman presentó al entrevistado como un nazi demente que inspiraba a la extrema derecha alemana con sus teorías antisemíticas y que había evitado la prohibición del NPD cuando era su abogado. Durante la entrevista, Mahler le dijo al periodista judío que el pretendido exterminio de los judíos en Auschwitz era una mentira. Como consecuencia de la denuncia de Friedman, el 23 de noviembre de 2007 Mahler fue condenado a seis meses de prisión sin fianza.

En febrero de 2009, la agencia internacional Associated Press daba la noticia de que Horst Mahler, un neonazi de setenta y tres años que en 1970 había sido el fundador de la Fracción del Ejército Rojo, grupo terrorista de extrema izquierda, había sido condenado a seis años de prisión. La imputación se había producido por publicar en internet vídeos que negaban el Holocausto y por la distribución de CDs que incitaban al odio antijudío y a la violencia. Mahler, cuya experiencia como abogado le permitía saber que no podía esperar nada del tribunal, no perdió el tiempo durante el juicio en tratar de excusarse o en buscar atenuantes, sino que inició su intervención presentando una demanda contra sí mismo. Al escucharlo, el magistrado Martin Rieder, que presidía la corte en Múnich, calificó sus palabras de "graznidos nacionalistas". Según Associated Press, el juez Rieder lo acusó de "servirse del tribunal para difundir su mensaje de odio." En su alocución de una hora, Mahler se reafirmó en que "el Holocausto era la mayor mentira de la historia" y tuvo palabras de admiración para el obispo católico inglés Richard Williamson, quien en una entrevista reciente a la televisión sueca había negado el exterminio de los judíos.

La indignación de Rieder ante la arrogancia y el desafío de Mahler provocó que en su sentencia de 21 de febrero de 2009 aumentara en un año la condena sobre el máximo de cinco recomendado por la legislación. Para justificarse, el juez explicó que el acusado era "contumaz e imposible de reeducar". Sobre el veredicto, el Centro Simon Wiesenthal de Jerusalén dijo: "Refuerza el mensaje de que no hay tolerancia para la negación del Holocausto y recuerda seriamente a los tribunales que no deben permitir ser utilizados por negacionistas para propagar sus mentiras." Tres semanas más tarde, el 11 de marzo de 2009, la condena fue ampliada en cuatro años y nueve meses por un tribunal de Potsdam, lo cual, si se considera la avanzada edad de Mahler equivalía a una cadena perpetua. Una vez más Mahler había negado el Holocausto y puesto en duda muchos de los crímenes de guerra atribuidos a Alemania.

Horst Mahler había optado por presentar cargos contra sí mismo ante la corte de Múnich para dar ejemplo al movimiento de desobediencia civil que iba formándose en Alemania. Muchos de sus simpatizantes, sin embargo, entendían que sería más útil fuera de la cárcel. "¿Por qué haces esto?", le habían preguntado sin acertar a compender una actitud que desaprobaban. Para darles respuesta, Mahler logró escribir un texto para la opinión pública antes de ingresar en prisión. En dicho escrito, considerado una especie de testamento político, pretendía hacer comprender que no sólo estaba en juego el derecho a expresar una opinión, sino el derecho a la supervivencia:

"Si uno se da cuenta, como yo lo hago, de que la religión del Holocausto es el arma principal para la destrucción moral y cultural de la nación alemana, entonces se entiende con claridad que lo que está en juego aquí es nada más y nada menos que el derecho colectivo a la defensa propia, es decir, el derecho de Alemania a sobrevivir. ¡La supervivencia afecta a todos!

¿Cree el mundo de veras que los alemanes permitiremos sumisamente que se nos destruya como Pueblo, que permitiremos pasivamente que nuestro espítitu nacional sea extinguido sin lucha? ¿Qué juristas pueden argumentar que la defensa propia es un acto delictivo? Como Pueblo y como entidad colectiva tenemos una naturaleza nacional y espiritual. La manera más segura de terminar con Alemania como entidad espiritual es destruir nuestra alma nacional y nuestra identidad, de manera que no lleguemos a saber quiénes o qué somos. Destruir nuestro espíritu nacional es precisamente el propósito de nuestro enemigo al exigir que aceptemos incuestionablemente su dogma del Holocausto y que renunciemos a recalcar que su fantástico Holocausto nunca ocurrió. ¡No hay evidencia de él! Una vez que comprendamos el hecho de que nos enfrentamos a la amenaza de aniquilación, no albergaremos dudas de quién es nuestro enemigo: es el viejo asesino de naciones. Si entendemos esto, no aceptaremos más pasivamente sus mentiras y tergiversaciones."

Como puede advertirse, Mahler reclamaba con determinación la resistencia como una necesidad existencial de Alemania. Una parte del texto estaba dedicada a explicar los años de lucha armada de la Rote Armee Fraktion (RAF). Mahler explicaba que él y sus compañeros pretendían luchar entonces contra "el Sistema" y que creían lo que "el Sistema" les había enseñado en las escuelas sobre el Holocausto. Admite que incluso "compraron" la propaganda antialemana que difundían los americanos. Su toma de conciencia, según se desprende de este escrito, se produjo en 2001 cuando tuvo que defender como abogado a Frank Rennicke, un cantautor patriota que había sido acusado y condenado por negación del Holocausto. Como consecuencia de la asunción de la defensa de Rennicke, comenzó una investigación que le puso sobre la senda de una nueva comprensión de los hechos históricos. Veamos otro fragmento del testamento político de Mahler:

"Queda claro que los vencedores o el vencedor de la II Guerra Mundial (el único vencedor auténtico fue la judería internacional) hicieron grandes esfuerzos para asegurarse de que la base de la dominación judía, principalmente el culto religioso del Holocausto, sería legalmente irrefutable. Esta fue su meta cuando crearon la República Federal, y queda claro que el Tribunal Supremo adoptó hace mucho tiempo una judicatura diseñada para perpetuar el Holocausto. La misión de proteger el Holocausto subyace en ambas, en la Ley Fundamental y en la República Federal. Esta es la base de la dominación de Alemania por sus enemigos. El ministro de Asuntos Exteriores alemán Joschka Fischer lo explicó muy claramente cuando se refirió al Holocausto y al respaldo de Israel como la razón de ser de la República Federal."

En su escrito, Mahler apelaba a sus compatriotas a resistir y a recuperar el sentimiento de orgullo de ser alemanes. Se reafirmaba en su convicción de que lo que había hecho era lo mejor que podía hacer y reconocía que luchando solo y dependiendo de sí mismo no podía hacer otra cosa que "repetir la verdad una y otra vez", puesto que había dejado escrita en internet la promesa de que "nunca cesaría de repetir esta verdad." En cuanto a los once años de cárcel que se disponía a afrontar, admitía que con sus setenta y tres años a cuestas cualquier cosa podía ocurrir, hecho que asumía con una frase del Evangelio de San Mateo: "Quien no esté dispuesto a coger su cruz, no es digno de mí." Mahler mostraba finalmente su esperanza en el poder y la fuerza de la Iglesia. Pese a lamentar que su dirección había sido corrompida y socavada por los judíos, confiaba en que "podía ser la roca en que el barco de la Gran Mentira podía estrellarse y desaparecer." El texto terminaba con el convencimiento de que sólo la verdad traería la libertad:

"Yo he querido dar un ejemplo. He dicho a menudo que la nuestra es la revolución más fácil que se haya podido hacer nunca. Necesitamos sólo que unas miles de personas se levanten y digan la verdad claramente como ha hecho el obispo Williamson y como yo he tratado de hacer, junto a otros que han padecido persecución judicial por decir la verdad y distribuir *Lectures on the Holocaust* de Germar Rudolf. La victoria final de la verdad es inevitable, como lo es la derrota del imperio global sionista."

Habiendo examinado el control absoluto de las naciones y de los pueblos a través de la economía, de los medios de comunicación y de políticos cooptados, y visto cuanto acontece en las cortes de justicia de Alemania y de otros países europeos, la idea de que se produzca una revolución, la "más fácil que se haya producido nunca", de miles de personas que griten la verdad no parece acertada. Debe admitirse que sólo mediante un poder absoluto puede obligarse a los tribunales de un país a proceder como lo hacen en la República Federal de Alemania. Se mire como se mire, es aberrante que un acusado diga ante la corte que no miente, que tiene pruebas de que dice la verdad, que las quiere enseñar, y que los jueces le contesten que no quieren ver dichas pruebas, puesto que ha negado el Holocausto. La perversión alcanza cotas delirantes si se considera que cuando el abogado defensor trata de demostrar que su cliente dice la verdad, es advertido de que su proceder es ilegal, que lo van a incapacitar y que irá a la cárcel. En concreto, el juez que apartó a Sylvia Stolz de la defensa de Ernst Zündel le dijo que podía comprender que un acusado se comportara como lo hacía Zündel, pero que entonces el abogado tenía el deber de decirle a su cliente que lo que hacía era ilegal. Ésta es la fórmula monstruosa de la justicia del Holocausto.

Dos años después de la entrada en prisión de Horst Mahler, Kevin Käther, un joven revisionista alemán partidario de seguir su ejemplo, y su abogado Wolfram Nahrath organizaron una demostración ante el centro penitenciario de Brandenburgo, a unos ochenta kilómetros de Berlín, donde se hallaba encarcelado Mahler. Se trataba de pedir su libertad, la de Sylvia Stolz y la derogación del artículo 130 del Código Penal. Käther también se había autoinculpado ante un tribunal y, pese a haber recibido en 2010 una condena de veinte meses, había logrado soprendentemente la libertad condicional. El 26 de marzo de 2011 se concentraron en el aparcamiento de la prisión cerca de trescientas personas, entre las que se encontraban revisionistas que habían viajado desde Francia, Bélgica, Gran Bretaña, Austria, Suiza, Japón y de otros lugares de Alemania.

El abogado Nahrath se dirigió a los manifestantes para hacerles saber que el acto estaba autorizado desde las doce del mediodía hasta las cuatro de la tarde. A continuación leyó un texto emotivo en el que describió a Mahler como un idealista, un luchador por la libertad. Wolfram Nahrath denunció la hipocresía de las mal llamadas democracias, que condenan la represión de los derechos humanos en China a la vez que encarcelan a sus propios disidentes por crímenes de pensamiento. Como ejemplo de la doble moral, recordó que mientras Horst Mahler cumplía una condena inhumana para un hombre de su edad, se había otorgado el premio Nobel de la Paz al disidente chino Liu Xiaobo. Hicieron asimismo uso de la palabra el Dr. Rigolf Hennig y Úrsula

Haverbeck, ambos de "Europäische Aktion". Haverbeck, recientemente condenada a diez meses a pesar de que tiene casi noventa años, dijo con una lucidez extraodinaria que Alemania "había sido profundamente herida" y que la BRD (Bundesrepublik Deutschland) "no era el Estado del pueblo alemán". El político británico Richard Edmonds habló en representación de un grupo de revisionistas ingleses y calificó de "escándalo" y "cinismo" lo que ocurría no sólo en Alemania, sino en la Unión Europea. Lady Michèle Renouf, conocida modelo revisionista inglesa que regenta la página web *Jailing Opinions* (*Encarcelando opiniones*), fue la última en hacer uso de la palabra.

En enero de 2013 Horst Mahler había terminado de escribir en la cárcel un libro que nunca será editado, pero que puede leerse en alemán en formato PDF, *Das Ende der Wanderschaft. Gedanken über Gilad Atzmon un die Judenheit* (*El fin de la caminata. Reflexiones sobre Gilad Atzmon y la judería*). La obra había nacido tras la lectura de un libro enviado a la prisión por un amigo, *The Wandering Who?*, obra publicada en 2011 por Gilad Atzmon, un disidente judío antisionista exiliado en Londres[16]. El libro de Mahler consistía en una serie de consideraciones históricas sobre los contenidos del libro de Atzmon, a quien en el prólogo fechado el 3 de enero de 2013 agradecía de corazón su honestidad y su coraje: "Quiera Dios concederle una larga vida, salud y fuerza creadora. El mundo necesita a Gilad Atzmon -y sabed: no sólo un Gilad Atzmon es necesario, sino muchos Gilad Atzmons". Dos años más tarde, el 11 de junio de 2015, el Departamento Federal para Materiales Nocivos para los Jóvenes en Alemania incluyó el libro de Horst Mahler en la lista de libros dañinos. Entre las personas que a las 11.30 de la mañana del 11

---

[16] Sobre Gilad Atzmon podríamos escribir una larga nota, puesto que merece ser conocido y reconocido. Nacido en Tel Aviv en 1963, después de vivir la guerra de Líbano en 1982 como soldado del Tsahal, Atzmon se convirtió en un amigo del pueblo palestino y en activista de su causa. En 1994 emigró al Reino Unido y en 2002 obtuvo la nacionalidad británica. Tras estudiar filosofía en la Universidad de Essex, comenzó a ser conocido por sus actividades como saxofonista de jazz. A causa de sus críticas al sionismo y de sus puntos de vista revisionistas sobre el Holocausto, es considerado un antisemita y muchos de sus enemigos sionistas lo acusan de ser "un judío que se odia a sí mismo por el hecho de ser judío". Su discografía consta ya de más de una docena de títulos, entre los que destacaremos el CD *Exile*, editado en 2004 y considerado por la BBC álbum del año. Se trata de un trabajo emocionante en el que casi todos los temas, entre los que destacan *Jenin*, *Al Quds* o *Land of Canaan*, hacen referencia al sufrimiento del pueblo palestino. Dos palestinos, el músico Dhafer Youssef y la cantante Reem Kelani, colaboraron con Gilad Atzmon en este disco. Antes de publicar *The Wandering Who?*, Atzmon había escrito ya otros dos libros. La obra que nos ocupa constituye una investigación sobre las políticas identitarias y la ideología contemporánea de los judíos. Entre los múltiples temas examinados críticamente están el odio de los racistas judíos hacia los gentiles y el papel desempeñado por la religión del Holocausto.

de junio se presentaron ante el consejo de dicho Departamento para defender que no se prohibiera la obra de Mahler estaban el párroco Friedrich Bode y Gerard Menuhin, hijo del famoso violinista de origen judío Yehudi Menuhin y autor de *Tell the Truth and Shame the Devil,* donde considera el Holocausto una mentira histórica descomunal.

A finales de junio de 2015, sólo unos días después de la prohibición del libro, Axel Mahler, hijo de Horst, escribió una carta al párraco Friedrich Bode para comunicarle que su padre se hallaba en la UCI en estado crítico. Cuatro años habían transcurrido desde de la manifestación en Brandenburgo en favor Horst Mahler y la "revolución de miles de personas que gritasen claramente la verdad" seguía sin producirse. Evidentemente, unos centenares nada significaban para las autoridades alemanas, que se desentendían además de la situación carcelaria desesperada del revisionista disidente. Axel Mahler le explicaba a Bode en su escrito que la diabetes de su padre no había sido adecuadamente tratada y que padecía una infección severa que le hacía temer por su vida. Por ello, decía, estaban considerando "emprender acciones legales contra las autoridades judiciales por mantenerlo encarcelado."

El 4 de julio de 2015 Úrsula Haverbeck se dirigió por carta al Prof. Dr. Andreas Voßkuhle, del Tribunal Supremo, exigiéndole en un tono muy severo y crítico que considerase el sufrimiento del abogado y filósofo Horst Mahler y que la justicia alemana dejase de someterse a los dictados de Israel, representado por el "Zentralrates der Juden in Deutschland" (Consejo Central de los Judíos en Alemania). Con gran coraje y asumiendo el riesgo, se refirió al Holocausto como "la mentira más grande y persistente de la historia" y escribió textualmente: "Eine Untat ohne Tatort ist keine Tatsache" (Un crimen sin el lugar del delito no es una realidad). Úrsula Haverbeck terminaba rogando encarecidamente que se actuase con rapidez antes de que fuera demasiado tarde. El 14 de julio de 2015, la prensa daba la noticia de que se había amputado el pie izquierdo a Horst Mahler, quien se encontraba estable después de la operación. Tras la intervención, Mahler siguió encarcelado. Cada vez más angustiado, en octubre de 2015 se decidió por fin a pedir ayuda a través de una nota desesperada:

"Queridos amigos, durante mucho tiempo he dudado si debía pedir ayuda. Pero ahora mi vida está en peligro. Mi pierna izquierda ha sido amputada y los médicos tratan de evitar más amputaciones. Finalmente, un abogado ha aceptado ejercer mi defensa ante un tribunal. Sin embargo, puesto que estoy económicamente arruinado, no puedo pagarlo. Además, la puesta en práctica de mi libertad condicional debe ser financiada. Si lograra salir de la prisión, serían necesarias algunas reformas en mi casa para permitir la vida de un inválido.

¡Por favor, ayuda! ¡Muchas gracias por adelantado!

Horst Mahler."

Pocos días después de la publicación de esta petición, el 6 de octubre de 2015 algunos medios de información publicaron la noticia de que Horst Mahler, que estaba a punto de cumplir ochenta años, había salido de la prisión de Brandenburgo, en la que había pasado casi siete años encarcelado por un crimen de pensamiento.

Sylvia Stolz, la abogada irreductible

Lo ocurrido con la abogada Sylvia Stolz se ha ido comprendiendo a medida que íbamos narrando los avatares de Zündel y Mahler. En cualquier caso, lo ocurrido con esta bravísima mujer es digno de un espacio adecuado en nuestra *Historia proscrita*. Daremos comienzo a su desdichada "aventura" en diciembre de 2005, cuando participaba como abogada defensora en el juicio contra el Dr. Rigolf Hennig, coronel médico en la reserva acusado de haber menospreciado a la "Bundesrepublik" en el periódico *Reichsboten*, que él mismo publicaba. Exactamente, Hennig fue acusado de negar la legitimidad de la República Federal. El lunes 12 de diciembre, el fiscal Vogel amenazó arrogantemente a una letrada de la defensa, Sylvia Stolz. Vogel le advirtió que si continuaba en su línea de defensa se exponía a ser imputada también ella por incitación y desprecio a la "Bundesrepublik" y que no dudaría en acusarla. En lugar de amedrentarse, la abogada expresó gratitud a Vogel porque, según le dijo, "con su actitud reforzaba su tesis de que el proceso era un juicio espectáculo". Stolz expresó su opinión de que lo que se aplicaba no era la ley alemana, sino la voluntad de un poder dominante extranjero.

A lo largo del proceso, que se prolongó hasta casi finales de diciembre de 2005, Sylvia Stolz demostró una competencia encomiable y acudió a la cita de textos de intelectuales judíos como Harold Pinter, que acababa de recibir el premio Nobel de literatura, y Gilad Atzmon, al que hemos presentado antes. Atzmon acababa de dar el 2 de diciembre de 2005 una conferencia en Bochum, en la que había afirmado públicamente que la historia de la Segunda Guerra Mundial y el Holocausto eran "una falsificación absoluta iniciada por los americanos y los sionistas." Stolz citó también textos de *Lectures on the Holocaust* de Germar Rudolf y pronosticó que esta obra "acabaría de raíz con la religión del Holocausto". Finalmente, el Dr. Hennig fue condenado a seis meses de prisión por denigrar a la República Federal.

Casi simultáneamente al proceso del coronel médico Rigolf Hennig, la corte de Mannheim que debía juzgar a Ernst Zündel había iniciado ya las sesiones preliminares preparatorias. Sylvia Stolz, cuya experiencia y capacidad en temas de nacionalismo y persecución de revisionistas eran bien conocidas, formaba parte del equipo de letrados escogidos para defender a Zündel, entre los que figuraban también Jürgen Rieger y el austriaco Herbert Schaller. Sylvia Stolz estaba asistida a su vez por el abogado Horst Mahler. La primera de las audiencias tuvo lugar el martes 8 de noviembre de 2005. Más de treinta periodistas y cerca de ochenta simpatizantes de Zündel, algunos llegados de Canadá, Francia, Reino Unido y Suiza, se dieron cita en la corte de Mannheim, famosa por su fervor antirrevisionista.

Tan pronto hubo pronunciado el nombre, fecha de nacimiento, profesión y dirección del acusado, el juez presidente, Ulrich Meinerzhagen, procedió a atacar al equipo de abogados de la defensa. Leyó en voz alta la resolución de un tribunal local de Berlín que prohibía a Horst Mahler ejercer su profesión. Meinerzhagen citó extensamente declaraciones y comentarios revisionistas de Mahler relacionados con la cuestión judía y con el Reich. Exigió a continuación que fuera sustituido como asistente de la abogada Stolz, quien señaló de inmediato que no había motivo. El juez insistió en que entendía que la influencia de Mahler en la defensa era considerable, a lo cual Stolz replicó que era asunto suyo determinar qué escritos utilizaría en su defensa y que todo ello era responsabilidad suya. El juez amenazó con desalojar a Mahler por la fuerza y mantenerlo detenido durante un día. Intervino entonces el abogado Rieger para decirle al juez que tales ataques contra la defensa no se daban ni siquiera en el Gulag. Sylvia Stolz insistió en que no iba a renunciar a la asistencia del abogado Mahler; pero sin más palabras el juez ordenó a los policías que se lo llevaran. Viendo que no podía hacer más, Stolz optó por tomar ella la decisión de apartar a su asistente, lo cual posibilitó que pudiera sentarse entre el público, cuyo clamor era muestra evidente de su estupor. Meinerzhagen amenazó entonces con desalojar la sala.

Siguieron nuevas advertencias intimidatorias para el equipo de abogados: el juez presidente dejó claro que cualquier "incitación al odio" sería atajada con vigor y amenazó directamente a los letrados con aplicarles el párrafo 130 del Código Penal. Puntualizó acto seguido que no escucharía "puntos de vista pseudocientíficos, puesto que el Holocausto era un hecho históricamente verificado." Esta afirmación provocó alboroto y risas entre el público. La cosa no acabó aquí, ya que el Juez Meinerzhagen se estaba sólo calentando. De inmediato volvió a la carga y dijo que no estaba seguro de que Sylvia Stolz fuera adecuada para ejercer la defensa de Zündel, toda vez que probablemente acabaría siendo culpable de la violación del párrafo 130. Para prevenir esta circunstancia, hecho que provocaría una dilación en el proceso judicial, el juez aconsejó al acusado que prescindiera de ella. Zündel dejó claro que deseaba ser representado por la Sra. Stolz. El tribunal decidió entonces suspender la sesión para deliberar sobre el asunto.

Tras la deliberación, el tribunal anuló el nombramiento de Stolz como primera abogada de Zündel. A continuación el Dr. Meinerzhagen añadió que tampoco Jürgen Rieger era un abogado adecuado para el acusado, puesto sus opiniones revisionistas eran bien conocidas y cabía temer que pudiera proceder inadecuadamente en esta materia. Para que todo el equipo de defensa tuviera su ración, el juez se dirigió luego al Dr. Schaller, a quien consideró asimismo poco apropiado a causa de su edad, la cual no garantizaba su capacitación para el trabajo. Quedó claro para todos que el magistrado presidente pretendía eliminar el brillante equipo de letrados de Ernst Zündel con el objeto de nombrar a otros de su elección. Naturalmente, los abogados trataron de no dejarse intimidar. Tras la reprobación de Sylvia Stolz como abogada principal de Zündel, el juez Meinerzhagen preguntó cómo iba el acusado a solucionar el asunto. Zündel declaró que prescindiría de su tercer abogado de elección (Ludwig Bock, que no asistía a la vista) y Sylvia Stolz ocuparía su lugar[17]. La hora del almuerzo sirvió en esta ocasión de pretexto para interrumpir la sesión.

Por la tarde, el abogado Rieger leyó un texto en el que solicitaba a la corte que abandonara la actitud discriminatoria. A continuación llegó el turno de Sylvia Stolz, quien declaró que la defensa estaba siendo públicamente amenazada para que no dijera nada prohibido por el tribunal y que ello constituía un atropello que sólo podía ser fruto de una mente enferma. Acto seguido, Stolz solicitó que se excluyera al público en futuras sesiones, argumentando que el tribunal amenazaba con perseguir a la defensa por violación del párrafo 130 del Código Penal (este párrafo sólo es aplicable cuando el "crimen" se comete en público. Con la exclusión del público, la defensa pretendía poder expresar ante la corte "pensamientos prohibidos" sin correr el peligro de persecución). La abogada añadió que si la corte deseaba que el juicio fuera público, el equipo de defensa correría un grave peligro de persecución. La respuesta del tribunal fue la suspensión de los procedimientos hasta el martes 15 de noviembre de 2005.

---

[17] Puesto que no somos juristas, carecemos de competencia para explicar el funcionamiento de los tribunales alemanes. Parece ser, en todo caso, que en las cortes regionales la legislación alemana exige que el acusado tenga un abogado con atribuciones específicas autorizado por el tribunal y puede tener otros tres más de su elección. En el caso del juicio contra Ernst Zündel, Sylvia Stolz era quien tenía estas atribuciones legales específicas, que fueron anuladas por el juez presidente.

Para la prensa objetiva y para el público no cabía duda de que el juez presidente Meinerzhagen había tratado de destruir la defensa de Ernst Zündel. Además, al amenazar a los abogados antes incluso de que comenzaran su defensa, el juez había quebrantado normas básicas del procedimiento judicial. Sylvia Stolz, manteniendo en todo momento una actitud sosegada y un comportamiento perfectamente adecuado, había desarrollado una estrategia brillante. Si la corte decidía que el juicio no fuera público, los jueces quedarían confrontados con la evidencia contenida en las *Lectures on the Holocaust* de Germar Rudolf y con la petición de Horst Mahler de "escuchar las evidencias sobre la cuestión judía", lo cual podía ser agobiante para el tribunal, que debería explicar por qué se llevaba a cabo un juicio secreto. En caso de optar por un juicio abierto, se había amenazado a los defensores con imputarlos, lo cual ponía en evidencia a la corte de Mannheim ante la opinión pública y ante los juristas de todo el mundo.

A las 10.00 de la mañana del 15 de noviembre de 2005 un centenar de simpatizantes de Ernst Zündel se habían reunido en el exterior del edificio. Sin embargo, había menos periodistas y sólo dos cámaras. A las 10.40 se permitió el acceso a la sala, que quedó abarrotada. La entrada de Zündel fue recibida con un aplauso cerrado. Tan pronto hizo acto de presencia el juez, dijo que no toleraría ni aplausos ni rumores y advirtió que había ordenado a la policía que desalojase a quienes incumplieran sus normas y les tomase el nombre. A continuación, consideró infundada la pretensión de que la corte hubiera adoptado una actitud discriminatoria y declaró que no había razones para que el acusado tuviera dudas sobre los jueces. En segundo lugar, corroboró su desaprobación de Sylvia Stolz y repitió los motivos expuestos en la sesión anterior. Meinerzhagen insistió en que la Sra. Stolz no era adecuada porque no podía garantizar un procedimiento ordenado, lo cual conllevaría conflictos entre el acusado y la defensa. El juez presidente rechazó la petición de la abogada Stolz de excluir al público de las audiencias. Precisó que el público sólo podía ser excluido si suponía una amenaza, lo cual no era el caso. Por el contrario, afirmó que era la defensa la que representaba una amenaza para el juicio a causa de su intención de incitar a la gente. Meinerzhagen añadió que era de esperar que, si el público estaba ausente, la defensa presentaría solicitudes y propuestas incitantes. Sin dar opción, el siguiente movimiento del magistrado fue anunciar que suspendía el juicio, puesto que el tribunal debía sustituir a la Sra. Stolz y el nuevo abogado necesitaría tiempo para familiarizarse con los materiales. Mientras tanto, el acusado debería permenecer en prisión, lo cual consideró justo, habida cuenta de la magnitud de su delito. Para rematar la faena, el Dr. Meinerzhagen afirmó que el juicio había quedado suspendido por culpa de la defensa.

En este momento Jürgen Rieger manifestó su disconformidad y declaró que el juez no había informado a la defensa sobre su intención de suspender el proceso judicial, algo que tenía obligación de hacer. Rieger alegó que la defensa no había tenido la oportunidad de preparar una declaración sobre esta decisión. El juez replicó que se había, en efecto, informado a la defensa, lo cual era una mentira descarada. Tras una batalla procedimental sobre las decisiones que cabía adoptar, Sylvia Stolz encontró el momento de solicitar al tribunal que le permitiera hacer una declaración sobre su sustitución; pero Meinerzhagen contestó que no procedía. Stolz replicó diciéndole al juez que su actitud era impropia y estaba fuera de lugar. "El juicio queda aplazado", insistió el juez. "No he tenido oportunidad de hacer mi declaración", se quejó la abogada. "¡No me importa! ¡El juicio queda suspendido!"

En poco más de una hora el juez presidente había liquidado el asunto. Lógicamente, el público reaccionó con indignación y se profirieron gritos de protesta y desaprobación, como "esto es un carnaval", "escándalo", y cosas similares. Ya fuera de la sala, los abogados y amigos más próximos de Zündel se reunieron para evaluar lo ocurrido y llegaron a la conclusión de que el proceso se reanudaría en febrero o en marzo de 2006 y que el juez perseguiría a la defensa tan pronto comenzara sus actuaciones. Estos hechos coincidieron con la llegada de Germar Rudolf al aeropuerto de Frankfurt, donde fue arrestado y conducido enseguida a la prisión de Stuttgart.

Como habían vaticinado los abogados, el juicio se reanudó en febrero de 2006. El jueves día 15 Ulrich Meinerzhagen rechazó tres peticiones de la defensa para que se autoexcluyera por sus puntos de vista sesgados o tendenciosos. En cuanto a Sylvia Stolz, la amenazó con imputarla si cuestionaba el Holocausto. En la sesión del día 16 se produjo un serio enfrentamiento entre Stolz y Meinerzhagen. La abogado interrumpió en varias ocasiones y planteó una batería de objeciones y nuevas solicitudes. Rechazó que ella hubiera insultado a la corte y que tratase de sabotear el juicio, acusaciones vertidas por el juez. Concretamente, Meinerzhagen dijo que sospechaba que Stolz "pretendía hacer imposible el proceso judicial provocando que el juicio colapsara". Además, anunció que presentaría una queja a la asociación pertinente de abogados solicitando que se tomaran medidas contra ella. En lugar de someterse, Stolz replicó que "no estaba dispuesta a doblegarse a su voluntad" y girándose hacia la sala repleta de simpatizantes de Zündel acusó a Meinerzhagen de querer "amordazarla". La situación se tensó hasta el extremo cuando la abogada hizo caso omiso a la exigencia del juez de que pidiera disculpas. Meinerzhagen multó a tres seguidores de Zündel por cantar versos prohibidos del himno nacional de Alemania y envió a otro cuatro días a la cárcel por haberlo insultado. Intervino luego el abogado Ludwig Bock, quien dijo al tribunal que precisaba estudiar la autoría de docenas de declaraciones y textos, la mayoría procedentes de *The Zündelsite*, presentados por los fiscales. El juez presidente aplazó de nuevo el juicio por tres semanas para que los abogados pudieran analizar las publicaciones en *The Zündelsite*.

El 9 de marzo de 2006 se iniciaron de nuevo las sesiones y se produjo por fin el enfrentamiento que iba a suponer la ruina de Sylvia Stolz y el fin de su carrera como abogada. En el momento de máxima indignación, Stolz declaró que la corte "era un instrumento de dominación extranjera" y describió a los judíos como "enemigos de la gente". El juez solicitó la retirada del proceso de Silvya Stolz y suspendió otra vez la vista. El 31 de marzo un tribunal superior de Karlsruhe apartó del caso a Sylvia Stolz por su obstrucción ilegal del proceso "con el único objetivo de sabotear el juicio y hacer de él una farsa". Pese a este veredicto, el 5 de abril Stolz desatendió el fallo de Karlsruhe, que consideraba sin fuerza legal, e hizo acto de presencia en la corte de justicia de Mannheim. El juez Meinerzhagen le ordenó que abandonase la sala, pero ella se negó a obedecer. Dos mujeres policías tuvieron que sacarla a la fuerza, momento en que la abogada gritó: "¡Resistencia! ¡El pueblo alemán se está rebelando!" Algunos de los simpatizantes de Zündel abandonaron asimismo la sala. Por enésima vez, el juez presidente suspendió el proceso judicial, que no se reanudaría ya hasta el mes de junio de 2006.

La sentencia de tres años y medio de cárcel y cinco de inhabilitación para ejercer su profesión se produjo en enero de 2008. Sylvia Stolz fue condenada por un tribunal de Mannheim, que consideró que durante la defensa de Ernst Zündel había incitado al odio racial. En la sentencia se hacía constar que la acusada había negado el Holocausto y había declarado que el exterminio de los judíos europeos durante la Segunda Guerra Mundial era "la mentira más grande de la historia." Sylvia Stolz cumplió su encarcelamiento en tres centros diferentes. Cuando el 26 de marzo de 2011 se produjo la concentración de trescientas personas ante la cárcel de Brandenburgo donde cumplía la condena Horst Mahler, la mayoría de las pancartas mostraban la misma solidaridad para Sylvia Stolz, cuya liberación inminente era esperada entonces con expectación.

Cuando a las 9.00 de la mañana del miércoles 13 de abril de 2011 salió de la prisión de Aichach, en Baviera, un buen grupo de abogados internacionales por la libertad de expresión y simpatizantes llegados de Francia, Italia y Gran Bretaña la esperaban en la puerta principal para celebrar su liberación con flores y regalos. Entre ellos estaba Michèle Renouf, la cual había viajado una vez más desde Inglaterra para solidarizarse con la abogada revisionista. Entre aplausos, Sylvia Stolz salió cargada con gran cantidad de documentos escritos, acumulados y organizados cuidadosamente a lo largo de sus años de cautiverio. Tras cargar el material en una furgoneta, marcharon todos juntos a una taberna cercana, donde Günter Deckert había reservado la sala principal para la celebración.

El 24 de noviembre de 2012, veinte meses después de su liberación, Sylvia Stolz pronunció en Chur, capital del cantón Graubünden de Suiza, una conferencia cuyo título en alemán era: *Sprechverbot-Beweisverbot-Verteidigunsverbot. Die Wirklichkeit der Meinungsfreiheit* (*Prohibición de expresión-prohibición de evidencia-prohibición de defensa legal. La realidad de la libertad de pensamiento*). Se trataba de la VIII Conferencia de la "Anti-Zensur-Koalition" (AZK). El organizador de la conferencia Ivo Sasek, presentó a Sylvia Stolz como una persona extraordinariamente cualificada para hablar del tema y aludió a su experiencia en el juicio de Ernst Zündel, a su arresto en la corte de justicia y a su condena. La presentación terminó con estas palabras: "Bienvenida Sylvia Stolz. Si no la dejaron hablar allí, nosotros la dejaremos hablar aquí. Confiamos en que usted conoce sus limitaciones. Estoy seguro de que es así."

Tras agradecer la cálida bienvenida a Ivo Sasek y al público, más de dos mil personas, Stolz pronunció sin leer en ningún momento un discurso bien estructurado, sosegado, aderezado oportunamente con silencios elocuentes. Su voz, cálida en extremo y suave como la de una niña, mantuvo un tono calmado y sereno a lo largo de toda su disertación, que fue rigurosa en la terminología jurídica, sumamente sensata y del todo convincente. La conferencia, pronunciada en alemán, puede verse en "You Tube" subtitulada en inglés. Claro está que por razones de espacio no podemos reproducirla íntegramente; pero sí ofreceremos unos trazos. En su presentación, Sylvia Stolz regaló a la audiencia un pensamiento bellísimo de Johann Gottfried von Herder, que en su opinión recogía la esencia de todos los seres humanos: "Creer en la verdad, sentir la belleza y querer lo que es bueno."

Los principios que deben regir el funcionamiento de cualquier corte de justicia digna de tal nombre ocuparon la primera parte de la conferencia: los derechos del acusado y las obligaciones del tribunal de evitar su indefensión y de establecer la verdad a través de evidencias. En relación a la necesidad de presentar evidencias estableció una comparación con las pruebas que los tribunales exigen habitualmente en casos de asesinato, es decir: dónde tuvo lugar, cuándo se cometió, qué armas utilizó el criminal, las posibles huellas dactilares, dónde se halló el cuerpo de la víctima, análisis forenses para determinar la causa de la muerte, etc. Sin embargo, insistió Stolz, en ninguno de los casos de "negación del Holocausto" ninguna de estas pruebas específicas se han demostrado o presentado nunca:

"No hay detalles relacionados con el escenario del crimen, el método de asesinato, el número de víctimas, el periodo de tiempo de los crímenes, los autores, los cuerpos. No disponemos de rastros físicos del asesinato. Los testimonios no especifican, no hay tampoco documentos o pruebas similares de evidencia. La intención de exterminar a toda la judería o a una parte de ella durante el régimen nacionalsiocialista no ha sido demostrada en ningún lugar. No hay documentos que demuestren decisiones previas, planes u órdenes. Cuando se producen juicios a negadores del Holocausto, no se hallan estas cosas especificadas. Tampoco encontramos referencias a otros veredictos en los que se especifican estas cosas. Este es el problema. En tanto que la corte no consigna los lugares del crimen en los que se supone que las supuestas matanzas en masa han tenido lugar; en tanto que la corte no reclama por lo menos una prueba específica de evidencia; en tanto que éste sea el caso, simplemente estos asesinatos de masas no pueden ser demostrados."

En otro momento, Sylvia Stolz leyó al público un fragmento bochornoso del veredicto de los juicios sobre Auschwitz que tuvieron lugar en Frankfurt. En él, dijo la abogada irónicamente, cabría esperar alguna especificación sobre detalles del Holocausto. Estas son las palabras del tribunal:

"El tribunal carece de casi todos lo medios de evidencia de un juicio normal por asesinato, necesarios para obtener un imagen veraz de los hechos en el momento del crimen. No hubo cuerpos de las víctimas, ni informes de autopsias, ni informes de expertos sobre las causas y el momento de la muerte, no hubo evidencias sobre los asesinos, sobre las armas del crimen, etc. La verificación de los testimonios de los testigos sólo fue posible en escasas ocasiones.... Por todo ello, para esclarecer los crímenes de los acusados, el tribunal dependió casi exclusivamente de las declaraciones de testigos..."

Apoyándose en su propia experiencia, Stolz denunció que, por contra, cuando se presentaban evidencias en representación de un negacionista del Holocausto y se solicitaba a la corte que estableciera que tal y cual cosa eran ciertas porque habían sido ratificadas por informes de expertos, entonces el tribunal no admitía las pruebas y se acusaba a los abogados de negar el Holocausto. Sylvia Stolz lamentó que la opinión pública europea nada supiera sobre el trato que recibían los acusados, sobre las amenazas y castigos que sufrían los abogados sólo por hacer su trabajo y sobre el modo en que se abortaba la administración de justicia en los tribunales alemanes. Puso como ejemplo su propio caso, cuando una corte de Baviera decidió retirarle la licencia:

"Presenté evidencias en relación a la presupuesta 'obviedad' del Holocausto. Una vez más las pruebas no fueron admitidas y la razón que se dio fue que la corte, a la luz de libros y fotos disponibles no mantenía niguna duda sobre la 'obviedad' del Holocausto. Tanto yo como mi abogado pedimos al tribunal que señalase qué libros y qué fotos les conferían tal certeza en relación a la 'obviedad' del Holocausto. Estas peticiones fueron rechazadas porque: 'el Holocausto y los crímenes violentos de los nacionalsocialistas contra los judíos era obvios'. Por tanto, no se nos dio ninguna respuesta sobre qué materiales constituían la base de la certeza de la corte. Todo lo que conseguimos fueron referencias generales a 'periódicos, radio y televisión, enciclopedias, diccionarios y libros de historia'."

Tras recordar los momentos más decepcionantes de su experiencia con el juez Meinerzhagen durante el juicio contra Ernst Zündel, Sylvia Stolz finalizó la conferencia regresando a la frase de Herder con que la había iniciado su discurso. Estas fueron sus palabras finales:

"Regresaré ahora a la frase con la que empecé esta conferencia. 'Creer en la verdad, sentir la belleza y querer lo que es bueno' implica la habilidad para identificar y etiquetar las mentiras, la habilidad para identificar lo inhumano, la habilidad para identificar y calificar la injusticia. Implica también rasgos de carácter, lo cual es de particular importancia a nuestra edad. El conocimiento de nuestra inmortalidad, de nuestra constancia e incorruptibilidad. Con este carácter debemos ser capaces de moldear un mundo para los muchos niños que más temprano estaban hoy aquí. Un mundo en el que se nos permita decir la verdad sin castigo."

En enero de 2013, un abogado judío de Berna llamado Daniel Kettiger presentó una querella criminal contra Sylvia Stolz ante la Fiscalía de Graubünden. Kettiger acusó a Stolz de haber violado el artículo 261 del Código Criminal suizo, relacionado con una ley racial de Suiza. También Ivo Sasek, el organizador del acto de la AZK, fue denunciado por este abogado, guardián inflexible de la censura. El hecho de que durante la conferencia Stolz hubiera dicho que el Holocausto jamás había sido probado en una corte de justicia porque que no se habían presentado nunca las evidencias fue motivo suficiente para presentar cargos criminales contra ella. El 25 de febrero de

2015, una corte de Múnich rechazó los argumentos de Sylvia Stolz y de su abogado Wolfram Nahrath sobre el derecho a ejercer la libertad de expresión en Suiza y condenó a la abogada a veinte meses de prisión por la conferencia pronunciada en Chur en noviembre de 2012. En el momento de redactar estas líneas, sigue encarcelada. Por supuesto, hacemos votos para que esta mujer admirable recobre por segunda vez la libertad tan injustamente arrebatada.

Günter Deckert, símbolo persistente de la libertad de expresión

Günter Deckert, líder del NPD (Partido Nacional Democrático de Alemania), perdió en 1988 su trabajo como profesor de Instituto a causa de su activismo político. En noviembre de 1990 participó en un acto de presentación de Fred Leuchter, en el que declaró que el Holocausto era un mito perpetrado por un grupo explotador que estaba utilizando una mentira histórica para amordazar a Alemania. Asimismo, en 1991 compartió mesa con el historiador David Irving en una conferencia pronunciada en la localidad alemana de Weinheim. Estos hechos le valieron una denuncia y en 1992 fue sentenciado a un año de prisión. Como era obligado, Deckert recurrió el veredicto y en marzo de 1994 la Corte de Mannheim, que por aquel entonces no era aún el tribunal que hemos conocido al estudiar la persecución de Ernst Zündel y Sylvia Stolz, ordenó un nuevo juicio con el argumento de que el tribunal inferior no había logrado probar todo los hechos necesarios.

En el verano de 1994 comenzó de nuevo el proceso, en el que dos de los tres jueces que formaban el tribunal, Wolfgang Müller y Rainer Orlet, tuvieron palabras de comprensión hacia Deckert. Müller lo describió como "un hombre inteligente y de carácter", que actuaba movido por convicciones profundas. Por su parte, el juez Rainer Orlet declaró que Deckert había "expresado intereses legítimos" al cuestionar las interminables pretensiones políticas y económicas de los judíos sobre Alemania cincuenta años después del fin de la II Guerra Mundial. En un informe de sesenta y seis páginas, Orlet recordaba que mientras en Alemania se perseguía a personas por expresar opiniones, "criminales de masas de otras naciones seguían impunes." Este juez añadía que Deckert "no era un antisemita" y que había dejado una buena impresión en el tribunal como "persona responsable y de buen carácter." A pesar de todo, la corte de justicia consideró a Deckert culpable y confirmó la sentencia de un año de cárcel; pero no tuvo que ingresar en prisión porque se le concedió la oportunidad de seguir en libertad condicional siempre que no reincidiera.

Como de costumbre, los alaridos de protesta de los grupos de presión judíos fueron automáticos. En el centro de la diana quedó colocado el juez Rainer Orlet, cuyas opiniones fueron consideradas negacionistas del Holocausto. El ministro de Justicia Thomas Schäuble se apresuró a reconocer que la declaración del magistrado era "una bofetada en la cara de las víctimas del Holocausto." Por otra parte, la Asociación de Jueces Alemanes la consideró "una metedura de pata". Comenzó entonces un juicio paralelo que iba a provocar la jubilación voluntaria del Juez Orlet, decisión que tomó para evitar la destitución obligada del cargo. El 23 de enero de 1995, Ulrich Maurer, líder parlamentario en Baden-Württemberg del SPD (Partido Socialdemócrata de Alemania), pidió la destitución del juez Orlet por haber redactado en junio de 1994 un veredicto escandaloso sobre Günter Deckert. Esta medida disciplinaria era la única manera de cesar a Orlet de la 6ª Gran Sala de lo Penal de la Corte de Distrito de Mannheim. El ministro Schäuble tuvo que escuchar acusaciones de la CDU (Unión Cristianodemócrata) de tener una doble moral y una doble vara de medir.

El 9 de marzo de 1995, el *Berliner Zeitung* publicó una información según la cual el mismo juez Rainer Olmert podía acabar en el banquillo de los acusados. El periódico comentaba que la destitución de Rainer Orlet ante el Tribunal Constitucional de Alemania sería el primer caso de destitución de un juez en la historia de la República Federal de Alemania. Además de provocar el retiro voluntario del juez, la campaña logró que en el mes de abril se abriera un nuevo juicio contra Günter Deckert. En diciembre de 1995 Deckert ingresó en el Centro de Detención de Bruchsal, en el Estado de Baden Wurttenberg, con una condena efectiva de dos años de cárcel por "incendiarismo político peligroso."

Cumpliendo esta condena de dos años, Günter Deckert fue nuevamente llevado a juicio a causa de una carta que dirigió desde la cárcel al vicepresidente del Consejo Central de Judíos en Alemania, Michel Friedman. Supuestamente, le habría pedido que abandonara Alemania. Esta carta provocó una nueva acusación por incitación al odio racial. Se celebró un nuevo juicio en Mannheim y el 12 de abril de 1997 Deckert fue condenado a otros dos años y tres meses adicionales de cárcel. Su abogado, Ludwig Boch, fue multado con 9.000 marcos por basar su defensa en la idea de que el Holocausto era una "leyenda" inventada por los judíos. David Irving se apresuró a dirigir un texto de protesta a *The Daily Telegraph*, en el que se declaraba amigo de Deckert y denunciaba la agresión permanente a la libertad de expresión en Alemania.

Tras pasar dos años entre rejas, en lugar de recuperar la libertad, Deckert comenzó a cumplir el 31 de octubre de 1997 su nueva pena. Las protestas internacionales apenas trascendieron a la opinión pública, aunque algunas embajadas alemanas en varios países recibieron cartas en las que pedían la liberación del prisionero político Günter Deckert. El 10 de diciembre de 1998, por ejemplo, Rainer Dobbelstein, alto funcionario alemán en Londres, justificaba en una carta de respuesta a un londinense indignado, Milton Ellis, que la intervención de la correspondencia de Günter Deckert estaba justificada por ley debido a sus ideas extremistas.

En octubre de 2000 el "peligroso neonazi" pudo salir del centro penitenciario de Bruchsal, donde había pasado casi cinco años. Cuando parecía que este luchador revisionista había ya pasado lo peor, en 2012, ya con setenta y dos años a las espaldas, fue de nuevo condenado a prisión. ¿Cuál había sido en esta ocasión el crimen de Günter Deckert? En 2007 había traducido al alemán *Auschwitz. Los primeros gaseamientos, rumores y realidad*, un libro de Carlo Mattogno publicado en 1992 en versión italiana y en 2002 en versión inglesa. En 2008, por orden del fiscal Grossmann de Mannheim, la policía del pensamiento irrumpió en su casa. Era la duodécima "visita especial", según le contó a una amiga en una carta de marzo de 2012. Se llevaron el ordenador y dos copias del libro de Mattogno. En el verano de 2009 una corte de Weinheim, la ciudad donde vivía Deckert, aceptó la acusación. Los cargos eran "promoción e incitación al público por medio de la negación del Holocausto y la difamación de la memoria de los muertos." El 28 de julio de 2010 Deckert acudió al juicio sin abogado. Un sólo juez lo condenó a cuatro meses, pero le concedió la libertad condicional, que sería puesta a prueba durante un periodo de tres años, y a una multa de 600 euros. Además, hubo de pagar los costes. Tanto el fiscal Grossmann, que había pedido seis meses, como el propio Deckert recurrieron el veredicto. De nuevo el caso llegó a la archifamosa corte del Distrito de Mannheim. El nuevo juicio dio comienzo el 14 de noviembre de 2011 y acabó el 2 de febrero de 2012 con un veredicto que condenó a Deckert a seis meses de prisión. En la carta mencionada, Deckert explica lo siguiente a su amiga:

> "El juicio duró tanto tiempo porque cambié de táctica para hacer entender a la corte por qué estaba a favor del revisionismo. Ofrecí todos los argumentos y pruebas que podían presentarse ante un tribunal sin ser acusado otra vez. Al principio pareció que el juez Roos tenía dudas en relación con el problema de condenar a una persona por publicidad y difusión de un libro. Pero al final se agarró a la sugerencia del fiscal Grossmann, quien dijo que la posibilidad de acceder al libro a través de internet cumplía los requerimientos del párrafo 130."

El 2 de febrero de 2012 se emitió el veredicto y el 6 de febrero se hizo pública la sentencia de seis meses de prisión. Al recibirla, Deckert declaró valientemente: "Una sentencia de prisión no me obligará a creer." Anunció que recurriría ante el tribunal de Karslruhe; pero la apelación fue desestimada. Finalmente el 23 de noviembre de 2012, la Oficina del Fiscal de Mannheim le comunicó que a las 15.00 horas del día 17 de diciembre debía ingresar en prisión. Deckert protestó con vehemencia, pues aspiraba a pasar la Navidad con su familia. Por una vez hubo comprensión y se aplazó el ingreso hasta el 2 de enero de 2013. Quedó así confirmada una realidad vergonzosa: sin que apenas nadie protestase y sin que los medios lo denunciaran, en Alemania se podía condenar a una persona honesta y decente por traducir un libro de historia. He aquí las palabras de Günter Deckert:

> "Amigos, camaradas y luchadores por la verdad sobre la historia de la II Guerra Mundial. ¡Ha llegado el momento! A pesar de que mi apelación constitucional no ha sido aún decidida, pronto debo entrar en la cárcel para cumplir mi sentencia de cinco meses. Tengo que presentarme en la prisión el 2 de enero de 2013. Mi liberación se producirá el 2 de junio... '¡Lo que no me mata me hace más fuerte!'. Con este pensamiento en la cabeza, mis mejores saludos y lealtad de camarada a nuestros familiares y a nuestra gente. Deseo a todos un muy buen año 2013 lleno de éxitos y la mejor salud posible."

Cuando el 13 de abril de 2011 Sylvia Stolz salió de la prisión de Aichach, Günter Deckert había organizado para ella la comida de celebración en una taberna bávara. En febrero de 2013, Stolz, que seguramente debía de conocer ya que un abogado judío la había denunciado por su conferencia en Suiza, quiso solidarizarse con su amigo y publicó un extenso artículo cuya traducción al español podría ser *El terror de opinar*. En él desmenuzaba el texto de la sentencia y demostraba técnicamente todas las incoherencias del proceso legal que se había seguido contra Deckert, cuya indefensión quedaba en evidencia por causa de los abusos procedimentales habituales en todos los procesos por negación del Holocausto.

Udo Walendy, encarcelado por publicar textos revisionistas

Nacido en Berlín en 1927, Udo Walendy, que va camino de cumplir 90 años, tuvo tiempo de servir en el ejército de su país antes de que finalizara la guerra. Acabada la misma, estudió periodismo y ciencias políticas en Berlín, donde comenzó a implicarse en la publicación de libros revisionistas. En 1956 se diplomó en politología y durante un tiempo trabajó como profesor en la Cruz Roja Alemana. Ya en 1964 publicó su propio libro *Wahrheit für Deutschland -Die Schuldfrage des Zweitens Weltkriegs* (*La verdad para Alemania - el asunto de la culpabilidad por la Segunda Guerra Mundial*). En 1965 creó su propia editorial, "Verlag für Volkstum und Zeitgeschichsforshung" (Editorial para investigación de historia contemporánea y folklore). En 1974, diez años después de la publicación de *Wahrheit für Deutschland*, Udo Walendy fundó la revista *Historische Tatsachen* (*Hechos históricos*), un revista seria, centrada en la investigación rigurosa de hechos sobre el nacionalsocialismo y el Tercer Reich que la historiografía oficial prefiere ignorar. En el número 31 de la revista, por ejemplo, investigó los primeros informes soviéticos sobre Auschwitz impresos el 1 y 2 de febrero en *Pravda*, en los que nada se dice ni de fosas donde se quemaban cadáveres ni de cámaras de gas ni de pilas de zapatos y gafas ni de dentaduras ni de montones de cabellos.

Los problemas legales para Udo Walendy comenzaron en 1979, año en que el Gobierno incluyó su libro en una lista negra de material peligroso o dañino para la juventud. Walendy emprendió una larga batalla legal que iba a durar quince años. Finalmente, en 1994 la Corte Constitucional Federal dictó sentencia en el sentido de que los derechos del autor estaban siendo violados, puesto que el libro era defendible desde el punto de vista académico. La prueba del valor de esta obra es que *The Barnes Review* la reeditó en 2013 y un año más tarde, el 1 de septiembre de 2014, Castle Hill Publishers, la editorial de Germar Rudolf en el Reino Unido, publicó una reedición actualizada y corregida del libro, traducido nuevamente del alemán. También en el año 1979 Walendy pronunció la primera conferencia del Institute for Historical Review (IHR), que había sido fundado en 1978. Desde 1980 fue miembro del Comité Asesor Editorial del *Journal of Historical Review*, la prestigiosa publicación del Instituto. En Estados Unidos pudo conocer personalmente a Arthur R. Butz, cuya obra emblemática tradujo al alemán y luego la editó. El libro no tardó en ser prohibido por las autoridasdes alemanas. En 1988 Udo Walendy testificó en Toronto en el segundo juicio contra Ernst Zündel. Entre sus actividades revisionistas, cabe mencionar también su estrecha relación con la revista digital belga *VHO* (*Vrij Historisch Onderzoek*), donde pueden hallarse muchos de los libros que ha publicado en alemán.

La persecución de este veterano publicista e historiador revisionista dio un salto cualitativo cuando el 7 de febrero de 1996 un escuadrón de veinte policías asaltaron su residencia y su empresa. Sin respetar la "ley de protección de datos", se incautaron de documentos, discos y copias descargadas de los archivos de la computadora y se llevaron a Udo Walendy para tomarle las huellas dactilares. Poco después, dos tribunales alemanes consideraron que algunos artículos aparecidos en *Historische Tatsachen*, la revista que él editaba y publicaba, incitaban al odio. El 17 de mayo de 1996, la corte del Distrito de Bielefeld sentenció a Walendy a quince meses de prisión efectiva, a pesar de que no tenía antecedentes. El tribunal rechazó cualquier consideración sobre el valor académico de los trabajos en cuestión. Medio año más tarde, en noviembre de 1996, una corte de Dortmund le impuso una multa de 20.000 marcos por poseer doce ejemplares de *Mein Kampf*. Sin ninguna prueba, el tribunal consideró que Walendy se disponía a distribuir dichos ejemplares del libro de Hitler, prohibido en Alemania: "La distribución planificada de los libros -declaró la corte- manifiesta una mentalidad extrema y por tanto particularmente peligrosa. Los libros son propaganda para el desmantelamiento del sistema legal y constitucional de la República Federal de Alemania y el establecimiento de un sistema de injusticia nacionalsocialista... Esto debe ser juzgado con toda severidad."

Un año más tarde, en mayo de 1997, otro tribunal en Herford remató la jugada y sentenció a Walendy a una pena adicional de catorce meses de cárcel. El juez Helmut Knöner consideró que Walendy no había publicado mentiras a sabiendas, pero no había ofrecido interpretaciones alternativas. La corte citó un pasaje de un número de *Historische Tatsachen* en el que Walendy informaba con aprobación sobre las investigaciones de Fred Leuchter sobre las "cámaras de gas" en Auschwitz. En la sentencia se decía que la cita del texto de Leuchter "carecía de sentido crítico y repetía los supuestos hallazgos del 'experto'. El acusado los respaldaba." Asimismo, el tribunal criticó a Walendy por haber reproducido en el nº 66 de la revista un artículo publicado el 13 de junio de 1946 en el periódico suizo *Basler Nachrichten*, cuyo título era: "Cuán elevado es el número de víctimas judías", en el que se desacreditaba la cifra impuesta de los seis millones. La corte de Herfod no quiso tener en cuenta que no se trataba del punto de vista del editor, sino de los autores de los textos. Como es sabido, muchos periódicos advierten en su sección de opinión que el editor no se responsabiliza de las opiniones vertidas en los artículos publicados. Walendy explicó al tribunal que para asegurarse de que los artículos que publicaba en *Historische Tatsachen* no violaban la ley, sometía rutinariamente los textos a la supervisión de cuatro abogados. La corte rechazó las opiniones de los cuatro abogados por irrelevantes.

En 1999, ya en plena campaña de acoso legal, la propiedad de su casa editorial fue transferida a su esposa. Por si no hubiera suficiente con el encarcelamiento, en 2001 se produjo un nuevo intento de censurar *Wahrheit für Deutschland*, el libro de Walendy que en 1994 había recibido una sentencia favorable del Tribunal Constitucional Federal. Ante las escasas posibilidades de que se revocase la sentencia del Constitucional, las autoridades gubernamentales acabaron por abandonar el plan.

Úrsula Haverbeck. La condena indecente de una anciana venerable

Úrsula Haverbeck cumplirá en el año que escribimos estas líneas 88 años. Sin ninguna consideración, en 2015 fue condenada a diez meses de cárcel por negar el Holocausto. Esta condena aberrante que provoca vergüenza ajena pone en evidencia ante quien la quiera ver la servidumbre y la miseria de la República Federal de Alemania. Sin duda, cualquier persona honrada ha de condenar este abuso de un Estado que ha perdido hace mucho el sentido de la decencia. Sin embargo, los medios de comunicación, en lugar de criticar la condena repugnante, sirvieron la noticia a sus lectores como si fuera algo lógico, puesto que se trataba de "una abuela nazi". En realidad, como dijo el magistrado que la sentenció desde una superioridad moral obscena, "no tiene sentido mantener un debate con alguien que no puede aceptar los hechos." Sin embargo, aunque el juez no pudiera percibirlo a causa de sus limitaciones y de su miopía, Úrsula Haverbeck es una gran dama y así es reconocida entre los revisionistas. Pese a su ancianidad venerable, se expresa con una inteligencia y una lucidez asombrosas. Ni en sus textos ni en sus discursos o entrevistas, perfectamente cohesionados, podrá hallarse una sóla incoherencia.

Úrsula Haverbeck nació en Berlín en 1928. Cuando en 1945 acabó la guerra mundial, era una adolescente de diecisiete años. Por tanto, vivió el terror aéreo, la barbarie de las violaciones perpetrada por las huestes comunistas, los campos de la muerte de Eisenhower, los pogromos y la limpieza étnica de los alemanes en toda Europa, la hambruna propiciada por el Plan Morgenthau... Su marido, Werner Georg Haverbeck, fallecido en 1999, fue un profesor, intelectual e historiador que dejó escritas numerosas obras de todo tipo. Había participado en el liderazgo del NSDAP y luchó como soldado en el frente oriental. También Úrsula Haverbeck es una mujer de gran erudición que estudió pedagogía, filosofía, historia y lingüística, por lo que posee varios títulos universitarios. Ambos fundaron en 1963 el "Collegium Humanum", que fue pionero entre los movimientos medioambientales. En las últimas décadas del siglo XX se mostraron muy activos en la defensa de la lengua y la cultura alemanas y en la lucha por la preservación de la naturaleza. Entre 1983 y 1989, Úrsula Haverbeck fue presidenta de la sección de Alemania de la Unión Mundial para la Protección de la Vida.

Ya centrada en sus actividades revisionistas, Úrsula Haverbeck y otros investigadores tuvieron acceso a partir del año 2000 a documentos originales del Gobierno nacionalsocialista sobre Auschwitz, los cuales habían sido confiscados por la URSS al final de la guerra. Dichos textos se hallan ya en manos del Instituto de Historia Contemporánea y pueden ser consultados por el público en general si se está dispuesto a pagar la suma 124 euros. Tanto ella como otros historiadores han suministrado algunos de estos documentos relevantes a varios Ministerios del Gobierno de Alemania y a los poderes judiciales. A pesar de que han solicitado que se abra una investigación oficial, nunca han obtenido respuesta. En dichos papeles queda claro que Auschwitz no fue un campo de exterminio, sino un campo de trabajo para la industria de la defensa y que había órdenes de preservar la salud de los presos en la medida de lo posible.

En estos años conoció a Horst Mahler y el 9 de noviembre de 2003 participó en la fundación de la Sociedad para la Rehabilitación de los Perseguidos por la Refutación del Holocausto, ("Verein zur Rehabilitierung der wegen Bestreitens des Holocaust Verfolgten"), de la que fue directora. Zündel, Faurisson, Rudolf, Töben, Stäglich, Honsik, Graf y otros revisionistas destacados se adhirieron a esta Sociedad, que en 2008 quedaría prohibida por el Ministerio del Interior. Los primeras sanciones por sus actividades revisionistas llegaron a causa de artículos publicados en *Stimme des Gewissens* (*La voz de la conciencia*), publicación del Collegium Humanum: en 2004 fue multada con 5.400 euros y en 2005 con otros 6.000 euros. En ambas ocasiones las autoridades confiscaron la publicación.

En 2008 el Collegium Humanum fue ilegalizado: Charlotte Knobloch, presidenta del Consejo Central de Judíos en Alemania, había pedido públicamente la prohibición del Collegium Humanum y su publicación *Stimme des Gewissens*. La respuesta de Haverbeck se produjo en forma de carta abierta, en la que en un tono indignado pedía a Knobloch que "no interfiriera" en asuntos que no eran de su competencia. En alusión a los orígenes kázaros de los judíos askenazis, invitaba a Knobloch regresar a Asia si no le gustaba la vida en Alemania. Estas palabras y otras por el estilo provocaron la presentación de una querella criminal. En junio de 2009 la Corte del Distrito de Bad Öynhausen le impuso a Haverbeck una nueva sanción de 2.700 euros por ofensas a Charlotte Knobloch.

Úrsula Haverbeck tuvo una iniciativa que explicaría quizá la dureza con que fue tratada posteriormente. El 20 de noviembre de 2014 presentó una denuncia penal, hecho sin precedentes en la Alemania de posguerra, contra el Consejo Central de Judíos en Alemania, al que acusó de persecución de gente inocente. La demanda se amparaba en el párrafo 344 del Código Penal y tenía que ver con los procesamientos contra alemanes inocentes por revisión del Holocausto. El delito de falsos procesamientos puede ser castigado hasta con diez años de prisión; sin embargo, ya en el mes de diciembre de 2014 se desestimó la querella y se abandonó la investigación. Por contra, la Fiscalía examinó la posibilidad de emprender acciones contra Haverbeck por falsas acusaciones.

El 23 de abril de 2015 se produjo el hecho asombroso que provocó la sentencia de Úrsula Haverbeck a diez meses de prisión. Incomprensiblemente, la ARD, televisión pública alemana fundada en 1950, emitió durante el espacio de su revista *Panorama* una entrevista histórica grabada en marzo con la gran dama del revisionismo. La emisión fue uno de los hechos más desconcertantes en Alemania desde la II Guerra Mundial. Debe tenerse en cuenta que, por detrás de la BBC, la ARD, un consorcio de emisoras públicas con 23.000 empleados, es la segunda estación de televisión más grande del mundo. Millones de televidentes quedaron impactados en sus hogares por las declaraciones inauditas de Úrsula Haverbeck. Nunca antes desde un medio público alemán se había permitido que alguien insinuara siquiera la verdad sobre la II Guerra Mundial. Es evidente que la ARD corrió el riesgo de una demanda multimillonaria por la emisión de un programa en el que se cometió el delito de denunciar que el Holocausto era una mentira auspiciada por el régimen de Bonn, en manos de la criminal ocupación financiera judía transnacional. Desconocemos las consecuencias que tuvo la emisión de la entrevista para los periodistas de *Panorama* y para la dirección de ARD. En cualquier caso, ello nos incumbe en menor medida, pues lo que interesa es el contenido de las declaraciones. Angela Merkel había declarado en enero de 2013 que Alemania "tiene una responsabilidad eterna por los crímenes del nacionalsocialismo, por las víctimas de la II Guerra Mundial y, sobre todo, por el Holocausto." A tenor de estas palabras, nadie medianamente instruido puede negar que los alemanes han estado sometidos desde el fin de la guerra al férreo control del sionismo. Eso fue exactamente lo que denunció la gran dama.

La entrevista, de la que ofrecemos a continuación un extracto, puede verse en You Tube subtitulada en inglés. Comienza así: "Usted ha afirmado que el Holocausto es la mentira más grande y persistente de la historia." Tras citar los trabajos del profesor Faurisson, Haverbeck se reafirma y apunta que es una mentira universal que opera en todo el mundo. Luego menciona evidencias de la inexistencia de las cámaras de gas, de que el Zyklon-B era un desinfectante e insiste en que el Holocausto es la mayor mentira que se ha impuesto nunca. El entrevistador le recuerda que ello supone una bofetada en la cara, pues todos han aprendido que el Holocausto ocurrió y que provocó la muerte de seis millones de personas. "¿Puede explicar brevemente una vez más por qué el Holocausto es para usted la mentira más grande de la historia?" Haverbeck reitera que es la más persistente y la que mayor impacto ha tenido y tiene. Explica que en lugar de respuestas se obtienen sentencias y añade: "Cuando se necesita una ley que impone el Holocausto y se amenaza con castigo si alguien investiga libremente existe un problema, ¿no? La verdad no necesita ninguna ley".

La entrevista prosigue con consideraciones sobre el sufrimiento terrible de la generación de alemanes a la que pertenece Úrsula Haverbeck, quien recuerda que quince millones de alemanes, entre los que estaba ella, fueron expulsados de sus casas. Denuncia los asesinatos, las violaciones y otros hechos criminales que nadie recuerda en Europa. En este contexto temático, la gran dama niega rotundamente la cifra de 25.000 muertos en Dresde ofrecida por las autoridades y da una cifra contrastada de 235.000 víctimas. Concluye con la afirmación de que sólo la verdad podrá reconciliar a todos. El párrafo 130 del Código Penal aprobado en 1994, irreconciliable con el artículo 5 de la Constitución sobre la libertad de expresión y la libertad de investigación, es el siguiente tema. Haverbeck repasa los absurdos conocidos y menciona el estudio químico de Germar Rudolf, su condena y la de Mahler: "Esto debe indignar profundamente a cualquier persona decente", concluye cada vez más excitada.

Pese a que la emoción de la octogenaria es evidente, el entrevistador insiste: "¿Así, pues, mantiene públicamente que el Holocausto nunca existió?" "Sí, naturalmente, eso es", responde Haverbeck, que de inmediato recuerda que las órdenes en los campos de concentración eran estrictas, que los comandantes no podía extralimitarse, y que dos de ellos fueron incluso ejecutados. "Entiendo, pues, -interrumpe el periodista- que los campos de concentración existieron, pero que no hubo un programa de exterminio masivo como lo entendemos hoy." Haverbeck explica entonces la importancia de la actividad industrial en Auschwitz y aporta pruebas, entre ellas los Informes Leuchter y Rudolf, que le permiten concluir que nunca hubo cámaras de gas porque "Auschwitz no fue un campo de exterminio, sino un campo de trabajo." La anciana esgrime textos y documentos probatorios de que no miente, lo cual genera otra pregunta: "¿Sí existen tantos documentos, porque no se habla de ellos?" Respuesta: "Usted mismo podría responder. Porque no es deseable." "¿Para quién?" "Para aquellos que han montado la mentira". Sigue una conversación sobre la publicación y ocultación de materiales y de textos prohibidos o censurados, que culmina con el lamento de que revertir la enseñanza recibida por los alemanes en las escuelas durante medio siglo es un serio problema. Haverbeck explica que no hubo exterminio de los judíos, pero sí persecución, deportación y reasentamiento. "Los propios sionistas querían esto -añade- y por ello incluso colaboraron. Los sionistas querían tener un Estado... Ellos tenían el mismo objetivo: querían su propio Estado y sobre todo querían a los judíos alemanes porque eran los más inteligentes." El fraude del diario de Ana Frank, la falsedad de que Alemania fuera la causante de las dos guerras mundiales, los embustes de Eli Wiesel sobre los campos de concentración, la constatación de que los montones de cuerpos de Bergen-Belsen habían muerto de tifus, hambre y enfermedades, son otros temas de la conversación de 49 minutos. En este punto, Haverbeck recuerda: "Al final de la guerra todos moríamos de hambre. Mi madre pesaba sólo 40 kilos. Todos estábamos esqueléticos..." El entrevistador insiste: "¿Cree usted que podría convencer a la mayoría de alemanes de que el Holocausto, tal y como lo conocemos, no ocurrió, que nunca ha sucedido?" Haverbeck responde que es preciso que alguien lo haga "porque de otro modo sufrirán inútilmente por toda la eternidad. Y sufren. Y se les dice que tienen que hacerlo. Este complejo de culpa está profundamente arraigado. Y por encima de todo están luego las exigencias: dadnos más submarinos, dadnos más de esto, haced eso otro, y así sucesivamente. Todo en función de nuestro pasado..."

La entrevista se realiza en la enorme biblioteca de Úrsula Haverbeck. Surge el tema del odio. Entonces, la gran dama menciona el *Talmud* como ejemplo de máxima expresión del odio de los judíos hacia los gentiles: "Todo lo que tiene usted que hacer es leer el *Talmud*. Tengo allí -dice girando la cabeza- los doce volúmenes en la más reciente y autorizada traducción, una edición de 2002..." El diálogo finaliza con una advertencia: "Las cosas que usted dice y en las que cree, concretamente, que el Holocausto no tuvo lugar, según afirma, podrían costarle la prisión." Respuesta: "Bien, entonces, si la gente cree que eso es lo mejor, es sólo un riesgo que debo asumir... Es el precio que hay que pagar. Pienso siempre en Schiller, el Campo de Wallenstein: '¡Levantaos, mis camaradas, a los caballos, a los caballos!... Y si no ponéis en riesgo vuestras vidas, nunca recibiréis la vida como premio.'"

Como consecuencia de la expresión de las ideas que acabamos de resumir, en junio de 2015 la gran dama del revisionismo fue arrestada. La Fiscalía ordenó la entrada de la Policía Criminal del Estado de Baja Sajonia en el domicilio de Úrsula Haverbeck y de otros tres colegas historiadores en busca de evidencias de sus crímenes de pensamiento. La operación se produjo de noche. Un grupo armado de la policía política pateó la puerta e irrumpió violentamente. Puede decirse que la casa quedó arrasada, puesto que la mayoría de libros y otros objetos acabaron en el suelo durante la búsqueda encaminada a encontrar documentos u otras pruebas que pudiera servir para incriminar a Úrsula por incitación al odio y negación del Holocausto. La misma escena tuvo también lugar en los domicilios de los otros tres revisionistas, cuyos libros y documentos fueron incautados por la policía. Lo desconcertante de todo el asunto es que la dirección de programación de la ARD permitiera la emisión de la entrevista, sobre todo si se tiene en cuenta que el periodista advierte a la historiadora revisionista que puede acabar en prisión por lo que ha dicho. El arresto de Úrsula Haverbeck era previsible desde el principio.

El 11 de noviembre de 2015, la Corte del Distrito de Hamburgo la sentenció a diez meses de prisión por poner en duda que en Auschwitz los judíos fueron exterminados mediante gaseamientos. La acusada se presentó al juicio sin abogado y se defendió a sí misma con buen estado de ánimo. Unas cincuenta personas que la acompañaron trataron de sentarse en la sala, pero un grupo de "activistas" había ocupado con anterioridad los asientos con el fin de dejar fuera a los amigos de Úrsula, muchos de los cuales tuvieron que permanecer en el exterior por falta de espacio. Fue acusada de haber concedido una entrevista a la revista televisiva *Panorama* en la que declaró que Auschwitz no había sido un campo de exterminio, sino de trabajo, y que el asesinato en masa de los judíos no había sucedido. Las palabras de Haverbeck al juez fueron: "Mantengo todo lo que dije." Dirigiéndose al fiscal le preguntó: "¿Cómo prueba usted como abogado la acusación de que Auschwitz fue un campo de exterminio?" Su petición para que pudiera declarar un historiador revisionista que aportase pruebas de que en Auschwitz no se había gaseado a nadie fue rechazada por el juez Jönsson, quien dijo que era inútil discutir con alguien que no acepta los hechos.

Este magistrado, en el colmo de su altanería, se desentendió olímpicamente de que la no aceptación de los hechos se producía en sentido contrario, habida cuenta de que son los tribunales alemanes los que se niegan sistemáticamente a examinarlos y rechazan pruebas y evidencias sobre el delito que se está juzgando. El magistrado Jönsson equiparó la certeza del Holocausto con la evidencia de que la Tierra es redonda: "Tampoco tengo que dar pruebas de que el mundo es redondo." Finalmente, después de expresar de manera hipócrita su tristeza por el hecho de que la anciana utilizara todas sus energías en "fomentar el odio", el juez sentenció que "era una causa perdida." La acusación del Estado mantuvo que la acusada no había cambiado su "fanática idea delirante", por lo que, a pesar de su avanzada edad, debía ser sentenciada a diez meses de prisión efectiva. El juez estuvo de acuerdo.

Reinhold Elstner, el revisionista que se quemó vivo

En la República Federal de Alemania cerca de dos mil personas son detenidas anualmente por delitos de opinión y nadie se preocupa de ello porque sólo son "neonazis". Podríamos seguir con otros revisionistas honestos que sin otro crimen que pensar libremente acabaron entre rejas, como por ejemplo Dirk Zimmermann, que en 2007 envió copias de *Lectures on the Holocaust* a tres figuras locales: al alcalde de Heilbronn, a un clérigo luterano y a otro católico. Tras haber enviado los libros, presentó una querella contra sí mismo y en 2009 fue condenado a nueve meses de cárcel; o como Gerhard Ittner, sentenciado en 2015 por un tribunal de Múnich a dieciocho meses de prisión. Presentar más ejemplos nos llevaría innecesariamente a eternizar nuestra obra. Por ello, acabaremos con un caso extremo, desconocido en general, el de Reinhold Elstner, al que hemos reservado el útimo lugar como colofón de la persecución de los revisionistas en Alemania. Este jubilado de 75 años, químico, ingeniero y veterano de la Wehrmacht, el 25 de abril de 1995 se dirigió a las escaleras del "Feldhermhalle" (salón de los hérores) de Múnich, se roció con líquido inflamable y se prendió fuego. Las personas que lo vieron trataron de rescatarlo para salvarle la vida, pero doce horas después Elstner había muerto. Las razones de una acción tan desgraciada quedan explicadas en un texto escrito antes de suicidarse, en el que explica su sacrificio. Lo reproducimos in memoriam.

"Alemanes en Alemania, en Austria, en Suiza y en el mundo, ¡Despertad por favor!

50 años de infinitas difamaciones, de continuadas mentiras odiosas, de demonización de un pueblo entero son suficientes.

50 años de insultos increíbles a los soldados alemanes, de un chantaje permanente que cuesta billones, y de odio 'democrático' son más de lo que uno puede soportar.

50 años de venganza judicial sionista son suficientes.

50 años tratando de crear desencuentros entre generaciones de alemanes mediante la criminalización de los padres y los abuelos son demasiados.

Es increíble que en este año de aniversario nos inunde una cascada de mentiras y difamaciones. Puesto que tengo ya 75 años, no puedo hacer ya mucho más; pero puedo aún quitarme la vida inmolándome; una última acción que puede servir como señal a los alemanes para que recobren el juicio. Si con mi acto un solo alemán despertase y gracias a él encontrase el camino hacia la verdad, entonces mi sacrificio no habría sido en vano.

Sentí que no me quedaba otra opción tras comprender que ahora, después de 50 años, hay poca esperanza de que la razón se imponga. Como alguien que fue expulsado de su casa después de la guerra, siempre tuve una esperanza, la misma que se concedió a los israelíes después de 2000 años, a saber, que los alemanes expulsados tendrían derecho a regresar a su hogar. ¿Qué pasó con el derecho de autodeterminación promulgado en 1919, cuando millones de alemanes fueron obligados a vivir bajo gobierno extranjero?. Hasta hoy hemos tenido que sufrir por estos errores, y puedo decir que no puede responsabilizarse de ello a los alemanes.

Soy un sudete alemán tengo una abuela checa, y por el otro lado parientes checos y judíos, algunos de los cuales fueron encarcelados en campos de concentración como Buchenwald, Dora y Theresienstadt. Nunca pertenecí ni al partido nazi ni a cualquier otro grupo que estuviera en lo más mínimo relacionado con el nacionalsocialismo. Siempre tuvimos las mejores relaciones con nuestros familiares no alemanes y, cuando fue necesario, nos ayudamos mutuamente. Durante la guerra, nuestro establecimiento de comestibles con panadería fue responsable de la distribución de comida a los prisioneros de guerra franceses y a los trabajadores del este que vivían en la ciudad. Todo se hizo correctamente y ello garantizó que al final de la guerra nuestro negocio no fuera saqueado porque los prisioneros de guerra franceses lo custodiaron hasta su repatriación. Nuestros parientes que habían estado detenidos en los campos de concentración volvieron ya a casa el 10 de mayo de 1945 (dos días después del fin de las hostilidades) y ofrecieron su apoyo. Especial fue la ayuda de nuestro tío judío de Praga, que había visto en la capital checa el baño de sangre de los alemanes que quedaron allí provocado por los partisanos. El horror de estos asesinatos a sangre fría podía verse aún en la expresión de sus ojos. Obviamente, un horror que él mismo como antiguo prisionero del Reich no había experimentado durante su encarcelamiento.

Fui un soldado de la Wehrmacht del gran Reich alemán, luchando desde el primer día en el frente del este. A esto debo añadir unos pocos años de trabajo esclavo en la URSS como prisionero de guerra.

Recuerdo bien la Kristallnacht (noche de los cristales rotos) de 1938 porque aquel día encontré llorando a una chica judía, una chica con la que había estudiado. Pero quedé mucho más impresionado cuando vi en Rusia cómo todas las iglesias habían sido profanadas, cómo eran usadas como establos y tiendas de armas; vi a los cerdos gruñir, a las ovejas balar y el repiqueteo de las armas en lugares sagrados. Lo peor para mi fue cuando vi las iglesias convertidas en museos del ateísmo. Y todo esto ocurrió con la connivencia activa de los judíos, esa pequeña minoría de la cual tantos miembros eran los matones criminales de Stalin. Los más destacados de ellos eran del clan de Kaganóvich, siete hermanos y hermanas, que eran tan criminales de masas que los supuestos asesinos de las SS pueden ser considerados en comparación inofensivos.

Después del regreso de los campos de prisioneros rusos a mi "patria" (¡Qué burla hablar de "patria" a un prisionero que ha sido expulsado de la tierra de sus ancestros!) oí por primera vez sobre las brutalidades de los campos de concentración, pero al principio nada escuché de cámaras de gas o del asesinato de seres humanos mediante el uso de gas venenoso. Al contrario, se me dijo que en campos de concentración como Theresienstadt y Buchenwald (Dora) había incluso burdeles para los internos en los confines del campo. Luego, con ocasión de los 'juicios de Auschwitz', el Sr. Broszat, del Instituto de Historia Contemporánea, declaró que la cifra famosa de seis millones es sólo un número simbólico. A pesar del hecho de que el Sr. Broszat declaró también que no hubo cámaras de gas para el asesinato de seres humanos en los campos instalados en suelo alemán, durante años las pretendidas cámaras fueron enseñadas a visitantes en Buchenwald, Dachau, Mauthausen y otros. Mentiras, sólo mentiras hasta hoy.

Todo quedó muy claro para mí cuando leí docenas de libros escritos por judíos y los llamados antifascistas. Además, podía recurrir a mi propia experiencia en Rusia. Viví durante dos años en la ciudad hospital de Porchov, donde ya en el primer invierno surgió el peligro de una epidemia de tifus y todos los hospitales y centros de atención primaria eran despiojados con lo que llamábamos entonces 'K.Z. Gas', concretamente 'Zyklon-B'. Allí aprendí cuán peligroso era manejar este gas venenoso aun cuando no formé parte de los equipos que fumigaban los edificios. En todo caso, desde entonces no he tenido otra opción que estudiar todas las obras sobre los campos de concentración que relatan cuentos fabulosos sobre las cámaras de gas. Esta debe de ser la verdadera razón por la que todos los informes de las víctimas sobre los campos de concentración son considerados como la verdad por los tribunales y no necesitan ser probados.

En 1988 la televisión alemana emitió un informe sobre Babi Yar (un barranco cerca de Kiev) donde se informó que las SS habían matado a pedradas a 36.000 judíos. Tres años más tarde una señora llamada Kayser escribió un informe para el periódico *TZ* de Múnich en el que decía que estos judíos habían sido fusilados y que sus cuerpos habían sido quemados en profundas vaguadas. Preguntada sobre ello, la Sra. Kayser señaló una librería en Constanza que vende el libro *La Shoah en Babi Yar*. El día que el libro llegó a mi casa, la televisión alemana presentó un informe de Kiev sobre los descubrimientos de una comisión ucraniana: en Babi Yar estaban los cuerpos de 180.000 seres humanos, todos asesinados por orden de Stalin (antes de 1941). Los alemanes no eran responsables en absoluto. Sin embargo, en todo el mundo pueden encontrarse monumentos de Babi Yar que culpan a los alemanes por las matanzas (Clinton visitó Babi Yar el 10 de mayo de 1995 y ante una Menorah aludió a los alemanes como los matarifes).

Debido a que, como dijo el Sr. Broszat, hemos sido engañados sobre lo ocurrido en docenas de campos de concentración. Yo no estoy dispuesto a creer los cuentos que se están contando sobre lo acontecido supuestamente en los campos de Polonia. Tampoco creo en las acusaciones de posguerra que pintan a los alemanes como particularmente agresivos. Después de todo fue Alemania la que mantuvo la paz desde 1871 a 1914, mientras que Inglaterra y Francia, las principales democracias, conquistaron la mayor parte de África y expandieron sus colonias en Asia. Al mismo tiempo, Estados Unidos luchó contra España en México, y Rusia hizo la guerra a Turquía y a Japón. En estas materias considero especialmente cínico al Gobierno de Estados Unidos, puesto que fue el país que en dos ocasiones en este siglo cruzó el océano para atacar a Alemania y llevarnos a la 'democracia'. Debe considerarse que este fue un Gobierno cuya nación exterminó a los habitantes originarios, y que hasta hoy en día trata a su población de color como ciudadanos de segunda clase.

Durante mis años encontré a judíos amables y serviciales no sólo entre mis parientes, sino también entre prisioneros de guerra en Rusia. En Gorki una profesora judía me ayudó a recuperar la salud cuando padecí una pleuresía y graves problemas en un ojo. Pero también oí muchas cosas malas sobre esta pequeña minoría. ¿No escribió Churchill en el *London Sunday Herald* (8 de febrero de 1920) lo siguiente?:

'Desde los días de Spartakus Weishaupt a Marx, Trotsky, Bela Kun, Rosa Luxemburgo y Emma Goldmann, existe un conspiración mundial ocupada en destruir nuestra civilización y cambiar nuestra sociedad por medio acontecimientos de espantosa codicia y con la puesta en práctica del sueño imposible de la igualdad de todos. Esta conspiración, con su implacable minado de todas las instituciones existentes, fue capaz de emplear a una banda de gente sin escrúpulos del bajo mundo de las grandes ciudades de Europa y América para tomar el poder en Rusia y hacerse los amos de este vasto imperio. No es necesario sobrestimar el papel que estos judíos ateos jugaron en el establecimiento del bolchevismo.'

Creo que estoy autorizado a citar al receptor del prestigioso Premio Karls. En el siglo XVIII, Samuel Johnson escribió: 'No sé que deberíamos temer más, una calle llena de soldados dispuestos al saqueo o una habitación llena de escritores acostumbrados a mentir.'

Considerando nuestra experiencia después de 1918 y después de 1945, ¡nosotros los alemanes sabemos a quiénes tenemos que temer más!

München, 25 de abril de 1995
Reinhold Elstner"

2. VÍCTIMAS PRINCIPALES DE LA PERSECUCIÓN EN FRANCIA:

François Duprat, asesinado por terroristas judíos

La ley que prohíbe en Francia el revisionismo del Holocausto es la Ley Gayssot, aunque también es conocida como Ley Fabius-Gayssot, aprobada el 13 de julio de 1990. Dos judíos, el diputado comunista Jean Claude Gayssot y el acaudalado socialista Laurent Fabius, fueron los padres del invento que permite perseguir desde entonces a quienes cuestionan la existencia de algunos crímenes de la humanidad, concretamente aquellos definidos en la Carta de Londres, que fue tomada como base para condenar a los líderes nazis en los infames juicios de Núremberg. Como de costumbre, el lobby judío, utilizando como pantalla la supuesta defensa de los derechos humanos, logró que en Francia, como en Alemania, se acose a los investigadores por crímenes de pensamiento y se les prive de la libertad de expresión. Antes de la existencia de esta ley, los revisionistas habían sido ya objeto de medidas coercitivas. Se ha dicho que Paul Rassinier, uno de los padres del revisionismo histórico, tuvo que soportar desde la publicación de *La mentira de Ulises* hasta su muerte en 1967 todo tipo de calumnias y exclusiones, además de varios procesos judiciales.

Otro precursor del revisionismo histórico en Francia fue François Duprat, quien en junio de 1967 publicó en *Défense de l'Occident* el artículo titulado "El misterio de las cámaras de gas". Más tarde, Duprat leyó *Did Six Million Really Die?*, el libro de Richard Harwood cuya edición iba a crear tantos problemas a Ernst Zündel, y se involucró en su publicación y distribución en Francia. François Duprat, nacido en Ajaccio en 1941, es considerado uno de los ideólogos del nacionalismo francés y de la creación del Frente Nacional. Uno de sus mentores fue Maurice Bardèche, difusor del revisionismo del Holocausto junto a Paul Rassinier. Influenciado por Bardèche, Duprat sugería la disolución del Estado sionista y apoyó al Frente Popular para la Liberación de Palestina. Duprat promovió la traducción y edición de textos fundamentales del revisionismo del Holocausto. Gracias a él circularon en Francia *Die Auschwitz Lüge* (*La mentira de Auschwitz*) de Thies Christophersen y *The Hoax of the Twentieth Century* (*La fábula del siglo XX*) de Arthur Robert Butz.

A las 08:40 del día 18 de marzo de 1978 una bomba acabó con la vida de François Duprat, que a los 37 años se convirtió en la primera persona asesinada por su apoyo al revisionismo del Holocausto. Su esposa Jeanine, que estaba con él, quedó gravemente herida y, aunque pudo salvar la vida, perdió las piernas y quedó paralítica. Duprat acompañaba en coche a su mujer a la escuela de Caudebe-en-Caux, donde ella daba clases. El vehículo se detuvo en un gasolinara para comprar la prensa y la ocasión fue aprovechada por los criminales para colocar una bomba en los bajos del vehículo. Cuando reanudaron la marcha, el coche saltó por los aires. La investigación demostró que el artefacto utilizado era sofisticado y que sólo pudo ser obra de expertos cualificados. Dos grupos reivindicaron el atentado como un modo de rechazar el "negacionismo de la Shoah": el autodenominado Comando de la Memoria y el Grupo Revolucionario Judío; sin embargo, las organizaciones sionistas de Francia condenaron el asesinato ante la opinión pública y se propagó una campaña de intoxicación para atribuir el crimen a grupos de ultraizquierda y/o a grupos rivales nacionalistas. El funeral de Duprat en la iglesia de Saint-Nicolas-du Chardonnet de París fue un acontecimiento multitudinario.

Nadie fue arrestado y el crimen quedó impune. Hoy existen pocas dudas de que el asesinato de Duprat fue obra del Mossad. Gracias a la publicación en 1990 de *By Way of Deception*, el libro del antiguo agente Víctor Ostrovsky, la opinión pública internacional tuvo acceso a detalles reveladores de cómo el Servicio Secreto de Israel entrena y arma en distintos países a los llamados "grupos de defensa judíos". Ostrovsky explica en su polémica obra que jóvenes de otros países son llevados a Israel para recibir adiestramiento variado relacionado con labores de inteligencia. En Europa, el "Tagar", una rama de movimiento sionista Betar, es el grupo terrorista más importante. Tagar/Betar, cuyos cuarteles generales se ubican en París, mantiene lazos estrechos con el Gobierno de Israel y por ello es utilizado en operaciones encubiertas del Mossad. Es más que probable que este Tagar estuvo relacionado con el asesinato de Duprat, puesto que se le atribuyen numerosos ataques criminales contra personas consideradas "enemigas", entre lo que están los revisionistas del Holocausto.

Roger Garaudy, el filósofo puesto en la picota por denunciar a Israel

En el momento de comenzar la escritura de estas líneas sobre el filósofo Roger Garaudy, nos asaltan algunas dudas. Su vida, ejemplo paradigmático de eclecticismo, fue tan rica y variada, que uno tiene la tentación de explicar algo de ella para quien no conoce a este erudito, que escribió sin cesar durante su larga vida de casi cien años. Nuestras limitaciones, claro, vienen impuestas por los contenidos que venimos tratando. Lo que básicamente nos interesa de su extensa obra de más de medio centenar de ensayos es cuanto concierne al revisionismo histórico. Por ello, nos centraremos sobre todo en el libro que había de provocar el llamado "Affaire Garaudy", *Les Mythes fondateurs de la politique israélienne*. Este ensayo, publicado en diciembre de 1995, debió de surgir probablemente como una necesidad moral, como un compromiso, pues Garaudy estaba casado con la palestina Salma Farouqui y en 1982 se había convertido al Islam. Constreñidos por los problemas de espacio, redactaremos, no obstante, unos párrafos sobre su trayectoria vital. Ello ayudará a comprender cómo llega Garaudy a denunciar la perversión del Estado sionista.

En la primavera de 2013 visitamos en Córdoba el Museo de las Tres Culturas de la Torre de la Calahorra, fortaleza musulmana cuyo uso fue cedido por el Ayuntamiento a la Fundación Roger Garaudy en 1987. Diez años más tarde, en septiembre de 1997, la Torre de la Calahorra, situada frente a la mezquita, al otro lado del puente romano sobre el Guadalquivir, fue inscrita en el registro de museos de la Comunidad Autónoma. Allí tuvimos ocasión de adquirir varias obras de Garaudy traducidas al español, entre ellas unas memorias que comenzó a escribir a los 75 años, *Mi vuelta al siglo en solitario*. Nos acogeremos pues a su propia voz para esbozar algunos momentos de la transformación intelectual, ética y religiosa de este pensador sintético y conciliador. Sus metamorfosis lo llevaron a transitar desde el comunismo militante hasta el Islam, pasando por el catolicismo; por tanto, del supuesto ateísmo marxista, a la fe profunda en Dios.

Garaudy nació en Marsella en 1913. Su abuela materna era española, una menorquina exiliada en Argel en 1848. En el prólogo de las memorias afirma: "La gran búsqueda de mi vida fue precisamente encontrarle un sentido. Y también a la historia." Con veinte años, buscó ese sentido en el marxismo y se afilió en 1933 al Partido Comunista Francés. Después de haber sido prisionero de la Francia de Vichy en Argelia, en 1945 vivió la liberación en París. Sobre la situación en Francia escribe unas palabras esclarecedoras: "En un país en el que la inmensa mayoría ha aceptado tanto la ocupación como el régimen de Vichy, se quiere ahora crear la ilusión de una resistencia unánime y heroica. En 1945 hay en Francia más resistentes que habitantes." Puesto que el Partido Comunista había sido predominante en la resistencia interior, su prestigio se transformó en poder. Garaudy fue elegido en 1945 diputado de la primera Asamblea constituyente. Comenzó entonces su andadura como diputado del PCF y siguieron luego los "catorce años perdidos en el Parlamento", según sus propias palabras. A finales de octubre de 1956, después de la nacionalización del canal de Suez por Nasser, Garaudy fue testigo como vicepresidente de la Asamblea del ambiente prebélico y de los preparativos para la intervención anglo-francesa en Egipto.

Durante estos años comienzan sus dudas y formula la dicotomía significativa entre "responsables comunistas y comunistas responsables", que habría de conducir a su expulsión del partido en 1970. Cada vez más partidario de establecer un diálogo entre cristianos y marxistas reivindicó la figura del padre Teilhard de Chardin, paleontólogo y filósofo, como punto de encuentro. Durante los años sesenta, sus opiniones contrarias al ateísmo y sus constantes encuentros con teólogos y filósofos cristianos provocaron con frecuencia reacciones adversas de muchos camaradas. "Ningún creador - escribe- puede negar a Dios. Tiene constancia de su presencia. Incluso si no lo dice..." Puede decirse que Garaudy fue el gran animador en Europa y en América de los diálogos cristiano-marxistas. En 1969, en respuesta a la pregunta "¿Quién es Cristo para ti?", escribió palabras bellísimas sobre Jesús y sobre los cristianos:

> "... Una hoguera ha sido encendida: es la prueba de la chispa o de la primera llama que le dio nacimiento. Esta hoguera fue ante todo un levantamiento de los indigentes, sin lo que, de Nerón a Diocleciano, el 'establishment' no los habría perseguido tan duramente. Para esos hombres (los cristianos), el amor se convierte en algo militante, subversivo; si no fuera por eso, Él (Cristo), el primero, no habría sido crucificado.
> Hasta este momento todas las sabidurías meditaban sobre el destino y sobre la necedad confundida con la razón. Él, lo contrario del destino, ha señalado su locura. Él, la libertad, la creación, la vida. Él es quien ha desfatalizado la historia."

Un año antes de escribir estas palabras, se había producido ya en su vida lo que él consideró "el viraje de los sueños": tras el fiasco del mayo del 68, las tropas del Pacto de Varsovia lideradas por la URSS invadieron Checoslovaquia el 20 de agosto y abortaron la llamada "Primavera de Praga". Garaudy condenó la intervención sin paliativos, pero en el partido denunciaron su "indisciplina". El 6 de febrero de 1970 se produjo su expulsión del PCF.

La nueva etapa de Roger Garaudy estuvo marcada por los viajes alrededor del mundo. En su afán por profundizar en la existencia de Dios, precisa comprobar cómo es concebido en el día a día y en las manifestaciones artísticas de otras culturas y civilizaciones. Para ello viaja a India, China, Japón. De este modo llega a la conclusión de que "nuestra civilización occidental se halla en un punto muerto" y en 1979 publica *Appel aux vivants*, uno de sus libros mejor recibidos, traducido del francés a siete lenguas, entre ellas el árabe, el castellano y el catalán. Los derechos de autor le proporcionaron pingües beneficios y con ellos la oportunidad de crear la asociación "Llamada a los vivientes", que pretendía suscitar un movimiento de "resistencia" no violenta contra "la ocupación de las instituciones y de los espíritus por la ideología del crecimiento y la anestesia de las almas."

El 17 de junio de 1982 apareció en *Le Monde* un texto de Garaudy que iba a marcar un antes y un después en su vida. Según denuncia en *Mi vuelta al siglo en solitario*, se utilizó el artículo "para arrojarme a los calabozos del olvido". Jacques Fauvet, director del periódico con quien Garaudy mantenía buenas relaciones, accedió a publicar una página pagada en la que junto al padre Michel Lelong y el pastor Mathiot criticaban duramente las masacres de Israel en Líbano y explicaban su sentido: "Demostrábamos que no se trataba de un descuido, sino de la lógica interna del sionismo político sobre el que se funda el Estado de Israel." Garaudy explica en sus memorias las consecuencias que tuvo el texto y denuncia: "A través de cartas anónimas y por teléfono recibí hasta nueve amenazas de muerte." La LICRA (Liga Internacional Contra el Racismo y el Antisemitismo) presentó querella con el fin de provocar un proceso por "antisemitismo y provocación a la discriminación racial." El abogado de Jacques Fauvet insistió en que el Estado de Israel no podía ser confundido con la comunidad judía; pero el abogado de la LICRA trató de demostrar que Garaudy era un antisemita.

Por fortuna, todo quedó en el prólogo de lo que años más tarde sería el "Affaire Garaudy". El 24 de marzo de 1983 el tribunal de apelación de París consideró que se trataba de una "crítica lícita de la política de un Estado y de la ideología que la inspira y no de una provocación racial." Consecuentemente, la demanda del poderoso lobby judío en Francia fue rechazada y la LICRA tuvo que pagar las costas procesales. En lugar de dejar ya el asunto, apelaron; pero nuevamente la sentencia de la Cámara Alta del Tribunal de París dio la razón a Garaudy y a los dos religiosos que habían firmado conjuntamente el artículo. El 11 de enero de 1984 se pronunció el veredicto que confirmaba la sentencia del tribunal anterior y condenaba una vez más a pagar las costas a la LICRA, la cual recurrió de nuevo en casación. Hubo que esperar casi cuatro años. Finalmente, el 4 de noviembre de 1987 los sionistas perdieron la batalla legal. El Tribunal rechazó la casación y condenó en costas a los demandantes. La derrota del lobby judío fue sistemáticamente ignorada. Incluso *Le Monde*, cuyo antiguo director Fauvet se hallaba implicado en el asunto, se limitó a una reseña insignificante. Junto al acoso en los tribunales se puso en marcha otro mucho más lastimoso para el filósofo:

"Pero a partir de este momento empieza la asfixia por parte de los medios: se me bloquea el acceso a la televisión y todos mis artículos son rechazados. Hasta ese momento había publicado cuarenta libros en todas las grandes editoriales, desde Gallimard a Seuil, desde Plon a Grasset y Laffont. Habían sido traducidos a veintisiete lenguas. A partir de este momento todas las puertas se cierran: a uno de mis mejores editores le comunicó el consejo de administración: 'Si publica usted un libro de Garaudy no tendrá derecho a traducir ninguna obra americana.' Aceptarme hubiera sido arruinar a la casa. A propósito de otra obra, otro (editor) 'grande', comunica a su directora literaria que, apasionada por el libro, había trabajado tres meses para ayudarme a darle los últimos retoques: 'No quiero a Garaudy en esta casa'. Esta es la historia del emparedamiento de un hombre."

Garaudy alude al periodo entre 1982-1988 como "mis seis años de travesía del desierto." La pretensión de enterrarlo literariamente refleja a la perfección los planes esbozados con anterioridad por Adam Weishaupt y también en los *Protocolos de los Sabios Sión*. El primero, ya a finales del siglo XVIII, escribió que tenían que arruinar a los escritores que les fueran hostiles: "Cuando poco a poco tengamos todo el comercio de libros en nuestras manos, haremos que (escritores contrarios) no tengan ni editores ni lectores." En el duodécimo Protocolo, que trata del control de la opinión pública a través de las agencias de información, la prensa y publicaciones en general, se lee: "Venceremos con seguridad a nuestros adversarios porque, como consecuencia de nuestras medidas, no tendrán a disposición diarios en los que puedan dar curso a su opinión."

En 1982 Roger Garaudy contrajo matrimonio con la palestina Salma Farouqui y quince días después de la publicación en *Le Monde* de la página pagada que desató la tormenta, el 2 de julio, "totalmente consciente y plenamente responsable", pronunció en Ginebra ante el iman Buzuzu la profesión de fe musulmana: "Sólo Dios es Dios y Mahoma es su profeta". La noticia de su conversión fue una buena nueva para las comunidades musulmanas de Occidente, que una tras otra le hicieron llegar invitaciones. En una conferencia pronunciada en Belfort titulada "Jesús profeta del Islam", en la que, según admite en sus memorias, "el corazón habla con más fervor de Jesús que de Mahoma", cita las suras del Corán que reconocen la virginidad de María y a Jesús como profeta de Dios: "El Mesías, Jesús, hijo de María, es el apostol de Dios. Es su Verbo depositado por Dios en María. Es el espíritu que emana de Él". Garaudy apunta que mientras Dios dijo a Mahoma: "Arrepiéntete de tus pecados, pasados y presentes", el Corán considera que

Jesús y su madre la Virgen María son los únicos seres humanos que nunca han cometido pecado.

Casi de manera inevitable, vio en España el ejemplo histórico del diálogo de civilizaciones que predicaba y, consecuentemente, acabó recalando en Córdoba, donde se halla la mayor mezquita del mundo. Una ciudad, señala el filósofo, "que durante el periodo musulmán de la historia española, fue la urbe más grande de Europa, cuando París y Londres no eran sino pequeñas villas. Ella se constituyó como centro de irradiación de la cultura." El ayuntamiento de Córdoba le cedió en 1987 la torre de la Calahorra por un periodo de cuarenta y nueve años con el fin de que se expusiera en ella la evocación del apogeo de Córdoba: "Comenzó entonces para mí -escribe Garaudy- la maravillosa aventura de la realización de un sueño".

Por desgracia, entre los sueños surgen a veces pesadillas terribles, como la que le tocó experimentar a Garaudy en 1996 como consecuencia de la publicación en Francia de *Les mythes fondateurs de la politique israélienne* a finales de 1995. Esta obra, que en España se editó con el título de *Los mitos fundacionales del Estado de Israel*, desencadenó una tempestad sin precedentes en Francia, pues ni los libros de revisionistas como Paul Rassinier, Arthur R. Butz o Robert Faurisson provocaron tanto ruido en los medios y entre la "intelectualidad". Durante la primera mitad de 1996 la controversia no cesó y el asunto iba a pasar a la historia como el "Affaire Garaudy". Con anterioridad, Garaudy había visto como dos libros suyos sobre la cuestión palestina habían sido censurados extraoficialmente a través de los medios habituales utilizados por los grupos de presión judíos: la intimidación y el chantaje. Por tanto, cada vez más consciente del papel que desempeñaba el Holocausto como argumento para silenciar las críticas a Israel, Garaudy se acogió al ofrecimiento de Pierre Guillaume, que en 1980 había relanzado la librería "La Vielle Taupe" convirtiéndola en editorial especializada en libros revisionistas.

Robert Faurisson, múltiples veces agredido y amenazado de muerte, conocedor en propia carne de la violencia de estas tormentas mediáticas, escribió el 1 de noviembre de 1996 un extenso artículo titulado "Bilan de l'affaire Garaudy-abbé Pierre (janvier-octobre 1996)" (Balance del asunto Garaudy-padre Pierre (enero-octubre de 1996)). El profesor Faurisson aclara que Pierre Guillaume, para evitar "los rayos de la ley Fabius-Gayssot", vendió el libro de Garaudy fuera del comercio como "un boletín confidencial reservado a los amigos de la Vieille Taupe". Faurisson afirma que, consideraciones religiosas y políticas aparte, las páginas que desataron la ira de las organizaciones judías en Francia y en buena parte del mundo occidental fueron aquellas de inspiración revisionista que ocupan el núcleo central de la obra. En ellas, para el gusto de un revisionista minucioso y preciso como Faurisson, se revisaba de manera apresurada Núremberg, la solución final, las pretendidas cámaras de gas y, finalmente, el Holocausto. En un fragmento del artículo Faurisson decía:

"Pero, tal cual, con todas sus insuficiencias, el libro de Garaudy sólo podía inquietar a las organizaciones judías, que tenían ya una tendencia exagerada a ver salir revisionistas de todas partes y que descubrieron ahora a un hombre cuyas opiniones políticas -había sido un apparatchik stalinista de los más ortodoxos- no podían de ningún modo ser calificadas de fascistas. R. Garaudy había sido también protestante, después católico, antes de convertirse en musulmán en los años ochenta. En sus diversas obras, se había mostrado como un adversario de cualquier racismo."

Los primeros medios en poner el grito en el cielo fueron *Le Canard enchaîné* y *Le Monde*. Luego siguieron las organizaciones antirracistas, con la LICRA a la cabeza, que lo denunciaron. El 11 de marzo de 1996 Pierre Guillaume trató de imprimir una edición pública como había anunciado en el boletín de la Vieille Taupe, pero su impresor habitual se negó, por lo que Garaudy decidió publicar clandestinamente por su cuenta la obra remodelada. El 15 de abril, Henri Grouès, conocido como el padre Pierre, dirigió a su amigo Garaudy una larga carta de apoyo. El 18 de abril Garaudy, acompañado de su abogado Jacques Vergès, ofreció una conferencia de prensa en la que mencionó los nombres de algunas personalidades que le habían mostrado su solidaridad, entre ellas, además padre Pierre, estaban el padre Michel Lelong y el ensayista suizo Jean Ziegler.

Ante la virulencia de los ataques, pronto todos, incluido Garaudy, trataron de excusarse con argumentos que pretendían matizar sus posiciones, hecho que lamenta Faurisson: "Es lamentable que Roger Garaudy y el padre Pierre no demostrasen mayor coraje. Desde que en Francia se desató la tormenta mediática han comenzado a batirse en retirada." Sin embargo, tanto el profesor Faurisson como Henri Roques, acostumbrados a plantar cara, aceptaron enseguida públicamente una propuesta del gran rabino Joseph Sitruk, que el 27 de abril sugirió un debate sobre la Shoah. El día siguiente, el rabino retiró la propuesta.

El 29 de abril el periódico *Liberation* titulaba: "El padre Pierre rechaza condenar las tesis negacionistas de Garaudy". Fue el comienzo de una ofensiva generalizada: la jerarquía católica declaró que no quería ser arrastrada en la polémica. La Conferencia Episcopal deploró la actitud del padre Pierre, reafirmó que el exterminio de los judíos era un hecho incontestable y denunció el escándalo que significaba poner en entredicho la Shoah. Las acometidas fueron subiendo de tono a lo largo de todo el mes de mayo. El día 9, por ejemplo, Jean-Luc Allouche, uno de los periodistas estrella de *Liberation*, asoció a Garaudy y al padre Pierre con Robert Faurisson, algo que ambos habían tratado de evitar, y acusó a los tres de pretender únicamente deslegitimar al Estado de Israel. En Estados Unidos, el mismo día 9 de mayo un tal J. Sobran acusaba al padre Pierre de "haber negado la divinidad de Cristo" en *The Wanderer*, un semanario católico de Ohio.

Por su parte, Roger Garaudy buscó apoyos y los halló. El 11 de mayo *Tribune Juive* anunció que Garaudy pensaba publicar el libro en Estados Unidos y que el rabino Elmer Berger había escrito para él un texto que pensaba utilizar como prefacio. El 23 de mayo *Liberation* daba noticia de un editorial de *Al-Ahram*, diario considerado la voz oficiosa del régimen egipcio. El periódico se declaraba orgulloso de haber acogido en sus páginas al autor de un libro perseguido en Francia y denunciaba la campaña mediática en su contra. En el editorial se reprochaba a *Liberation* que estuviera al servicio de la propaganda sionista y le recordaba que, por contra, había defendido el derecho de Salman Rushdie de atacar al Islam. Por fin, el 29 de mayo la prensa anunció la retirada de la escerna del padre Pierre, que había decidido recluirse en un monasterio italiano, donde recibió la visita de Garaudy. El padre Pierre declaró al *Corriere della Sera* que la Iglesia de Francia había intervenido "para hacerle callar bajo la presión de la prensa, inspirada por un lobby sionista internacional." Estas palabras provocaron un escándalo mundial.

Ya en el mes de junio Garaudy publicó un opúsculo titulado *Derecho de respuesta. Respuesta al linchamiento mediático del padre Pierre y de Roger Garaudy.* En él trató de aclarar y matizar sus puntos de vista en relación al revisionismo. Sobre las cámaras de gas, insistía en que ningún tribunal había buscado examinar el arma del crimen y recordaba la existencia del *Informe Leuchter.* Tras reconocer la persecución de los judíos, negaba a los sionistas el derecho a monopolizar los crímenes de Hitler y recordaba que dieciséis millones de esclavos habían muerto durante la Segunda Guerra Mundial. En alusión a los ataques en la prensa escribió: "Que los periodistas sepan una cosa: la gran mayoría de deportados en los campos nazis no fueron los judíos, aunque todos los medios han acreditado la tesis de que sólo los judíos fueron deportados y exterminados".

En cuanto al padre Pierre, en junio abandonó Italia y se instaló en Suiza, desde donde el día 18 de junio envió a un periodista de *Le Monde* un fax de doce páginas titulado "Viva la verdad". Dos días después, el 20 de junio, monseñor Daniel Lustiger, cardenal arzobispo de París de origen judío, declaró en el semanario *Tribune Juive* que "había vivido la polémica como un inmenso desastre". El arzobispo dirigió una amonestación pública al padre Pedro y exoneraba a la Iglesia de cualquier responsabilidad. Meses más tarde, el 26 de septiembre, con ocasión de un debate en la Sorbona sobre el Holocausto (la Shoah) monseñor declaró que "el negacionismo era el mismo tipo de mentira que la del hombre que mata a su hermano para huir de la verdad". Su amigo Elie Wiesel se hizo eco de la afirmación y declaró: "Los negacionistas quizá no tienen alma".

En fin, la ofensiva se prolongó durante todo el verano de 1996. El 16 de julio fue atacada la modesta "Librairie du Savoir" en el barrio Latino, propiedad de Georges Piscoci-Danesco, un refugiado político rumano que vendía obras revisionistas, entre ellas la de Garaudy. Él fue herido por miembros de Betar y la librería quedó arrasada, unos dos mil volúmenes quedaron maltrechos. Los daños ascendieron a 250.000 francos. Como de costumbre, los terroristas del Betar quedaron impunes, puesto que al gozar de la impúdica protección del Ministerio del Interior, la policía ni se preocupó en buscar a los delincuentes. De hecho, más de medio centenar de acciones criminales perpetradas por organizaciones judías han quedado impunes en Francia. También en el mes de julio se produjo finalmente la retractación del padre Pierre mediante un texto publicado el día 23 en *La Croix*: "Decido retirar mis palabras confiando de nuevo por completo en las opiniones de los expertos de la Iglesia, y pidiendo perdón a todos aquellos a los que haya podido herir. Quiero dejar a Dios como único juez de la integridad de las intenciones de cada uno".

La caza de brujas emprendida por los medios de comunicación en general generó múltiples víctimas, en especial personas sospechosas de haber cometido el sacrilegio de ser revisionistas o negacionistas. Sobre los dos principales damnificados. Robert Faurisson escribió lo siguiente:

"Dos octogenarios, lo cuales creían conocer la vida y a los hombres, han descubierto repentinamente, y con una sorpresa infantil, que en realidad su existencia pasada había sido, en suma, fácil. Los dos, en unos días, han tenido que afrontar una prueba excepcional: la que las organizaciones judías tiene por costumbre infligir a los individuos que tienen la desgracia de provocar su cólera. No hay, de parte de estas organizaciones, ni complot, ni conjuración, sino una especie de reacción ancestral. Los medios de comunicación, que trabajan para ellas con devoción, puesto que llevarles la contraria podría resultarles muy caro, saben movilizarse conta los 'antisemitas', es decir contra las personas que, salvo excepción, no odian a los judíos, sino que son odiadas por los judíos. El odio veterotestamentario es uno de los más formidables que existen: nervioso, febril, frenético, ilimitado, asfixia a sus víctimas a través de la brusquedad y duración de su violencia. Es un odio inextinguible porque aquellos que lo padecen no pueden permitirse revelar el verdadero motivo y mitigar así, al menos en parte, su furor. Por ejemplo, durante meses se ha buscado pelea con Faurisson por su estimación 'minimizante' del número de judíos muertos durante la guerra mundial. Pero esto sólo era artificio, el verdadero motivo estaba en otra parte; residía en el sacrilegio de poner en duda la existencia de las cámaras de gas. Sin embargo, revelar esta puesta en duda equivalía a correr el riesgo de hacer nacer la duda entre el gran público o de incrementarla. De ahí la necesidad de hablar de otra cosa..."

Las querellas presentadas por la LICRA el MRAP (Movimiento contra el Racismo y la Amistad entre los Pueblos) provocaron que el Estado francés enjuiciara a Roger Garaudy por violación de la ley Gayssot. El juicio comenzó en enero de 1998. En el mundo árabe y musulmán fue seguido con expectación, sin duda por el hecho de que se estaba procesando a un intelectual musulmán. Desde el Golfo Pérsico hasta el Nilo, cientos, sino miles, de escritores, periodistas, abogados y políticos expresaron públicamente su solidaridad y sus protestas por la acción de la Justicia francesa. Por supuesto, el primer ministro israelí Benjamín Netanyahu y los habituales grupos sionistas norteamericanos se apresuraron a señalar que libros como el de Garaudy constituían "la principal amenaza para Israel". La corte de París que juzgó el caso emitió el veredicto el 27 de febrero y consideró al filósofo culpable de "negación de crimen contra la humanidad" y de "difamación racial". Los jueces precisaron que se había juzgado el "antisemitismo" del escritor y no su "antisionismo", por lo que en la sentencia se argumentaba que "aunque se refugia en una crítica política a Israel, se cuestiona en realidad al conjunto de los judíos". El tribunal impuso al acusado una multa a de 240.000 francos y lo condenó asimismo a seis meses de prisión, que no llegó a cumplir. Debe considerarse que en 1998 Roger Garaudy tenía ya 85 años, por lo que hubiera sido escandaloso que en Francia, como en Alemania, se enviara a la cárcel a un prestigioso intelectual octogenario por crímenes de pensamiento. El 13 de junio de 2012, Garaudy murió a los 99 años en su casa de las afueras de París.

Robert Faurisson, alma mater esencial del revisionismo

Robert Faurisson es uno de los tres pilares fundamentales sobre los que se asienta el revisionismo histórico, los otros dos son Ernst Zündel y Germar Rudolf. La cantidad y calidad de los trabajos del profesor Faurisson lo sitúan a la cabeza de los escritores revisionistas. No hay tema sobre el que no haya escrito, pues los conoce todos sin excepción. Además, su compromiso militante con el desafío intelectual y político que exige el revisionismo lo ha llevado a intervenir de un modo u otro en múltiples procesos judiciales en defensa de otros investigadores acosados por la "justicia" en distintos países: de especial relevancia fue su aportación en los dos juicios contra Ernst Zündel en Cánadá. Su obra completa se halla compilada en cuatro volúmenes que totalizan más de dos mil doscientas páginas titulados *Écrits révisionnistes*. En aplicación de la ley Fabius-Gayssot de 13 de julio de 1990, dicha obra no puede ser difundida y se ha editado de manera privada fuera de los circuitos comerciales. Su contenido, pues, está prohibido por ley porque en Francia no puede cuestionarse el Holocausto (la Shoah). El lector interesado que sepa leer en francés puede acceder a ella en internet. De la introducción del primer volumen, traducimos la concepción del revisionismo histórico que ofrece el profesor Faurisson:

"El revisionismo es una cuestión de método y no una ideología.

Preconiza, para cualquier investigación, el regreso al punto de partida, el examen seguido del reexamen, la relectura y la reescritura, la evaluación seguida de la reevaluación, la reorientación, la revisión, la refundición; es en espíritu, lo contrario de la ideología. No niega, sino que aspira a afirmar con mayor exactitud. Los revisionistas no son 'negadores' o 'negacionistas'; se esfuerzan por buscar y encontrar allá donde, parece, no había nada que buscar ni encontrar.

El revisionismo puede ejercerse en centenares de actividades de la vida corriente y en cientos de campos de la investigación histórica, científica o literaria. No obliga a cuestionar obligatoriamente las ideas adquiridas, pero con frecuencia conduce a matizarlas. Pretende desenredar lo verdadero de lo falso. La historia es, esencialmente, revisionista; la ideología es su enemiga. Puesto que la ideología nunca es tan fuerte como en tiempo de guerra o de conflicto, y dado que ella fabrica entonces falsedades en abundancia por las necesidades de su propaganda, el historiador tendrá, en esta circunstancia, que redoblar su vigilancia: pasando por el tamiz del análisis el examen de aquello que se le haya endilgado como 'verdades'. Se dará cuenta sin duda de que, allá donde la guerra haya provocado decenas de millones de víctimas, la primera de las víctimas habrá sido la verdad verificable: una verdad que él tratará de buscar y de restablecer.

La historia oficial de la segunda guerra mundial contiene un poco de verdad combinada con muchas falsedades."

El rigor metodológico y la honestidad intelectual caracterizan todos los escritos revisionistas de Faurisson, y ello es una consecuencia de su formación académica y de una capacidad de trabajo extraordinaria. Nacido el 25 de enero de 1929 en Shepperton (Inglaterra) de madre escocesa y padre francés, despúes de pasar unos años en Singapur y Japón, completó su educación juvenil en Francia, donde en 1972 se doctoró en letras y humanidades por la Sorbona, de la que fue profesor entre 1969 y 1974. De 1974 a 1990, Faurisson fue profesor de Literatura Francesa en la Universidad de Lyon. Autor de cuatro libros sobre literatura, es además un reconocido especialista en el análisis de textos y documentos, habilidad que le permite acceder a los escritos históricos desde una competencia profesional fuera de toda duda.

El profesor Faurisson fue el primero en publicar importantes documentos revisionistas sobre Auschwitz. En los archivos del Museo Estatal de Auschwitz descubrió los diseños técnicos y arquitectónicos de las morgues, de los crematorios y de otras instalaciones. Consciente del valor de su hallazgo, decidió exponerlo. De este modo, en 1978 Faurisson había ya escrito varios artículos en los que expresaba su punto de vista crítico sobre la historia del exterminio de los judíos. El 16 de noviembre de 1978 el periódico *Le Matin de Paris* publicó un artículo sobre un desconocido profesor de la Universidad de Lyon llamado Robert Faurisson y sus opiniones en relación a Auschwitz y el Holocausto. El hecho de que la prensa se hiciera eco de sus puntos de vista revisionistas lo puso en la palestra y comenzó de este modo el "Affaire Faurisson", que habría de prolongarse indefinidamente. Desde el principio, escribió años más tarde, "nunca me hice ilusiones: me arrastrarían a los tribunales, sería condenado, habría ataques físicos, campañas de prensa y turbulencias en mi vida personal, familiar y profesional."

Todo cuanto había imaginado iba a cumplirse y bien pronto, pues el 20 de noviembre de 1978, cuatro días después de ser noticia en *Le Matin de Paris*, Faurisson sufrió la primera agresión, elogiada por Bernard Schalscha, un periodista judío de *Liberation* de Lyon que había informado sobre el día, el lugar y la hora en que Faurisson impartía los cursos. Miembros de la Unión de Estudiantes Judíos que habían viajado a Lyon en tren desde París atacaron al profesor en la Universidad en presencia del Dr. Marc Aron, un cardiólogo que era presidente del Comité de Enlace de Instituciones y Organizaciones judías de Lyon. Faurisson no sólo no se dejó intimidar, sino que dio un paso al frente: en diciembre de 1978 y enero de 1979 *Le Monde* le publicó dos artículos suyos en los que mostraba su escepticismo sobre las cámaras de gas en Auschwitz. La respuesta a tanta osadía fue una nueva agresión el día en que intentaba reanudar sus cursos. Otra vez Marc Aron estaba ese día en la Universidad.

En abril de 1979 intervino en un debate imponente en la televisión suiza, en el curso del cual rebatió los argumentos de conspicuos defensores de las teorías exterminacionistas. El camino había quedado trazado y Robert Faurisson estaba decido a recorrerlo sin desviarse de la ruta marcada. También en estos años había comenzado a colaborar en *The Journal of Historical Review*, órgano del Institute for Historical Review (IHR) de California, donde en septiembre de 1983 pronunció una conferencia titulada "Revisionismo a juicio: acontecimientos en Francia, 1979-1983", en la que explicaba las acciones de las organizaciones judías para silenciar a los revisionistas a través de querellas y actos intimidatorios.

El profesor Faurisson tuvo que hacer frente durante dichos años a una campaña concertada para acallarlo y fue obligado a defenderse ante los tribunales franceses a causa de sus declaraciones y de sus escritos. Su cuenta bancaria fue congelada y funcionarios judiciales visitaron repetidamente su domicilio para amenazarlo a él y a su esposa con la incautación de sus bienes para hacer frente a las cargas financieras impuestas por sus comentarios. A causa de esta campaña, su vida familiar quedó perturbada y la salud deteriorada. En diciembre de 1980, en una entrevista para la emisora de radio "Europa 1", Robert Faurisson pronunció la famosa frase que resumía el resultado de su investigación en 60 palabras en francés. Citada ya al principio del capítulo, recordamos ahora las 57 palabras de nuestra traducción al español: "Las pretendidas cámaras de gas hitlerianas y el pretendido genocidio de los judíos conforman una sola mentira histórica, la cual ha permitido una gigantesca estafa político-financiera, cuyos principales beneficiarios son el Estado de Israel y el sionismo y cuyas principales víctimas son el pueblo alemán -pero no sus dirigentes- y el pueblo palestino en su integridad." Treinta y seis años después, el profesor considera que la frase no precisa el menor cambio.

Por estas palabras insoportables, Faurisson fue objeto de una querella criminal por difamación racial y por incitación al odio. Considerado culpable, en julio de 1981 recibió una condena de tres meses de prisión, pero hubo suspensión de sentencia. Además de una multa de miles de francos, se le impuso la obligación de pagar 3.6 millones de francos como coste por la publicación del veredicto en televisión y en prensa escrita. Tras la correspondiente apelación, en junio de 1982 un tribunal levantó el cargo de incitación al odio racial y eliminó el pago de los 3.6 millones de francos. A partir de este momento, Faurisson quedó atado a una cadena de procesos judiciales de efectos ruinosos, pues él mismo consideró necesario actuar judicialmente contra ataques difamatorios escandalosamente falsos. Pronto pudo comprobar que si se empecinaba en defenderse de este modo acabaría en la indigencia, puesto que cuando ganaba obtenía un franco por daños y perjuicios, mientras que si perdía debía abonar a la otra parte sumas considerables.

El 25 de abril de 1983, después de haber sido demandado por las organizaciones judías, que esperaban una condena ejemplar, escuchó un veredicto relativamente favorable, pues los jueces de la Corte de Apelación de París dijeron textualmente: "Faurisson es un investigador serio; no vemos frivolidad, negligencia, omisiones deliberadas o mentiras en sus escritos sobre las cámaras de gas, pero quizá sea malicioso y ciertamente es peligroso. Lo condenamos por esta probable maldad y por el peligro que entraña, pero no lo condenamos por su trabajo sobre las cámaras de gas, que es serio. Por el contrario, puesto que este trabajo es serio, garantizamos a todo francés el derecho a decir, si así lo piensa, que las cámaras de gas no existieron." Veredictos como éste explican que el sionista Laurent Fabius y el judío comunista Jean-Claude Gayssot patrocinaran en 1990 la Ley Fabius-Gayssot. Puede considerarse, pues, que la sentencia, emitida el 26 de abril de 1983, fue políticamente un logro; pero un logro conseguido a costa del bolsillo del profesor Faurisson, que fue condenado a pagar los costes de la publicación del veredicto completo, estimados por los jueces en un mínimo de 60.000 francos.

La LICRA publicó el veredicto en la revista *Historia*, pero el texto estaba tan gravemente falsificado que Faurisson demandó al lobby judío. El resultado de la querella fue que el profesor obtuvo un franco por daños y perjuicios, pero tuvo que pagar 20.000 francos, a pesar de lo cual la LICRA nunca publicó el texto correcto del veredicto. Otra demanda interpuesta por el profesor Faurisson fue contra Jean Pierre Bloch presidente de la LICRA y autor de un libro en el que lo presentaba como un nazi y un falsario condenado en los tribunales. Una tercera querella la dirigió contra el periódico comunista *L'Humanité*. Perdió los pleitos y también las apelaciones. Los jueces reconocieron que había sido difamado, pero añadieron que sus adversarios lo había hecho de "buena fe". Consecuentemente, los demandados quedaron absueltos y él tuvo que pagar todos los costes procesales. En febrero de 1985, *Droit de Vivre*, una publicación de la LICRA, se regodeaba con el siguiente titular en una de sus páginas: "Tratar a Faurisson de falsario es difamarlo, pero 'de buena fe.'" Fue esta una invitación a considerarlo un falsario, cosa que en adelante ocurrió, siempre "de buena fe".

El papel desempeñado por Robert Faurisson en los juicios de 1985 y 1988 contra Ernst Zündel en Toronto fue de primer orden. Aparte de su declaración como testigo de la defensa, su trabajo como experto en la sombra junto al legendario Doug Christie, principal abogado de Zündel, fue importantísimo. Ello ha sido ya comentado en las páginas sobre la "dinamo revisionista", pero ahora se presenta el momento de ampliar lo que fue su aportación en aquellos días históricos para el relanzamiento internacional del revisionismo. En junio de 1984 el profesor Faurisson viajó a Canadá para ayudar al que iba a convertirse en uno de sus grandes amigos. En enero de 1985, regresó a Toronto para pasar las siete semanas del juicio con el equipo de Zündel, al que desde entonces ha considerado "una persona excepcional". En sus *Escritos revisionistas* Faurisson ha dejado para la posteridad buena parte de su experiencia en aquellos procesos.

El tribunal estuvo presidido por el juez Hugh Locke; el fiscal fue Peter Griffiths. El abogado Douglas Christie estuvo asistido por Keltie Zubko, que sería madre de sus dos hijos[18]. El jurado lo formaron doce personas. Los costes corrieron a cargo del Estado, es decir de los contribuyentes, y no de Sabina Citron, de la Asociación para el Recuerdo del Holocausto, que había interpuesto la querella. Faurisson pasó cientos de horas, en ocasiones hasta altas horas de la noche, con Douglas Christie, al que informó y asesoró en todos los temas, pues no había entonces mayor experto en la materia. Codo con codo prepararon los devastadores interrogatorios a Raúl Hilberg y Rudolf Vrba, los dos principales testigos de la acusación. Cedemos, pues, la palabra al profesor Faurisson:

"En Douglas Christie, Zündel fue capaz de encontrar un abogado que, además de valiente, era heroico. Fue por ello que yo acepté apoyar a Doug Christie, día tras día, mientras se preparaba y desarrollaba su trabajo. Debo añadir que sin la ayuda de su amiga Keltie Zubko no habríamos sido capaces de tener éxito en el juicio de 1985, una prueba agotadora que vista retrospectivamente parece una pesadilla. La atmósfera que prevalecía en la corte era insoportable, especialmente a causa de la actitud del juez, Hugh Locke. He asistido a muchos juicios en mi vida, incluidos aquellos en

---

[18] Douglas H. Christie, apodado por sus amigos "The Battling Barrister" (el abogado batallador), murió a los 66 años en 2013. La prensa de siempre aprovechó su muerte para recordar que había defendido a una serie de "canallas", de "neonazis", etc. etc.; sin embargo, hubo una sopresa agradable: por lo menos un periódico en Canadá, *Times Colonist* de Victoria, en la Columbia Británica, donde Douglas había vivido, recordó a sus lectores que Douglas Christie fue un abogado extraordinario que había defendido siempre la libertad de expresión. El sacerdote que ofició la misa funeral, Fr. Lucien Larre, lo despidió con un discurso emocionado y se refirió a él como un guerrero de la libertad de expresión que luchó por la verdad. "No le importaron -dijo Larre- las amenazas a su vida ni el número de veces que le rompieron las ventanas de su despacho. Se matuvo erguido." Su esposa Keltie Zubko prefirió definirlo con las palabras de su hija: "Creo que mi hija dijo lo mejor, que todo el mundo habla de su legado como abogado, como orador público, como conferenciante inspirado -una persona que ayudó a muchas personas que estaban sin hogar y no podían pagar- pero ella dijo que su verdadero legado fue como padre."

Francia durante el tiempo de la depuración, la purga de 'colaboradores' en la posguerra. Nunca encontré un juez tan tendencioso, autocrático y violento como el juez Hugh Locke. La ley anglosajona ofrece muchas más garantías que la francesa, pero sólo se precisa un hombre para pervertir el mejor de los sistemas: el juez Locke fue ese hombre. Recuerdo a Locke gritando en mi dirección: '¡Cállense!' cuando, desde cierta distancia, sin decir una palabra, empujaba un documento en la dirección de Doug Christie."

Sería de interés dedidar unas páginas a los interrogatorios de Hilberg y Vrba, pues quedaron absolutamente en evidencia y su credibilidad por los suelos. Puesto que ello no es factible, pues debemos priorizar la persecución de Faurisson, ofreceremos sólo unos párrafos de muestra. Raúl Hilberg, aureolado de prestigio, llegó a Toronto sin libros, sin notas, sin documentos, aparentemente seguro de sí mismo y confiado en su experiencia en otros juicios en los que había declarado contra supuestos criminales de guerra. "Testificó -escribe Faurisson- durante varios días probablemente con una tarifa de 150 dólares la hora." A preguntas del fiscal, respondió lo habitual, a saber: Hitler dio órdenes de exterminar a los judíos, los alemanes siguieron un plan, utilizaron las cámaras de gas... Hilberg se definió en estos términos: "Me describiría a mí mismo como un empírico que mira los materiales."

Todo cambió cuando comenzó el contrainterrogatorio de Doug Christie, quien perfectamente asesorado por el profesor Faurisson, acorraló al reputado historiador judío, cuya obra es considerada una de las biblias del Holocausto. Así lo narra el propio Faurisson:

"Por primera vez en su vida, tenía que tratar con un demandado que había decidido defenderse y era capaz de hacerlo: Doug Christie, a cuyo lado estaba yo sentado, interrogó a Hilberg con aspereza, sin piedad, durante varios días. Sus preguntas eran incisivas, precisas, implacables. Hasta entonces yo había guardado cierto respeto hacia Hilberg por la cantidad, no por la calidad, de su trabajo; en cualquier caso estuvo por encima de los Poliakovs, Wellers, Klarsfelds y del resto. A medida que iba declarando, mi consideración fue reemplazada por un sentimiento de irritación y piedad: irritación porque Hilberg se ocupó constantemente en maniobras evasivas, y piedad porque Christie acabó por marcarse un tanto casi cada vez. En cada tema, si hubiera que concluir en algo, quedó en evidencia que Hilberg no era en modo alguno 'un empírico que mira los materiales.' Era exactamente lo contrario; era un hombre perdido en las nubes de sus ideas, una especie de teólogo que había construido para sí mismo un universo mental en el cual los aspectos físicos de los hechos no tenían cabida."

Doug Christie anunció al "empirista que mira los materiales" que iba a leerle un listado de campos de concentración. Cuando acabó, le preguntó cuáles había examinado y con qué frecuencia lo había hecho. Hilberg admitió que no había examinado ninguno de ellos, ni antes de publicar en 1961 la primera edición de *The Destruction of the European Jews* ni siquiera para la publicación de la definitiva en 1985. Es decir, el historiador que había comenzado en 1948 su investigación sobre la historia del Holocausto y que pasaba por ser la máxima autoridad en la materia no había examinado un sólo campo y sólo había visitado en una ocasión Auschwitz y en otra Treblinka. Cuando el abogado Christie le preguntó si conocía el informe de alguna autopsia del cuerpo de un prisionero que estableciera que había sido asesinado con gas venenoso, la respuesta de Hilberg fue: "No". La transcripción de las pp. 828-858, explica el profesor Faurisson, reflejan el largo interrogatorio de Doug Christie sobre las dos supuestas órdenes que, según asegura Hilberg en su obra, emitió Hitler para el exterminio de los judíos. Se le preguntó al historiador judío dónde estaban, es decir, dónde las había visto. Tuvo que admitir que no había "ni rastro" de ellas. Entonces, el abogado le recordó una declaración suya, realizada en febrero de 1983 en el Avery Fisher Hall de Nueva York, donde Hilberg elaboró una tesis que nada tenía que ver con la existencia de una orden de exterminio. Textualmente, dijo lo siguiente:

"Lo que empezó en 1941 fue un proceso de destrucción no planeado con antelación, no organizado centralmente por ninguna agencia. No hubo proyecto ni presupuesto para medidas destructivas. Fueron tomadas poco a poco, paso a paso. De este modo lo que se llevó a cabo no fue tanto la ejecución de un plan como un increíble acuerdo mental, un consenso - telepatía de una amplia burocracia."

Esta explicación alucinante tendría más que ver con la parapsicología, pues pretende que para proceder al exterminio de seis millones de judíos -una operación gigantesca- no hubo ningún plan ni órdenes centralizadas ni proyecto ni presupuesto, sino el consenso mental de una burocracia que se comunicaba telepáticamente.

Faurisson explica que preparó con el abogado Christie el interrogatorio de Rudolf Vrba, autor de *I Cannot Forgive* y germen teórico del informe del War Refugee Board (WRB) sobre Auschwitz. El libro de Arthur R. Butz fue una fuente fundamental que les proporcionó elementos muy útiles para desemascarar al impostor. Las mentiras sobre las cámaras de gas y sobre la visita de Himmler a Auschwitz en enero de 1943 para inaugurar un crematorio y asistir al gaseamiento de 3.000 personas fueron puestas en evidencia. Quedó demostrado que Vrba era un farsante que nunca había puesto un pie ni en los crematorios ni en las "cámaras de gas". Los documentos probaron que Himmler había estado en Auschwitz en julio de 1942 y no en enero de 1943. También quedó probada la imposibilidad de que inaugurase ningún crematorio, ya que el primero de los nuevos crematorios no se inauguró en enero, sino mucho más tarde. En *I Cannot Forgive* (*No puedo perdonar*) Vrba describe con todo detalle la visita de Himmler e incluso informa sobre sus reflexiones y conversaciones. Vrba, convertido en un manojo de nervios, quedó retratado como lo que era, un charlatán mentiroso que llegó incluso a indignar al fiscal Griffiths con su verborrea insustancial.

Tras haber prestado una contribución esencial en la defensa de Zündel durante el primer juicio, Faurisson regresó a Francia, donde proseguía la caza de brujas contra los revisionistas. En 1985 se había estrenado *Shoah*, de Claude Lanzmann. Faurisson le dedicó una crítica en la que denunciaba la función propagandística de la película. Pierre Guillaume, el editor de libros revisionistas, había publicado el texto del profesor y como título había escogido una consigna del Mayo del 68: "¡Abre los ojos, rompe tu televisor!" Lanzmann se dirigió a France-Presse (AFP) y logró que esta agencia estatal francesa publicase una larga declaración en la que daba rienda suelta a la indignación por las críticas revisionistas a la película. Naturalmente, la libertad de expresión, reivindicada permanentemente cuando se lanzan ataques despiadados contra todo y contra todos, no podía ejercerse en este caso. En consecuencia, el 1 de julio de 1987 France-Presse pidió a las autoridades judiciales que actuaran para "detener de inmediato las maquinaciones de los revisionistas", en nombre del "respeto a la libertad de indagación y a los Derechos del Hombre." La Federación de Periodistas denunció el análisis de *Shoah* como algo incalificable. Entre otros ejemplos de su particular respeto a la libertad de expresión, se decía: "La Federación cree que individuos como Robert Faurisson no deberían poder escribir con impunidad... Manchar un film como *Shoah*, que sólo puede verse con un sobrecogimiento espantoso y una compasión infinita, significa un ataque a los Derechos del Hombre."

En ausencia aún de la Ley Fabius-Gayssot, los insultos y amenazas desembocaron en dos nuevas agresiones. La primera la llevó a cabo un tal Nicolás Ullmann el 12 de junio de 1987. Este individuo golpeó violentamente a Faurisson en el Sporting-Club de Vichy. Dos meses más tarde, exactamente el 12 de septiembre, un grupo de militantes judíos atacó al profesor en la Sorbona. No sólo él fue agredido, sino también las personas que lo acompañaban, entre las que estaba el editor Pierre Guillaume. Todos sufrieron daños de diversa consideración, aunque el que resultó peor parado fue el profesor Henry Chauveau, que quedó gravemente herido. En esta ocasión, los guardias de la Sorbona lograron detener a uno de los atacantes, pero un policía de paisano ordenó que fuera liberado y además expulsó al profesor Faurisson de la Sorbona, Universidad de la que había sido docente.

En enero de 1988 Faurisson se hallaba de nuevo en Toronto para ayudar a su amigo Ernst Zündel. Como sabemos, suya fue la idea de contratar a Fred Leuchter con el fin de que viajara a Polonia para realizar una investigación en Auschwitz. Fue, sin duda, una contribución trascendente, pues el peritaje técnico de Leuchter se convirtió en el *Informe Leuchter*, que había de suponer un hito en la historia del movimiento revisionista. Faurisson razonó que Estados Unidos era el lugar idóneo para buscar a un experto en cámaras de gas, toda vez que era allí donde tenían lugar regularmente ejecuciones con gas. Los abogados de Zündel contactaron con William M. Armontrout, alcaide de la Penitenciaría del Estado de Missouri, quien en una carta les recomendó a Fred A. Leuchter como el experto más cualificado. "Sugiero -decía en la carta- que se ponga en contacto con el Sr. Fred A. Leuchter... El Sr. Leuchter es un ingeniero especializado en cámaras de gas y ejecuciones. Él está bien versado en todas las áreas y es el único asesor en Estados Unidos que conozco." El lector interesado en conocer más sobre la aportación de Robert Faurisson en el segundo juicio contra Zündel debe acudir al libro de Bárbara Kulaszka *Did Six Million Really Die?: Report of the Evidence in the Canadian "False News" Trial of Ernst Zündel* (Toronto,1992).

Entre el 20 de noviembre de 1978 y el 31 de mayo de 1993 Robert Faurisson fue víctima de diez ataques violentos. El más grave de ellos se produjo el 16 de septiembre de 1989, cuando tenía ya sesenta años. Mientras paseaba con su perro por un parque cercano a su residencia en Vichy, tres hombres le tendieron una trampa. Después de rociarle la cara con un gas punzante que lo cegó momentáneamente, los asaltantes lo arrojaron al suelo y comenzaron a pegarle puñetazos en la cara y patadas en el pecho. Parece claro que los criminales, tres matones judíos miembros del grupo "fils de la mémoire juive" (hijos de la memoria judía), pretendían acabar con su vida. Por suerte, una persona que vio la escena intervino y pudo rescatar al profesor, que quedó gravemente herido. Trasladado a un centro hospitalario, fue sometido en urgencias a una larga operación quirúrgica, puesto que tenía la mandíbula y una costilla rotas, además de graves heridas en la cabeza. El grupo judío que reivindicó la responsabilidad de la agresión dijo en una declaración: "El profesor Faurisson es el primero, pero no será el último. Dejamos advertidos a quienes niegan la Shoah." Faurisson declaró posteriormente que en la víspera del ataque había notado sorprendido la presencia en el parque de Nicolás Ullmann, quien dos años antes ya lo había golpeado en un club de deportes de Vichy. Como de costumbre, no hubo una sola detención y los agresores quedaron impunes.

El mérito de Robert Faurisson es singular, puesto que, como en el caso de Ernst Zündel, contemplamos a un hombre solo que no se arredra, a un intelectual de gran talla, casi irrepetible, que ha sido y sigue siendo capaz de soportarlo todo antes que renunciar a sus convicciones. En abril de 1991, como consecuencia de una entrevista aparecida en septiembre de 1990 en *Le Choc du Mois*, la sala XVII del Tribunal Correccional de París, presidido por Claude Grellier, impuso una sanción de 250.000 francos a Faurisson y otros 180.000 al director de la publicación. En el mismo año, el lobby judío logró que fuera expulsado de la Universidad sobre la base de la Ley Fabius-Gayssot. El profesor apeló al ICCPRHRC (International Covenant on Civil and Political Rights and Human Rights Committee) con el argumento de que la Ley Fabius-Gayssot violaba la ley internacional; sin embargo el ICCPRHRC desestimó la apelación y dijo que la Ley Fabius-Gayssot es necesaria para contrarrestar el "posible antisemitismo". El 17 de marzo de 1992 Faurisson lanzó desde Estocolmo un desafío: exigió una muestra gráfica del arma del crimen y de su técnica de funcionamiento. Pidió que alguien le enseñase o le dibujase una cámara de gas nazi. La respuesta fue una nueva agresión. Un año más tarde, el 22 de mayo de 1993, fue por segunda vez objeto de violencia física en Estocolmo. En ambas ocasiones, la prensa sueca informó con cierta amplitud sobre los ataques al profesor francés.

Años más tarde, cuando en abril de 1996 el "Affaire Garaudy" estaba comenzando a polarizar la atención en Francia, Robert Faurisson realizó una declaración en la que se solidarizaba con Roger Garaudy y confirmaba "la impostura de las cámaras de gas". Como consecuencia de estas palabras, el 25 de septiembre de 1997 las organizaciones judías lo demandaron por enésima vez. Durante el juicio, Faurisson pronunció ante el tribunal estas palabras: "Estamos sólo a tres años del año 2000 y se pide a millones de personas que crean en algo que nunca han visto y que ni siquiera saben cómo funcionaba." El fiscal pidió que se encarcelase a Faurisson si no pagaba la multa correspondiente, a lo cual el profesor respondió: "Ni compraré ni pagaré mi libertad. Nadie me ha comprado nunca y nadie me comprará." Por fin, el 23 de octubre de 1997 el tribunal lo halló "culpable" y le exigió que pagase 120.600 francos divididos en tres partes: 50.000 francos en concepto de multa, 20.600 francos para el acusador judío, y otros 50.000 para pagar la publicación de la sentencia en dos diarios.

Sólo tres meses más tarde, en diciembre de 1997, los judíos volvieron a querellarse. Faurisson recibió una citación de una corte de París a causa del artículo publicado en una página web el 16 de enero del mismo año 1997:

"Les visions cornues de l'"Holocauste", en el que comenzaba afirmando que "el Holocausto de los judíos era una ficción." El profesor respondió a la citación con una carta en la que anunciaba su negativa a seguir colaborando con la justicia y la policía francesas en su represión del revisionismo. El acoso prosiguió: tres meses más tarde, el 16 de marzo de 1998 tuvo que presentarse ante un tribunal de París para ser juzgado por una definición de "revisionismo", aparecida en un periódico de manera incorrecta.

Y suma y sigue. El 8 de abril de 1998 fueron los judíos holandeses quienes fueron contra Faurisson. Siete años antes, en 1991, en colaboración con el revisionista belga Siegfried Verbeke, había publicado en holandés *Het "Dagboek" van Anne Frank. Een Kritische benadering* (*El "Diario" de Ana Frank. Una evaluación crítica*), un opúsculo donde se concluía que el "diario" era una falsificación, puesto que la escritura del manuscrito original no podía ser la de una niña. La obra fue prohibida en Holanda; pero tanto el Museo Ana Frank de Amsterdam como "Anne Frank Fonds" de Basilea no se conformaron con la censura del libro y emprendieron conjuntamente acciones legales. El Museo se quejaba de que el trabajo de Faurisson les había obligado a proporcionar una "instrucción especial" a los guías y de que la crítica del profesor podía reducir el número de visitantes del museo y, consecuentemente, sus ganancias.

La suspensión del congreso "Revisionismo Histórico y Sionismo" que debía celebrarse en Beirut entre el 31 de marzo y el 3 de abril de 2001 fue un duro revés para los revisionistas de todo el mundo, que se habían dado cita en la capital libanesa. El Gobierno de Líbano, país víctima de los ataques continuados de Israel, cedió a las presiones de las organizaciones sionistas más importantes, secundadas por Estados Unidos. Robert Faurisson explicó entonces que Rafik Hariri, primer ministro de Líbano, estaba tan atrapado con la deuda de su país, que ascendía a 24.000.000.000 de dólares para cuatro millones de habitantes, que no tuvo otra alternativa que ceder al chantaje y prohibir el congreso. Desde entonces, la celebración de una conferencia revisionista internacional había quedado en entredicho. Cuando en 2005 Mahmud Ahmadineyad se convirtió en presidente de la República Islámica de Irán, Teherán ofreció su disponibilidad a acoger a los revisionistas de todo el mundo. Ciento treinta investigadores procedentes de treinta países confluyeron en la capital iraní, donde los días 11 y 12 de diciembre de 2006 se celebró por fin la Conferencia Internacional de Teherán para la Revisión del Holocausto, acogida en Occidente con todo tipo de descalificaciones y reacciones en contra.

El 11 de diciembre de 2006 intervino el profesor Faurisson, cuya exposición oral se apoyó en un documento titulado *Las victorias del revisionismo*, traducido con posterioridad a varios idiomas, entre ellos el español, y publicado en numerosos países. En dicho texto, dedicado al profesor Mahmud Ahmadinejad y a Ernst Zündel, Germar Rudolf y Horst Mahler, a los que Faurisson alude como "nuestros presos de conciencia", se presentan detenidamente hasta veinte realidades históricas esclarecidas gracias a la investigación revisionista, las cuales han tenido que ser reconocidas de manera explícita o implícita por los exterminacionistas. Como ejemplos, citaremos media docena: 1. En los campos de Alemania no hubo cámaras de gas. 2. No existió ninguna orden de Hitler para exterminar a los judíos. 3. En la Conferencia de Wannsee no se decidió el exterminio de los judíos, toda vez que el sintagma "solución final" significaba la deportación al este. 4. La fórmula en que se ha venido presentando el sistema concentracionario alemán está condenada. 5. La cámara de gas de Auschwitz visitada por millones de turistas es falsa. 6. No se han hallado documentos, huellas u otras pruebas materiales sobre la existencia de las cámaras de gas. El 11 de diciembre de 2006, Robert Faurisson concedió una amplia entrevista a la televisión iraní, durante la cual declaró para millones de televidentes iraníes que el Holocausto era una mentira. Todo ello iba a tener consecuencias, puesto que en Francia los de siempre lo estaban esperando.

Apenas hubo concluido el congreso de los revisionistas, el entonces presidente de la República Jacques Chirac condenó el 13 de diciembre de 2006 la participación de Faurisson en la Conferencia de Teherán y pidió personalmente una investigación. En cumplimiento de las indicaciones de la máxima autoridad del Estado, el ministro de Justicia encargó a un fiscal de París que emprendiera una investigación. El 16 de abril de 2007 la teniente de policía Séverine Besse y otro colega se presentaron en Vichy para interrogar al profesor. Obstinadamente, Faurisson se negó a responder a ninguna de las preguntas y escribió lo siguiente en el informe oficial: "Rechazo colaborar con el sistema policial y judicial en la represión del revisionismo histórico."

El magistrado Marc Sommerer, asignado al caso, citó a Faurisson nueve meses más tarde. A las 9 de la mañana del 24 de enero de 2008, el profesor se presentó en la estación local de Policía. Tan pronto entró, tres oficiales de la policía judicial enviados el día anterior desde París, entre los que estaba la misma Séverine Besse, le notificaron que quedaba bajo custodia y que su domicilio sería registrado mientras él permanecía retenido. A él, un anciano que el día siguiente, 25 de enero, cumplía 79 años, se le practicó un cacheo corporal y le confiscaron la cartera, un monedero, un bolígrafo, el reloj, el cinturón... Trataban quizá de intimidar al viejo profesor, quien advirtió que su esposa estaba en casa enferma, circunstancia conocida por la policía, y que por razones médicas de gravedad necesitaba su presencia constante. Una vez más,

Faurisson mantuvo su terquedad y no respondió ninguna pregunta. Se le comunicó luego que estaba siendo objeto de tres procesos penales cuyas órdenes judiciales habían sido emitidas por el juez Sommerer. Los dos primeros que se le mencionaron tenían que ver con su participación en la Conferencia de Teherán. En uno de ellos, la Fiscalía y un montón de "organizaciones piadosas" lo perseguían bajo la Ley Fabius-Gayssot por "negar crímenes contra la humanidad". En otro, la LICRA se había querellado contra él por "difamación". La tercera demanda había sido emprendida por el diario *Libération* por motivos tortuosos que nos ahorramos explicar. Luego, Faurisson fue conducido hasta su domicilio, donde proseguía el registro que duró seis horas. Finalmente, el 25 de julio de 2012, un juez de París le notificó la celebración del juicio por las tres querellas criminales.

La persecución de Robert Faurisson por crímenes de pensamiento ha sido permanente a lo largo de cuarenta años. En la noche del 19 de noviembre de 2014 dos policías procedentes de la ciudad vecina de Clermond-Ferrand, uno de los cuales era un comandante, se presentaron en su domicilio de Vichy con una orden de registro: buscaban incautarse de un ordenador y de ciertos documentos. No encontraron ni una cosa ni otra. Una vez más la LICRA había pedido al fiscal que actuase contra la aparición de un "Blog" no oficial del profesor. No cabe duda de que Faurisson está dotado de una fortaleza interior de naturaleza superior. Ante la envergadura de los ataques y la desmesura del combate contra enemigos tan poderosos, cualquier persona normal se hubiera rendido; sin embargo, Faurisson, que en 2014 tuvo un ataque de corazón, ni se ha acobardado ni se ha roto. El 29 de enero de 2016 acaba de cumplir 87 años y sigue resistiendo junto a su esposa de 83, la cual ha sabido permanecer junto al profesor a pesar de que también ella está enferma del corazón. Faurisson ha denunciado recientemente que recibe de continuo amenazas, tanto por teléfono como por escrito, por lo que ha pedido infructuosamente a la policía que los proteja, habida cuenta de que su mujer cada día soporta peor el acoso y sufre más a causa de su enfermedad.

Vincent Reynouard, "¡Arriba los corazones!"

El caso del joven revisionista Vincent Reynouard es otro ejemplo de voluntad de resistencia: frente a un sin fin de adversidades, ha venido demostrando un valor y un coraje encomiables, dignos de respeto. Nacido en 1969, se casó en 1991 y en la actualidad es padre de ocho hijos. Tradicionalista católico, nacionalsocialista convencido y revisionista, Reynouard ha puesto todo en riesgo antes que ceder un ápice en su denuncia de la falsedad de la historia oficial. Con sólo veintitrés años, tuvo su primer tropiezo con la Ley Fabius-Gayssot. El 8 de octubre de 1992 un tribunal de Caen lo sentenció a un més de cárcel, que quedó suspendido, y a una multa de 5.000 francos por haber entregado de manera anónima a veinticuatro de sus alumnos textos que cuestionaban los asesinatos mediante cámaras de gas. Graduado como ingeniero químico con un diploma del ISMRA (Instituto de Materiales y Radiación), trabajó como profesor de Instituto de la asignatura de matemáticas y como historiador independiente especializado en la Segunda Guerra Mundial. En 1997, tras haberse encontrado textos revisionistas en el disco duro del ordenador que utilizaba en el centro educativo, fue expulsado del cuerpo de profesores de Enseñanza Secundaria por el ministro de Educación François Bayrou. Desde entonces tuvo que sobrevivir de sus escritos, de sus vídeos y de su trabajo como investigador.

Autor de una docena de ensayos y folletos sobre temas históricos. Reynouard trabajó con Siegfried Verbeke en *Vrij Historisch Onderzook, VHO* (*Investigación Histórica Libre*), un sitio web que se convirtió en la mayor página de publicación de textos revisionistas de Europa. Él mismo dirigió la publicación *Sans Concession*. Su libro más sonado fue resultado de una investigación sobre la masacre de Oradour-sur-Glane. A las 14:00 horas del 10 de junio de 1944, poco después del desembarco de Normandía, las Waffen SS penetraron en este pequeño y tranquilo pueblo del Limousin, donde se refugiaban guerrilleros de la resistencia. Seis horas más tarde, a las 20:00, las Waffen SS abandonaron el pueblo. A sus espaldas quedó un lugar en ruinas repleto de cadáveres, de los cuales quinientos eran mujeres y niños carbonizados. La historiografía académica atribuyó la matanza a los alemanes. Oficialmente, pasaron en retirada por el pueblo e incendiaron la iglesia donde se habían refugiado mujeres y niños. Esto es exactamente lo que cuestionaba Reynouard en su libro de 450 páginas, publicado en Bélgica en 1997. En Francia el libro apareció en junio de 1997, después de que hubiera sido expulsado de la enseñanza por sus puntos de vista revisionistas. Tres meses después, en septiembre, el ministro del Interior, Jean-Pierre Chevènement ordenó el secuestro del libro y prohibió su difusión y circulación en toda Francia.

Entre 1998 y 1999 un equipo de colaboradores de Reynouard elaboró un video cassette que resumía el libro y animaba a comprarlo. El film apareció en el año 2000 y en enero de 2001 comenzó a distribuirse. El 8 de febrero de 2001 el prefecto de la Haute-Vienne, departamento situado en el centro de Francia, publicó un decreto que prohibía el cassette en todo el departamento. El 27 de septiembre de 2001, cuatro años después de la prohibición del libro, el Ministerio del Interior prohibió el vídeo en toda Francia. El proceso que se instruyó conta Vincent Reynouard desembocó en un juicio que en primera instancia tuvo lugar el 18 de noviembre de 2003. Reynouard fue condenado por "apología de crimen de guerra" a un año de prisión, a 10.000 euros de multa, y a la confiscación de todos sus archivos incautados. El proceso de apelación se celebró el 14 de abril de 2004. Los magistrados emitieron el fallo el 9 de junio y condenaron a Reynouard a dos años, de los cuales seis meses eran de prisión efectiva y el resto de libertad condicional; pero cambiaron la multa de 10.000 euros por otra de 3.000. Además debía indemnizar a las tres partes civiles que se habían presentado en la causa, entre las que estaba la ineludible LICRA.

Pese a todo, Reynouard siguió profundizando en las ideas revisionistas y en el año 2005 escribió un folleto de dieciséis páginas titulado *¿Holocausto? Aquí está lo que nos esconden,* en el que cuestionaba abiertamente la historia oficial y presentaba una visión completamente opuesta. La justicia francesa no tardó en abalanzarse sobre él. El nuevo juicio se celebró el 8 de noviembre de 2007 en Saverne, donde un tribunal lo condenó a un año de prisión y a pagar una multa de 10.000 euros por "cuestionar crímenes contra la humanidad" a través del mencionado folleto. Se le impuso asimismo la obligación de abonar 3.000 euros a la LICRA. La sentencia fue recurrida, pero el 25 de junio de 2008 el tribunal de apelación de Colmar la ratificó y le impuso además una nueva multa de 60.000 euros. Simultáneamente, el 19 de junio de 2008, seis días antes, la Corte de Apelación de Bruselas había condenado a Reynouard y a Siegfried Verbeke a un año de prisión y a 25.000 euros de multa por haber escrito y publicado textos de negación del Holocausto y por cuestionar crímenes contra la humanidad.

Por otra parte, puesto que Reynouard residía en Bélgica, la autoridades francesas lanzaron una orden europea de arresto con el fin de que los belgas lo extraditaran, puesto que, de conformidad con la ratificación de la sentencia por la corte de apelación de Colmar, Reynouard debía cumplir también un año de prisión en Francia. El 9 de julio de 2010 fue encarcelado en la prisión de Forest (Bruselas). El 23 de julio de 2010, el juez Chambers de Bruselas declaró que la orden de arresto contra Reynouard emitida por Francia era válida, por lo que el 19 de agosto de 2010 fue extraditado y encerrado en la prisión de Valenciennes. Mientras estaba pendiente de la extradición declaró: "Cuando no se tiene otro argumento que la prisión para liberarse de un oponente dialéctico, es porque carecen de argumentos."

Paul-Eric Blanrue, historiador fundador del grupo de investigación Cercle Zététique y autor del libro *Sarkozy, Israël, et les juifs* emitió un comunicado de prensa en el que denunciaba la ley Gayssot, llamaba a la solidaridad con Vincent Reynouad y ponía en marcha una campaña de recogida de firmas en defensa de la libertad de expresión y en demanda de la liberación Reynouard. Blanrue, además de denunciar el silencio sospechoso de los medios de comunicación franceses e internacionales, constataba la anormalidad del hecho de que ni una sola ONG hubiera dicho una palabra en defensa de la libertad de expresión y de pensamiento de Reynouard.

A primera hora de la mañana del martes 5 de abril de 2011 el joven revisionista de 42 años salió de la prisión de Valenciennes. Lo esperaban junto a la puerta su mujer Marina, su hijo Pierre y un grupo de amigos, entre los que estaba Siegfried Verbeke, su esposa Edna y un grupo de revisionistas belgas y alemanes. Los otros siete hijos de Reynouard esperaban en un café próximo al centro penitenciario haciendo dibujos para regalar a su padre. Después de comer todos juntos en un ambiente de alegría, la familia Reynouard tuvo que separarse de nuevo, puesto que Marina y los niños tenían que regresar a Bruselas. Vincent no pudo ir con ellos, pues quedaba sometido a control judicial y pesaba sobre él la prohibición de abandonar Francia. De hecho, al día siguiente, 6 de abril, estaba citado por un juez de instrucción de Amiens por otro asunto: se sospechaba que en 2009 había enviado a ciento veinte liceos de Francia unos CDs revisionistas.

El mismo día de su liberación Reynouard concedió una entrevista a un periodista de la revista *Rivarol*. Sus primeras palabras fueron para su esposa, a la que agradeció su actitud y felicitó por su heroísmo. En segundo lugar expresó su agradecimiento a Paul-Eric Blanrue por su coraje y a todos aquellos que lo habían asistido económicamente y le habían escrito. Mostró su intención de escribir un libro testimonio y de reanudar la publicación de la revista *San Concessions*, interrumpida desde su detención, puesto que todos sus colaboradores se manteníam fieles en su puesto. Las últimas palabras de la entrevista fueron de ánimo: "A pesar de todas las vicisitudes y de todas las trampas, el combate continúa. ¡Arriba los corazones!".

Ciertamente, el combate continuaba: en el mes de febrero de 2015 un tribunal de primera instancia de Coutances, en la Baja Normandía, condenó nuevamente a Vincent Reynouard a dos años de prisión efectiva por publicar un vídeo en el que denunciaba la manipulación política y el lavado de cerebro que se infligía a la juventud de su país y refutaba la teoría del exterminio sistemático de los judíos europeos durante la Segunda Guerra Mundial. Se le impuso asimismo una multa de 35.000 euros. Ante la severidad de la sentencia, ya que la Ley Gayssot prevé un máximo de año de cárcel por "negación del Holocausto", el propio fiscal interpuso recurso ante la corte de apelación de Caen, capital de la región. En un vídeo publicado en internet, Reynouard había anunciado que no pensaba pagar ni un céntimo. El 17 de junio de 2015, ante la evidencia de que la pena impuesta por el tribunal de

Coutances era "ilegal", el tribunal de Caen la redujo a un año y revocó la sanción económica. Reynouard no se presentó ante la corte de Caen, dos meses antes, el 25 de abril de 2015, había anunciado en un vídeo que pasaba a la clandestinidad para huir de la persecución política que sufría en Francia: "Por tanto -decía en el vídeo- se puede decir que estoy huido. Esta vez lo he perdido todo, o casi. Heme aquí sin hogar, con mi mochila. No he podido salvar más que unos fragmentos de archivos para intentar realizar los vídeos prometidos." Desconocemos en el momento de escribir estas líneas qué ha sido de Reynouard, pues no hemos sabido averiguar nada nuevo sobre él.

3. VÍCTIMAS PRINCIPALES DE LA PERSECUCIÓN EN AUSTRIA:

Gerd Honsik, víctima del entreguismo del PSOE al sionismo

Hans Strobl, presidente de la Federación Cultural de Burgenland, escribió en 1988 en el epílogo de *¿Absolución para Hitler?* que la policía estatal austríaca había amenazado en 1978 a Gerd Honsik con internarlo en una clínica psiquiátrica. No explica, sin embargo, cuáles fueron los motivos por los que se intimidó tan seriamente a Honsik, quien en lugar de ingresar en un manicomio acabó en la cárcel. En prisión escribió dos libros de poemas. El primero, *Lüge, wo ist dein Sieg?* (*Mentira, ¿dónde está tu Victoria?*), fue publicado en 1981; el segundo, *Fürchtet euch nicht!* (*¡No tengáis miedo!*), lo fue en 1983. Ambos manuscritos fueron sacados clandestinamente de la prisión gracias a la ayuda de unos carceleros que simpatizaban con el poeta, al cual se le había prohibido escribir. El primer libro, compuesto en versos clásicos, acabó siendo confiscado y le costó a Honsik una multa de 41.000 chelines (entonces moneda austríaca). El presidente de la Corte Suprema, al parecer experto en crítica literaria, sentenció que "no era arte". En cuanto al segundo, también se instruyó un sumario para prohibirlo.

Por razones políticas, en 1986 Honsik fue despedido de su trabajo, en el que había estado empleado desde hacía quince años. La persecución afectó a sus hijos en edad escolar, que fueron objeto de presiones a las que se prestaron incluso algunos docentes. Entre 1987 y 1988 Honsik tuvo que enfrentarse en dieciocho ocasiones a los tribunales: entre honorarios de agobados y costes procesales hubo de malgastar 140.000 chelines. Lo peor llegó en 1988 con la publicación de *Freispruch für Hitler?* (*¿Absolución para Hitler?*), un libro que pretendía ser de reconciliación. Gerd Honsik consultó con un párroco católico, Robert Viktor Knirsch, para conocer si el sacerdote entendía que existía algún impedimento desde el punto de vista moral. El cura párroco le escribió una carta en la que como sacerdote católico apostólico romano lo animaba a seguir con el libro:

> "...La verdad forma parte del séquito del bien. Todo aquel que busque la verdad tiene derecho a poder dudar, investigar y sopesar. Y donde se exige a las personas la obligación de creer ciegamente, se percibe una altanería, con tanta blasfemia, que nos da que pensar. Si bien ahora aquellos cuya tesis usted pone en duda tienen la razón de su lado, aceptarán todas las preguntas serenamente, darán sus respuestas con toda paciencia. Y no seguirán ocultando sus pruebas y actas. Pero si mienten, clamarán al juez. Así se les conocerá. La verdad es siempre sosegada; ¡pero la mentira pugna por un juicio terrenal!
>
> Con mis respetos, le saludo atentamente
> Sacerdote Robert Viktor Knirsh
> Kahlenbergerdorf, 2/6/1988"

Tras escribir estas palabras para Honsik que el poeta reprodujo en su obra, el párroco fue ingresado en una clínica psiquiátrica, donde enseguida enfermó. Falleció el lunes 26 de junio de 1989. Antes de morir expresó el deseo de que al ser enterrado sonase el himno alemán. A las 9:30 horas del 30 de junio se celebró la misa funeral en Kahlenbergerdorf y luego el cadáver de Knirsh fue sepultado en el cementerio de la parroquia. Cerca de setecientas personas asistieron a las exequias, entre ellas el arzobispo Krätztl y el preboste Koberger, pero también numerosos agentes secretos y una unidad con perros de la policía. Cuando al final de la ceremonia Honsik pidió que se cumpliera la última voluntad del sacerdote, intervino la policía y comenzó a pedir a los asistentes que se identificasen. Gerd Honsik fue detenido momentáneamente y se le reprochó que solicitara la interpretación del himno alemán en unas circunstancias en que estaba prohibido.

En cuanto a las consecuencias de la publicación del libro, el proceso se prolongó durante años y se llegó incluso a crear una ley de aplicación exclusiva para el caso. En enero de 1992, Honsik abandonó el país tras ser públicamente difamado en la televisión, donde el Dr. Neugebauer, director de los Archivos Documentales de la Resistencia Austríaca, lo acusó en presencia del ministro del Interior de planear un golpe de Estado. Cuando quedó demostrado que todo eran calumnias y falsedades, Honsik regresó a Austria para asistir al proceso que duró varias semanas. Gerd Honsik fue condenado el 5 de mayo de

1992 a dieciocho meses de prisión por "revitalización de actividades nacionalsocialistas". La Corte Suprema de Austria rechazó la apelación. Para evitar un nuevo encarcelamiento, huyó a España, donde ya había vivido un año siendo un niño de ocho años. En 1949 atravesó los Pirineos en un tren especial junto a mil pequeños austríacos severamente desnutridos, los cuales huían de la limpieza étnica perpetrada en Europa contra el pueblo alemán entre 1945 y 1948, el genocidio perfectamente documentado que se ha ocultado.

Honsik publicó en 1993 otro libro por el que también sería posteriormente procesado, *Schelm und Scheusal* (*Granuja y monstruo*), en él denunciaba a Simon Wisenthal, quien había expresado su satisfacción por la carta bomba enviada desde Austria al antiguo SS Alois Brunner, el cual perdió un ojo y ocho dedos. Estrecho colaborador de Adolf Eichmann, Brunner vivía en Damasco, donde los asesinos sionistas habían tratado de matarlo en varias ocasiones. Wiesenthal conocía bien los detalles de la bomba y se refirió a la víctima como su "más buscado asesino de judíos". Sin embargo, en agosto de 1988 Gerd Honsik lo había visitado en la capital siria y a la pregunta de "¿Cuándo supo usted acerca de las cámaras de gas?", Brunner respondió: "Después de la guerra, a través de los periódicos."

El 7 de octubre de 1993, Felipe González, presidente del Gobierno español, viajó a Viena. Allí, el canciller de la República de Austria, Franz Vranitzky, aprovechó la circunstancia para pedirle la extradición de Honsik. Sin duda, se trata de un hecho que revela con claridad hasta dónde llega el poder de los lobbies de presión judíos, que son capaces de conseguir que un alto mandatario europeo le pida a otro la entrega de un refugiado político a causa de la publicación de un libro. Enterado de esta circunstancia, Gerd Honsik dirigió una carta abierta al Parlamento español en la que solicitaba refugio político en España. En el texto recordaba que España lo había acogido siendo un niño en la posguerra y que ya entonces había aprendido español. La carta acababa con estas palabras: "Me dirijo a los parlamentarios españoles, tanto de derechas como de izquierdas, al pueblo español, rogándoles que permanezcan firmes ante las presiones internacionales que solicitan mi extradición. En la España de entonces encontré refugio del hambre. En la España de hoy busco refugio de la prisión." Las autoridades austríacas solicitaron la extradición al Gobierno español, pero el 7 de noviembre de 1995 la Audiencia Nacional la denegó. El Ministerio Fiscal se opuso y consideró, como apuntaba la defensa, que se trataba "de un delito político y, por tanto, excluido de la extradición". En el razonamiento de la Audiencia Nacional se consideraba que "no era factible encuadrar tal conducta como provocación al delito de genocidio, pues éste exige el propósito de destruir, total o parcialmente a un grupo religioso", un propósito que no podía afirmarse "de los hechos (escribir y publicar *¿Absolución para Hitler?*) por los que ha sido condenado el reclamado..." Tanto el juez como el fiscal de la Audiencia estuvieron de acuerdo en que el libro de Honsik no conculcaba la ley española. Por tanto, sin ningún acoso por parte de las autoridades españolas, Gerd Honsik estuvo viviendo en Málaga durante cerca de quince años

Finalmente, una orden de detención europea emitida por la corte de Viena fue atendida por las autoridades españolas: el 23 de agosto de 2007 la policía detuvo a Honsik en Málaga. En septiembre de 2007, el presidente de la Comunidad Religiosa Judía de Austria, el magnate Ariel Muzicant, un israelí nacido en Haifa, declaró al periódico *Die Gemeinde* (*La Comunidad*) que la comunidad judía trabajaba para lograr una legislación europea uniforme contra los neonazis y los revisionistas del Holocausto. En relación a la detención de Honsik en España, dijo textualmente:

"Gerd Honsik fue arrestado después de pasar quince años en España y será extraditado a Austria. Personalmente me alegro de ello porque eso demuestra una vez más que mis conversaciones con el presidente del Gobierno español, el ministro de Relaciones Exteriores y el ministro de Justicia en enero de este año han contribuido a lograr que el Gobierno español adopte la correspondiente postura."

Sin disimular un ápice, antes al contrario, Muzicant alardeaba impúdicamente de su poder y se atribuía el mérito de haber logrado que el Gobierno socialista español hiciera lo que toca, i. e., lo que quería el sionismo. En enero de 2007 había en España un gobierno del PSOE presidido por José Luis Rodríguez Zapatero. El ministro de Exteriores era el inefable Miguel Ángel Moratinos y el de Justicia, Juan Fernando López Aguilar. El juez que permitió la extradición fue Baltasar Garzón, quien cuatro años más tarde sería condenado a once años de inhabilitación y expulsado de la carrera judicial por decisión unánime de los miembros de la Sala de lo Penal del Tribunal Supremo. Este juez sin escrúpulos, defendido lamentablemente por numerosos sectarios de la izquierda española, se puso al servicio de los sionistas sin considerar que España había rechazado dos veces la extradición y que la Audiencia Nacional había dictaminado en una Resolucuión de 1995 que el de Honsik era "un delito político y por tanto excluido de la extradición". La entrega de Gerd Honsik a Austria se produjo el 4 de octubre de 2007. La ministra de Justicia austríaca, la socialista Maria Berger, expresó públicamente el 5 de octubre su agradecimiento especial al juez Baltasar Garzón a través de un comunicado de prensa del Ministerio de Justicia.

Cuatro años más tarde, el 26 de enero de 2012, Göran Holming, comandante retirado del Ejército sueco y miembro de Acción Europea, movimiento por una Europa libre, presentó ante la Audiencia Nacional cargos criminales contra Baltasar Garzón y contra el presidente Rodríguez Zapatero y los ministros mencionados. En el escrito se denunciaba el encuentro con Ariel Muzicant y los acuerdos políticos alcanzados en la reunión de enero de 2007. Se argumentaba por extenso sobre los falsos pretextos invocados para conceder la extradición y en concreto se acusaba al juez Garzón de prevaricación y de violación de la ley y la Constitución española, que prohíbe la extradición por delitos políticos si no concurren "actos terroristas". He aquí el texto de la solicitud:

"Ruego al fiscal se sirva comprobar si el expresidente del Gobierno José Luis Rodríguez Zapatero y los que fueron sus ministros de Justicia y de Relaciones Exteriores, en colaboración con el juez Baltasar Garzón, han de responder por la extradición del poeta y escritor austríaco Gerd Honsik, promovida a través de una conspiración con el extranjero Ariel Muzicant y con la Sra. Maria Berger y llevada a cabo con el propósito de realizar una persecución política, inhumana e injusta, en Austria, y si las personas mencionadas han cometido de manera cumulativa:

I) Un crimen contra la humanidad,
II) el delito de abuso e poder,
III) de falsificación de la orden de detención de la UE,
IV) de conspiración en un acuerdo contra la Constitución española.

Por la presente solicito que las personas mencionadas sean enjuiciadas ante el tribunal competente por los delitos antes indicados.

Sinceramente
Göran Holming, comandante retirado del Ejército sueco."

Regresemos ahora a lo acontecido con G. Honsik. El 3 de diciembre de 2007 se celebró en Viena la audiencia de apelación que había sido cancelada en 1992 por "incomparecencia de la persona en cuestión". El recurso fue desestimado y se confirmó la condena a dieciocho meses de prisión incondicional. En mayo de 2008, la Fiscalía de Viena presentó nuevos cargos contra Honsik por "revitalización de actividades nacionalsocialistas". El 20 de abril de 2009 se inició el juicio ante el Tribunal Regional de Viena y el 27 de abril Honsik fue condenado a cinco años de prisión a causa de sus opiniones sobre la existencia de las cámaras de gas en los campos de trabajo nacionalsocialistas. El veredicto fue confirmado por la Corte Suprema; pero el 1 de marzo de 2010 la pena fue reducida a cuatro años por el Tribunal de Apelación de Viena.

Todavía el 20 de julio de 2010 tuvo lugar un nuevo juicio contra Honsik por la publicación de dos libros, uno de ellos era *Schelm und Scheusal* y el otro *Rassismus Legal?*. Se trataba de un "Proceso 3g", que son los efectuados al amparo de la Sección 3g de la Ley de Prohibición austríaca (Verbotgesetz) de 1947, la cual reprime con dureza la "reactivación de los sentimientos nacionalsocialistas" El juez Andreas Böhm, que en el juicio de abril de 2009 condenó a Honsik a cinco años, había instruido al fiscal Stefan Apostol para que excluyera entonces los libros incriminatorios con el fin de abrir posteriormente un nuevo proceso que había de permitir una sentencia adicional. En el proceso los libros fueron considerados por separado. Honsik, a pesar de estar cumpliendo condena en la cárcel, o quizá por ello, no se amilanó y arremetió contra Simon Wiesenthal. La información que se tiene sobre las sesiones del juicio proceden de la prensa austríaca, servil como todas a los lobbies judíos que ejercen el control, por lo que ahorraremos las citas. En definitiva, Honsik reiteró que era un hecho admitido que no hubo una sola cámara de gas en suelo alemán o austríaco y que el mentiroso no era él, sino Wiesenthal. El juez trató de que el abogado de Honsik, el doctor Herbert Schaller, negara la existencia de las cámaras de gas. Repetidamente le preguntó si también él afirmaba que no hubo ninguna cámara de gas; pero el abogado siempre evitó responder a preguntas que en Alemania eran formuladas para incriminar a los letrados de los acusados.

Teóricamente, Honsik no debía recuperar la libertad hasta el año 2013; pero por fin una apelación presentada ante la Corte de Viena consiguió el objetivo de una sentencia favorable, la cual redujo la duración de la pena en dieciocho meses. Según parece, se tuvo en cuenta su avanzada edad (70 años) y su "exitosa integración social" en España, a la que regresó tras su liberación a finales de 2011 para establecerse de nuevo en Málaga, donde había sido detenido en 2007. A lo largo de su vida, Gerd Honsik ha estado preso cerca de seis años por expresar ideas consideradas crímenes de pensamiento.

David Irving, condenado a tres años de prisión en Viena

El segundo proceso de Ernst Zündel en Toronto supuso un hito en la evolución del pensamiento revisionista de David Irving, quien junto a Robert Faurisson actuó como asesor del abogado Doug Christie y declaró en el juicio como testigo de la defensa. Parece ser que fue Irving quien contactó con Bill

Armontrout y, cuando éste recomendó a Fred Leuchter, voló a Boston en compañía de Faurisson con el fin de entrevistarse con el experto en cámaras de gas para convencerlo de que realizase el peritaje técnico. El *Informe Leuchter* disipó todas las dudas de Irving en relación al supuesto exterminio de los judíos europeos, si es que todavía le quedaban algunas. Tras su regreso a Londres después del juicio, Irving publicó el informe del ingeniero norteamericano en el Reino Unido con el título *Auschwitz the End of the Line: The Leuchter Report* y escribió el prólogo. Ninguna de las dos cosas gustaron a la clase política, por lo que el 20 de junio de 1989 Irving y Leuchter fueron condenados a través de una proposición presentada en la Cámara de los Comunes. En ella se describía a David Irving como "un propagandista nazi y un apologista de Hitler". En cuanto al texto divulgado, fue considerado una "publicación fascista". Irving emitió un duro comunicado de prensa en respuesta a la moción de los Comunes. El 23 de junio de 1989 Irving publicó un texto en el que declaraba sin ambages que las cámaras de gas de Auschwitz eran una "fábula".

El 6 de noviembre de 1989 David Irving pronunció en el Hotel Park de Viena una conferencia que dieciséis años más tarde había de costarle una condena de tres años de prisión. Las organizaciones judías y distintos grupos comunistas y de extrema izquierda lanzaron a las calles a cinco mil manifestantes para tratar de impedir el acto. Cerca de quinientos policías antidisturbios tuvieron que formar un cordón de protección para impedir que los más exaltados asaltaran el edificio. Como consecuencia de los contenidos expuestos en las dos conferencias pronunciadas en Austria, el Gobierno emitió entonces una orden de arresto contra Irving y le prohibió asimismo la entrada en el país.

En enero de 1990 David Irving pronunció una conferencia en Moers (Alemania), donde aludió al terror aéreo de los Aliados y afirmó que en Auschwitz habían muerto entre 1940 y 1945 el mismo número de persona que morían en cualquiera de los bombardeos criminales sobre las ciudades alemanas. El 21 de abril de 1990 Irving repitió el mismo discurso en Múnich, hecho que provocó que un tribunal de la capital bávara lo condenara el 11 de julio de 1991 a una multa de 7.000 marcos por negación del Holocausto. Irving recurrió y durante la vista, el 5 de mayo de 1992, pidió a los presentes en la sala de Múnich que lucharan por el pueblo alemán para "acabar con la mentira sangrienta del Holocausto que se había urdido contra el país durante cincuenta años". Irving se refirió a Auschwitz como "una atracción turística". Además de una multa de 10.000 marcos, se le prohibió en adelante la entrada en Alemania.

Otros países siguieron el ejemplo y el veto contra Irving comenzó a generalizarse. En Canadá fue detenido en noviembre de 1992 y deportado al Reino Unido. También Italia y Australia le denegaron la entrada. El 27 de abril de 1993 fue citado ante un tribunal francés por cargos relacionados con la Ley Gayssot. Puesto que dicha ley no contempla la extradición, el historiador rechazó viajar a Francia y no se presentó. En 1994 fue condenado en el Reino Unido a tres meses de cárcel por haber menospreciado a la corte durante una disputa legal por derechos de publicación. Finalmente, estuvo encerrado diez días en la prisión londinense de Pentonville.

El enfrentamiento judicial entre David Irving y la historiadora judía Deborah Lipstadt, bien conocido en círculos revisionistas, constituyó un momento crucial que marcó al historiador británico. Fue un largo proceso celebrado en el Reino Unido del que sólo apuntaremos los datos esenciales, toda vez que Irving aparece en estas páginas como víctima de la persecución en Austria y no debemos apartarnos de nuestro objetivo. Para los lectores que no conozcan el asunto, diremos que la polémica entre Deborah Lipstadt, profesora de Judaísmo Moderno y de Estudios del Holocausto en la Universidad de Emory (EE.UU), y David Irving comenzó en 1993, año en que Lipstadt descalificó a Irving en *Denying the Holocaust: The Growing Assault on Truth and Memory*. En el libro, Lipstadt se refería al historiador británico como "un antisemita que falsifica documentos por razones ideológicas" y concluía que era "un peligroso vocero negacionista del Holocausto". En 1996 Irving decidió demandar por difamación a Lipstadt y a Penguin Books Ltd., su editorial británica, pues consideró que se había dañado su reputación como historiador. El juicio empezó el 11 de enero de 2000 y acabó el 11 de abril con una sentencia del juez Charles Gray en favor de Lipstadt y Penguin Books. Gray consideró que Irving "por sus propias razones ideológicas había tergiversado y manipulado la evidencia histórica de manera persistente y deliberada". A pesar de que, según desveló Germar Rudolf, David Irving tiene orígenes judíos, el juez Gray argumentó en la sentencia que Irving era un "activo negacionista del Holocausto"; que era "antisemita y racista", y que se había "asociado con radicales de extrema derecha para promover el neonazismo". El juicio y el veredicto dieron la vuelta al mundo.

El 11 de noviembre de 2005 David Irving se convirtió en la víctima más sonada de la persecución a los revisionistas en Austria. Él mismo narró posteriormente toda la peripecia en un artículo publicado en *American Free Press*. Según su relato, había viajado al país para hablar ante una asociación de estudiantes, la fraternidad estudiantil "Olympia". El tema de la conferencia, estudiado con anterioridad en esta obra, era la negociación en Hungría de Joel Brand con Adolf Eichmann para liberar a los judíos húngaros a cambio de camiones. Irving pensaba explicar que los servicios secretos británicos habían descifrado los códigos de comunicación y tenían conocimiento de cuanto se estaba tratando entre los sionistas y los nazis. Puesto que desde noviembre de 1989 existía una orden de arresto emitida por el Tribunal Regional de Viena por negación del Holocausto, Irving no quiso arriesgar entrando en Austria con un vuelo directo y optó por viajar en coche desde Zurich. Tras conducir toda la noche, llegó a Viena a las 8:00 de la mañana tras haber recorrido 900 kilómetros.

Una vez hubo descansado, llamó desde una estación de tren al estudiante que lo había invitado Christopher V.: "Rendezvous A -dijo Irving sin identificarse-, dentro de una hora". La seguridad era necesaria y todo se había acordado con seis meses de antelación. Christopher, un joven de veinte años, lo recogió en el recibidor de la estación y lo condujo hasta el lugar donde supuestamente lo estaban esperando más de doscientos estudiantes. Estaba previsto que el acto comenzara a las 18:00. Una vez aparcado el coche, se acercaron a pie hacia el edificio. Apoyados en la pared vieron a "tres gorilas corpulentos". Tan pronto comprendió que eran de la "Stapo" (Policía del Estado), el joven entregó las llaves del coche a Irving y se separaron. Mientras regresaba hacia el Ford Focus, relata Irving, "uno de los gorilas me seguía a unos ochenta metros de distancia; los otros dos estaban persiguiendo a Christopher." Por hábito, entró en el coche por la derecha, como si se tratara de un vehículo inglés; pero el volante estaba en el otro lado. El hombre comenzó a correr. Cuando por fin arrancó, el policía estaba sólo a unos diez metros. Por el retrovisor lo vio anotando los datos del coche en un bloc. El plan fue tratar de llegar a Basilea, donde el día siguiente debía coger un avión. A unos 250 kilómetros de Viena dos coches de la policía lo obligaron a parar: "Ocho polis uniformados salieron de repente y vinieron corriendo hacia mi gritando histéricamente." Este es el resumen apretado de cómo vivió Irving su arresto.

Un portavoz del Ministerio del Interior austríaco, Rudolf Gollia, informó que el historiador británico había sido detenido el 11 de noviembre por agentes de la Policía de Autopistas cerca de la localidad de Johann in der Heide, en el Estado federado de Estiria. La prensa internacional informó que había sido arrestado por negar el Holocausto dieciséis años antes en un conferencia pronunciada en 1989. Algunos medios recogieron las palabras de un portavoz de la Fiscalía, quien anunció que si se celebraba el juicio y era declarado culpable podía ser condenado a entre uno y diez años de cárcel.

Después de pasar tres meses en prisión preventiva, el 20 de febrero de 2006 el Tribunal Regional de Viena lo condenó a tres años de prisión. En el escrito acusatorio, el fiscal especificó que en las dos intervenciones públicas de

1989 Irving había dicho que "Hitler mantuvo en realidad su mano protectora sobre los judíos" y había negado la existencia de las cámaras de gas. Según el fiscal, Irving también había mantenido en 1989 que la "Noche de los Cristales Rotos" no fue perpetrada por los nazis, sino por individuos disfrazados como tales.

En honor a la verdad, hay que decir que las concesiones de Irving ante la corte vienesa decepcionaron profundamente a algunos revisionistas, que hubieran deseado una actitud más digna, más estoica. Irving declaró que había cambiado de opinión sobre el Holocausto porque en un viaje a Argentina había encontrado nuevos materiales de Adolf Eichmann. Aceptó retractarse de algunas afirmaciones y llegó incluso a admitir la existencia de cámaras de gas, por lo que admitió su culpabilidad por falseamiento de la historia. Parece ser que con dicha estrategia esperaba conseguir la absolución. Tan confiado estaba en ello, que habría incluso comprado con antelación un billete de avión para regresar a Londres. Sin embargo, los ocho miembros del jurado se mostraron unánimes y en el veredicto el magistrado Peter Liebetreu señaló: "La confesión previa no nos ha parecido un acto de arrepentimiento y por eso no se ha tenido en cuenta en el peso de la condena." El juez le preguntó si había entendido la sentencia. "No estoy seguro de ello", respondió anonadado. Mientras era sacado de la sala declaró que estaba conmocionado por la severidad de la condena.

La Corte de Apelaciones, presidida por el magistrado Ernest Maurer, aceptó un recurso. El 20 de diciembre de 2006 el juez Maurer aceptó reducir la condena inicial a un año de prisión y a dos de libertad condicional. Puesto que Irving llevaba ya trece meses encarcelado, pudo ser liberado. Persistió, no obstante, la prohibición de que pudiera volver a entrar en Austria. El veredicto desató la ira de la comunidad judía de Viena y del Centro de Documentación Histórica de la Resistencia. Brigitte Bailer, directora de dicho centro, expresó su indignación. El veredicto, dijo, "preocupa porque es una señal de que existen en la justicia austríaca sectores que minimizan el delito de negación del Holocausto." Bailer acusó al juez Maurer de ser simpatizante del partido ultraderechista FPÖ. Apenas estuvo en Inglaterra, Irving se reafirmó en sus posiciones revisionistas y afirmó que "no había ya necesidad de demostrar arrepentimiento".

Así, David Irving reanudó sus actividades e impartió conferencias de contenido revisionista en Europa y América. En diciembre de 2007, el Gobierno de la Generalitat de Cataluña trató de prohibir uno de los actos previstos en España. Los Mossos d'Esquadra (policía autonómica catalana), además de registrar y filmar a los asistentes con el fin de intimidarlos, procedieron a secuestrar algunos libros. Se advirtió al conferenciante de que ante cualquier indicio de delito de opinión sería detenido. Vista la situación, se optó por suspender la conferencia y David Irving celebró una rueda de prensa con la libertad de expresión coartada.

Seguimos en España. Con ocasión del septuagésimo aniversario del inicio de la Segunda Guerra Mundial, el diario *El Mundo* preparó en 2009 una edición especial con entrevistas a especialistas de distintas tendencias, entre los que se incluyó a Irving. El embajador de Israel en España, Raphael Schutz, envió una carta de protesta al periódico exigiendo la censura de las aportaciones de Irving. Schutz, con el victimismo habitual, afirmaba que no valía invocar el derecho de "libertad de expresión". El periódico tachó al embajador de "intransigente" y le respondió que el diario *El Mundo* no negaba el Holocausto, sino todo lo contrario.

Acabaremos con una anécdota. En marzo de 2013 se le levantó a David Irving la prohibición de entrada en Alemania, que debía durar hasta 2022. En julio del mismo año trató de contratar una habitación en Berlín porque el 10 de septiembre estaba programada en la capital alemana una conferencia en la que los asistentes debían pagar 119 dólares para poder entrar. Volker Beck, del Partido Verde, contactó con la asociación de hoteleros alemanes para que boicotearan a Irving. De este modo logró que los principales hoteles de Berlín se negaran a alojar al revisionista británico, que supuestamente debió de encontrar otro tipo de alojamiento.

Wolfgang Fröhlich, el "canario" que sigue cantando en la jaula

Wolfgang Fröhlich va camino de batir todos los records, pues ha pasado ya nueve años de su vida en prisión y actualmente cumple condena por otros cinco, lo cual equivale a catorce años de cárcel por crímenes de pensamiento. En un artículo publicado en *Smith's Report* en octubre de 2015, Roberto Hernández equiparó a Fröhlich con aquel canario al que aludía el profesor Faurisson en su conocida frase: "Poner a un canario en una jaula no podrá impedir que siga entonando sus canciones." Wolfgang Fröhlich es un ingeniero químico austríaco convencido de que la tesis del exterminio de los deportados en cámaras de gas es científicamente absurda. Fröhlich, nuestro canario enjaulado, es especialista en procesos de desinfección y en construcción de cámaras de gas para el control de pestes y la eliminación de microbios.

Se ha dicho ya que en Austria se impide la libertad de expresión y la libertad en su conjunto a través de una ley de 1947, la "Verbotsgesetz" (Ley de Prohibición), cuyo objetivo inicial era impedir la existencia de todo aquello que pudiera tener realación con el nacionalsocialismo. En 1992 dicha ley fue modificada con el fin de sancionar la negación del Holocausto y cualquier intento de minimizar las atrocidades nazis. A pesar de la nueva implementación de la Ley de Prohibición, durante la década de 1990 Fröhlich envió a abogados, jueces, parlamentarios, periodistas..., centenares de textos que denunciaban que las pretendidas cámaras de gas nazis eran una mentira. En 1998 participó como experto de la defensa en el juicio celebrado en Suiza contra Jürgen Graf y su editor Gerhard Förster, sobre el que volveremos más adelante. Ahora cabe decir que al tribunal no le gustó en absoluto su testimonio sobre la imposibilidad técnica de los gaseamientos masivos, por lo que el fiscal Dominik Aufdenblatten lo amenazó con imputarlo. El pasaje del interrogatorio es el siguiente:

"Aufdenblatten: ¿Fueron en su opinión técnicamente posibles los gaseamientos masivos con Zyklon B?

Fröhlich: No.

Aufdenblatten: ¿Por qué no?

Fröhlich: El pesticida Zyklon B es ácido cianhídrico envasado en forma granular. Es liberado en contacto con el aire. El punto de ebullición del ácido cianhídrico es 25.7 grados (Celsius) Cuanto mayor es la temperatura más rápida es la velocidad de evaporación. Las cámaras de despiojamiento en las cuales fue usado el Zyklon B en los campos y en cualquier otro lugar eran calentadas a treinta grados e incluso a mayor temperatura, a fin de que el ácido cianhídrico se liberase rápidamente de sus gránulos. Sin embargo, en las morgues semisubterráneas de los crematorios de Auschwitz-Birkenau, donde según los testigos se llevaron a cabo los exterminios masivos con Zyklon B, las temperaturas eran mucho más bajas. Si uno admite que los espacios se calentaban con los cuerpos de los prisioneros, la temperatura no hubiera superado los 15 grados, incluso en verano. Consecuentemente hubieran sido precisas muchas horas para que el ácido cianhídrico se evaporase. Según los informes de los testigos, las víctimas morían rápidamente. Los testigos mencionan periodos de tiempo desde 'instantáneo' a '15 minutos'. Para poder matar a los prisioneros en tan poco tiempo, los alemanes habrían tenido que usar enormes cantidades de Zyklon B -Estimo que entre 40 y 50 kilos en cada gaseamiento. Ello hubiera hecho totalmente imposible cualquier trabajo en la cámara de gas. El destacamento especial (Sonderkomando), que según los testigos vaciaban las cámaras de los cuerpos, se hubiera desplomado de inmediato al entrar, incluso llevando puestas máscaras de gas. Enormes cantidades de ácido cianhídrico habrían salido a raudales al exterior y se habría envenenado todo el campo."

La declaración de Fröhlich fue acogida con aplausos; pero el fiscal Aufdenblatten reaccionó indignado y dijo: "Por esta declaración pido al tribunal que levante cargos contra usted por discriminación racial de acuerdo con el Artículo 261 o, si no, lo haré yo mismo." Al oír estas palabras, el abogado de Förster, Jürg Stehrenberger, se levantó e informó a la corte que vista la intimidación intolerable al testigo, se retiraba del caso. En compañía del letrado de Graf, salió de la sala durante varios minutos. Cuando regresaron, ambos expresaron su más vehemente objeción al comportamiento del fiscal, pero anunciaron que pese a todo, proseguirían con sus obligaciones como abogados de la defensa.

En 2001 Wolfgang Fröhlich publicó *Die Gaskammer Lüge* (*La mentira de las cámaras de gas*), un libro de casi cuatrocientas páginas que le valió una orden de arresto, por lo que tuvo que esconderse en algún lugar de Austria para evitar la captura. Desde la clandestinidad concibió el proyecto de enviar CDs titulados *Gaskammerschwiendel* (*El fraude de las cámaras de gas*), en los que se exponían en detalle los descubrimientos de sus investigaciones y se refería al fraude como "terrorismo psicológico". El 30 de mayo de 2003 hizo saber en una carta que estaba bien y que continuaba con muchas ganas su proyecto de enviar CDs a personas de todo el espectro de la sociedad austríaca. Hasta la fecha había remitido unos 800 CDs con la esperanza de que su acción serviría para apresurar el fin del "Holocuento de que millones de judíos habían sido gaseados". Fröhlich lo consideraba un engaño histórico sin precedentes a todo un pueblo ("Volksbetrug"). Finalmente, el sábado 21 de junio de 2003 Fröhlich fue detenido y encarcelado en Viena. A principios de 2004 fue juzgado y sentenciado a tres años de prisión por haber violado la Ley de Prohibición ("Verbotsgesetz"), de los cuales pasó dos en libertad condicional. Cuando salió de la cárcel, el 9 de junio de 2004, se halló sin trabajo y sin recursos.

Estando en libertad condicional, en junio de 2005 se produjo una nueva imputación por la expedición de los 800 CDs en los que demostraba la imposibilidad absoluta de los gaseamientos. Tuvo que regresar por tanto a la cárcel, donde quedó a la espera del nuevo juicio. El 29 de agosto de 2005 la jueza Claudia Bandion-Ortner lo condenó a dos años de prisión y dejó sin efecto la suspensión de la sentencia anterior, por lo que Frölich acumuló en total cuatro años de privación de libertad. Por fortuna la apelación ante la Corte Suprema tuvo éxito, por lo que se le redujo la sentencia en 29 meses y obtuvo de nuevo la libertad provisional. En diciembre de 2006, recién salido de la cárcel, Wolfgang Fröhlich asistió en Teherán a la Conferencia Internacional sobre el Holocausto, pero no tomó la palabra, por lo que, a pesar de las denuncias y las presiones a las autoridades austríacas, no fue imputado por haber viajado a Irán.

Estando, pues, en libertad condicional, El infatigable Wolfgang Fröhlich pidió a un miembro del Parlamento y a los gobernadores provinciales que abolieran la Ley de Prohibición. Por este motivo fue nuevamente detenido a finales de julio o a principios de agosto de 2007 y regresó a la prisión, donde permaneció hasta la celebración de un nuevo proceso. La jueza Martina Spreitzer-Kropiunik, del Tribunal Regional de Viena, el 14 de enero de 2008 volvió a emitir un veredicto de culpabilidad y lo sentenció a cuatro años de cárcel, que debían añadirse a los 29 meses que le habían sido revocados por la Corte Suprema. De este modo, sumó en total una condena de seis años y cuatro meses de prisión por simples delitos de opinión.

Encarcelado como prisionero político, Fröhlich, el "canario" que no puede dejar de cantar, escribió a Bárbara Prammer, del Consejo Nacional del SPÖ (Partido Socialdemócrata de Austria), al cardenal Chistoph Schönborn y a otras personalidades para explicarles su tesis de que el exterminio de millones de judíos mediante las cámaras de gas es técnicamente imposible y que la muerte de seis millones de judíos es "la mentira más atroz en la historia de la humanidad." El canto irreprimible de Wolfgang Fröhlich tuvo como consecuencia una nueva inculpación en su contra: el 4 de octubre de 2010 fue condenado a dos años suplementarios de prisión. Y suma y sigue. Medio año antes de que, según lo previsto, recuperase la libertad, el 9 de julio de 2015, la Corte del Distrito de Krems, presididda por el magistrado Dr. Gerhard Wittmann, lo sentenció a otros tres años de prisión. En esta ocasión, la fiscal Elisabeth Sebek había levantado cargos contra él por haber enviado cartas al canciller austríaco Werner Faymann, un católico socialdemócrata, a la revista de noticias *Profil* y a otras personas influyentes. En dichas cartas, expresaba una vez más su opinión sobre el Holocausto.

Lo último que hemos sabido de Wolfgang Fröhlich es que el 25 de noviembre de 2015 remitió una carta de requerimiento al Comité de Derechos Humanos de Naciones Unidas y a la Convención Europea de los Derechos Humanos. Puesto que tanto Robert Faurisson como Ernst Zündel acudieron infructuosamente a organismos internacionales, el primero para denunciar la Ley Gayssot y el segundo para denunciar la vulneración de sus derechos, es improbable que Fröhlich obtenga amparo alguno. La tiranía oculta que detenta el poder global no permite la menor cesión cuando se trata de revisionistas que pretenden desenmascarar la impostura. De todos modos, dejaremos constancia del texto como tributo a este honrado ingeniero austríaco que todo lo ha intentado y todo lo ha perdido:

"Señoras, caballeros,

Por la presente, formulo un

REQUERIMIENTO

con el fin de que mi denuncia por violación de los derechos humanos nº 56264/09 contra la República austríaca que por la penalización de mis opiniones lleva a cabo una agresión a mis derechos fundamentales, en particular a los relativos a la libertad de investigación científica, sea de nuevo examinada ¡y que se haga justicia!

Ya me había dirigido a la CEDH como denunciante a causa de varias condenas pronunciadas por el tribunal penal de Viena sólo por haber hecho uso de mi libertad de expresión. A través de carta de 15 de mayo de 2012 (GZ ECHR LGer11.2R), ¡esta denuncia fue rechazada por improcedente!

A través de la prensa, he sabido recientemente que la CEDH había entre tanto modificado su punto de vista jurídico relacionado con las garantías que los derechos humanos confieren a la libertad de expresión. En octubre de 2015, un político turco que había sido condenado en Suiza por haber expresado en público su opinión ha sido liberado en última instancia de todo cargo por la CEDH y Suiza, condenada por violación de los derechos humanos. Me refiero a este asunto en mi carta dirigida el 13 de julio de 2015 al Consejo de Ministros de la República austríaca, que ustedes encontrarán en el documento adjunto nº 1.

En resumen, sobre mi cuestión: estoy encarcelado en Austria por un solo y mismo 'delito' ¡desde hace ya más de diez años! El 9 de julio de 2015 fui condenado por el tribunal de Krems a tres años adicionales de prisión, ¡porque yo persisto en defender el derecho fundamental de expresarme libremente! Me refiero a este asunto en carta dirigida el 13 de julio de 2015 al ministro de Justicia austríaco, M. Wolfgang Brandstetter, que encontrarán en el documento adjunto nº 2

Puesto que la República austríaca está obligada, en relación a los derechos del hombre, a las mismas normas jurídicas (CCPR de la ONU y CEDH) que Suiza, pido por ello que mi demanda nº 56264/09 sea instruida.

Con mis saludos más distinguidos,

Wolfgang Fröhlich"

4. VÍCTIMAS PRINCIPALES DE LA PERSECUCIÓN EN SUIZA:

Jürgen Graf y Gerhard Förster, sentenciados por escribir y publicar libros

Nacido en 1951, Jürgen Graf, que inicialmente simpatizaba con la causa palestina y consecuentemente rechazaba el sionismo por sus crímenes, no tuvo hasta 1991 la menor duda de que los nazis habían exterminado a los judíos mediante cámaras de gas. Conoció entonces a Arthur Vogt (1917-2003), considerado el primer revisionista suizo, el cual le facilitó una serie de libros que le abrieron los ojos y despejaron su mente. Desde entonces, "decidí dedicar mi vida -confiesa Graf- a la lucha contra el fraude más monstruoso urdido nunca por mentes humanas." Tan profundo fue el impacto de las lecturas de los textos revisionistas, que en marzo de 1992 visitó al profesor Robert Faurisson en Vichy, quien le corrigió el libro *Der Holocaust auf dem Prüfstand*, publicado a principios de 1993.

Jürgen Graf, que estudió filología francesa, inglesa y escandinava, habla más diez idiomas. Como consecuencia de su primera publicación revisionista, en marzo de 1993 fue despedido como profesor de latín y francés, lenguas que enseñaba en una escuela de secundaria de Therwill, ciudad cercana a Basilea. Un mes más tarde conoció al editor Gerhard Förster, cuyo padre, natural de Silesia, había muerto durante la brutal limpieza étnica de millones de alemanes del este de Europa. Ya incapaz de detenerse, Graf visitó en septiembre de 1993 a Carlo Mattogno, que vivía cerca de Roma, el cual le facilitó valiosos materiales escritos en polaco, sobre los que llevaba ya una década estudiando e investigando. Desde esta primera visita, comenzó entre ambos una colaboración estrecha y una honda amistad, pues Graf se convirtió en traductor de muchos de los escritos del revisionista italiano. Posteriormente, realizarían juntos media docena de viajes de investigación (Polonia, Rusia, Lituania, Bélgica, Holanda) de los cuales surgieron varios libros que acabaron firmando conjuntamente. En septiembre de 1994, Graf voló a California para asistir a una conferencia revisionista organizada por el Institute for Historical Review. Allí conoció a Mark Weber, director del IHR, a Ernst Zündel a Bradley Smith y a otros revisionistas. En octubre de 1994 obtuvo un nuevo trabajo como profesor de alemán en Basilea; pero fue despedido en 1998, tras el juicio celebrado en Baden, sobre el que, hecha esta introducción apresurada, trataremos en las líneas que siguen.

Puesto que hemos venido citando a Jürgen Graf como fuente a lo largo de esta obra, su nombre nos ha de ser ya familiar a estas alturas. La colaboración con el revisionista italiano Carlo Mattogno fructificó, según se ha dicho, en importantes trabajos sobre los campos de tránsito del este de Polonia, convertidos en campos de exterminio por la propaganda. *Treblinka: Extermination Camp or Transit Camp?* ha sido una de nuestras fuentes principales al estudiar los campos de la llamada "Aktion Reinhard". Sin embargo, cuando Graf fue condenado en 1998, lo fue por sus trabajos iniciales, de los cuales hemos utilizado *El Holocausto bajo la Lupa*, edición española de *Der Holocaust auf dem Prüfstand*, uno de los cuatro libros que le valió la condena. El tribunal, compuesto de cinco miembros, estuvo presidido por la jueza Andrea Staubli, quien al justificar el veredicto, rechazó los argumentos de los acusados sobre el contenido académico de los libros, considerados "cínicos e inhumanos" por el tribunal.

Por la importancia de sus trabajos e investigaciones y por el número de libros publicados, Jürgen Graf es el revisionista más importante condenado en Suiza. Él y su editor Gerhard Förster fueron sentenciados el 21 de julio de 1998 a quince y doce meses de prisión respectivamente por escribir uno y publicar el otro libros supuestamente antijudíos que incitaban a la "discriminación racial". La "Ley Antirracismo" que permitió la acusación había sido promulgada el 1 de enero de 1995 a petición de la comunidad judía de Suiza. En ella se prohibían crímenes no especificados tales como "negación o banalización del genocidio u otros crímenes contra la humanidad". Gerhard Förster fue hallado culpable por haber publicado los escritos de Graf y de otros dos autores. En cuanto a Jürgen Graf, se le condenó asimismo por haber remitido CDs "racistas" a Suecia para Ahmed Rami y a Canadá para Ernst Zündel, el cual los distribuyó a través de internet. Aparte del encarcelamiento, el tribunal de la ciudad de Baden, en el norte de Suiza, impuso a cada uno 8.000 francos suizos de multa y los obligó a devolver los 55.000 francos obtenidos con la venta de los libros, de los cuales 45.000 correspondían a Förster y 10.000 a Graf.

The Journal of Hisorical Review publicó en la edición de julio/agosto de 1998 un extenso resumen del juicio, que comenzó el día 16 de julio. Según esta fuente, los sesenta asientos de la sala estaban ocupados por simpatizantes de Graf y Förster. De entrada, la corte rechazó que testificara Robert Faurisson, cuya erudición era ya temida en todas partes. Aceptó en cambio la declaración de Wolfgang Fröhlich, menos conocido, de la cual hemos reproducido anteriormente un fragmento. El testimonio de Jürgen Graf duró unas dos horas y se caracterizó por la defensa enérgica de los puntos de vista y argumentos de sus libros. Es de interés citar algunas de las preguntas y respuestas del interrogatorio. En respuesta a la pregunta de la jueza Staubli sobre si había habido o no Holocausto, Graf respondió:

> "Es una cuestión de definición. Si por Holocausto se entiende una brutal persecución de los judíos, deportaciones en masa a los campos, y la muerte de muchos judíos a causa de enfermedades, agotamiento y malnutrición, entonces es por supuesto un hecho histórico. Pero el término griego 'holocausto' significa 'completamente quemado' o 'sacrificio mediante fuego', y es usado por los historiadores ortodoxos para el supuesto gaseamiento masivo e incineración de judíos en 'campos de exterminio'. Eso es un mito."

A continuación, la jueza trató de cuestionar a Graf por el hecho de que no era un historiador cualificado. Después le recriminó que no le importara ofender a los judíos con sus libros. En su réplica Graf citó ejemplos de ofensas a los suizos sin que nadie se preocupara por ello. "¿Por qué -le preguntó a Staubli- sólo se tienen en cuenta los sentimientos de los judíos y nunca los sentimientos de los no judíos?". La jueza le recordó que la Ley Antirracismo fue aprobada a través de un referéndum democrático. "¿No debería usted respetar eso?". Respuesta:

> "En su momento se hizo creer a la gente que la ley servía para proteger a los extranjeros contra la violencia racista. En realidad sirve exclusivamente para proteger a los judíos contra cualquier crítica. Esto está probado de manera irrefutable en el folleto 'Abschied von Rechtsstaat' (Despedida del Estado de derecho), al cual contribuí con dos breves ensayos. Hasta el momento, ni un solo ciudadano suizo ha sido imputado por haber criticado a un negro, a un árabe o a un turco. Sólo personas que han criticado a los judíos han sido acusadas y condenadas."

La acusación pública, representada por el fiscal Aufdenblatten, fue muy dura en sus conclusiones y usó expresiones como "seudocientífico", "incitación antisemítica" y "propaganda racista" para referirse a los "libros criminales". Concluyó su intervención asegurando que los escritos de Graf avivaban las llamas del antisemitismo, del odio, y no buscaban la verdad, sino distorsionarla. El fiscal resaltó que Graf no mostraba arrepentimiento, que se reafirmaba en sus puntos de vista revisionistas y que no era probable que los enmendase. Por todo ello, pidió a la corte que no considerase una suspensión de la sentencia ni para Graf ni para Förster, sobre quien dijo que se mostraba tan poco razonable como su colega. En cuanto al pésimo estado de salud del publicista, dijo que no era excusa para ser indulgente, toda vez que no era competencia del tribunal considerar si estaba demasiado enfermo para ir a la cárcel, sino de los médicos. Gerhard Förster falleció en septiembre de 1998, nueve semanas después del juicio.

Tras las intervenciones finales de Jürg Stehrenberger y de Urs Oswald, los abogados de Förster y Graf, la jueza Staubli concedió a Graf diez minutos para que realizara una declaración final, siempre que se limitara a cuestiones pertinentes relacionadas con el juicio. Tras agradecer el gesto, Jürgen Graf insistió en que los revisionistas buscaban la verdad: "Tratamos de acercarnos cuanto podemos a la verdad histórica. Que nos señalen nuestros yerros es lo que deseamos. De hecho hay errores en mis libros. ¿Pero sabe quién me los ha mostrado? ¡Otros revisionistas! Del otro lado, la única reacción han sido insultos, calumnias, amenazas, acciones legales y juicios." En cuanto a su posible condena, informó al tribunal que desde principios del siglo XIX nadie había sido encarcelado en Suiza por la expresión no violenta de su opinión.

"¿Quieren ustedes, damas y caballeros de la corte -apostrofó a los jueces- romper esta tradición a las puertas del siglo XXI? Y si insisten en encarcelar a uno de nosotros, entonces ¡por favor miren hacia mí y no al Sr. Förster, que está mortalmente enfermo! Metiéndome en la cárcel, no me humillarán a mí. Si lo hacen humillarán a todo el país, Suiza. Una Suiza en la cual se ha abolido la libertad de expresión. Una Suiza en la que se permite a una minoría del 0.6 por ciento de la población decidir qué se puede escribir, leer, decir o pensar es una Suiza muerta."

El hecho de que algunos de los libros por los que se acusaba a Graf y a Förster hubieran sido publicados antes de la promulgación de la ley de 1995 no fue considerado pertinente como atenuante. El veredicto, por supuesto, fue recurrido por el Dr. Urs Oswald, abogado de Graf. El 23 de junio de 1999 la corte del cantón de Aargau confirmó la sentencia, por lo que se apeló a una instancia superior, el Tribunal Federal en Lausana. La organización suiza "Verité et Justice", que dirigida por René-Louis Berclaz, Philippe Brennenstuhl y el propio Graf trabaja por la restauración de la libertad intelectual en Suiza, publicó la documentación del proceso con el título *Un proceso político a escáner. El caso de Jürgen Graf*, informe que fue traducido a varios idiomas. En abril de 2000, Graf supo que la apelación había sido rechazada y que su ingreso en prisión quedaba fijado para el 2 de octubre.

En aquellos días estaba ya comprometido con Olga Stepanova, una historiadora bielorrusa de Minsk. Ambos decidieron que no querían separarse tanto tiempo y Graf optó por el exilio. El 15 de agosto del año 2000, fecha en que cumplía 49 años, emigró a Irán, en cuya capital vivió hasta abril de 2001. Para un políglota como él, estudiar la lengua farsi durante los meses que estuvo en Teherán fue un divertimento. Finalmente, desde allí pasó a Rusia, donde se estableció tras casarse con Olga. Desde 2002 Graf y su esposa han vivido en Rusia, donde él se gana la vida traduciendo al alemán textos escritos en inglés, en ruso y en otras lenguas europeas. Además, por supuesto, en su empeño de denunciar la religión del Holocausto, la mentira que viene envenenando al mundo, sigue publicando libros: *Sobibor. Holocaust Propaganda and Reality*, publicado por Castle Hill Publisher, la editorial de Germar Rudolf, es uno de los últimos.

Gaston-Armand Amaudruz, un año de prisión para un octogenario

Nacido en Lausana, Gaston-Armand Amaudruz fundó y publicó en 1946 el *Courrier du Continent*, un boletín informativo escrito en francés. Amaudruz tenía sólo 28 años cuando cuestionó en su libro *Ubu Justicier au Premier Procés de Nuremberg* (1949) las aserciones sobre las cámaras de gas homicidas. Por tanto, puede decirse que fue uno de los primeros revisionistas. Amaudruz escribió que "el proceso de Nuremberg le había hecho comprender que la victoria de los Aliados era la victoria de la decadencia." Con Amaudruz, que en 1951 creó en Suiza el "Nuevo Orden Europeo", una organización nacionalista, anticapitalista y anticomunista, simpatizaron suizos tan relevantes como el también lausanés François Genoud, el financiero suizo que fue toda su vida un nacionalsocialista convencido. Defensor consagrado de la causa palestina y gran patrón de la OLP, Genoud fundó en 1958 la Banca Comercial Árabe en Ginebra. No en vano era conocido como "Sheik François" entre los árabes[19]. Genoud definió a Gaston-Armand Amaudruz como "un tipo íntegro, racista, desinteresado, un hombre del pasado."

---

[19] Existen pocos personajes tan extraordinarios y tan escasamente reconocidos como François Genoud. Las biografías que se han escrito sobre él no alcanzan a presentarlo adecuadamente porque sus autores demuestran poco coraje y/o mucha preocupación por ser políticamente correctos. Genoud, además de banquero y publicista, fue un eminente estratega internacional que se opuso con todos sus medios al Nuevo Orden Mundial. Acabada la guerra, desempeñó un papel esencial en el rescate de refugiados anticomunistas y nacionalistas que huían de la venganza de los judeo-comunistas que se adueñaron de media Europa. Ya en 1936, François Genoud trabó una amistad de por vida con el Gran Muftí de Jerusalén, el líder espiritual de los musulmanes en Palestina. Con la fundación de la Banca

Fue precisamente a causa de dos artículos publicados en 1995 en el *Courrier du Continent* que Gaston-Armand Amaudruz fue denunciado. En uno de ellos había escrito: "Por mi parte, mantengo mi posición. No creo en las cámaras de gas. Dejemos que los exterminacionistas presenten la prueba y yo creeré en ellas. Pero como he estado esperando esta prueba durante décadas, no pienso que vaya a verla pronto." El juicio contra él fue posterior al de Jürgen Graf, quien mantenía una amistad personal con Amaudruz y aprovechó los diez minutos que le otorgó la jueza Staubli para reinvindicar al final de su intervención la figura de su amigo ante el tribunal de Baden:

> "Me gustaría cerrar mis observaciones citando a un amigo de la Suiza occidental, Gaston-Armand Amaudruz, contra quien se está preparando en Lausana un juicio similar al de aquí contra Förster y contra mí. En el número 371 de su boletín *Courrier du Continent*, Amaudruz escribe: "Como en los viejos tiempos históricos, tratar de imponer un dogma por la fuerza es un signo de debilidad. Los exterminacionistas podrán ganar juicios a través de leyes que amordazan la libertad de expresión. Pero perderán el juicio final ante el tribunal de futuras generaciones."

Poco antes del inicio de su proceso, en abril de 2000, Amaudruz escribió en el número 418 de su boletín un artículo intencionadamente provocativo, cuyo título era "¡Viva el revisionismo!". En él, volvía a denunciar el dogma intocable del Holocausto impuesto a la humanidad, aseguraba que se disponía a afrontar un juicio político y anunciaba: "Prefiero obedecer a mi conciencia antes que a una ley inmoral y criminal. Me mantengo en mis convicciones. ¡Larga vida al revisionismo!" Finalizada, pues, la larga instrucción del sumario, el 8 de abril de 2000 comenzó el juicio, cuyo veredicto fue dictado el día 10. La corte sentenció al acusado a un año de prisión por "negar" la existencia de las cámaras de gas homicidas en los campos de concentración alemanes durante la Segunda Guerra Mundial. El publicista y profesor retirado de 79 años fue considerado culpable de haber violado la Ley Antirracismo que considera un crimen "negar, minimizar groseramente o pretender justificar genocidio u otros crímenes contra la humanidad." Además del año de prisión en firme, la corte de Lausana impuso a Amaudruz la obligación de abonar 1.000 francos suizos a cada una de las partes personadas en la causa: la Federación Suiza de Comunidades Judías; la LICRA, que pese a

---

Comercial Árabe, se puso al servicio de las finanzas de las causas nacionalistas árabes, que trataban de independizarse del imperio financiero de los Rothschild. Este hombre excepcional, de inteligencia privilegiada, luchó hasta el final contra el sionismo internacional y contra el imperio global.

estar radicada en París se había personado; la Asociación de Hijos e Hijas de Judíos Deportados de Francia; y un superviviente judío de un campo de concentración. También los costes del proceso y los derivados de la publicación de la sentencia en tres periódicos y en una gaceta oficial tuvieron que ser asumidos por el acusado convicto.

Tras el proceso, Gaston-Armand Amaudruz narró su experiencia judicial en un libro que incluía los informes inculpatorios. En septiembre de 2000, "Verité et Justice" publicó el texto en el tercer número de su boletín con el título *El proceso Amaudruz. Una farsa judicial.* De este modo, dicha organización colaboró en la divulgación de las crueldades del proceso contra un anciano disidente de 79 años. Las autoridades lo consideraron una nueva violación de la Ley Antirracismo y se querellaron contra Amaudruz y contra René-Louis Berclaz y Philippe Georges Brennenstuhl, cofundadores junto a Jürgen Graf de "Verité et Justice". En marzo de 2002, "Verité et Justice" fue disuelta por orden judicial. El 22 de mayo de 2002 la corte criminal de Veveyse, en el cantón de Friburgo, sentenció a Amaudruz y a Brennenstuhl a tres meses de prisión, y a Berclaz, a ocho meses.

Entretanto, una corte de apelación había reducido a tres meses la sentencia de abril de 2000 contra Gaston-Armand Amaudruz, quien en enero de 2003, con 82 años de edad y una salud ya muy precaria, ingresó en la prisión de Plaine de l'Orbe in Vaud, en el cantón de Waadt, para cumplir la pena impuesta por la justicia suiza.

5. PRINCIPALES VÍCTIMAS DE LA PERSECUCIÓN EN BÉLGICA Y HOLANDA:

Siegfried Verbeke, luchador pertinaz por la libertad de expresión

Belga de origen flamenco, Siegfried Verbeke es uno de los revisionistas europeos más significados. Él y su hermano Herbert fundaron en 1983 el ya mencionado *Vrij Historisch Onderzook* (*Investigación Histórica Libre*), conocido por las siglas *VHO*, que se convirtió con los años en el principal centro de europeo de publicación de textos críticos con la historiografía oficial y con el dogma del Holocausto. Toda una gama variada de libros, folletos, panfletos y artículos en inglés, holandés, francés y alemán han sido publicados por *VHO*, que durante un tiempo editó también un boletín informativo. A partir de 1991, año en que Verbeke y Faurisson publicaron un libreto de 125 páginas sobre el fraudulento diario de Ana Frank, se desató una persecución que ha ido in crescendo con el paso del tiempo. Las instituciones gubernamentales, con el apoyo habitual de las acostumbradas organizaciones sionistas, han hostigado sin tregua a Verbecke, una y otra vez sentenciado a prisión y multado por su disidencia política y por sus opiniones siempre pacíficas. Las autoridades belgas, además, han venido confiscando durante años toneladas de libros y otros textos producidos por Verbeke, que han sido sistemáticamente destruidos.

La primera sentencia impuesta por un tribunal belga a Siegfried Verbeke llegó en 1992: por distribuir escritos que cuestionaban el Holocausto fue condenado a un año de prisión. Por fortuna, se produjo una suspensión del encarcelamiento; pero perdió por diez años sus derechos civiles y su derecho al voto. No obstante, los lobbies judíos prosiguieron el acoso y el mismo año 1992 la logia masónica B'nai B'rith, el Centro de Información y Documentación de Israel y la Fundación Ana Frank se adhirieron al Departamento Nacional para Combatir el Racismo y emprendieron una proceso civil contra Verbeke por la publicación de materiales entre los que figuraba el *Informe Leuchter*. A finales de año un tribunal holandés impuso a Verbeke la obligación de pagar 10.000 florines por cada uno de los textos. En 1993, La Fundación Ana Frank en los Países Bajos y el "Anne Frank Fund" en Suiza se querellaron contra Verbeke, Faurisson y un colega de ambos en *VHO* por la publicación del mencionado libreto sobre el diario de Ana Frank. En el escrito de acusación se incidía en que "durante años Ana Frank había sido un símbolo de los judíos víctimas del Holocausto, por lo que su nombre y su diario adquirían un valor adicional".

Si en 1995 se aprobó en Suiza la Ley Antirracismo, en Bélgica el Parlamento dio luz verde el mismo año a una nueva ley antirrevisionista que convertía en delito la puesta en entredicho de la versión oficial sobre el Holocausto. Según el nuevo texto legal, negar, minimizar o tratar de justificar el genocidio del régimen nacionalsocialista podía ser castigado con pena de hasta un año de cárcel y una multa. Se trataba de una legislación contra la libertad de expresión muy similar a la que ya existía en Francia y Austria. Ello venía a demostrar que la ofensiva contra el revisionismo estaba siendo impulsada tras el escenario por las fuerzas ocultas que tienen sometidas a las "democracias" títeres nacidas tras la guerra mundial. De hecho, con bastante anterioridad, el 23 de abril de 1982 *Jewish Chronicle* (Londres) había ya informado de que el Instituto de Asuntos Judíos de Londres, sucursal del Congreso Mundial Judío (World Jewish Congress) anunciaba una campaña de presión y persuasión a los gobiernos para que proscribieran la "negación del

Holocausto". Las leyes antirrevisionistas por crímenes de pensamiento introducidas en varios países europeos reflejan el éxito de dicha iniciativa.

En 1996, Siegfried Verbeke comenzó a cooperar con un publicista revisionista alemán para crear una división de *VHO* en lengua alemana supervisada por Germar Rudolf. En septiembre de 1997 Germar Rudolf lanzó en internet la página web vho.org, que se convirtió en la mayor website revisionista del mundo. El 6 de noviembre de 1997, en el transcurso de un debate celebrado tras una mesa redonda en Antwerp (Bélgica), Verbeke repartió entre los asistentes cientos de copias de un libreto revisionista escrito por él mismo, *Goldhagen and Spielberg Lies* (*Las mentiras de Goldhagen y Spielberg*), que estaba teniendo muy buena aceptación[20]. Esta actividad, que se produjo tras el lanzamiento de *VHO* en internet, vino a ser la gota que colmó el vaso. En un artículo de 2004, el propio Germar Rudolf señaló "al bien conocido cazador de brujas belga Johan Leman", quien supuestamente se hallaba entre la audiencia en Antwerp, como la persona que presionó al Gobierno belga para que actuara contra Verbeke. Una serie de redadas en cuatro de sus locales se produjeron el 21 y 29 de noviembre de 1997 y el 7 de enero de 1998. Gran cantidad de libros y documentos fueron incautados y los almacenes quedaron sellados. A partir de esta experiencia, la división alemana de *VHO* se independizó a principios de 1998. Fue, pues, de este modo, para librarse de la persecución, como Castle Hill Publishers, la editorial de Germar Rudolf en Inglaterra, asumió la publicación de los textos en alemán. En 1998, la Fiscalía de Frankfurt presentó una querella criminal contra Siegfried Verbeke. La iniciativa había partido de Ignatz Bubis, máximo dirigente del Consejo Central de Judíos en Alemania. El motivo fue la distribución en domicilios alemanes de decenas de miles de ejemplares de la versión alemana de *Las mentiras de Goldhagen y Spielberg*. El folleto fue confiscado y destruido por orden de una corte de Múnich. El proceso judicial se prolongó dos años.

En cuanto a las querellas de las organizaciones judías por el asunto de Ana Frank, al final una sentencia de la Corte de Apelación de Amsterdam prohibió el 27 de abril de 2000 que *VHO* prosiguiera la edición y distribución del libreto de Verbeke y Faurisson que cuestionaba la autenticidad del supuesto diario de Ana Frank. Para acabar de consumar la jugada, en mayo de 2001, el Ministerio de Cultura de Bélgica ordenó a todas las librerías del país que retirasen de sus estantes las obras de Verbeke. Por lo tanto, todos los textos

---

[20] Daniel Goldhagen, cuyo padre había sido uno de los innumerables supervivientes del "Holocausto", había publicado en 1996 *Los verdugos voluntarios de Hitler*, obra en la que criminaliza a todos los alemanes, los cuales, según este judío estadounidense, no sólo sabían que se producía el exterminio, sino que lo apoyaban. Sobre Steven Spielberg y su *Lista de Schindler* pensamos que no se precisa comentario.

revisionistas fueron sacados de las tiendas y destruidos discretamente. Con este atropello incalificable contra la libertad de expresión, la epopeya de este publicista inabatible estaba alcanzando su punto álgido.

Durante 2002 la casa de Verbeke fue reiteradamente asaltada por la policía belga. El 12 de febrero de 2002, las autoridades belgas prohibieron oficialmente *Vrij Historisch Onderzook* y su apartado de correos quedó temporalmente confiscado. Los locales del editor fueron nuevamente registrados y él fue sometido a un intenso interrogatorio durante las veinticuatro horas que permaneció arrestado. En los meses siguientes, los almacenes donde Verbeke guardaba sus materiales recibieron continuas visitas de la policía. Por todo ello, Siegfried Verbeke decidió reorganizarse. Después de tomar nuevos apartados de correos, rebautizó su fundación con el nombre *Vogelvrij Historisch Onderzook* (*Investigación Histórica Proscrita*). La sección o división en francés se independizó y pasó a ser *Vision Historique Objective*. Meses más tarde, se levantó la confiscación de su antiguo apartado de correos y la organización de Siegfried Verbeke recuperó su nombre original y sus direcciones.

El 9 de septiembre de 2003, un tribunal de Antwerp sentenció a los dos hermanos Verbeke a un año de prisión y al pago de 2.500 euros. Ambos quedaron en libertad condicional y por segunda vez se privó a Siegfried Verbeke de sus derechos civiles por un periodo de diez años. El motivo de la condena había sido la distribución de materiales que "minimizaban el genocidio nazi contra los judíos". Sólo tres semanas más tarde, a finales del mismo mes de septiembre, la policía belga irrumpió por enésima vez en los locales de la editorial en busca de evidencias de que los materiales revisionistas que llevaban el nombre y la dirección de Verbeke estaban siendo distribuidos por él.

Un año más tarde, el 27 de noviembre de 2004, como consecuencia de una orden de arresto de las autoridades alemanas, Verbeke fue detenido en su residencia de Kortrijk en Flandes. La Orden Europea de Detención y Arresto, introducida supuestamente con la excusa de combatir el terrorismo, es una resolución jurídica dictada por un Estado miembro de la Unión que se aplica en la mayoría de los países desde el 1 de enero de 2004. Estas órdenes suelen ejecutarse con total discreción y sin impedimento legal alguno. Alemania pidió enseguida la extradición a Bélgica, pero sorprendentemente un juez rechazó la demanda con el argumento de que Verbeke ya había sido condenado por los mismos crímenes en Bélgica en septiembre de 2003. De conformidad con la legislación belga una persona no puede ser imputada o enjuiciada dos veces por los mismos hechos[21].

En cualquier caso, el acoso a Siegfried Verbeke no se interrumpió. El 4 de abril de 2005 un tribunal belga volvió a sentenciarlo a un año de prisión y a una multa de 2.500 euros por negar el genocidio de los judíos durante la Segunda Guerra Mundial. Puesto que apeló el veredicto, el ingreso en prisión quedó una vez más aplazado. Aprovechando su libertad, Verbeke trató de viajar con su novia filipina a Manila. Cuando el 4 de agosto de 2005 se disponía a abordar el avión en el aeropuerto de Schiphol, cerca de Amsterdam, la policía holandesa lo detuvo, ya que la orden europea de detención seguía siendo valida en Holanda. Es evidente que, como lamentó su abogado, Verbeke cometió un grave error, toda vez que si hubiera querido viajar desde Bruselas probablemente no habría sido detenido porque la demanda de extradición había sido rechazada por un magistrado belga.

Después de permanecer detenido durante tres meses en Holanda fue por fin extraditado a Alemania. Las autoridades holandesas ignoraron que Verbeke tenía nacionalidad belga y que un juez de Bélgica había fundamentado perfectamente las razones por las que no concedía la extradición a Alemania. Naturalmente, Verbeke luchaba contra los impostores de la historia y era mucho más peligroso que cualquier terrorista requerido por la policía española por supuesta participación en el asesinato de unas doscientas personas. En Alemania, donde se acababa de denegar la extradición a España del sospechoso alemán de origen sirio, mantuvieron a Verbeke medio año encerrado en una celda de aislamiento en la prisión de Heildelberg. De repente, no sabemos por qué, se le permitió salir bajo fianza. En total, sin haber sido condenado ni en Holanda ni en Alemania, Siegfried Verbeke estuvo nueve meses encarcelado por ser un revisionista peligroso.

De vuelta en Flandes, en noviembre de 2006 fue otra vez detenido en su casa de Kortrijk. El motivo del nuevo arresto parece ser que fue el cumplimiento de una sentencia anterior de un tribunal belga. En esta ocasión fue encarcelado en Bélgica. Verbeke expresó a sus amigos que confiaba recuperar la libertad en julio de 2007. La última condena de Verbeke que conocemos se produjo el 19 de junio de 2008. Hemos visto ya en las páginas sobre Vincent Reynouard que la Corte de Apelación de Bruselas los condenó a

---

[21] Escandalosamente, en julio de 2005 el Tribunal Constitucional de Alemania, en respuesta a una petición española de extradición de un alemán de origen sirio sospechoso de implicación en el brutal atentado del 11 de marzo de 2004 en Madrid, dictaminó que la Orden Europea de Detención y Arresto era inválida en Alemania. El Tribunal Constitucional alemán argumentó que un ciudadano alemán tiene derecho a un veredicto en tribunales alemanes. Por ello, las autoridades germanas liberaron al supuesto terrorista.

ambos en firme a un año de prisión y a 25.000 euros de multa por la publicación de textos negacionistas que cuestionaban crímenes contra la humanidad. Puesto que ninguno de los dos hizo acto de presencia, las autoridades belgas dictaron orden de arresto nacional y se aprestaron a preparar la orden de detención europea.

A punto de concluir estas páginas sobre Siegfried Verbeke, hemos sabido que el periódico en lengua flamenca *De Morgen* publicó el sábado 9 de enero de 2016 en su suplemento *Zeno* una extensa entrevista de tres páginas al revisionista belga. En ella, inamovible, Verbeke insistía en que las únicas cámaras de gas en Auschwitz eran aquellas que se utilizaban para desinfectar las ropas de los detenidos. El periodico mensual *Joods Actueel* (*Actualidad Judía*), publicación de Antwerp que mantiene una actitud beligerante contra todo aquello que se mueve en contra de Israel, ha puesto a *De Morgen* en el punto de mira por haber acogido en sus páginas a un "apestado" como Verbeke. Según informa la prensa belga, estos sionistas están dispuestos a querellarse contra el periódico flamenco. Michael Freilich, editor y propietario del periódico judío, informó a la *Jewish Telegraphic Agency* que había presentado una demanda contra *De Morgen* y Verbeke ante la ICKG (Centro Interfederal para la Igualdad de Oportunidades y la Lucha contra el Racismo). Freilich declaró que "*De Morgen* es a todos los efectos un cómplice de esta ofensa y debería responder por sus actos." Según Freilich, funcionarios de dicho organismo estatal le habían asegurado que estaban estudiando emprender acciones legales. Por su parte el alcalde de Antwerp, Bart de Wever, se apresuró a apoyar la iniciativa.

6. VÍCTIMAS PRINCIPALES DE LA PERSECUCIÓN EN ESPAÑA

En España, los casos más descarados de persecución política a los revisionistas y de sumisión al sionismo en los tribunales de justicia se dan en Cataluña. Allí, por ejemplo, Pilar Rahola, definida como "basura sionista" por Antonio Baños, diputado de la CUP en el Parlament de Catalunya tras las elecciones autonómicas de 2015, se exhibe de manera impúdica, con desvergüenza absoluta, en los numerosos medios de comunicación que le ofrecen un día sí y otro también sus platós y micrófonos. Dirigente durante años de Equerra Republicana de Catalunya, partido de honda tradición masónica a lo largo de su historia, Rahola admitió en una entrevista a un medio digital independentista sus contactos con Israel. Cuando el periodista le preguntó si trabajaba de enlace entre el presidente de la Generalitat, Artur Mas, y el Gobierno sionista. Su contestación fue esta: "la mejor respuesta que os puedo dar es que no os la doy. Permitidme que estas cosas queden en el terreno de la confidencialidad. No enseñaremos todas las cartas." Cuando el periodista replicó: "entiendo que sí que se trabaja", Rahola confirmó: "Hay informaciones demasiado sensibles para darlas... Trabajamos mucho y hablamos poco". Es, pues, incuestionable, que el sionismo tiene en Cataluña un terreno bien abonado en el que se mueve con arrogancia gracias a la aquiescencia y el servilismo bochornoso de los medios de comunicación y a la complicidad de ciertos políticos independentistas.

En España, el caso más descarnado, la injusticia más sangrante, se ha cometido contra un librero y editor barcelonés, Pedro Varela, cuya lucha digna y honesta es conocida en todos los ambientes revisionistas internacionales. Su caso, sin embargo, no es el único, otros libreros y editores radicados en Cataluña han sido también víctimas del hostigamiento. Ramón Bau, Óscar Panadero, Carlos García y Juan Antonio Llopart son otros nombres que deben aparecer en este apartado, pues han sido perseguidos por publicar libros revisionistas o por opinar sobre temas políticos pohibidos que guardan relación con el revisionismo. Así, pues, dedicaremos el primer apartado de la persecución en España a Pedro Varela y a continuación presentaremos el segundo caso.

Pedro Varela, un librero honrado víctima del odio y la intolerancia sectaria

Sobre Pedro Varela escribiremos adecuadamente. Puesto que nuestra obra nace en España, conocemos sus penalidades perfectamente, hemos tenido acceso a información suficiente y podemos explicar el caso como merece. Su nombre está asociado a CEDADE (Círculo Español de Amigos de Europa), una organización de ideología nacionalsocialista creada en Barcelona en 1966. El primer congreso de este grupo se celebró en 1969 y Jorge Mota fue su primer presidente y a la vez director de la revista *CEDADE*. Durante estos primeros años fue creciendo la militancia y la organización se extendió por todas las regiones españolas con cincuenta delegaciones. Las agrupaciones de Cataluña llegaron incluso a exhibir la "senyera" catalana durante los años del franquismo. Pedro Varela accedió a la presidencia de CEDADE y a la dirección de la publicación en 1978.

Poco a poco las ideas revisionistas fueron convirtiéndose en base fundamental del ideario de Varela y de la organización que presidía. Contactó con Robert Faurisson y propició la publicación de un extracto del libro esencial de Arthur R. Butz. Asimismo, otros autores próximos al Institute for Historical Review, así como publicaciones y textos del IHR, fueron traducidos e introducidos en España gracias a CEDADE. En 1989, por ejemplo, CEDADE publicó en España el explosivo *Informe Leuchter* prologado por David Irving. Uno de los últimos actos de CEDADE tuvo lugar en Madrid en 1992, a donde confluyeron algunas personalidades revisionistas para reclamar el derecho irrenunciable de la libertad de expresión. Al encuentro asistieron Gerd Honsik, Thies Christophersen y otros perseguidos en sus países por opinar libremente. Debe considerarse que a estas alturas ya se habían celebrado los dos juicios contra Ernst Zündel en Toronto y que en Alemania las cosas iban de mal en peor. Finalmente, también en España fue creándose un nuevo marco legal similar al que se iba forjando en Europa, por lo que Pedro Varela anunció su renuncia a la presidencia de CEDADE y en octubre de 1993 la organización acabó desapareciendo.

Durante la década de 1980, Pedro Varela había ido comprometiéndose más y más con el revisionismo histórico, por lo que en 1988 llegó a viajar a Canadá para asistir en Toronto al segundo juicio contra Zündel. Allí se encontró con Faurisson, Irving, Zündel y otros revisionistas y tuvo ocasión de conocer personalmente a Fred Leuchter. También por estas fechas protagonizó junto a David Irving un acto de protesta en Berlín ante la sede de la televisión alemana. Con carteles en las manos en los que rezaba la inscripción "Historiadores alemanes, mentirosos y cobardes", Varela e Irving se pusieron al frente de un grupo reducido de manifestantes que exigían el fin de la falsificación de la historia. Eran los años en que el revisionismo había logrado el éxito decisivo que supuso el peritaje del ingeniero Leuchter en Auschwitz. Al mismo tiempo, los enemigos de los revisionistas y de la verdad histórica se estaban radicalizando: como sabemos en 1989 Robert Faurisson fue víctima del atentado cobarde perpetrado por terroristas judíos, que le propinaron una paliza de muerte.

En marzo de 1991 Pedro Varela habló en alemán en el "Leuchter Kongress", un encuentro celebrado al aire libre en Múnich que había sido organizado por Ernst Zündel. El 25 de septiembre de 1992, con treinta y cinco años, ideales, firmes convicciones, y mucha ilusión en su mochila, fue arrestado en Austria, país que visitaba en el contexto de una gira por Europa. El motivo de la detención fue que en una visita anterior había pronunciado un discurso elogioso de la política de Hitler. La policía lo puso a disposición judicial y acabó encarcelado en la prisión de Steyr, un antiguo monasterio cisterciense, por el delito de propagar el nacionalsocialismo. Su correspondencia fue controlada. Antes de entregarle las cartas, eran traducidas al alemán con el fin de adjuntarlas al dossier del juicio por si podían servir como elementos inculpatorios. Estuvo tres meses entre rejas antes de ser presentado el miércoles 16 de diciembre de 1992 ante un tribunal con tres jueces y un jurado de ocho personas. Finalmente, fue sorprendentemente absuelto, pues se llegó a la conclusión de que el acusado no conocía las leyes austríacas, razón por la cual no podía saber que estaba delinquiendo cuando expresaba su opinión sobre una figura histórica.

En comparación con Austria o Alemania, España seguía siendo un oasis de libertad de expresión en una Europa cada vez más condescendiente con los lobbies judíos. En 1995, año en que Suiza y Bélgica promulgaron leyes antirraciales que pretendían combatir el "odio" y la "negación del Holocausto", España emprendió por fin el mismo camino. El 11 de mayo de 1995 el Parlamento aprobó una revisión del Código Penal con el fin de equiparar la legislación española a la de ciertas naciones de Europa. En el preámbulo, la ley se justificaba así: "La proliferación en varios países europeos de incidentes de violencia racista y antisemítica, llevados a cabo bajo banderas y símbolos de ideología nazi, obliga a los Estados democráticos a emprender acciones decisivas para luchar contra..." Hemos apuntado ya que las leyes contra el "odio" y la "negación del Holocausto" en Europa no eran una consecuencia de la expresión espontánea o de la indignación justificada de la gente, sino el resultado de una campaña prefabricada y bien organizada al servicio del sionismo. Tres años más tarde, en junio de 1998, la Asociación Internacional de Juristas y Abogados Judíos volvió a pedir nuevas y más severas leyes contra el revisionismo del Holocausto.

En 1991, cuatro años antes de que España se sometiera a las presiones exteriores para modificar su legislación, Pedro Varela había abierto en el número 12 de la calle Séneca las puertas de la Librería Europa. Desde allí trató de trabajar honradamente vendiendo libros; pero el fanatismo y la intolerancia de los adalides de la "libertad de expresión" no iban a permitirlo: las pintadas con insultos en las paredes y cristaleras del establecimiento han sido desde entonces una constante y el comercio ha sido asaltado en varias ocasiones. Todo comenzó cuando en mayo de 1995, el mismo mes en que el Parlamento español aprobó la modificación del Código Penal, una autodenominada "Plataforma Cívica Ana Frank" trató de cambiar el nombre de la calle Séneca por el de la infortunada niña judía fallecida en Bergen-Belsen. Curiosamente, el Ayuntamiento de Bergen había denegado con anterioridad que se pusiera el nombre de Ana Frank a una escuela y posteriormente se opuso también a que la calle que conduce al monumento recordatorio del campo llevara el nombre de la niña.

Esta mal llamada plataforma cívica entre el 12 de mayo de 1995 y el otoño de 1996 se dedicó a recoger firmas y a presionar a las doscientas treinta familias que vivían en la calle Séneca con la petición de que apoyaran el cambio de nombre de la calle. Los promotores no ocultaron que el fin de la campaña era "boicotear las actividades de la librería Europa". Todo un ejemplo de respeto a la libertad de expresión (la suya, claro). Los grupos cívicos y, por supuesto, democráticos que formaban parte de la plataforma eran los habituales de izquierda y extrema izquierda. La calle Séneca perdió su tranquilidad y el vecindario tuvo que soportar demostraciones de violencia e intolerancia democráticas, i. e. pintadas con insultos, piedras, cócteles Mólotov, etc. Pedro Varela, con objeto de ofrecer a los vecinos y a la opinión pública en general información que pudiera ser contrastada con la que facilitaban los promotores del cambio de nombre de la calle, publicó en forma de carta circular un texto que había escrito mientras cursaba estudios de Historia Contemporánea en la Universidad. Se trataba de un texto que ofrecía con exactitud rigurosa una visión de conjunto o síntesis de los trabajos de Faurisson, Verbeke, Felderer e Irving sobre la falsificación literaria más fructífera y rentable del siglo XX. En dicho texto, el único escrito por Varela entre todos los presentados contra él por los Mossos d'Esquadra y la Fiscalía, no puede hallarse ninguna prueba de odio contra nadie.

El 12 de diciembre de 1996, la policía catalana irrumpió en la Librería Europa. La hermana de Pedro Varela estaba trabajando en la tienda y su hija jugaba en un patio trasero del local. Los mossos se apoderaron de unos 20.000 libros, además de publicaciones periódicas, revistas, posters, vídeos... Posteriormente, Varela fue detenido en su domicilio familiar. La operación que, según informó *El País*, llevaba gestándose tres meses, fue ordenada a instancias de José María Mena, que en 1996 fue nombrado fiscal jefe de la Fiscalía del Tribunal Superior de Justicia de Cataluña. Este jurista "progresista" que había sido en los años 70 militante del PSUC (comunistas catalanes), opinó que Varela "perseguía el odio y no una ideología".

La información que el 13 de diciembre de 1996 apareció en *El País*, diario próximo a los socialistas españoles, fue un ejemplo de falta de objetividad: tras echar flores a los Mossos d'Esquadra por haber tenido el honor de ser "el primer cuerpo policial en España en detener a una persona por apología del genocidio", el periódico decía que la Librería Europa era un "centro de venta y distribución de libros nazis editados en países suramericanos". Después, aseguraba que los vecinos del barrio de Gracia acogieron la detención con satisfacción y que el Ayuntamiento estudiaba comparecer en la causa como acusación particular. Culminaba confirmando que la Plataforma Cívica Ana Frank, la coordinadora Gay-Lesbiana, la Asociación Amical Mauthausen y SOS Racismo estaban todos muy satisfechos porque habían desmantelado "una trama neonazi que utilizaba la librería como tapadera."

La instrucción del proceso se demoró casi dos años porque muchos de los libros incautados estaban en inglés, alemán y francés, por lo que la Fiscalía insistió en traducirlos para averiguar qué parte de sus contenidos violaban la ley. Finalmente, el titular del Juzgado de lo Penal nº 3 de Barcelona, Santiago Vidal, fijó el viernes 16 de octubre de 1998 para el inicio del primer juicio en España por apología del genocidio e incitación al odio racial. Tan pronto se supo la fecha, los promotores de Ana Frank, convertidos ya en Plataforma Cívica contra la Difusión del Odio, convocaron una concentración contra Pedro Varela ante el edificio de los juzgados. Apoyaban la manifestación la logia B'nai B'rith, la Comunidad Israelita de Barcelona, la Fundación Baruch Spinoza, la Liga Antidifamación, Maccabi Barcelona, Asociación Judía Atid de Cataluña, Asociación de Relaciones Culturales Cataluña-Israel, Amical Mauthausen, Coordinadora Gai-Lesbiana, Sos Racismo y Unión Romaní. Los participantes llevaban ataúdes de cartón y velas en recuerdo de las víctimas. Evidentemente, la finalidad de montar un espectáculo en la calle era ejercer presión social y política.

Las dos sesiones del juicio se celebraron los días 16 y 17 de octubre. Asistió en calidad de observador Shimon Samuel, presidente del Centro Wiesenthal de Europa, que iba escoltado por agentes y acompañado de cámaras de la televisión israelí. "Este proceso -declaró- es una oportunidad histórica para que España se sume a la jurisprudencia europea y condene al padrino español del neonazismo." El fiscal citó una treintena de obras vendidas en la Librería Europa que elogiaban el Tercer Reich y sus políticas o que presentaban argumentos revisionistas sobre el tema del Holocausto. En la causa contra Varela se habían presentado para ejercer la acción popular la Comunitat Jueva Atid (futuro) de Catalunya, SOS Racismo y la Comunidad Israelí de Barcelona. Los dos abogados de Varela dejaron claro desde el principio que la ley bajo la cual se juzgaba a su cliente era inconstitucional, por lo que pidieron la suspensión y anulación del proceso. Durante más de cuatro horas se interrogó al librero, quien rechazó los cargos: "Nunca he provocado odio racial", dijo ante la corte, y añadió que como historiador "tenía la obligación moral de decir la verdad". En cuanto al revisionismo declaró: "En mi opinión, la revisión de la historia es necesaria porque es un tema abierto y todo está sujeto a revisión. Los historiadores deben ser escépticos con respecto a todo y deben también revisar cuanto se ha dicho hasta ahora." En relación a los libros de su librería, explicó que no podía conocer los contenidos que albergaban los 232 títulos que tenía en su comercio y que no estaba obligado a ello. Señaló que en su establecimiento vendía libros de distintas ideologías y entre los autores mencionó al nacionalista vasco Sabino Arana, a Francisco de Quevedo y citó también *El Capital* de Marx. En cuanto al texto sobre Ana Frank, reconoció su autoría. En su declaración final dijo: "Me ha tocado hacer el papel de malo de esta película como chivo expiatorio de una 'alarma social' (expresión utilizada por el fiscal) creada deliberadamente. Condeno, repruebo y ataco cualquier forma de genocidio. No soy genocida ni he asesinado a nadie. Nunca he deseado el genocidio de nadie ni el asesinato de ninguna minoría étnica o religiosa."

La acusación pública, que recordó que los hechos juzgados eran delito en la Unión Europea, pidió dos años de prisión por apología del genocidio y otros dos por incitación al odio racial. Ello, a pesar de que el apartado segundo del artículo 607 del nuevo Código Penal estipulaba que los delitos contemplados en dicho artículo se castigarían "con la pena de prisión de uno o dos años". Por su parte, Jordi Galdeano, el abogado de SOS Racismo y de la Comunitat Jueva Atid de Catalunya, solicitó un condena ejemplarizante de ocho años de cárcel. "Lo que es delito y constituye un riesgo para la democracia -dijo- es la divulgación de una ideología que desprecia a ciertos colectivos." El 16 de noviembre de 1998 el tribunal declaró a Varela culpable de incitación al odio racial y culpable asimismo por haber negado o justificado el genocidio. En consecuencia, el juez Santiago Vidal[22], que en su sentencia se

---

[22] El juez Santiago Vidal, que pertenecía a la asociación "progresista" Jueces para la Democracia, es hoy un personaje famoso en España. Sus relaciones con SOS Racismo quedaron en evidencia cuando en septiembre de 2013 el Consejo General del Poder Judicial le prohibió que colaborase con esta ONG, puesto que era incompatible con sus funciones de juez. En abril de 2014 trascendió que Vidal, comprometido hasta la médula con el nacionalismo separatista catalán, estaba redactando una Constitución para Cataluña, lo cual vulneraba la Constitución española, pues Cataluña es una comunidad con un Estatuto de Autonomía. Una vez más, el Consejo General del Poder Judicial lo citó para recordarle las limitaciones de su labor jurisdiccional. Vidal emitió un comunicado donde aseguraba que su labor era "por iniciativa propia altruista, sin que existiera encargo oficial de ninguna institución pública o privada". Negaba "intencionalidad política" y proclamaba su independencia e imparcialidad. En octubre de 2014, el Poder judicial le abrió un expediente disciplinario y apuntó a una suspensión cautelar, "dada la extrema relevancia de los hechos y a la evidente proyección pública y social". En enero de 2015, después de haber dicho que actuaba con independencia, imparcialidad y sin "intencionalidad política", este juez delirante presentó el borrador de la Constitución catalana y declaró textualmente: "Tengo un sueño: ver el nacimiento de la república catalana como juez". En febrero de 2015, el Consejo General del Poder Judicial lo suspendió por tres años, sanción que implicaba la pérdida de su plaza en la Audiencia de Barcelona. Convertido en un mártir

refirió a Varela como "un licenciado universitario con brillante expediente académico experto en materias de revisionismo histórico", lo sentenció a cinco años de prisión y a pagar una multa de 720.000 pesetas. Además, obligó a Varela a entregar el pasaporte y a comparecer cada més en el juzgado. En cuanto a los 20.000 libros, se ordenó que fueran quemados, a pesar de que sólo treinta obras de las cerca de doscientas incautadas violaban la ley. La condena, severísima, superaba lo previsto en el artículo 607.2 del Código Penal, lo que llevó a Galdeano a expresar su "íntima satisfacción". Pedro Varela, por su parte, declaró que era "una sentencia política y una tremenda injusticia" y recordó que durante dos años, desde el registro policial a su librería hasta la celebración del juicio, se había creado una terrible presión. El 10 de diciembre de 1998, los abogados de Pedro Varela apelaron el veredicto y la sentencia, por lo que pudo evitar el ingreso en prisión en espera de la resolución de la corte de apelación.

Por si no se había ya ocasionado bastante daño al librero y a su actividad comercial durante dos años, se convocó una manifestación para el sábado 16 de enero de 1999 bajo los lemas: "Cerremos la librería Europa, jóvenes y trabajadores en lucha contra el fascismo." "Contra el fascismo: Cerremos la librería nazi." Dos días antes, el jueves 14 de enero, Maite Varela, la hermana de Pedro que trabajaba en el establecimiento, avisó a la Policía Nacional sobre lo que se estaba preparando y sobre el riesgo de que se produjera un ataque. El mismo día 16, sobre las 13:15 horas, se realizó una llamada a la policía autonómica y se explicó la situación al Departamento de Denuncias. A las 20:00 horas del sábado 16, amigos o conocidos de la Librería Europa denunciaron al 091 que la manifestación se dirigía hacia la calle Séneca. A las 20:30 se produjo el asalto a la librería. Para poder entrar y destrozar el comercio fue preciso reventar las persianas de entrada. Parte de los

---

para los secesionistas, en marzo de 2015 trascendió la noticia de que el presidente Artur Mas lo incorporaba al Gobierno de la Generalitat para "planificar" y "diseñar" las estructuras de Estado vinculadas al ámbito judicial. Vidal, sin niguna intencionalidad política, por supuesto, se dedicó entonces a reclutar a los 250 jueces que empezarían a ejercer en una Cataluña independiente, lo que motivó que el Tribunal Superior de Justicia de Cataluña reclamase a la Generalitat que actuase contra Vidal, pues entendía que se estaba "socavando la confianza colectiva en el Poder Judicial". Se supo entonces que el Departamento de Justicia de la Generalitat había formalizado un contrato de tres años a Vidal como personal eventual. Finalmente, Vidal renunció al contrato para presentarse al Senado como cabeza de lista por Esquerra Republicana de Catalunya. Siendo ya senador, en enero de 2017 desveló que la Generalitat había obtenido ilegalmente los datos fiscales de los catalanes, que las autoridades separatistas tenían ya una selección de jueces afines con el fin de depurar a los adversarios, y que un país no europeo (Israel) adiestraba a una unidad de los Mossos en tácticas de contraespionaje. ERC lo obligó a dimitir.

manifestantes se encapucharon, penetraron en el local y comenzó la destrucción: lunas, vitrinas, expositores, puertas, estanterías, fotocopiadoras, teléfono, extintor, escaleras, incluso algunas baldosas. Todo quedó arrasado. Una vez volcados los muebles, amontonaron los libros en el suelo con intención de quemarlos en el interior. Al final, optaron por lanzar a la calle unos trescientos volúmenes y les prendieron fuego sobre el asfalto. Lógicamente, algunos vecinos, que asistían asustados a las escenas de violencia, realizaron nuevas llamadas de auxilio, pero ningún cuerpo policial se presentó. En cuanto a la Guardia Urbana que escoltaba a los manifestantes, se retiraron cuando comenzó el asalto a la librería.

El País, adherido desde el principio al linchamiento público de un hombre que se defendía solo contra casi todos, dio la noticia con este titular: "Manifestación de 1.600 jóvenes para pedir el cierre de la librería Europa". En el cuerpo de la noticia se decía: "La protesta discurrió pacíficamente, pero al llegar a la librería un grupo de manifestantes quemó unos libros que habían sacado del establecimiento, que sufrió pequeños destrozos." Naturalmente, la noticia no iba ilustrada con fotografías, pues sólo una hubiera bastado para ver cómo quedó la librería tras sufrir "pequeños destrozos". En una conocida expresión, Lenin calificó como "tontos útiles" a quienes son utilizados como instrumentos para una determinada causa o política. Parece evidente que los individuos que se encapucharon y arrasaron la librería eran terroristas políticos, probablemente pagados, que iban entre los "tontos útiles" disfrazados de "pacíficos manifestantes" al servicio del poder real.

Para acabar de consumar la vergonzosa actuación de las fuerzas del orden, el juzgado de guardia desestimó la denuncia al entender que no se conocía a los culpables. Sin embargo, cámaras de televisión filmaron a los agresores y el Ayuntamiento tenía los nombres de las dos docenas de grupos que participaron en la manifestación: Assemblea d'Okupes de Terrassa, Assamblea Llibertària del Vallès Oriental, Associació d'Estudiants Progressistes, Departament de Joves de CC.OO., Esquerra Unida i Alternativa, Federació d'Associacions de Veïns de Barcelona, Joves Comunistes, Joves Socialistes de Catalunya, Maulets, Partido Obrero Revolucionario, Partits dels Comunistes de Catalunya, PSUC viu, Amical de Mauthausen... Hasta veintitrés asociaciones figuraban en el escrito de denuncia que presentó Pedro Varela ante un juzgado ordinario el 10 de febrero de 1999. En la denuncia se adjuntaba una relación de los daños peritados y el valor estimado de los mismos, que ascendía a 2.815.682 pesetas en "pequeños destrozos".

Por fin, el 30 de abril de 1999 llegó una estupenda noticia para Pedro Varela: por decisión unánime, los tres jueces de la Sección Tercera de la

Audiencia Provincial de Barcelona, presididos por la jueza Ana Ingelmo, estimaban pertinente el recurso presentado por el letrado José María Ruiz Puerta y cuestionaban la sentencia del juez Santiago Vidal. Al considerar que vulneraba el derecho a la libertad de expresión, planteaban elevar el asunto al Tribunal Constitucional en Madrid. Los tres jueces consideraban que dudar del Holocausto no puede ser considerado delito según la Constitución española. En lugar de pronunciarse sobre la condena, reflejaban en su escrito de resolución todas las dudas sobre la constitucionalidad del artículo 607.2 del nuevo Código Penal. Los jueces de la Audiencia Provincial argumentaban que el artículo por el que había sido condenado Varela entraba en conflicto con el artículo 20 de la Constitución, que defiende el derecho a expresar y difundir libremente los pensamientos, las ideas y opiniones mediante la palabra, escritura o cualquier otro medio de reproducción. Como era de esperar, las acusaciones reaccionaron enrabietadas. El intrépido Jordi Galdeano decidió no quedarse corto y sentenció que la decisión del tribunal "atentaba contra el sistema democrático". Es decir, cuando en lugar de jueces y fiscales afines se encontraban con magistrados verdaderamente independientes, éstos eran acusados de poner en peligro las libertades. El abogado de Amical Mauthausen, Mateu Seguí Parpal, calificó de "impresentable" al tribunal que dudaba de la criminalidad de Pedro Varela.

El Tribunal Constitucional, sin embargo, antes de admitir a trámite la consideración de la constitucionalidad planteada por los magistrados de la Sección Tercera de la Audiencia, exigió como requisito formal previo que la Audiencia de Barcelona tramitara primero el recurso contra la condena, por lo que la Sala de la Sección Tercera señaló entonces la fecha de 9 de marzo de 2000 para la vista del recurso. Una semana antes, la magistrada ponente, Ana Ingelmo, fue recusada por SOS Racismo, que la denunció ante la Fiscalía por prevaricación y solicitó que se abstuviera en el caso. La Sala estimó la recusación y acordó el cambio de ponente, por lo que ordenó la suspensión de la vista oral y tramitó la recusación en pieza separada. El 19 de junio de 2000 un Auto de la Sección Séptima de la Audiencia Provincial de Barcelona desestimó la recusación.

Por fin se señaló el 13 de julio para la celebración de la vista oral. Varela no asistió porque estaba en Austria. Su abogado calificó de "escandalosa" la sentencia de cinco años de cárcel. Por contra, la fiscal Ana Crespo y las acusaciones particulares solicitaron a la Audiencia que confirmase la pena impuesta al propietario de Librería Europa. En definitiva, por Auto de 14 de septiembre de 2000 la Sección Tercera de la Audiencia Provincial planteó de nuevo la cuestión de inconstitucionalidad. Pedro Varela siguió en libertad condicional y el caso quedó pendiente de la sentencia del Tribunal

Constitucional. Defensores de la libertad de expresión y revisionistas de todo el mundo consideraron que en España se había logrado una victoria, por lo menos temporal, y quedaron a la espera de la resolución del alto tribunal, que iba a tardar siete años en emitir la esperada sentencia.

Durante este periodo temporal, Pedro Varela prosiguió sus actividades como librero y como editor con la Asociación Cultural Editorial Ojeda, que había fundado a comienzos de 1998. La Librería Europa, además, comenzó a organizar conferencias en sus locales, con frecuencia pronunciadas por autores revisionistas que acudían desde el extranjero. De repente, el lunes 10 de abril de 2006, la policía autonómica catalana irrumpió de manera inesperada en los locales de la Librería Europa. A las 9:30 de la mañana una quincena de policías enmascarados comenzaron un registro que se prolongó hasta las cinco de la tarde. Unos seis mil libros valorados en más de 120.000 euros fueron secuestrados. Además, los funcionarios de la policía política de la Generalitat sacaron del local ocho cajas grandes repletas de documentación, cientos de carpetas y miles de fotos y diapositivas, catálogos preparados para ser enviados y trece mil programas de conferencias. Los seis ordenadores que contenían decenas de libros corregidos, maquetados y preparados para la edición quedaron confiscados. En estos ordenadores había también toda la información sobre clientes y amigos de la empresa editorial y de la librería. Los discos duros, las copias de seguridad, las libretas de ahorro, las cuentas bancarias, los talonarios de la librería, contratos personales y empresariales fueron asimismo confiscados. Por si no había suficiente, los "mossos" se llevaron las fotografías enmarcadas que recordaban actos de la época de CEDADE y hasta las banderas de las comunidades autónomas que, junto a la senyera catalana, adornaban la sala de conferencias.

Pedro Varela fue detenido. Una vez en comisaría, lo obligaron a desnudarse para pasar el registro y luego lo encerraron en una celda. Posteriormente pasó a "tocar el piano", que en la jerga carcelaria significa entintar los dedos para tomas las huellas dactilares, y fue fotografiado de cara y de perfil con el número de delincuente. Se le comunicó que en esta ocasión el motivo de su detención era que la Editorial Ojeda publicaba libros "contrarios a la comunidad internacional", libros que atentaban "contra las libertades públicas y los derechos fundamentales". Es decir, en una "democracia" donde la libertad de expresión, de difusión y de comunicación pasa por ser una seña sacrosanta de identidad, la edición y venta de libros quedaba convertida en una actividad criminal porque las ideas encerradas en los textos eran "contrarias a la comunidad internacional". Si no fuera todo tan serio y tan patético, sería para desternillarse de risa.

Dos días después de su detención, Varela quedó en libertad con cargos. Se le imputaron delitos contra una entelequia llamada comunidad internacional, contra el ejercicio de los derechos fundamentales y contra las libertades públicas por apología del genocidio. El subjefe de la Comisaría General de Investigación Criminal, Juan Carlos Molinero, explicó a los medios de comunicación que la operación no había estado dirigida contra la librería, ya investigada en los años 90, sino contra la Editorial Ojeda, por lo que no se cerraba ni el local ni su página web. En realidad fue una argucia "legal" para poder actuar de nuevo contra Varela.

Puesto que estamos historiando los hechos protagonizados por Pedro Varela, víctima del mayor atentado contra la libertad de expresión y de publicación perpetrado en la España "democrática", es pertinente anotar que el poder en Cataluña en abril de 2006 estaba en manos de un gobierno conocido como el tripartito, surgido tras la firma del llamado Pacto del Tinell. Presidido por el socialista Pasqual Maragall, los partidos que formaban parte de él eran el Partit dels Socialistes de Catalunya (PSC), Iniciativa per Catalunya Verds-Esquerra Unida i Alternativa (vástagos de los comunistas del PSUC) y Esquerra Republicana de Catalunya (cuyo emblema, según admiten sus dirigentes, es un triángulo masónico). Este Gobierno fue, pues, el responsable político de la persecución en España de un empresario por editar libros "contrarios a la comunidad internacional", la mayoría de los cuales se publicaban en casi toda Europa sin ningún problema.

Como es sabido, cuando se quiere criminalizar a un dirigente que en algún lugar del mundo se opone a los designios de las marionetas cooptadas que figuran al frente de los países poderosos que desencadenan las guerras, éstos se atribuyen la representación de la "comunidad internacional". Entonces, el Estado o nación que no se somete, es acusado de "desafiar a la comunidad internacional". En el caso inaudito que venimos relatando, entendemos que existiría un índice de libros prohibidos cuyos contenidos atentan contra una abstraccción inconcebible denominada comunidad internacional.

El 7 de noviembre de 2007 el Tribunal Constitucional emitió por fin la STC 235/2007, la sentencia sobre la cuestión de inconstitucionalidad planteada por la Sección Tercera de la Audiencia Provincial respecto al artículo 607, párrafo segundo, del Código Penal. El ponente fue el magistrado Eugeni Gay Montalvo. El fallo, después de plantear por extenso los fundamentos jurídicos, decía textualmente:

"En atención a lo expuesto, el Tribunal Constitucional, por la autoridad que le confiere la Constitución de la nación española, ha decidido estimar parcialmente la presente cuestión de inconstitucionalidad, y en consecuencia:

1º Declarar inconstitucional y nula la inclusión de la expresión 'nieguen o' en el primer inciso artículo 607.2 del Código Penal.

2º Declarar que no es inconstitucional el primer inciso del artículo 607.2 del Código Penal que castiga la difusión de ideas o doctrinas tendentes a justificar un delito de genocidio, interpretado en los términos del fundamento jurídico 9 de esta Sentencia.

3º Desestimar la cuestión de inconstitucionalidad en todo lo demás.

Publíquese esta sentencia en el Boletín Oficial del Estado

Dada en Madrid, a siete de noviembre de dos mil siete."

Es decir, a partir de la STC 235/2007, el dogma de fe del Holocausto puede negarse en España, como pueden negarse, por ejemplo, el de la Inmaculada Concepción, el de la existencia de Dios o cualquier otro dogma de la Iglesia. El Tribunal Constitucional consideró que dicha negación "permanece en un estadio previo al que justifica la intervención del derecho penal, en cuanto no constituye, siquiera, un peligro potencial para los bienes jurídicos tutelados por la norma en cuestión, de modo que su inclusión en el precepto supone la vulneración del derecho a la libertad de expresión". En la sentencia se decía textualmente que "la mera negación del delito resulta en principio inane". El Tribunal, por contra, sí consideraba delito la difusión "por cualquier medio" de ideas que justifiquen el genocidio. Pero éste no es el caso de los revisionistas que han ido apareciendo en estas páginas: ninguno de ellos justifica ni ha justificado nunca el genocidio. Pedro Varela aseguró una y otra vez que lo reprobaba en su declaración ante el juez que lo condenó a cinco años.

A los dos meses de conocerse el fallo del Constitucional, la Audiencia Provincial, nueve años después de la condena a cinco años a Pedro Varela, celebró el 10 de enero de 2008 la vista de la apelación contra la sentencia. La defensa de Pedro Varela había solicitado más tiempo para prepararse, toda vez que la sentencia del Tribunal Constitucional era suficientemente importante como para estudiar bien sus implicaciones legales; pero la Sala desestimó la petición. Tanto las acusaciones como la defensa reiteraron sus demandas. Por fin el 6 de marzo los jueces de la Audiencia Provincial hicieron pública la sentencia que estimaba parcialmente el recurso y rebajaba la pena a siete meses de prisión. Se consideró que Varela había realizado apología del genocidio por su labor de difusión de las doctrinas genocidas a través de la venta de libros, pero que no había discriminado directamente de manera personal, por lo que quedaba absuelto del delito de incitación al odio racial. Pedro Varela no tuvo que entrar entrar en prisión y anunció que estudiaría presentar recurso de amparo.

De todos modos, el acoso a Varela estaba en su apogeo, ya que tras su detención en abril de 2006 seguía en libertad con cargos y estaba pendiente de un nuevo juicio. Fue el 29 de enero de 2010 cuando tuvo lugar la vista en el Juzgado de lo Penal nº 11 de Barcelona. Ante la obligación de acatar la doctrina del Tribunal Constitucional, según el cual negar el Holcausto no es delito, pero sí justificarlo; se trataba de acusar al librero y editor de difundir ideas que justificaban el genocidio e incitaban al odio racial, pese a que él siempre había dicho por activa y por pasiva que condenaba toda forma de violencia contra cualquier minoría étnica y, por descontado, todo genocidio. El fiscal Miguel Ángel Aguilar aseguró que no estaban juzgando ideas, "sino la difusión de la doctrina del odio". De entre los libros seleccionados, el fiscal citó fragmentos que le sirvieran para sustentar su destartalada tesis. El abogado de Pedro Varela denunció que los párrafos extraídos por el fiscal de más de una docena de obras que se vendían en la Librería Europa estaban "sacados de contexto" y recordó que algunos de los libros escogidos, como *Mi lucha*, de Hitler, podían comprarse también en grandes almacenes.

El 5 de marzo de 2010, Estela María Pérez Franco, una juez sustituta, sin oposición, que estaba nombrada discrecionalmente en el Juzgado de lo Penal nº 11, dictó sentencia, que se conoció el 8 de marzo. En el apartado de los hechos probados, esta magistrado-juez dedicó quince páginas a comentar textos de los diecisiete libros que ordenó destruir. Veamos algunas muestras. De *Mi lucha* (36 ejemplares intervenidos), insistía en citar fragmentos que hacen alusión a la raza. Parece evidente que esta jueza ignoraba que la cuestión racial ha sido desde siempre la razón de ser del pueblo judío. Baste citar una frase bochornosa de Golda Meir, venerada dirigente sionista que fue primera ministra de Israel, según la cual "el matrimonio mixto es peor que el Holocausto". Esta racista, en alusión a los palestinos dijo en su momento: "No existe el pueblo palestino. Ellos no existen." ¿Consideraría la magistrado-juez que Golda Meir odiaba a los palestinos? De la obra de Joaquín Bochaca *Los crímenes de los buenos* (2 ejemplares intervenidos), la juez citó como condenable la frase "No fueron los árabes, sino los buenos, los judíos, los implantadores del terrorismo en Palestina". Si se considera falsa esta aserción, cabría preguntarse si en el momento de emitir la sentencia condenatoria contra Pedro Varela la jueza tenía la más remota idea sobre cómo nació el Estado sionista. Resulta llamativa la inclusión de *La lluvia verde de Yususf* (222 ejemplares intervenidos), obra del autor judío Israel Adán Shamir, entre los libros que debían ser destruidos. En la sentencia la jueza cita, entre otros, el siguiente aserto de Shamir: "Pág. 35, líneas 3-6, 'La prensa mundial, desde

Nueva York hasta Moscú, pasando por París y Londres, está perfectamente controlada por los supremacistas judíos; ni un rechinar de dientes se deja escuchar sin que ellos lo autoricen previamente'". ¿Acaso Estela María Pérez Franco considera que Shamir miente y que es un antisemita? Los sionistas podrían explicarle que ellos consideran que los judíos que se atreven a criticarlos, más que antisemitas, son "judíos que se odian a sí mismos por el hecho de ser judíos". Israel Shamir, famoso por su compromiso con la causa palestina, es autor de una trilogía, que además de la obra mencionada incluye *El espíritu de Santiago y Pardés. Un estudio de la Cábala*, ambas obras se vendían en Librería Europa. Dos meses antes del juicio, invitado por Pedro Varela, Shamir había participado en el ciclo de conferencias de Librería Europa: el domingo 8 de noviembre de 2009, en Madrid y el lunes día 9, en San Sebastián. El título de su conferencia fue *La batalla del discurso: El yugo de Sión*.

Analizando la selección de citas de la sentencia podríamos escribir por lo menos quince páginas, las mismas que redactó Estela María Pérez; pero toca ya atender al fallo, en el que la jueza condenaba a un año y tres meses de prisión a Pedro Varela Geiss "como criminalmente responsable en concepto de autor de un delito de difusión de ideas genocidas", y a un año y seis meses de prisión por "un delito cometido con ocasión de los Derechos fundamentales y de las Libertades públicas garantizados por la Constitución". Es un sarcasmo insoportable, una injusticia manifiesta, que se condenara a Varela por un delito contra los derechos fundamentales y las libertades constitucionales, cuando era precisamente víctima de la vulneración de estos derechos y libertades en su persona. Se acordaba asimismo "el comiso de todos los libros relatados en los hechos probados... procediéndose a su destrucción una vez firme la sentencia".

La sentencia no fue firme hasta finales de octubre de 2010. Previamente, en mayo de 2010, la Audiencia Provincial vio el recurso de apelación. Esta corte de la Audiencia guardó por lo menos el decoro que se debía a sí misma como tribunal de justicia y absolvió a Pedro Varela del segundo delito, por el que había sido condenado a un año y seis meses de prisión; pero mantuvo el primero: "difusión de ideas genocidas", por el cual había sido condenado a un año y tres meses. Finalmente, otra jueza de Barcelona, la titular del Juzgado de lo Penal n° 15, no accedió a conceder a Pedro Varela la suspensión de la pena que había solicitado. La juez hacía constar en la resolución que al ordenar el ingreso en la cárcel del librero había considerado el hecho de que tuviera otra condena de siete meses de prisión del año 2008, un hecho que desde el punto de vista penal ponía "de manifiesto una trayectoria delictiva que demuestra su peligrosidad".

Pedro Varela ingresó en prisión el domingo 12 de diciembre de 2010. Era una mañana luminosa de invierno, limpia de nubes, como lo estaba Pedro de delitos. Llegó en una pequeña caravana de coches, acompañado de un grupo numeroso de amigos y simpatizantes que lo arroparon y animaron hasta el último momento. En una gran pancarta enarbolada por varias personas se leía: "Por el derecho a informar. No más editores en la cárcel". Otro acompañante llevaba una pancarta individual con la frase "Se prohíben libros y se encierra a editores". Con una entereza y una dignidad admirables, consciente de la necesidad de dar ejemplo de fortaleza, Varela exhortó a sus amigos a no desanimarse. Evocó la prisión de Quevedo en las mazmorras de San Marcos de León y asumió que había llegado el momento de afrontar el encarcelamiento. Pidió a todos que recordasen al mundo que se perseguían libros y se enviaba a prisión a editores. "Podemos conseguir entre todos -les dijo- que no se encarcele a nadie más por este motivo." Entre abrazos y besos se despidió después de dar las gracias y cruzó la verja. Fue alejándose hacia las oficinas de control de acceso con un telón de fondo de aplausos y gritos emocionados de "¡Ánimo Pedro!" "¡Bravo!" y "¡No te olvidaremos Pedro!". Por fortuna, no se le prohibió escribir, lo cual permitió que pudiera redactar una serie de cartas en la celda 88 del centro penitenciario de Can Brians 1, donde cumplió la condena. Más tarde estos textos serían editados con el título *Cartas desde prisión. Pensamientos y reflexiones de un disidente*.

El 8 de marzo de 2011, Isabel Gallardo Hernández, otra jueza sustituta adscrita al juzgado de lo Penal nº 15 de Barcelona, emitió un auto en el que disponía que se llevara a la práctica la Ejecutoria de destrucción de los libros, según se había ordenado en la sentencia de 5 de marzo de 2010. Citaremos un fragmento de la parte dispositiva del auto para que quede constancia del índice de libros prohibidos en España, un país donde teóricamente hay libertad de expresión y, en consecuencia, no existen libros prohibidos.

"DISPONGO: acordar la destrucción de todos los ejemplares de los libros con los siguientes títulos:

1º Mi lucha. 2º Autorretrato de León Degrelle, un fascista. 3º Hitler y sus filósofos. 4º Hitler, discursos de los años 1933/1934/1935. Obras completas (tomo 1). 5º Los crímenes de los 'buenos'. 6º Fundamento de biopolítica: olvido y exageración del factor racial. 7. Raza, inteligencia y educación. 8º Nobilitas. 9º Hombre nuevo. 10º Ética revolucionaria. 11º Guardia de hierro. El fascismo rumano. 12º Los protocolos de los sabios de Sión. 13º Ecumenismo a tres bandas: judíos, cristianos y musulmanes. 14º La lluvia verde de Yusuf. 15º El pensamiento wagneriano. 16º La historia de los vencidos (el suicidio de occidente). Tomo II. 17º Manual del jefe. De la Guardia de Hierro.

Asimismo procédase a la destrucción del busto de Hitler, la esvástica de hierro, cascos militares, así como las fotografías, carteles de temática nacionalsocialista intervenidos.

Devuélvanse las banderas y el material de oficina al penado."

Constatar que todo se hace en nombre de la democracia, la libertad y los derechos fundamentales es en extremo deplorable. Cabe preguntarse por qué hay que destruir bustos de personajes históricos, esvásticas, cascos militares, fotos o carteles. Si se nos responde que Hitler representa el mal absoluto, deberemos alegar que el comunismo ha engendrado los peores criminales de la historia. Que sepamos, no hay sentencias que obliguen a destruir bustos de Lenin, Trotsky, Kaganóvich, Beria o Stalin que se hallen en domicilios particulares. Otra cosa es que estatuas emplazadas en lugares públicos hayan sido retiradas en algunos países, cuando no derribadas por las poblaciones indignadas tras años de totalitarismo comunista.

En cuanto a los libros, qué puede decirse de la destrucción de obras que se leen en todo el mundo y pueden consultarse libremente en las bibliotecas españolas. Cómo puede aceptarse la prohibición de textos en España sólo porque un tribunal en Barcelona ha considerado hecho probado que "el contenido de los libros ocupados refleja el menosprecio al pueblo judío y a otras minorías." Es un sarcasmo insultante que haya que destruir obras donde se critica a los judíos, mientras en Israel el odio racial está en la base de la educación. Los talmudistas, que odian visceralmente a los cristianos, enseñan en "Abhodah Zarah" que "incluso el mejor de los goyim (gentiles o no-judíos) debe ser asesinado". ¿Acaso esta enseñanza no destila odio racial y fanatismo de la peor calaña? Maurice Samuel (1895-1972), un intelectual sionista, en el capítulo XIV de su obra *You Gentiles* (*Vosotros Gentiles*), titulado "We, the Destroyers" (Nosotros, los Destructores) escribe estas palabras dirigiéndose a los gentiles: "Nosotros, judíos, somos los destructores y seguiremos siéndolo. Nada de lo que podáis hacer colmará nuestras demandas y necesidades. Nosotros destruiremos eternamente porque queremos que el mundo sea nuestro." ¿No es esto racismo criminal?

Cabe suponer que la jueza Pérez Franco no prevaricó y que si hubiera tenido la suficiente erudición sobre los temas que estaba juzgando no hubiera ordenado quemar, por ejemplo, *El pensamiento wagneriano* (12 ejemplares intervenidos), obra del pensador británico Houston Stewart Chamberlain, porque en la página 83 el autor se atrevió a escribir que "la influencia del judaísmo acelera y favorece el progreso de la degeneración empujando al hombre hacia un torbellino desenfrenado que no le deja tiempo ni para reconocerse ni para tomar conciencia de esta lamentable decadencia..." La cita procede del apartado "hechos probados", en la angustiosa sentencia de 5 de marzo de 2010.

"De la escuela de la guerra de la vida. - Lo que no me mata, me hace más fuerte." Esta frase de Nietzsche en *El crepúsculo de los ídolos* es idónea para explicar el estado de ánimo con que salió Pedro Varela de la prisión de Can Brians el 8 de marzo de 2012. "A partir de ahora redoblaré mis esfuerzos", declaró tras mostrarse decidido a reanudar las actividades en su librería y a seguir luchando contra la represión. Un año más tarde, el 5 de marzo de 2013, el Tribunal Europeo de Derechos Humanos de Estrasburgo condenó a España a pagar 13.000 euros a Varela, pues entendió que la Audiencia Provincial de Barcelona debería haberle permitido preparar y ejercer su defensa de manera más efectiva y con mayor plazo de tiempo tras la sentencia del Tribunal Constitucional en 2007. Fue una victoria moral, pues el librero había solicitado 125.000 euros de indemnización. Los magistrados del Tribunal de Estrasburgo consideraron por unanimidad que "sólo se le permitió conocer de manera tardía el cambio de calificación" del delito por el que se le condenó a siete meses de cárcel.

El hecho de que La Librería Europa y su propietario hubieran sido capaces de continuar con los ciclos de conferencias y de reorganizar de nuevo sus actividades comerciales y culturales no gustó a sus enemigos. Una docena de esbirros encapuchados fueron enviados el 11 de marzo de 2014 a la calle Séneca. Estos valientes se presentaron en la librería sobre las diez y media de la mañana y a plena luz del día, con la insolencia de quien se sabe impune, comenzaron el ataque: desde la calle rompieron las cristaleras de los escaparates con objetos contundentes y luego arrojaron botes de pintura contra libros y mobiliario. Por fortuna, el personal de la librería no fue agredido. Según testigos presenciales, el grupo era de unas veinte personas, pero sólo los encapuchados actuaron con violencia. Pedro Varela presentó denuncia ante los Mossos d'Esquadra, aunque con pocas esperanzas, por no decir ninguna, de que se detuviera a nadie, pues nunca antes hubo detenciones.

Alemania, el Estado que persigue a su propia sombra, no podía quedar al margen, sin participar en el acoso al librero y editor español. Su aparición en la persecución se produjo en febrero de 2009, fecha en que el Consulado General de Alemania en Barcelona presentó una denuncia contra Pedro Varela por comercializar *Mein Kampf* (*Mi lucha*) sin autorización del Estado de Baviera. La publicación de la obra en Alemania fue delito hasta el 30 de abril de 2015, fecha en que, setenta años después de la muerte de Hitler, el libro quedó bajo dominio público. Con este pretexto, el infatigable Miguel Ángel Aguilar, un jurista "progresista" de la camada de Baltasar Garzón, Santiago Vidal, José María Mena y otros por el estilo, conocido como el fiscal del odio, puesto que está al frente del Servicio contra delitos de Odio y Discriminación de la Fiscalía de Barcelona, acusó en septiembre de 2015 a Pedro Varela por un delito contra la propiedad intelectual, delito que, dicho sea de paso, nada tiene que ver con el odio y la discriminación. El fiscal del odio pedía, sumiso, dos años de prisión para Varela, su inhabilitación por tres años como editor y comerciante y una multa de 10.800 euros por editar el libro sin autorización ni licencia, pese a saber que los derechos de la obra pertenecían al Estado alemán de Baviera en virtud de una sentencia de la Cámara de Justicia de Múnich. Además, reclamaba otra multa de 216.000 euros y una indemnización de 67.637 euros al Estado de Baviera.

Sobre los derechos de la obra de Hitler, sabemos que Paula Hitler, la hermana del "Führer", había confiado a François Genoud, "Sheik François" (ver nota 19), la gestión editorial de numerosos textos de su hermano, incluido *Mein Kampf*. El banquero suizo estaba trabajando en la redacción de un acuerdo global con ella para hacerse con los derechos de toda la obra de Adolf Hitler, pero Paula murió en 1960. Ya entonces, las autoridades bávaras, que se habían apoderado del contrato entre Hitler y la casa editorial del NSDAP (Franz Eher Verlag), reivindicaban ansiosas los derechos para el Estado de Baviera.

Sea como fuere, el odio hacia Pedro Varela debería constar entre los hechos probados, puesto que *Mein Kampf* se ha vendido y se está vendiendo en todo el mundo. En India, por ejemplo, Hitler es un autor de culto. Su famosa obra se ha convertido en un clásico que desde hace tiempo es un éxito de ventas. Puede comprarse en tenderetes callejeros y de vez en vez se sitúa en la lista de los diez libros más vendidos. El abogado de Pedro Varela, Fernando Oriente, rechazó en su escrito de defensa que el Estado de Baviera y la República Federal de Alemania tuvieran o hubieran tenido los derechos y argumentó que el cónsul alemán "carecía de cualquier legitimidad". El letrado recordó que la primera edición del libro en España es de 1935 y que los derechos de autor de una persona fallecida antes del 7 de diciembre de 1987 son libres, tal y como se establece en un real decreto de 1996 sobre la Ley de Propiedad Intelectual. El abogado de Varela lamentó que la intención de Baviera fuera "actuar de censor del pensamiento, impidiendo la libre difusión de ideas que consagra la Constitución".

Nos disponíamos a concluir, pero hemos leído en la edición de 28 de enero de 2016 de *El País* en Cataluña el siguiente titular: "El fiscal estudia el acto de un neonazi en la librería Europa". En la noticia se lee: "el histórico líder ultraderechista Ernesto Milá presentará allí (en la librería Europa) su nuevo libro *El tiempo del despertar*, que ensalza el auge del nazismo." Es decir, el fiscal del odio entiende que la presentación de un libro puede ser un acto criminal. Después de haber enterrado a más de cien millones de víctimas del comunismo en todo el mundo, después de la opresión de esta ideología totalitaria en media Europa durante cincuenta años, disertar sobre los campeones comunistas sigue siendo "progresista"; pero si el conferenciante es "un neonazi", nos hallamos frente al mal absoluto, ante la apología del nacionalsocialismo, del odio racial, del antisemitismo.

Por desgracia, el revanchismo, el rencor y el odio están hoy al orden del día en España, pero anidan en los pechos de los "antifascistas", siempre tan democráticos. Ochenta años después de la guerra civil, amparados en una Ley de Memoria Histórica que se utliza sectariamente para recordar sólo los crímenes de uno de los bandos en la contienda fratricida, los partidos de la llamada "izquierda progresista", que han logrado el poder en los grandes ayuntamientos gracias a pactos de todos contra uno, se dedican a destruir monumentos, a quitar placas en memoria de religiosos fusilados, a cambiar los nombres de las calles... Cargados de razón y de superioridad moral, como de costumbre, exhiben una intolerancia y un fanatismo que atentan contra la concordia y la reconciliación entre los españoles, que parecían aseguradas gracias a la Constitución de 1978. Por ello, visto el ambiente que se respira, cabe sospechar que la persecución contra Pedro Varela no cesará.

Post Scriptum

Lamentablemente, meses después de haber redactado la última oración, nuestra sospecha se ha hecho realidad: habiendo ya concluido esta *Historia proscrita*, hemos conocido que el 7 de julio de 2016 entró en el Juzgado de Guardia (Juzgado de Instrucción número 18 de Barcelona) una nueva querella presentada por el Ministerio Fiscal contra la Asociación Cultural Editorial Ojeda como persona jurídica y contra su vicepresidente Pedro Varela. Asimismo, la querella iba dirigida contra Carlos Sanagustín García, Antonio de Zuloaga Canet, Viorica Minzararu y Nicoleta Aurelia Damian, personas vinculadas a la asociación y a la Librería Europa. La jueza Carmen García Martínez ordenó de inmediato medidas "cautelares urgentes", las cuales incluían: el cese de las actividades de la Editorial Ojeda, la clausura de la Librería Europa y el bloqueo de las dos páginas web de la librería. Absurdamente, la Fiscalía del Odio de Barcelona se acogía al artículo 510.1 a, de la Constitución española, que alude a Derechos Fundamentales y Libertades Públicas, para proseguir su acoso despiadado contra Varela.

El viernes 8 de julio, los Mossos d'Esquadra arrestaron en sus casas a las dos dependientas de la Librería Europa, ambas de origen rumano, y a los dos miembros de la Asociación Cultural Editorial Ojeda. Pedro Varela no se hallaba en la ciudad, puesto que había viajado con su hija menor y estaba de acampada en las montañas de algún lugar de España. En el registo de la librería se decomisaron quince mil libros y los equipos informáticos. La Librería Europa quedó precintada. A las 7:00 de la misma mañana la policía catalana irrumpió asimismo en el domicilio de Pedro Varela. Además de los ordenadores, los agentes se apoderaron de todos los fondos en efectivo que guardaba en su casa.

Tras conocer que se había dictado una orden de busca y captura, Pedro Varela emitió un comunicado en el que anunció que se presentaría en el juzgado, cosa que hizo el 15 de julio. Acompañado por sus abogados, el librero y editor llegó al Juzgado de Instrucción número nueve, que había dictado la orden de busca y captura. Se negó a declarar. El fiscal del odio, Miguel Ángel Aguilar, pidió su ingreso en prisión con el argumento de que existía riesgo de fuga y de que sus delitos eran reiterados. El juez dictó prisión eludible con una fianza de 30.000 euros, cantidad que Varela no pudo pagar. Luis Gómez y Javier Berzosa, los abogados, trataron de conseguir una rebaja. Argumentaron que su cliente no era un hombre rico y que no podía usar el dinero aprehendido por los Mossos d'Esquadra en su domicilio para hacer frente a la fianza. "Lo que tiene - precisó Berzosa- se lo llevaron en el registro de su casa". De este modo, Varela ingresó en la cárcel Modelo de Barcelona. Por fortuna, un amigo abonó el mismo día el depósito judicial y Pedro pudo recobrar la libertad al anochecer.

En cuanto a las otras personas, después de pasar veinticuatro horas detenidas, quedaron en libertad con cargos acusadas de promover el odio y la discriminación por participar en la "organización de conferencias en la librería donde se enaltece y justifica el genocidio nazi y se niega el Holocausto judío". La Fiscalía pretendía encarcelar a los dos varones, el presidente y el tesorero de la Asociación Cultural Editorial Ojeda, pero el juez los dejó en libertad. A los pocos días del precinto de la Librería Europa, apareció frente a la puerta de cremallera una espléndida corona de flores depositada sobre un caballete de madera con la siguiente inscripción: "De la cultura y la libertad a Librería Europa".

El 18 de julio, Esteban Ibarra, un supuesto adalid de la tolerancia que preside el Movimiento Contra la Intolerancia, una ONG que desde 1995 ha recibido cerca de siete millones de euros en subvenciones públicas, presentó querella contra Pedro Varela y los otros responsables de la librería y de la editorial. Ibarra anunció que iba a ejercer la acción popular y que contaba con la participación de la Federación de Comunidades Judías de España, la Liga Internacional Contra el Racismo (LICRA), la Comunidad Judía Bet Shalom de Barcelona, etc., etc.. Para acabar de rematar el linchamiento público contra un sólo hombre, el Ayuntamiento de Barcelona anunció por boca del teniente de alcalde Jaume Asens, responsable estatal de derechos humanos en Podemos, que el Ayuntamiento se personaría como acusación en la causa "por la ofensa a toda la ciudad". Jaume Asens, un "antisistema" convertido en separatista, declaró que "la Librería Europa era un cuartel general de la extrema derecha en la ciudad".

Durante el franquismo existía la censura, la cual servía de protección a los libreros, pues sabían qué obras no podían vender. Ahora no hay censura en España y ningún librero debería en teoría temer nada. Sin embargo, se persigue con saña a un empresario, un hombre capaz de "ofender a toda una ciudad" con la venta de libros. Mucho nos tememos que en esta ocasión los enemigos de Pedro Varela están decididos a encerrarlo para siempre en una cárcel de silencio. Tras más de veinte años de persecución, Varela se ha convertido en un disidente legendario en España y en uno de los más tenaces de Europa. Sus convicciones y su dignidad como persona quedan ejemplificadas en una actitud modélica de resistencia pacífica. Su lucha por la libertad de expresión y de pensamiento merece el reconocimiento no sólo de quienes compartimos sus puntos de vista revisionistas, sino de cuantos creen de veras en la libertad.

Otros libreros y editores perseguidos en Cataluña

El caso que sigue a continuación confirma la injusticia cometida con Pedro Varela. Conocido como el caso de la Librería Kalki, afectó a cuatro libreros y editores que acabaron absueltos por el Tribunal Supremo mientras Varela, también librero y editor, se hallaba cumpliendo condena en prisión por unos hechos idénticos. De ello podrían extraerse muchas y variadas conclusiones, que dejamos para el final. Ahora nos limitaremos a narrar sucintamente los hechos tras perfilar unos trazos aun más concisos sobre los personajes: Óscar Panadero, Ramón Bau, Juan Antonio Llopart y Carlos García, condenados por la Audiencia Provincial de Barcelona por difusión de ideas genocidas en sentencia de 28 de septiembre de 2009.

El primero, Óscar Panadero, hijo de un responsable del PSUC, sobrino de anarquistas y nieto de falangistas, se formó desde niño en las discusiones de los tres credos ideológicos y acabó escogiendo el nacionalsocialismo. Nacido en Barcelona en 1977, abandonó con notas excelentes los estudios y optó por una formación autodidacta. Ni los docentes ni sus progenitores lograron convencer al joven adolescente, quien confirmó que no pensaba claudicar ante una escuela que enseñaba falsedades. Tras pasar por asociaciones como Alternativa Europea y el Movimiento Social Republicano, acabó en el Círculo de Estudios Indoeuropeos (CEI), cuyo presidente era Ramón Bau. En enero de 2003, tras vender su hacienda y abandonar un buen trabajo, inauguró la Librería Kalki, de la que fue propietario y administrador. Sólo medio año más tarde comenzó su proceso de persecución política: el 8 de julio de 2003 y el 25 de mayo de 2004, la policía autonómica irrumpió en el establecimiento y, como en el caso de la Librería Europa, se secuestraron miles de libros y revistas, además de catálogos, folletos, etc.

El segundo, Ramón Bau, también barcelonés, participó a los diecisiete años en la fundación del Círculo Español de Amigos de Europa y junto a Pedro Varela trabajó en su actividad editorial. Bau colaboró estrechamente con Varela y llegó a ser secretario general de CEDADE. En 1984 montó Ediciones Bau, Bausp y Wotton y editó más de un centenar de revistas. En junio de 1998 fundó el Círculo de Estudios Indoeuropeos. Bau, intelectual que atesora un amplio bagaje de conocimientos, aparte de nacionalsocialista convencido, se declara wagneriano.

Juan Antonio Llopart, el tercero de los catalanes perseguidos, nació en Molins de Rei en el seno de una familia falangista. Fundador de Ediciones Nueva República, fue también impulsor de la revista *Nihil Obstat*. Llopart, desde Ediciones Nueva República patrocinó y organizó unas Jornadas de Disidencia que contaron durante varios años con asistencia de personalidades internacionales, luchadores contracorriente en el ámbito de la cultura. Es autor de varias obras y ha colaborado en distintas publicaciones.

El cuarto, Carlos García, miembro del CEI y también de tradición falangista, se declara estudioso del nacionalsocialismo. Secretario de Óscar Panadero, ha contado una anécdota significativa sobre su detención: cuando en 2004 diez policías irrumpieron de noche en su domicilio, el que llevaba la voz cantante iba de paisano y lucía una estrella roja comunista en la solapa. García considera que era una manera de hacerle saber quiénes iban a por él.

Pues bien, tras ser detenidos de manera humillante y pasar varios días retenidos en los calabozos, se abrió contra ellos un procedimiento en el Juzgado de Instrucción nº 4 de Sant Feliu de Llobregat. Una vez decretada la apertura de juicio oral, se remitió el caso a la Audiencia Provincial de Barcelona, que el 28 de septiembre de 2009 dictó sentencia. Los cuatro fueron condenados a penas de hasta tres años y medio de cárcel por delitos de difusión de ideas genocidas, delitos contra los derechos fundamentales y las libertades, y por asociación ilícita. Ramón Bau, presidente de CEI, y Óscar Panadero, dueño de la Librería Kalki, recibieron tres años y medio de pena; Carlos García, tres años; Juan Antonio Llopart, administrador de Ediciones

Nueva República, no fue condenado por asociación ilícita, por lo que su condena quedó en dos años y medio de prisión.

Los abogados interpusieron recurso de casación ante el Tribunal Supremo por infracción de Ley y de precepto Constitucional, así como por quebrantamiento de Forma. El 12 de abril de 2011 el Supremo dictó la Sentencia 259/2011, cuyo ponente fue el magistrado Miguel Colmenero Menéndez de Luarca. El fallo consideraba que había lugar a los recursos de casación por infracción de Ley y precepto Constitucional, así como por quebrantamiento de Forma. En consecuencia, los acusados fueron absueltos de los delitos por los que venían condenados y quedaban sin efecto todos los pronunciamientos de la sentencia de la Audiencia. La sentencia constaba de 218 páginas. En el apartado de "Fundamentos de Derecho" se daban los mismos argumentos que, esgrimidos en su día por la defensa de Pedro Varela, habían sido rechazados por los tribunales catalanes que lo habían juzgado y condenado. Sigue la cita de un fragmento:

"Por todo ello, tratándose de editores o libreros, la posesión de algunos ejemplares de tales obras, en mayor o menor número, con la finalidad de proceder a su venta, o a su distribución, al igual que ocurriría si se tratara de otras muchas obras posibles de temática similar, o incluso contrarias en su sentido más profundo aunque igualmente discriminatorio y excluyente, no supone por sí misma un acto de difusión de las ideas más allá del mero hecho de poner sus soportes documentales a disposición de posibles usuarios, y por lo tanto, nada distinto de lo esperable de su dedicación profesional, sin que, aunque contengan alguna forma de justificación del genocidio, se aprecie sólo por ello una incitación directa al odio, la discriminación o la violencia contra esos grupos, o indirecta a la comisión de actos constitutivos de genocidio, y sin que tampoco, aunque en esas obras se contengan conceptos, ideas o doctrinas discriminatorias u ofensivas para grupos de personas, pueda apreciarse que solo con esos actos de difusión se venga a crear un clima de hostilidad que suponga un peligro cierto de concreción en actos específicos de violencia contra aquellos.

No se describe en los hechos probados, como sería necesario para aplicar el tipo, ningún acto de promoción, publicidad, defensa pública, recomendación, ensalzamiento o incitación o similares imputados a los acusados que vinieran referidos a la bondad de las ideas o doctrinas contenidas en los libros que editaban, distribuían o vendían en razón de su contenido filonazi, discriminatorio o proclive al genocidio o justificación del mismo, o a la conveniencia de adquirirlos para conocimiento y desarrollo de aquellas, o que aconsejaran de alguna forma su puesta en práctica, que pudieran considerarse como actividades de difusión, que tuvieran mayor alcance y fueran distintas del hecho de editar determinadas obras o de disponer de ejemplares a disposición de los eventuales clientes. Tampoco se aprecia en los actos imputados en el relato fáctico un ensalzamiento de dirigentes del nazismo en razón de sus actividades discriminatorias o genocidas, por lo que sin perjuicio de la opinión que a cada uno tales personas pudieran merecer, en relación con lo hasta ahora dicho, no puede valorarse como una incitación indirecta al genocidio o como una actividad encaminada a la creación de un clima hostil del que pudiera desprenderse la concreción de actos específicos contra las personas ofendidas o contra los grupos de los que forman parte."

Dicho en román paladino ("en el cual suele el pueblo fablar a su vecino"), el hecho de que libreros o editores, en el ejercicio de su actividad profesional, vendan o editen ciertos libros no supone que justifiquen el genocidio, el odio o la violencia contra nadie. El Supremo, y ello sería aplicable al caso de Pedro Varela, no consideró que en los "hechos probados" hubiera nada relacionado con actos de promoción o justificación de la praxis de las ideas contenidas en los libros editados o distribuidos. Tampoco entendió que se pudiera atribuir a los condenados ninguna incitación al genocidio en función de los actos imputados en el relato de los hechos. En cuanto a la pretensión de que los acusados formaban parte de una asociación ilícita, el Supremo explicó en la sentencia que "no basta con acreditar la ideología del grupo o de sus intregrantes" y consideró que con los datos disponibles no se desprendía que el grupo fuera "una organización estructurada con medios que permitan transformar la orientación ideológica en promoción de la discriminación."

La STC 235 de 7 de noviembre de 2007 y la Sentencia nº 259 de 12 de abril de 2011 de la Sala de lo Pena del Tribunal Supremo amparan los derechos a la libertad ideológica y de expresión, por lo que cualquier idea puede ser defendida y difundida. Sin embargo, en lugar de felicitarse por dos sentencias que venían a proteger las libertades de todos, algunos medios "progresistas", siempre serviles a la voz de sus amos, se rasgaron las vestiduras y consideraron que las sentencias suponían un retroceso. O sea, cuando la actuación de jueces y fiscales se produce de acuerdo a determinados intereses, aunque se restrinjan los derechos fundamentales, se trata de sentencias ejemplares; pero en el caso contrario los magistrados son conservadores y carcas. En su sectarismo, estos medios y los grupos que se esconden tras ellos ignoran que la Constitución no prohíbe las ideologías, estén en uno u otro extremo del espectro político. Según los jueces del Supremo, la Constitución "no prohibe las ideologías", por lo que "las ideas como tales no deben ser perseguidas penalmente". El Supremo insistía en que la tolerancia con todo tipo de ideas permite aceptar incluso aquellas que cuestionan la propia Constitución, "por muy rechazables que puedan considerarse". En definitiva, el Tribunal Supremo se apoyaba en la jurisprudencia del Tribunal Constitucional, según el cual "al resguardo de la libertad de opinión cabe cualquiera, por equivocada o peligrosa que pueda parecer al lector, incluso las que ataquen al propio sistema democrático. La Constitución protege también a quienes la niegan".

La sentencia del Supremo supuso un duro revés, un varapalo, para la Audiencia de Barcelona. Cuando se produjo, Pedro Varela seguía en la prisión de Can Brians. En junio de 2011, medio año después de haber ingresado voluntariamente, la junta de tratamiento del centro penitenciario le denegó el permiso para poder ver a su esposa y a su hija pequeña, a la que no había vuelto a ver. Puesto que las competencias en materia de ejecución penitenciaria están transferidas a la Generalitat de Catalunya, es evidente que los funcionarios del centro obedecían instrucciones políticas del Gobierno catalán. Pedro Varela había solicitado el tercer grado y le había sido denegado. El 3 de marzo de 2011, presentó un recurso contra la denegación. Si se hubiera querido hacer justicia, tan pronto se conoció la sentencia del Supremo que absolvía a los cuatro libreros y editores condenados por los mismos delitos, el Juzgado de Vigilancia Penitenciaria correspondiente tendría que haber resuelto el recurso contra la denegación de tercer grado e instado de oficio a la puesta en libertad condicional del penado. Pese a que la jurisprudencia del Tribunal Supremo no considera delito los hechos por los que estaba en prisión, Varela cumplió su condena íntegramente. De este modo, quedó demostrado una vez más que su caso era político y nada tenía que ver con la equidad y la justicia.

7. VÍCTIMAS PRINCIPALES DE LA PERSECUCIÓN EN SUECIA:

Ditlieb Felderer, el judío burlón que utiliza la sátira corrosiva

Este revisionista que ha sido acusado, procesado, condenado y encarcelado en Suecia, mantiene en la actualidad una página web irreverente, *Ditliebradio*, en la que ha optado por un humor socarrón para denunciar las imposturas. De una manera sarcástica, macabra, se sirve de todo tipo de fotografías irónicas, incluidas las pornográficas, para burlarse de las mentiras sobre el Holocausto, de los crímenes del sionismo, del acatamiento de la Iglesia Católica al dogma de fe, de los testigos de Jehová y de todo lo que haga falta. En ocasiones echa mano de fotomontajes atrevidos e ingeniosos para conseguir ilustrar mejor sus denuncias. Por todo ello, Felderer es conocido como el revisionista excéntrico. Su extraño sentido del humor ha sido utilizado por los exterminacionistas y propagandistas para desacreditarlo. A él parece importarle muy poco, pues cree que no debe respetarse en absoluto la "sensibilidad" de los falsificadores de la historia y mentirosos compulsivos.

Según Elliot Y. Neaman, Dr. en historia por la Universidad California en Berkeley y profesor de la Universidad de San Francisco, Ditlieb Felderer es judío, puesto que lo era su madre, la cual descendía de una familia de testigos de Jehová. Nacido en Innsbruck en 1942, huyó de los nazis con su familia: pasaron a Italia y desde allí acabaron emigrando a Suecia, donse se educó. Tiene por tanto nacionalidad sueca. En 1976, trabajando para una publicación de los testigos de Jehová, comenzó a viajar a los campos. Años más tarde, entre 1978 y 1980 realizó una segunda ronda de visitas a los campos que teóricamente habían sido de exterminio. Fue uno los primeros investigadores que buscó evidencias en Auschwitz. En estos viajes, tomó cerca de 30.000 fotos, en las que dejó registrados hasta los detalles más triviales de las instalaciones. Muchas de ellas son utilizadas en sus fotomontajes. En Auschwitz, Felderer fotografió la piscina, el moderno hospital y su sección de ginecología, el teatro, la biblioteca, las aulas donde se daban clases de escultura, la cocina, que era una de las instalaciones más grandes del campo. Tuvo acceso a archivos que requerían un permiso especial y descubrió en ellos la partitura musical de un pieza titulada "Vals de Auschwitz", que supuestamente pudo ser intrepetado por la orquesta del campo.

Entre sus principales aportaciones como revisionista figura el descubrimiento del papel que jugaban en los campos los testigos de Jehová, que cooperaban con la administración de las SS. Hemos dicho ya anteriormente que, siendo un prominente testigo de Jehová, fue expulsado de la secta cuando denunció que era falso que los alemanes hubieran exterminado a 60.000 miembros, pues de acuerdo con sus investigaciones estableció que sólo habían muerto 203 de ellos (véase la nota 15). Fue coincidiendo con esta disputa con la dirección de la secta cuando cayó en sus manos el libro de Richard Verrall (Richard Harwood) *Did Six Million Realy Die?*, del cual publicó en 1977 una edición en sueco de la que distribuyó unas 10.000 copias. Desde entonces su compromiso con el revisionismo histórico ha sido permanente. Después de fundar en 1978 la revista *Bible Researcher*, en 1979, año en que conoció a Ernst Zündel, publicó con el seudónimo de Abraham

Cohen el libro *Auschwitz Exit*. Fruto de sus investigaciones, el mismo año se editó su obra *Diary of Anne Frank -A Hoax?*

Ya entonces Felderer era aficionado a ciertas excentricidades, algunas de las cuales inquietaban a Zündel, pues las consideraba contraproducentes. Una de ellas acabó costándole la cárcel. Puesto que en el Museo de Auschwitz se exhiben cabellos de supuestas víctimas asesinadas en las cámaras de gas, a Felderer se le ocurrió la idea de burlarse mediante un panfleto que circuló profusamente, cuyo título era: "Por favor acepte este cabello de una víctima gaseada". El folleto fue enviado a los funcionarios del Museo de Auschwitz. Intercalados en el texto del volante había dibujos y chistes que se burlaban de los funcionarios del museo y de los exterminacionistas. En el primer dibujo, una mujer sonriente sostenía un regalo envuelto con la inscripción: "Por favor, envíenos todos sus trastos. Los necesitamos para nuestras exposiciones auténticas y documentación". El segundo chiste era un payaso que decía: "Soy un experto exterminacionista. Remítanos generosamente sus documentos a todas nuestras direcciones. Será recordado por ello". La tercera ilustración era un hombre que lloraba lágrimas de cocodrilo, el texto abajo rezaba: "¡Fui gaseado seis veces! ¡No! Diez veces, ¡No! ¡... y hay otros 5.999.999 como yo en Neu Jork! ¡Los seis millones de judíos gaseados son un timo!". Durante el primer juicio de Zündel se le preguntó y él explicó que en su opinión la sátira era necesaria para denunciar una impostura sustentada por Estados poderosos y el poder del dinero.

En 1980, la policía sueca arrestó a Ditlieb Felderer por la publicación del panfleto. En esta primera ocasión pasó tres semanas en la cárcel. En 1982 fue detenido por segunda vez a causa del polémico folleto. Esta vez fue acusado de agitación contra un grupo étnico y un tribunal de Estocolmo le condenó a seis meses de cárcel. Felderer declaró que durante este encarcelamiento lo trataron de manera inhumana. Según dijo, sin saber si era de día o de noche, pasó la mayor parte del tiempo mirando la pared de un búnker de hormigón de dos por tres metros, pues casi no se le permitió salir a respirar aire puro. La celda no tenía baño y era escoltado y encerrado en un lavabo cuando necesitaba hacer sus necesidades fisiológicas. En protesta por su situación y porque le impedían escribir, llevó a cabo tres huelgas de hambre, hasta que por fin le permitieron realizar algún ejercicio y le proporcionaron papel y lápiz. Felderer denunció que había sido golpeado varias veces y que había tenido que soportar insultos.

En 1988, en el segundo juicio de Zündel, enseñó 300 dispositivas tomadas en sus visitas a los campos y reclamó protección para el revisionismo y a la libertad de expresión en lugar de persecución. La Corona le presentó varios de sus panfletos. Le pidió que leyera uno titulado "Tres aportaciones judías a la civilización occidental". Las contribuciones aludían a la bomba atómica, desarrollada por Robert Oppenheimer; la bomba de hidrógeno, cuyo padre fue Edward Teller; y la bomba de neutrones, de Samuel Cohen. Los tres eran judíos. Felderer testificó que su volante decía mucho sobre cierta gente que había creado estas armas terribles de destrucción. En otro de los volantes que le mostraron se hacía alusión a su ingreso en un hospital psiquiátrico cuando estaba siendo juzgado: denunciaba que en Suecia se internaba a los detractores y comparaba esta práctica con la utilizada en la Unión Soviética. La acusación de la Corona replicó a Felderer que no podía aceptar que las autoridades suecas pensaban que estaba enfermo y que necesitaba ayuda; pero él insistió en que los tests que le habían hecho demostraban que estaba perfectamente sano.

Parece ser que tras su declaración en el proceso de Toronto pensó que había hecho ya cuanto estaba en su mano y sus investigaciones remitieron. Ernst Zündel siempre reconoció el excelente trabajo de Felderer en los campos y en relación con el diario de Ana Frank, pero consideraba que la sátira no era un género eficaz para un historiador porque puede poner en cuestión la seriedad del resto de los trabajos. Zündel llegó a lamentar que Felderer hubiera llegado demasiado lejos en sus burlas a través de los panfletos y los dibujos. A pesar de su desaparición de la escena, Felderer ha denunciado acoso e insultos reiterados. No en vano es considerado uno de los investigadores pioneros del revisionismo.

Según apuntábamos en la nota 15, la última noticia que hemos tenido de Ditlieb Felderer es que en noviembre de 2013 culpó al juez judío Johan Hirschfeldt de estar detrás de "acciones terroristas" contra él y su esposa filipina. En *Ditliebradio*, su página web, Felderer se refirió entonces a documentos secretos del Ministerio de Exteriores de Suecia para formular acusaciones gravísimas contra Hirschfeldt, al que denunciaba por haber instigado a través de matones ataques contra ellos por encargo de la ADL (Anti-Difamation League). Parece ser que en uno de estos actos, que Felderer califica de terrorismo de Estado, su mujer estuvo a punto de perder la vida. Según Felderer, Carl Bildt, entonces ministro de Exteriores, podría incurrir en responsabilidades por su inacción. Felderer acusaba asimismo al juez Hirschfeldt de acosar con falsas imputaciones a Ahmed Rami, un revisionista marroquí que ha sufrido varios ataques y regenta desde hace bastantes años la página web *Radio Islam*.

Ahmed Rahmi, artífice de *Radio Islam* y principal revisionista musulmán

Este marroquí de origen bereber era oficial del Ejército Real Marroquí cuando el 16 de agosto de 1972 participó en un fallido golpe de Estado contra el rey Hassan II, al que consideraba un títere del poder judío. Tras pasar a la clandestinidad, Ahmed Rami se desplazó a París y desde allí viajó a Suecia, donde solicitó y obtuvo asilo político en 1973. Desde entonces vive en Estocolmo, donde ha publicado cinco libros en lengua sueca. Su aparición en estas páginas se debe a las actividades revisionistas que le acabaron costando el encarcelamiento en el país que lo había acogido.

En 1987 fundó y dirigió una emisora de radio llamada *Radio Islam*, que le permitió comunicar con los suecos y con los cerca de ochenta mil musulmanes que vivían en el país. Su lema era "Radio Islam -El luchador de la libertad. ¡Únete a la lucha conta la dominación y el racismo judío!". En sus emisiones radifónicas comenzó a lanzar contenidos revisionistas, en concreto los trabajos de Robert Faurisson. En 1988, la emisora informó sobre el desarrollo del juicio a Ernst Zündel en Toronto. Firme defensor de la causa palestina, Rami relacionó desde el principio el Holocausto a la usurpación sionista de Palestina y, consecuentemente, vinculó la liberación del pueblo palestino al esclarecimiento de las mentiras impuestas por el sionismo. Esta franqueza en sus planteamientos provocó que la estación de radio fuera tildada de antisemita, por lo que en 1989 el ministro de Justicia, presionado por el lobby judío, formuló una acusación por incitación al odio racial.

En septiembre de 1989 se inició un proceso contra Ahmed Rami que se prolongó hasta el mes de noviembre. Las sesiones comenzaron en la Corte de Distrito de Estocolmo el 15 de septiembre. Desde el primer momento la defensa de Rami rechazó las acusaciones de agravios y difamación contra un grupo étnico y planteó el argumento de que la libertad de expresión no podía ser restringida por el hecho de que alguien se sienta injuriado. Además, el abogado Ingemar Folke, insistió en que Rami se había limitado a citar pasajes de la Biblia en que los judíos aparecían como chantajistas, codiciosos, sádicos, explotadores y criminales. El hecho de que los textos procedieran del Pentateuco llevó a la prensa sueca a considerar que el tribunal debería acabar interpretando si había en ellos expresiones de racismo o de desprecio a otros grupos étnicos. El fiscal Hakan Bondestam llamó a declarar al rabino Morton Narrowe y al antiguo obispo luterano de Estocolmo, Krister Stendahl, profesor honorario en la Universidad de Harvard, que voló desde Estados Unidos para testificar contra el revisionista marroquí. Stendahl declaró que el escrito de

Lutero *Los judíos y sus mentiras* no era cristiano y que Lutero era un antisemita. Por su parte, Rami presentó como testigos a Jan Hjärpe, reputado profesor de Islam en la Universidad de Lund y a Jan Bergman, profesor de religión en la Universidad de Upsala. Ambos declararon que en su opinión se atacaba la libertad de expresión en Suecia cuando se pretendía acallar las críticas a Israel y silenciar el tema palestino. El abogado Folke insistió en que era preciso diferenciar entre antisemitismo y antisionismo e hizo hincapié en que su cliente pretendía defender los derechos del pueblo palestino y que la crítica de las políticas de un Estado no podía considerarse odio racial. El diario *Expressen*, en un alarde de insidiosa mala fe, consideró en su edición de 23 de octubre de 1989 que era "prácticamente imposible separar antisemitismo de antisionismo".

En cuanto a los otros temas, se acusó a Rami de negar el Holocausto. Él mantuvo impasible que el pretendido genocidio de seis millones de judíos "era un enorme engaño de la propaganda". Algunos periódicos recogieron indignados las citas de Rami extraídas de *Los Protocolos de los Sabios de Sión* y su afirmación de que los judíos no habían sido exterminados en las cámaras de gas. El principal defensor de Rami y de los profesores Hjärpe y Bergman en la prensa sueca fue Jan Myrdal, hijo del premio Nobel Gunner Myrdal. A medida que avanzaba el proceso, el fiscal Bondestam se percató de que la prolongación del mismo era contraproducente, porque Rami lo aprovechaba para "continuar con su propaganda antisemita mientras era enjuiciado". El 14 de noviembre se pronunció el veredicto y Ahmed Rami fue considerado culpable. Cuando se dictó sentencia, fue condenado a seis meses de cárcel por "incitación contra un grupo étnico", por lo que en febrero de 1990 ingresó en prisión. El permiso de *Radio Islam* quedó cancelado durante un año. Robert Faurisson dio posteriormente noticia de las actividades de su colega revisionista en la cárcel. Según el profesor, Rami explicó con éxito sus puntos de vista no sólo a los presos, sino también a los guardias, razón por la cual las autoridades lo trasladaron a otro centro más pequeño, donde el resultado fue el mismo.

En cuanto a la cancelación del permiso para la radio, el Consejo de la Comunidad de Radio de Estocolmo permitió que la estación mantuviera sus emisiones hasta el 28 de noviembre de 1990. Cuando en 1991 la emisora reanudó sus actividades lo hizo bajo la dirección de David Janzon, un nacionalista sueco miembro de "Sveriges Nationella Förbund" (Alianza Nacional Sueca), el cual ulteriormente, en 1993, fue condenado por el mismo delito. De este modo, la estación radiofónica permaneció inactiva entre 1993 y 1995. La programación se restableció bajo la dirección de Ahmed Rami en 1996, año en que lanzó asimismo su famosa página web, que mantuvo el mismo nombre de *Radio Islam*. Inicialmente, este sitio web se mostró muy activo en su crítica al racismo judío y al dominio mundial del sionismo. Asimismo, textos revisionistas muy interesantes fueron apareciendo hasta en veintitrés idiomas. En la actualidad y desde hace ya unos años, la página, mantenida por un grupo de autodenominados "luchadores por la libertad" de diferentes países que apoyan a Ahmed Rami se renueva muy poco. Ignoramos cuál es la razón de su escasa actividad, aunque cabe pensar que la causa sea el acoso a Rami.

En este sentido, en sus *Écrits révisionnistes* Robert Faurisson relata que entre el 17 y el 21 de marzo de 1992 viajó a Estocolmo invitado por su amigo marroquí. En la tarde/noche del mismo día de su llegada, Rami, dos jóvenes suecos y el profesor Faurisson fueron atacados y estuvieron a punto de ser linchados por individuos armados con palos, cuchillos y bombas lacrimógenas. Los líderes del grupo de agresores eran los responsables de un club de estudiantes judíos. La comunidad judía de Estocolmo consiguió gracias a estas amenazas la anulación de todas las conferencias que Ahmed Rami había organizado para dar la palabra al profesor Faurisson; pero no pudo evitarse que se expresara extensamente y en libertad a través de las ondas de *Radio Islam*. La segunda estancia del profesor en Estocolmo se produjo entre el 3 y el 6 de diciembre del mismo año. En el aeropuerto, el "profeta nazi", como lo calificó algún medio, fue recibido por Rami, unos amigos árabes y un somalí. Paradójicamente, dos manifestantes judíos sostenían una pancarta con la inscripción "¡Abajo el racismo!". Faurisson estuvo alojado en casa de su anfitrión y relata en los *Écrits* que se produjeron dos agresiones nocturnas contra el domicilio de Rami.

En octubre de 2000 Rami fue otra vez condenado por "incitación al odio racial". El tribunal sueco que lo juzgó en ausencia le impuso una multa de unos 25.000 dólares. Tanto en Francia como en Suecia fue investigado por "crímenes de odio" a causa de su papel en el mantenimiento de *Radio Islam*. En Suecia la investigación finalizó en 2004 y el fiscal no pudo aportar pruebas de que Ahmed Rami fuera el responsable de los contenidos que se exhibían en la página. El asunto de *Radio Islam* llegó al Parlamento sueco en noviembre de 2005. El debate tuvo lugar debido al gran número de demandas que las organizaciones judías interponían ante los tribunales, en las que exigían que Ahmed Rami fuera procesado en Suecia o que fuera presentado ante un tribunal internacional. Esta idea había sido propuesta en Marruecos por Robert Assaraf, el líder de la comunidad judía marroquí, quien en marzo de 2000, en unas declaraciones a la revista *Jeune Afrique*, preguntaba retóricamente: "¿No deberían los judíos marroquíes, que se hallan esparcidos por todo el mundo, movilizarse con el fin de llevar a juicio a Ahmed Rami?"

El debate en el Parlamento sueco se celebró el 10 de noviembre de 2005. Los miembros judíos de la cámara criticaron al Gobierno por haber abdicado ante Ahmed Rami y sus actividades antijudías en Suecia. El ministro de Justicia y del Interior Thomas Bodström se defendió con estas palabras: "En un Estado sometido al imperio de la ley, no me corresponde a mí o a los miembros del Parlamento imputar o juzgar a Ahmed Rami. Éste es un asunto de la Fiscalía. Pero ésta no ha sido capaz de encontrar ninguna evidencia que demuestre que Ahmed Rami ha violado la ley sueca." Ante el malestar de algunos diputados el ministro recordó: "La legislación sueca no prohíbe que se ponga en duda o se niegue el Holocausto." El ministro Bodström recordó que en Suecia se había acordado que no se podía obligar a los ciudadanos a creer en el Holocausto y que no era posible prohibir que se cuestionase su veracidad histórica. No obstante, sugirió "la posibilidad de ejercer alguna influencia en el Parlamento proponiendo una ley y, por supuesto, contribuyendo en el trabajo hecho en la Unión Europea".

Lo último que hemos conocido sobre Ahmed Rami y *Radio Islam* es que en diciembre de 2015 la policía italiana abrió una investigación. El motivo era la publicación en italiano en la página web de una lista de judíos influyentes que operaban en el país. Aparecían los nombres de periodistas, hombres de negocios, actores, y personalidades diversas, que eran calificados como "mafia judeo-nazi". Representantes de la comunidad judía consideraron que se trataba de una incitación a la violencia sectaria y utilizaron adjetivos como "inaceptable" o "despreciable" para referirse al asunto. El líder de la comunidad judía de Roma declaró al *Corriere della Sera* que "era una insoportable representación de odio antisemítico". Algunos abogados reclamaron que se procediera a cerrar de inmediato la "website". Por otra parte, Giuseppe Giulietti y Raffaele Lorusso, presidente y secretario general de la Federación Nacional de Prensa Italiana, consideraron que la publicación de la lista era "un acto miserable, racista e intolerable". En un comunicado de prensa escribieron: "Ofende en primer lugar a los musulmanes que han escogido la senda del diálogo y el respeto. Esta lista evoca los tiempos oscuros y los muros que deberíamos derribar entre todos".

Estos dos hipócritas se referían, naturalmente, a todos los muros menos el de ocho metros de altura levantado por los sionistas en Palestina. En cuanto al "diálogo y el respeto", no incluye, claro está, al pueblo palestino y mucho menos al millón y medio de gazatíes que viven en condiciones infrahumanas en su prisión al aire libre. Como es sabido, en julio/agosto de 2014 unas dos mil personas, una cuarta parte niños, fueron asesinadas y nueve mil quedaron malheridas, cuando no gravemente mutiladas. Por supuesto, aquello no fue "un acto miserable, racista e intolerable". Dos años después de los "tolerables" bombardeos contra los civiles palestinos, Gaza, gracias al "diálogo y el respeto", continúa en ruinas y sus habitantes siguen en la indigencia.

8. VÍCTIMAS PRINCIPALES DE LA PERSECUCIÓN EN AUSTRALIA:

Frederick Töben, encarcelado en Alemania, en Inglaterra y en Australia

El Dr. Fredrick Töben es una de las víctimas más ilustres y valientes del movimiento revisionista. Este australiano de origen alemán podría haber figurado en el apartado de las víctimas en Alemania, pues la "Bundesrepublik" es el país que más saña ha demostrado en su persecución. Hemos preferido, sin embargo, dedicarle un espacio exclusivo y situarlo en Australia porque es allí donde fundó en 1994 el Adelaide Institute, una institución dedicada a la investigación histórica que sería el equivalente en aquellas tierras del Institute for Historical Review de California.

Los lobbies de presión judíos en Australia no han cesado en su empeño de clausurar la website del Adelaide Institute. En 1996 el poderoso lobby judío "Executive Council of Australian Jewry" (ECAJ) emprendió las primeras acciones legales para cerrar la página del Instituto. El Dr. Töben, autor de numerosos trabajos sobre historia, educación y temas políticos, ha investigado en la mayoría de los campos de concentración que existen actualmente: Buchenwald, Dachau, Oranienburg, Sachsenhausen, Auschwitz-Birkenau, entre otros. En este último inspeccionó en abril de 1997 la supuesta cámara de gas y rodó un vídeo muy recomendable que forma parte del documental *Judea Declares War on Germany*, difundido por el IHR de Los Ángeles.

En 1999 viajó a Europa con el fin de llevar a cabo una investigación en diversos países, entre elllos Polonia, Ucrania, Hungría, la República Checa y Alemania. Estando en la oficina de un fiscal alemán famoso por sus actuaciones contra negacionistas, Hans-Heiko Klein, con quien supuestamente trataba sobre la legislación alemana que prohíbe la discrepancia con la versión oficial de la Segunda Guerra Mundial, fue arrestado el 9 de abril de 1999 por haber publicado o remitido a Alemania textos revisionistas del Adelaide Institute. En la orden de arresto se decía textualmente: "desde abril de 1996 y más recientemente entre enero y abril de 1999, ha enviado por correo desde

Adelaida (Australia) a destinatarios de la República Federal de Alemania, entre otras cosas, un boletín informativo mensual del Adelaide Institute, del cual es el editor responsable." Todo un delito, sin duda, que justificaba, como se decía en la orden de arresto, su permanencia en prisión preventiva hasta que fuera juzgado.

Dicha prisión preventiva se prolongó ignominiosamente siete meses. El 3 de mayo, la oficina del fiscal del juzgado de instrucción de Mannheim la confirmó en una nueva orden de arresto. En las acusaciones, además del envío del boletín informativo, se especificaba que era "uno de los líderes revisionistas" y se concretaban algunos de los contenidos inadmisibles del boletín, como por ejemplo la declaración de que "el exterminio era una leyenda inventada por los judíos con el propósito de subyugar al pueblo alemán". En esta segunda orden de arresto se le acusaba de incitación al odio, de ataques contra la dignidad de otros y de denigrar la memoria de los judíos muertos, todo lo cual perturbaba la paz pública.

Apenas se supo en Australia la detención del director del Adelaide Institute, grupos defensores de los derechos civiles se movilizaron para denunciar que Fredrick Töben había sido arrestado en Alemania merced a "leyes draconianas contra la libertad de expresión". John Bennett, un conocido revisionista y activista australiano que preside la Unión de Libertades Civiles de Australia, instó a la gente a dirigirse a las embajadas y a otras instituciones alemanas para protestar. Bennett organizó un fondo para asegurar la defensa legal y la liberación de Töben. Otro grupo, "Electronic Frontiers Australia" (EFA), grupo independiente que promueve la libertad de expresión "online", se manifestó asimismo contra la detención y mostró su enojo por el hecho de que las autoridades alemanas tratasen el material colgado en una página web australiana como si hubiera sido publicado en Alemania. El presidente de EFA, el abogado Kimberley Heitman, acusó al Gobierno alemán de tratar de legislar en la práctica para todo el mundo. También Mark Weber, director del IHR protestó indignado por el arresto y prisión preventiva de su colega australiano; pero nada cambió la situación de Töben en Alemania.

Después de siete meses de prisión sin fianza, el 8 de noviembre de 1999 fue presentado ante una corte del distrito de Mannheim presidida por el juez Klaus Kern. El primer día del juicio Töben anunció que no iba a defenderse de los cargos que se le imputaban porque ello sólo serviría para levantar contra él nuevas acusaciones por violaciones adicionales de las leyes alemanas sobre "negación del Holocausto" e "incitación al odio". Rechazó, eso sí, la pretensión de las autoridades alemanas de que los revisionistas fueran peligrosos neonazis o antisemtias. También su abogado, Ludwig Bock, anunció que tampoco él ejercería la defensa en representación del Dr. Töben, ya que corría el riesgo de ser también imputado. Por ello, se limitó a ler una declaración ante el tribunal en la que comparaba la persecución de Töben y de otros "negacionistas del Holocausto" con los juicios de brujas en la Edad Media. El letrado denunció que las leyes alemanas contra el revisionismo violaban gravemente el principio de libertad de expresión. Ante un periodista justificó la decisión de él y de su cliente: "Si digo algo, yo mismo iré a la cárcel, y si él dice cualquier cosa se expone a otro juicio".

El fiscal Klein confirmó posteriormente que estos temores estaban plenamente justificados: "Si hubieran repetido ante el tribunal cosas ilegales, habría formulado nuevos cargos". Como ha quedado ya explicado, el sistema legal en Alemania genera la indefensión de acusados y testigos e impide a los letrados ejercer libremente su profesión. De hecho, en noviembre de 1999 Ludwig Bock estaba en espera de conocer el resultado de su apelación, pues mientras defendía a Günter Deckert había sido condenado y multado con 9.000 marcos por haber denunciado que los líderes políticos y los jueces de su país prohibían el debate sobre el tema del Holocausto.

El juicio finalizó el 10 de noviembre de 1999. El tribunal consideró a Töben culpable de incitación al odio racial, de haber insultado la memoria de los muertos y de negación pública del genocidio porque en sus escritos enviados a personas en Alemania había cuestionado las evidencias de exterminio del Holocausto. Klaus Kern, el juez presidente, dijo que no cabía duda alguna de que Töben era culpable de "negación del Holocausto" y que, al no mostrar signos de rectificación de su conducta, debía ser condenado a prisión. Por ello, fue sentenciado a diez meses de cárcel. Por fortuna, el juez Kern tuvo en consideración que el acusado había pasado ya siete meses privado de libertad y aceptó el pago de una multa de 6.000 marcos en sustitución de los tres meses de condena que le quedaban. Los amigos alemanes de Frederick Töben reunieron enseguida el dinero y a las veinticuatro horas del veredicto quedó en libertad.

Especialmente importante en el fallo fue la resolución sobre internet, pues las consecuencias podían tener amplio alcance. La corte de Mannheim declaró que las leyes alemanas no tenían jurisdicción sobre los escritos y publicaciones online del Dr. Töben, por lo que rechazó entrar en las evidencias presentadas por la fiscalía en relación a la página web del Adelaide Institute. El juez Kern argumentó que el tribunal sólo podía considerar el material que Töben había enviado por correo electrónico o distribuido físicamente en Alemania. Tan pronto se halló en libertad, Töben declaró que se trataba de una victoria de la libertad de expresión: "Hemos salvado internet -dijo- como un lugar donde podemos decir la verdad sin ser castigados por ello." Por su parte, el fiscal Hans-Heiko Klein fue asimismo consciente de que el veredicto del tribunal podía sentar un precedente peligroso e interpuso de inmediato una apelación. "Es la primera vez -señaló- que un tribunal alemán ha decidido que algunas cosas dichas en internet en Alemania no pueden estar sometidas a las leyes alemanas. Esto es algo muy malo. Debilitará nuestra legislación que es muy importante para asegurar que la historia no se repita en Alemania."

Ya de vuelta en Australia, la lucha continuó con una nueva batalla. Según hemos apuntado al principio, en 1996 el ECAJ (Consejo Ejecutivo de la Judería Australiana), el más poderoso de los lobbies judíos de Australia, había presentado una denuncia cuya finalidad era prohibir en Internet la página web del Adelaide Institute. Un año después de que en el juicio de Alemania Töben hubiera logrado un triunfo para la libertad en Internet, el 10 de octubre de 2000, la "Human Rights and Equal Opportunity Commission" (HREOC), bajo presión de la judería de Australia, emitió una orden contra el Adelaide Institute. Kathleen McEvoy, comisionada de la HREOC, denunció que el Instituto había violado la Sección 18 C de la Ley de Discriminación Racial de 1975 mediante la publicación de materiales cuyo propósito primordial era denigrar a los judíos. McEvoy declaró que dichos materiales, "ninguno de los cuales tenía suficiente nivel histórico, intelectual o científico", deberían ser prohibidos porque eran "intimidatorios, insultantes y ofensivos". El vicepresidente de ECAJ, Jeremy Jones, se apresuró a reiterar que "el negacionismo del Holocausto de Töben era ofensivo, insultante y, como había confirmado la HREOC, ilegal". Jones añadió que la comisionada "había demostrado que comprendía la necesidad de aplicar leyes que incluyan internet y había respaldado la opinión de otras jurisdicciones de que el antisemitismo enmascarado de pseudohistoria es tan pernicioso como la peor de las formas de odio racial." Peter Wertheim, abogado del ECAJ en el proceso legal y líder de la comunidad judía, se refirió al caso como "un punto de referencia" porque "se ocupaba del odio en internet por primera vez en Australia y muy probablemente en el mundo."

La respuesta del Dr Töben fue desafiante: aseguró que no tenía intención de cumplir la orden de la HREOC (Comisión para Derechos Humanos e Igualdad de Oportunidades) y dijo que no pensaba disculparse por la publicación de "un material objetivamente correcto". Töben acusó a la HREOC de considerar únicamente los intereses de los judíos y calificó de inmoral su actuación. Dijo que "no pensaba hacer nada" porque no podía considerarse que la verdad fuera una ofensa para nadie. A principios de noviembre de 2000 el Australia/Israel & Jewish Affairs Council se unió al ECAJ en la demanda al Tribunal Federal del país para que hiciera cumplir la orden de censura de la HREOC contra Töben y el Adelaide Institute.

El intento de censura contra el Adelaide Institute supuso un precedente vergonzoso para un país con larga tradición en el respeto a las libertades civiles y a la libertad de expresión. Terry Lane, un veterano columnista y comentarista en televisión, preguntó a la comisionada McEvoy si "iba ordenar a cada persona sincera que desagrada a uno u otro grupo que cesara y que pidiera disculpas." Este periodista se atrevió a decir que las afirmaciones de Töben sobre las cámaras de gas "podían ser probadas o refutadas con la evidencia", por lo que no era preciso censurarlas de antemano. "Si Töben dice la verdad -añadió Lane- nada podrá pararlo. Si es un escritor malicioso, será ignorado. Deberíamos comprobar sus afirmaciones, no prohibirlas." Otro autor, Nigel Jackson, defensor de los derechos civiles, se refirió a la HREOC como un cuerpo "pseudojudicial" y calificó su orden como "una victoria de los intereses sobre los principios". El 17 de septiembre de 2002 el Tribunal Federal, en atención a la demanda de los lobbies judíos, confirmó la aplicación de las leyes de odio antirracial contra la página web del Adelaide Institute. En 2003, en el caso de Töben contra Jones, el Tribunal emitió la primera resolución en Australia en relación al odio racial contra grupos religiosos. Töben no retiró los materiales en cuestión y se negó asimismo a pedir disculpas.

En 2004, una corte de Mannheim emitió una Orden Europea de Detención y Entrega, EAW, ("European Arrest Warrant") contra Frederick Töben, al que acusaban de publicar online material antisemítico y/o de naturaleza revisionista en Australia, Alemania y otros países. Pese a la existencia de esta euroorden, el Dr. Töben estuvo viajando por el mundo sin problemas. En 2005 concedió una entrevista a la televisión pública iraní en la que denunció al Estado de Israel, "fundado sobre la mentira del Holocausto". En diciembre de 2006 participó en la Conferencia de Teherán junto a sus colegas revisionistas. Sin embargo, en su propio país seguían los problemas como consecuencia de su negativa a retirar los textos censurados de la página web del Instituto y, consecuentemente, del enfrentamiento que mantenía con la Corte Federal.

Jeremy Jones, del Consejo Ejecutivo de la Judería Australiana (ECAJ), proseguía mientras tanto incansable su persecución judicial en los tribunales. A finales de febrero de 2008 el Dr. Töben, citado ante el Tribunal Federal de Sidney, formuló contundentes acusaciones contra dos jueces judíos del alto Tribunal, Alan Goldberg y Stephen Rothman, a los que recriminó por "propagar el Holocausto judío" con la finalidad de "proteger una mentira histórica". El 7 de agosto de 2008 el periódico australiano *The Advertiser* informó que "el revisionista del Holocausto Frederick Töben podía ser encarcelado por menosprecio criminal al Tribunal Federal si no podía afrontar una multa." Se le acusaba de seguir publicando textos racistas en la página web del Adelaide Institute, a pesar de la orden del Tribunal Federal de septiembre de 2002 y de un nuevo requerimiento realizado en 2007.

Dos meses más tarde, el 1 de octubre de 2008, Töben viajaba de Estados Unidos a Dubai. Cuando su avión aterrizó en el aeropuerto de Heathrow para realizar un parada técnica. La policía británica subió a bordo y en aplicación de la EAW de 2004 arrestó en el avión al revisionista australiano. Presentado el día 3 ante una corte del distrito de Westminster, los jueces británicos decidieron mantenerlo preso en la cárcel londinense de Wandsworth hasta que se decidiera sobre la extradición solicitada. Töben declaró que estaba protegido por el tratado de Schengen y que no aceptaría ser extraditado, pero la vista quedó fijada para el día 17 de octubre.

Los revisionistas británicos se movilizaron ante el atropello perpetrado contra su colega australiano. Un grupo de simpatizantes, entre los que estaba David Irving, se manifestó ante el tribunal. La prensa dedicó bastante atención al asunto. *The Telegraph* informó adecuadamente sobre el caso Töben y calificó el arresto como "un descarado ataque a la libertad de expresión". En un editorial, este rotativo advirtió: "El arresto del Dr. Frederick Töben debería alarmarnos a todos". En el Parlamento, el portavoz del Partido Liberal Democrático, Chris Huhne, recordó que la "negación del Holocausto" no era un delito en Gran Bretaña, por lo que pidió a los tribunales británicos que rechazaran la extradición de Töben. Simultámneamente, Andreas Grossmann, el fiscal de la corte de distrito de Mannheim, se felicitó por el arresto y dijo que pese a los intentos de evitar la extradición a Alemania, esperaba sentar a Töben ante el tribunal el próximo año. Grossmann advirtió en declaraciones a medios de información australianos que la tozudez y el empeinamiento del acusado podían costarle cinco años de prisión en Alemania.

El 17 de octubre de 2008 había expectación. Periodistas con cámaras y micrófonos se congregaron frente a la "City of Westminster Magistrates Court". Kevin Lowry-Mullins, abogado de Töben, declaró antes de entrar que lucharían por cada cuestión. También atendió a los periodistas Lady Michèle Renouf, la modelo revisionista británica de origen australiano que regenta la página web *Jailing Opinions* (*Encarcelando opiniones*), la cual asistió a Töben desde que supo de su detención. Firme defensora de la libertad de investigación, de expresión y de pensamiento, Renouf resaltó la importancia de la decisión judicial para las libertades en el Reino Unido. Pero hubo que seguir esperando, pues la vista quedó aplazada hasta el día 29 de octubre. Lowry-Mullins explicó a la salida el alcance que tendría la resolución, puesto que se trataba de dilucidar si un Estado podía solicitar la extradición al Reino

Unido de cualquier persona, incluso si el crimen imputado no era delito en el país.

Por fin el 29 de octubre llegó la victoria esperada por Töben, Lady Renouf y tantos revisionistas en todo el mundo. Daphne Wickham, la juez de la Corte de Magistrados de Westminster, dictaminó ante una sala repleta de simpatizantes de Töben que la euroorden no era válida porque no concretaba suficientemente los delitos: no mencionaba el nombre de la website, ni dónde ni cuándo se habían publicado los materiales, pues se limitaba a decir publicaciones en internet en todo el mundo. Melanie Cumberland, la letrada que representaba a las autoridades alemanas, argumentó que la información requerida podría ser aportada; pero la juez del distrito dijo: "El requisito, desde mi punto de vista, no puede ser cumplido con una información gota a gota como y cuando la aporte la autoridad del país emisor. Considero que los detalles son vagos e imprecisos. Estimo que la orden no es válida, por lo que desimputo al acusado." Es decir, sin entrar siquiera a pronunciarse sobre si los supuestos crímenes de opinión eran delitos que permitían la extradición, la juez levantó los cargos contra el Dr. Töben por defectos formales en la orden de arresto. Cumberland anunció que pensaba recurrir al Tribunal Supremo. En espera de dicha apelación, la juez Wickham, tras prohibirle hacer declaraciones a la prensa, concedió la libertad provisional a Töben bajo fianza de 100.000 libras esterlinas con la condición de que diera una dirección reconocida, que sería la de Lady Renouf.

Michèle Renouf declaró a la salida que no temían acabar ante el Tribunal Supremo, pues ello permitiría que el caso del Dr. Töben adquiriera mayor repercusión internacional. Finalmente, tal vez considerando que la presentación del recurso podía acabar siendo nociva para los intereses del lobby del Holocausto, el 18 de noviembre se comunicó a los abogados de Töben que las autoridades alemanas renunciaban a apelar. El 19 de noviembre por la tarde, mientras el Parlamento británico homenajeaba al sionista Shimon Peres con la concesión de la Orden de San Miguel y San Jorge, Fredrick Töben festejó la libertad con sus amigos. El 21 de noviembre Kevin Lowry-Mullins informó que se le había devuelto el pasaporte y que se estaba preparando para abandonar Gran Bretaña. El abogado lamentó que su cliente no hubiera recibido ninguna indemnización por los casi dos meses que había estado retenido contra su voluntad en Londres.

El 3 de diciembre de 2008 Töben estaba ya de regreso en Australia; pero lejos de disfrutar de una tregua, tuvo que afrontar la continuación de la persecución que el Consejo Ejecutivo de la Judería Australiana había iniciado en 1996. En abril de 2009, Töben fue declarado culpable por haber ignorado la orden del Tribunal Federal que le obligaba a suprimir ciertos materiales de la página web del Adelaide Institute. Condenado a tres meses de cárcel, alegó que no tenía dinero para pagar una multa que evitara la entrada en prisión y mucho menos para hacer frente a las costas legales de un proceso judicial tan largo, como exigía Jeremy Jones, que había iniciado el pleito en representación de las organizaciones judías. Töben recurrió en junio la sentencia.

La vista de la apelación se celebró el 13 de agosto de 2009. El abogado David Perkins hizo saber a la corte que los textos publicados en la website del Adelaide Institute eran sólo "una gota en un cubo de agua" si se comparaba con la cantidad de material revisionista disponible en la red. Los jueces insistieron en que el caso no tenía que ver con el Holocausto, las cámaras de gas o la ejecución de judíos durante la Segunda Guerra Mundial, sino con la desobediencia de las órdenes del Tribunal Federal. Evidentemente, ello era una argucia, es decir, un argumento falso expuesto con habilidad suficiente para que pareciera verdadero. La Corte Federal no hubiera ordenado en 2002 retirar el material sin la presión de los lobbies judíos que pretendían la prohibición de los textos que cuestionaban la versión oficial de la historia. Los tres jueces del Tribunal Federal de Australia rechazaron, pues, la apelación y confirmaron el ingreso en prisión. "Ustedes siguen órdenes ciegamente, caballeros", dijo Töben dirigiéndose a los jueces mientras salía de la sala de juicios.

De este modo, Frederick Töben se convirtió entonces en el primer prisionero de conciencia en la historia legal de Australia. Inicialmente pasó una semana encerrado en un bloque de castigo de máxima seguridad en la cárcel de Yatala, en los suburbios del norte de Adelaide, una prisión en la que son internados los peores criminales. Posteriormente, fue trasladado a un centro de internamiento mucho menos riguroso en Cadell, a unos doscientos kilómetros al noreste de Adelaide, donde pudo recibir el apoyo de sus amigos, que no dejaron de visitarlo. El Adelaide Institute pasó a ser dirigido por Peter Hartung, empresario y consejero político con un espítitu de resistencia digno de su antecesor y amigo.

En cuanto a las costas del proceso, El Dr. Töben tuvo que hacerse cargo de ellas. El 25 de junio de 2010, Jeremy Jones, que se comportaba como el sabueso que no suelta su presa, cumplimentó un pliego de costas judiciales y gastos que ascendía a 104.412 dólares. El 30 de junio el Tribunal Federal decidió solicitar 56.435 dólares como provisión y el 15 de septiembre de 2010 emitió un certificado de tasación en el que se estimaba que la cantidad solicitada por el Tribunal era la correcta. Comenzó así otra complicada batalla legal entre Jeremy Jones y Fredrick Töben que se prolongó más de dos años, por lo que la cantidad demandada fue incrementándose. El 27 de febrero de 2012 Jeremy Jones pidió una nueva tasación de las costas. El 10 de abril, el

Dr. Töben presentó una solicitud de interlocutoria en la que, entre otras cosas, solicitaba que se eliminase o excluyera la liquidación de las costas judiciales. El 3 de mayo de 2012 el juez Mansfield rechazó la pretensión de Töben, que tuvo que pagar además los gastos correspondientes de la solicitud de interlocutoria. El 18 de mayo de 2012, Fredrick Töben escribió a Jeremy Jones en estos términos:

"Su reclamación contra mí en el asunto de las costas que exceden los 175.000 dólares es injusta e inadmisble. He vendido mi casa en la que había vivido veintisiete años, el único activo de que disponía, para satisfacer sus peticiones previas. No tengo otros fondos o valores y no podré pagar ni un céntimo. Si es preciso, puede usted pedir mi insolvencia. En todo momento he ejercido mi derecho a la libertad de expresión. Con el fin de demostrar la injusticia que me ha ocasionado, mantengo una reclamación cruzada contra usted en el Tribunal Federal, reclamando daños por violaciones de las secciones 18 (1) y 20 (1) de la cláusula 2 de 'Competition and Consumer Act' (no nos arriesgamos a traducir el título de dicha ley). También me propongo interponer una demanda por difamación. Las causas de esta acción se remontan a su artículo de 31 de agosto de 2009 ('La última palabra: desprecio por la verdad'), que publicó usted en internet y sigue allí. Si los pleitos que propongo son atendidos por el Tribunal, espero recibir una cantidad considerable por daños y perjuicios, suficiente para atender a sus reclamaciones por costas. Sin embargo, estoy preparado para renunciar a mis derechos legales de emprender demandas contra usted por las acciones arriba mencionadas, siempre y cuando usted suspenda su demanda por costas.
Quedo a la espera de sus consejos."

En estas líneas, extraídas de los archivos documentales del Adelaide Institute, donde figuran los textos del proceso judicial, queda reflejada la lucha desigual de un hombre humilde, carente de recursos, contra los lobbies judíos australianos, cuya riqueza es prácticamente ilimitada. Tras pasar por las prisiones de Alemania, Inglaterra y Australia, Fredrick Töben había perdido todos sus bienes materiales y estaba arruinado, pero atesoraba un convencimiento y una grandeza ejemplares, que le permiten constituirse hoy en paradigma de todos aquellos que se esfuerzan de una u otra forma para que futuras generaciones de jóvenes estudien una historia universal verdadera, en la que los impostores queden desenmascarados.

Sin espacio para más detalles, añadiremos que después de diecisiete años de persecución legal por representantes de la comunidad judía de Australia, el 24 de septiembre de 2012 el Dr. Fredrick Töben fue declarado insolvente por los magistrados del Tribunal Federal de Sidney. Tras haber expirado el plazo legal para apelar, *The Australian jewishnews* dio la noticia a finales de octubre con el titular "Töben amarrado". Según las leyes australianas, la declaración de insolvencia implicaba la confiscación del pasaporte con el fin de facilitar el control de su hacienda y sus ingresos. De este modo, "amarrado", quedaba condenado a vivir como un pobre el resto de sus días como castigo por sus "crímenes".

9. OTRAS VÍCTIMAS DE LA PERSECUCIÓN POR CRÍMENES DE PENSAMIENTO:

Todos contra el obispo católico Richard Williamson

El caso del obispo católico inglés Richard Nelson Williamson es conocido internacionalmente por la repercusión que tuvieron unas declaraciones suyas sobre el Holocausto. Monseñor Williamson perteneció a la Fraternidad San Pío X y fue excomulgado por Juan Pablo II en 1988. En noviembre de 2008 la televisión sueca grabó con él una entrevista en Regensburg (Alemania), la cual fue emitida el 21 de enero de 2009, pocos días antes de que el Papa Benedicto XVI hiciera público un decreto por el que le levantaba la excomunión a él y a otros tres obispos renegados. Las palabras del obispo produjeron un escándalo mediático, desatado por organizaciones sionistas, y llegaron a poner en peligro las relaciones del Vaticano con los líderes religiosos judíos. La entrevista comienza así:

> P. "- Monseñor Williamson, ¿Son éstas sus palabras? 'Ni un solo judío fue asesinado en las cámaras de gas. No son más que mentiras, mentiras, mentiras.' ¿Son éstas sus palabras?
> R. - Creo que usted me cita de Canadá, sí, hace muchos años. Creo que la evidencia histórica está abrumadoramente en contra de que seis millones de judíos hayan sido asesinados en cámaras de gas como consecuencia de una política deliberada de Adolf Hitler.
> P. - Pero usted dijo que ni un solo judío fue asesinado.
> R. - En cámaras de gas.
> P. - Así que no hubo cámaras de gas.
> R. - Creo que no hubo cámaras de gas, sí."

El dogma de fe del Holocausto acababa de ser negado públicamente por un obispo católico. ¡Anatema! Durante el resto de la entrevista, Williamson acudió a los revisionistas y dijo que según ellos entre 200.000 y 300.000 judíos habían muerto en los campos de concentración, pero ninguno de ellos en cámaras de gas. Tras preguntar al entrevistador si había oído hablar del *Informe Leuchter*, monseñor Williamson ilustró al periodista cuando éste respondió que no lo conocía: la investigación en Auschwitz, las condiciones de una cámara de gas, las características del Zyklon B fueron los temas explicados por el sacerdote. El entrevistador reaccionó con una pregunta: "Si esto no es antisemitismo, ¿qué es antisemitismo?" La respuesta fue que la verdad histórica no podía ser antisemitismo.

Las críticas ante un crimen de pensamiento tan atroz fueron feroces y las demandas inmediatas. Ya el mismo mes de enero el fiscal de Regensburg, Günter Ruckdaeschel, anunció que se había abierto una investigación contra Williamson. Las críticas se hicieron extensivas al Papa Benedicto XVI por haberle levantado la excomunión. Un portavoz del Vaticano señaló de inmediato que las opiniones del obispo eran inaceptables y que violaban las enseñanzas de la Iglesia. En un artículo publicado en primera página, el periódico vaticano *L'Osservatore Romano* reafirmaba que el Papa deploraba cualquier forma de antisemitismo y que todos los católicos deberían hacer lo mismo. El rabino David Rosen del "American Jewish Committee", el rabino Marvin Hier del Centro Simon Wiesenthal y la Agencia Judía, en la práctica portavoz del Gobierno israelí, denunciaron al Vaticano por haber perdonado a un negacionista del Holocausto.

Por su parte el obispo Williamson, ya de vuelta en su sede de La Reja, en la provincia de Buenos Aires, agradeció al Papa su decisión, que calificó como "un paso adelante para la Iglesia". El 26 de enero de 2009, el cardenal Angelo Bagnasco, presidente de la Conferencia Episcopal Italiana, defendió la decisión del Papa de rehabilitar a Williamson, pero censuró sus puntos de vista como "infundados e injustificados". El presidente de la Conferencia Episcopal en Alemania, Heinrich Mussinghoff, se apresuró también a "condenar enérgicamente la negación explícita del Holocausto". Monseñor Williamson realizó una declaración en la que pedía perdón al Sumo Pontífice por haberle causado "aflicciones y problemas" a causa de sus puntos de vista sobre el Holocausto, que él mismo calificó de "imprudentes".

El clamor y las presiones de las organizaciones judías se multiplicaron y pusieron en evidencia la incapacidad del Vaticano para dar una respuesta que no fuera obediencia y docilidad. Charlotte Knobloch, presidenta del Consejo Central de Judíos en Alemania, anunció que en estas circunstancias suspendía sus diálogos con los líderes católicos. El 3 de febrero de 2009, el Rabinato

Supremo de Israel rompió oficialmente las relaciones con el Vaticano y canceló un encuentro fijado para los días 2 y 4 de marzo con la Comisión de la Santa Sede encargada de las relaciones con los judíos. Oded Weiner, director general del Rabinato, dirigió una carta al cardenal Walter Casper, en la que le decía: "sin una disculpa y una retractación públicas, será difícil continuar el diálogo."

El mismo día 3 de febrero, Angela Merkel, fiel a la voz de sus amos, exigió al Papa Benedicto XVI que clarificase la posición de la Iglesia: "El Papa y el Vaticano -dijo- deben dejar claro sin ambigüedades que no puede haber negacionismo". En Alemania toda la maquinaria para atizar el fuego del "escándalo" estaba en pleno funcionamiento: El *Bild Zeitung* advirtió al Papa que "no se podía negar el exterminio de seis millones de judíos" sin una reacción. El *Süddeutsche Zeitung* aplaudió la advertencia de la canciller y recordó que un Papa alemán no podía "respaldar a un negacionista del Holocausto" sin ofender a la comunidad judía. El *Berliner Zeitung* escribió que Williamson no había sólo murmurado en privado, sino que había hablado públicamente, por lo que pedía al Papa que lo excomulgase de nuevo. Para tratar de contener las críticas, el 4 de febrero Benedicto XVI ordenó a Richard Williamson que se retractara "de manera pública e inequívoca."

El obispo había estado viviendo durante cinco años en Argentina, pero el 19 de febrero fue declarado "persona non grata". El Ministerio del Interior de Argentina, a través de la Dirección Nacional de Migraciones, instó al obispo británico a abandonar el país en el plazo de diez días. En la nota se decía textualmente que se tenía en cuenta "la notoriedad pública luego de sus declaraciones antisemitas a un medio sueco, en las cuales puso en duda que el pueblo judío haya sido víctima del Holocausto". El Gobierno argentino añadía en la nota que las manifestaciones de Williamson "agredían profundamente al pueblo judío y a la humanidad".

Monseñor Williamson, que viajó a Inglaterra, resistió, sin embargo, todas las presiones y en una entrevista a *Der Spiegel* dijo que siempre había buscado la verdad y por ello se convirtió al catolicismo. Declaró que estaba convencido de lo que había dicho: "Hoy digo lo mismo que dije en la entrevista con la televisión sueca: la evidencia histórica debe prevalecer y no las emociones. Y si encuentro otra evidencia contraria, me retractaré, pero eso llevará tiempo." El obispo redactó una disculpa por escrito, pero Federico Lombardi, portavoz del Vaticano, dijo que "no reunía las condiciones para que fuera admitido de nuevo en la Iglesia". Por supuesto, también la comunidad judía la rechazó. Marvin Hier, del Centro Simon Wiesenthal, exigió: "si quiere disculparse tiene que afirmar el Holocausto".

Brigitte Zypries, ministra de Justicia de Alemania, acabó desechando la posibilidad de emitir una EAW para que las autoridades británicas arrestaran al obispo y lo extraditaran a Alemania. Por fin, en abril de 2010 se celebró en Regensburg un juicio al que Williamson no se presentó. Tampoco acudieron a declarar los tres periodistas suecos que habían participado en la entrevista. El abogado Matthias Lossmann solicitó en vano la absolución. Monseñor Williamson fue condenado a pagar 10.000 euros de multa por "instigación al odio racial". Tras la correspondiente apelación, en julio de 2011, nuevamente en ausencia, Williamson fue condenado en segunda instancia a pagar 6.500 euros, pero debido a fallos procedimentales se obligó a una revisión del proceso. El 24 de febrero de 2012 quedó absuelto. El tribunal consideró que los cargos habían sido presentados de manera incorrecta porque la acusación no especificó adecuadamente la naturaleza de la ofensa. La sentencia quedó, pues anulada por los errores en el procedimiento. Puesto que quedó abierta la posibilidad de nuevas acusaciones, el 16 de enero de 2013 fue condenado en ausencia por tercera vez. En esta ocasión se rebajó la multa a 1.600 euros. Williamson se negó a pagar y apeló nuevamente.

Como se aprecia, lo importante del caso fue la bronca monumental, el acoso inclemente, las reacciones desmesuradas contra un sacerdote católico sólo porque se había atrevido a decir lo que pensaba. En nuestra opinión, lo verdaderamente lamentable del asunto no fueron las consabidas condenas y amenazas de las organizaciones judías internacionales o las exigencias al Papa de la prensa alemana y de la canciller Merkel, hija de una judía polaca y casada en segundas nupcias con un catedrático judío; sino la claudicación del Vaticano y de la Iglesia. "Yo he venido al mundo para dar testimonio de la verdad", le respondió Jesús a Pilatos cuando estaba a punto de ser entregado. "Conoceréis la verdad, y la verdad os hará libres", les enseñó a sus discípulos. Por desgracia, la Jerarquía católica hace ya mucho tiempo que ha renunciado a decir la verdad como enseñó Jesucristo. Tanto el Vaticano como la Cruz Roja saben muy bien cuál es la verdad sobre los llamados campos de exterminio; pero sus dirigentes actuales han capitulado, prefieren mentir y acatar penosamente el dogma de fe del Holocausto.

El 25 de marzo de 2016, Viernes Santo, el Santo Padre Francisco presidió el Vía Crucis en el Coliseo de Roma. El acto fue retransmitido por numerosas televisiones a cientos de millones de personas en todo el mundo. El Papa encargó al cardenal Gualtiero Basseti la redacción de las meditaciones. Para la Tercera Estación, Jesús cae por primera vez, Basseti se refirió a los sufrimientos del mundo actual. En el primer lugar de la meditación escribió: "...Hay sufrimientos que parecen negar el amor de Dios. ¿Dónde está Dios en los campos de exterminio?". Y poco después, antes de rezar el Padre nuestro: "..Te rogamos, Señor, por los judíos muertos en los campos de exterminio..." Es evidente que no había ninguna necesidad de mencionar entre las tragedias de hoy y en lugar preferente un sufrimiento de setenta años atrás. Sólo la servidumbre justifica esta mención del cardenal Basseti, quien, por descontado, olvidó escribir una sola palabra para el desgraciado pueblo palestino. Sí, como monseñor Williamson, la Iglesia sabe que los campos de exterminio no existieron. Conoce la verdad, pero afirma la mentira por cobardía, porque está subordinada al engaño e ignora las palabras de Cristo: "Conoceréis la verdad, y la verdad os hará libres".

Haviv Schieber, el judío que se cortó las venas para no ser deportado a Israel

En la obra *On the Wrong Side of Just About Everything But Right About It All* (*En el lado inadecuado de casi todo pero correcto en todo*), Dale Crowley Jr. narra que asistió al entierro de Haviv Schieber con sus amigos íntimos en medio de una ventisca de nieve, telón de fondo apropiado a la vida atormentada y valiente de este judío revisionista. Dale Crowley cita esta frase de Schieber: "Mis hermanos judíos aman odiar. No saben perdonar. Están enfermos y necesitan al doctor, Jesús, y la medicina, la Biblia." Schieber, pues, era cristiano y en sus artículos, entrevistas y declaraciones expresó siempre sus deseos de verdad y justicia. "El nazismo -dijo en una ocasión- me hizo tener miedo por ser judío. El sionismo hace que me avergüence de ser judío." Cuando se le preguntaba si los Protocolos de los Sabios de Sión eran auténticos, respondía invariablemente: "Da lo mismo. Todo se ha convertido en realidad."

Ernst Zündel aprendió mucho de Haviv Schieber, con el que mantuvo una buena amistad. Zündel lo tenía por una persona sumamente inteligente. De él obtuvo información de primera mano sobre el sionismo, pues Schieber le explicó la realidad del Estado de Israel. En 1932 Schieber era un apasionado sionista que emigró de su Polonia natal para vivir en la Palestina del Mandato Británico. Tuvo amigos palestinos y convivió e hizo negocios con ellos hasta que en 1936, desilusionado ante la realidad, optó por regresar a Polonia. Allí comprobó cómo en lugar de ayudar a los judíos más necesitados, las organizaciones sionistas seleccionaban únicamente a jóvenes socialistas que pudieran ser útiles en sus planes para el futuro Estado. En 1939, cuando se produjo la invasión nazi en Polonia, regresó a Palestina, donde se casó, formó una familia y llegó a ser el alcalde judío de Beersheba. Su desengaño definitivo con el sionismo se produjo cuando durante la guerra de conquista de 1948-1949 descubrió su verdadera naturaleza. Harto de asesinatos e injusticias, el 18 de marzo de 1959 llegó a Estados Unidos en un vuelo desde Israel.

Los sionistas comenzaron entonces su persecución y presionaron a las autoridades norteamericanas para que lo deportaran. La batalla legal para obtener el asilo político duró más de quince años. Inicialmente se le permitió permanecer hasta el 1 de febrero de 1960. El 4 de abril de 1961 una orden judicial ordenó su deportación, pero sus alegaciones de que sería perseguido físicamente en Israel fueron atendidas y se aplazó. Por fin el 5 de agosto de 1964 se le invitó a abandonar voluntariamente el país como alternativa a la deportación, pero se le advirtió de que si no abandonaba Estados Unidos sería deportado. El proceso de obtención de asilo se prolongó hasta principios de los años 1970. Todavía el 23 de junio de 1970 un tribunal de apelaciones le denegó el estatus indefinido de refugiado político. Cuando en una ocasión las presiones de los sionistas estaban a punto de fructificar, Haviv Schieber se cortó las venas de las muñecas en el aeropuerto de Washington D. C. para evitar que lo introdujeran en un avión con destino a Israel.

En Estados Unidos Schieber acabó siendo el Quijote admirado de un grupo de norteamericanos, judíos y cristianos, que vieron en él a un idealista indómito. Schieber se convirtió en un torbellino de actividad en defensa de los derechos del pueblo palestino y en la denuncia de la impostura del sionismo. Haviv Schieber murió en 1987. Durante los últimos años de vida, a pesar de que en 1985 sufrió dos serias operaciones quirúrgicas, prosiguió sus trabajos al frente de su "Holy Land State Committee", creado para luchar por un Estado en el que judíos, árabes y cristianos pudieran vivir en paz.

Hans Schmidt, el estadounidense encarcelado por cuatro palabras

Emigrado a Estados Unidos en 1949, Hans Schmidt obtuvo la nacionalidad en 1955. Además de casarse y tener dos hijos, se convirtió en empresario del ramo de la restauración; pero a la vez había fundado y presidido el German-American National Political Action Committee (GANPAC), una organización dedicada a la protección de los derechos y los intereses de la mayor minoría étnica del país. En 1985 sus oficinas en Santa Mónica (California) fueron atacadas y sufrieron daños de cierta importancia. Schmidt, que mantenía contactos con el IHR y había asistido a algunas conferencias del Instituto, editaba y publicaba dos contundentes boletines informativos, uno en lengua inglesa, *GANPAC Brief,* y otro en alemán, *USA-Bericht.* Activista en defensa de los derechos civiles, expresaba francamente sus opiniones y puntos de vista revisionistas, que incluían la denuncia de la falsificación de la historia y la campaña del Holocausto. Con la traición y la capitulación de los líderes políticos alemanes era asimismo implacable.

El 9 de agosto de 1995 fue arrestado en el aeropuerto de Frankfurt. Tenía 68 años y estaba ya jubilado. Había viajado a Alemania para visitar a su anciana madre y se disponía a volar de regreso a Florida. Schmidt fue detenido en cumplimiento de una orden de arresto emitida el 28 de marzo de 1995 por un juez de Schwerin, que fue sustituida por una segunda orden de arresto fechada el 5 de octubre. El "crimen" había sido el envío de una copia de su boletín informativo *USA-Bericht* (*Informe USA*) a la casa de Rudi Geil, miembro del "Bundesrat". En el boletín figuraba una carta abierta que había escrito en respuesta a un artículo publicado en *Die Zeit*. Ofendido por lo que leyó, Geil presentó la denuncia que originó la orden de arresto. El párrafo ofensivo que motivó la detención aludía a que "la izquierda, los anarquistas, el judío y el masón infestaban el sistema político, juntamente con la prensa controlada." De acuerdo con la orden de arresto las expresiones "el judío infestaba" y "el masón infestaba" estaban dirigidas contra estos dos grupos de población en Alemania. Los cargos que se le imputaron tenían que ver con el famoso párrafo 130 (I, 2) y eran los habituales.

Por primera vez un ciudadano norteamericano estaba arrestado por algo que había escrito en un correo enviado desde Estados Unidos, por expresar una opinión que era absolutamente legal en su país. Los líderes políticos estadounidenses, tan rápidos en condenar las violaciones de los derechos humanos y de la libertad de expresión cuando les interesa, guardaron silencio. Al preguntarles, despacharon el asunto con el consabido "asunto interno". Las protestas llegaron a través de activistas norteamericanos de derechos civiles, que lanzaron una avalancha de cartas a funcionarios y periodistas alemanes y publicaron anuncios en los periódicos en los que denunciaban el trato que recibía Schmidt. El 22 de agosto, por ejemplo, un grupo de ciudadanos se apostó ante el consulado alemán en Nueva York sosteniendo una gran pancarta con el título "Travelers Alert", en la que advertían a los americanos que planeaban viajar a Alemania que corrían el riesgo de ser encarcelados si expresaban "opiniones políticas incorrectas".

Estando encarcelado, Schmidt acusó a la Embajada de Estados Unidos de proporcionar información falsa a Alemania para facilitar su procesamiento. Debido a su delicada salud, los abogados consiguieron que se le concediera la libertad bajo fianza en enero de 1996. De este modo, tras pasar cinco meses en prisión, logró regresar a Estados Unidos y pudo evitar ulteriores persecuciones. Allí escribió un libro sobre su experiencia, titulado *Jailed in "Democratic" Germany* (*Encarcelado en Alemania "democrática"*), publicado en 1997. Hasta su muerte en 2010, siguió luchando contra el poder de los lobbies judíos y su influencia en Estados Unidos y en todo el mundo.

Arthur Topham, condenado en Canadá por "odio" a los judíos

Arthur Topham es un viejo luchador revisionista que en noviembre de 2015 fue condenado en Canadá por el crimen de "odio". Topham mantiene la página web *The Radical Press*. Desde hace ya ocho años ha venido resistiendo el acoso de los enemigos de la libertad de expresión, por lo que su combate está siendo largo y heroico. La página ha sido saboteada en varias ocasiones. El primer ataque contra los materiales colgados en la website se produjo en 2007. Ya entonces se presentaron cargos contra Topham al amparo de la Ley de Derechos Humanos de Canadá. Su primer arresto y encarcelamiento, el 16 de mayo de 2012, coincidió con un nuevo sabotaje de la página. Fue acusado de "promover obstinadamente odio contra gente de raza o religión judía". Se sabe que los dos individuos que lo demandaron actuaron inducidos por la logia masónica judía B'nai B'rith de Canadá.

El propio Topham ha desvelado que el texto que más contribuyó a la presentación de la querella fue un artículo satírico titulado *Israel Must Perish* (*Israel debe perecer*), escrito en mayo de 2011, en el que Arthur Topham parodiaba el famoso *Germany Must Perish*, la obra de Theodore N. Kaufman publicada en 1941. Lo que había hecho era simplemente sustituir los nombres en las frases que destilaban mas odio hacia Alemania. Es decir, cuando en el libro de Kaufmann figuraba "nazis", Topham había escrito "judíos"; en lugar de "Alemania", había escrito "Israel"; en vez de "Hitler", "Netanyahu". Pretendía con ello poner en evidencia la hipocresía de los judíos, que acusaban a los demás de odio. El 15 de abril de 2014, un juez de una corte provincial apellidado Morgan, emulando las prácticas de la Inquisición, pohibió la publicación de los nombres de los dos individuos que habían presentado la querella criminal contra Arthur Topham, editor de *The Radical Press*, por "crimen de odio".

El juicio contra Topham comenzó el 26 de octubre de 2015 y concluyó el 12 de noviembre con el veredicto de culpabilidad para Topham. En el momento de redactar esta reseña no se conoce todavía la sentencia, que podría ser de dos años menos un día. Los lectores interesados en conocer más detalles sobre el juicio pueden acudir a la página web de *The Radical Press*, donde figura la transcripción íntegra de los archivos de cada una de las sesiones del proceso. El músico de jazz y revisionista judío Gilad Atzmon intervino en el juicio y publicó asimismo el 8 de noviembre de 2015 un extracto. En él se explica que la Corona presentó entre los expertos en judaísmo y antisemitismo a Len Rudner un "profesional judío" que durante quince años ha venido trabajando para el Congreso Judío de Canadá y la organización que le sucedió, la CIJA ("Center for Israel and Jewish Affairs"). Antes del inicio del proceso, este personaje había tratado de obligar al suministrador del servicio de internet a que cerrase la página. El mismo Rudner ha presentado demandas civiles contra Topham. Como en los casos de Pedro Varela y la Librería Europa o de Fredrick Töben y la página del Adelaide Institute, la mayoría de libros y textos presentados por Rudner en una lista pueden obtenerse en Internet o comprarse libremente en Amazon y en librerías.

Gilad Atzmon (ver nota 16), que además de músico es filósofo y autor de varios libros, fue el experto en cuestiones judías presentado Arthur Topham y su abogado Barcley Johnson para contrarrestar los argumentos de Rudner. La competencia de Atzmon en "políticas de identidad judía" fue reconocida por el tribunal. El jurado escuchó fascinado las precisas y complejas explicaciones de este judío sinigual, que aseguró que muchos de los escritos aparentemente antisemíticos fueron confeccionados por los primeros sionistas. Atzmon, antiguo soldado, vivió en primera persona la perversa ideología del sionismo y los mecanismos tribales que se aplican fanáticamente en Israel.

Lo último que hemos sabido es que el viernes 20 de noviembre de 2015, habiendo sido declarado culpable en el juicio anterior, Arthur Topham compareció ante el Tribunal Supremo en Quesnel para una audiencia relacionada con el tema de la fianza y también con demandas adicionales relacionadas con la publicación en *The Radical Press* de una foto del jurado ante el edificio del Tribunal. Jennifer Johnson, el fiscal de la Corona, solicitó una serie de condiciones extremadamente duras. Parece ser que mientras que Topham y Johnson se personaron físicamente, Bruce Butler, el magistrado del Supremo, y el abogado defensor Barcley Johnson comparecieron vía telefónica desde Vancouver y Victoria respectivamente. El juez desestimó que la publicación de la foto de los miembros del jurado, que aparecían de pie mientras nevaba y fotografiados desde una distancia que no permitía distinguir con claridad sus rostros, pudiera suponer un peligro para su integridad. En cualquier caso, exigió su retirada.

10. APÉNDICE SOBRE LA PERSECUCIÓN DESPIADADA DE NONAGENARIOS

Los perseguidos que figuran es este último apartado, que escribimos a modo de apéndice, no son ya revisionistas ni han cometido crímenes de pensamiento. Son personas que normalmente nunca entrarían en los manuales de historia. Formarían parte, quizá, de lo que Miguel de Unamuno consideró la intrahistoria. Sus nombres han figurado en los titulares de los periódicos un día o dos para desaparecer después para siempre. Precisamente por ello, para que no acaben en el olvido, hemos optado por incluirlos en nuestra obra, aunque sea de manera concisa. Son nonagenarios víctimas de una incalificable persecución por el simple hecho de haber servido como soldados en el Ejército durante la Segunda Guerra Mundial. Normalmente, estos ancianos que en su adolescencia sirvieron a su país deberían ser honrados y reconocidos; sin embargo son tratados como criminales.

El célebre caso de John Demjanjuk, extraditado, acusado, juzgado y sentenciado a muerte, ha sido ya comentado. Otro caso bastante conocido es el de Frank Walus, testigo de Zündel en el juicio de 1985. Acusado falsamente por el cazanazis Wiesenthal de ser el "Carnicero de Kielce", padeció una campaña inclemente en los medios estadounidenses, que propiciaron su apaleamiento público. Este mecánico estadounidense de origen alemán fue atacado siete veces por esbirros judíos, que casi lo asesinaron en un atentado con ácido. Para poder financiar su defensa vendió su casa y quedó arruinado. Perdió asimismo la ciudadanía estadounidense. Después de afrontar un largo y costoso proceso de apelación, ganó; pero su salud estaba ya muy deteriorada y tras sufrir varios ataques cardíacos murió. Como estos hay más casos que podríamos relatar; pero preferimos ceder ya el espacio a los exsoldados anónimos, de los que sólo presentaremos unos pocos ejemplos.

En abril de 2013 se dio a conocer en Alemania que los fiscales habían decidido llevar a cabo "un esfuerzo final" para encontrar a criminales nazis. Para ello se había confeccionado una lista con los nombres de cincuenta guardias de Auschwitz y de otros campos que seguían vivos, a los que se pensaba investigar con el fin de dar una satisfacción a los supervivientes del Holocausto. "Se lo debemos a las víctimas", dijo Kurt Schrimm, jefe de la Oficina Central de las Autoridades Judiciales para la Investigación de Crímenes Nacionalsocialistas, quien informó que el Museo de Auschwitz les había remitido la lista con los nombres de antiguos guardias.

Efrain Zuroff, furibundo cazanazis, director del Centro Simón Wiesenthal de Jerusalén y uno de los cerebros de la "Operación última oportunidad", declaró que el hecho de que la mayoría de los nombres que figuran en la lista sean octogenarios o nonagenarios no es razón para que no se haga "justicia". Autor de *Operation Last Chance: One Man's Quest to bring Nazi Criminals to Justice* (*Operación última oportunidad: la misión de un hombre para entregar a criminales nazis a la justicia*), este vengador justiciero declara en su obra: "No miren a estos hombres y digan que parecen débiles y frágiles. Piensen en alguien que en el momento culminante de su fuerza dedicó sus energías a asesinar a hombres mujeres y niños. El paso del tiempo no disminuye de ninguna manera la culpa de los asesinos. La ancianidad no debería otorgarles protección." La famosa Deborah Lipstadt, la profesora de la Universidad de Emory, apoyó la idea de que no hay límite de edad para perseguir a los criminales.

Laszlo Csatary

Es el primer nombre que aparece en la lista manejada por los fiscales alemanes y por el SWC (Simon Wiesenthal Center). En julio de 2012, poco después de la llegada del sionista Laurent Fabius al Ministerio de Exteriores, se produjo en Francia una reunión entre Fabius, los cazanazis y grupos de la comunidad judía. Como consecuencia del encuentro Francia pidió a Hungría el arresto de Laszlo Csatary, que vivía en Budapest con su propio nombre. Un portavoz del Ministerio declaró que "no podía haber inmunidad" para quienes habían llevado a cabo el Holocausto. El 18 de julio de 2102 el SWC informó que Csatary había sido detenido. Su abogado Gabor Horwath dijo que fue interrogado durante tres horas a puerta cerrada por un fiscal de Budapest, que lo acusó de antisemitismo. No se presentaron cargos contra él, pese a lo cual quedó en arresto domiciliario. Según sus perseguidores, participó en 1944 en la deportación de más de quince mil judíos a Auschwitz. Csatary negó ser un antisemita y citó ejemplos de relaciones con judíos en el seno de su familia y en su círculo de amistades. También negó haber sido comandante del gueto de Kosice, en la Hungría aliada de Alemania. Horwath dijo que "podría fácilmente haber sido confundido con otro". Para presionar, los justicieros organizaron manifestaciones ante el domicilo con carteles que rezaban "Última oportunidad para la justicia". Un grupo de la Unión Europea de Estudiantes Judíos, luciendo todos caras muy indignadas, formó una cadena con las manos atadas. Dos "activistas" subieron al piso y pegaron en la puerta esvásticas tachadas y un cartel con la consigna "Nosotros nunca olvidamos". En agosto de 2013, Laszlo Csatary murió a los 98 años mientras esperaba el juicio. Al informar sobre el fallecimiento, el abogado recordó que Csatary sólo había sido un intermediario entre los oficiales húngaros y alemanes y que no había estado envuelto en ningún crimen.

Samuel Kunz

El 21 de diciembre de 2010 Christoph Göke, portavoz de los fiscales de Dortmund, informó de que habían imputado a un hombre de 90 años,

Samuel Kunz, antiguo guardia en Sobibor que había ayudado a exterminar a 430.000 judíos. Según la información aparecida en la prensa, Kunz admitió que había trabajado entre 1942-43 en el "campo de exterminio" de Belzec. Cuando su apartamento fue asaltado por la policía, el anciano negó que hubiera estado personalmente involucrado en ningún crimen. En la noticia se informaba de que se estaba produciendo una "ráfaga de arrestos" entre personas que rozaban los noventa años y que los cazadores de nazis habían mostrado su satisfacción por el celo que estaba demostrando la policía. Junto a la sangría de personas, proseguía la económica: días antes del arresto de Kunz, el 9 de diciembre de 2010, Ruediger Grube, director ejecutivo de "Deutsche Bahn", declaró que el sufrimiento de la víctimas del nazismo no se olvidaba, por lo que la empresa estatal de ferrocarriles donaba 6.6 millones de dólares para financiar proyectos para supervivientes, entregados a EVZ (Fundación Recuerdo, Responsabilidad y Futuro).

Johan Breyer

Como consecuencia de una orden de arresto emitida por Alemania, en julio de 2014 Johan Breyer, un anciano de 89 años que había emigrado a Estados Unidos en 1952, fue arrestado en su casa de Filadelfia (Pensilvania), acusado de haber actuado como cómplice en el asesinato de cientos de miles de judíos. Breyer admitió que había sido un guardia en Auschwitz, pero dijo que había servido en el exterior y que no tenía nada que ver con los asesinatos. A pesar de que su abogado, Dennis Boyle, advirtió de que su cliente tenía una salud muy frágil para ser encarcelado mientras esperaba la vista para la extradición, el juez dijo que el centro de detención estaba equipado para atenderlo y rechazó cualquier fianza. La agencia de noticias Associated Press recogió unas declaraciones en Jerusalén del cazanazis Efraim Zuroff, el cual recordó a la opinión pública norteamericana, que en 2013 las autoridades alemanas habían expuesto carteles en algunas ciudades con el lema "Tarde, pero no demasiado tarde", por lo que el decrépito Breyer debía ser extraditado. Zuroff añadió que Alemania "merecía credibilidad" por "hacer un último esfuerzo en maximizar la persecución de los responsables del Holocausto."

Oskar Gröning

La vergonzosa campaña de carteles merita un comentario, pues Oskar Gröning fue uno de los treinta guardias de Auschwitz señalados en el contexto de la operación "Spät, aber nicht zu spät" (Tarde, pero no demasiado tarde)

Unos dos mil carteles fueron desplegados en Berlín, Hamburgo y Colonia. En ellos figuraba en blanco y negro la fachada principal de Auschwitz al fondo y las vías de ferrocarril sobre la tierra nevada, que confluían antes de la entrada del campo. Abajo, una franja roja con la inscripción mencionada. El SWC ofrecía recompensas de 25.000 euros a quienes denunciaran a los abuelos. El Centro Wiesenthal informó que se tenían localizados seis casos en Baden-Würtenberg, siete en Bavaria, dos en Sajonia-Anhalt, cuatro en Westfalia del Norte, cuatro en la Baja Sajonia, dos en Hesse y uno en Renania-Palatinado, Hamburgo, Schleswig-Holstein, Sajonia y Mecklenburg-Pomerania del Oeste. Todos ellos eran antiguos guardias.

Uno de los cuatro perseguidos en Baja Sajonia era Oskar Gröning, que fue arrestado en el mes de marzo de 2014. Cuando fue formalmente acusado en septiembre del mismo año, Gröning, conocido como el "contable de Auschwitz", tenía 93 años y fue imputado por complicidad en el asesinato de al menos 300.000 personas. "Oskar Gröning no mató a nadie con sus manos, pero formó parte de la maquinaria del exterminio", declaró la superviviente Judy Lysy al juez retirado Thomas Walter, el cual investigó sobre Gröning en Toronto y Montreal. El proceso comenzó en abril de 2015 y el débil estado de salud de Gröning obligó a suspender el juicio algunos días. La sentencia se hizo pública el 15 de julio. A pesar de que el fiscal había solicitado tres años y medio de cárcel, la corte de Luneburg, sin tener en consideración que Gröning tenía ya 94 años y no había matado a nadie, lo condenó a cuatro años. El ministro de Justicia, el socialdemócrata Heiko Maas, dijo que el proceso había contribuido a aliviar el "gran fracaso" del sistema judicial alemán, que sólo había conseguido llevar a los tribunales a medio centenar de los 6.500 miembros de las SS en Auschwitz que sobrevivieron a la guerra.

Reinhold Hanning

En el verano de 2015 el tribunal que iba a juzgar a Reinhold Hanning, antiguo guardia de Auschwitz de 93 años acusado de complicidad en el asesinato de 170.000 personas, estaba pendiente de un informe médico que determinase si este nonagenario estaba mentalmente capacitado para soportar un juicio. Anke Grudda, portavoz del tribunal de Detmold, en Westfalia del Norte, declaró a Associated Press que no podía comenzar el juicio hasta que el informe neurológico estuviera terminado. El diario británico *Daily Mail* informó que no se tenían evidencias suficientes para demostrar si Hanning había tomado él mismo decisiones o si únicamente había ayudado a otros en las labores. El caso contó con el aditamento de declaraciones de un supuesto nieto de víctimas, Tommy Lamm, de 69 años, quien desde Jerusalén contó la historia de sus abuelos, rapados y gaseados al poco tiempo de llegar a Auschwitz, y relacionó a Hanning con su muerte. Lamm aseguró que estaba dispuesto a ir a Alemania para colgarlo con sus propias manos. Finalmente, en noviembre de 2015 los neurólogos llegaron a la conclusión de que Reinhold Hanning podía soportar sesiones judiciales de dos horas diarias.

Siert Bruins

Acusado de haber matado a un miembro de la resistencia durante la guerra mundial, Siert Bruins, un holandés de nacimiento de 92 años que había sido guardia de seguridad, fue llevado a juicio en Alemania en septiembre de 2013. La acusación pública, pese a tratarse de un nonagenario, solicitó la cadena perpetua. El fiscal argumentó que Bruins había matado a Aldert Klaas Dijkema, quien en septiembre de 1944 trabajaba para la resistencia contra la ocupación alemana de Holanda. Sorprendentemente, el juez consideró que no había suficientes evidencias de que el acusado fuera el autor de los hechos imputados, acaecidos setenta años atrás. Detlef Hartmann, abogado de la hermana de Aldert Klaas, que supuestamente buscaba venganza, declaró que su cliente estaba trastornada por la decisión del tribunal. Por su parte, Siert Bruins abandonó la sala con un caminador sin capacidad para expresar ninguna opinión.

Una mujer de 91 años

Normalmente, muchas de las personas detenidas estaban enfermas, pues es imposible llegar a los noventa años sin graves deterioros físicos y sobre todo mentales. En la mayoría de los casos ni siquiera trascendió a la prensa el nombre completo de estos ancianos. Acabaremos, pues, con una víctima anónima, que servirá como símbolo de tantas personas desconocidas que han sufrido y sufren el odio insaciable que, ochenta años después, siguen exhibiendo las "víctimas" eternas; pero también como símbolo de la miseria moral y política de la República Federal de Alemania, cuya canciller Ángela Merkel declara cínicamente que su país debe pagar "eternamente" por el Holocausto. Un Estado que persigue a ancianos que sirvieron a su patria y que cumplieron las órdenes de sus superiores no tiene ni credibilidad ni dignidad.

El 22 de septiembre de 2015, *Fox News* daba esta noticia: "Mujer alemana, 91, acusada de 260.000 muertes en Auschwitz". En el cuerpo de la noticia se informaba de que un mujer no identificada de 91 años había sido acusada por los fiscales alemanes de haber participado en la muerte de 260.000 judíos en Auschwitz. *The Times of Israel,* una de las fuentes de *Fox News,* especificaba que la mujer, miembro de las SS, había sido operadora de radio a las órdenes del comandante del campo en julio de 1944. Heinz Döllel, portavoz de la Fiscalía, dijo que no parecía que la mujer no estuviera en condiciones de ser juzgada, aunque la corte no decidiría si debe proseguir con el caso hasta el próximo año. Lo más lógico es que el tribunal, considerando que ser operadora de radio es un crimen abominable, acabe juzgándola.

CAPÍTULO XIII

LA PRIMERA GRAN MENTIRA DEL SIGLO XXI: LOS ATENTADOS DEL 11 DE SEPTIEMBRE DE 2001

Pocas personas medianamente informadas sostienen hoy la versión oficial sobre los atentados del 11 de septiembre de 2001. En todo el mundo han surgido movimientos que exigen la verdad, pues las evidencias de que se ha fabricado una gran mentira son irrefutables. El principal problema para que se sepa exactamente qué ocurrió en realidad es, como de costumbre, la sujeción de los medios de comunicación de masas, que sostienen una falsa interpretación de lo ocurrido y ocultan las evidencias con su tratamiento de la información, lo cual equivale a una cooperación criminal por encubrimiento. En Estados Unidos, numerosas asociaciones por la verdad sobre el 11 de septiembre: pilotos, arquitectos e ingenieros, científicos, bomberos, militares, actores y artistas, profesionales de la medicina, abogados, atletas... exigen el esclarecimiento de los hechos. La mayoría de estas organizaciones se han integrado en el llamado "9-11 Truth Movement", constituido en 2004. El problema principal que arrastra hoy este movimiento por la verdad sobre el 11-S es que está sumamente infiltrado. Quienes trabajan para fragmentarlo y restarle credibilidad utilizan la técnica conocida como "muddying the water" (enturbiar el agua), que consiste en mezclar informaciones de todo tipo, desde las más fantásticas a las más reales, con el fin de crear confusión y romper la cohesión y la fuerza del movimiento.

Las torres gemelas de Nueva York no cayeron por el impacto de los aviones ni por los incendios que provocó el queroseno, sino que se derrumbaron por demoliciones controladas preparadas con antelación. El vuelo 77 de American Airlines no se empotró contra el Pentágono. Es absolutamente increíble que alguien puede seguir sosteniendo esta falsedad: el impacto lo produjo un mísil y de ello hay pruebas gráficas más que suficientes: vídeos y fotografías muestran los agujeros redondos en cada uno de los anillos del edificio que fueron penetrados por el artefacto. Además, jamás se encontraron los restos del avión, pero sí piezas del proyectil. Sobre el vuelo 93 de United Ailines no se estrelló en Shanksville, sino que fue abatido. La historia oficial según la cual unos pasajeros heroicos se sacrificaron para salvar otras vidas es un montaje. De todo ello aportaremos argumentos y pruebas suficientes en las páginas que siguen.

A los pocos días de los atentados criminales, George W. Bush declaró que Estados Unidos iba a lanzar una guerra contra el terrorismo que duraría catorce años. Ese era el tiempo que los estrategas del 11-S habían calculado que se necesitaría para reestructurar Oriente Medio por medio de las guerras que pensaban lanzar. En 2016, quince años después, la pesadilla para los pueblos de la zona parece no tener fin. La desestabilización es general: a las guerras desatadas por Estados Unidos en Afganistán e Iraq, han seguido guerras civiles desastrosas en ambos países y en otros de la región provocadas desde el exterior. Especialmente grave es el caso de la destrucción total de Siria, llevada a cabo a través de grupos terroristas financiados y armados por Occidente, Israel y las monarquías árabes de la zona. También en Yemen se libra una guerra civil con la intervención directa de Arabia Saudita. Sólo Irán, el principal de los objetivos anhelados por Israel, mantiene intacta su integridad territorial. En la actualidad, la intervención de Rusia, Irán y Hezbollah en Siria, el papel de Turquía en la guerra, la situación eruptiva en Bahrein, en Líbano, en Egipto, en Libia constituyen un cóctel explosivo que puede acabar en un conflicto generalizado nunca visto desde la Segunda Guerra Mundial. Todo ello tuvo su origen en los atentados del 11 de septiembre de 2001.

Un nuevo Pearl Harbour o la mentira necesaria para empezar la guerra

En el número de noviembre/diciembre de 1998, apareció en la revista *Foreign Affairs* un artículo titulado "Catastrophic Terrorism: Tackling the New Danger" (Terrorismo catastrófico: encarando el nuevo peligro). En el texto, cuyo autor era un judío sionista llamado Philip Zelikow, se anunciaba un atentado catastrófico que "podría implicar una pérdida de vidas y propiedades sin precedentes en tiempo de paz y socavar la sensación fundamental de seguridad de América, como hizo la prueba atómica soviética en 1949. Estados Unidos -proseguía Zelikow- debería responder con medidas draconianas, reduciendo las libertades civiles, permitiendo una mayor vigilancia de los ciudadanos, detención de sospechosos y un uso letal de la fuerza. Podría seguir mayor violencia o más atentados terroristas o contraataques de Estados Unidos..." Este profeta moderno estaba anunciando no sólo los atentados del 11-S y otros sucedáneos, sino también la "Patriot Act" o Ley Patriótica.

Tras los atentados, este sionista fue nombrado director ejecutivo de la Comisión del 11-S que publicó el cuento de hadas conocido como *9-11 Comission Report*. Dicho texto, un insulto a la inteligencia, no respondió a ninguna de las preguntas pertinentes que se hacía la opinión pública y el Movimiento para la Verdad del 11-S ("9-11 Truth Movement"). La Comisión dirigida por Zelikow contó en su misión de encubrimiento de la verdad con la ayuda inestimable del NIST (National Institute of Standards and Technology), cuyo líder en la investigación fue otro sionista llamado Stephen Cauffman. Este judío fue el principal autor de un informe sin sentido con razonamientos humillantes y vergonzosos que atribuían la caída de los tres edificios (WTC 1, WTC 2 y WTC 7) a los incendios. Pero vayamos paso a paso.

Instrumento fundamental en los planes de los conspiradores fue el PNAC (Project for New American Century), formado en 1997 por dos sionistas extremistas, William Kristol y Robert Kagan, que se convirtió enseguida en un influyente y agresivo "think tank" que marcó las líneas de la política exterior de Estados Unidos. Antes de los atentados el PNAC había pedido textualmente: "algún acontecimiento catastrófico y catalizador, como un nuevo Pearl Harbour". Sabemos que Pearl Harbour fue el ataque propiciado por Roosevelt, quien sacrificó a tres mil militares para poder meter a EE.UU. en la II Guerra Mundial. El PNAC estaba integrado por miembros de los llamados "neocons", cuyo gurú intelectual o ideólogo fue el filósofo judío Leo Strauss, quien antes de morir en 1973 había dirigido el doctorado de su alumno protegido, Abram Shulsky.

Junto a Paul Wolfowitz, subsecretario de Defensa y futuro presidente del Banco Mundial, Shulsky fue el director del Departamento de Planes Especiales ("Office of Special Plans") que en 2003 preparó la invasión de Iraq. Shulsky y Wolfowitz, ambos judíos, escribieron conjuntamente un trabajo de investigación titulado *Leo Strauss and the World of Intelligence*, en el cual se promovía la idea de que "una cierta cantidad de engaños es esencial cuando se gobierna". Strauss defendía la eficacia de la manipulación en la política, la utilidad de la mentira y su conveniencia para dirigir a las masas. Otro judío discípulo de Leo Strauss fue Samuel Huntington, autor de la famosa obra *El choque de civilizaciones y la reconfiguración del orden mundial*, en la que articuló su teoría de un mundo en el que las civilizaciones entran en conflicto. Huntington señalaba obviamente al nuevo enemigo musulmán y auguraba una época de enfrentamientos.

Significativamente, los principales integrantes de la camarilla neocons/PNAC eran judíos sionistas. Entre ellos estaban: Richard Perle, Paul Wolfowitz, Elliot Cohen, Douglas Feith, Kenneth Adelman, Dov Zakheim, Elliot Abrams, Lewis "Scooter" Libby, David Wurmser, Daniel Pipes y Stephen Bryen. Por encima de todos ellos habían sido colocados como tapaderas tres gentiles: George Bush, el títere puesto en la presidencia de Estados Unidos en noviembre de 2000 después de apañar las elecciones en Florida, donde su hermano Jeb Bush era el gobernador, el vicepresidente Dick Cheney y el secretario de Defensa Donald Rumsfeld, quienes aunque no eran judíos eran también sionistas, en el sentido de que compartían una política de defensa alineada con los intereses de Israel y estaban por la labor de empujar a Estados Unidos a una guerra prolongada en Oriente Medio. El proyecto del plan para la hegemonía global de Estados Unidos redactado por el PNAC se tituló "Rebuilding America's Defenses" (Reconstruyendo las Defensas de América) y su autor principal fue Dov Zakheim.

En mayo de 2001 Donald Rumsfeld nombró auditor del Pentágono a uno de estos sionistas, quizá el más fanático, el rabino Dov Zakheim, que además de la nacionalidad estadounidense tenía también la israelí. Es decir, un puesto de máxima importancia estuvo en manos de un sionista que tenía pasaporte de Israel. Un individuo cuyo abuelo fue un rabino ruso casado con una mujer de la familia de Karl Marx. El libro de referencia para profundizar en las maniobras de esta caterva de conspiradores es *The High Priests of War* (*Los altos sacerdotes de la guerra*), de Michael Collins Piper[23]. El padre de Zakheim fue miembro de la organización terrorista Betar, relacionada con el Irgun. Dov Zakheim, educado en las enseñanzas del *Talmud*, columnista del *Jerusalem Post* y miembro del consejo editorial de *Israeli Affairs*, consiguió introducirse en el Departamento de Defensa en 1981, siendo presidente Ronald Reagan. Desde entonces este "insider" se movió como pez en el agua infiltrado en los organismos de Seguridad Nacional del Departamento. Además de formar parte del PNAC, Dov Zakheim, asesor de Bush mientras fue gobernador de Texas y su consejero principal en política exterior durante

---

[23] El libro de Michael Collins Piper desvela que aunque son llamados "neoconservadores", son comunistas duros y trotskystas. Según Collins Piper, estos "neocons" conforman un conventículo secreto de judíos sionistas que trabajan detrás del telón. Apoyados y propulsados al poder por los banqueros, el 11 de septiembre de 2001 controlaban la Casa Blanca, La CIA y el Pentágono. Collins Piper aporta un caudal de información esencial, que demuestra que el objetivo final de los conspiradores es servirse de Estados Unidos como el peón que hace el trabajo sucio de los globalistas en su objetivo de constituir un imperio internacional con un gobierno central controlado por ellos.

la campaña presidencial del año 2000, es miembro de otros "think tanks" como el CFR ("Council on Foreign Relations"), "Heritage Foundation" o el "Center for International and Strategic Studies".

Ya en junio de 2003 se publicó un libro en Alemania que dejaba meridianamente claro que el 11 de septiembre había sido el resultado de una gigantesca conspiración. Nosotros manejamos la edición española, aparecida en 2006 con el título *La CIA y el 11 de septiembre. El terrorismo internacional y el papel de los servicios secretos*. Su autor, Andreas von Büllow, experto en las maquinaciones criminales de los servicios secretos, fue durante veinticinco años miembro del "Bundestag", donde participó en comisiones de investigación de los "servicios". Después de ser secretario general del ministro de Defensa en el Parlamento, entre 1980 y 1982 fue ministro de Investigación y Tecnología.

Esta obra de von Büllow fue pionera en 2003, pero hoy existen cientos de libros que denuncian que el 11-S fue un "inside job" (un trabajo interno). Muchos de ellos han sido escritos por lacayos pagados para "enturbiar el agua" y revolverlo todo. De este modo, se pretende desacreditar "las teorías de la conspiración", una forma peyorativa de referirse a las denuncias de "mentes calenturientas" que cuestionan la versión oficial de ciertos hechos o de la historia en general. De manera muy significativa, dos meses después de los atentados, el 10 de noviembre de 2001, George Bush dijo textualmente: "No toleraremos indignantes teorías conspirativas en relación a los ataques del 11-S, mentiras malignas que pretenden liberar de culpa a los terroristas, a los auténticos culpables". Poco después formuló otra idea estratégica: "O se está con nosotros o se está con los terroristas". Más tarde seguiría aquello del "eje del mal" para señalar a los países que tenían en el punto de mira como objetivos de su "guerra contra el terrorismo".

Interesa, pues, saber cómo se preparó el nuevo Pearl Harbour, quiénes pudieron organizar los atentados del 11-S y quiénes los ejecutaron. Entre los principales organismos implicados destacan la Agencia Nacional de Seguridad (NSA) la CIA y el Mossad, pero hubo más. Es evidente que los verdaderos culpables pudieron controlar el Pentágono, donde la versión oficial dice que impactó el vuelo 77 de American Airlines. En cuanto al descontrol en el espacio aéreo norteamericano, en teoría el más vigilado del mundo y en consecuencia el más seguro, es imposible que los aviones no fueran interceptados por la fuerza aérea. Para evitar esta interceptación, fue preciso desactivar los protocolos ordinarios de actuación. Fue Donald Rumsfeld quien pasó la instrucción J-3 CJCSI 3610.01A al jefe de la Junta de Estado Mayor, general Richard Myers. Víctor Thorn explica en *9-11 Exposed* que, de acuerdo con DOD 3025.15 (DOD equivale a Department of Defense), la instrucción equivalía a la salida de servicio. En cuanto a la Casa Blanca, que fue evacuada, quien quedó al mando del "Presidential Emergency Operations Center" (PEOC) fue el vicepresidente Dick Cheney.

Hechos relevantes previos a los atentados

El complejo del World Trade Center (WTC) había sido un invento de los hermanos Rockefeller, David y Nelson. El segundo, fallecido en 1979, fue durante quince años gobernador de Nueva York y posteriormente vicepresidente de Estados Unidos con Gerald Ford. Ambos pasan por ser impulsores prominentes del Nuevo Orden Mundial (NWO) y sionistas. El 24 de julio de 2001, Larry Silverstein, antiguo presidente de la "United Jewish Appeal" de Nueva York, alquiló por noventa y nueve años el complejo del World Trade Center a la Autoridad Portuaria. El precio del arrendamiento fue de 100 millones de dólares anuales. Este judío que había presidido la UJA (United Jewish Agency), una organización sionista supuestamente filantrópica, fue uno de los criminales implicados en los atentados de Nueva York que mayores beneficios obtuvo. En lugar de ser investigado y puesto a disposición de la justicia, sigue en libertad sin el menor problema tras haberse enriquecido merced a las indemnizaciones.

Políticamente ligado al Likud, Silverstein era íntimo amigo de Ariel Sharon y de Benjamín Netanyahu. La amistad con el segundo era y es estrecha: antes del 11-S hablaban por teléfono cada domingo por la tarde. Conviene recordar que fue Netanyahu quien acuñó el sintagma "guerra contra el terrorismo", una consigna en boga desde entonces. Múltiples informaciones relacionan a Larry Silvertstein con el tráfico de heroína y el blanqueo de capitales. El negociador de la operación con la Autoridad Portuaria fue otro judío sionista, Saúl Eisenberg, que formaba parte de la UJA y de la "United Jewish Federation". Eisenberg, además, era vicepresidente del AIPAC ("American Israel Public Affairs Committee"), el lobby judío más poderoso de Estados Unidos, cuyo apoyo es imprescindible para ser presidente de Estados Unidos.

Con el World Trade Center en manos de Larry Silverstein, el tema de la seguridad en el complejo podía controlarse con cierta facilidad, sobre todo si se considera que estaba en manos del hermano pequeño del propio presidente Bush, Marvin Bush, que tenía altas responsabilidades en Securacom, la empresa que supervisaba la seguridad del WTC, de United Airlines y del Aeropuerto Internacional de Dulles, ubicado a unos 40 kilómetros de Washington. El vuelo 77 de American Airlines, que según la versión oficial se incrustó contra el Pentágono, despegó desde el aeropuerto de Dulles. Marvin Bush también era miembro de la junta directiva de KuwAm (Kuwait-American Coporation), compañía que era principal accionista de Securacom. Otro miembro de la familia Bush, Wirt D. Walker III, un primo de los hermanos Bush, fue el director ejecutivo de Securacom entre 1999 y 2002.

Pero aún hay más. Una compañía de seguridad privada, "International Consultants on Targeted Security" (ICTS) cubría la seguridad de cada una de las terminales donde se produjeron los secuestros de los aviones. ICTS es una compañía israelí fundada en 1982 por miembros del Shin Bet. El sistema de seguridad de esta agencia israelí en relación a los pasajeros consiste en evaluar su grado de riesgo en función de una serie de criterios como edad, nombre, origen, etc. El método desarrollado por ICTS se llama "Advanced Passenger Screening" (APS), que significa Monotorización Avanzada de Pasajeros. Ezra Harel y Menachem Atzmon son sus presidentes y muchos de sus empleados eran y son antiguos miembros de la Fuerza de Defensa Israelí (IDF), i. e. Shin Bet. Por tanto, esta compañía israelí tenía acceso interno a los aeropuertos vitales en la mañana del 11-S. Es muy probable que entre los empleados de Estados Unidos hubiera "sayanim", judíos que viven en el extranjero y aprovechan su nacionalidad para suministrar información al Mossad o al Gobierno de Israel.

Podemos ahora regresar a las actividades de Larry Silverstein y otros colegas suyos en los días anteriores al 11-S. Después de alquilar por noventa y nueve años el WTC, el inefable Silverstein suscribió una póliza de seguros por valor de 3.200 millones de dólares, que cubría por primera vez los atentados terroristas. Naturalmente, Silverstein, el amigo íntimo de Netanyahu, tenía información privilegiada desde hacía tiempo, pero no era el único: muchos más "insiders" la tenían, como lo demuestran las especulaciones en bolsa durante las semanas previas al 11-S. Merryl Lynch, Goldman Sachs y Morgan Stanley, empresas de inversión que ocupaban veintidós plantas en cada una de las torres gemelas, tenían acciones de las dos compañías aéreas y las vendieron antes de los atentados.

Andreas von Bülow explica en la obra mencionada que el "Israeli Herzliya International Policy Institute for Counterterrorism" había recopilado diez días después del atentado una serie de negocios vinculados con infiltrados relacionados con el 11 de septiembre. El número de acciones diarias en venta de United Airlines, por ejemplo, fue de 4.744 acciones, cuando el promedio habitual era de 396 acciones; las participaciones de American Airlines puestas a la venta diariamente fueron 4.515, frente a las 748 de promedio. "Ambas transacciones -escribe von Bülow- eran por tanto once y seis veces más grandes en volumen de lo habitual". Merryll Linch, por ejemplo, vendió 12.215

acciones cuatro días antes del 11-S frente a las 252 diarias que vendía previamente. La Zim American Israeli Company tenía alquilado espacio en las plantas dieciséis y diecisiete de la torre 1 del WTC. Para poder romper con rapidez y sin previo aviso el contrarto de arrendamiento que finalizaba a fin de año, tuvo que pagar 50.000 dólares de multa. Una semana antes del 11 de septiembre desocupó sus oficinas. La matriz de esta compañía es "Zim Israel Navigation Company", la mitad de la cual es propiedad del Estado de Israel y la otra mitad, de "Israel Corporation", cuyo propietario es el empresario israelí Frank Lowy.

Scott Forbes, experto en informática que trabajaba como analista de computadoras para el "Fiduciary Trust" del WTC, declaró que un fin de semana anterior al 11 de septiembre se produjeron una serie de apagones sin precedentes y la electricitad colapsó por completo. Consecuentemente, no hubo cámaras ni bloqueos ni otros protocolos de seguridad. En el vídeo *9-11 Marvin Bush head of Securacom at WTCS* (*Marvin Bush jefe de Securacom en el WTCS*), se recogen las declaraciones de Forbes, repetidas en una entrevista con Víctor Thorn que figura en *9-11 Exposed*: "El acceso fue libre a menos que se cerrasen las puertas con llaves manuales. Ver a tantos extraños que no trabajaban en el WTC fue algo inusual. Había hombres con monos blancos de pies a cabeza y visera de plástico para los ojos que sacaron rollos de cables de unas cajas y caminaban por los edificios aquel fin de semana." Nadie supo quiénes eran aquellos hombres y qué estaban haciendo. Las declaraciones de Scott Forbes fueron asimismo ratificadas por William Rodríguez, uno de los testigos más conocidos del 11-S. Ambos sospecharon lo que había ocurrido cuando presenciaron el colapso de las torres. Scott Forbes informó a numerosas autoridades, incluida la Comisión del 11-S, pero fue ignorado. Ben Fountain, analista financiero, recuerda en el vídeo las repetidas evacuaciones inusuales que se llevaron a cabo en las torres antes del atentado. En su denuncia del inexplicable abandono de las medidas de seguridad, algunos comentan que incluso los perros olfateadores de explosivos desaparecieron.

Tanto Víctor Thorn en *9-11 Evil* como Andreas von Bülow en *La CIA y el 11 de septiembre* destacan el hecho sorprendente de que cuatro compañías de telecomunicaciones radicadas en Israel tengan acceso casi completo a las telecomunicaciones de Estados Unidos. Dichas empresas son: Amdocs, Converse Infosys, Odigo y Checkpoint Systems. La primera estuvo presidida hasta el 6 de septiembre de 2011 por Dov Baharav, fecha en que fue sustituido por Eli Gelman. Amdocs controla los registros de prácticamente todas las llamadas hechas por las veinticinco compañías más grandes de Estados Unidos y es también responsable de la facturación y asistencia telefónica del 90% de las compañías. Su principal sistema de computadoras se halla ubicado en Israel. Andreas von Bülow lo explica prudentemente con estas palabras:

"El 90% de las llamadas telefónicas internas y probablemente también una gran parte de las transatlánticas entre las diferentes compañías de teléfono y sus respectivas redes funcionan a través de una única sociedad de liquidaciones que recoge los datos a liquidar y los pone a disposición. Esta sociedad Amdocs se encuentra en manos israelíes. El software procede de casas de software israelíes. El ordenador central de la sociedad no se encuentra en territorio de EE.UU., sino de Israel.

Así como es muy natural que dentro del marco de la división del trabajo internacional una empresa israelí, en la concesión al mejor licitador, obtenga la adjudicación de la captación y liquidación de casi todo el servicio telefónico en un país tan grande como EE.UU., también es obvio que las gestiones de los servicios secretos se sirvan precisamente de esta vía para acceder a una gran parte de las llamadas telefónicas nacionales e internacionales, a los faxes, a los correos electrónicos y conexiones informáticas. Este organigrama es todo menos casual. Si se ha recurrido a estas vías sólo cabe felicitar a los escuchas telefónicos del Mossad. Este procedimiento requiere una aclaración frente a la opinión pública y a la política estadounidense. Pero puesto que tanto la política como los medios de comunicación de EE.UU. mantienen un silencio absoluto al respecto, también los responsables pueden callar."

No puede decirse más claro. Esta compañía puede analizar y determinar las telecomunicaciones y a través de ella el Mossad tiene acceso a informaciones sensibles en Estados Unidos, pese a lo cual nadie abre la boca para denunciarlo. Por consiguiente, en los meses y semanas anteriores al 11-S los israelíes tuvieron la posibilidad de conocer las comunicaciones relacionadas con los atentados, pero no sólo a través de Amdocs, sino también mediante las otras compañías.

La segunda compañía de telecomunicaciones israelí es Converse Infosys, que vende la tecnología de la escucha telefónica a los servicios secretos y a la policía. Converse Infosys fueron también los proveedores del material informático de la Reserva Federal. Esta compañía israelí es la responsable de la instalación de los equipos automáticos de intervención telefónica. Con la excusa de que es necesario sólo para el mantenimiento de las instalaciones, Converse está conectada a través de líneas de servicio directas con todas las instalaciones de escucha de la confederación y de la mayoría de los Estados. A través de esta compañía, pues, se hacen los pinchazos y las escuchas telefónicas. Las conversaciones sexuales entre Bill Clinton y Mónica Lewinsky, utilizadas para hacerle chantaje al presidente, fueron grabadas por Converse. Von Bülow explica que los funcionarios estadounidenses sospechan que "han abortado investigaciones penales en asuntos de espionaje y narcotráfico por dar curso a las llamadas telefónicas escuchadas". De hecho, tanto Amdocs como Converse Infosys han sido acusadas de vender furtivamente sus registros telefónicos. En relación a los atentados, una vez más Israel tuvo, por tanto, capacidad de intervenir, según su criterio, cualquier conversación telefónica en Estados Unidos y las escuchas no podían ser detectadas porque eran integradas automáticamente en el mismo sistema de telecomunicaciones.

El diario israelí *H'aaretz* publicó una noticia reveladora relacionada con Odigo, la tercera compañía de propiedad israelí. Según el periódico, dos horas antes de que el vuelo nº 11 de American Airlines se estrellase contra la torre norte del WTC, Odigo, instalada en Herzliya y especializada en la transmisión de datos por SMS, avisó del inminente atentado a los empleados de su sede nuevayorkina, ubicada a dos manzanas de distancia de las torres gemelas. Esta compañía es líder en el control de la mensajería instantánea de los ordenadores domésticos. Finalmente, Checkpoint Systems, asimismo con las oficinas centrales en Israel, era responsable de un porcentaje muy alto de las barras de control de acceso a las computadoras del Gobierno Federal y de las principales corporaciones de EE.UU.

En resumen, cuatro compañías israelíes controlaban casi toda la red de comunicaciones de los Estados Unidos. Podían, por consiguiente, actuar como el "Gran Hermano". Naturalmente, pudieron crear la leyenda de los diecinueve secuestradores árabes pinchando sólo sus conversaciones telefónicas. Fueron, pues, estas empresas israelíes las que recopilaron las conversaciones entre los supuestos terroristas, que estaban siendo permanentemente vigilados. También todo el tema de las supuestas llamadas de los familiares o las voces de los secuestradores dentro de los aviones debe ser entendido en función de los mecanismos de las compañías israelíes.

Los atentados

Que los supuestos secuestradores no podían pilotar ni una avioneta es un hecho que ha sido confirmado por sus instructores de vuelo. Bruno Cardeñosa, periodista y escritor autor de *11-S: Historia de una infamia* y de *11-M Claves de una conspiración*, en su investigación sobre los pilotos relata que entrevistó a la persona que más tiempo compartió con Mohamed Atta, su instructor de vuelo, el español Iván Chirivella, que también enseñó a volar a Marwan Al-Shehhi, el otro supuesto piloto suicida. Chirivella explicó a

Cardeñosa que durante los meses de septiembre y octubre de 2000 cada mañana pasaba horas en la avioneta con los dos árabes: "Aunque las normas de la escuela lo prohibían -aclara Chirivella- volaban siempre juntos. Era una excepción, pero quien paga tiene la razón, ya se sabe." He aquí un breve fragmento de la entrevista:

> "-Si tuvieras que hacer un cálculo, ¿cuántos alumnos tuviste a cargo en la escuela?
> - Unos cincuenta.
> - Si tuvieras que establecer un ranking en función de su categoría como pilotos, ¿qué puesto ocuparían Al-Shehhi y Atta entre los cincuenta alumnos que tuviste?
> - El 49 y el 50 -respondió Iván sin pensárelo dos veces."

El instructor español de origen canario, a quien se ha prohibido volver a trabajar en Estados Unidos después de haber permanecido allí durante catorce años, confirmó que Mohamed Atta fue el peor alumno que tuvo. Es, por tanto, absolutamente imposible que estos dos alumnos de Chirivella pudieran realizar las complicadísimas maniobras que se les atribuyen. Otros instructores de vuelo confirmaron la incompetencia de los pilotos suicidas, cuyo dominio del inglés era escaso. Hani Hanjour, el terrorista que pretendidamente voló a ras de suelo para impactar contra el Pentágono, no estaba preparado para afrontar el examen de piloto después de seiscientas horas de vuelo. En agosto de 2001 no se le permitió alquilar una avioneta Cessna en el aeropuerto de Bowie (Maryland) porque los instructores consideraron que no tenía la competencia suficiente para pilotarla.

Sobre el secuestro de los aviones con cuchillos de plástico, von Büllow explica que si en el control de equipajes y de personas se hubiera pasado por alto la existencia de armas peligrosas, se habría desencadenado "un alud de reclamaciones solicitando indemnizaciones por daños y perjuicios por una suma astronómica según la legislación de EE.UU." Otro hecho es que las compañías aéreas no mencionan ninguno de los nombres de los secuestradores en sus listas de pasajeros. Según las compañías aéreas, ninguno realizó el check-in. Investigaciones realizadas por periodistas británicos demostraron que siete de los diecinueve terroristas suicidas mencionados continuaban vivos después del atentado. Dos diarios, *The Independent* y *The Daily Mirror*, así como la BBC lograron encontrarlos y entrevistarlos y las imágenes se hallan en Internet.

Caben pocas dudas de que la historia de los diecinueve pilotos suicidas es una pista falsa, pero ni el FBI ni los medios de comunicación estadounidenses o europeos, tan exigentes cuando les interesa a sus jefes, se preocuparon lo más mínimo por la dudosa credibilidad de la lista de los autores del atentado, que se ofreció a las pocas horas como por arte de magia. La prueba culminante, digna de la peor de las películas de Hollywood, se dio días después, cuando apareció intacto el pasaporte de Mohamed Atta entre los escombros. O sea, todo quedó reducido a polvo menos el pasaporte de uno de los pilotos suicidas, máxima prueba de que pilotaba el vuelo nº 11 de American Airlines. La credulidad estúpida de la prensa y de la opinión pública es para echarse a llorar o para desternillarse de risa. Como veremos en las páginas que siguen, casi con toda seguridad los aviones fueron pilotados a distancia desde el edificio nº 7, demolido por la tarde. En cuanto al desplome de las torres gemelas no existe ninguna duda de que se produjo a través de demoliciones controladas.

Sobre la inacción de la defensa aérea y el papelón del general Richard Myers, que presidía el Estado Mayor, podría escribirse largo y tendido. Andreas von Bülow explica que el controlador aéreo detectó que el Boeing AA 11 había desconectado el transponder automático a las 8:14 y todavía tuvo tiempo de escuchar que los secuestradores informaron a las 8:23 que tenían en su poder unos cuantos aviones y que se disponían a regresar al aeropuerto de Boston-Logan. Von Bülow escribe: "Tras desconectar el transponder, al control aéreo en tierra le quedaban aún 31 minutos, y tras escuchar la conversación a bordo tenían 22 minutos para actuar antes de la colisión en la torre norte. Podían seguir el rumbo que tomaba el avión y tenían la obligación de informar inmediatamemnte al control militar del espacio aéreo". El 13 de septiembre de 2001, el general Richard Myers declaró ante la Comisión de las Fuerzas Armadas del Senado que los cazas habían despegado sólo después de la colisión en el Pentágono, i. e. una hora después del atentado contra la torre norte. Se trataba de una explicación inasumible y peligrosa, que dejó atónitos a senadores y diputados. Por ello fue sustituida poco después por una versión de la NORAD (North American Aerospace Defense Command), según la cual los cazas habían despegado pero habían llegado demasiado tarde.

En cuanto al colapso de las torres gemelas, es incuestionable que cayeron por demoliciones controladas. Los estudios técnicos de numerosos ingenieros y arquitectos sobre las estructuras de acero son concluyentes. La temperatura máxima que puede alcanzar el queroseno incendiado se sitúa alrededor de 375º. El acero sólo se funde a una temperatura superior a los 1.300º y pierde su estabilidad con 800º. La conductibilidad del calor en una construcción de acero desvía de inmediato el calor puntual en todas direcciones y con ello la temperatura en el mismo foco del incendio desciende sin demora. La teoría de que la elevada temperatura fue la causa de los desmoronamientos de las torres es insostenible.

Los edificios cayeron porque había cargas explosivas instaladas en puntos estratégicos de su estructura. Más de un centenar de socorristas declararon haber oído las explosiones. El nombre del explosivo utilizado es thermite o nano-thermite. Las cargas explosivas se colocaron en los pilares de acero y en puntos estratégicos del edificio. La explosión habría sido provocada desde un ordenador. Seguramente, las órdenes electrónicas fueron programadas y transmitidas en fracciones sucesivas de segundos a través de un encendido a distancia. Las masas de escombros se precipitaron en caída libre. La velocidad con la que cayeron es exactamente la de caída de la fuerza de gravedad, por la que la velocidad de las masas en caída va en aumento desde 9,81 metros en el primer segundo a otros 9.81 en cada segundo subsiguiente. De ahí que se derrumbaran en 9 y 11 segundos respectivamente, en un desplome sin precedentes en rascacielos con estructuras de acero. La destrucción fue extremadamente rápida. Toneladas de acero fundido fueron encontradas bajo los escombros, aunque algunas piezas fueron lanzadas a 200 metros de distancia. 80.000 toneladas de hormigón, jácenas y planchas metálicas quedaron pulverizadas en el aire y se produjeron volúmenes masivos de nubes piroclásticas expansivas. Rastros de thermite fueron hallados en acero fundido y en el polvo del WTC.

El edificio nº 7 merece punto y aparte. Su propietario era desde 1987 Larry Silverstein. La hipoteca estaba en manos del Blackstone Group, cuyo director ejecutivo era un judío sionista llamado Stephen A. Schwartzman. El presidente de la compañía era otro judío, Peter G. Peterson, el cual hasta el 2004 fue al mismo tiempo presidente del Banco de la Reserva Federal de Nueva York y también formó parte, conjuntamente con su socio Schwartzman, del Consejo de Dirección del CFR. Peterson había sido entre 1973 y 1977 presidente de Lehman Brothers. En el edificio ocupaban oficinas la CIA, el Departamento de Defensa, la entidad supervisora de la Bolsa de Nueva York ("Securities and Exchange Comission"), el Servicio Secreto de Estados Unidos, el Departamento para la Gestión de Emergencias ("Office of Emergency Management"), cuatro o cinco bancos y otras tantas compañías de seguros. Allí había millones de actas sobre investigaciones en curso contra la Mafia, los bancos, el narcotráfico internacional, el blanqueo de dinero y el terrorismo.

El edificio 7 del World Trade Center (WTC 7), situado a unos cien metros de la torre norte, No fue impactado por ningún avión, sin embargo sus 47 plantas con estructura de acero se desplomaron a las 17:20 de la tarde del 11 de septiembre. El derrumbe, como en el caso de las torres, se produjo de manera simétrica en 6.5 segundos. El colapso de este edificio fue anunciado 23 minutos antes de que ocurriera por BBC News. Durante la emisión de televisión, la periodista Jane Standley dice que el edificio de Salomon Brothers (WTC 7) se ha desplomado sin saber que está visible detrás de ella. Se sabía, pues, de antemano que el edificio iba a caer. Los bomberos se dedicaron a alejar a la gente de las cercanías entre las 16:00 y 17:00. Las imágenes muestran que es una demolición convencional, pues el edificio se desploma desde la planta baja. Se hundió desde dentro y la estructura externa se plegó hacia adentro. A diferencia de lo ocurrido con las torres, las nubes de polvo se originaron en el nivel del suelo y no a la altura de las plantas superiores.

Increíblemente, el informe de la Comisión creada para investigar lo ocurrido, el llamado "9-11 Comission Report", hecho público el 22 de julio de 2004, ni siquiera menciona el edificio nº 7. En una entrevista televisiva realizada en 2004 Larry Silverstein declaró lo siguiente: "Recuerdo una llamada del jefe del departamento de bomberos. Me dijo que no estaban seguros de que pudieran contener el incendio, y yo dije: 'Hemos tenido una pérdida de vidas tan terrible, quizá lo más inteligente sea tirarlo'. Y tomaron la decisión de tirarlo y luego contemplamos el colapso del edificio." Con la desfachatez habitual (Chutzpah), Silverstein miente sin considerar siquiera que la demolición implica que las cargas explosivas habían sido previamente colocadas. Pese a este reconocimiento público de Silverstein, en 2007, el NIST ("National Institute of Standards and Technology") seguía estudiando por qué se cayó. En un informe que descalifica y desprestigia a este organismo, descartaban la posibilidad de explosivos e insistían en que se desplomó a causa de los fuegos.

Fue en este edificio donde se instaló necesariamente el centro de telemando o telecontrol que permitió dirigir los aviones contra las torres gemelas. Entre las 9:00 y las 10:00 de la mañana, antes del colapso de las torres gemelas, se desalojó el WTC 7. Ya sin empleados, los verdaderos autores del 11-S tuvieron todo el edificio a su disposición. Hacia las 16:00 el polvo generado por el desplome de las torres se había depositado y el equipo criminal que había operado el telemando pudo salir. Alrededor de las 16:10 la CNN informó que el WTC 7 estaba en llamas. En este momento, aunque sólo había fuegos en las plantas siete y doce, los bomberos ya estaban sacando a la gente de los alrededores con el pretexto de que el edificio podía colapsar a causa de los incendios.

Ya en la década de 1950 los británicos habían desarrollado la tecnología para poder pilotar aviones militares sin necesidad de pilotos. En los años 70 esta técnica, llamada "sistema de control de vuelo", fue perfeccionada por la DARPA (Defense Advanced Projects Agency), un organismo de defensa del

Pentágono encargado de adaptar la tecnología militar para uso civil con el objetivo de poder aterrizar a distancia aviones secuestrados. El telemando puede incluso privar al piloto del control de su avión y hacerlo aterrizar automáticamente en condiciones de poca visibilidad. Sobre este asunto del sistema electrónico de pilotaje, Andres von Bülow escribe lo siguiente:

> "Supuestamente el 11 de septiembre los 19 secuestradores se habrían apoderado de los cuatro aviones de pasajeros modelo Boeing 757 y 767 enfrentándose a la tripulación y a unos pilotos que en parte tenían una formación militar sirviéndose tan sólo de unos cuchillos cutres. Los pilotos y las tripulaciones de los cuatro aviones estaban entrenados y preparados para secuestros. Siguiendo las normas, deberían haber tecleado los números 7700 tanto en cabina como en otros lugares del avión, con lo cual avisaban al control aéreo en tierra de lo sucedido a bordo. No obstante, ninguno de los cuatro aparatos emitió la señal. Los cuatro aviones volaron durante más de media hora sin establecer conexión alguna con tierra antes de que fuesen pilotados a sus objetivos."

Víctor Thorn complementa esta información en *9-11 Evil*. Thorn explica que el rabino Dov Zakheim, con su doble nacionalidad, llevaba más de veinte años acechando por los corredores del Gobierno. Entre 1981 y 1985 trabajó en el Departamento de Defensa. Desde 1985 a 1987 fue subsecretario adjunto de Defensa para Planificación y Recursos. En 1997 formó parte del Cuerpo Especial para la Reforma de la Defensa. Como sabemos, en 2001 Donald Rumsfeld lo nombró auditor del Pentágono. Thorn lo señala como un agente de alto nivel del conciliábulo de banqueros sionistas cuyo máximo exponente es la dinastía de los Rothschild. Según este autor, siendo auditor del Pentágono, Zakheim orquestó la adjudicación de más de dos trillones de dólares. Pero lo más relevante en relación al asunto del telecontrol de aviones es que Zakheim fue fogueándose en el asunto como director ejecutivo y vicepresidente corporativo de "Systems Planning Corporation", agencia contratista de defensa especializada en tecnologías de guerra electrónica y en sistemas de control remoto de aviones. El "Radar Physics Group", una de las secciones de la Corporación, producía la tecnología avanzada llamada "Flight Termination System", que podía controlar a distancia todo tipo de aviones, incluidos reactores de pasajeros. Este sistema tenía la capacidad de encargarse de hasta diez vuelos diferentes al mismo tiempo y podía también finalizar sus misiones. Eso es exactamente lo que se precisaba para llevar a cabo una operación como la del 11 de septiembre de 2001, que se venía preparando desde años atrás. Cedemos ahora la palabra a Víctor Thorn (los paréntesis en la cita son suyos):

"Este argumento gana aún más peso si comprobamos que durante su ejercicio como auditor del Pentágono, los militares 'perdieron' 56 aviones de combate, 32 tanques y 36 unidades de lanzamiento de misiles Javelin. Además, tenía la capacidad de mover enormes cantidades de dinero para oscuros presupuestos clandestinos (i. e. los dos trillones de dólares desaparecidos) Finalmente, Zackheim negoció un contrato mediante el cual 32 aviones Boeing fueron enviados a la Base MacDill de la Fuerza Aérea en Florida como parte de un contrato de arrendamiento. ¿Pudieron estos aviones, los fondos extraviados y los equipos militares desaparecidos formar parte de una operación para modernizar algunos aviones de pasajeros con tecnología de control remoto para ser usados en la mañana del 11-S? Si alguien estaba en posición de poder hacerlo, ese era el rabino Dov Zakheim.

Su papel como cerebro del 11-S, sin embargo, no está aún completo. Una de las filiales de su compañía -Systems Planning Corporation- era una entidad conocida como Tridata Corporation ¿Por qué es ello relevante? Bien, después del atentado con bombas en 1993 en el WTC (organizado por elementos infiltrados en el FBI entre otros), ¿adivinan a quién se le encomendó la tarea de investigar el crimen? Tridata Corporation. Por lo tanto, Dov Zakheim tuvo acceso a todos los planos del World Trade Center, y estuvo familiarizado con su estabilidad estructural. ¿Por qué creen que el atentado 'fallido' de 1993 tuvo lugar? Precisamente para comenzar el proceso que conducía al 11-S."

Eric Hufschmid, autor de la obra *Painful Questions: An Analysis on the September 11th Attack* y de un vídeo suplemento del libro titulado *Painful Deceptions*, afirma que fue en la planta 23 del edificio nº 7 donde se hallaba el búnker que sirvió de centro de mando para la destrucción del WTC. Andreas von Büllow aporta más datos de sumo interés. "Este edificio -escribe- contenía un espacio hueco de más de cinco plantas que albergaba dos subestaciones de transformación con diez transformadores, cada uno de los cuales medía diez metros de altura y doce de anchura." El edificio fue erigido encima de estos transformadores. Además, había grupos electrógenos de emergencia para 20 megavatios y unos depósitos de gasoil. Por encima de los generadores y los depósitos para los grupos electrógenos de emergencia, "se encontraba -sigue escribiendo este autor- la central antiterrorismo de la CIA, pero también la sección de espionaje contra delegaciones de todos los países de la ONU de Nueva York." El fragmento que sigue merece la cita completa:

"A finales de los años noventa y a instancias de Jerry Hauer, gerente del World Trade Center, se construyó entre las plantas 23 y 25 del edificio 7 un búnker alternativo de emergencia para el primer alcalde de Nueva York que estaría disponible en caso de un ataque terrorista como central de mando. Durante los años noventa ya se había propagado el temor de que Sadam Hussein tenía intención de atacar EE.UU. con el arma química antrax. Por esta razón este cuartel de emergencia había sido diseñado no sólo contra ataques de armas convencionales sino también contra armas biológicas. La central de mando, con sus 4.640 metros cuadrados de superficie de oficinas, disponía de su propio suministro de aire y de una reserva de agua de más de 40.000 litros. El edificio podía resistir unas tormentas de más de 260 kilómetros por hora. Los grupos electrógenos de emergencia funcionaban con 22.000 litros de gasoil que también se almacenaban cerca de la planta baja."

Como de costumbre, cuando averiguamos quién es Jerome (Jerry) Hauer, descubrimos que es otro judío sionista, supuestamente experto en bioterrorismo. Por qué se instala este centro de emergencia para la Alcaldía sobre unos transformadores de cinco plantas de altitud con 130.000 voltios y depósitos de gasoil con capacidad para 159.000 litros es un enigma. En cualquier caso, en este búnker se instaló con toda probabilidad el centro de operaciones desde el que se guio por telemando a los aviones. También se tuvo que concentrar allí todo el dispositivo para la activación de las cargas explosivas de relojería que provocaron la caída de las torres.

En cuanto al ataque al Pentágono, no hay ni rastro del avión. Debe considerarse que un Boeing 757 vacío contiene 60 toneladas de metal, de plástico y cristal. Además, estarían luego las personas y los equipajes. Qué pasó con el vuelo 77 de American Airlines y las sesenta y cuatro personas que supuestamente iban a bordo es otro enigma, uno más. Lo único cierto es que ningún avión impactó con el edificio. Basta pensar que las imágenes de las torres se pasaron casi ininterrumpidamentre, una vez y otra, hasta la extenuación, pero no hay una sola filmación del Pentágono. Las cámaras de seguridad del propio Pentágono, de la gasolinera de CITGO, del Hotel Sheraton y del "Virginia Department Transportation" habrían filmado imágenes espectaculares de un avión volando a ras de suelo. Las filmaciones registradas por las cámaras de estos lugares fueron confiscadas. Pocos investigadores discuten hoy que fue un mísil de crucero el que abrió un agujero redondo en una parte lateral del Pentágono que había sido remodelada recientemente. En ella no se trabajaba aún de manera rutinaria, razón por la cual muy pocas personas resultaron afectadas por la explosión. Los pocos restos que se encontraron corresponden al fuselaje de un mísil. Las imágenes del impacto pueden verse en Internet, puesto que en respuesta a una solicitud de la asociación "Judicial Watch" el Departamento de Defensa entregó dos vídeos en los que se aprecia la estela del mísil momentos antes de la explosión.

Sin embargo, el despegue del vuelo 77 de American Airlines se produjo. Tanto el radar de tierra militar como el civil siguieron al avión en su trayecto y por tanto debió de acabar en alguna parte. Este Boeing volaba desde el aeropuerto internacional de Dulles de Washington hacia Ohio. Encima de este Estado federal se interrumpió la comunicación por radio y el transponder dejó de emitir señales al radar de tierra. La última conversación con los controladores aéreos se produjo a las 8:50. Seis minutos más tarde se produjo un nuevo intento infructuoso de los controladores. Se pretende que este avión abandonó su ruta y viró para regresar cientos de millas de vuelta a Washington. Puesto que los controladores de tierra sabían ya lo ocurrido en Nueva York, trataron en vano una y otra vez de establecer la conexión. Según la versión oficial, se dirigió hacia la Casa Blanca y seguidamente sobrevoló el Pentágono para acabar empotrándose en él. Puesto que esto no es cierto, la pregunta es ¿dónde acabó el vuelo 77?

Recordemos que el piloto suicida era Hani Hanjour, al que un mes antes se le había denegado el permiso para despegar uno de los aviones del aeropuerto de Bowie en Maryland. Este as de la aviación, si aceptamos la versión oficial, descendió desde una altura de 2.100 metros a una velocidad de 800 kilómetros por hora. Para ello realizó una curva de 270 grados que le permitió situar el avión a escasos metros del suelo. Tras desmantelar cables telefónicos y pasar cerca de una gasolinera, sin lastimar en absoluto el césped empotró el Boeing 757 contra el ala suroeste del Pentágono. Se trata de una maniobra alucinante atribuida a un piloto sin ninguna experiencia, incapaz de volar por sí mismo una avioneta Cessna. Profesionales de las fuerzas aéreas de todo el mundo coinciden en afirmar que sería preciso contar con un piloto de pericia extraordinaria para poder realizar esta maniobra. Es evidente que Hani Hanjour no podía ser tal piloto.

Sobre el vuelo 93 de United Airlines, que volaba de Nevark (Nueva Jersey) hacia San Francisco con cuarenta y seis personas a bordo, se ha escrito mucho y, cómo no, se aprovechó para que Hollywood presentara en 2006 *Flight 93*, la película reglamentaria de propaganda en apoyo de la versión oficial del 11-S. Todo invitaba a fabricar una historia mediática de héroes americanos, según la cual los pasajeros supieron por sus móviles que otros tres aviones habían sido secuestrados, por lo que decidieron actuar abnegadamente y se sacrificaron para salvar a personas desconocidas que iban a ser objetivo de los suicidas. Por ello, asaltaron la cabina, forcejearon con el terrorista que pilotaba el avión y provocaron la caída. En realidad, es poco probable que teléfonos móviles con una potencia de tres a cinco vatios pudieran establecer conexión y mantenerla en un avión que volaba a 800 km./h sobre una zona rural. Por otra parte, se sabe que los móviles no logran la conexión a partir de una altura de vuelo de 700 metros y habitualmente fallan sin excepción por encima de los 2.000 metros. En fin, entre las muchas llamadas aireadas por la prensa, una estableció que los secuestradores podían ser de origen iraní, llevaban cintas rojas en la cabeza y fajas rojas en la cintura (así aparecen en la película). Uno llevaba un saco en el que, teóricamente, estaba la bomba introducida en el avión después de pasar todos los controles. Puesto que ya hemos comentado cuáles era las compañías que tenían en sus manos las telecomunicaciones y a quiénes pertenecían, dejaremos aquí el asunto de los móviles.

En cuanto a lo que ocurrió realmente, Lisa Guliani y Víctor Thorn publicaron su investigación conjunta en *Phantom Flight 93*. Según estos autores, el vuelo 93 no se estrelló en Shanksville (Pensilvania), sino que fue abatido por los militares y acabó cayendo cerca de una aldea de New Baltimore, a siete millas de donde pretendió el Gobierno. Además, para desviar la atención del lugar real en que se hallaban los restos del aparato, se creó una operación de despiste: se disparó un mísil en una franja abandonada en Shanksville que originó una gran nube en forma de hongo y dejó un gran cráter. De este modo, mientras la atención de los medios fue dirigida hacia este lugar, los restos del vuelo 93 fueron clandestinamente retirados del lugar de New Baltimore, que fue acordonado de inmediato por agentes del FBI y la policía local del Estado.

Hechos relevantes posteriores a los atentados

La eliminación de pruebas fue descarada. Las estructuras de metal fueron retiradas inmediatamente y se fundieron para su reciclaje antes de que los expertos tuvieran tiempo de nada. De ello se quejaron posteriormente algunos miembros de la Comisión de Investigación de la Cámara de Representantes. El 6 de marzo de 2002, en una reunión convocada para escuchar el dictamen de los peritos, el profesor Astaneh-Asl, de la Universidad de Berkeley, denunció que las piezas habían sido fundidas antes de que pudiera estudiar la estructura y juntar más piezas metálicas. En el informe, la Comisión concluyó que la investigación in situ había sido obstaculizada y que "habían desaparecido algunas piezas de metal críticas antes de que el primer encargado de la investigación se hubiera presentado en el lugar". En dicho informe se hacía constar que los investigadores ni siquiera estuvieron autorizados a quedarse con piezas de metal antes de que fueran llevadas a reciclar, por lo que "se habían perdido las pruebas claves". El profesor Corbett, del Colegio John Jay de Justicia Criminal, se quejó ante la Comisión de que los ingenieros que llevaban a cabo la indagación trabajaban a tiempo parcial y con sueldos míseros.

La oficina del alcalde se negó durante tres días a responder las preguntas orales y escritas sobre quién había tomado la decisión de enviar a reciclar los metales de las torres. El alcalde de Nueva York era Michael Bloomberg, un sionista declarado que mantiene estrecha amistad con Benjamín Netanyahu. Bloomberg fue socio de los banqueros Salomon Brothers e hizo su fortuna mediante una compañía de información financiera: "Bloomberg Limited Partnership". La revista *Forbes* lo situó en febrero de 2009 entre las veinte personas más poderosas del mundo. En 2013 recibió el premio Génesis, considerado el "Nobel judío". La negativa a dar explicaciones sobre la remoción ilegal e irresponsable de pruebas indignó a las familias de las víctimas, apoyadas por los ingenieros, los cuales opinaban que el estudio de los soportes metálicos hubiera permitido determinar qué había provocado el derrumbe. Bloomberg declaró pocos meses después que existían mejores caminos para explicar la tragedia del 11-S. "Si lo que desean -dijo- es formarse una idea de los métodos de construcción y del diseño, entonces hoy día y en estos tiempos deberían recurrir al computador... Observar detenidamente tan sólo un pedazo de metal por lo general no aclara nada." Durante las semanas posteriores a los atentados no se permitió a los expertos el acceso a los planos de los edificios.

En relación a los sueldos cobrados por los ingenieros que trabajaron a tiempo parcial, Andreas von Bülow explica que habían sido tan mínimos que los científicos habían trabajado durante los fines de semana que tenían libres sin ser remunerados. Este autor menciona que los críticos denunciaron que se había destinado la "astronómica" cifra de 600.000 dólares a esclarecer los atentados. Para establecer una comparación, baste considerar que la mayoría republicana en el Congreso designó en su momento 40 millones de dólares para investigar el caso de Mónica Lewinsky y su relación sexual con Bill Clinton. Mientras el laboratorio del FBI analizó los restos de semen del presidente en el vestido de la becaria, el NIST ni siquiera se interesó en analizar los restos del WTC 7. A la pregunta de por qué se derrumbó el edificio nº 7, en el informe de la FEMA (Federal Emergency Management Agency) se respondió bochornosamente que se desconocían las particuladidades del incendio en el WTC 7 y el modo en que se había producido el derrumbe del edificio.

Más de sesenta israelíes fueron detenidos después del 11-S. Las evidencias que relacionan algunos de ellos con los atentados es considerada información clasificada. Particularmente escandaloso es el caso de los llamados "estudiantes de arte israelíes", en realidad agentes del Mossad que siempre estuvieron cerca de Mohamed Atta y de los otros terroristas. De hecho residían en las mismas ciudades donde se movían los supuestos diecinueve suicidas. Buena parte de ellos vivían incluso en el mismo bloque de apartamentos de Florida donde se alojaban Mohamed Atta y algunos de los supuestos secuestradores. Ya en la primavera de 2001 habían sido descubiertos por el departamento de seguridad de la DEA (Drug Enforcement Administration) y por el FBI, que alertaron a otros organismos sobre estos individuos. La oficina de la DEA en Orlando demostró la conexión de este grupo de israelíes con el narcotráfico. Los números de teléfono de uno de los "estudiantes" lo relacionaban con indagaciones en curso sobre el "éxtasis" en Florida, California, Texas y Nueva York.

Se supo gracias a una investigación del periodista Carl Cameron que en las semanas anteriores a los atentados más de doscientos israelíes habían sido arrestados con la sospecha de que trabajaban para servicios de información extranjeros. Después del 11-S, investigadores estadounidenses declararon que suponían que los detenidos habían recopilado información sobre los atentados y que no la habían compartido. "Las pruebas que conectan a los israelíes con el 11-S son secretas", declaró un oficial de alto rango al ser entrevistado por Cameron. A principios de marzo de 2001 se había producido una de estas detenciones, la de Peer Segalovitz, que fue sometido a un interrogatorio. Según un informe de la DEA dado a conocer por Justin Raimondo en su artículo "9-11: What did Israel know?" (11-S: ¿Qué sabía Israel?), publicado en octubre de 2002, Segalovitz admitió que era uno de los treinta estudiantes de arte israelíes que vivían entonces en Florida. No quiso revelar el motivo de su estancia, pero había admitido que perseguían objetivos no legítimos. Este "estudiante" de 27 años reconoció que era oficial (alférez) de una unidad israelí estacionada en los Altos del Golán con el número de identidad 5087989 y estaba especializado en voladuras.

Tras los atentados, cinco de estos israelíes, los llamados "dancing israelis", fueron las primeras personas detenidas. Varios organismos de orden público recibieron llamadas que informaban sobre unos individuos que no sólo habían grabado los hechos, sino que los celebraban con alegría. Estos hombres habían sido vistos en el Parque de la Libertad de Nueva Jersey, cerca de Nueva York, y se hallaban en un camión de la empresa de mudanzas "Urban Moving Systems". Conozcamos algunas de las declaraciones de las personas que los denunciaron: "Estaban grabando el desastre con gritos de alegría y burla". "Saltaban de alegría después del impacto inicial". "Parecía que filmaban una película. Estaban felices, sabe... No me parecieron impactados. Pensé que era extraño". "Parecía como si estuvieran relacionados con esto. Parecía como si supieran lo que iba a pasar cuando estaban en el parque". Hay más, pero todos los testigos se expresan en el mismo sentido: los componentes del grupo estaban celebrando, aplaudiendo, entusiasmados con la destrucción.

Durante los interrogatorios, aseguraron que estaban matriculados en la Academia Bezalel de Arte y Diseño. Cuando se contactó con esta institución en Israel, Pina Calpen, representante de la Academia Bezalel, negó que ninguno de ellos hubiera estudiado allí durante la última década. En realidad habían trabajado para el Shin Bet y su especialidad era la interceptación de señales electrónicas. Estos israelíes quedaron retenidos durante dos meses y fueron interrogados por varios agentes del departamento de contraespionaje del FBI, que llegaron a la conclusión que sus actividades formaban parte de una operación de los servicios de información israelíes. Hubo más "estudiantes" que se movían con camiones de Urban Moving Systems: otros dos fueron detenidos cerca del puente George Washington de Nueva York. Parece ser que en el interior del vehículo había explosivos, toda vez que saltó por los aires después de que los sospechosos fueran arrestados. Este extraño suceso ha quedado sumido en el misterio, pues no hubo investigación y cuanto se ha sabido son estas informaciones iniciales.

En cuanto a la empresa de mudanzas Urban Moving Systems, era de un israelí llamado Dominik Otto Suter. La mayoría de los investigadores evitan este nombre y desisten de profundizar en esta dirección porque saben que conduce a implicaciones directas con el Mossad. Los agentes judíos arrestados eran Silvan Kurzberg, Paul Kurzberg, Yaron Shmuel, Oded Ellner y Omer Marmari. Los cinco sabían lo que tenía que suceder y se movían con una gran furgoneta de dicha compañía, en la que se hallaron vestimentas árabes, residuos de explosivos y cúters. Dominik Otto Suter figuraba en una lista de sospechosos del FBI y en una ocasión había sido incluso interrogado. Cuando trataron de visitarlo de nuevo el lugar había sido desalojado y Suter ya había volado a Israel. En marzo de 2002, el diario judío *The Forward* informó que los servicios de inteligencia americanos habían descubierto que Urban Moving Systems actuaba de tapadera del Mossad.

Para sorpresa de la DEA y del FBI, un juez autorizó la deportación de los israelíes dos semanas después de su detención. Hubo indignación y muchas protestas, que finalmente surtieron efecto. Se logró de este modo retener a los agentes judíos diez semanas más, seis de las cuales las pasaron en prisión incomunicada. Finalmente, acudió en su ayuda un pez gordo del Departamento de Justicia que era adjunto del fiscal general, Michael Chertoff, un ciudadano israelí que tenía la doble nacionalidad. Su madre había sido agente fundadora del Mossad y tanto su padre como su abuelo fueron rabinos talmudistas. Chertoff, un sionista exaltado que fue nombrado posteriormente secretario de Estado de Seguridad Nacional, en noviembre de 2001 envió a los agentes del Mossad de vuelta a Israel. Este judío talmudista sería luego autor principal de la Ley Patriótica ("Patriot Act") que cercenó los derechos y las libertades de los estadounidenses en aras de la lucha contra el terrorismo.

Michael Chertoff y Michael Mukasey, otro judío talmudista que en 2007 fue nombrado por Bush fiscal general de Estados Unidos, fueron los dos principales responsables de la no investigación de la masacre del 11 de septiembre. Obviamente, ninguno de los dos guardaron la menor lealtad a Estados Unidos. En realidad son dos traidores que deberían estar en la cárcel. Sobre Mukasey hay más que añadir, pues fue el encargado de garantizar que su colega Silverstein cobrase 4.6 billones de dólares de las compañías aseguradoras. Michael Mukasey y Alvin Hellerstein, otro judío talmudista, son los jueces que han manejado los principales litigios relacionados con el 11 de septiembre. Un hijo de Hellerstein, Joseph Z. Hellerstein, emigró en 2001 a Israel y vive en un asentamiento judío en la Cisjordania ocupada (West Bank), donde integra uno de los bufetes de abogados más importantes de Israel. A pesar de que Silverstein había suscrito una póliza por valor de 3,2 billones de dólares, Mukasey aceptó las pretensiones de Silverstein y consideró que las torres constituían dos objetivos separados y no un solo ataque.

Insaciable, Larry Silverstein, apodado "Lucky Larry", en una muestra de desvergüenza extrema, denunció en 2004 a American Airlines y a United Airlines, a las que exigió 8 billones de dólares en daños. Silverstein acusó a las compañías aéreas de ser responsables de las violaciones de las normas de seguridad que permitieron la destrucción del WTC. El descaro era ya tan evidente, que ni siquiera el juez Alvin Hellerstein se atrevió en esta ocasión a fallar en contra de las compañías. En 2013, Hellerstein dictaminó por fin que "Lucky Larry" ya había recibido la pertinente compensación por la pérdida de sus propiedades. Hellerstein justificó el veredicto argumentando que Silverstein no podía recibir dos veces compensación por los mismos daños, toda vez que ello está prohibido por la ley de Nueva York. Sin embargo, un portavoz de Silverstein aseguró en agosto de 2013 que apelarían la decisión de Hellerstein.

Sobre Osama bin Laden, Al Qaeda y la falsa pista árabo-musulmana

Mientras en todo el mundo cientos de millones de personas seguían pegadas a las pantallas de sus televisores, aparecieron de manera inesperada unas imágenes de Palestina: una mujer árabe y un grupo de niños que la rodeaban eran presentados como si festejaran lo que estaba sucediendo en Nueva York. En contraste con el dolor y el miedo de la gente, frente a las escenas de personas que huían despavoridas, fue proyectándose repetidamente en los informativos de todas las televisiones esta filmación realizada en directo en Jerusalén. Días más tarde se supo que los palestinos que aparecían en las imágenes estaban contentos y los niños saltaban de alegría porque les habían regalado muchos caramelos. Un artículo aparecido en *Jerusalem Times* el 14 de septiembre de 2001 reconocía que el Ministerio de Defensa israelí estaba a cargo de las filmaciones. Por lo visto compraron dulces y caramelos por valor de 200 shekels y los repartieron a los transeúntes y a los niños en Jerusalén este.

Una vez registradas las imágenes las pasaron a la CNN a través de la agencia Reuters de Londres. Queda claro que posteriormente y de manera interesada la cinta se pasó con premeditación a las redacciones de televisión y a las agencias de noticias con el fin de predisponer a la opinión pública internacional en contra del pueblo palestino. Von Bülow denuncia la malicia y la servidumbre de los medios en su país: "Los medios de comunicación alemanes reprodujeron en sus titulares las fotos de las torres desplomadas junto con las de los palestinos dando gritos de alegría." Días después Ariel Sharon se encargó de relacionar directamente al presidente Arafat y a todo su pueblo con lo ocurrido en Norteamerica. Sharon declaró que Yasir Arafar y los palestinos eran los principales terroristas de Oriente Medio y cómplices de Osama bin Laden.

La atribución de los atentados a Osama bin Laden fue casi instantánea: a las 16:00 de la tarde del 11-S la CNN ya lo señaló como posible autor de los ataques contra Estados Unidos. Este medio de manipulación citaba fuentes oficiales y atribuía al terrorista de origen saudí los atentados de 1998 contra las embajadas norteamericanas en Kenia y Tanzania y también al acorzado MSS Cole en el año 2000. El día siguiente los medios ya relacionaban a bin Laden con Al Qaeda y lo señalaban como el líder de una red internacional de terroristas musulmanes. También se le atribuía ya el primer atentado contra el World Trade Center en 1993. Dos días después el Ministerio de Justicia publicó ya los nombres de los diecinueve secuestradores y el Departamento de

Estado amenazaba a todos los países que dieran apoyo o cobijo a los terroristas. Tanto el vicepresidente Cheney como el secretario de Defensa Rumsfeld aludían a unos sesenta países y anunciaban una guerra que iba a ser larga.

La versión oficial basada en una pista falsa estaba ya establecida a los pocos días y se trataba de consolidarla. O sea, había que propagar de manera reiterada en todo el mundo la tesis de que diecinueve terroristas musulmanes a las órdenes del superterrorista Osama bin Laden habían sido capaces de eludir la vigilancia civil y militar del país más poderoso del mundo. Estos hombres, pitorreándose de todas las medidas de defensa, sin ningún impedimento, se habían apoderado de cuatro aviones de pasajeros con cuchillos de plástico y sin tener más que nociones superficiales de pilotaje con avionetas, como por arte de magia, los habían dirigido con precisión matemática contra objetivos vitales situados en las ciudades más protegidas del planeta. Además, para acabar de demostrar su competencia como terroristas, dejaron huellas por todas partes: equipajes en los coches, testamentos, pasaportes, facturas de hoteles... Las explicaciones oficiales fueron recibidas al principio con escepticismo; pero con el paso de los días, las semanas y los meses los mensajes repetidos de continuo surtieron efecto y la guerra contra el terrorismo internacional quedó plenamente justificada.

Parte importante de la campaña de propaganda y manipulación fueron las cintas sobre Bin Laden, que aparecía a caballo; apuntando con un Kalashnikov; sentado con el rifle a sus espaldas; hablando con un hijo suyo; escondido en su refugio en las montañas de Tora Bora; paseando en compañía del médico egipcio Aymán al-Zawahirí, su segundo y sucesor al frente de Al Qaeda... A pesar de que inicialmente un periódico pakistaní publicó una entrevista con bin Laden en la que negaba su participación en los atentados, pronto los medios de comunicación de masas de todo el mundo difundieron una nueva versión en la que el líder de Al Qaeda se mostraba orgulloso de los atentados de Nueva York y Washington y los aplaudía. Después de expresar su odio a los norteamericanos, anunciaba otros atentados terroristas contra Estados Unidos y sus amigos occidentales. Al-Jazira, creada a partir de una emisora de la BBC en Qatar, jugó un papel fundamental, pues confirió un halo de autenticidad a los vídeos en el ámbito del mundo árabo-musulmán. En una grabación emitida por Al-Jazira, Bin laden pronuncia estas palabras:

"Dios Todopoderoso ha alcanzado a Estados Unidos en su lugar más vulnerable. Destruyó sus edificios más emblemáticos. Agradecido sea Alá. Aquí tenemos a los Estados Unidos. De norte a sur y de este a oeste están aterrorizados. Alabado sea Alá... Pero cuando ahora, después de ochenta años, la espada cae sobre los Estados Unidos, se despierta la hipocresía lamentando la muerte de estos asesinos que mancharon la sangre, el honor y los lugares sagrados de los musulmanes... Cuando Dios Todopoderoso dispuso que la misión de un grupo de musulmanes, los vengadores del Islam, iba a tener éxito, les permitió destruir Estados Unidos. Pido a Dios Todopoderoso glorificarlos y hacerlos partícipes del Paraíso."

Este fue el bin Laden que la propaganda popularizó, el enemigo público número uno, el terrorista cuya imagen se imprimió en rollos de papel higiénico que se vendieron como rosquillas en Estados Unidos. Sin embargo, la realidad era otra. Osama Bin Laden fue un doble o un triple agente. Sus servicios a la CIA y al ISI (Servicio de Inteligencia de Pakistán) fueron esenciales. Bin Laden reclutó para la CIA mercenarios musulmanes fundamentalistas en más de cuarenta países para luchar contra las tropas soviéticas que habían invadido Afganistán a principios de los años 1980. Estos "luchadores por la libertad", como fueron definidos por el presidente Reagan, figuraban en una base de datos de la CIA, que dedicó millones de dólares para pagarlos. Al Qaeda significa precisamente "la base". Seguramente, Bin Laden trabajó también para Arabia Saudita, pues era íntimo amigo del jefe de su Servicio Secreto. Estos mercenarios musulmanes, conocidos como los "afganis", fueron formados en campamentos construidos en las montañas de Afganistán por la empresa constructora de Osama bin Laden, creada con la ayuda de los norteamericanos, pero algunos también recibieron formación en instalaciones militares de EE.UU. Estos "afganis" fueron armados de manera encubierta por la CIA y los instructores llegaron de Gran Bretaña, Pakistán y Estados Unidos. Se sabe que el quimérico organizador del 11-S dos meses antes de los atentados, en el mes de julio, se sometió durante más de una semana a un tratamiento en un hospital estadounidense en Dubai por un afección renal. Distintos medios, entre ellos *Le Figaro* en su edición de 11 de octubre de 2001 y *Global Free Press*, desvelaron que el 12 de julio el delegado de la CIA, Larry Mitchel, lo visitó en compañía de un príncipe saudita que era el jefe de los servicios secretos. Todo indica, por tanto, que poco antes del 11-S las relaciones del jefe de los terroristas y la CIA seguían siendo estables.

Osama bin Laden ha muerto y resucitado en varias ocasiones. La última vez que lo mataron fue el 2 de mayo de 2011 en Abbottabad (Pakistán). En diciembre de 2012, menos de dos años después de la "brillante operación" de los "Navy Seal", el mejor cuerpo de operaciones especiales de la Marina, se estrenó la película *Zero Dark Thirty*, en español *La noche más oscura*. Ya se sabe que en Hollywood no pierden el tiempo y aprovechan cualquier ocasión para ganar dinero con películas propagandísticas que se venden en los cinco continentes. Sin embargo, en agosto de 2015 se conoció una entrevista exclusiva de Edward Snowden al semanario *Moscow Tribune*, en la cual el excontratista de la Agencia Nacional de Seguridad (NSA) aseguraba que Osama Bin Laden seguía con vida y residía en Bahamas.

El hecho de que medios de comunicación en todo el mundo se hayan esforzado en desacreditar esta información de Snowden es señal casi segura de que dice la verdad. Snowden es quizá uno de los luchadores más valiosos que han surgido en mucho tiempo. Su valentía e inteligencia son dignas de admiración. Recogemos aquí sus palabras: "Tengo documentos -afirmó- que demuestran que bin Laden está recibiendo dinero de la CIA. Recibe más de 100 mil dólares mensuales que son transferidos a su cuenta bancaria personal en Nassau." Snowden precisó que la CIA divulgó la falsa noticia de su muerte para que las agencias de seguridad y antiterrorismo del mundo dejen de buscarlo y pueda vivir tranquilo. Parece ser que se habría barajado la posibilidad de matarlo; pero en este sentido Snowden precisó: "Osama bin Laden era uno de los mejores agentes de la CIA... ¿Qué tipo de impresión dejaría EE.UU. en sus otros agentes si enviase a los Seal a matar a bin Laden". Snowden dijo que el ISI pakistaní cooperó con la CIA para hacer creer al mundo que el antiguo líder de Al Qaeda murió en Abbottabad y anunció que en su nuevo libro, de próxima aparición, aportaría documentos que confirman que bin Laden sigue vivo.

La verdad se sabe, pero todos guardan silencio y obedecen

Los atentados del 11 de septiembre de 2001 fueron lo que en Estados Unidos se ha llamado un "inside job", un trabajo interno, un plan intricado de terrorismo de Estado urdido por traidores infiltrados en el Departamento de Estado, en el Pentágono y en la Casa Blanca, muchos de los cuales tenían doble nacionalidad. Se valieron de un montón de expertos en informática y en electrónica, de contratistas y de técnicos en explosivos que actuaron bajo sus órdenes. Para engañar a la opinión pública internacional, el papel de los medios de comunicación controlados por capitalistas judíos fue, como de costumbre, esencial. Las masas están programadas para aceptar aquello que se les presenta ante los ojos y no son capaces de ver tras la espesa cortina de humo que oculta la realidad. El Nuevo Orden Mundial ya vigente, basado en la falsificación y en la mentira, precisa que la gente no sepa discernir entre lo verdadero y lo falso.

La finalidad inmediata de los atentados era justificar una guerra por el control de Oriente Medio, que desde su inicio ha estado siempre dirigida contra Estados considerados enemigos de Israel. Durante los dos mandatos de

George Bush, un nutrido grupo de neocons al servicio del sionismo y del Poder Oculto que lo sostiene coparon el Departamento de Defensa, y muy especialmente el "Defense Policy Board Advisory Committee" (DPBAC o DPB), una Junta de Defensa que la mañana del 11-S y durante los primeros años de la Administración Bush estuvo presidida por Richard Perle, apodado "el Príncipe de las Tinieblas", un sionista que ya en 1986 había sido considerado por el *Washington Post* como "el hombre más poderoso del Pentágono". Fue esta Junta de Consejeros de Defensa la que puso en marcha las guerras. Ari Shavit, periodista judío de *The Forward*, publicó el 9 de abril de 2003 una información donde decía textualmente: "La guerra de Iraq fue concebida por veinticinco intelectuales neoconservadores, la mayoría de ellos judíos."

El principal artífice de la guerra contra Iraq fue Paul Wolfowitz, el cual creó la OSP ("Office of Special Plans"), que fue presidida por el ya mencionado Abram Shulsky, el discípulo aventajado de Leo Strauss. Este Departamento de Planes Especiales fue tan poderoso que durante dos años desplazó incluso a la Junta de Inteligencia de Defensa (DIA). Después de la Operación Libertad Duradera en Afganistan, Wolfowitz y Shulsky lanzaron el 20 de marzo de 2003 la Operación Libertad Iraquí. Como recompensa a los servicios prestados, en 2005 Paul Wolfowitz fue nombrado presidente del Banco Mundial, cargo en el que se mantuvo hasta 2007.

El 30 de noviembre de 2007, el expresidente de Italia Francesco Cossiga realizó unas explosivas declaraciones al prestigioso *Corriere della Sera*. Cossiga dijo que todos los gobernantes occidentales y todos los servicios secretos saben que fueron los servicios de inteligencia estadounidenses e israelíes quienes perpetraron los atentados del 11 de septiembre de 2001. Francesco Cossiga, presidente del Senado desde 1983 hasta su elección como presidente de la República, fue considerado un político honesto e incorruptible muy respetado por el pueblo italiano. Tras denunciar la "Operación Gladio" y el papel de los servicios secretos de EE.UU. y de la OTAN, ocultos detrás de operaciones de "falsa bandera" que provocaron numerosas víctimas civiles, tuvo que dimitir. Cossiga dijo exactamente: "Nos hicieron creer que Osama bin Laden había confesado ser el autor del ataque del 11 de septiembre de 2001 contra las dos torres de Nueva York, cuando en realidad los servicios secretos estadounidenses y europeos saben perfectamente que aquel desastroso ataque fue planificado por la CIA y el Mossad para acusar de terrorismo a los países árabes y así poder atacar Iraq y Afganistán".

Ésa es la verdad más dolorosa. Los líderes y gobernantes occidentales e internacionales saben la verdad, pero no se atreven a desvelarla públicamente como hizo Cossiga. A pesar de conocer la perversión del Poder Oculto que tiene sojuzgados a los pueblos y a las naciones de todo el mundo, prefieren someterse a él, puesto que no ignoran que quienes se le han opuesto han sido destruidos indefectiblemente. Los medios de comunicación, la partitocracia, los políticos cooptados, el chantaje económico, el soborno, el asesinato, son los medios fundamentales que se utilizan para imponer el miedo. Como en el caso del Holocausto, todos, incluida la Iglesia Católica, prefieren seguir el cuento para evitar dolorosos zarpazos como el que sufrimos los españoles el 11 de marzo de 2004. Sí, los servicios secretos españoles y los gobernantes saben hoy que la carnicería de Madrid fue, como el 11-S, una operación de falsa bandera atribuida a Al Qaeda y organizada por servicios secretos extranjeros, un crimen atroz con finalidades políticas que segó las vidas de casi doscientas personas inocentes que iban a trabajar. Lo saben, pero sólo pueden ya guardar silencio. Podríamos escribir extensamente sobre el 11 de marzo de 2004 en Madrid, pero es hora ya de ir acabando.

BIBLIOGRAFÍA

ADLER, Cyrus, *Jacob H. Schiff: His Life and Letters*, ed. William Heinemann, Londres, 1929.

ALGER, John Goldworth, *Paris in 1789 to 1794*, ed. AMS Press, Nueva York, 1970.

ALLISON PEERS, Edgar, *The Spanish Tragedy 1930-1936*, ed. Methuen & Co. Londres, 1936.

ALLISON PEERS, Edgar, *Catalonia Infelix*, ed. Methuen & Co., Londres 1937.

ALLEN, Gary y ABRAHAM, Larry, *Nadie se atreve a llamarlo conspiración*, ed. Ojeda, Barcelona, 1998.

ANTELMAN, S. Marvin, *To Eliminate the Opiate* (vol.1), ed. Zahavia Ltd. Nueva York-Tel Aviv, 1974.

ANTELMAN, S. Marvin, *To Eliminate the Opiate* (vol 2), Rabbi Marvin S. Antelman, impreso en Israel, 2002.

ANTI-KOMINTERN, D*as Rotbuch über Spanien*, ed. Nibelungen Verlag GmbH., Berlín-Leipzig, 1937.

ARAD, Yitzhak, *Belzec, Sobibor, Treblinka: The Operation Reinhard Death Camps*, ed. Indiana University Press. USA, 1999.

ARMSTRONG, George, *Rothschild Money Trust*, ed. Bridger House Publishers, EE.UU.

ARMSTRONG, Hamilton Fish, *Tito and Goliath*, ed. Víctor Gollancz Ltd., Londres, 1951.

AVTORKHANOV, Adburahman, *Staline Assassiné. Le complot de Béria*, ed. Presses de la Renaissance, París, 1980.

AZAÑA, Manuel, *Memorias políticas y de guerra*, ed. Oasis, México DF, 1968.

BACQUE, James, *Other Losses*, ed. Macdonald and Co., Londres, 1990.

BAKONY, Itsvan, *El comunismo chino y los judíos chinos*, ed. Udecan, México, 1968.

BARNES, Harry Elmer, *In Quest of Truth and Justice*, ed. National Historical Society, Chicago, 1928.

BAR-ZOHAR, Michel, *Les vengeurs*, ed. J'ai Lu, París, 1968.

BERBEROVA, Nina, *Histoire de la baronne Boudberg*, ed. Actes Sud, Arles, 1988.

BETHELL, Nicholas, *The Last Secret*, Basic Books, Inc., Publishers, Nueva York, 1974.

BIEBERSTEIN, Johannes Rogalla von, *Antisemitismo, bolchevismo y Judaísmo*, La Editorial Virtual (edición electrónica), Argentina, 2011.

BIRD, Kai y LIFSCHULTZ, Lawrence, *Hiroshima's Shadow*, ed. The Pamphleteer's Press, Stony Creek, Connecticut, 1998.

BLACK, Edwin, *The Transfer Agreement: The Untold Story of the Secret Pact Between the Third Reich & Jewish Palestine*, ed. Macmillan Publishing Co., Nueva York, 1984.

BLANC, Olivier, *Les hommes de Londres, histoire secrète de la terreur*, ed. Albin Michel, París, 1989.

BLUMENSON, Martin, *The Patton Papers*, ed. Houghton Mifflin Co., Boston, 1972.

BOCHACA, Joaquín, *Los crímenes de los "buenos'*, ed. Ojeda, Barcelona, 2005.

BOLLOTEN, Burnett, *La Guerra Civil española: Revolución y contrarrevolución*, ed. Alianza, Madrid, 1989.

BOLLOTEN, Burnett, *El gran engaño. Las izquierdas y su lucha por el poder en la zona republicana*, ed. Luis Caralt, Barcelona 1975.

BORKENAU, Franz, *El reñidero español*, ed. Ruedo ibérico, París, 1971.

BRASOL, Boris, *The World at the Cross Roads*, ed. Christian Book Club of America, Palmdale, California, 1970.

BRASOL, Boris, *The Balance Sheet of Sovietism*, ed. Duffield and Co., Nueva York, 1922.

BRENAN, Gerald, *El laberinto español*, ed. Círculo de Lectores, Barcelona, 1988.

BRENNER, Lenni, *51 Documents: Zionist Collaboration with the Nazis*, ed. Barricade Books, Fort Lee (Nueva Jersey), 2002.

BRITON, Frank L., *Behind Communism*, ed. Criminal Politics Book Club, Cincinnati, 2003.

BRONDER, Dietrich, *Bevor Hitler kam*, ed. Hans Pfeiffer Verlag, Hannover, 1964.

BROUÉ, Pierre, *Les Procès de Moscou*, ed. René Juliard, Francia, 1964.

BROUÉ, Pierre, *Trotsky y la guerra civil española*, ed. Jorge Álvarez, Buenos Aires, 1966.

BROUÉ, P. y TÉMINE, E., *La revolución y la guerra en España* (2 vols.), ed. Fondo de Cultura Económica, Madrid, 1977.

BUBER-NEUMANN, Margarete, *Under two dictators: Prisoner of Stalin and Hitler*, ed. Pimlico, Londres, 2008.

BUCHAN John, *Oliver Cromwell*, ed. Reprint Society, Londres, 1941.

BUECHNER, Howard A., *Dachau: The Hour of the Avenger*, ed. Thunderbird Press, Metairie, Luisiana, 1986.

BULLÓN DE MENDOZA, Alfonso, *José Calvo Sotelo*, ed. Ariel, Barcelona, 2004.

BÜLLOW, Andreas von, *La CIA y el 11 de septiembre. El terrorismo internacional y el papel de los servicios secretos*, ed. Ellago, Castellón, 2006.

BUTZ, Arthur Robert, *The Hoax of the Twentieth Century*, ed. Theses & Disertations Press, Chicago, 2003.

CAMPOAMOR, Clara, *La revolución española vista por una republicana*, ed. Espuela de Plata, Sevilla, 2005.

CARDEÑOSA, Bruno, *11-M Claves de una conspiración*, ed. Espejo de Tinta, Madrid, 2004.

CARDEÑOSA, Bruno *11-S: Historia de una infamia*, ed. Corona Borealis, Málaga, 2003.

CARDOZO, Harold, *The March of a Nation*, ed. The "Right" Book Club, Londres, 1937.

CARR, E. H., *La Revolución Bolchevique 1917-1923*, ed. Alianza, Madrid, 1979.

CASADO, Segismundo, *Así cayó Madrid*, ed. Guadiana, Madrid, 1968.

CERESOLE, Norberto, *La falsificación de la realidad*, Ediciones Libertarias, Madrid, 1998.

CHEREP-SPIRIDOVICH, Arthur, *The Secret World Governement ot "The Hidden Hand'*, ed. The Book Tree, Escondido (California), 2000.

CHOMSKY, Noam, *El triángulo fatal: Estados Unidos, Israel y Palestina*, ed. Popular, Madrid, 2004.

COCHRAN, M. H., *Germany Not Guilty in 1914*, ed. Ralph Myles, publisher, Colorado Springs, 1972.

COHEN, Avner, *Israel and the Bomb*, ed. Columbia University Press, Nueva York, 1998.

COLEMAN, John, *The Conspirator's Hierarchy: The Committee of 300*, ed. Global Review Publications Inc. Las Vegas (Nevada),

COLEMAN, John, *The Rothschil Dynasty*, ed. Global Review Publications Inc., Las Vegas (Nevada), 2006.

COLLINS PIPER, Michael, *The New Babylon. Those Who Reign Supreme*, ed. American Free Press, Washington D.C., 2009.

COLLINS PIPER, Michael, *The High Priests of War*, ed. American Free Press, Washington, DC, 2003.

COLLINS PIPER, Michael, *The Golem*, ed. American Free Press, Washington, DC, 2007.

CONQUEST, Robert, *Stalin and the Kirov Murder*, ed. Hutchinson, Londres, 1989.

CONQUEST, Robert, *Stalin -Breaker of Nations*, ed. Penguin Books USA Inc., 1991.

CONQUEST, Robert, *The Great Terror. A Reassessment*, ed. Hutchinson, Londres, 1990.

CONQUEST, Robert, *The Harvest of Sorrow Soviet Collectivization and the Terror Famine*, ed. Oxford University Press, Nueva York, 1986.

CORTI, Egon Caesar, *The Rise of the House of Rothschild*, ed. Víctor Gollancz Ltd. Londres, 1928.

CORTI, Egon Caesar, *The Reign of the House of Rothschild*, ed. Cosmopolitan Book Corporation, Nuerva York, 1928.

COSTON, Henri, *Les causes cachées de la Deuxième Guerre mondiale*, ed. Lectures Françaises, París, 1975.

COSTON, Henri, *L'Europe des banquiers*, ed. Documents et témoignages, París, 1963.

COURTOIS, Stéphane, WERTH, Nicolas, PANNÉ, Jean-Louis y otros, *El libro negro del comunismo*, ediciones B, Barcelona, 2010.

CUFFI, Canadell José-Oriol, *La sombra de Bela Kun*, ed. Tip. Cat. Casals, Barcelona, 1950.

CUNNINGHAM, Cushman, *The Secret Empire*, ed. Leela Publishing, North Fort Myers (Florida), 2001.

DAVIDSON Eugene, *The Making of Adolf Hitler*, ed. Macdonald and Jane's Publishers Ltd., Londres, 1978.

DAVIES, Joseph E., *Mission to Moscow*, ed. Víctor Gollancz Limited, Londres, 1942.

DAVIES, Raymond Arthur, *Odyssey Through Hell*, ed. L. B. Fischer, Nueva York, 1946.

DEUTSCHE INFORMATIONSSTELLE, *Dokumente polnischer Grausamkeit*, ed. Volk und Reich, Berlín, 1940.

DILLON, George F., *The War of Antichrist with the Church and Christian Civilization: Lectures delievered in Edinburg in october 1884*, ed. BiblioLife, Estados Unidos, 2009.

DISRAELI, Benjamín, *Coningsby*, ed. Everyman's Library, Londres 1911.

DJILAS, Milovan, *Conversations with Stalin*, ed. Harcourt, Brace and World, Nueva York, 1962.

DOLLINGER, Hans, *Los últimos cien días*, ed. Plaza & Janes, Barcelona, 1967.

DOUSSINAGUE, José María, *España tenía razón 1939-1945*, ed. Espasa-Calpe, Madrid, 1950.

DWINGER, Edwin Erich, *Der Tod in Polen: Die volksdeustsche Passion*, ed. Eugen-Diederichs, Jena, 1940.

DZIAK, John J., *Chekisty: A History of the KGB*, Lexington Books, Lexington, 1987.

ECKEHART, Dietrich, *Cuatro años de gobierno de Hitler*, ed. Zig-Zag, Santiago de Chile, 1937.

ENAULT, Louis, *Paris brulé par la Comunne*, ed. Plon Henri, París 1871.

ESSER, Heinz, *Die Hölle von Lamsdorf. Dokumentation über ein polnisches Vernichtungslager*, ed. A. Laumannsche, Dülmen, 1973.

EVANS, M. Stanton, *Blacklisted by History. The Untold Story of Senator Joe McCarthy*, ed. Crown Forum, Nueva York, 2007.

FAY, Bernard, *La guerra de los tres locos*, ed. Organización Sala, Madrid, 1974.

FAHEY, Denis, *The Rulers of Russia*, ed. Browne & Nolan, Dublín, 1939.

FAURISSON, Robert, *Las Victorias del revisionismo*, ed. Ojeda, Barcelona, 2008.

FAURISSON, Robert, *Écrits révisionnistes (1974-1998)*, PDF Sax.overblog.com

FERGUSON, Niall, *The House of Rothschild Money's Prophets 1798-1848* (vol. 1), ed. Penguin Books, Nueva York, 1999.

FERGUSON, Niall, *The House of Rothschild The World's Banker 1849-1999* (vol. 2), ed. Penguin Books, Nueva York, 2000.

FERRER, Benimeli J. A., *La Masonería en la españa del Siglo XX*, ed. Universidad de Castilla la Mancha, 1996.

FERRER, Joan, *Historia de la lengua yídish*, Universitat de Girona, 2005.

FINK, Carole, *Marc Bloch. Una vida para la Historia*, ed. Universitat de València, Valencia, 2004.

FINKELSTEIN, Israel, *The Archeology of the Israelite Settlement*, ed. Israel Exploration Society, Jerualem, 1988.

FINKELSTEIN, Israel, *From Nomadism to Monarchy: Archeological and Historical Aspects of Early Israel*, ed. Biblical Archaeological Society, Washington D.C., 1994.

FLYNN, John T., *El mito de Roosevelt*, ed. Mateu, Barcelona, 1962.

FORD, Henry, *El judío internacional. Un problema del mundo*, ed. Orbis, Barcelona, 1942.

FORRESTAL, James, *The Forrestal Diaries*, ed. The Viking Press, Nueva York, 1951.

FOSS, William y GERAHTY, Cecil, *The Spanish Arena*, The Right Book Club, Londres, 1938.

FRANKEL, Jonathan, *The Damascus Affair. "Ritual Murder", Politics and the Jewis in 1840*, ed. Cambridge University Press, Nueva York, 1997.

FREEDMAN, Benjamín, *Facts are Facts*, (Carta al Dr, David Goldstein), Nueva York,1954.

FREEDMAN, Benjamín, *The Hidden Tyranny*, ed. Liberty Bell Publications.

FRY, Leslie, *Waters Flowing Eastward: The War Against The Kingship of Christ*, ed. Britons Publishing House, Londres, 1953.

GARAUDY, Roger, *Los mitos fundacionales del Estado de Israel*, Ed. Ojeda, Barcelona, 2008.

GARAUDY, Roger, *Mi vuelta al siglo en solitario*, ed. Plaza & Janés, Barcelona, 1996.

GEORGE, Konstantin, *The U.S.-Russian Entente that Saved the Union. The Campaigner*, julio 1978, ed. Campaigenr Publications, Nueva York.

GIBSON, Ian, *Paracuellos: cómo fue*, ed. Arcos Vergara, Barcelona, 1983.

GIBSON, Ian, *Granada, 1936. El asesinato de García Lorca*, Círculo de Lectores, Barcelona, 1986.

GIL-WHITE, Francisco, *El Colapso de Occidente: El Siguiente Holocausto y sus Consecuencias* (10 vols.), ed. F.A.C.E. S, México, 2013.

GILBERT, Martin, *Churchill and the jews. A Lifelong friendship*, ed. Henry Holt and Company, Nueva York, 2007.

GILLIARD, Pierre, *Le tragique destin de Nicolas II et de sa famille*, ed. Payot, París, 1928.

GOLLANCZ, Víctor, *In Darkest Germany*, ed. Víctor Gollancz Ltd., Londres, 1947.

GOLDSTEIN, Paul, *B'nai B'rith, British Weapon Against America. The Campaigner* (Vol. 11 n° 10), Diciembre 1978, ed. Campaigner Publications, Nueva York.

GOODRICH, Thomas, *Hellstorm: The Death of Nazy Germany, 1944-1947*, ed. Aberdeen Books, Sheridan, 2010.

GOULÉVITCH, Arsene de, *Tsarisme et Révolution*, ed. Alexis Redier (Editions de la Revue Française), París, 1931.

GRAF, Jürgen, *El Holocausto bajo la lupa*, ed. Ojeda, Barcelona, 2007.

GRAF, Jürgen, KUES Thomas y MATTOGNO Carlo, *Sobibor: Holocaust Propaganda and Reality*, ed. The Barnes Review, Washington D. C., 2010.

GRAF, Kessler Harry, *Walter Rathenau. Sein Leben und sein Werk*, ed. Rheinische Verlags-Anstalt, Wiesbaden, 1962.

GRENFELL, Russell, *Odio incondicional. Culpabilidad de guerra alemana y el futuro de Europa*, ed. Espasa-Calpe, Madrid, 1955.

GRIFFIN, Des, *Fourth Reich of the Rich*, ed. Emissary Publications, South Pasadena, 1981

GRUSD, Edward E., *B'nai B'rith The story of a covenant*, ed. Appleton Century, Nueva York, 1966.

GUNTHER, John, *Behind Europe's Curtain*, ed. Hamish Hamilton, Londres, 1949.

GUY CARR, William, *Pawns in the Game*, St. George Press, Glendale, California, 1979.

GUY CARR, William, *Satan, Prince of this World*, ed. Omini Publications, Palmadale, 1997.

HAGEN, Walter, *Le Front Secret*, ed. Les Iles d'Or, París, 1952.

HALLETT, Greg, *Hitler was a British Agent*, ed. FNZ Inc., Auckland, Nueva Zelanda, 2006.

HALLIDAY, E. M., *Russia in Revolution*, ed. American Heritage Publishing Co., Nueva York, 1967.

HART, Alan, *Arafat. Biografía política*, ed. Iepala, Madrid, 1989.

HARWOOD, Richard, *¿Murieron realmente seis millones?*, edición patrocinada por CEDADE, Barcelona, 1986.

HERMANN, Greife, *Jewish-Run Concentration Camps in the Soviet Union*, ed. Truth at Last, Marietta (Georgia), 1999.

HERNÁNDEZ, Jesús, *Yo fui un ministro de Stalin*, ed. Gregorio del Toro, Madrid, 1974.

HERREN, *Ricardo, La Biblia, sólo leyenda y religión*, en La aventura de la Historia, nº 36, ed. Arlanza, Madrid, 2001.

HERZEN, Alexander, *My Past and Thoughts*, ed. University of California Press, Berkeley, 1982.

HESS, Moses, *Rome and Jerusalem*, ed. Philosophical Library, Nueva York, 1958.

HILBERG, Raúl, *La destrucción de los judíos europeos*, ed. Akal, Madrid, 2005.

HITLER, Bridget, *The Memoirs of Bridget Hitler*, ed. Duckworth, Londres, 1979.

HOBSON, John Atkinson, *Imperialism: A Study*, ed. Cosimo Classics, Ndew York, 2005.

HOGGAN, David L., *The Myth of the Six Million: Examining the Nazi Extermination Plot*, ed. The Barnes Review, Washington, D. C., 2006.

HOGGAN, David L., *Der Erzwungene Krieg*, ed. Verlag der deutschen Hochschullehrer-Zeitung, Tübingen, 1963.

HOGGAN, David L., *The Forced War: When Peacefull Revision Failed*, ed. Institute for Historical Review, Los Ángeles, 1989.

HOGGAN, David L., *The Myth of the 'New History': Technics and Tactics of the New Mythologists of American History*, ed. Institute for Historical Review, Torrance, California, 1985.

HONSIK, Gerd, *¿Absolución para Hitler?*, ed. Bright-Rainbow, Barcelona, 1993.

HOWSON, Gerald, *Armas para España: La historia no contada de la guerra civil española*, ed. Península, Barcelona, 2000.

HUFSCHMID, Eric, *Painful Questions: A Analysis of the September 11th Attack*, ed. Endpoint Softward, Goleta (California), 2002.

HUGHES, Emrys, *Winston Churchill: British Bulldog*, ed. Exposition Press, Nueva York, 1955.

IRVING, David, *La destrucción de Dresde*, ed. Ojeda, Barcelona, 2009.

IRVING, David, *La guerra de Hitler*, ed. Planeta, Barcelona, 1988.

JACKSON, Gabriel, *Juan Negrín*, ed. Crítica, Barcelona, 2008.

JASNY, Naum, *The Socialized Agriculture of the USSR. Plans and Performance*, ed. Standford University Press, Standford, 1949.

JEFFRIES, J. M. N., *Palestine: The Reality*, ed. Longmans, Green & Co., Londres, 1939.

JENSEN, B., *The Palestine Plot*, ed. Omni Publications, Hawthorne (California) 1987.

JORDAN, George Racey, *From Major Jordan's Diaries*, ed. Harcourt, Brace & Co., Nueva York, 1952.

JOSEPHSON, Emanuel M., *Roosevelt's Communist Manifesto*, ed. Chedney Press, Nueva York, 1955.

KAHAN, Stuart, *El lobo del Kremlin*, ed. Datanet, S. A., Barcelona, 1988.

KAPLAN, Fred, *The Wizards of Armageddon*, ed. Simon & Schuster, Nueva York, 1984-

KARDEL, Hennecke, *Adolf Hitler, Founder of Israel. Israel in War with the Jews*, ed. Marva, Suiza, 1974.

KARL, Mauricio, *Yalta* (2 vols.), ed. AHR, Barcelona, 1955.

KARL, Mauricio, *Técnica del Komintern en España*, ed. Gráfica Corporativa, Badajoz, 1937.

KARL, Mauricio, *Pearl Harbour, traición de Roosevelt*, ed. NOS, Madrid, 1954.

KARL, Mauricio, *Malenkov*, ed. NOS, Madrid, 1954.

KASTEIN, Josef, *History and Destiny of the Jews*, Simon Publications, Nueva York, 2001.

KAUFMAN, Theodore N., *Germany must perish*, ed. Liberty Bell Publications, West Virginia, 1980.

KENNAN, George F., *Memorias de un diplomático*, ed. Luis de Caralt, Barcelona, 1972.

KHADER, Bichara, *Los hijos de Agenor*, ed. Bellaterra, Barcelona, 1998.

KNOBLAUGH, Edward, *Corresponsal en España*, ed. Fermín Uriarte, Madrid, 1967.

KOCH, Paul H. *Illuminati*, ed. Planeta, Barcelona, 2004.

KOESTLER, Arthur, *The Thirteenth Tribe*, Random House, Nueva York, 1976.

KOGON, Eugen, *Sociología de los campos de concentración*, ed. Taurus, Madrid, 1965.

KOLENDIC, Anton, *Les derniers jours. De la mort de Staline à celle de Béria (mars-decembre 1953)*, ed. Fayard, París, 1982.

KOLTSOV, Mijail, *Diario de la guerra de España*, Ruedo Ibérico, París, 1963.

KRIVITSKY, Walter, *Yo, jefe del Servicio Secreto Militar Soviético*, ed. NOS, Madrid, 1945.

KÜHNL, Reinhard, *La República de Weimar*, ed. Alfons el Magnàmim, IVEI, Valencia, 1991.

KULISHER, Eugene M., *The Displacement of Population in Europe*, ed. Inland Press Ltd., Montreal, 1943.

LAMM, Hans, *Walter Rathenau. Denker und Staatmann*, ed. Landeszentrale für politische Bildung, Hannover, 1968.

LANDOWSKY, José, *Sinfonía en rojo mayor*, ed. Latino Americana S. A., México, 1971.

LASKE, Karl, *Le banquier noir François Genoud*, ed. Du Seuil, París, 1996.

LAUGHLIN, John C. *La arqueología y la Biblia*, ed. Crítica, Barcelona, 2001.

LAZARE, Bernard, *L'antisemitisme, son histoire et ses causes*, ed. Kareline, 2010.

LEESE, Arnold Spencer, *My Irrelevant Defence: Meditations inside Gaol and Out on Jewish Ritual Murder*, ed. The Patriot Press, Henderson (Nevada), 2004.

LENOE, Matthew E. *The Kirov Murder and Soviet History*, Yale University Press, 2010.

LEUCHTER, Alfred, *Informe Leuchter*, edición patrocinada por CEDADE, Barcelona, 1989.

LEUCHTER, Fred A., FAURISSON, Robert, RUDOLF, Germar, *The Leuchter Reports*, ed. Theses & Dissertations Press, Chicago, 2005.

LIDDELL, HART B. H., *The Other Side of the Hill*, ed. Pan Books, Londres, 1999.

LIDDELL, HART B. H., *The Revolution in Warfare*, ed. Faber & Faber, Londres, 1946

LILIENTHAL, Alfred, *What Price Israel?*, H. Regnery Co., Chicago, 1953.

LINA, Jüri, *Under the Sign of the Scopion*, ed. Referent Publishing, Estocolmo, 2002.

LIVINGSTONE, David, *Terrorism and the Iluminati*, ed. BookSurge LLC, EE.UU. 2007.

LOCKHART, R. H. Bruce, *Memoirs of a British Agent*, ed. Pan Books, Londres, 2002.

LOCKHART, Robin Bruce, *Reilly Ace of Spies*, ed. Futura Publications, Londres, 1983.

LOMBARD, Jean, *La cara oculta de la Historia Moderna* (Cuatro vols.), ed. Fuerza Nueva, Madrid, 1976-1980.

LOOMIS, Stanley, *Paris in the Terror June1793 - july 1794*, ed. J. B. Lippincott Company, Filadelfia, 1964.

LUTTIKHUIZEN, Gerard P., *La pluriformidad del cristianismo primitivo*, ed. El Almendro, Córdoba, 2007.

MACDONOGH, Giles, *Después del Reich*, ed. Galaxia Gutenberg, Barcelona, 2010.

MADELIN, Louis, *Fouché*, ed. Espasa-Calpe, Madrid, 1972.

MADARIAGA, Salvador de, *España. Ensayo de historia contenporánea*, ed. Espasa Calpe, Madrid, 1978.

MANDEL, Arthur, *Le Messie Militant ou La Fuite du Ghetto*, ed. Archè, Milano, 1989.

MANDELL HOUSE, Edward, *Philip Dru: Administrator*, ed. Robert Welch University Press, Appleton (Wisconsin), 1998.

MARGIOTTA, Domenico, *Souvenirs d'un trente-troisième: Adriano Lemmi, chef suprème des francs-maçons*, ed. Facsimile Publisher, Londres, 2013.

MARSCHALKO, Louis, *The World Conquerors*, ed. Joseph Sueli Publications, Londres, 1958.

MARX, Karl, *Las luchas de clases en Francia (1848 a 1850)*, ed. Ayuso, Madrid, 1975.

MATA, Santiago, *El tren de la muerte*, ed. La Esfera de los Libros, Madrid, 2011.

MATTOGNO, Carlo, *Belzec in Propaganda, Testimonies, Archeological Research and History*, ed. The Barnes Review, Washinton D. C., 2011

MATTOGNO, Carlo y GRAF, Jürgen, *Treblinka: Extermination Camp or Transit Camp?*, ed. The Barnes Review, Washington D. C., 2010.

McCORMICK, Donald, *The Mask of Merlin: A Critical Study of David Lloyd George*, ed. MacDonald and Co., Londres, 1963.

McFADDEN, Louis T., *Federal Reserve Exposed. Collective Speeches of Congressman Louis T. McFadden*, ed. Omni Publications, 1970.

McMEEKIN, Sean, *History's Greatest Heist. The Looting of Russia by the Bolshevics*, Yale University Press, New Haven y Londres, 2009.

MELGUNOV, Sergei P., *The Red Terror in Russia*, ed. Hyperion Press, Connecticut, 1975.

MELGUNOV, Sergei P., *The Bolshevik Seizure of Power*, ed. ABC-Clio Inc. Santa Bárbara (California), 1972.

MILES, Jonathan, *The Nine Lives of Otto Katz*, ed. Bantam Books, Londres, 2010.

MOCH, Jules, *Yougoslavie terre d'expérience*, ed. Du Rocher, Mónaco, 1953.

MOCK, James R. LARSON, Cedric, *Words that Won the War: The Story of the Committee on Public Information 1917-1919*, ed. Cobden Press, Meriden (Connecticut), 1984.

MOLA, Emilio, *Memorias de mi paso por la Dirección General de Seguridad* (3 vols.), ed. Librería Bergua, Madrid, 1932.

MULLINS, Eustace, *This Difficult Individual, Ezra Pound*, ed. Angriff Press, Hollywood, California, 1961.

MULLINS, Eustace, *The Secrets of the Federal Reserve*, ed. Bridger House Publishers, Carson City (Nevada) 1991.

MULLINS, Eustace, *The Curse of Canaan*, ed. Revelation Books, Staunton, Virginia, 1987.

MULLINS, Eustace, *Mullins' New History of the Jews*, ed. The International Institute of Jewish Studies, Staunton (Virginia), 1968.

MULLINS, Eustace, *The Secret History of the Atomic Bomb*, 1998.

NEILSON, Francis, *The Makers of War*, ed. C. C. Neelson Publishing Co., Appleton, Visconsin, 1950.

NETCHVOLODOW, Alexandre, *L'empereur Nicolas II et les Juifs*, ed. Etienne Chiron, París, 1924.

NOSSACK, Hans Erich, *El hundimiento. Hamburgo, 1943*, ed. La Uña Rota, Segovia, 2010.

NUNBERG, Ralph, *The Fighting Jew*, ed. Creative Age Press, Nueva York, 1945.

ORDÓÑEZ MÁRQUEZ, Juan, *La apostasía de las masas y la persecución religiosa en la provincia de Huelva 1931-1936*, C.S.I.C., Madrid, 1968.

ORLOV, Alexander, *Historia secreta de los crímenes de Stalin*, ed. Destino, Barcelona, 1955.

OSIPOVA, Irina, *Si el mundo os odia*, ed. Encuentro, Madrid, 1998.

OSTROVSKY, Víctor y HOY, Claire, *By Way of Deception*, ed. St. Martin's Press, Nueva York, 1990.

PAPPÉ, Ilan, *La limpieza étnica de Palestina*, ed. Crítica, Barcelona, 2008.

PATKIN, A. L. *The Origins of the Russian Jewish-Labour Movement*, F. W. Cheshire, Melbourne, 1947.

PAYNE, Stanley G., *Falange. Historia del fascismo español*, ed. Sarpe, Madrid, 1985.

PEREA CAPULINO, Juan, *Los culpables: Recuerdos de la guerra/1936-1939*, ed. Flor de Viento, Barcelona, 2007.

PERRY, Roland, *The Fifth Man*, ed. Pan Books, Londres, 1995.

PINAY, Maurice, *Complot contra la Iglesia* (tres vols.), ed. Mundo Libre, México, 1985.

PIPES, Richard, *A Concise History of the Russian Revolution*, ed. Harvill Press, Londres, 1995.

PONCINS, Léon de *Histoire secrète de la révolution espagnole*, ed. Gabriel Beauchesne et ses fils, París, 1938.

PONCINS, Léon de, *State Secrets*, ed. Britons Publishing Company, Devon, 1975.

PONCINS, Léon de, *Freemasonry and Judasism Secret Powers Behind Revolution*, A&B Publishers Group, Brooklyn, Nueva York, 2002.

PONCINS, Léon de, *Société des Nations, super-état maçonnique*, ed. Gabriel Beauchesne et ses fils, París, 1936.

POOL, Ithiel de Sola, *Satellite Generals: Study of Military Elites in the Soviet Sphere*, ed. Greenwood Press, Londres, 1976.

POUGET de SAINT-ANDRÉ, Henri, *Les auteurs cachés de la Révolution Française*, ed. Perrin & Cie Libraires-Éditeurs, París, 1923.

POUND, Ezra, *Aquí la voz de Europa. Alocuciones desde Radio Roma*, ed. Nueva República, Barcelona, 2006.

PUNTILA, L. A., *Histoire politique de la Finlande de 1809 à 1955*, Édicions de la Baconnière, Neuchâtel, 1966.

QUIGLEY, Carroll, *Tragedy & Hope*, The Macmillan Company, Nueva York, 1974.

RADOSH, Ronald, HABECK, Mary R y SEVOSTIANOV, Grigory, *Spain Betrayed. The Soviet Unión in the Spanish Civil War*, ed. Yale University Press, New Haven y Londres, 2001.

RAPHAEL, Marc Lee, *Jews and Judaism in the United States: A Documentary History*, ed. Behrman House, INC., Nueva York, 1983.

RASSINIER, Paul, *Las mentira de Ulises*, ed. Ojeda, Barcelona, 2006.

RASSINIER, Paul, *Les responsables de la Seconde Guerre Mondiale*, ed. Nouvelles Editions Latines, París, 1967.

RAYFIELD, Donald, *Stalin y los verdugos*, ed. Taurus, Madrid, 2003.

REED, Douglas, *The Controversy of Zion*, Durban, Dolphin Press, 1978

REED, Douglas, *Insanity Fair*, ed. Jonathan Cape Ltd., Londres, 1938.

REED, John, *Diez días que estremecieron al mundo*, ed. Akal, Madrid, 1974.

REEVES, John, *The Rothschilds: The Financials Rulers of Nations*, ed. Gordon Press, Nueva York, 1975.

REITLINGER, Gerald, *La solución final*, ed. Grijalbo, Barcelona, 1973.

RENIER, G. J., *Robespierre*, ed. Peter Davies, Londres, 1936.

RICCIOTTI, Giuseppe, *Historia de Israel. De los orígenes a la cautividad* (vol. 1), ed. Luis Miracle, Barcelona, 1945.

RICCIOTTI, Giuseppe, *Historia de Israel. Desde la cautividad hasta el año 135 después de Jesucristo* (vol. 2), ed. Luis Miracle, Barcelona, 1947.

ROBISON, John, *Proofs of a Conspiracy Against All Religions and Governments of Europe Carried on in the Secret Meetings of Freemasons, Illuminati and Reading Societies*, ed. Forgotten Books, Londres, 2008.

ROMERSTEIN, Herbert y BREINDEL, Eric, *The Venona Secrets*, ed. Regnery Publishing, Inc., Washington, D.C., 2000.

ROSENSTEIN, Neil, *The Unbroken Chain: Biographical Sketches and the Genealogy of Illustratious Jewish Families from the 15th-20th Century*, ed. Shengold Publishers, Inc., Nueva York, 1976.

ROSS, Marjorie, *El secreto encanto de la KGB: Las cinco vidas de Iosif Grigulievich*, ed. Grupo Editorial Norma, USA, 2006.

ROTH, Cecil, *Los judíos secretos. Historia de los marranos*, Altalena editores, Madrid, 1979.

ROTHMAN, Stanley, LICHTER, S. Robert, *Roots of Radicalism*, ed. Oxford Univertsity Press, Nueva York, 1982.

RUDOLF, Germar, *Dissecting the Holocaust*, ed. Theses & Dissertations Press, Illinois (Chicago), 2003.

RUDOLF, Germar, *Resistance is Obligatory*, ed. Castle Hill Publishers, Uckfield (Reino Unido) 2012.

RUDOLF, Germar, *Lectures on the Holocaust*, ed. Theses & Dissertations Press, Illinois (Chicago), 2004.

RUMMEL, Jack, *Robert Oppenheimer Dark Prince*, ed. Facts On File, Nueva York, 1992.

SACHAR, Howard, *Israel and Europe: An Appraisal in history*, Random House, Inc. Nueva York, 1999.

SACK, John, *An Eye for an Eye*, ed. Basic Books, Nueva York, 1993.

SAINT-AULAIRE, conde de, *La Renaissance de l'Espagne*, ed. Plon, París, 1938.

SALLUSTE, *Les origines secrètes du bolchevisme Henri Heine et Karl Marx*, ed. Jules Tallandier, París, 1930.

SÁNCHEZ ALBORNOZ, Claudio, *Origenes de la Nacion Española. El Reino de Asturias*, Madrid, Ed. Sarpe, 1985.

SAROLEA, Charles, *Impressions of Soviet Russia*, ed. Eveleigh Nash & Grayson, Ltd., Londres, 1924.

SAYERS, Michael y KAHN, Albert E., *The Great Conspiracy Against Russia*, ed. Current Books Distributors, Sidney, 1949.

SCHACHT, Hjalmar, *Memorias*, ed. AHR, Barcelona, 1954

SCHLAYER, Félix, *Diplomático en el Madrid rojo*, ed. Espuela de Plata, Sevilla, 2008.

SCHOLEM, Gershom, *Le messianisme juif*, ed. Calman-Lévy, 1974.

SCHOLEM, Gershom, *Las grandes tendencias de la mística judía*, ed. Fondo de Cultura Económica, México 1996.

SCHÖNMAN, Ralph, *The Hidden History of Zionism*, ed. Veritas Press, Santa Bárbara, 1988.

SERGE, Víctor, *Memorias de mundos desaparecidos (1901-1941)*, ed. Siglo XXI, México, 2003.

SETON-WATSON, Robert William, *German, Slav, and Magyar: a Study in the Origins of the Great War*, ed. Williams and Norgate, Londres, 1916.

SEYMOUR, Charles, *The Intimate Papers of Colonel House* (2 vols.), Ed. Ernest Benn, Londres, 1926.

SHAHAK, Israel, *Historia judía, religión judía*, Madrid, Antonio Machado Libros, 2003.

SHAHAK, Israel, *Open Secrets: Israel Nuclear and Foreign Policies*, ed. Pluto Press, Londres, 1997.

SHERWOOD, Robert E., *Roosevelt y Hopkins. Una historia íntima* (2 vols.) ed. Los Libros de Nuestro Tiempo, Barcelona, 1950.

SKOUSEN, W. Cleon, *The Naked Capitalist*, ed. W. Cleon Skousen, Salt Lake City, Utah, 1971.

SLEZKINE, Yuri, *The Jewish Century*, ed. Princeton University Press, Nueva Jersey, 2004.

SOLOMON, Georg, *Unter den Roten Machthabern*, ed. Verlag für Kulturpolitik, Berlín, 1930.

SOLZHENITSYN, Alexandr, *Archipiélago Gulag* (tres vols.), ed. Tusquets (Tiempo de Memoria), Barcelona, 2005 (vols. I y II), 2007 (vol III)

SOMBART, Werner, *The Jews and Modern Capitalism*, ed. Transaction Publishers, Estados Unidos, 1982.

SPRINGMEIER, Fritz, *Bloodlines of the Illuminati*, ed. Ambassador House, Westminster, 1999.

STARR MILLER, Edith (Lady Queenborough), *Occult Theocracy*, ed. Christian Book Club of America, Palmdale (California), 1980.

STEINHAUSER, Karl, *EG -Die Super-UdSSR von Morgen*, ed. Gruber, Viena, 1992.

STOLYPINE, Alexandra, *L'homme du dernier tsar. Stolypine*, ed. Alexis Redier (Editions de la Revue Française), París, 1931.

SUTTON, Antony C., *Wall Street an the Rise of Hitler*, ed. GSG& Associates, San Pedro (California), 2002.

SUTTON, Antony C., *Wall Street and the Bolshevik Revolution*, ed. Veritas Publishing Co., Morley (Australia), 1981.

SUTTON, Antony C., *Wall Street and FDR*, ed. Arlington House Publishers, Nueva York, 1975.

SZEMBEK, Jean, *Journal, 1933-1939*, ed. Plon, París 1952.

TANSILL, Charles Callan, *America Goes to War*, ed. Little, Brown an Co. Boston, 1938.

TAYLOR, Alan J. P., *The Origins of the Second World War*, ed. Penguin Books, Londres, 1964.

THOMPSON, Thomas L., *The Mythic Past: Biblical Archaeology and Myth of Israel*, ed. The Perseus Books Group, USA, 2000.

THORN, Víctor, *9-11 Exposed*, ed. Sisyphus Press, State College, Pensilvania, 2004.

THORN, Víctor, *9-11 Evil*, ed. Sisyphus Press, State College, Pensilvania, 2006.

TROTSKY, León, *Mi vida. Ensayo autobiográfico*, ed. Cénit, Madrid, 1930.

UTLEY, Freda, *The China Story*, ed. Henry Regnery Co., Chicago, 1951.

VALTIN, Jan, *La noche quedó atrás*, ed. Luis de Caralt, Barcelona 1966.

VEALE, F. J. P., *Advance to Barbarism*, ed. C. C. Nelson Publishing Co., Appleton, Wisconsin, 1953.

VEGA, Lope de, *El niño inocente de la Guardia*, edición de Marcelino Menéndez Pelayo en ed. Atlas, Madrid, 1965.

VELARDE FUERTES, Juan, *Política económica de la Dictadura*, ed. Guadiana de Publicaciones, Madrid, 1968.

VIDARTE, Juan-Simeón, *No queríamos al Rey: testimonio de un socialista español*, ed. Grijalbo, Barcelona, 1977.

VIDARTE, Juan-Simeón, *Todos fuimos culpables: testimonio de un socialista español*, ed. Grijalbo, Barcelona, 1978.

VORA, Erika, *Silent No More*, ed. Xlibris Corporation, Estados Unidos, 2012.

VRIES DE HEEKELINGEN, Herman de, *Israël. Son Passé. Son avenir*, ed. Librairie Académique Perrin, París, 1937.

WALSH, William Thomas, *Isabella of Spain*, ed. Sheed & Ward, Nueva York, 1931.

WARBURG, Sidney, *El dinero de Hitler*, ed. NOS, Madrid, 1955.

WARD, John, *With the "Die-Hards" in Siberia*, Londres, ed. Cassell, 1920.

WASSERSTEIN, Bernard, *The Secret Lives of Trebitsch Lincoln*, ed. Yale University Press, New Haven, 1988.

WEBSTER, Nesta, *Revolución mundial*, ediciones de "El libro bueno", México, 1935.

WECKERT, Ingrid, *Flashpoint: Kristallnacht 1938: Instigators, Victims and Beneficiaries*, Institute for Historical Review, California, 1991.

WEDEMEYER, Albert, *Wedemeyer Reports*, Henry Holt & Co., Nueva York, 1958.

WEINTRAUB, Ben, *The Holocaust Dogma of Judaism: Keystone of the New World Order*, ed. Robert L. Brook, Washington, D. C. 1995.

WEIZMANN, Chaim, *Trial and Error. The Autobiography of Chaim Weizmann*, ed. Hamish Hamilton, Londres, 1949.

WEXLER, Paul, *Two-Tiered relexification in Yiddish. Jews, Sorbs, Khazars and the Kiev-Polessian Dialect*, Berlín, Mouton de Gruyter, 2002.

WHALEN, William J., *Christianity and American Freemasonry*, ed. The Bruce Publihing Company, Milwaukee, 1961.

WILCOX, Robert T., *Target Patton: The Plot to Assassinate General George S. Patton*, ed. Regnery Publishing, Washington D. C., 2008.

WILTON, Robert, *The Last Days of the Romanov*, ed. Christian Book Club of America, Hawthorne (California), 1969.

WITTLIN, Thaddeus, *Comisario Beria*, ed. Euros, Barcelona, 1975.

ZAYAS, Alfred M. de, *Nemesis at Potsdam. The Expulsion of the Germans from the East*, ed. University of Nebraska Press, Lincoln, 1989.

ZENTNER, Christian, *Las guerras de la posguerra*, ed. Bruguera, Barcelona, 1975.

ZETTERBERG, Seppo, *La Finlande apres 1917*, Editions Otava S.A. Helsinki, 1991.

ZWEIG, Stefan, *Joseph Fouché: The Portrait of a Politician*, ed. Cassell, Londres 1934.

ÍNDICE

OTROS LIBROS PUBLICADO POR OMNIA VERITAS

OMNIA VERITAS

Omnia Veritas Ltd presenta:

HISTORIA PROSCRITA
I
LOS BANQUEROS Y LAS REVOLUCIONES

POR

VICTORIA FORNER

Los procesos revolucionarios necesitan agentes, organización y, sobre todo, financiación, dinero.

LAS COSAS NO SON A VECES LO QUE APARENTAN...

OMNIA VERITAS

Omnia Veritas Ltd presenta:

HISTORIA PROSCRITA
II
LA HISTORIA SILENCIADA DE ENTREGUERRAS

POR

VICTORIA FORNER

"El verdadero crimen es acabar una guerra con el fin de hacer inevitable la próxima."

EL TRATADO DE VERSALLES FUE "UN DICTADO DE ODIO Y DE LATROCINIO"

OMNIA VERITAS

Omnia Veritas Ltd presenta:

HISTORIA PROSCRITA
III
LA II GUERRA MUNDIAL Y LA POSGUERRA

POR

VICTORIA FORNER

Distintas fuerzas trabajaban para la guerra en los países europeos

MUCHOS AGENTES SERVÍAN INTERESES DE UN PARTIDO BELICISTA TRANSNACIONAL

OMNIA VERITAS
Omnia Veritas Ltd presenta:
HISTORIA PROSCRITA
La actuación de agentes judíos en la Hª Contemporánea

OMNIA VERITAS
OMNIA VERITAS LTD PRESENTA:
WALL $TREET
Y EL ASCENSO DE HITLER
"La historia que usted está por leer es verdadera, contrariamente a lo que pueda suponerse..." ANTONY SUTTON
Un área de investigación histórica totalmente inexplorada...

OMNIA VERITAS
OMNIA VERITAS LTD PRESENTA:
WALL $TREET
Y LOS
BOLCHEVIQUES
"No pretendo hacerle creer a nadie que he descubierto una novedad – los políticos mienten..." ANTONY SUTTON
Anthony Sutton tiene una gran virtud: se atiene a la documentación concreta, verificable y confirmada

OMNIA VERITAS

Omnia Veritas Ltd presenta:

Mi Lucha
Mein Kampf

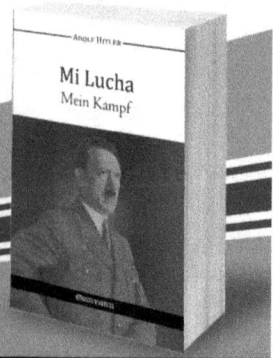

En aquella época debí también abrir los ojos frente a dos peligros el MARXISMO y el JUDAÍSMO...

Un documento histórico de gran interés

OMNIA VERITAS

Omnia Veritas Ltd presenta:

EUROPEA Y LA IDEA DE NACIÓN
seguido de
HISTORIA COMO SISTEMA
por
JOSÉ ORTEGA Y GASSET

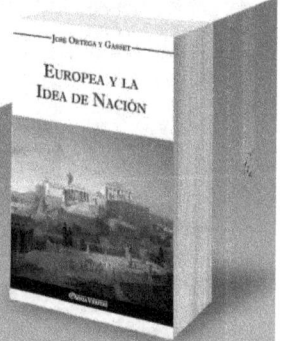

Pero la nación europea llegó a ser "nación" porque añadiera formas de vida que pretenden representar una "manera de ser hombre"

Un programa de vida hacia el futuro

OMNIA VERITAS

Omnia Veritas Ltd presenta:

EL KAHAL - ORO
de HUGO WAST

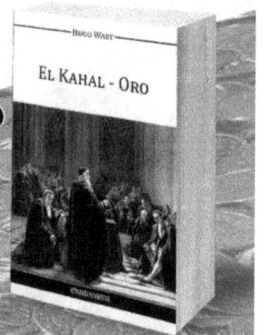

Nuestros judíos no creen, seguramente, en el Mesías, pero sí en la misión mesiánica de Israel...

Porque dos naciones no pueden coexistir en la misma nación...

468

ᴓMNIAVERITAS

El culto de Satanás había
tenido desde el siglo XIX
apasionados adeptos...

Omnia Veritas Ltd presenta:

JUANA TABOR
666

de HUGO WAST

JUANA TABOR - 666

y para hacerla más accesible, hizo de ella una contrafigura de la Ley de Dios.

ᴓMNIAVERITAS

La profecía de un reinado
Dios en la Tierra, la
interpretaron los judíos
como la promesa de un
reino y dominio mundial de
Israel

Omnia Veritas Ltd presenta:

Complot
contra la Iglesia

de MAURICE PINAY

Complot
contra la Iglesia

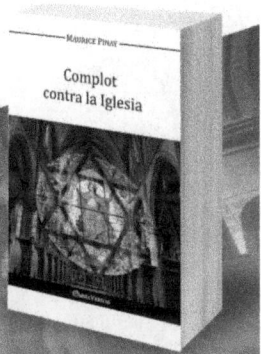

La autenticidad de estos documentos judiciales queda fuera de duda...

ᴓMNIAVERITAS

En esencia, **La Guerra
Oculta** es una metafísica de
la historia, es la concepción
de la perenne **lucha entre
dos opuestos** órdenes de
fuerzas...

Omnia Veritas Ltd presente:

LA GUERRA OCULTA
de
Emmanuel Malynski

*La Guerra Oculta es un libro que
ha sido calificado de "maldito"*

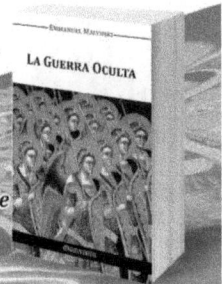

LA GUERRA OCULTA

El análisis más anticonformista de los hechos históricos

www.omnia-veritas.com

www.ingramcontent.com/pod-product-compliance
Lightning Source LLC
Chambersburg PA
CBHW060321100426
42812CB00003B/846